기출로 공부하는
일반상식
통합기본서

시대에듀

2026 기출로 공부하는 일반상식 통합기본서

Always with you

사람의 인연은 길에서 우연하게 만나거나 함께 살아가는 것만을 의미하지는 않습니다.
책을 펴내는 출판사와 그 책을 읽는 독자의 만남도 소중한 인연입니다.
시대에듀는 항상 독자의 마음을 헤아리기 위해 노력하고 있습니다. 늘 독자와 함께하겠습니다.

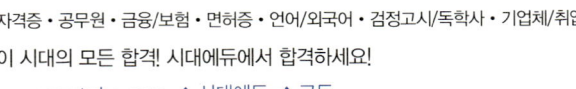

자격증 · 공무원 · 금융/보험 · 면허증 · 언어/외국어 · 검정고시/독학사 · 기업체/취업
이 시대의 모든 합격! 시대에듀에서 합격하세요!
www.youtube.com ➜ 시대에듀 ➜ 구독

머리말 ▼

PREFACE

취업에서 상식은 더 이상 선택이 아닌 필수입니다. 공사공단, 언론사, 기업체의 취업 전형에서 상식을 빼놓을 수 없기에 상식을 공부하지 않으면 빠른 시간 안에 원하는 곳에 취업할 수 없습니다. 하지만 취업을 준비하는 수험생들이 막상 상식을 공부하려고 하면 막막해하는 것이 사실입니다. 상식의 출제 범위가 광범위해서 어디서부터 어떻게 공부해야 할지 모르기 때문입니다.

하지만 공사공단, 언론사, 기업체별로 출제되는 상식의 비중과 난이도가 다르다고 해서 상식의 출제 범위가 전혀 없는 것은 아닙니다. 상식의 각 분야에서 자주 출제되는 내용이 분명 존재하기에 전략적으로 접근하고 차근차근 학습한다면 좋은 결과를 얻을 수 있을 것입니다. 이러한 수험생들의 고충을 덜기 위해 저희 시대에듀는 수험생들이 빠른 시간 안에 꼭 필요한 기출 상식만을 공부하여 취업에 성공할 수 있도록 시사상식연구소가 오랜 기간 보유한 방대한 데이터베이스와 시중에 나와 있는 상식 도서들을 면밀히 분석하여 일반상식 통합 기본서 『2026 기출로 공부하는 일반상식』을 출간하게 되었습니다.

본서의 특징은 다음과 같습니다.

❶ 빅데이터 10개년 상식 기출복원자료를 분석하여 실제 출제된 키워드를 선별, 어떤 상식에도 대비할 수 있도록 구성하였습니다.

❷ 시험에 실제 기출된 키워드를 중심으로 '핵심 일반상식'을 파트별로 엄선하였고, 시의성이 떨어지거나 출제빈도가 낮은 내용을 덜어내 학습 부담을 줄였습니다.

❸ 시험에 빈번하게 출제되었던 '최빈출 상식 194선'은 특별부록으로 구성하여 수험생들이 효율적으로 공부할 수 있도록 하였습니다.

❹ 최근 기출되었던 최신 키워드는 출제비중이 높기에 풀컬러로 별도 구성하여 기출문제와 함께 수록하였습니다.

『2026 기출로 공부하는 일반상식』은 수험생 여러분들에게 취업에 있어 '피할 수 없는 상식'에 맞서 '즐길 수 있는 상식'을 제시하고자 합니다. 이 책이 취업으로 향하는 지식을 습득하는 데 수험생 여러분들에게 가장 빠르고 보다 정확한 길잡이가 될 것임을 확신하며, 이 책으로 공부하는 수험생들에게 합격의 영광이 돌아가기를 진심으로 기원합니다.

시사상식연구소 씀

왜 빅데이터 '기출'인가

공사공단, 언론사, 기업체
10개년 기출분석을 통한 출제 키워드 완벽 분석!

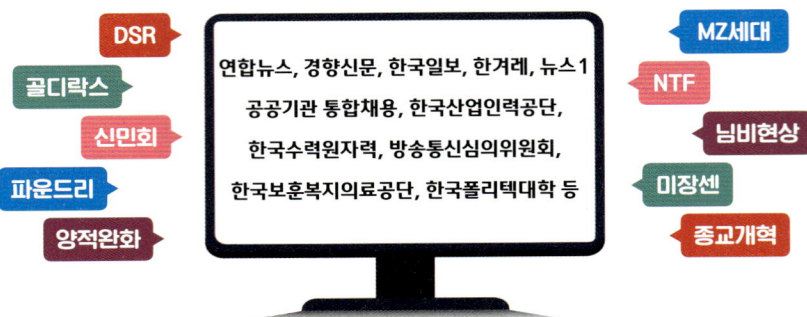

기출 키워드 701개 추출! 최빈출 키워드 194개 추출!

빅데이터가 찾아낸 기출 키워드로 빈출영역을 한눈에
키워드로 학습해야 합격이 보인다! 시험에 잘 나온 것만 공부하자!

대분류	소분류	출제빈도
역사	한국사	★★★★★
	세계사	★★☆☆
경제·경영·금융	경제·금융	★★★★☆
	경영	★★★☆☆
사회	사회·노동	★★★☆☆
	환경·보건	★★★☆☆
정치	정치·외교	★★★★☆
	법률	★★☆☆☆
과학	과학·컴퓨터·IT	★★★☆☆
문화	문화·미디어·스포츠	★★★☆☆
인문학	철학·종교	★★☆☆☆
	문학·국어·한자	★★★★☆

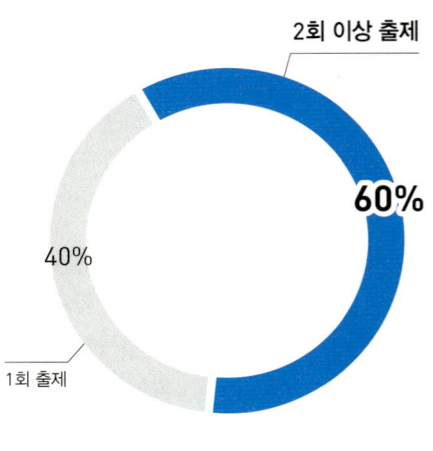

빅데이터로 분석한 영역별 상식 출제 비중

전체의 60%가 2회 이상 중복 출제!

※ 본 도서의 '별(★) 3개' 이상 핵심 키워드는 꼭 암기하셔야 합니다.

일반상식 공략법은?

○ 지원하는 기업에 맞는 학습 플랜 세우기

역사, 경제·경영·금융, 사회 파트는 어느 기업이든 자주 출제되므로 필수적으로 공부해야 하며 정치, 과학, 문화, 인문학 파트는 지원하는 기업에 따라 조금씩 다르게 학습하는 것이 좋다.

대기업	공기업·공사공단	언론사
〈공통 기본 상식〉 역사, 경제·경영·금융, 사회		
과학 → 문화 → 정치 → 인문학	문화 → 과학 → 인문학 → 정치	정치 → 인문학 → 문화 → 과학

○ 시험에 다수 출제되었던 최빈출 키워드 정복하기

일반상식은 보통 2회 이상 기출된 키워드가 60%를 차지하기 때문에 출제된 키워드를 중심으로 학습하면 효율적인 학습이 가능하다. 10개년 기출 분석을 통해 적어도 4회 이상 출제되고, 최근 자주 출제되는 핵심 키워드를 파트별로 정리하여 〈빅데이터 최빈출 상식 194선〉 특별부록으로 구성하였다. 최빈출 상식은 최다 빈출된 키워드뿐만 아니라 최근에 빈번히 출제된 키워드까지 정리하였기에 이 소책자를 잘 활용한다면 합격의 문이 더욱 활짝 열릴 것이다.

○ 최신 시사상식 점검하기

최신시사용어 / 빈출 Awards

날마다 쏟아져 나오는 최신상식의 양은 무척이나 많다. 따라서 최근 출제되었던 키워드를 중심으로 최신 시사상식 31선, 꼭 알아둬야 할 빈출 Awards로 최신상식을 채워보자.

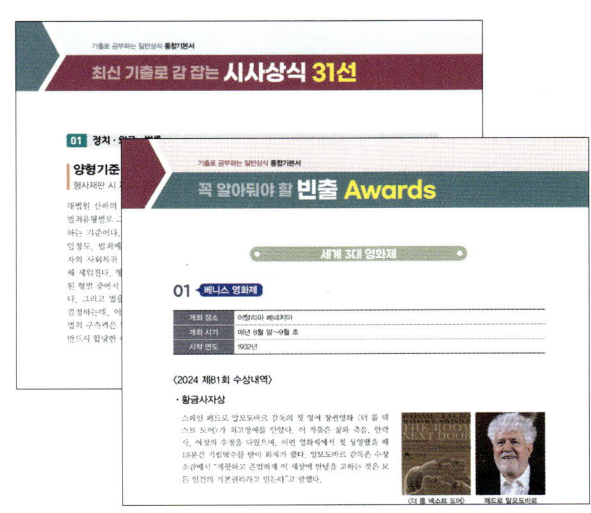

일반상식 200% 활용법

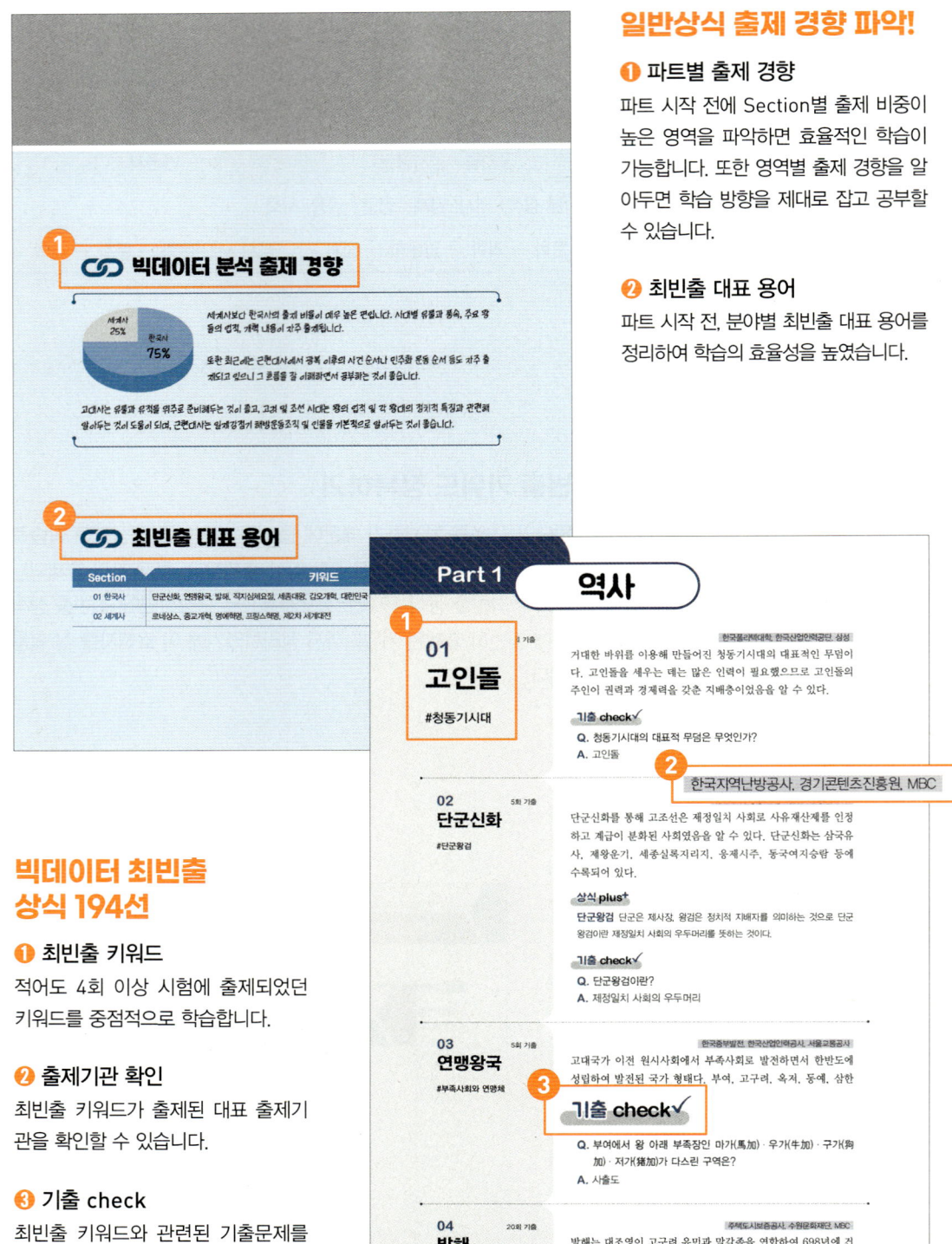

일반상식 출제 경향 파악!

❶ 파트별 출제 경향
파트 시작 전에 Section별 출제 비중이 높은 영역을 파악하면 효율적인 학습이 가능합니다. 또한 영역별 출제 경향을 알아두면 학습 방향을 제대로 잡고 공부할 수 있습니다.

❷ 최빈출 대표 용어
파트 시작 전, 분야별 최빈출 대표 용어를 정리하여 학습의 효율성을 높였습니다.

빅데이터 최빈출 상식 194선

❶ 최빈출 키워드
적어도 4회 이상 시험에 출제되었던 키워드를 중점적으로 학습합니다.

❷ 출제기관 확인
최빈출 키워드가 출제된 대표 출제기관을 확인할 수 있습니다.

❸ 기출 check
최빈출 키워드와 관련된 기출문제를 통해 최종 점검할 수 있습니다.

합격의 공식 Formula of pass | 시대에듀 www.sdedu.co.kr

핵심 일반상식 정복!

❶ 기출 키워드
실제 시험에 나왔던 기출 키워드를 선별해 필요한 내용만 공부하도록 하였습니다.

❷ 셀프 체크
기출 키워드 공부가 끝나면 셀프 체크 박스를 이용하여 자신의 학습 상태를 최종 체크할 수 있습니다.

❸ 출제 빈도
기출 키워드의 중요도를 ★로 나타내어 공부의 집중도와 효율성을 높였습니다. 별 3개 이상은 꼭 암기하셔야 합니다.

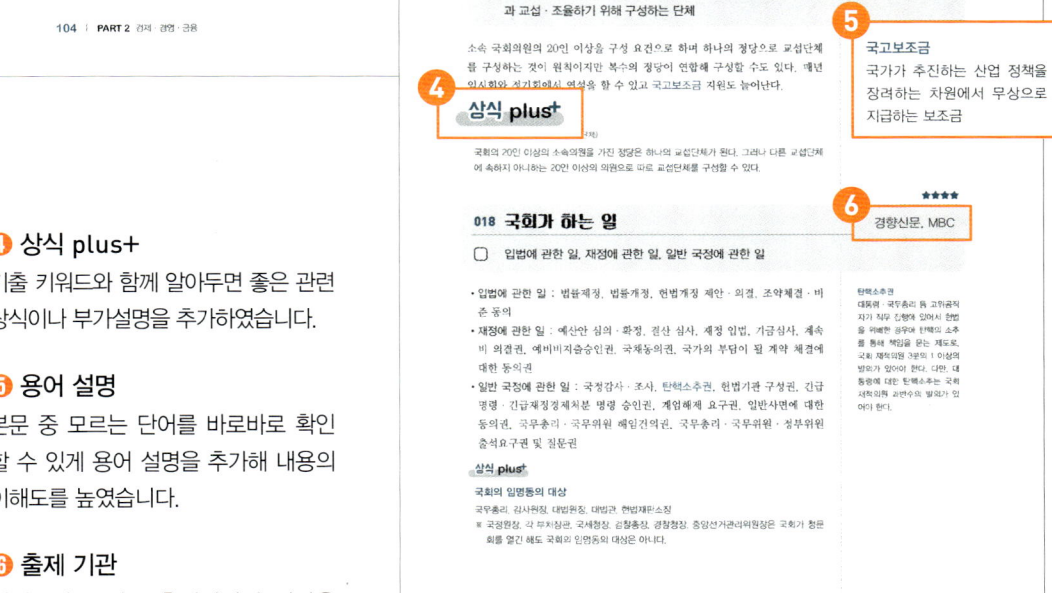

❹ 상식 plus+
기출 키워드와 함께 알아두면 좋은 관련 상식이나 부가설명을 추가하였습니다.

❺ 용어 설명
본문 중 모르는 단어를 바로바로 확인할 수 있게 용어 설명을 추가해 내용의 이해도를 높였습니다.

❻ 출제 기관
키워드가 문제로 출제되었던 기관을 나타냅니다. 해당 키워드가 얼마나 중요한지 확인해볼 수 있습니다.

일반상식 200% 활용법

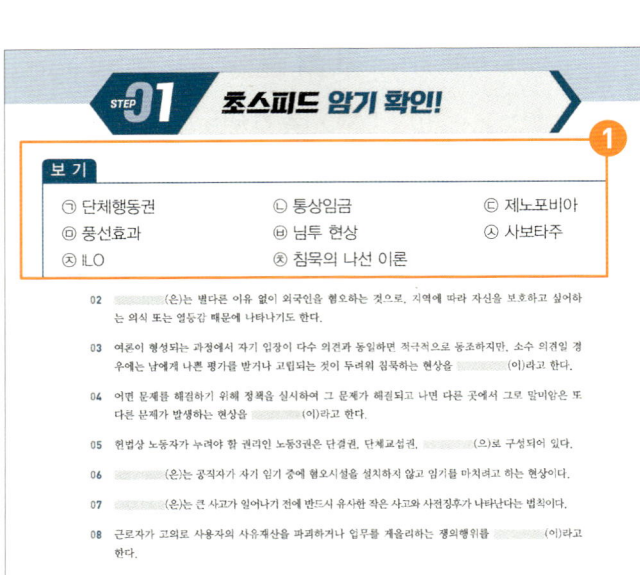

확인문제+기출문제로 최종점검!

❶ 암기 확인문제
Section별로 공부한 기출 키워드를 잘 숙지했는지 확인문제를 통해 점검합니다. 보기에서 알맞은 키워드를 골라 답을 적어봅니다.

❷ 기출 확인문제
기출 복원문제를 통해 자신의 실력을 최종점검한 후 틀린 문제는 해설을 통해 다시 한 번 숙지합니다.

❸ 출제기관 확인
문제유형별로 출제기관을 확인하여 기관별 출제 흐름을 파악합니다.

2주 단기 마스터 학습플랜

학습플랜 활용법

- 출제 비중이 높은 역사, 경제·경영·금융, 사회 6day 만에 마스터
- 7일차에는 최신 시사상식, 최빈출 상식 194선으로 빈틈없는 상식 채우기 가능
- 학습 완료 후에는 2회독까지 셀프 체크 가능

	Day	PART	Page	1회독	2회독	CHECK
1주차	1일차	Part 1 역사	p26~97	( )월/( )일	( )월/( )일	☐
	2일차	Part 2 경제·경영·금융	p98~147	( )월/( )일	( )월/( )일	☐
	3일차	Part 2 경제·경영·금융	p148~173	( )월/( )일	( )월/( )일	☐
	4일차	Part 2 경제·경영·금융	p174~197	( )월/( )일	( )월/( )일	☐
	5일차	Part 3 사회	p198~226	( )월/( )일	( )월/( )일	☐
	6일차	Part 3 사회	p227~243	( )월/( )일	( )월/( )일	☐
	7일차	최신 시사상식	p2~25	( )월/( )일	( )월/( )일	☐
2주차	8일차	Part 4 정치	p244~286	( )월/( )일	( )월/( )일	☐
	9일차	Part 4 정치	p287~320	( )월/( )일	( )월/( )일	☐
	10일차	Part 5 과학	p322~350	( )월/( )일	( )월/( )일	☐
	11일차	Part 5 과학	p351~377	( )월/( )일	( )월/( )일	☐
	12일차	Part 6 문화	p378~443	( )월/( )일	( )월/( )일	☐
	13일차	Part 7 인문학	p444~549	( )월/( )일	( )월/( )일	☐
	14일차	최빈출 상식 194	별 p1~52	( )월/( )일	( )월/( )일	☐

이 책의 차례

최신 시사상식
최신 기출로 감 잡는 시사상식 31선 · 004
꼭 알아둬야 할 빈출 Awards · 020

PART 1 역사

Section 01 한국사
Theme 1 선사시대 · 028
Theme 2 삼국시대 · 031
Theme 3 고려시대 · 033
Theme 4 조선시대 · 041
Theme 5 근현대사회 · 051
STEP 1 초스피드 암기 확인! · 070
STEP 2 기출로 합격 공략! · 071

Section 02 세계사
Theme 1 고대사회 · 079
Theme 2 중세사회 · 081
Theme 3 근현대사회 · 083
STEP 1 초스피드 암기 확인! · 093
STEP 2 기출로 합격 공략! · 094

PART 2 경제 · 경영 · 금융

Section 01 경제
Theme 1 경제 일반 · 100
Theme 2 시장 경제 · 107
Theme 3 국민 성장 소득 · 116
Theme 4 세계 경제 및 국제기구 · 121
Theme 5 무역 · 131
Theme 6 세금 · 134
STEP 1 초스피드 암기 확인! · 138
STEP 2 기출로 합격 공략! · 139

Section 02 경영

Theme 1 경영 일반 · · · · · · 148
Theme 2 재무 회계 · · · · · · 158
Theme 3 마케팅 · · · · · · 162
STEP 1 초스피드 암기 확인! · · · · · · 168
STEP 2 기출로 합격 공략! · · · · · · 169

Section 03 금융

Theme 1 금융 일반 · · · · · · 174
Theme 2 주식 · 펀드 · 채권 · · · · · · 182
STEP 1 초스피드 암기 확인! · · · · · · 191
STEP 2 기출로 합격 공략! · · · · · · 192

PART 3 사회

Section 01 사회 · 노동

Theme 1 사회 · · · · · · 200
Theme 2 노동 · · · · · · 213
STEP 1 초스피드 암기 확인! · · · · · · 219
STEP 2 기출로 합격 공략! · · · · · · 220

Section 02 환경 · 보건

Theme 1 환경 · · · · · · 227
Theme 2 보건 · · · · · · 235
STEP 1 초스피드 암기 확인! · · · · · · 238
STEP 2 기출로 합격 공략! · · · · · · 239

PART 4 정치

Section 01 정치 · 외교

Theme 1 정치 일반 · · · · · · 246
Theme 2 통치 구조 · · · · · · 250
Theme 3 선거 제도 · · · · · · 259
Theme 4 국제 · 외교 · · · · · · 264
Theme 5 군사 · 안보 · · · · · · 270
STEP 1 초스피드 암기 확인! · · · · · · 278
STEP 2 기출로 합격 공략! · · · · · · 279

이 책의 차례

Section 02 법률

Theme 1 법 일반 · 287
Theme 2 헌법 · 291
Theme 3 민법 · 297
Theme 4 형법 · 301
Theme 5 소송법 · 309
STEP 1 초스피드 암기 확인! · · · · · · · · · · · · · · · · 314
STEP 2 기출로 합격 공략! · · · · · · · · · · · · · · · · · 315

PART 5 과학

Section 01 과학

Theme 1 기초과학 · 324
Theme 2 우주과학 · 338
Theme 3 첨단과학 · 341
STEP 1 초스피드 암기 확인! · · · · · · · · · · · · · · · · 346
STEP 2 기출로 합격 공략! · · · · · · · · · · · · · · · · · 347

Section 02 컴퓨터 · IT

Theme 1 컴퓨터 · 351
Theme 2 인터넷 · 전자상거래 · · · · · · · · · · · · · · · · 359
Theme 3 정보통신 · 정보사회 · · · · · · · · · · · · · · · · 361
Theme 4 컴퓨터 최신 기술 · · · · · · · · · · · · · · · · · · 366
STEP 1 초스피드 암기 확인! · · · · · · · · · · · · · · · · 371
STEP 2 기출로 합격 공략! · · · · · · · · · · · · · · · · · 372

PART 6 문화

Section 01 문화

Theme 1 문화 일반 · 380
Theme 2 영화 · 연극 · 388
Theme 3 음악 · 미술 · 392
STEP 1 초스피드 암기 확인! · · · · · · · · · · · · · · · · 399
STEP 2 기출로 합격 공략! · · · · · · · · · · · · · · · · · 400

Section 02 미디어

Theme 1 미디어 일반 · 404
Theme 2 신문 · 방송 · 광고 · 409
STEP 1 초스피드 암기 확인! · 415
STEP 2 기출로 합격 공략! · 416

Section 03 스포츠

Theme 1 스포츠 일반 · 420
Theme 2 국제대회 및 주요 리그 · 429
STEP 1 초스피드 암기 확인! · 439
STEP 2 기출로 합격 공략! · 440

PART 7 인문학

Section 01 문학

Theme 1 문학 일반 · 446
Theme 2 한국 문학 · 451
Theme 3 세계 문학 · 467
STEP 1 초스피드 암기 확인! · 476
STEP 2 기출로 합격 공략! · 477

Section 02 철학 · 종교

Theme 1 철학 · 482
Theme 2 종교 · 490
STEP 1 초스피드 암기 확인! · 494
STEP 2 기출로 합격 공략! · 495

Section 03 국어 · 한자

Theme 1 국어 · 500
Theme 2 한자 · 519
STEP 1 초스피드 암기 확인! · 542
STEP 2 기출로 합격 공략! · 543

기출로 공부하는
일반상식
통합기본서

최신
시사상식

최신 기출로 감 잡는 **시사상식 31선**

01 정치·외교·법률

양형기준
형사재판 시 재판부가 형량 결정에 참고할 수 있는 기준

대법원 산하의 양형위원회에서 44개 범죄유형별로 그 특성을 반영해 제정하는 기준이다. 죄질과 피의자의 책임정도, 범죄예방과 재범방지, 피의자의 사회복귀 등 다양한 면을 고려해 세워진다. 형사재판에서 판사는 형법에 각 범죄유형별로 규정된 형벌 중에서 징역이나 벌금형 같이 선고할 형의 종류를 선택한다. 그리고 법률에 규정된 바에 따라 형을 가중·감경해 형량을 결정하는데, 이때 참조하는 기준이 '양형기준'이다. 양형기준은 법적 구속력은 없지만, 판사가 양형기준과 다른 형량을 내리려면 반드시 합당한 사유를 판결문에 적어야 한다.

출제기관 뉴스1

기출문제
다음 중 양형기준에 대한 설명으로 옳은 것은?

① 민사재판에서도 적용된다.
② 헌법재판소 산하의 양형위원회에서 제정한다.
③ 법적 강제성을 띤다.
④ 피의자의 범행동기나 반성여부 등을 고려해 수립된다.

해설
양형기준은 대법원 산하의 양형위원회에서 제정하는 것으로, 형사재판에서 판사가 형량을 결정하는 데 참고할 수 있는 기준이다. 피의자의 범행동기나 반성여부 등을 고려해 제정되며, 법적인 강제성은 띠지 않는다.

정답 ④

계엄령
국가비상사태 발생 시 대통령이 선포하는 국가긴급권

계엄령은 전시나 사변 또는 이에 준하는 국가 비상사태가 발생하는 경우 국가의 안녕과 공공질서를 유지하기 위해 법률이 정하는 바에 따라 선포하는 국가긴급권으로 대통령의 고유권한이다. 헌법 제77조 및 계엄법에 따라 대통령은 국무회의의 의결을 통해 비상계엄 또는 경비계엄을 선포할 수 있고, 국방부장관과 행정안전부장관이 이를 건의할 수 있다. 계엄령이 선포되면 해당지역 내 행정권·사법권이 군으로 이관되고, 헌법에 보장된 국민의 기본권을 제한할 수 있다.

출제기관 뉴스1, 은평구도시공사

기출문제
우리나라의 「헌법」과 「계엄법」상 계엄령의 종류에는 무엇이 있는가?

해설
우리나라의 계엄(戒嚴)은 「헌법」과 「계엄법」에 근거하여 비상계엄(非常戒嚴)과 경비계엄(警備戒嚴)으로 나뉜다. 비상계엄은 전시(戰時)·사변(事變) 또는 이에 준하는 국가 비상사태로 군사적 필요가 있을 때 선포할 수 있다. 군사작전 수행을 위한 특별조치가 가능하고 군사법원이 민간인 사건까지 재판할 수 있다. 경비계엄은 전시·사변 외에 치안이 심각하게 위협되는 국가비상사태일 때 발동될 수 있다. 내란, 폭동, 대규모 소요사태 등으로 경찰력만으로는 치안을 유지할 수 없을 때 군이 경찰을 지원하여 치안을 유지한다.

정답 비상계엄, 경비계엄

보편관세
모든 수입품에 일괄적으로 부과하는 관세

도널드 트럼프 미국 대통령이 2024년 대선기간 중 발표한 관세정책 중 하나로 모든 수입품에 일괄적으로 관세를 부과해 기존의 복잡한 관세체계를 단순화하는 것을 골자로 한다. 즉, 특정 국가나 상품이 아니라 모든 무역국과 상품에 동일한 관세율을 적용하겠다는 것이다. 트럼프는 '새로운 미국 산업주의'라는 공약을 내세우면서 '모든 국가에서 수입하는 모든 상품에 10~20%의 보편관세를 부과하고, 중국산 제품에는 최소 60%의 관세를 부과하겠다'라고 밝힌 바 있다. 그러나 다른 국가들이 이에 상응하는 조치를 취할 경우 무역전쟁이 확산할 수 있다는 우려가 크다.

출제기관 ▶ 이데일리, 은평구도시공사

기출문제
트럼프 2기 행정부의 관세정책에 대한 설명으로 옳은 것은?

① WTO의 최혜국대우 원칙을 이행하는 것을 이념으로 한다.
② 모든 수입품에 10% 보편관세를 시행했다.
③ 무역적자를 고려하지 않고 모든 교역국에 3%의 추가관세를 동일 부과했다.
④ 보호무역주의 완화를 위해 중국과의 고율관세를 철폐했다.

해설
트럼프 대통령은 2025년 4월 2일 'Liberation Day' 연설에서 모든 수입품에 10% 보편관세 부과를 선언했고, 4월 5일부터 이를 시행했다. 트럼프 2기 행정부는 WTO 원칙을 사실상 무시하는 보호무역적 보편관세를 도입했고, 추가관세는 교역국의 무역적자 규모를 고려해 국가별로 11~50% 이상 차등 부과했다. 아울러 중국을 견제하기 위해 중국산 제품에 최대 145%의 고율관세를 매겼다.

정답 ②

친족상도례(親族相盜例)
친인척 간에 발생한 재산범죄에 대해 형을 면제하는 특례

8촌 내의 혈족이나 4촌 내 인척, 배우자 간에 발생한 절도·사기죄 등 재산범죄에 대해 형을 면제하거나, 고소하지 않으면 공소를 제기할 수 없는 형법상 특례를 말한다. 1953년 형법 제정 당시 가족 내부에서 일어난 재산범죄에는 국가가 최대한 개입하지 않는다는 원칙에 의해 도입됐다. 그러나 2024년 6월 헌법재판소가 친족상도례 규정에 헌법불합치 판결을 내리면서 관련조항의 법적용이 중지됐다. 아울러 2024년 4월에는 학대 등 패륜행위를 한 가족에게도 의무적으로 일정유산을 상속하도록 한 현행민법인, 이른바 '유류분' 규정이 헌법에 어긋난다는 헌재 판단이 나오기도 했다.

출제기관 ▶ 머니투데이

기출문제
친족 간에 발생한 재산범죄에 대해서는 형을 면제하도록 한 특례는?

① 친족상도례
② 유류분
③ 친고죄
④ 불가벌적 사후행위

해설
친족상도례는 친인척, 배우자 간에 발생한 절도·사기죄 등 재산범죄에 대해 형을 면제하거나, 고소하지 않으면 공소를 제기할 수 없는 형법상 특례를 말한다.

정답 ①

최신 기출로 감 잡는 시사상식 31선

디리스킹(De-risking)
중국에 대한 외교적·경제적 의존도를 낮춰 위험요소를 줄이겠다는 서방의 전략

종래까지 미국을 비롯한 서방국가들은 대체로 중국과 거리를 두고 공급망에서 배제하는 '디커플링(De-coupling, 탈동조화)' 전략을 택해왔다. 그러나 2023년에 들어서는 중국과의 긴장을 완화하고 조금 더 유연한 관계로 전환하는 디리스킹 전략을 취하려는 움직임을 보였다. 디리스킹은 '위험제거'를 뜻하는 말로, 지난 2023년 3월 폰데어라이엔 유럽연합 집행위원장이 "세계시장에서 '탈(脫)중국'이란 불가능하고 유럽의 이익에도 부합하지 않는다"면서, "디리스킹으로 전환해야 한다"고 말해 주목받았다. 이는 중국과 경제적 협력관계를 유지하면서도 중국에 대한 과도한 외교·경제적 의존도를 낮춰 위험을 관리하겠다는 의도로 풀이됐다.

출제기관 한겨레

기출문제
미국 등 서방이 중국과의 관계를 조금 더 유연하게 풀어가겠다는 외교전략은?
① 디커플링
② 디리스킹
③ 리커플링
④ 디체인징

해설
위험 제거를 뜻하는 '디리스킹'은 미국·유럽 등 서방국가들이 중국과 경제적 협력관계를 유지하면서도 중국에 대한 과도한 외교·경제적 의존도를 낮춰 위험을 관리하겠다는 의도를 가진 외교전략이다.

정답 ②

파나마운하
태평양과 대서양을 연결하는 파나마 지협의 운하

중남미의 파나마 지협을 가로질러 건설된 운하로 태평양과 대서양을 연결하는 길이 82km의 운하다. 운하의 건설로 북아메리카 서부와 동부를 오가기 위해 남아메리카를 우회해야 했던 경로를 약 1만 5,000km 줄일 수 있었다. 수에즈운하와 더불어 세계 2대 운하로 꼽는다. 파나마운하는 1903년 프랑스계 회사로부터 굴착권을 매입한 미국이 건설을 시작해 12년 만에 완공했다. 운하의 운영권은 미국이 갖고 있었으나 파나마는 지속해서 반환을 요구했고, 1977년 파나마운하조약을 체결해 1999년 운영권이 파나마로 이전됐다. 그런데 2025년 제47대 미국 대통령으로 취임한 도널드 트럼프가 다시 운하의 환수 가능성을 거론해 화제가 됐다.

출제기관 한겨레

기출문제
파나마운하에 대한 설명으로 틀린 것은?
① 대서양과 태평양을 잇는 운하다.
② 수에즈운하와 함께 세계 양대 운하로 꼽힌다.
③ 1960년 지미 카터 미 행정부 때 운영권이 파나마로 반환됐다.
④ 2024년 재당선된 트럼프 미국 대통령이 운하의 운영권 환수 가능성을 예고했다.

해설
1977년 미국은 파나마운하의 반환을 지속적으로 요구하던 파나마정부와 조약을 체결했다. 이 조약은 파나마가 영구적 중립을 지키는 조건으로 미국이 운하를 반환한다는 약속을 골자로 했다.

정답 ③

브릭스(BRICS)

브라질 · 러시아 · 인도 · 중국 · 남아공의 신흥경제 5국을 하나의 경제권으로 묶은 용어

브라질(Brazil), 러시아(Russia), 인도(India), 중국(China), 남아공(South Africa) 등 5국의 영문 머리글자를 딴 것이다. 90년대 말부터 떠오른 신흥경제국으로 매년 정상회의를 개최하고 있다. 2011년에 남아공이 공식회원국으로 가입하면서, 기존 'BRICs'에서 'BRICS'로 의미가 확대됐다. 또한 2023년에는 사우디아라비아와 이란, 아랍에미리트(UAE), 아르헨티나, 이집트, 에티오피아를 새 회원국으로 품으면서, 정식회원국은 11개국으로 늘어났다. 중국과 러시아가 브릭스의 규모를 키워 서방 선진국 모임인 G7의 대항마로 세우려 한다는 분석이 나왔다.

출제기관 한국농수산식품유통공사, 조선일보

기출문제

신흥경제국 모임인 브릭스에 속하는 국가가 아닌 것은?

① 브라질
② 중국
③ 이스라엘
④ 남아프리카 공화국

해설
브릭스라는 명칭은 브라질(Brazil), 러시아(Russia), 인도(India), 중국(China), 남아공(South Africa) 등 신흥경제 5국의 영문 머리글자에서 따왔다.

정답 ③

하마스(HAMAS)

팔레스타인의 민족주의 정당이자 준군사조직

하마스는 팔레스타인의 무장단체이자 정당이다. 'HAMAS'라는 명칭은 '이슬람 저항운동'의 아랍어 첫 글자를 따서 지어졌다. '아마드 야신'이 1987년 창설한 이 단체는 이슬람 수니파 원리주의를 표방하고 있으며, 이스라엘에 저항하고 팔레스타인의 독립을 목표로 무장 저항활동을 펼치고 있다. 이들은 팔레스타인 가자지구와 요르단강 서쪽 지역을 실질 지배하고 있다. 하마스는 이스라엘과의 '팔레스타인 분쟁'의 중심에 서 있는 조직으로 2023년 10월에는 이스라엘을 무력으로 침공하면서 전면전이 시작됐다. 이스라엘정부가 곧 '하마스 섬멸'을 천명하고 가자지구를 공격하면서 수많은 팔레스타인 국민들이 희생됐다.

출제기관 뉴시스

기출문제

팔레스타인의 무장정파인 하마스에 대한 설명으로 옳지 않은 것은?

① 이란과 같은 종파인 시아파다.
② 팔레스타인의 해방을 목표로 한다.
③ 명칭은 '이슬람 저항운동'이라는 뜻을 담고 있다.
④ 가자지구를 실질적으로 통치하고 있다.

해설
팔레스타인의 무장단체이자 정당인 하마스(HAMAS)의 명칭은 '이슬람 저항운동'의 아랍어 첫 글자를 따서 지어졌다. 이 단체는 이슬람 수니파 원리주의를 표방하고 있으며, 이스라엘에 저항하고 팔레스타인의 독립을 목표로 무장 저항활동을 하고 있다. 이들은 팔레스타인 가자지구와 요르단강 서쪽 지역을 실질 지배하고 있다.

정답 ①

02 경제·경영

슈링크플레이션
기업이 제품의 가격은 유지하는 대신 수량·무게를 줄여 가격을 사실상 올리는 것

기업들이 자사 제품의 가격은 유지하고, 대신 수량과 무게·용량만 줄여 사실상 가격을 올리는 전략을 말한다. 영국의 경제학자 '피파 맘그렌'이 제시한 용어로 '줄어들다'라는 뜻의  '슈링크(Shrink)'와 '지속적으로 물가가 상승하는 현상'을 나타내는 '인플레이션(Inflation)'의 합성어다. 한국소비자원의 조사에 따르면 2023년 우리나라 식품업계에서 9개 품목, 37개 상품에서 슈링크플레이션이 확인됐다. 이에 정부는 제품의 포장지에 용량이 변경된 사실을 의무적으로 표기하는 방안을 추진했다.

출제기관 연합인포맥스, 조선일보

기출문제

기업이 제품의 가격은 유지하고 수량과 무게 등만 줄이는 전략은?

① 런치플레이션
② 애그플레이션
③ 슈링크플레이션
④ 스킴플레이션

해설
슈링크플레이션은 기업들이 자사 제품의 가격은 유지하고, 대신 수량과 무게·용량만 줄여 사실상 가격을 올리는 전략을 말한다.

정답 ③

노바이(Nobuy)
불필요한 소비를 줄이고, 최소한으로만 구매하는 생활방식

최근에 등장한 소비 트렌드로 'No + Buy' 즉, '아무것도 사지 않는다'는 의미다. 불필요한 소비를 줄이고 최소한으로 구매해 생활하는 방식을 말한다. 고물가·고금리 시대에 생활비  부담이 커지면서 절약 트렌드가 확산됐고, 꼭 필요한 것만 구매하고 과소비에 따른 환경문제까지 고려하는 '가치소비'가 주목을 받으면서 정립됐다. 새로 물건을 구입하기 보다는 기존의 물건을 다시 쓰거나 소비를 신중히 결정해 행한다. 불필요한 소비를 통제하는 '무지출 챌린지'와 유사한 성격을 띤다.

출제기관 수원시 공공기관 통합채용

기출문제

다음 소비 트렌드와 관련된 용어 중 성격이 다른 하나는?

① 노바이
② 무지출 챌린지
③ 욜로
④ 미니멀리즘

해설
노바이와 무지출 챌린지는 구매행위 자체를 줄이는 실천적인 절약운동이며, 미니멀리즘은 소비와 삶 전반을 간소화하는 철학이다. 'You Only Live Once'의 줄임말인 욜로(YOLO)는 "인생은 한 번뿐이다"는 의미로 '지금 이 순간을 즐기며 소비하고 살아가자'는 경향이다. 반대의 개념으로는 요노(YONO)가 있다. 'You Only Need One'의 줄임말로 불필요한 것을 줄이고 꼭 필요한 것 하나만 선택하는 소비 트렌드를 말한다.

정답 ③

밸류업(Value-up)
코리아 디스카운트 대응 방안

대상의 가치를 높이거나 향상시키는 행위를 말하며, 따라서 경영에서는 기업가치를 제고하는 것을 의미한다. 밸류업은 가치평가 수준이 비슷한 외국 상장기업에 비해 우리기업의 가치가 낮게 형성되는 현상인 '코리아 디스카운트'를 극복하기 위한 방편이다. 코리아 디스카운트를 극복하기 위해서는 기업 스스로 체질개선을 통해 밸류업 하려는 노력이 필요하다. 소수의 대주주가 기업이익을 독점하는 지배구조를 개선하고 주주환원정책을 펴는 등 만성적인 저평가를 개선하는 데 힘써야 한다. 2024년 2월 우리나라 금융위원회는 '기업 밸류업 프로그램'을 발표하며, 기업들의 적극적인 밸류업 참여유도를 위해 다양한 세제지원책을 인센티브로 제시하기로 했다.

출제기관 ▶ 코리아헤럴드, 한국일보

기출문제
우리나라의 '기업 밸류업 프로그램'에 대한 내용으로 틀린 것은?
① 국무총리 직속인 금융위원회에서 추진하고 있다.
② 우리기업들의 가치가 대체로 고평가되는 가운데 발표됐다.
③ 코리아 디스카운트를 해결하기 위함이다.
④ 기업이 자발적으로 주주환원정책 등을 펴도록 유도한다.

해설 금융위원회가 2024년 2월 발표한 '기업 밸류업 프로그램'은 우리나라 기업들의 가치가 고질적으로 저평가되는 코리아 디스카운트를 극복하기 위한 방안의 일환이다.

정답 ②

스테이블코인(Stablecoin)
실제화폐와 가치가 연동되는 가상화폐

가상화폐의 변동성을 최소화하는 가상화폐의 일종이다. '안정성'을 뜻하는 스테이블이라는 명칭처럼 법정화폐의 '가치 고정화'를 특징으로 하고 가상화폐의 장점인 '거래 투명성'을 겸비한다. 현재 달러와 유로화 등 특정 명목화폐와 동일한 가치를 갖도록 발행되고 있다. 발행하는 측에서는 코인의 가치가 연결된 해당 명목화폐 가치와 1:1 비중을 담보한다고 설명한다. 다만 연결된 명목화폐의 가치가 변하면 스테이블코인의 가치도 그만큼 변동된다.

출제기관 ▶ 인천글로벌캠퍼스

기출문제
실제화폐와 가치가 연동되는 가상화폐를 뜻하는 말은?
① 스테이블코인
② 밈코인
③ 비트코인
④ 바이낸스코인

해설 스테이블코인은 실제 법정화폐의 가치와 연동되어 발행되는 가상화폐다. 2014년 미국 달러와 연결된 가상화폐 '테더(Tether)'가 탄생하면서 각 국가의 통화를 바탕으로 하는 수많은 스테이블코인이 등장했다. 사실상 스테이블코인은 원화를 비롯해 어느 국가의 통화와도 연결돼 발행될 수 있다.

정답 ①

최신 기출로 감 잡는 시사상식 31선

03 사회

합계출산율
한 여성이 가임기간 동안 낳을 것으로 기대되는 평균 출생아 수

합계출산율이란 인구동향조사에서 15~49세의 가임여성 1명이 평생 동안 낳을 것으로 추정되는 출생아 명 수를 통계화한 것이다. 한 나라의 인구증감과 출산수준을 비교하기 위해  대표적으로 활용되는 지표로서 일반적으로 연령별 출산율의 합으로 계산된다. 2023년 우리나라의 합계출산율은 0.72명으로 역대 최저를 기록했고, 같은 해 4분기에는 0.65명까지 떨어지기도 했다. 2023년 기준 경제협력개발기구(OECD) 회원국 중 합계출산율이 1.00명 미만인 국가는 우리나라가 유일하다.

출제기관 한국폴리텍대학, 국민일보

[기출문제]

한 여성이 가임기간 동안 낳을 것으로 예상되는 평균 출생아 수를 뜻하는 용어는?

① 합계출산율
② 조출생률
③ 일반출산율
④ 대체출산율

[해설]
'조출생률'은 1년 동안의 총 출생아 수를 해당 연도의 총인구로 나눈 값에 1,000을 곱한 값. '일반출산율'은 1년 동안의 총 출생아 수를 15~49세 여성인구의 수로 나눈 값에 1,000을 곱한 값. '대체출산율'은 한 국가가 인구가 감소하지 않고 유지하는 데 필요한 수준의 출산율을 말한다.

정답 ①

디토소비
특정 인물이나 광고, 콘텐츠 등을 따라 물건을 구매하는 것

디토소비는 최근 등장한 소비 트렌드 중 하나로, 인플루언서·연예인 등 특정인이나 콘텐츠, 커머스를 따라 그대로 물건을 구매하는 것이다. 디토(Ditto)란 '나도, 동감이야'를 의미하는 단어로, 말 그대로 다른 사람이  하는 소비를 그대로 따라하는 소비패턴을 의미한다. 특히 MZ세대에서 유행하는 소비 트렌드로 SNS, 유튜브 등에서 인플루언서 등이 추천하거나 구매한 제품을 구매하는 방식으로 나타난다. '남들이 다 가지고 있으니 나도 구입한다'는 의식에서 행하기도 한다.

출제기관 광주광역시 공공기관 통합채용

[기출문제]

특정 인물이나 콘텐츠 등을 추종해 제품을 구매하는 새로운 소비 트렌드는?

① 가치소비
② 짠테크
③ 디토소비
④ 스몰럭셔리

[해설]
디토는 '나도 마찬가지야, 나도야'라는 의미이며, 디토소비는 이와 같이 인플루언서, 유튜버 같은 특정인물이 구매하거나 콘텐츠에서 추천하는 물건을 그대로 따라 사는 소비 트렌드를 말한다.

정답 ③

딥페이크(Deepfake) 음란물

딥페이크 기술을 활용하여 실제인물의 사진과 다른 이미지를 합성해 만든 음란물

딥페이크(Deepfake)란 '딥러닝(Deep Learning)'과 '페이크(Fake, 가짜)'의 합성어로, 인공지능(AI)이나 얼굴 매핑(모델을 사실적으로 보이기 위해 2차원 이미지를 3차원의 굴곡 있는 표면 위로 옮겨 표현하는 것) 기술을 활용해 합성한 영상을 뜻한다. 최근 우리나라에서는 실제인물의 얼굴과 음란물을 정교하게 합성한 딥페이크 음란물이 온라인 메신저인 '텔레그램'에서 대규모로 유통돼 충격을 줬다. SNS에서 일반인의 사진을 무단으로 도용해 음란물을 제작하고 유포했는데, 대학생과 중·고교생, 교사와 여군까지 피해가 사회 전방위로 확산돼 큰 파문이 일었다.

출제기관 ▶ 조선비즈

기출문제

얼굴 등 실제 이미지를 AI 기술을 이용해 특정영상에 합성한 편집물은?

① 페이셜 매핑
② 딥페이크
③ 머신러닝
④ 메타버스

해설
딥페이크는 실제 이미지를 인공지능이나 얼굴 매핑 기술을 활용해 특정영상·이미지와 합성한 편집물을 뜻한다.

정답 ②

조용한 해고(Quiet Cutting)

기업이 직원에게 간접적으로 해고의 신호를 주면서 퇴사하도록 유도하는 것

기업이 직원을 직접 해고하는 대신 간접적으로 해고의 신호를 주는 조치를 말한다. 기업은 장기간 봉급인상 거부, 승진기회 박탈, 피드백 거부 등의 방식으로 조용히 불이익을 주면서 직원들이 스스로 퇴사하도록 유도한다. 이는 팬데믹 이후 확산했던 '조용한 퇴사(Quiet Quitting)'에 대응하는 기업들의 새로운 움직임이다. '조용한 퇴사'란 직장을 그만두지는 않지만 정해진 업무시간과 업무범위 내에서만 일하고 초과근무를 거부하는 노동방식을 말한다. 한편 조용한 해고와 함께 새로운 직무가 생기면 신규직원을 채용하지 않고 기존 근로자의 역할을 전환하거나 단기계약직을 고용하는 '조용한 고용'도 확산하고 있다.

출제기관 ▶ 머니투데이

기출문제

다음 중 조용한 해고와 관련이 없는 것은?

① 초과근무 거부
② 좌천
③ 업무배제
④ 부서 재배치

해설
조용한 해고는 초과근무를 거부하고 급여수준에 맞는 최소한의 업무를 하는 '조용한 퇴사'에 대한 기업의 대응방식이다. 직접 직원을 해고하는 대신 좌천, 봉급인상 거부, 업무배제 등으로 해고의 신호를 보내는 것이다.

정답 ①

최신 기출로 감 잡는 시사상식 31선

연금개혁
2025년 3월 국회에서 합의된 국민연금 모수개혁

2025년 3월 20일 연금개혁이 18년 만에 국회에서 결실을 맺었다. 이번에 성사된 연금개혁은 '내는 돈'과 '받는 돈'을 결정하는 '모수(母數)개혁'이다. 먼저 내는 돈인 보험료율을 현행  9%에서 13%로 높이기로 했고, 받는 돈을 정하는 소득대체율은 2026년부터 43%로 올렸다. 이번 개혁으로 '더 내고 더 받는' 연금구조가 짜였고, 국민연금 적자전환 시점과 기금소진 시점도 각각 7년, 9년 늦춰지게 됐다. 이 밖에도 국가가 국민연금의 안정적·지속적 지급을 보장하는 내용의 '지급보장 명문화'도 법에 반영하기로 했다.

출제기관 한국경제

기출문제
연금개혁에서 소득 중 보험료율을 얼마나 산정하고, 또 향후 연금을 얼마나 받을지 결정하는 것을 무엇이라 하는가?

① 요율개혁
② 산정개혁
③ 모수개혁
④ 구조개혁

해설
'모수개혁'은 보험료율과 소득대체율 등 수치를 개편하는 것을 말한다. 국민연금과 기초연금, 각종 특수직역연금을 통합하는 등 연금구조 자체를 개편하는 것은 '구조개혁'이라 한다.

정답 ③

의정갈등
전국 의과대학 입학정원을 늘리는 의료개혁 정책으로 불거진 정부와 의사 간 갈등

윤석열정부는 2024년 1월 필수의료 붕괴와 열악한 지방의료 문제를 해결하기 위해 의대 입학정원을 크게 늘려 의사수를 확대한다는 방침을 내놓아 의사들과 첨예한 갈등을 겪었다. 전국  대학병원 전공의들이 사직서를 제출하고 병원을 떠나면서, 병원은 극심한 인력난을 겪었다. 의대생들은 수업을 거부하며 휴학계를 내고 학교를 떠나면서 의사배출 절벽이 현실화될 것이라는 우려도 커졌다. 이후 1년이 넘도록 갈등해결의 실마리를 찾지 못하자 2025년 3월 정부는 결국 '의대생 3월 복귀'를 전제로 2026학년도 의대정원을 증원 이전 규모인 3,058명으로 되돌렸다.

출제기관 뉴스1, 이투데이, 한국일보

기출문제
다음 중 의대의 입학정원을 결정하는 권한을 가진 행정부 주체는 누구인가?

① 국무총리
② 대통령
③ 교육부 장관
④ 행정안전부 장관

해설
우리나라의 고등교육법상 대학의 입학정원은 사회부총리 겸 교육부 장관이 정하는 바를 따라야 한다.

정답 ③

04 과학

온디바이스 AI
스마트기기에서 인터넷 연결 없이 자체적으로 작동하는 인공지능(AI)

스마트기기에 탑재돼 외부서버나 클라우드에 연결돼 있지 않아도 서비스를 제공할 수 있는 인공지능(AI)을 말한다. '에지(Edge) AI'라고도 불린다. 기존에는 기기에서 수집한 정보를 중앙클라우드 서버로 전송해 데이터와 연산을 지원받아야 했는데, 불안정한 통신상황에서는 서비스 이용이 제한적이라는 한계가 있었다. 온디바이스 AI는 자체적으로 정보를 처리해 인터넷 연결이나 통신상태로부터 자유롭고, 개인정보를 담은 데이터를 외부서버로 전송하지 않아도 된다는 점에서 차세대 기술로 주목받고 있다.

출제기관 ▶ SBS

기출문제

외부서버에 연결되지 않고도 스마트기기에서 자체 작동하는 AI는?

① 세컨드 AI
② 생성형 AI
③ 온디바이스 AI
④ 클라우드 AI

해설
온디바이스 AI는 스마트기기에 자체 탑재돼 외부서버 등 인터넷에 연결돼 있지 않아도 서비스를 제공할 수 있는 인공지능을 말한다.

정답 ③

위고비(Wegovy)
덴마크 제약회사가 개발한 성인용 비만치료제

덴마크의 제약회사인 노보 노디스크가 2021년 개발한 성인용 비만치료제다. 본래는 제2형 당뇨를 치료하기 위한 약품이었으나, 비만인의 체중감량효과가 있다는 것이 확인되면서 미국 FDA에서 비만치료제로 승인을 받았다. 이후 미국에서 위고비는 선풍적인 인기를 얻었고, 지난 2024년 10월에는 우리나라에도 정식 출시가 되면서 큰 화제를 불러 일으켰다. 한편 위고비가 근본 목적인 비만 치료가 아닌 단순 다이어트 등의 미용 목적으로 오·남용되면서 부작용을 낳을 수 있다는 우려가 제기되기도 하였다.

출제기관 ▶ MBN

기출문제

덴마크의 제약사 노보 노디스크가 2021년 출시한 성인용 비만치료제의 이름은?

① 위고비
② 삭센다
③ 제니칼
④ 콘트라브

해설
덴마크 제약사 노보 노디스크가 2021년 출시한 비만치료제의 이름은 '위고비'이다.

정답 ①

최신 기출로 감 잡는 시사상식 31선

스마트팩토리(Smart Factory)
인간의 개입 없이 전체공정이 정보통신기술로 이뤄지는 지능형 공장

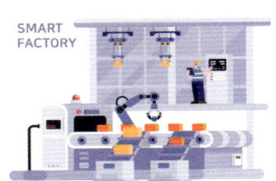

제품의 기획 및 설계단계부터 판매 및 마케팅 등의 모든 공정이 사물인터넷(IoT), 인공지능(AI), 빅데이터와 같은 정보통신기술(ICT)을 적용하여 기업의 생산성과 제품의 품질 등을 높이는 지능형 공장을 의미한다. 모든 공정이 인공지능에 의해 자동화되는 제조업의 혁신이라고도 불린다. 자동화된 공정에서 수집되는 데이터를 활용해 각 공정이 서로 유기적으로 이뤄질 수 있도록 한다. 스마트팩토리의 구체적인 운영 전략은 국가별 제조업의 특성 및 강점, 산업구조 등에 따라 다양한 형태를 갖춘다. 우리정부에서는 4차 산업혁명시대에 맞추어 이를 꾸준히 지원하고 있다.

출제기관 ▶ 한국폴리텍대학

기출문제
제품 생산시스템에 정보통신기술(ICT)을 결합해 생산성을 향상시킨 공장은?
① 스마트팩토리
② IoT팩토리
③ 디지털팩토리
④ ICT팩토리

해설
스마트팩토리는 설계 및 개발, 제조, 물류 등의 제품 생산과정에 정보통신기술(ICT)을 적용해 디지털 자동화 작업이 가능한 지능형 생산공장을 말한다.

정답 ①

큐싱(Qshing)
QR코드로 접속을 유도해 악성코드를 심는 수법의 신종 금융범죄

QR코드(Quick Response Code)와 개인정보 및 금융정보를 낚는다(Fishing)는 의미를 띤 합성어로, 스마트폰이 대중화되면서 새롭게 나타난 금융범죄 수법이다. QR코드에 접속하면 자동으로 악성코드가 심어지게 해 개인정보를 탈취하고 스마트폰을 해킹해 금전적 피해를 입힌다. 정상적인 QR코드를 다른 것으로 바꾸거나 덮어씌운 뒤, 악성링크로 접속을 유도하고 악성앱을 설치하는 등의 방식으로 나타난다. QR코드는 제작이 간단하고 그 형태만으로 진위여부를 판별하기 어렵기 때문에 더욱 심각한 문제가 되고 있다.

출제기관 ▶ 부산광역시 공무직 통합채용

기출문제
스마트폰으로 QR코드 접속을 유도해 금융범죄를 벌이는 수법은?
① 스미싱
② 큐싱
③ 파밍
④ 트래킹

해설
큐싱은 스마트폰으로 QR코드에 접속하면 자동으로 악성코드가 심어지게 해 금전적 피해를 입히는 범죄수법이다.

정답 ②

HBM(High Bandwidth Memory)
기존 DRAM의 데이터 처리능력을 끌어올린 고대역폭메모리

우리나라의 SK하이닉스가 세계 최초로 고안해 양산한 고대역폭메모리로 DRAM을 수직으로 적층해 데이터 처리 속도를 대폭 강화했다. 이러한 적층구조는 기반 면적당 훨씬 높은 데이터 용량을 확보할 수 있게 한다. 인공지능이나 빅데이터처럼 방대한 양의 데이터를 연산·처리해야 하는 첨단 IT기술 구현의 강력한 무기가 되고 있다. SK하이닉스는 2024년 9월 HBM 최대용량 36GB를 구현한 HBM3E 12단 신제품을 세계 최초로 양산하기 시작했다.

출제기관 한겨레, 한국일보

기출문제

기존의 DRAM을 수직으로 적층해 데이터 처리 속도를 강화한 메모리의 명칭은?

① HBM
② VDM
③ RAM
④ SRAM

해설
컴퓨터의 주력 메모리로 사용되는 DRAM을 수직으로 쌓는 방식으로 제작하는 메모리를 HBM(High Bandwidth Memory)이라고 한다. '고대역폭메모리'라고도 부른다.

정답 ①

딥시크(DeepSeek)
2024년 말 챗GPT를 능가하는 성능을 보인 인공지능 모델을 개발한 중국의 스타트업

2023년 중국의 량원펑이 설립한 인공지능(AI) 스타트업이다. 지난 2024년 말 상대적으로 더 적은 인력과 비용만으로 챗GPT를 능가하는 성능의 AI 언어모델을 공개해 전 세계에 충격을 줬다. 업계에서는 딥시크의 부상을 미국과 중국 간의 AI 개발경쟁의 신호탄으로 보고 있다. 딥시크의 모델은 오픈소스로 공개돼 있어 사용과 수정이 자유로운데, 딥시크 모델을 활용한 최고의 AI 기술이 중국에서 나올 경우 전 세계 개발자들이 이를 토대로 자신들의 시스템을 구축하게 돼 장기적으로 중국이 AI 연구개발의 중심지가 될 수 있다고 미국 업계 측은 우려하고 있다.

출제기관 화성산업진흥원

기출문제

2024년 말 챗GPT를 능가하는 성능의 AI 모델을 개발한 중국의 스타트업은?

① OpenELM
② Qwen
③ 딥시크
④ 엑사원

해설
딥시크는 미국 빅테크에 비해 상대적으로 더 적은 비용으로 챗GPT를 능가하는 성능의 인공지능 언어모델을 공개해 파란을 일으켰다. 그런가하면 딥시크는 스스로 중국정부와 정치에 대한 비판에 검열을 하고, 아울러 Open AI의 학습 데이터를 무단으로 수집했다는 의혹이 불거지기도 했다. 또한 중국으로 사용자의 개인정보를 전송하는 것으로 알려져 논란을 낳았다.

정답 ③

최신 기출로 감 잡는 시사상식 31선

05 문화·인문학

유네스코 세계유산
유네스코에서 인류의 소중한 문화 및 자연유산을 보호하기 위해 지정한 유산

유엔교육과학문화기구(UNESCO, 유네스코)는 1972년부터 세계유산협약에 따라 인류를 위해 보호해야 할 가치가 있는 유산을 세계유산으로 지정하고 있다. 세계유산은 '문화유산', '자연유산', '복합유산'으로 나누어 관리한다. 최근 우리나라는 일본 니가타현에 소재한 일제강점기 조선인 강제노역 현장인 '사도광산'의 세계유산 등재를 두고 일본과 마찰을 빚었다. 유네스코는 일본 측에 사도광산의 등재 추천서에 광산의 전체 역사를 반영하고 주변국과 협의를 이뤄오라고 통보했다. 그런데 2024년 7월 우리정부가 일본 측과 협상 중 등재에 동의했고, 그러면서도 '강제성' 표현을 명시하라는 우리정부의 요구를 일본 측이 거부한 것으로 드러나면서 논란이 일었다.

출제기관 부산광역시 공공기관 통합채용

> **기출문제**
>
> 2025년 7월 유네스코 세계유산으로 등재된 우리나라의 문화유산은?
>
> ① 조선왕조 의궤
> ② 가야고분군
> ③ 국채보상운동 기념물
> ④ 반구천의 암각화
>
> **해설**
> 울산 울주군의 '반구천의 암각화'는 선사시대의 생활상이 생생히 기록된 벽화로, 2025년 7월 세계유산위원회의 등재 심사를 거쳐 같은 달 12일 세계유산으로 등재됐다. 대곡리 암각화와 천전리 암각화로 구성되어 있다.
>
> **정답** ④

국가유산
'문화재'의 새로운 공식명칭

2024년 5월 우리정부는 국제적으로 '유산(heritage)'이라는 개념이 통용되는 기준에 발맞추어, '문화재'라는 용어를 '국가유산'으로 바꾸는 등의 내용을 담은 '국가유산기본법'을 시행한다고 밝혔다. 이로써 기존 '문화재청'도 '국가유산청'으로 새롭게 출범했다. 국가유산은 '인위적이거나 자연적으로 형성된 국가적·민족적 또는 세계적 유산으로서 역사적·예술적·학술적 또는 경관적 가치가 큰 우리나라의 소중한 유산'을 뜻하고, 크게 문화유산·자연유산·무형유산으로 구분된다.

출제기관 한겨레, 뉴시스

> **기출문제**
>
> 2024년 문화재의 정식명칭이 ( )(으)로 바뀌었고, 문화재청도 ( )청으로 이름을 바꾸었다. ( ) 안에 들어갈 말은?
>
> ① 한국유산
> ② 전통유산
> ③ 문화유산
> ④ 국가유산
>
> **해설**
> 1962년 '문화재보호법'이 제정된 이래 사용되던 문화재라는 용어가 2024년 5월 17일부터 국가유산으로 새롭게 쓰이게 되었다.
>
> **정답** ④

소프트파워
인간의 이성 및 감성적 능력을 포함하는 문화적 영향력

소프트파워(Soft Power)란 교육·학문·예술 등 인간의 이성 및 감성적 능력을 포함하는 문화적 영향력을 말한다. 21세기에 들어서며 세계가 군사력을 바탕으로 한 하드파워, 즉 경성국가의 시대에서 소프트파워를 중심으로 한 연성국가의 시대로 접어들었다는 의미로 대중문화의 전파, 특정 표준의 국제적 채택, 도덕적 우위의 확산 등을 통해 커지며 우리나라를 비롯한 세계 여러 나라에서 자국의 소프트파워를 키우고 활용하기 위한 노력을 계속하고 있다.

출제기관 ▶ CBS

기출문제
다음 중 소프트파워에 대한 설명으로 옳지 않은 것은?

① 하드파워와 대비되는 개념이다.
② 문화적 영향력과 관련이 깊다.
③ 하버드대 교수 '조지프 나이'가 처음 용어를 사용했다.
④ 세계가 경성국가의 시대로 접어들었다는 의미다.

해설
소프트파워는 세계의 영향력이 무력을 바탕으로 하는 경성국가의 시대에서 연성국가로 진입하고 있다는 신호다.

정답 ④

부커상
세계 3대 문학상 중 하나

1969년 영국의 부커사가 제정한 문학상이다. 노벨문학상, 프랑스의 공쿠르 문학상과 함께 세계 3대 문학상 중 하나로, 해마다 영국연방국가에서 출판된 영어소설들을 대상으로 시상해왔다. 그러다 2005년에 영어로 출간하거나 영어로 번역한 소설을 대상으로 상을 수여하는 인터내셔널 부문을 신설했다. 신설된 후 격년으로 진행되다가 2016년부터 영어번역 소설을 출간한 작가와 번역가에 대해 매년 시상하는 것으로 변경했다. 국내작품 중에서는 한강의 〈채식주의자〉가 2016년 인터내셔널 수상작으로 선정되면서 화제를 모았다. 2023년에는 천명관이 〈고래〉로, 2024년에는 황석영이 〈철도원 삼대〉로 인터내셔널 최종후보에 올랐으나 아쉽게도 수상에 이르지는 못했다.

출제기관 ▶ 전라남도 공무직 통합채용, 뉴스1

기출문제
2023년 부커상 인터내셔널 최종후보에 오른 국내 장편소설은?

① 〈고래〉
② 〈채식주의자〉
③ 〈저주토끼〉
④ 〈대도시의 사랑법〉

해설
천명관 작가의 장편소설 〈고래〉가 2023년 세계 3대 문학상 중 하나인 영국 부커상 인터내셔널 부문 최종후보에 올라 기대를 모았으나 아쉽게도 수상은 불발됐다.

정답 ①

최신 기출로 감 잡는 시사상식 31선

06 역사·인물

한강
2024년 노벨 문학상 수상자

우리나라의 소설가·시인으로 2024년 노벨 문학상 수상자다. 1994년 서울신문 신춘문예 소설 부문에 낸 〈붉은 닻〉이 당선되면서 소설가로 데뷔했다. 한강 작가는 죽음과 폭력 등 인간의 보편적 문제를 시적이고 서정적인 문체로 풀어내는 독창적인 작품세계를 구축했다는 평가를 받는다. 대표작에는 장편소설 〈소년이 온다〉, 〈흰〉, 〈작별하지 않는다〉와 소설집 〈채식주의자〉 등이 있다. 앞서 2016년에는 노벨 문학상과 함께 세계 3대 문학상 중 하나로 꼽히는 부커상의 인터내셔널 부문을 수상하면서 세계적 명성을 얻기도 했다.

출제기관 한겨레

기출문제
다음 중 한강 작가의 소설 작품이 아닌 것은?
① 〈채식주의자〉
② 〈소년이 온다〉
③ 〈흰〉
④ 〈서랍에 저녁을 넣어두었다〉

해설 〈서랍에 저녁을 넣어두었다〉는 2013년 출간된 한강 작가의 시집이다.

정답 ④

테일러 스위프트
미국의 싱어송라이터로 시사주간지 〈타임〉이 선정한 '2023년 올해의 인물'

미국의 싱어송라이터로 시사주간지 〈타임〉이 선정한 '2023년 올해의 인물'이다. 이전까지 선정된 다른 연예계 인사와 달리 순수하게 팝스타로서 거둔 성공에 힘입어 선정돼 화제가 됐다. 2006년 데뷔 이후 빌보드 앨범차트 역사상 가장 많은 연간 1위 자리에 올랐고, 앨범 판매량은 2억장을 돌파했다. 그녀는 국가경제 등 다양한 영역에도 영향력을 끼치고 있는데, 미국 도시 곳곳에서 공연을 열 때마다 수많은 팬들이 몰리면서 지역경제가 일시적으로 활성화되고 물가가 상승하는 현상이 나타나기도 했다. 이런 현상을 두고 스위프트(Swift)와 경제학(Economics)을 합친 '스위프트노믹스'라는 신조어가 만들어졌다.

출제기관 스튜디오S

기출문제
다음 중 스위프트노믹스와 관련이 없는 것은?
① 히트플레이션
② 디 에라스 투어
③ 비욘세 효과
④ 펀플레이션

해설 스위프트노믹스는 테일러 스위프트의 공연이 지역경제에까지 큰 영향을 끼치는 것을 의미하며, '디 에라스 투어'는 2023년 시작한 스위프트의 초대형 월드투어 콘서트다. '비욘세 효과' 또한 유명 팝스타 비욘세의 공연이 해당지역의 물가상승에 영향을 준 것에서 유래한 신조어이며, '펀플레이션'은 공연, 스포츠경기 등 오락산업에 쓰는 비용이 치솟는 현상을 말한다. '히트플레이션'은 폭염으로 농작물 작황이 악화돼 식량가격이 상승하는 현상이다.

정답 ①

라이칭더
대만(중화민국)의 제16대 총통

차이잉원 대만 총통의 뒤를 이어 2024년 1월 새 총통으로 당선된 인물이다. 친미·대만독립 성향인 민주진보당 소속으로 우리나라의 국무총리 격인 행정원장과 부총통, 총통 자리에 모두 올랐다. 2024년 대만 선거는 전 세계 40개국에서 선거가 열리는 '지구촌 선거의 해'의 시작을 알리는 첫 선거이자, 미중 갈등이 고조된 가운데 '미중 대리전'의 성격을 띠어 주목을 받았다. 이 선거에서 친미 성향의 라이칭더 총통이 당선됨에 따라 중국으로부터 독립하고자 하는 대만정부의 열망은 더 강해지게 됐다. 아울러 대만과의 친교를 통해 중국을 안보·경제면에서 압박하려는 미국의 향후 전략에도 이목이 쏠렸다. 반면 중국은 국제적으로 누구든 '하나의 중국' 원칙을 어기려는 것은 중국 내정에 간섭하는 행위라며 강하게 반발했다.

출제기관 ▶ 전자신문

기출문제

2024년 1월 중화민국의 새 총통에 당선된 인물은?

① 천수이볜
② 마잉주
③ 차이잉원
④ 라이칭더

해설
차이잉원 총통과 함께 부총통직을 수행했던 라이칭더가 2024년 1월 새 중화민국 총통에 당선됐다.

정답 ④

꼭 알아둬야 할 빈출 Awards

노벨상

수상 부문		생리의학, 물리학, 화학, 경제학, 문학, 평화
주최		스웨덴 왕립아카데미, 노르웨이 노벨위원회
시작 연도		1901년
시상식 장소		스웨덴 스톡홀름(평화상은 노르웨이 오슬로)
시상식 일정		매년 12월 10일
심사	생리의학	카롤린스카 의학연구소
	물리학	스웨덴 왕립과학아카데미
	화학	
	경제학	
	문학	스웨덴 아카데미(한림원)
	평화	노르웨이 노벨위원회

〈2024 수상내역〉

• 노벨생리의학상

올해 노벨생리의학상 수상자로는 메사추세츠대 의과대학 교수인 빅터 앰브로스와 하버드 의학전문대학원 교수 게리 러브컨이 선정됐다. 이들은 1980년대 후반 2002년 노벨생리의학상 수상자인 생물학자 로버트 호비츠의 연구실에서 '예쁜꼬마선충'을 연구했다. 이들은 이 연구를 통해 유기체에서 이뤄지는 조직의 발달과 성숙 과정을 규명하고자 했다. 특히 다양한 세포들이 적시에 발달하도록 제어하는 유전자에 관심을 두었고, 선충의 lin-4 마이크로RNA가 lin-14 유전자를 조절한다는 사실을 발견했다.

빅터 앰브로스   게리 러브컨

• 노벨물리학상

노벨물리학상은 프린스턴대 명예교수인 존 홉필드와 토론토대 명예교수인 제프리 힌턴이 수상했다. 이들은 AI 머신러닝(기계학습)의 기초를 확립한 공로를 인정받았다. AI 분야에서 노벨상 수상자가 나온 것은 이번이 처음이다. 노벨위원회는 이들이 '인공신경망을 이용한 머신러닝을 가능케 하는 기반 발견 및 발명'과 관련한 공로를 세운 점을 높게 평가했다. 이들이 인간 뇌에서 뉴런(신경세포) 간의 상호연결이 강해지고 약해지며 학습이 이뤄지는 메커니즘을 모방해, 기계가 데이터를 학습하는 방법을 개발했다고 전했다.

존 홉필드   제프리 힌턴

• 노벨화학상

노벨화학상은 '컴퓨터를 이용한 단백질 설계'에 기여한 워싱턴대 생화학 교수 데이비드 베이커와 단백질 구조를 파악하는 AI 모델 '알파폴드'를 개발한 구글 딥마인드의 데미스 허사비스, 존 점퍼에게 돌아갔다. 노벨위원회는 "베이커 교수가 단백질의 완전히 새로운 종류를 구축하는 위업을 달성했다"고 밝혔다. 이어 "허사비스와 점퍼는 단백질의 복잡한 구조를 예측하는 AI 모델을 개발했다"고 설명했다.

데이비드 베이커　데미스 허사비스　존 점퍼

• 노벨문학상

소설가 한강이 노벨문학상 수상의 영예를 안았다. 한국인이 노벨상을 수상한 것은 2000년 평화상을 수상한 고(故) 김대중 전 대통령에 이어 두 번째다. 한림원은 그녀의 작품세계를 "역사적 트라우마에 맞서고 인간 삶의 연약함을 드러낸 강렬한 시적산문"이라고 설명했다. 한강은 앞서 2016년에도 소설 〈채식주의자〉로 세계적 권위의 맨부커상 인터내셔널 부문을 수상하면서 국제적으로 이름을 알렸다. 그녀는 죽음과 폭력 등 보편적 인간문제를 시적인 문체로 풀어내는 독창적인 작품세계를 구축했다는 평가를 받는다.

한강

• 노벨평화상

노벨평화상은 일본의 원폭 생존자 단체이자 핵무기 근절 운동을 펼쳐 온 원폭피해자단체협의회 '니혼 히단쿄'가 받았다. 올해 평화상 선정은 일본 원폭투하 80주년을 한 해 앞두고, 핵무기 사용이 도덕적으로 용납될 수 없다는 점이 강조된 것으로 분석됐다. 아울러 팔레스타인과 우크라이나 등에서 전쟁이 지속되고 핵무기 사용 우려가 커지는 현실에서, 핵군축과 군비 통제의 필요성을 환기시키려는 노벨위원회의 의도로도 해석됐다.

• 노벨경제학상

노벨경제학상은 국가 간 부의 차이를 연구해온 다론 아제모을루, 사이먼 존슨 매사추세츠공대 교수와 제임스 A. 로빈슨 시카고대 교수가 수상했다. 이들은 국가 간 불평등과 빈부격차에 주목하는 과정에서 한국의 사례에도 눈을 돌리는 등 '지한파'로 꼽힌다. 아제모을루 교수와 로빈슨 교수는 〈국가는 왜 실패하는가〉의 저자로도 국내에 잘 알려져 있다. 이 책은 국가의 성공과

다론 아제모을루　사이먼 존슨　제임스 A. 로빈슨

실패를 결정짓는 요인을 사회제도에서 찾고 있다. 부인이 한국계 미국인인 존슨 교수는 처남인 제임스 곽과 함께 미국발 경제위기를 불러온 대형은행들의 악마성을 폭로한 책 〈위험한 은행〉을 펴내기도 했다.

꼭 알아둬야 할 빈출 Awards

세계 3대 영화제

01 ◀ 베니스 영화제

개최 장소	이탈리아 베네치아
개최 시기	매년 8월 말~9월 초
시작 연도	1932년

〈2024 제81회 수상내역〉

- **황금사자상**

스페인 페드로 알모도바르 감독의 첫 영어 장편영화 〈더 룸 넥스트 도어〉가 최고영예를 안았다. 이 작품은 삶과 죽음, 안락사, 여성의 우정을 다뤘으며, 이번 영화제에서 첫 상영됐을 때 18분간 기립박수를 받아 화제가 됐다. 알모도바르 감독은 수상소감에서 "깨끗하고 존엄하게 이 세상에 안녕을 고하는 것은 모든 인간의 기본권리라고 믿는다"고 말했다.

〈더 룸 넥스트 도어〉

페드로 알모도바르

- **심사위원대상/감독상**

심사위원대상은 이탈리아 출신의 마우라 델페로가 감독한 〈베르밀리오〉에 돌아갔다. 이탈리아와 프랑스, 벨기에의 합작영화인 이 작품은 제2차 세계대전의 마지막 해 이탈리아 알프스를 배경으로 일어나는 사건을 그렸다. 감독상은 〈더 브루탈리스트〉를 연출한 브레이디 코베이가 받았다. 제2차 세계대전 이후를 배경으로 헝가리 출신의 한 건축가가 미국에 이주하며 자신의 꿈을 위해 분투하는 이야기를 다룬다.

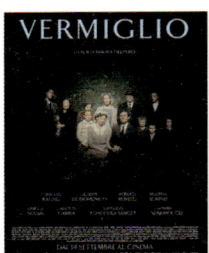
〈베르밀리오〉

브레이디 코베이

- **남우주연상/여우주연상**

남우주연상은 프랑스의 자매 감독인 델핀 쿨랭·뮈리엘 쿨랭의 〈더 콰이어트 선〉에 출연한 프랑스의 뱅상 랭동이 차지했다. 극단적 극우주의에 빠져드는 10대 아들로 고민하는 홀아버지를 연기했다. 여우주연상은 〈베이비걸〉에서 젊은 인턴과 불륜에 빠진 여성사업가의 이야기로 과감한 연기를 펼친 니콜 키드먼이 받았다.

뱅상 랭동

니콜 키드먼

02 칸 영화제

개최 장소	프랑스 남부의 도시 칸
개최 시기	매년 5월
시작 연도	1946년

〈2025 제78회 수상내역〉

- **황금종려상**

이란 출신의 거장이며 사회비판적 작품을 만드는 것으로 유명한 자파르 파나히 감독의 〈심플 액시던트〉가 최고작품상인 황금종려상을 수상했다. 이란과 프랑스 합작영화이며, 이란의 작은 마을에서 한 부부에게 벌어진 우연한 사고를 통해 체제와 개인의 운명을 통찰하는 스릴러 영화다.

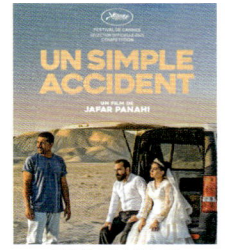 

〈심플 액시던트〉　자파르 파나히

- **심사위원대상/감독상**

심사위원대상은 노르웨이 출신의 감독 요아킴 트리에 감독의 〈센티멘탈 밸류〉가 받았고, 감독상은 〈시크릿 에이전트〉를 연출한 브라질 출신의 감독 클레베르 멘돈사 필류가 수상했다. 〈센티멘탈 밸류〉는 유명 영화감독을 아버지로 둔 자매의 이야기로, 인간관계 속 감정적 '가치'와 기억을 탐구하는 감성적인 드라마다. 〈시크릿 에이전트〉는 1970년대 말 브라질의 군사정권하에서 정치적 혼란에 휘말린 대학교수의 이야기를 담고 있다.

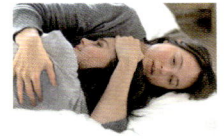 

〈센티멘탈 밸류〉　클레베르 멘돈사 필류

- **남우주연상/여우주연상**

남우주연상은 감독상을 수상한 〈시크릿 에이전트〉에서 주인공인 '마르셀루' 역을 연기한 브라질 배우 바그네르 모우라가 받았다. 여우주연상은 프랑스-독일 합작영화 〈리틀 시스터〉에서 어린 동생을 지키기 위해 고군분투하는 언니 역을 섬세하게 연기한 프랑스-알제리계 배우 나디아 멜리티가 수상했다.

바그네르 모우라　나디아 멜리티

꼭 알아둬야 할 빈출 Awards

03 베를린 영화제

개최 장소	독일 베를린
개최 시기	매년 2월 중순
시작 연도	1951년

〈2025 제75회 수상내역〉

- **황금곰상**

  노르웨이 출신의 감독 다그 요한 하우거루드의 작품 〈드림스〉가 최고작품상인 황금곰상을 수상했다. 이 작품은 여교사와 사랑에 빠진 17살 여학생의 이야기를 다룬다. 심사위원단은 본 작품이 인간 욕망의 원동력과 그 결과를 잘 그려냈으며, 관찰력·카메라·연기의 3박자가 훌륭하게 이뤄졌다고 평했다.

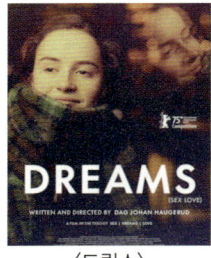 

〈드림스〉 　　다그 요한 하우거루드

- **심사위원대상/감독상**

  심사위원대상은 〈더 블루트레일〉을 연출한 브라질 감독 가브리엘 마스카로가 받았고, 감독상은 〈생식지지〉를 연출한 중국 출신의 곽맹이 수상했다. 〈더 블루트레일〉은 경제회복이라는 미명 아래 노인들을 격리하는 시스템을 만든 브라질을 배경으로, 정부의 눈을 피해 자유를 실현하려는 한 노인의 이야기를 담고 있다. 〈생식지지〉는 1990년대 산업화로 인해 변화하는 중국의 농촌과 도시로 이주하는 농민들의 삶을 다룬 작품이다.

〈더 블루트레일〉 　　곽맹

- **주연상/조연상**

  주연상은 〈내가 다리가 있으면 널 차버릴 거야〉에서 주인공 '린다' 역으로 열연한 호주 출신의 배우 로즈 번이 수상했다. 조연상은 미국의 작사가 로젠즈 하트의 삶을 그린 리처드 링클레이터 감독의 〈블루 문〉에 출연한 앤드류 스콧이 받았다.

로즈 번 　　앤드류 스콧

부커상(The Booker Prize)

선정 대상	부커상	영어로 창작되어 영국에서 출간된 책
	부커 인터내셔널	영어로 번역되어 영국에서 출간된 책
주최 기관	영국 부커상 재단	
개최 장소	영국 런던	
개최 시기	매년 5월(부커 인터내셔널) / 매년 11월(부커상)	
시작 연도	2005년(부커 인터내셔널) / 1969년(부커상)	

2024년 부커상 수상작은 영국의 작가 서맨사 하비의 단편소설 〈오비털(Orbital)〉이다. 136쪽의 짧은 분량의 이 작품은 국제우주정거장(ISS)에서 머무르는 6명의 우주비행사를 주인공으로 한다. 우주공간에서 체류하며 지구를 바라보는 이들의 내면과 일련의 사건들을 통해 기후위기와 인류의 욕망에 관한 메시지를 전한다.

2025년 부커상 인터내셔널 수상작은 인도 출신의 작가 바누 무스타크가 쓴 단편소설집 〈하트 램프〉다. 작품을 영어로 번역한 인도 출신의 번역가 디파 바스티가 함께 수상의 영광을 안았다. 이 작품은 부커상 인터내셔널 부문 최초의 칸나다어 수상작이자 첫 단편소설집 수상작이다. 〈하트 램프〉는 남인도를 배경으로 무슬림 여성들의 삶과 이들이 겪는 종교·카스트·성차별 등 사회적 억압을 그려내고, 그 속에서도 꿋꿋이 살아가는 회복력 있는 목소리를 담고 있다.

서맨사 하비

바누 무스타크(오른쪽)와 디파 바스티

빅데이터 분석 출제 경향

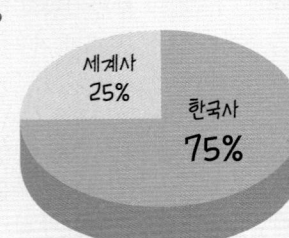

세계사보다 한국사의 출제 비율이 매우 높은 편입니다. 시대별 유물과 풍속, 주요 왕들의 업적, 개혁 내용이 자주 출제됩니다.

또한 최근에는 근현대사에서 광복 이후의 사건 순서나 민주화 운동 순서 등도 자주 출제되고 있으니 그 흐름을 잘 이해하면서 공부하는 것이 좋습니다.

고대사는 유물과 유적을 위주로 준비해두는 것이 좋고, 고려 및 조선 시대는 왕의 업적 및 각 왕대의 정치적 특징과 관련해 알아두는 것이 도움이 되며, 근현대사는 일제강점기 해방운동조직 및 인물을 기본적으로 알아두는 것이 좋습니다.

최빈출 대표 용어

Section	키워드
01 한국사	단군신화, 연맹왕국, 발해, 직지심체요절, 세종대왕, 갑오개혁, 대한민국 임시정부
02 세계사	르네상스, 종교개혁, 명예혁명, 프랑스혁명, 제2차 세계대전

PART 1

역사

SECTION 01 한국사
SECTION 02 세계사

SECTION 01 한국사

PART 1 역사

» Theme 1 «
선사시대

제1장 구석기시대와 신석기시대

★★★

001 선사시대
aT, 한국지역난방공사

☐ 문헌 사료가 전혀 존재하지 않는 문자로 기록되기 이전의 시대

구분		특징
선사시대	구석기	• 약 70만년 전 • 수렵·어로 생활, 무리·이동 생활 • 뗀석기(주먹도끼·긁개)와 뼈도구 사용 • 불의 발견과 이용
	신석기	• 기원전 8,000년경 • 농경(밭농사)의 시작, 평등사회, 원시종교 출현 • 간석기와 토기(이른민무늬 토기, 빗살무늬 토기), 가락바퀴 등의 도구 사용

▲ 빗살무늬 토기(신석기)

002 역사시대

> 문자로 역사적 사실들을 기록하기 시작하여 문자로 쓰인 기록이나 문헌 따위가 있는 시대

구분		특징
역사 시대	청동기	• 기원전 10세기경 • 농경의 발달(밭농사 중심)과 벼농사의 시작 • 청동기(비파형 동검, 거친무늬 거울)와 간석기(반달돌칼 등), 토기(미송리식 토기, 민무늬 토기) 사용 • 계급과 사유재산제 발생, 군장 사회
	철기	• 기원전 4세기 • 철기(철제 농기구, 무기), 청동기(세형동검, 잔무늬 거울, 거푸집) 사용 • 철제 농기구 사용으로 생산량 증가, 활발한 교역 – 중국과의 교류(명도전, 오수전, 반량전, 붓) • 부족연맹 사회를 형성하면서 연맹국가 성립

▲ 미송리식 토기(청동기)

※ 우리나라의 청동기시대는 선사시대와 역사시대가 중복되는 시기

003 고인돌

> 거대한 바위를 이용해 만들어진 선사시대 거석기념물로 한국 청동기시대의 대표적인 무덤 양식

청동기시대에 성행한 무덤 형식의 하나로, 지상에 묘실을 설치한 뒤 그 위에 덮개돌을 올린 북방식과 지하에 묘실을 만들어 그 위에 덮개돌을 놓고 돌을 괴는 남방식으로 구분된다. 고인돌을 세우는 데는 많은 인력이 필요했으므로 고인돌의 주인이 권력과 경제력을 갖춘 지배층이었음을 알 수 있다.

상식 plus⁺

고창, 화순, 강화의 고인돌 유적

고창, 화순, 강화의 유적은 2000년에 유네스코 세계유산으로 지정되었는데, 세계의 다른 어떤 나라보다 높은 밀도로 분포된 고인돌 군이다. 이것들은 고인돌의 채석, 운반, 건설 그리고 동북아시아 고인돌 형태의 변화 추이에 대한 중요한 증거들을 보존하고 있다. 세 지역에 모두 수백 기 이상의 고인돌이 밀집 분포하고 있으며, 이들 지역에 분포한 다양한 형태와 유형의 고인돌을 통해 거석문화 발전의 역사를 살펴볼 수 있다.

제 2 장 고조선과 연맹왕국

004 단군신화 ★★★★★

한국지역난방공사, MBC

☐ 단군왕검에 얽힌 고조선의 건국신화

환웅과 웅녀 사이에서 태어난 단군왕검은 기원전 2333년 고조선을 건국하고 홍익인간의 이념으로 백성을 다스렸다. 단군신화를 통해 고조선은 제정일치 사회이자 부족연맹체의 농경사회로서 사유재산제를 인정하고 계급이 분화된 사회였음을 알 수 있다. 단군신화는 삼국유사, 제왕운기, 세종실록지리지, 응제시주, 동국여지승람 등에 수록되어 있다.

단군왕검
단군은 제사장, 왕검은 정치적 지배자를 의미하는 것으로 단군왕검이란 제정일치 사회의 우두머리를 뜻하는 것

홍익인간(弘益人間)
널리 인간을 이롭게 한다는 것

제왕운기(帝王韻紀)
고려시대 문신 이승휴가 칠언고시의 형태로 저술한 역사서다. 상권에는 중국의 신화부터 하, 은, 주, 한나라를 거쳐 원나라 흥성기까지의 역사를 기록했다. 하권은 우리나라 고조선부터 삼국, 후삼국을 거쳐 고려의 통일까지를 담고 있다.

상식 plus⁺

범금8조
〈한서지리지〉에 남아있는 고조선의 기본법으로 현재는 아래 3개 조항만 전해진다.
- 사람을 죽인 자는 즉시 사형에 처한다.
- 남에게 상처를 입힌 자는 곡물로써 배상한다.
- 남의 재산을 훔친 사람은 노비로 삼고, 용서받으려면 한 사람마다 50만전을 내야 한다.

005 연맹왕국 ★★★★★

한국중부발전, 한국산업인력공단, 서울교통공사

☐ 고대국가 이전 원시사회에서 부족사회로 발전하면서 한반도에 성립하여 발전된 국가 형태

부여	고구려	옥저	동예	삼한
• 만주 송화강 유역, 5부족 연맹체, 사출도 • 반농, 반목 • 순장, 1책12법, 형사취수제, 우제점법 • 12월 영고	• 동가강 유역 졸본 지방, 5부족 연맹체, 제가회의 • 약탈경제, 부경 • 서옥제, 형사취수제 • 10월 동맹	• 함경도 해안의 평야 지대 중심, 군장(읍군과 삼로)이 통치 • 소금, 해산물 풍부, 고구려에 공물 • 민며느리제, 가족공동묘	• 강원도 북부 동해안 중심, 군장(읍군과 삼로)이 통치 • 단궁, 과하마, 반어피 등 생산, 방직기술 발달 • 족외혼, 책화 • 10월 무천	• 한강 이남 지역, 제정분리(군장인 신지, 읍차와 제사장인 천군) • 벼농사, 풍부한 철 생산(낙랑, 일본에 수출) • 두레 • 5월 수릿날, 10월 계절제

서옥제
혼인을 하면 신랑이 신부집 뒤에 서옥이라는 집을 짓고 생활하다가 자식을 낳아 장성하면 아내와 함께 신랑집으로 돌아가는 고구려의 풍속

책화
각 부족의 영역을 중요시하여 함부로 침범하지 못하게 하면서 다른 부족을 침범하는 경우에는 노비, 소, 말로 변상하게 하는 동예의 제도

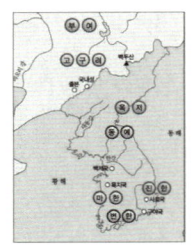

▲ 연맹왕국의 성장

Theme 2
삼국시대

제1장 고대국가(고구려, 백제, 신라, 가야)

★★★★

006 고대국가의 성립

수원문화재단, MBC

☐ 대내적으로는 중앙집권 국가체제의 기틀을 마련하고, 대외적으로는 활발한 정복활동으로 영토 확장을 통한 고대국가의 성립

고구려	부여계 유이민과 압록강 유역 토착민을 중심으로 건국하여 옥저를 복속, 낙랑을 압박하였으며 5부 체제 발전 및 고씨 왕위 세습을 통한 중앙집권 국가의 기반 형성
백제	고구려계 유이민과 한강 유역 토착민을 중심으로 건국하여 한 군현과 항쟁, 한강유역 장악, 율령 반포, 관등제 정비, 관복제 도입을 통한 중앙집권 국가의 기반 형성
신라	유이민 집단(박·석·김)과 경주 토착세력을 중심으로 건국하여 국가 발전의 지연, 낙동강 유역 진출, 왜구 격퇴(호우명그릇) 및 김씨 왕위 세습, 마립간 왕호 사용 등을 통한 중앙집권 국가의 기반 형성
가야	낙동강 하류 변한지역에서 6가야 연맹을 형성하여 농경문화, 철 생산, 중계무역으로 발전하였으나 금관가야 멸망(532), 대가야 멸망(562)으로 중앙집권 국가로 성립하지 못하고 신라에 흡수됨

호우명그릇
신라고분인 호우총(壺杅塚)에서 발견된 유물로 고구려 광개토대왕을 기념하는 명문이 새겨진 청동 호우(壺杅)가 부장품으로 출토되어 신라고분 연구에서 중요한 역할을 하며 당시 신라에 대한 고구려의 영향력을 짐작할 수 있는 유물

상식 plus+

고대국가의 특징
- 왕권 강화 : 왕 중심의 중앙집권적 지배 체제가 확고해진 형태
- 왕위의 세습 : 부자 상속의 전통을 이어감
- 체제의 정비 : 법령과 율령을 반포하여 사회 체제의 질서를 유지함
- 불교 수용 : 제정이 분리되는 대신 불교를 수용하여 통치이념으로 삼음
- 정복 전쟁 : 영토 확장

제 2 장 통일신라와 발해

007 발해

주택도시보증공사, 한국남부발전, MBC

★★★★★

☐ 대조영이 고구려 유민과 말갈족을 연합하여 698년에 건국한 국가

발해는 고구려의 계승국임을 밝히며, 상류 지배층인 고구려 유민이 하류층인 말갈족을 지배했다. 당나라의 제도를 받아들여 3성 6부 체제의 정치 조직을 지녔고, 독자적인 연호를 사용하며 '해동성국'이라는 칭호를 얻을 정도로 강성했으나 926년 거란족(요나라)에 의해 멸망당했다.

3성
정당성, 선조성, 중대성

6부(독자적 체계)
좌사정(충부·인부·의부), 우사정(지부·예부·신부)

상식 plus+

발해 주요 국왕의 업적

고왕 (대조영)	• 건국 : 동모산 기슭에서 건국 • 고구려 의식 계승
무왕	• 독자적 연호 사용(인안) • 당의 산동반도 공격(장문휴) • 돌궐, 일본과 연결하는 외교 관계 수립
문왕	• 독자적 연호 사용(대흥) • 외교 : 당과 친선, 신라와 교류(신라도) • 천도(중경 → 상경)
선왕	• 말갈족 복속, 요동 진출 : 고구려의 옛 땅 대부분 회복 • 발해의 전성기 : 해동성국

통일신라와 발해의 제도 비교

구분	통일신라	발해
중앙 관제	집사부를 중심으로 한 14부	3성 6부
지방 제도	9주 – 군, 현	5경 15부 62주 – 현
수상	시중	대내상
특수 지역	5소경, 향, 소, 부곡	5경
군사 조직	9서당(중앙), 10정(지방)	10위(중앙), 지방군(농병일치, 독립부대)

Theme 3
고려시대

제1장 무신정권 이전 문벌귀족 집권기

008 훈요십조

★★★★★

한국전력거래소, 연합뉴스, MBC

☐ 943년 고려 태조 왕건(王建)이 왕실 자손들에게 훈계하기 위해 남겼다고 전하는 열 가지 항목

1. 국가의 대업이 불교의 호위와 지덕에 힘입었으니 불교를 숭상할 것
2. 절의 쟁탈과 마구 만들어내는 것을 금할 것
3. 왕위계승은 적자적손을 원칙으로 하되 장자가 어질지 못할 때에는 인망 있는 자가 대통을 이을 것
4. 거란과 같은 야만국의 풍속을 배격할 것
5. 서경(西京)을 중시할 것
6. 연등회·팔관회 등의 중요한 불교 행사를 소홀히 다루지 말 것
7. 왕이 된 자는 공평하게 일을 처리하여 민심을 얻을 것
8. 차령산맥 이남으로서 공주강 바깥 지방의 사람을 등용하지 말 것
9. 백관의 기록을 공평히 정해줄 것
10. 옛일을 거울삼아 지금을 경계할 것

사심관 제도
지방 세력을 견제하기 위해 중앙의 고관이 된 자로 하여금 자기 고향의 사심관이 되게 하는 제도

사성정책
호족들에게 왕(王)씨 성을 하사하는 것

상식 plus+

고려 태조의 정책

- **민생안정 정책** : 조세 제도를 합리적으로 조정하여 세율을 1/10로 경감하였으며 빈민을 구제하기 위하여 흑창을 설치하기도 하였다.
- **왕권강화 정책** : 정계와 계백료서를 통해 임금에 대한 신하들의 도리를 강조하였고, 후대의 왕들에게도 지켜야 할 정책 방향을 훈요십조를 통하여 제시하였다. **사심관 제도**와 기인 제도를 활용하여, 지방 호족을 견제하고 지방 통치를 보완하려 하였다.
- **민족융합 정책** : 정략결혼과 **사성정책**을 통한 호족 세력 융합은 물론, 발해가 거란에 멸망했을 때 고구려계 유민들을 비롯한 많은 이들이 고려로 망명해왔을 때 발해·신라·후백제의 유민들을 적극 수용하였고 적재적소에 이들을 임명하여 민족의 완전한 통합을 꾀하였다.
- **북진 정책** : 고구려의 옛 땅을 찾고자 강력한 북진 정책을 추진하여 서경(평양)을 중시하였고, 북진 정책의 전진 기지로 개발하였다.

009 기인 제도

☆☆☆
MBC

☐ 지방 세력의 통제를 위해 호족의 자제를 인질로 수도에 머물게 하는 제도

지방 호족 및 토호의 자제로서 중앙에 볼모로 와서 그 출신 지방의 행정상 고문 구실을 하던 사람이나 그 제도를 이르는 말이다. 고려 태조가 중앙집권을 강화하고 지방 세력을 견제하기 위해 마련한 정책으로 신라의 상수리 제도에서 유래되었다.

상수리 제도
지방 세력을 효과적으로 감시·통제하기 위해 마련한 제도이다. 이후 고려시대의 기인 제도, 조선시대의 경저리 제도로 이어졌다.

010 노비안검법

☆☆☆☆☆
한국산업인력공단, 대전보훈병원, 경기도시공사

☐ 광종 때, 양민이었다가 불법으로 노비가 된 사람을 조사하여 해방시켜준 제도

강력한 중앙집권적 국가 체제를 지향했던 광종은 노비안검법을 단행하여, 후삼국 통일 전쟁 과정에서 전쟁 포로로 노비가 되었거나 호족 세력에게 눌려 강압적으로 노비가 된 사람들을 조사하여 본래의 신분인 양인으로 회복시켜 주었다. 이 정책은 호족의 토지를 경작하고 사병(私兵) 역할을 하던 노비를 감소시켜 호족의 인적 기반을 약화시켰다. 이는 세금을 내는 양인을 늘려 국가의 통치 기반을 강화하여 호족 세력을 약화시키고 왕권을 신장하는 두 가지 효과를 거둘 수 있었으나 호족들의 강한 반발로 정착되지는 못하였다.

상식 plus⁺

광종의 개혁정치
고려의 광종은 '광덕, 준풍'이라는 자주적 연호를 사용하며 대외적으로 자주권을 선언하였고, 노비안검법을 실시해 불법적으로 노비가 된 자들을 평민으로 해방하여 공신과 호족세력의 약화와 함께 국가 조세 수입원의 확대를 이루었다. 또한 과거 제도를 실시하여 유학을 익힌 실력파 신진 세력을 등용함으로써 신·구세력의 교체를 도모하였다.

011 상평창

경기도일자리재단, 전남신용보증재단

☐ 고려시대의 물가조절기관

풍년으로 곡물의 값이 쌀 때 사들이고 흉년에 값을 내려 팔아 물가를 조절하는 기관으로 고려 성종 12년(993년)에 설치되었다. 백성들의 생활을 안정시키기 위해 마련한 제도이며 조선시대에는 선혜청이라는 이름으로 존속·시행되었다.

상식 plus⁺

고려시대의 사회 구호 제도
- 흑창(태조) : 양곡 대여, 춘대추납
- 제위보(광종) : 기금 조성, 이자로 빈민구제
- 의창(성종) : 흑창을 의창으로 개칭, 농민 보호
- 혜민국(예종) : 질병 치료 및 구제기관, 무료 의약 제공

고려시대의 토지 제도
- 전시과 : 고려 경종 때 처음 시행된 시정 전시과는 관직복무와 직역의 대가로 토지를 나눠 주는 제도였다. 관리부터 군인, 한인까지 인품과 총 18등급으로 나눈 관등에 따라 곡물을 수취할 수 있는 '전지'와 땔감을 얻을 수 있는 '시지'를 주었고, 수급자들은 지급된 토지에 대해 수조권만 가졌다. 이후 목종 때의 개정 전시과는 인품에 관계없이 관등을 기준으로 지급했고, 문종 때의 경정 전시과는 현직관리에게만 지급하는 등 지급기준이 점차 정비됐다.
- 과전법 : 고려 말 공양왕 때 신진사대부 조준 등의 건의로 토지개혁법인 과전법이 시행됐으며, 원칙적으로 경기지역에 한정해 토지를 지급했다.

012 도병마사

대전보훈병원, 한국산림복지진흥원

☐ 고려시대 중요 사안을 심의·결정하던 국가 최고의 회의기관

중서문하성의 재신과 중추원의 고관(추밀)으로 구성되었으며 국방상 중요한 문제와 국가의 정책을 협의·결정하는 기관이었다. 고려 후기에는 원의 간섭 하에 도평의사사로 개편되어 국정 전반의 문제를 합의했으며 조선 전기에는 의정부로 개편되었다.

중서문하성
고려시대 최고의 정무기관으로, 정책 결정을 맡은 중서성과 왕명을 전달하는 문하성을 합쳐 중서문하성이라 불렀다.

중추원
국왕의 비서기관으로 군사 기밀을 담당하는 추밀과 왕명 출납을 담당하는 3품 이상의 승선으로 구성되었다. 중서문하성과 함께 양부로 불리면서 정치적으로 왕권을 안정시키는 역할을 담당하였다.

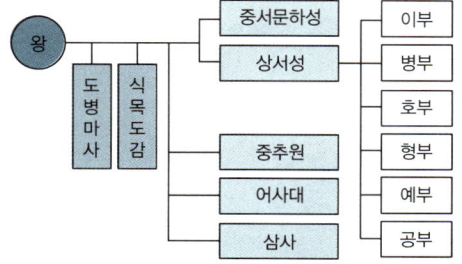

[고려의 중앙 정부 구조]

013 묘청의 난

경기도시공사

□ 서경천도를 주장하던 묘청이 개경 문벌귀족에 대해 일으킨 반란

김부식을 중심으로 한 개경세력과 묘청, 정지상을 중심으로 한 서경세력 간의 대립이 발생했다. 서경세력은 서경천도와 칭제건원, 금국정벌을 주장하였으나 받아들여지지 않자 서경에서 반란을 일으켰다. 신채호는 '조선상고사'에서 이 사건을 '조선 천년 역사에서 최고의 사건'이라 말하며 묘청의 서경천도운동을 자주성의 측면에서 높이 평가하였다.

김부식
고려 중기 문벌 귀족을 대표하는 인물이었으며 인종 23년 (1145년)에 김부식의 주도 아래 삼국의 역사서인 '삼국사기'를 편찬하였는데 이는 고구려 · 백제 · 신라 3국의 정치적인 흥망과 변천을 중심으로 기전체로 기술되었다.

상식 plus⁺

서경파와 개경파의 비교

구분	서경파(묘청)	개경파(김부식)
배경	지방 출신	문벌귀족
사상	풍수지리, 불교	유교
성격	자주적	사대적, 보수적
외교정책	북진정책, 금 정벌	사대정책
역사의식	고구려 계승	신라 계승
주장	서경천도, 칭제건원, 금국 정벌	서경천도 반대, 금에 대한 사대 관계 인정

제 2 장 무신정권 및 원간섭기

014 벽란도

한국수력원자력

□ 예성강 하구에 위치한 고려시대의 주요 국제 무역항

벽란도는 비교적 수심이 깊어 배가 자유롭게 출입할 수 있는 항구로서, 중국과 일본, 아라비아 등 교역의 대상이 광범위했다. 이곳을 드나드는 아라비아, 페르시아 상인과 동남아 사신을 통해 '코려'에서 '코리아'라는 발음으로 전 세계에 알려지게 되었다.

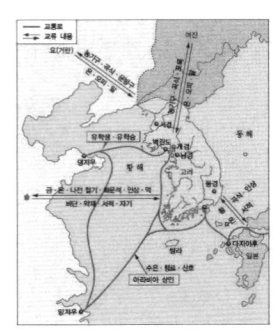

▲ 고려시대의 국제 무역 관계

015 중방 ★★

한국산업인력공단

☐ 무신정권이 성립된 후 권력을 행사하던 상장군과 대장군의 회의기구

집권한 무신들이 문반(文班)과 무반(武班)의 고위관직을 차지한 뒤 중방에 모여 국가의 크고 작은 모든 문제를 공동으로 처리하면서 그 기능과 권한이 확대·강화되었다. 구체적으로 궁성수비와 일반치안을 위한 병력 배치, 형옥치죄권 행사, 도량형 도구의 검사와 통일, 관직의 증감 및 관리의 임면 등의 중요 안건에 대해 논의하였다.

상식 plus⁺

무신정권 시기 권력자와 권력기구

권력자	기간		권력기구
이의방	1170년~1174년	명종	중방
정중부	1174년~1179년		
경대승	1179년~1183년		
이의민	1183년~1196년		
최충헌	1196년~1219년	명종~고종	교정도감
최우	1219년~1249년	고종	교정도감, 정방
최항	1249년~1257년		
최의	1257년~1258년		
김준	1258년~1268년	고종~원종	
임연, 임유무	1268년~1270년	원종	

016 직지심체요절

한국장애인고용공단, 한국관광공사, MBC

☐ 세계 최초의 금속활자본

고려시대에 청주 흥덕사에서 간행된 세계에서 가장 오래된 금속활자본으로 직지심경이라고도 한다. 1377년 간행된 것으로 구텐베르크보다 80년 앞서 있으며 현재 프랑스 국립도서관에 소장되어 있고 2001년 유네스코 기록유산으로 등록되었다.

구텐베르크
15세기 독일의 활판 인쇄술의 발명자이다. 이전의 인쇄술과 달리 오늘날과 같은 주석과 납의 합금으로 활자를 주조하기 쉽게 하고 황동의 활자 거푸집과 자모를 연구하여 다량의 활자를 정확히 주조할 수 있도록 하였다.

상식 plus+

목판인쇄물과 금속활자본

목판	무구정광대다라니경	• 불국사 3층 석탑(석가탑)에서 발견 • 현존하는 가장 오래된 목판인쇄물
	초조대장경	• 11세기 거란 침입기 제작 • 대구 부인사에서 보관했으나 몽골 침입기에 소실
	팔만대장경	• 몽골 침입 당시 강화도, 진주 등에서 제작 • 합천 해인사에서 보관
금속	상정고금예문	가장 오래된 금속활자본(현존하지 않음)
	직지심체요절	• 현존하는 가장 오래된 금속활자본 • 프랑스로 유출, 유네스코 세계기록문화유산

017 삼별초

한국폴리텍대학, 부평구문화재단

☐ 무신정권 당시 특수부대로 좌별초, 우별초, 신의군으로 구성

최우가 치안 유지를 위해 설치한 야별초가 확대되어, 좌별초와 우별초로 나뉘고, 몽골의 포로가 되었다가 탈출한 신의군과 함께 삼별초를 구성하였다. 무신정권 해체 이후 강화도에 있던 고려 조정이 개경으로 환도하면서 몽골과의 강화가 성립되자 삼별초는 이에 반발하여 배중손의 지휘 하에 진도로 이동하여 대몽 항쟁을 전개하였다.

별무반
고려 숙종 때 부족을 통일한 여진이 고려의 국경을 자주 침입하자 윤관이 왕에게 건의하여 신기군, 신보군, 항마군으로 구성된 별무반을 조직하였다.

상식 plus+

고려시대의 대외관계 – 이민족의 침입

거란(요)	• 북진 정책 : 11세기 거란의 침입 • 서희의 강동 6주 획득 • 강감찬의 귀주 대첩
여진(금)	윤관의 여진 정벌(동북 9성), 별무반 편성

몽골(원)	• 대몽 항쟁 • 김윤후의 처인성 전투, 삼별초의 항쟁 • 고려의 개경 환도, 원 간섭기
홍건적, 왜구	• 공민왕, 우왕 • 이성계(황산 전투), 최영(홍산 전투), 최무선(진포 대첩)

018 공민왕의 개혁정치

★★★★★

MBC, 광주도시철도공사

☐ 대외적으로 반원 세력을 몰아내고, 대내적으로 왕권을 강화하기 위한 개혁 정책 추진

배경	원·명 교체기의 혼란 이용, 주원장의 명 건국(1368)
개혁 방향	• 반원자주정책 : 친원파 숙청(기철), 정동행성 이문소 폐지, 쌍성총관부 공격(유인우)으로 철령 이북의 땅 수복, 관제 복구, 요동 공략(지용수, 이성계), 몽골풍 일소, 원의 침입 격퇴(최영, 이성계) • 왕권강화정책 : 정방 폐지, 전민변정도감 설치(신돈 기용), 과거 제도 정비를 통한 신진사대부의 등용
개혁 실패	• 권문세족의 반발 : 친원파의 도평의사사 장악 및 토지 독점 • 원의 압력과 개혁 추진 세력(신진사대부) 미약으로 왕권 약화 • 홍건적과 왜구의 침입으로 인한 사회 혼란

019 신진사대부

★★★

한국남동발전

☐ 성리학을 이념적 바탕으로 하면서 고려 후기에 등장한 새로운 정치 세력

신진사대부는 지방 향리 출신으로 성리학을 수용하여 이념적 바탕으로 하면서 과거를 통해 관직에 진출하였고 공민왕 때 세력을 확장하였다. 권문세족과 불교 세력의 비리를 비판하였으며 공민왕의 개혁에 적극 참여하였고 친명적 성향으로 이후 개혁의 방향을 놓고 온건파와 급진파로 분열되었다.

상식 plus⁺

구분	급진파 사대부(혁명파)	온건파 사대부(온건파)
주요 주장	역성혁명을 통한 왕조개창 주장	고려 왕조 내 점진적 개혁
대표적 인물	정도전, 조준 등	정몽주, 이색, 길재 등
토지 제도	권문세족의 사유지 축소(과전법)	전면적 토지개혁 반대
불교에 대한 입장	교리 자체 비판(불씨잡변)	교리 자체에 대한 비난 ×

020 삼국사기와 삼국유사

□ 고려시대에 편찬된 대표적인 역사서

삼국사기는 고려 인종의 명을 받은 김부식 등이 편찬하였는데 이는 현존하는 최고(最古)의 역사서로서 유교적 합리주의 사관에 기초하여 기전체 형식으로 서술되었으며 신라 계승 의식을 많이 반영하고 있다. 반면에 삼국유사는 원 간섭기에 일연이 쓴 역사서로 불교사를 바탕으로 기록되어 왕력과 함께 기이(紀異)편을 두어 고대의 민간 설화나 전래 기록을 수록하였다. 특히 단군을 우리 민족의 시조로 여겨 단군 건국 설화를 수록하였다.

상식 plus+

삼국사기와 삼국유사의 비교

구분	삼국사기	삼국유사
시기	고려 중기	고려 후기
저자	김부식	일연
사관	유교적 합리주의(기전체)	불교사 중심(단군신화)
성격	사대주의	자주의식
계승	신라 계승의식	고구려 계승의식

Theme 4
조선시대

제1장 조선의 성립

021 삼사

★★★★

한국산업인력공단, 영남일보, 연합뉴스TV

☐ 조선시대 왕권을 견제하는 역할을 한 기구

홍문관은 집현전을 계승한 기구로 교서 등을 작성하는 언론기관, 사헌부는 감찰기관, 사간원은 왕에 대한 간쟁기관으로 왕에 대한 견제기관의 역할을 담당하였다.

상식 plus⁺

조선의 중앙 통치 조직

구분		역할 및 특징	
의정부		최고 관부, 재상의 합의로 국정 총괄	
6조		직능에 따라 행정 분담(이·호·예·병·형·공)	
삼사 (대간)	사헌부	관리의 비리를 감찰	권력의 독점과 부정을 방지
	사간원	간쟁(정사를 비판)	
	홍문관	왕의 자문(고문) 역할, 경연 주관	
승정원		왕명 출납	왕권 강화 기구
의금부		국왕 직속 사법 기구로 국가의 중죄인 처벌	
춘추관		역사 편찬과 보관	
예문관		외교문서 및 국왕의 교서 관리	
성균관		조선의 최고 교육 기구	
한성부		수도의 행정과 치안 담당	

022 세종대왕

영화진흥위원회, 한국수력원자력, 한국산업인력공단

이상적인 유교 정치를 구현하고 훈민정음 창제를 통해 민족 문화 발달에 기여한 조선 4대 왕

왕권과 신권의 조화를 추구하면서 집현전 설치, 의정부서사제 도입, 훌륭한 재상 등용을 통해 이상적인 유교 정치를 실현하였고, 훈민정음 창제 및 반포, 과학기술 발달을 위해 자격루와 측우기 제작 및 〈농사직설〉, 〈삼강행실도〉 등을 편찬하였다. 또한 4군 6진을 개척하여 영토를 확장하였으며 대마도 정벌, 삼포개항 등을 통해 대외관계를 다각화시켰다.

상식 plus+

훈민정음

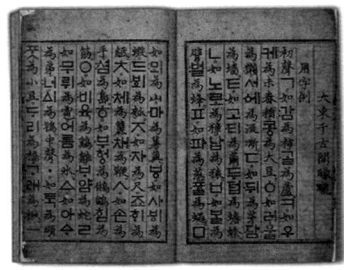

〈세종실록〉에 의하면 훈민정음은 세종 25년(1443년)에 왕이 직접 만들었으며, 세종 28년(1446년)에 반포한 것으로 되어 있다. 이 책은 새로 창제된 훈민정음을 왕의 명령으로 정인지 등 집현전 학사들이 중심이 되어 세종 28년(1446년)에 만든 한문해설서이다. 책이름을 글자이름인 훈민정음과 똑같이 '훈민정음'이라고도 하고, 해례가 붙어 있어서 '훈민정음 해례본' 또는 '훈민정음 원본'이라고도 하였으며, 국보 제70호로 지정되어 있다.

세종의 편찬사업

- 〈고려사〉 : 기전체로 만든 고려의 정사 기록(문종 1년에 완성)
- 〈삼강행실도〉 : 충신, 효자, 열녀 등의 행적을 그림과 함께 설명
- 〈총통등록〉 : 화약 무기 제작법 수록
- 〈칠정산〉 : 최초로 한양을 기준으로 천체운동을 계산한 역법서
- 〈향약집성방〉 : 우리 풍토에 맞는 약재와 치료 방법 개발·정리
- 〈의방유취〉 : 의학 백과사전
- 〈농사직설〉 : 우리나라 최초의 농서로 우리 실정에 맞는 농사법 소개
- 〈신찬팔도지리지〉 : 조선 왕조 최초의 지리서
- 〈정간보〉 창안 : 소리의 장단과 높낮이를 표현한 악보

제 2 장 사림 세력의 성장

023 사림

한국산업인력공단

☐ 조선 중기에 성리학을 바탕으로 정치를 주도한 양반 지배층

고려 말 온건파 신진사대부 세력에 뿌리를 둔 사림은 성종 때 김종직과 제자들이 훈구세력을 견제하기 위해 중앙 정계에 진출하면서 성장하였다. 성리학적 질서를 추구하면서 16세기 사상계를 주도하였으며 이조 전랑과 삼사의 언론기관에 진출하여 정치개혁을 주장하였다. 사화를 거치면서 피해를 입고 서원과 향약을 통해 향촌 사회에서 세력을 확대해나갔으며 선조 때 중앙 정계로 진출하여 정국을 주도하는 세력으로 성장하였다.

이조 전랑
조선시대 6조 중 하나인 이조의 관직 이름으로 정5품 정랑과 정6품 좌랑을 합쳐 부른 말이다. 품계는 낮았지만 각 부서의 당하관의 천거, 언론 기관인 삼사의 관리 임명, 재야인사의 추천, 후임 전랑의 지명권을 가지고 있는 등 인사권과 언론권이 전랑에 집중되어 있어 이 자리를 누가 차지하는지에 따라 권력의 향배가 결정되었던 중요 관직이다.

상식 plus+

훈구파와 사림파의 비교

구분	훈구파	사림파
기원	• 정도전, 권근 등 급진파 신진사대부 • 조선 건국을 주도한 세력으로, 이후 세조의 즉위를 도운 공신으로 실권 장악	• 정몽주, 길재 등의 온건파 신진사대부 • 지방에서 세력 확장 후 성종 때 중앙 진출
주장	• 중앙집권, 부국강병 추구 • 15세기 문물 제도 정비에 기여	• 향촌 자치, 왕도 정치 강조 • 16세기 사상계 주도, 성리학적 질서 추구 • 이조 전랑과 삼사의 언관직 차지
지역적 배경	한양 중심	영남 · 기호 지방

024 사화

부산광역시 공무직 통합채용, 한국산업인력공단, 한국남동발전, KBS

☐ 사림파와 훈구파 사이의 대립으로 사림파가 큰 피해를 입은 4가지 사건

세조 이후 공신들을 중심으로 정치적 실권을 장악하고 중앙집권체제를 강조한 훈구파에 맞서 성리학에 투철한 사족들이 영남과 호서 지방을 중심으로 지방에서 세력 기반을 쌓으며 왕도정치를 강조하였다. 이러한 사림 세력이 성장하여 훈구파를 비판하면서 대립과 갈등을 빚기 시작했다. 양대 세력의 갈등이 네 차례의 사화로 이어지면서 사림파가 큰 피해를 입었다.

조의제문
김종직이 조선 성종 때 세조의 왕위찬탈을 풍자해 지은 글로 단종을 죽인 세조를 의제를 죽인 항우(項羽)에 비유해 세조를 은근히 비난하는 내용이다.

상식 plus⁺

조선시대 사화

무오사화	1498년 (연산군)	• 훈구파와 사림파의 대립 • 연산군의 실정, 세조의 왕위 찬탈을 비판한 김종직의 조의제문 • 유자광, 이극돈
갑자사화	1504년 (연산군)	• 폐비 윤씨 사건이 배경 • 무오사화 때 피해를 면한 일부 훈구 세력까지 피해
기묘사화	1519년 (중종)	• 조광조의 개혁 정치 • 위훈 삭제로 인한 훈구 세력의 반발 • 주초위왕 사건
을사사화	1545년 (명종)	• 인종의 외척 윤임(대윤파)과 명종의 외척 윤원형(소윤파)의 대립 • 명종의 즉위로 문정왕후 수렴청정 • 집권한 소윤파가 대윤파를 공격

제3장 왜란과 호란의 극복

025 임진왜란

★★★★★

한국원자력환경공단, 한국장애인고용공단, MBC

☐ 1592년부터 1598년까지 2차에 걸쳐서 우리나라에 침입한 일본과의 전쟁

조선의 국방력이 약화된 상황에서 일본군이 침입하여 평양과 함경도까지 함락되었다. 그러나 이순신 장군 등 수군의 승리로 전세가 전환되었으며 곽재우 등 의병의 활약과 조·명 연합군의 승전 등에 힘입어 승리하였다. 조선 전기와 후기를 나누는 중요한 기준이 된다.

상식 plus⁺

임진왜란의 3대첩
조선 임진왜란 때 왜적을 무찌른 3대 싸움을 말한다.
- 한산도대첩
- 행주대첩
- 진주성대첩

임진왜란의 결과
- 문화재 소실과 막대한 인명 피해 및 경제적 타격
- 농촌의 황폐화와 신분제의 동요
- 명나라의 쇠퇴와 후금(청나라)의 성장

026 광해군의 중립외교

보훈복지의료공단, 한국장애인고용공단, 한국동서발전

☐ 광해군이 명과 후금 사이에서 실리를 추구하였던 실리 정책

임진왜란 이후 여진의 성장으로 후금이 건국되면서 힘이 약화된 명을 위협하고 전쟁을 선포하였다. 이에 명이 조선에 원군을 요청하자 조선은 명과 후금 사이에서 중립외교 정책을 실시하였고 명을 지원하러 갔던 조선군 사령관 강홍립이 광해군의 밀명으로 후금에 항복하면서 마찰을 피하였다. 이후 계속된 명의 지원 요청을 거절하고 후금과 친선 관계를 추구하였던 중립 외교 정책은 대의명분을 강조한 서인과 남인의 불만을 초래하였고 이후 인조반정의 원인이 되기도 하였다.

나선 정벌
병자호란 이후 조선은 청으로부터 정치적 간섭을 받고 있었는데 풍부한 자원을 보유하고 있는 흑룡강 일대에서 러시아와 충돌하게 되었다. 이에 청이 조선에 군대 파견을 요청하여 조총부대가 두 차례나 연해주로 출병하게 되었고 승리를 거두었다.

상식 plus⁺

조선과 청의 관계

광해군의 중립외교	• 명과 후금 사이에서 중립외교 추진(실리외교) • 국내 서인들의 반발 → 인조반정

▼

인조의 친명배금 정책	• 명에 대한 의리를 지켜야 한다고 주장 • 서인 정권 중심

▼

정묘호란	• 배경 : 조선의 친명배금정책 + 이괄의 난 • 전개 : 후금의 침입, 정봉수·이립의 활약 • 후금과 화의 체결

▼

병자호란	• 배경 : 청의 사대요구에 대해 조선의 사대요청 거부 • 전개 : 청의 침략에 조선의 항복(삼전도의 굴욕)

▼

북벌론	• 효종 즉위 • 북벌 준비 : 성곽 보수, 무기정비, 군대 양성 • 나선 정벌(조선의 승리) • 효종의 죽음으로 좌절

▼

북학론	• 18세기 이후 청의 선진 문화를 받아들이자는 북학운동 전개 • 중상학파 실학자들을 중심으로 수용

제 4 장 조선 후기 정치 · 경제적 변동

027 탕평책

★★★

한국산업기술시험원

☐ 영조와 정조 때 당쟁을 막기 위해 당파 간 정치세력의 균형을 꾀하려 한 정책

붕당 정치로 인한 당쟁을 억제하고 왕권을 강화하기 위해 영조와 정조는 사색당파를 고르게 등용하는 탕평책을 시행하였다. 강력한 왕권을 형성하고 일시적으로나마 붕당의 폐해를 시정하는 데 기여했으나 한계가 있었고, 결국 붕당의 융화와 해체에 실패하였다.

사색당파
처음에는 동인, 서인, 남인, 북인을 이르는 말이었으나 후에는 노론, 소론, 남인, 북인의 4대 당파를 의미하게 되었다.

상식 plus+

영조의 탕평책
- 탕평파를 중심으로 정국 운영, 노론 강경파 제거, 소론 · 남인의 온건파 등용
- 성균관에 탕평비 건립
- 산림의 존재 부정 및 서원 대폭 정리
- 이조 전랑의 권한 약화 : 후임자 천거 관행 및 삼사 관리 추천 관행 폐지

028 정조의 개혁정치

★★★★★

보훈교육연구원, KBS, 경기도일자리재단, 한국중부발전

☐ 영조의 탕평책을 이어받아 적극적인 탕평책을 추진하면서 각종 개혁의 시도를 통해 대통합을 이루기 위한 정책 실시

탕평책 실시	• 적극적인 탕평책 추진 • 붕당과 신분을 가리지 않고 인재 등용
왕권 강화 정책	• 초계문신제 실시 : 새로운 관리 및 하급 관리 중에서 유능한 인재들의 재교육 목적 • 장용영 설치 : 왕의 친위부대로 왕권의 군사적 기반 강화 • 규장각 설치 및 육성 : 인재를 양성하고 정책을 연구하는 기능과 더불어 왕실 도서관의 역할도 하면서 왕을 보좌하는 업무까지 담당 • 수원 화성 건립 : 정치적 · 군사적 기능을 부여하고 상업 활동 육성
문물 제도 정비	• 서얼과 노비에 대한 차별 완화 : 서얼 출신들을 규장각 검서관에 등용 • 육의전을 제외한 시전 상인의 금난전권 폐지(신해통공) • 〈대전통편〉, 〈동문휘고〉, 〈무예도보통지〉 등 편찬

상식 plus+

영조와 정조의 업적 비교

영조	• 탕평책 실시, 신문고 부활, 노비종모법 실시, 형벌 제도 개혁 • 균역법 시행, 청계천 정비
정조	• 탕평책 시행, 장용영 설치 → 왕권 강화 • 규장각 설치, 초계문신제 시행 → 인재 등용 • 수원 화성 건설, 신해통공

029 붕당정치

> 조선 중기의 사림들이 정치적인 입장이나 학맥에 따라 정치 집단을 구성하면서 시행된 정치 형태

당쟁 발생의 직접적 원인으로는 선조 때 심의겸과 김효원의 이조 전랑 추천 문제로 생긴 양자의 반목이었는데 이것이 도화선이 되어 서인과 동인으로 나뉘고 나아가 동인에서 갈린 남인과 북인, 서인에서 나뉜 노론과 소론 등으로 분화 대립되는 양상을 보이게 된다. 이들의 대립이 주로 복상(服喪) 문제, 세자책봉 문제 등 민생과는 관련이 없는 문제들을 중심으로 치열하게 전개되면서 영조와 정조에 이르러서 탕평책을 실시하게 되었다.

상식 plus+

붕당정치의 전개

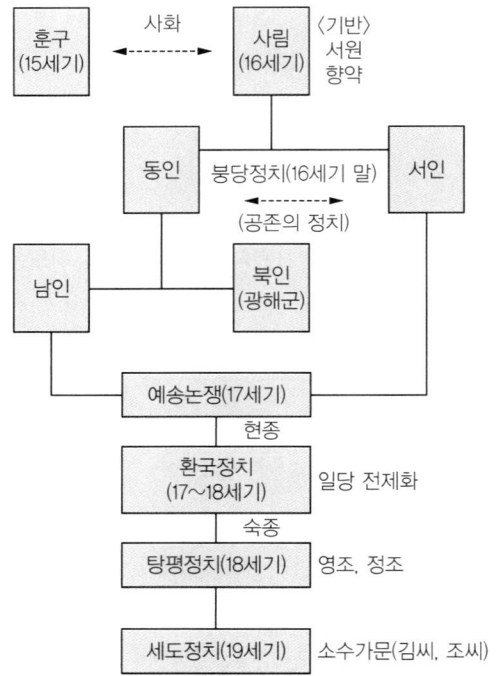

030 대동법

★★★

한국장애인고용공단

☐ 방납의 폐단을 시정하기 위하여 공물을 쌀로 바치도록 한 제도

농민의 부담을 줄이고 부족한 국가 재원을 확충하기 위해 광해군 1년(1608년) 대동법을 실시하였고, 토지결수에 따라 공물을 쌀로 징수하였다. 이후 숙종 때에 이르러 평안도와 함경도를 제외한 전국에서 대동법을 시행하였다. 대동법의 실시 이후 국가에서 필요한 물품은 공인이 조달하며, 이를 바탕으로 상품 화폐 경제가 발달하게 되었다.

토지결수
곡식 수확량과 토지 면적, 조세 수취를 연결하여 파악하는 제도이다. 1결은 곡식 1결(4두, 斗)을 생산할 수 있는 면적으로, 조세 수취의 단위이기도 하다.

공인
대동법 실시 이후 중앙 관청에서 필요로 하는 물품을 사서 납부하던 어용상인이다.

031 균역법

★★★★★

한국남부발전, 경기도일자리재단, KBS

☐ 조선 영조 때 백성들의 군역 부담을 덜기 위해 실시한 제도

역을 균등히 한다는 취지에서 만들어진 것으로, 기존의 군포를 2필에서 1필로 줄이는 대신 어업세·선박세 등의 징수로 이를 보충했다. 그러나 점차 농민의 부담이 증가하고 폐단이 나타나면서 19세기 삼정의 문란의 하나로 여러 폐단이 발생하게 되었다.

삼정의 문란
전정(토지에 따른 징수), 군정(군역 대신에 베 한 필 징수), 환곡(봄에 곡식을 빌려주고 가을에 이자를 합쳐 받는 빈민 구제책)의 세 가지 행정이 부패해진 것을 이르는 말이다.

제5장 조선 후기 사회·문화적 변동

032 실학

한국장애인고용공단

☐ 17~18세기 성리학의 한계성을 자각하고 등장한 실사구시의 학문

민생안정과 부국강병을 목표로 실증적 논리에 따라 사회 개혁론을 제시한 학문이다. 성리학적 한계를 극복하고 현실 문제의 해결책을 강구하여 사회 변화에 대응하기 위한 실천적·근대지향적 학문이자 철학이었다.

상식 plus⁺

구분	중농학파(경세치용학파)	중상학파(이용후생학파)
주장	농업 중심의 개혁론	상공업 중심의 개혁론
시기	18세기 전반	18세기 후반
출신	경기도 남인	서울의 노론(낙론)
주장	토지 제도의 개혁	상공업 진흥과 기술혁신
농업	농민을 위한 제도 개혁과 자영농 육성 주장	농업 생산력 증대
학자	• 유형원 : 〈반계수록〉, 균전론 주장, 문벌과 노비제의 모순 비판 • 이익 : 〈성호사설〉, 한전론 주장, '여섯 가지 좀(폐단)' 지적 • 정약용 : 〈목민심서〉, 〈경세유표〉, 실학 집대성, 과학 기술의 발전 필요성 주장, 백성의 의사를 반영한 정치 제도 제시, 여전론 주장	• 유수원 : 〈우서〉, 개혁과 상공업 진흥 필요성 주장 • 홍대용 : 〈임하경륜〉, 기술 혁신과 문벌 철폐 주장 • 박지원 : 〈열하일기〉, 화폐유통 필요성 주장, 양반의 무능력 비판 • 박제가 : 〈북학의〉, 청나라와의 통상, 소비를 통한 생산 자극 주장

균전론(均田論)
토지의 국유화를 원칙으로 정하고 농민에게 균등하게 분배하는 제도

한전론(限田論)
기본적인 생활을 유지하는 데 필요한 영업전을 할당하고 영업전은 매매금지하며, 영업전 외 토지에 대해서만 매매를 허용하는 제도

여전론(閭田論)
모든 토지의 점유권과 경작권을 농사를 짓는 사람에게만 부여하는 제도

033 동학

한국산업인력공단

☐ 1860년 최제우가 창시한 민족종교

수운(水雲) 최제우가 서학(천주교)에 대항하고자 민간신학에 유(儒)·불(佛)·선(仙)의 교의를 혼합하여 창시하였다. '후천개벽(後天開闢)'과 '인내천(人乃天)'의 사상으로 19세기 조선 후기의 사회불안에 동요하던 민중들에게 급속히 보급되었다. 1894년의 동학혁명에 영향을 주었으며 이후 손병희에 의해 천도교로 개칭되었다.

후천개벽
모순된 현세가 끝나고 백성들이 대접받는 새 세상이 도래한다는 사상

인내천
사람이 곧 하느님이며 만물이 하느님이라는 천도교의 중심사상

Theme 5
근현대사회

제1장 근대사회의 전개

034 흥선대원군

수원문화재단, 한국중부발전, 한국산업인력공단

☆☆☆☆☆

☐ 조선의 왕족이자 정치가로 아들인 고종이 즉위하자 대원군에 봉해지고 섭정을 맡아 개혁 정치 시행

흥선대원군이 집권할 당시 조선은 대내적으로는 세도정치의 폐단이 극심해져 민란이 발생하여 나라가 혼란스러웠고, 대외적으로는 일본과 서구 열강의 제국주의가 침략하면서 조선은 개방과 쇄국의 기로에 서게 되었다. 이에 흥선대원군은 안으로는 왕권을 강화하여 세도정치의 폐단을 바로 잡고, 밖으로는 쇄국 정책을 실시하여 외세의 침략에 맞섰다.

▲ 대원군 척화비

상식 plus+

흥선대원군의 개혁 정치

- 세도정치 가문의 인물을 축출하여 고른 인재 등용
- 경복궁을 중건하여 왕실의 권위 회복
- 서원을 47개만 남기고 600여 개를 정리하여 국가 재정을 확충
- 양전 사업을 실시하여 전정의 문란을 바로잡고 군역은 호포제를 실시하고 환곡제는 사창제로 전환하여 삼정의 문란 개혁
- 비변사를 폐지하고 의정부와 삼군부의 기능 회복

035 강화도조약

한국중부발전, EBS, MBC

☆☆☆☆☆

☐ 운요호 사건으로 1876년 일본과 맺어진 불평등 조약

1876년(고종 13년) 2월 강화부에서 조선과 일본 사이에 체결된 조약으로 정식 명칭은 〈조일수호조규(朝日修好條規)〉이며, '병자수호조약(丙子修好條約)' 혹은 '강화도조약'이라고도 한다. 부산, 인천, 원산 등 3개 항구의 개항과 치외법권의 인정 등 불평등한 내용의 12개조로 구성된 근대 조약을 체결하였다. 이 조약을 맺음으로써 일본, 미국, 영국, 독일, 프랑스 등 열강의 제국주의가 본격적으로 조선에 침입하기 시작했다.

운요호 사건
조선이 계속되는 통상요구를 거절하자 일본이 운요호를 한강으로 침투시켜 강화도 사병과 충돌하게 하였다. 이후 사건에 대한 사죄와 함께 통상을 요구하면서 강화도조약을 체결하였다.

상식 plus+

강화도조약의 주요 내용
- 제4조 조선은 부산 이외에 두 곳을 개항하고 일본인이 오고가며 통상을 하도록 허가한다.
- 제7조 조선 해안을 일본의 항해자가 자유로이 측량하는 것을 허가한다.
- 제9조 백성들은 마음대로 무역하며 양국 관리들은 간섭하거나 금지할 수 없다.
- 제10조 일본 국민이 조선의 항구에서 조선 국민에게 죄를 지었더라도 일본 관리가 심판한다.

036 임오군란

한국산림복지진흥원, MBC

☐ 신식 군대인 별기군에 비해 차별 대우를 받던 구식 군대를 주축으로 일어난 반란

임오군란은 1882년 서울에서 하급군관들과 도시빈민들이 개항 이후 시행된 개화정책과 집권세력에 저항하여 일으킨 사건이다. 조선 정부는 군란의 수습을 위해 청의 원군을 요청하면서 조선의 내정·외교 문제에 적극적으로 간섭하여 청의 종주권이 강화되었다. 일본 정부는 임오군란 시 군인들의 일본 공사관 침입을 빌미삼아 일본 경비병의 주둔 허용과 배상금 지불을 요구하면서 제물포 조약을 체결하게 되었다.

제물포 조약의 주요 내용
사과 사절단의 파견, 주모자 처벌, 배상금 지불, 공사관 경비병의 주둔 인정

조청 상민 수륙 무역 장정
청 상인의 개항장 밖의 내륙 통상권과 연안 무역권을 인정하였으며 치외법권과 점포 개설권까지 부여하는 청나라의 특권으로 일관된 불평등 조약

상식 plus+

임오군란과 갑신정변의 비교

구분	임오군란	갑신정변
시기	1882년(고종 19년)	1884년(고종 21년)
원인	개화정책에 대한 구식군인의 반발	개화정책의 후퇴, 급진적 개혁 추진
전개	일본인 교관 살해, 일본 공사관 습격 → 흥선대원군 재집권 → 청의 개입으로 민씨 정권 재집권	우정국 축하연을 계기로 정변 시작 → 청군의 개입으로 3일 천하로 끝남 → 김옥균, 박영효 등 일본으로 망명

결과	• 청의 내정간섭 초래
	• 조약 체결
	  – 조선과 일본 간 제물포 조약 체결
	  – 조선과 청 간 조청 상민 수륙 무역 장정 체결
		• 청의 내정간섭 강화
		• 개화 세력의 위축
		• 조약 체결
		  – 조선과 일본 간 한성 조약 : 배상금
		  – 청과 일본 간 톈진 조약 : 조선에 유사시 양국의 동시 출병권 규정, 청일 전쟁의 원인이 됨

037 동학농민운동 - 집강소

경기도일자리재단, 한국남부발전, MBC

☐ 1894년 전봉준이 중심이 되어 일으킨 반봉건·반외세 농민운동

고부 군수 조병갑의 불법착취, 농민 수탈의 강화와 농촌 경제의 파탄, 일본의 침략, 동학교도에 대한 탄압 등을 이유로 확산된 아래로부터의 반봉건적·반침략적 민족운동이다. 동학농민군은 전주성을 점령하는 한편 집강소를 설치하여 12개조의 폐정개혁안을 발표하였으나 우금치 전투에서 관군과 일본의 연합군에 패배했다. 이는 갑오개혁과 청일 전쟁을 유발하는 계기가 되었다.

전봉준
녹두장군이라는 별칭으로 잘 알려져 있으며 아버지가 민란의 주모자로 처형된 후부터 사회개혁에 대한 뜻을 품게 되었다. 동학농민운동군이 관군과 일본군에게 패하자 이듬해에 처형되었다.

상식 plus+

폐정개혁안 12조
1. 동학교도와 정부 사이에는 원한을 해소하고 서정을 협력할 것
2. 탐관오리는 그 죄를 엄징할 것
3. 횡포한 부호를 엄징할 것
4. 불량한 유림과 양반 무리의 못된 버릇을 징계할 것
5. 노비 문서는 불태워버릴 것
6. 천인의 대우는 개선하고 백정 머리에 쓰는 평양립은 벗어버릴 것
7. 청춘과부의 개가를 허락할 것
8. 무명잡세는 일체 거두어들이지 말 것
9. 관리 채용은 지벌을 타파하고 인재를 등용할 것
10. 왜와 간통하는 자는 엄징할 것
11. 공사채를 막론하고 기왕의 것은 모두 무효로 할 것
12. 토지는 평균으로 분작하게 할 것

동학농민운동의 전개 과정
전라도 고부군수 조병갑의 횡포에 견디다 못한 농민들은 동학교도인 전봉준을 중심으로 하여 동학농민운동을 일으켜 전주성을 점령하고 전라도 일대를 장악하였다(1894). 조정에서는 이들을 진압하기 위해 청에 원군을 요청하였고, 톈진 조약에 의해 일본군도 군대를 파견하였다. 청과 일본의 군대 개입을 우려한 농민군은 정부와 전주 화약을 맺고 집강소를 설치하여 개혁을 실시하였다. 그러나 청일 전쟁이 발발하고 일본의 내정간섭이 심해지자 외세를 몰아내기 위해 농민군이 다시 봉기하였다. 하지만 농민군은 일본군과의 우금치 전투에서 패하고, 전봉준이 서울로 압송되면서 해체되었다.

038 갑오개혁

한국폴리텍대학, 한국방송광고진흥공사, 한국중부발전

☐ 1894년 일본의 강압으로 실시한 근대적 개혁

일본의 강압으로 정치·경제·사회·문화 전반에 걸쳐 실시한 근대적 개혁으로 근대화의 출발점이 되었으나 보수적 봉건 잔재로 인해 기형적 근대화를 초래했다. 갑오개혁의 홍범 14조에는 청의 종주권 부인과 개국기원 사용, 과거제 폐지 및 노비해방, 신교육령 실시 등의 내용이 포함되어 있다.

상식 plus⁺

1차 갑오개혁	• 정치 : 왕실과 정부 사무 분리, 6조 → 80아문, 개국기원 사용, 경무청 신설, 과거제 폐지 • 경제 : 재정 일원화, 은본위제, 도량형 통일, 조세 금납제 • 사회 : 신분제 철폐, 고문과 연좌법 폐지, 조혼 금지, 과부 재가 허용
2차 갑오개혁	• 내각제 실시, 지방관 권한 축소(사법권, 군사권 배제) • 지방 제도 개편(8도 → 23부), 사법권 독립(재판소 설립) • 한성 사범학교 설립, 외국어 학교, 관제 공포
을미개혁	• 건양 연호 사용, 친위대·진위대 설치, 단발령 실시 • 태양력 사용, 종두법 실시, 소학교 설치, 우편 사무 실시

홍범 14조
갑오개혁 이후 정치적 근대화와 개혁을 위해 제정된 국가기본법으로, 청에 대한 종주권을 부인하여 자주독립의 기초를 세울 것을 선포했고, 종신과 외척의 정치 관여를 용납하지 않음으로써 대원군과 명성황후의 정치개입을 배제했다.

개국기원
이성계가 조선을 개국한 1392년을 원년(1년)으로 하는 것

039 을미사변

한국중부발전

☐ 1895년 미우라 일본 공사가 주동하여 친러시아 세력을 제거하기 위해 일본인 자객을 궁궐에 침투시켜 명성황후를 시해한 사건

청일 전쟁 중에 조선 내 내정 개혁을 주도했던 일본은 삼국 간섭에 의해 국제적으로 일본의 위상이 저하되면서 조선에서의 주도권 행사도 여의치 않게 되었다. 게다가 러시아의 영향력까지 증대하자 일본의 주도권을 되찾기 위해 조선 주재 공사를 미우라 고로 육군 중장으로 교체하였다. 그리고 조선 고종 32년(1895년) 미우라의 직접 지시에 따라 경복궁을 기습하여, 명성황후를 참혹히 살해하고는 시신을 근처 숲 속으로 옮겨 장작더미 위에 올려놓고 석유를 부어 불태워버렸다.

청일 전쟁
1894년부터 1895년까지 청나라와 일본이 조선의 지배권을 놓고 벌어진 전쟁을 말한다.

삼국 간섭
청일 전쟁 후에 체결된 시모노세키 조약에 관하여 러시아, 프랑스, 독일 3국이 일본에 가한 공동간섭을 말한다.

040 독립협회

★★★★

수원문화재단, MBC

☐ 1896년 서재필이 이상재, 윤치호 등 개화지식층과 함께 자주 독립과 내정 개혁을 위해 조직하고 활동한 최초의 정치 단체

갑신정변 이후 미국에서 돌아온 서재필은 독립신문을 창간하고, 독립협회를 설립하였으며, 청의 사신을 맞던 영은문을 헐고 그 자리에 독립문을 세웠다. 독립협회는 만민 공동회와 관민 공동회를 개최하여 민중에게 근대적 지식과 국권, 민권 사상을 고취시켰으며, 헌의 6조를 결의하여 고종에게 건의하였다. 독립협회는 의회의 설립과 서구식 입헌 군주제의 실현을 목표로 하고 있었으나, 보수 세력이 동원한 황국협회의 방해와 고종에 의해 3년 만에 해산되었다.

러시아 절영도조차 요구
1897년 러시아는 숯이나 석탄을 저장하기 위한 곳을 설치하기 위해 절영도를 빌려서 일정 기간 동안 통치하게 해달라고 요구하였다. 러시아가 그러한 요구를 한 목적은 결국 궁극적으로는 부동항을 얻기 위한 남하 정책의 일환이라고 볼 수 있다.

상식 plus⁺

독립협회의 활동

국권	• 독립문 건립, 독립신문 발간 • 고종의 환궁 요구(1897년) • 자주 독립 수호, 러시아의 절영도조차 요구 저지 • 러시아의 군사교련단과 재정고문단을 철수시킴, 한러 은행 폐쇄
민권	• 신체·재산권 보호운동 • 언론·집회의 자유권 쟁취운동 전개
자강개혁	• 헌의 6조 채택(관민 공동회, 국권수호, 민권보장, 국정개혁) • 박정양 진보 내각 설립(의회 설립운동) → 중추원 관제(관선 25명, 민선 25명) 반포

041 대한제국

한국수력원자력, 뉴스1

□ 1897년 10월 12일부터 1910년 8월 29일까지 존속하였던 조선왕조의 국가

러시아 공사관에서 경운궁으로 환궁한 고종은 연호를 광무로 하고, 환구단을 쌓아 황제 즉위식을 거행하여 대한제국이 자주 독립 국가임을 선언하였다. 1899년에 대한국 국제를 제정하여 대한제국 황제가 군대 통수권, 입법권, 행정권 등의 권한을 장악한 전제 군주임을 선포하였다. 또한 양지아문을 설치하여 양전 사업을 실시하였고(1898년), 지계아문을 통해 근대적 토지 소유 문서인 지계를 발급하여 토지 소유권을 확립하고자 하였다(1901년).

상식 plus⁺
광무개혁의 특징
- 의의 : 구본신참(복고주의적, 점진적 개혁) → 근대적 시설 확충
- 정치적 개혁 : 대한국 국제 반포(1899년) → 전제 황권 강화 표방
- 경제적 개혁 : 양전 사업 후 지계 발급(근대적 토지 소유권), 상공업 진흥책(근대적 공장과 회사 설립, 실업 교육 기관 설립 등)
- 한계 : 집권층의 보수적 성향과 일본을 포함한 열강의 간섭으로 큰 성과를 거두지 못함

042 을사늑약

경기도시공사, 한국남동발전

□ 1905년 일본과 맺은 한·일 합방의 기초가 된 강제적 조약

러일 전쟁에서 승리한 일본은 조선을 보호국으로 만들기 위해 이토 히로부미를 앞세워 강제 조약을 체결했다. 그 결과 일본은 서울에 통감부를 두고 보호 정치를 실시했고, 우리나라는 주권을 상실하고 외교권을 박탈당함으로써 국권 피탈의 기초가 되었다. 을사늑약에 분노한 장지연은 황성신문에 '시일야방성대곡'이라는 논설을 발표하며 조약 체결의 부당성을 규탄하기도 하였다.

시일야방성대곡
을사늑약의 부당함을 알리고 을사오적을 규탄하기 위해 장지연이 쓴 논설로 황성신문에 게재되었으며 이 논설로 인해 황성신문은 정간되기도 하였다.

043 국채보상운동

지역난방공사, 한국남부발전

☐ 1907년 일본으로부터 빌린 차관 1,300만원을 갚기 위한 민족경제 자립운동

일본은 조선정부를 경제적으로 예속하기 위해 차관을 제공했는데, 이를 갚기 위해 서상돈 등이 국채보상기성회를 조직하였다. 대한매일신보, 제국신문, 황성신문 등 언론 기관도 앞장서서 전 국민의 적극적인 참여 속에 국채를 갚으려는 운동이 전개되었으나, 일본 통감부의 압력과 매국적 정치단체인 일진회의 방해로 결국 실패하였다.

일진회
대한제국 시대의 친일 단체로 을사늑약 지지 선언, 고종 퇴위 강요, 한일 합방 주장 등 친일 행각을 벌였다.

상식 plus+

물산장려운동
1922년 조만식을 중심으로 일어난 민족경제 자립실천운동으로, 일제의 경제적 수탈에 맞서 국산품 애용과 근검절약·자급자족·민족기업의 육성 등을 추진하였다. 그러나 일제의 탄압으로 큰 성과를 거두지 못하였다.

044 항일의병운동

한국수력원자력

☐ 일제의 침략에 맞서 싸운 의병들의 독립운동

위정척사운동과 동학농민운동의 반외세적 성격을 계승한 항일의병운동은 유생과 전직 관료 중심에서 을사의병 이후 평민 출신 의병장도 등장하면서 무장투쟁 방식으로 전개되었다. 민족의 강한 독립의 의지를 표출하면서 무장 독립투쟁의 기반을 마련하였다는 데 역사적 의의가 있다.

상식 plus+

항일의병운동의 전개

구분	배경	전개
을미의병	• 을미사변 • 단발령	• 동학 잔여 세력 참여 • 국왕의 해산 조칙으로 자진해산
을사의병	을사늑약	• 신돌석(최초의 평민출신 의병장) • 최익현(대마도에서 유배 중 사망)
정미의병	• 고종의 강제 퇴위 • 군대 강제 해산	• 의병전쟁화(해산 군인 참여) • 국제법상 교전 단체로 인정해줄 것을 요청 • 서울 진공 작전(실패) • 남한 대토벌 작전 → 만주, 연해주로 이동 → 국권 피탈 이후 독립군으로 계승

045 신민회

한국산업인력공단, 전남신용보증재단, MBC

☐ 1907년 안창호가 조직한 항일 비밀결사 단체

국권회복을 목적으로 하여 안창호가 박은식·신채호·양기탁 등과 조직한 단체로, 비밀결사를 통해 교육 구국운동, 민중 계몽운동, 독립군 양성운동, 민족 산업진흥운동 등에 앞장섰다. 그러나 신민회는 일제가 조작한 105인 사건으로 인해 해체되었다.

105인 사건
1911년 조선총독부가 민족 해방운동을 탄압하기 위하여 데라우치 총독의 암살 미수사건을 확대·조작하여 105인의 독립 운동가를 감옥에 가둔 사건으로, 신민회가 해체되는 원인이 되었다.

상식 plus+

신민회의 목적과 활동
- 목표 : 국권 회복, 공화정체의 근대 국민 국가의 건설
- 성격 : 문화적·경제적 실력 양성 추구, 적절한 시기에 독립 전쟁 주장
- 활동 : 대성학교와 오산학교 설립, 태극서관 및 자기 회사 설립, 독립운동 기지 건설(삼원보에 신흥 강습소 설립)

제 2 장 민족의 독립운동

046 일제의 조선 통치 정책

농촌진흥청, 한국지역난방공사

☐ 무단통치 → 문화통치 → 민족말살통치

구분	정책 내용
무단통치 (1910년대)	조선총독부 설치(1910년), 헌병경찰의 즉결 처분권, 언론·출판·집회·결사의 자유 박탈, 105인 사건 등을 일으켜 독립운동 탄압, 토지조사사업
문화통치 (1920년대)	3·1 운동 이후 보통 경찰제 실시, 식민 통치를 은폐하기 위한 기만적 정책, 우민화 교육, 친일파 세력 양성을 통한 민족 분열, 산미증식계획 실시(1920~1934년)
민족말살통치 (1930년대 이후)	내선일체, 황국신민화, 창씨개명, 우리말 사용과 국사 교육 금지, 강제 징용·징병, 일본군 위안부, 1937년 중일 전쟁 이후 병참기지화 정책으로 물자와 인력 수탈

일제 강점기 경제 수탈

1910년대
- 토지조사사업을 통한 토지 약탈
- 회사령, 어업령, 광업령 → 회사 설립과 주요 산업의 허가제 전환

1920년대
- 산미증식계획 : 일본 본토의 식량 문제 해결을 위해 쌀 유출 → 국내 식량 사정 악화, 몰락 농민 증가
- 회사령 폐지(신고제) → 일본 자본 진출 → 일본인에 용이한 회사 설립
- 일본 상품에 대한 관세 철폐

1930년대
- 남면북양 정책
- 병참 기지화 정책 : 전쟁 수행에 필요한 물자 조달
- 국가 총동원법 : 침략 전쟁을 위한 인적·물적 자원의 수탈

047 3·1 운동

경기도일자리재단, 한국남동발전, SBS

☐ 1919년 일제 식민 지배에 저항하며 일어난 대규모 민족 만세운동

- 배경 : 도쿄 유학생들의 2·8 독립선언 발표, 미국 윌슨 대통령의 민족자결주의 제창
- 과정 : 1919년 3월 1일 탑골공원에서 민족 대표 33인의 이름으로 독립선언서를 발표하고 전국과 외국으로 독립 만세운동이 퍼져나감
- 결과 : 일본의 통치방식이 문화통치로 전환, 대한민국 임시정부 수립에 큰 영향, 민족 주체성의 확인과 독립 문제를 세계에 알림

상식 plus+

3·1 운동 전후에 발표된 독립선언서
- 1919년 2월 1일 만주·노령에서 발표한 '무오독립선언서'
- 1919년 2월 8일 동경에서 발표한 '2·8 독립선언서'
- 1919년 3월 1일 서울에서 발표한 '3·1 독립선언서'

048 대한민국 임시정부

영화진흥위원회, 매일경제, 한겨레

☐ 1919년 광복을 위해 중국 상하이에 수립한 임시정부

우리나라 최초의 민주공화정체로서 1대 대통령은 이승만, 2대 대통령은 박은식이었다. 연통제 실시와 군자금 조달, 애국공채 발행, 독립신문 간행 등 독립운동의 중요한 역할을 담당하는 대표기관이었다.

연통제
중국 상해에 있는 대한민국 임시정부가 국내와 연락을 하기 위해 조직한 비밀연락망

상식 plus+

수립	• 최초의 민주공화제 • 여러 지역의 임시정부 통합(상하이)
초기 활동	• 군자금 모집 : 연통제, 교통국(비밀행정조직), 애국공채, 이륭양행, 백산상회 • 외교 활동 : 파리강화회의에 대표(김규식) 파견, 이승만의 구미위원부 • 문화 활동 : 독립신문 간행, 사료 편찬소
분열	• 무장투쟁론과 외교독립론의 갈등 • 국민대표회의 결렬 • 임시정부 침체

049 의열단

경기도시공사, 경인일보, 한국일보

☐ 1919년 11월 만주에서 조직되었던 무장 독립운동 단체

김원봉을 중심으로 만주 지역에서 결성된 의열단은 신채호가 작성한 '조선 혁명 선언'을 기본 행동 강령으로 하여 직접적인 투쟁 방법인 암살, 파괴, 테러 등을 통해 독립운동을 전개하였다.

조선 혁명 선언
신채호가 1923년 의열단의 독립운동 이념과 방략을 이론화해 천명한 선언서

상식 plus⁺

의열단의 활약

인물	시기	의열 투쟁 내용
박재혁	1920년	부산 경찰서에 폭탄 던짐
최수봉	1920년	밀양 경찰서에 폭탄 던짐
김익상	1921년	조선 총독부에 폭탄 던짐
김상옥	1923년	종로 경찰서에 폭탄을 던지고, 일경과 교전하여 여럿 사살
김지섭	1924년	일본 왕궁에 폭탄 던짐
나석주	1926년	동양 척식 주식회사와 조선 식산 은행에 폭탄을 던지고 일본인 사살

050 민족주의 사학

은평구시설관리공단, 보훈복지의료공단, 매일신문

☐ 신채호, 박은식, 정인보 등을 중심으로 우리 문화의 우수성과 한국사의 주체적 발전을 강조하는 역사 연구 경향

식민치하의 현실인식에 기초해, 일제의 식민사학에 정면으로 대결하면서 한민족의 주체적인 역사상을 수립하고자 했던 민족진영의 역사학을 말한다. 민족주의 사학은 일제의 역사 왜곡에 대항하여 한국사의 기원을 밝히고, 우리 문화의 우수성과 한국사의 주체적 발전을 강조하는 연구 활동을 전개하였다.

상식 plus⁺

일제 강점기 국학 연구

민족주의 사학	박은식	• 혼(魂) 강조 • 〈한국통사〉, 〈한국 독립운동 지혈사〉
	신채호	• 민족주의 역사학 기반 확립(독사신론) • 고대사 연구 : 〈조선 상고사〉, 〈조선사 연구초〉
사회경제사학	백남운	• 유물사관에 바탕을 둠 • 세계사의 보편법칙에 따라 발전 강조(정체성론 비판)
실증사학	손진태, 이병도	• 문헌 고증 강조 • 진단학회 조직

051 신간회

한국남부발전, 경기도일자리재단, MBC

☐ 1927년 민족주의 세력과 사회주의 세력이 합작하여 발족한 항일단체

조선의 독립을 위해 좌우익 세력이 합작하여 결성한 항일단체로 민족주의를 표방하면서 단결을 공고히 하였고 기회주의를 배격하였다. 강연회 개최 및 한국어 교육에 대한 연구 활동을 하였으며 1929년 광주학생항일운동이 발생하자 진상 조사단을 파견하고 전국적 항일독립운동으로 확산시키는 등의 지원을 하였다.

정우회 선언
사회주의 단체인 정우회가 1926년에 비타협적 민족주의 진영과의 협동전선을 제창한 선언

상식 plus⁺

신간회의 창립배경과 활동
- 1920년대 중반 사회주의가 들어오면서 좌·우파로 분열된 국내의 민족해방운동 진영은 사회주의 단체인 **정우회 선언**을 계기로 좌우 합작 조직으로 신간회를 결성(1927)하였다.
- 신간회의 초대 회장으로는 이상재가 추대되었고 식민지 지배정책 전반에 대한 반대투쟁의 입장을 분명히 하였다.
- 광주에서 발생한 광주학생항일운동(1929)에 진상 조사단을 파견하고 민중대회를 계획하였으나 일제 경찰에 신간회 간부들이 대거 검거되어 무산되었다.

052 한인애국단

한국산업기술시험원, YTN

☐ 1931년 중국 상해에서 조직된 독립운동 단체

1920년대 중반 이후 대한민국 임시정부의 활동 침체를 극복하고, 1931년 만보산 사건과 만주사변 등으로 인하여 침체된 항일 독립운동의 활로를 모색하려는 목적에서 김구의 주도로 결성된 대한민국 임시정부의 특무 활동 기관이자 1930년대 중국 관내의 대표적인 의열투쟁단체였다.

김구
대한민국 임시정부 조직에 참여하여, 상해 대한민국 임시정부 초대 경무국장을 지냈고 이후 대한민국 임시정부 주석으로 활동하면서 우리나라 독립운동을 일선에서 책임지고 지원하였던 일제강점기 독립운동의 중심이 되었던 독립운동가

상식 plus⁺

한인애국단의 대표적인 활동
- **이봉창** : 일본 국왕 행렬에 폭탄 던짐(1932년)
- **윤봉길** : 홍커우 공원에서 열린 일본군 축하 기념식장에서 폭탄 던짐(1932년)
→ 침체된 임시정부의 활로 모색, 중국 국민당 정부의 임시정부 지원 계기

053 한국 광복군

1940년 중국 충칭에서 창설되었던 대한민국 임시정부의 정규 군대

대한민국 임시정부의 직할부대로 충칭에서 창설된 한국 광복군은 연합군의 일원으로 참전하여 영국군과 합동 작전을 진행하였고 미국의 지원으로 국내 진공 작전을 준비하기도 하였으나 일본의 패망으로 뜻을 이루지 못하였다.

상식 plus⁺

무장 투쟁의 전개

1930년대 무장 투쟁	• 조선 혁명군(양세봉) : 영릉가 전투, 흥경성 전투 • 한국 독립군(지청천) : 쌍성보 전투, 대전자령 전투 • 만주 지역 항일 유격대 활동 : 동북 항일 연군(보천보 전투), 조국 광복회 결성 • 중국 관내 조선 민족 혁명당과 조선 의용대 활동
1940년대 무장 투쟁	• 조선 의용대 지도부의 광복군 합류 • 한국 광복군 창설 → 대일 선전 포고 → 인도, 미얀마 전선 파견 → 국내 진공 작전 계획 • 조선 독립 동맹(김두봉)과 조선 의용군은 중국 공산당과 화북 지방을 중심으로 활동

제 3 장 현대사회의 발전

054 모스크바 3국 외상 회의
한국산업인력공단, MBC

☐ 1945년 모스크바에서 미국, 영국, 소련 3개국이 제2차 세계대전의 전후 문제 처리를 위해 소집한 외상 회의

제2차 세계 대전이 끝난 뒤 한국의 독립 절차 등을 논의하기 위해 1945년 12월 모스크바에서 열린 국제회의로 승전국인 미국과 영국, 소련의 외무 장관들이 참석하였다. 여기에서 우리나라의 신탁통치 실시안이 논의되었는데 미국과 소련간의 의견 차이가 있었으나 결국 5년간으로 조정되었다. 이에 대해 국내에서는 이념 계열에 따라 반탁운동과 찬탁운동이 동시에 전개되어 내부 혼란이 야기되었다.

상식 plus+

광복 전후 한반도 문제 관련 국제회담

회담	내용	대표국
카이로선언(1943년)	한국의 독립보장 선언	미·영·중
얄타회담(1945년)	38도선의 설정	미·영·소
포츠담선언(1945년)	카이로선언 재확인	미·영·중·소
모스크바 3국 외상 회의(1945년)	한반도 5년간 신탁통치 합의	미·영·소
미소 공동 위원회(1946년)	신탁통치 협약 작성을 위한 위원회, 한국 통일문제 토의	미·소

055 미소 공동 위원회
언론중재위원회, MBC

☐ 모스크바 3국 외상 회의의 결정에 따라 한국의 임시정부 수립을 원조할 목적으로 미소 점령군에 의하여 설치되었던 공동 위원회

1945년 12월 모스크바 3국 외상 회의에서 합의된 내용에 따라 한국 문제의 해결을 위해 설치된 미국과 소련의 양국 대표자 회의로, 모스크바 3국 외상 회의 결정에 따라 한국의 독립정부 수립을 위해 임시 민주주의 정부 수립의 원조를 위해 설립된 공동 위원회이다.

상식 plus⁺

대한민국 정부 수립과정

모스크바 3국 외상 회의(1945. 12, 미·영·소) → 1차 미소 공동 위원회 결렬(1946. 3) → 좌우 합작 위원회(1946) → 이승만의 정읍 발언(1946. 6, 단독 정부 수립 주장) → 미국, 한국 문제를 유엔에 상정 → 유엔, 실시 가능한 지역만 총선 실시 지시(남한만의 단독 정부 수립 가능) → 남북 협상(1948) → 제주 4·3 사건(1948, 단독 정부 수립 반대) → 5·10 총선거 실시(1948. 5. 10) → 대한민국 정부 수립(1948. 8. 15)

제주 4·3 사건
1948년 남한만의 단독 정부 수립에 반대한 남로당 제주도당의 무장봉기와 이에 대한 미 군정 및 경찰 토벌대의 강경진압이 원인이 되어 발생했다. 진압과정에서 법적절차를 거치지 않고 총기 등을 사용하여 민간인을 학살하면서 제주도민들이 큰 피해를 입었다.

056 6·25 전쟁

한국일보, 대구시설공단

☐ 1950년 6월 25일 북한군이 남한 전역에 공격을 개시하면서 일어난 한반도 전쟁

냉전 체제로 남북한 사이의 긴장감이 고조되고 남북 대립이 심화된 상황에서 미국의 태평양 방위선에서 한국과 타이완을 제외한다는 내용의 애치슨 선언이 발표되었다. 이후 군사력을 증강시키면서 남침을 준비하던 북한이 1950년 6월 25일 남침하면서 전쟁이 발발하였다. 이 전쟁으로 인적, 물적 피해가 발생하여 전 국토가 황폐화되었으며 분단 체제가 고착화되었다.

상식 plus⁺

6·25 전쟁의 전개 과정

북한의 남침 (1950. 6. 25)	북한군이 서울 점령 → 유엔군의 참전 → 낙동강을 사이에 두고 치열한 공방전
▼	
국군과 유엔군의 반격	인천 상륙 작전으로 전세 역전(1950. 9. 15) → 압록강까지 진격 (1950. 10)
▼	
중공군의 개입 (1950. 10)	서울 함락(1951. 1. 4) → 서울 재탈환 → 38도선 일대 교착 상태
▼	
휴전회담 개최 (1951. 7)	소련이 유엔에 휴전 제의, 이승만 정부의 휴전 반대, 범국민 휴전 반대운동 → 반공 포로 석방(1953. 6. 18) → 휴전
▼	
휴전협정 체결 (1953. 7. 27)	휴전협정 체결로 정전 → 한미 상호 방위 조약 체결(1953. 10)

057 4·19 혁명

1960년 이승만 중심의 자유당 정권이 부정선거를 자행하자 이에 항의하는 학생과 시민들의 시위에서 비롯된 혁명

1960년에 이승만과 자유당 정권의 3·15 부정선거의 대한 항의로 4·19 혁명이 발발하였다. 그 결과 이승만이 하야하고 수립된 과도 정부는 부정선거를 단행한 자유당 간부들을 구속하였으며, 국회는 내각 책임제와 양원제를 골자로 한 개헌안을 통과시켰다. 이후 구성된 국회를 통해 윤보선이 대통령으로 선출되었고, 장면이 국무총리로 지명되어 장면 내각이 성립되었다.

상식 plus+

4·19 혁명의 전개과정 및 의의
- 전개 과정 : 3·15 부정선거에 분노한 학생과 시민들의 선거 무효 주장 시위 → 이승만 정부, 계엄령 선포 및 무력으로 시위 진압 → 시민과 학생의 시위 격렬 → 이승만 대통령 하야 → 장면 내각 출범
- 역사적 의의 : 국민의 힘으로 부패한 독재 정권을 무너뜨린 민주주의 혁명

3·15 부정선거
이승만은 정·부통령 선거에서 부통령에 자유당 이기붕을 당선시키고 장기집권하기 위해 야당 인사 살해, 투표권 강탈, 부정개표 등을 통한 3·15 부정선거를 자행하였다(1960). 이로 인해 마산에서 부정선거와 이승만의 장기집권에 저항하는 대규모 시위가 일어나자 정부는 이를 강경진압하였고, 시위 도중 경찰의 최루탄에 맞은 채로 마산 해변가에 버려진 학생 김주열의 시신이 발견되며 4·19 혁명이 전국적으로 확산되었다(1960).

058 유신 헌법

1972년 10월 17일의 10월 유신체제에 따라 1972년 12월 17일 국민투표로 확정된 헌법

1972년 10월 비상계엄과 국회 해산 등 강압적인 분위기에서 제정된 유신 헌법은 통일 주체 국민 회의에서 대통령을 선출하며 대통령의 중임제한을 철폐하여 영구 집권이 가능하도록 하였다. 이 헌법은 형식적으로는 제7차 헌법 개정이나, 실질적으로는 구 헌법을 폐지하고 새 헌법을 제정한 점에 특색이 있으며 실상 박정희 대통령의 장기집권을 위한 개헌이었고, 국민의 기본권 침해, 대통령 권한의 비대로 독재를 가능하게 한 헌법이다.

상식 plus+

대한민국 헌법 개정

제1차 개정 (1952년)	• 민의원과 참의원의 양원제 국회 • 대통령, 부통령의 직선제 • 국회의 국무원 불신임 제도
제2차 개정 (1954년)	• 사사오입 개헌 • 초대 대통령에 한해 중임 제한 철폐
제3차 개정 (1960년)	• 공무원의 정치적 중립 보장 • 헌법재판소 신설 • 선거 연령 20세로 인하 • 의원내각제 개헌
제4차 개정 (1960년)	• 부정 선거 처벌 개헌 • 공민권 제한 • 특별 재판소, 검찰부 설치
제5차 개정 (1962년)	• 대통령 중심제 • 단원제 국회 • 국민의 기본권 보장 강화 • 헌법 개정에서 국민투표제 신설
제6차 개정 (1969년)	• 국회의원의 국무위원 겸직 허용 • 대통령의 재임을 3기로 연장 • 대통령의 탄핵소추요건 강화
제7차 개정 (1972년)	• 통일주체국민회의 신설 • 중임·연임 제한 규정 철폐, 대통령 권한 강화 • 헌법개정 절차 이원화 • 국회의 권한 축소
제8차 개정 (1980년)	• 12·12 사태로 비상계엄 발령 • 대통령 7년 단임제 • 대통령 간선제 • 헌법개정 절차 일원화
제9차 개정 (1987년)	• 대통령 5년 단임제 • 대통령 직선제 • 국회의 권한 강화

059 7·4 남북 공동 성명

광주보훈병원, 한국일보, 한국산업인력공단

☐ 1972년 7월 4일 남북한 당국이 국토분단 이후 최초로 통일과 관련하여 합의하고 발표한 역사적인 공동 성명

남북한 정부는 우리 민족의 염원인 통일을 이루기 위해 1971년부터 판문점에서 비밀 회담을 열었다. 이 자리에는 남북한의 적십자사 대표가 참석해 통일 문제에 대해 의논하였고 이듬해 7월 4일에 각각 서울과 평양에서 '통일의 3대 원칙'을 비롯한 여러 가지 합의 사항을 담은 성명을 발표하였다.

상식 plus+

정부별 통일 정책

이승만 정부	• 북진 통일론 • 강력한 반공 정책
박정희 정부	• 반공(선 건설 후 통일론 주장) • 7·4 남북 공동 성명(자주, 평화, 민족적 대단결)
전두환 정부	최초로 남북한 이산가족 고향 방문
노태우 정부	• 한민족 공동체 통일 방안 제시 • 남북 유엔 동시 가입 → 남북 기본 합의서(잠정적 특수 관계 인정, 1991년), 한반도 비핵화 공동 선언
김영삼 정부	• 3단계 통일 방안 제시(1994) • 북한에 경수로 건설 사업 추진 • 김일성 사망으로 남북 정상 회담 무산
김대중 정부	• 대북 화해 협력 정책(햇볕 정책) → 남북 경제 협력 본격화(금강산 관광 사업) • 남북 정상 회담(2000년) → 6·15 남북 공동 선언 • 남북 이산가족 상봉, 개성 공단 설치, 경의선 복구 등 대북 협력 사업 활발히 진행
노무현 정부	• 남북 정상 회담(2007년) • 10·4 선언(6·15 남북 공동 선언 계승)
이명박 정부	• 북한의 대남 도발(천안함, 연평도 포격) • 금강산 관광객 피습 등으로 남북관계 경색
문재인 정부	• 남북 정상 회담(2018년 4월) : 판문점 남측 '평화의 집' 개최, '한반도의 평화와 번영, 통일을 위한 판문점 선언' 발표 • 남북 정상 회담(2018년 9월) : 평양공동선언 발표

060 6월 민주항쟁

☆☆☆☆☆

한국동서발전, aT, 매일경제

☐ 1987년 6월에 전국에서 일어났던 범국민적인 민주화 운동

전두환 군사정권의 장기집권을 저지하기 위해 일어난 범국민적 민주화 운동으로 1987년 1월 박종철 고문치사 사건이 발생하고 그해 5월 천주교정의구현사제단에 의해 이 사건이 은폐·축소된 것이 밝혀지면서 시위가 확산되었다. 그러던 중 시위 과정에서 이한열이 심한 부상으로 사경을 헤매게 되면서 산발적으로 전개되던 민주화 투쟁이 전국적으로 확산되었다.

상식 plus+

6월 민주항쟁의 전개과정

- 전개 : 전두환 정부의 민주화 운동 탄압. 국민의 민주화 요구와 저항(직선제 개헌 요구) → 1987년 6월 전국에서 범국민적 민주화 시위 전개
- 결과 : 대통령 직선제 개헌을 주요 내용으로 하는 민주화 선언 발표(6·29 민주화 선언)
- 역사적 의의 : 군사 독재 정치 종식. 평화적 정권 교체 가능. 민주화의 진전. 국민의 기본권 확대

6·29 민주화 선언
1987년 6월 29일 대통령 후보였던 노태우 민주정의당(민정당) 대표위원이 당시 국민들의 민주화와 직선제 개헌요구를 받아들여 발표한 시국 수습을 위한 특별 선언

061 남북 정상 회담

□ 세 차례 이루어진 남북 최고 지도자들의 회담

1945년 분단 이후 남한과 북한은 세 차례에 걸쳐 정상 회담을 가졌는데 2000년 6월, 2007년 10월, 2018년 4월 남한과 북한의 최고당국자가 직접 만나 남북한의 현안을 포함한 제반문제에 대해 협의하면서 판문점 선언에 합의하였다. 이후 9월에 평양에서 열린 3차 회담의 평양공동선언을 통해 '실질적 종전'을 선언하였다.

상식 plus+

구분	2000 남북 정상 회담	2007 남북 정상 회담	2018 남북 정상 회담
일시	2000년 6월 13~15일 (2박 3일)	2007년 10월 2~4일 (2박 3일)	• 1차 : 2018년 4월 27일 • 2차 : 2018년 5월 26일 • 3차 : 2018년 9월 18~20일(2박 3일)
장소	백화원 초대소(평양)	백화원 초대소(평양)	• 1차 : 평화의 집(판문점) • 2차 : 통일각(판문점) • 3차 : 북한의 평양
남북 합의서	6·15 남북공동선언 (6·15 선언)	남북관계 발전과 평화 번영을 위한 선언 (10·4 선언)	• 1차 : 한반도의 평화와 번영, 통일을 위한 판문점 선언(판문점 선언) • 3차 : 9월 평양공동선언
수석 대표	• 우리측 : 김대중(대통령) • 북측 : 김정일(국방위원장)	• 우리측 : 노무현(대통령) • 북측 : 김정일(국방위원장)	• 우리측 : 문재인(대통령) • 북측 : 김정은(국무위원장)

STEP 01 초스피드 암기 확인!

보기
- ㉠ 부여
- ㉡ 청동기시대
- ㉢ 제물포 조약
- ㉣ 3성 6부
- ㉤ 신민회
- ㉥ 직지심체요절
- ㉦ 7·4 남북 공동 성명
- ㉧ 도병마사
- ㉨ 5·18 민주화 운동
- ㉩ 대동법

01 고인돌은 _____에 성행한 무덤 형식의 하나로 세우는 데 많은 인력이 필요했으므로 고인돌의 주인이 권력과 경제력을 갖춘 지배층이었음을 알 수 있다.

02 _____(은)는 5부족 연맹체에 마가·우가·저가·구가의 4출도가 있었고 1책 12법과 우제점복, 순장 등의 풍습이 있었으며 제천행사로 12월에 영고가 열렸다.

03 발해는 당나라의 제도를 받아들여 _____ 체제의 정치 조직을 지녔고, '해동성국'이라는 칭호를 얻을 정도로 강성했으나 926년 거란족에 의해 멸망당했다.

04 _____은(는) 고려시대에 청주 흥덕사에서 간행된 세계에서 가장 오래된 금속활자본으로 2001년 유네스코 기록유산으로 등록되었다.

05 _____(은)는 고려시대 때 국가의 군사상 비밀 및 국방상 중요한 일을 의정하던 국방 회의기구로 중서문화성의 재신과 중추원의 고관(추밀)으로 구성되었다.

06 조선시대 때 현물로 바치던 공물을 미곡으로 바치도록 한 공물제도인 _____(은)는 숙종 때에는 평안도와 함경도를 제외한 전국에서 시행하였다.

07 개화 정책의 추진 과정에서 소외되고 피해를 입은 구식 군인과 하층민 등이 일으킨 임오군란으로 청의 내정간섭이 더욱 심해졌고, 일본과는 _____(이)가 체결되었다.

08 국권회복을 목적으로 하여 안창호가 박은식·신채호·양기탁 등과 조직한 _____(은)는 비밀결사를 통해 교육 구국운동, 민중 계몽운동, 독립군 양성운동, 민족산업 진흥운동 등에 앞장섰다.

09 _____(은)는 남북한 당국이 국토분단 이후 최초로 통일과 관련하여 합의하고 발표한 역사적인 공동 성명이다.

10 _____(은)는 전두환을 정점으로 한 당시 신군부 세력과 계엄군의 진압에 맞서 광주 시민과 전남 도민이 '비상계엄령 철폐', '유신세력 척결' 등을 외치며 죽음을 무릅쓰고 민주주의 쟁취를 위해 항거한 역사적 사건이다.

정답
01 ㉡ 02 ㉠ 03 ㉣ 04 ㉥ 05 ㉧ 06 ㉩ 07 ㉢ 08 ㉤ 09 ㉦ 10 ㉨

STEP 02 기출로 합격 공략!

01 경기도 공무직 통합채용
다음 중 우리나라 신석기 시대부터 사용된 도구에 해당하지 않는 것은?

① 뚜르개
② 돌낫
③ 돌보습
④ 빗살무늬토기

해설
신석기 시대에는 종래의 뗀석기에서 벗어나 농경·수렵·채집용으로 간석기를 제작해 사용하기 시작했다. 간석기는 마제석기라고도 하며 돌칼과 돌도끼, 돌보습, 돌낫 등이 있으며 가죽 등에 구멍을 뚫기 위한 뚜르개는 뗀석기에 해당한다. 또한 이 시기에는 농경을 비롯한 생산경제활동이 시작되면서 빗살무늬토기 등 수확한 작물을 저장·취사하기 위한 도구도 이용되었다.

02 충북대학교병원
다음 중 사유재산 발생시기와 관련 있는 유물은?

① 동굴과 막집
② 비파형 동검
③ 빗살무늬 토기
④ 철제 농기구

해설
청동기 시대에는 사유재산과 계급이 발생하며 족장이 출현했다. 이 시기의 대표적인 유물에는 비파형 동검, 민무늬 토기, 반달 돌칼, 고인돌, 거친무늬 거울이 있다.

03 부산보훈병원, 한국산업인력공단
청동기 시대의 생활상으로 적절하지 않은 것은?

① 사유재산과 계급이 발생했다.
② 풍요를 기원하는 주술적 의미의 청동제 의기 등을 만들었다.
③ 조·피 등을 재배하는 농경이 시작되고 목축업이 활성화됐다.
④ 움집이 지상가옥화되고 배산임수의 취락이 형성됐다.

해설
신석기 시대에는 조·피 등을 재배하는 농경이 시작되고 목축업이 활성화됐다. 청동기 시대는 밭농사 중심의 농경생활이 주를 이뤘고 벼농사가 시작됐다.

04 부산광역시 공공기관 통합채용
다음과 같은 규범으로 사회질서를 유지한 국가는?

- 사람을 죽인 자는 사형에 처한다.
- 남에게 상해를 입힌 자는 곡식으로 갚아야 한다.
- 도둑질한 자는 노비로 삼되, 용서받고자 할 때에는 50만전을 내야 한다.

① 금관가야
② 부여
③ 고조선
④ 동예

해설
고조선은 사회질서를 유지하기 위해 8개 조항으로 이루어진 범금8조를 만들었으며, 현재는 3개 조항만 전해진다. 범금8조의 내용을 통해 인간의 생명 중시, 사유재산 보호 등을 확인할 수 있다.

05 한국중부발전
다음 중 부여의 행정 조직에 대한 설명으로 옳은 것은?

① 연맹체를 이루던 다섯 부족이 행정구역으로 발전해 수도와 지방을 5부로 나누었다.
② 제사장인 천군이 특수행정조직인 소도를 다스렸다.
③ 왕 아래 마가, 우가, 저가, 구가가 지방 구획인 사출도를 관할했다.
④ 총 5,000여 호를 여러 읍락으로 나누어 읍락의 족장인 삼로가 자치적으로 다스렸다.

해설
부여는 왕 아래 마가, 우가, 저가, 구가의 가(加)들이 각자의 행정 구역인 사출도를 다스렸으며, 왕이 통치하는 중앙과 합쳐 5부를 구성하는 연맹 왕국이었다. 또한, 남의 물건을 훔치면 12배로 갚도록 하는 '책 12법'이라는 엄격한 법률이 있었고, 매년 12월에는 풍성한 수확제·감사제의 성격을 지닌 영고라는 제천 행사가 열렸다.

06 광주광역시도시공사
백제의 사비 천도 후 신라와의 전투에서 전사한 백제의 왕은?

① 성왕
② 고이왕
③ 의자왕
④ 근초고왕

해설
백제 성왕은 국가의 중흥을 목적으로 538년 도읍을 웅진에서 사비로 재천도했다. 성왕은 사비 천도로 왕권강화와 지배질서 확립을 시도했고, 동시에 체제정비를 추진했다. 천도 후 성왕은 신라와 손잡고 고구려를 공격했으나, 신라의 배신으로 한강유역을 빼앗기고 말았다. 그리고 성왕은 553년 신라와의 관산성전투에서 전사했다.

07 의정부시설관리공단
다음 중 신라 내물왕의 업적으로 옳은 것은?

① 최초의 진골 출신의 왕으로서 시중의 권한을 강화시켰다.
② 나당 전쟁에서 승리하여 삼국통일을 이루고 지방 감시를 위해 외사정을 파견했다.
③ 함경도 지역까지 진출하여 마운령비와 황초령비를 세웠다.
④ 김씨에 의한 왕위 계승권을 확립하고 마립간의 칭호를 사용했다.

해설
신라의 17대 왕인 내물왕은 김씨에 의한 왕위 계승권을 확립했고, 고구려 광개토대왕의 도움을 받아 왜와 연합한 백제군을 물리쳤다. 또한 내물왕 때부터 마립간의 칭호를 사용하기 시작했다. ①은 무열왕, ②는 문무왕, ③은 진흥왕의 업적에 해당한다.

08 경기도 공무직 통합채용
다음 중 고구려 장수왕의 업적이 아닌 것은?

① 고구려 역사상 가장 넓은 영토를 다스렸다.
② 수도를 국내성에서 평양성으로 옮겼다.
③ 북진정책을 펼쳐 중국의 북위와의 전쟁에서 여러 차례 승리했다.
④ 충주에 중원 고구려비를 건립했다.

해설
고구려 제20대 왕인 장수왕은 중국과의 적극적인 외교활동을 펼쳐 당시 중국을 제패한 북위에 사절을 파견해 외교 관계를 맺고 대체로 긴밀한 사이를 유지했다. 북위뿐 아니라 유연 등 다른 중국 민족·국가와도 다각적으로 외교하며 서방의 안정을 꾀했다. 한편 장수왕은 427년 수도를 국내성에서 평양성으로 옮겨 백제와 신라를 향한 남진정책을 펼쳤고, 백제의 위례성을 함락시키고 개로왕을 사살하는 등 전공을 올리는 데 성공한다. 그는 고구려 역사상 가장 넓은 영토를 다스린 왕이며 충주에 중원 고구려비를 건립하기도 했다.

09 부천문화재단
다음 중 율령을 반포하지 않은 삼국시대의 왕은?

① 신라 법흥왕　　② 백제 고이왕
③ 고구려 장수왕　④ 고구려 소수림왕

해설
율령(律令)은 법과 제도를 뜻하는 것으로 율(律)은 형법, 령(令)은 행정법에 해당한다고 볼 수 있다. 고구려는 373년(소수림왕 3년), 신라는 520년(법흥왕 7년)에 율령을 반포하였다. 백제의 경우 기록이 불분명하나, 〈삼국사기〉에 262년(고이왕 29년) '관리로서 재물을 받거나 도둑질한 자는 장물의 3배를 징수하고, 종신토록 구금한다'는 기록이 전해져 고이왕 대에 율령이 반포되었다고 추측하고 있다.

10 한국산업인력공단
신라 진흥왕의 업적으로 맞는 것은?

① 김씨에 의한 왕위계승권이 확립됐다.
② 불교를 정비하고 황룡사를 건립했다.
③ 이차돈의 순교를 계기로 불교를 신라의 국교로 공인했다.
④ 김해금관가야를 복속시켰다.

해설
진흥왕의 주요 업적
- 화랑도를 국가조직으로 개편
- 불교 정비, 황룡사 건립
- 한강 유역 차지(나제동맹 결렬, 관산성 전투로 백제 성왕 전사) → 단양적성비, 북한산비
- 대가야 정복 → 창녕비
- 함경도 지역까지 진출 → 마운령비, 황초령비

11 부산보훈병원
다음 연표에서 (가)~(라) 시기에 일어나지 않은 사건은?

642	660	670	676	698
(가)	(나)	(다)	(라)	
대야성전투	백제부흥운동	고구려부흥운동	삼국통일	발해건국

① (가) - 진덕여왕이 대당외교와 한화정책을 펼쳤다.
② (나) - 무열왕이 최초의 진골출신 왕으로 추대됐다.
③ (다) - 법흥왕이 금관가야를 복속했다.
④ (라) - 신문왕이 관료전을 지급했다.

해설
김해의 금관가야가 신라에 항복한 것은 532년(법흥왕 19년) 때의 일이다.

12
수원시 공공기관 통합채용

다음 중 고려 태조의 정책으로 적절한 것은?

① 흑창을 설치하여 빈민을 구제했다.
② 양현고를 두어 장학기금을 마련했다.
③ 전국에 12목을 설치하고 지방관을 파견했다.
④ 전시과 제도를 마련하여 관리에게 지급했다.

해설
고려 태조왕건은 흑창을 설치하여 빈민을 구제했다(918).
② 예종은 양현고를 두어 장학기금을 마련했다(1119).
③ 성종은 전국에 12목을 설치하고 지방관을 파견했다(983).
④ 경종은 전시과 제도를 마련하여 관리에게 지급했다(976).

13
광주광역시 공무직 통합채용

다음 중 고려 광종의 업적이 아닌 것은?

① 광덕 · 준풍이라는 자주적 연호를 사용했다.
② 노비안검법으로 호족세력을 견제했다.
③ 과거제를 시행해 신진세력을 등용했다.
④ 전시과 제도를 마련해 관리에게 지급했다.

해설
고려 광종은 '광덕, 준풍'이라는 자주적 연호를 사용하며 대외적으로 자주권을 선언했고, 노비안검법을 실시해 불법적으로 노비가 된 자들을 평민으로 해방하여 공신과 호족세력의 약화와 함께 국가 조세수입원의 확대를 이뤘다. 또한 과거제도를 실시해 유학을 익힌 실력파 신진세력을 등용함으로써 신·구세력의 교체를 도모했다. 관리에게 직역의 대가로 토지를 나눠주는 전시과는 경종 때 처음 시행됐다.

14
부산광역시 공무직 통합채용

다음 고려의 왕과 업적이 올바르게 연결된 것은?

① 광종 – 전국을 5도와 양계, 경기로 나눠 지방행정 제도를 확립했다.
② 성종 – 당의 제도를 모방해 2성 6부의 중앙관제를 완성했다.
③ 숙종 – 쌍성총관부를 공격해 철령 이북의 땅을 수복했다.
④ 예종 – 삼한통보, 해동통보 등의 동전과 활구를 발행했다.

해설
고려 성종은 최승로의 시무 28조를 받아들여 12목을 설치하고 지방관을 파견해 지방세력을 견제했다. 또한 유교국가의 기틀을 마련했으며 당의 제도를 모방해 2성 6부의 중앙관제를 완성했다. 또 성종 때에는 개경(개성)과 서경(평양)에 물가를 조절하는 기구인 상평창이 설치되기도 했다.

15
대전도시공사

고려시대 군사조직인 별무반에 대한 설명으로 틀린 것은?

① 숙종 때 윤관의 건의에 따라 설치됐다.
② 예종 때 별무반은 여진을 물리치고 강동 6주를 획득했다.
③ 신기군, 신보군, 항마군으로 구성됐다.
④ 2군 6위에 속하지 않는 별도의 임시군사조직이었다.

해설
고려 숙종 때 부족을 통일한 여진이 고려의 국경을 자주 침입하자 윤관이 왕에게 건의하여 신기군, 신보군, 항마군으로 구성된 별무반을 조직했다(1104). 예종 때 윤관은 별무반을 이끌고 여진을 물리쳐 동북 9성을 설치하기도 했다(1107). 별무반은 고려의 정규 군사조직인 2군 6위와는 별도로 편성된 임시군사조직이었다.

16
보훈교육연구원

다음 대화의 (가)의 인물에 대한 설명으로 옳은 것은?

> 거란 소손녕 : 고려는 우리 거란과 국경을 접하고 있는데 왜 바다 건너 송을 섬기는가?
> 고려 (가) : 여진이 압록강 안팎을 막고 있기 때문에 귀국과 왕래하지 못하는 것이다. 여진을 내쫓고 우리 옛 땅을 돌려준다면 어찌 교류하지 않겠는가?

① 강동 6주를 확보했다.
② 동북 9성을 축조했다.
③ 화통도감을 설치했다.
④ 4군과 6진을 개척했다.

해설
거란은 송과의 대결에서 우위를 차지하기 위해 여러 번 고려를 침략했다. 고려 성종 때 1차 침입한 거란은 고려가 차지하고 있는 옛 고구려 땅을 내놓고 송과 교류를 끊을 것을 요구했다. 고려에서 외교관으로 나선 서희는 소손녕과의 외교담판을 통해 거란과 교류할 것을 약속하는 대신, 고려가 고구려를 계승하였음을 인정받고 압록강 동쪽의 강동 6주를 획득하는 성과를 거두었다.

17
보훈교육연구원

고려시대에 실시된 전시과에 대한 설명으로 옳은 것은?

① 고려 말 공양왕 때 신진사대부의 건의로 실시됐다.
② 관직과 직역의 대가로 토지를 나눠주는 제도였다.
③ 관등에는 상관없이 균등하게 토지를 나눴다.
④ 처음 시행 이후 지급기준이 3차례 개정·정비됐다.

해설
고려 경종 때 처음 시행된 시정 전시과는 관직 복무와 직역의 대가로 토지를 나눠 주는 제도였다. 관리부터 군인, 한인까지 인품과 총 18등급으로 나눈 관등에 따라 곡물을 수취할 수 있는 전지와 땔감을 얻을 수 있는 시지를 주었고, 수급자들은 지급된 토지에 대해 수조권만 가졌다. 이후 목종 때의 개정 전시과 제도는 인품에 관계없이 관등을 기준으로 지급하였고, 문종 때의 경정 전시과는 현직 관리에게만 지급하는 등 지급기준이 점차 정비됐다.

18
대전광역시 공공기관 통합채용

다음 중 고려시대 충렬왕 때, 문신이었던 이승휴가 지었던 역사서는?

① 제왕운기(帝王韻紀)
② 백운소설(白雲小說)
③ 계원필경(桂苑筆耕)
④ 동사강목(東史綱目)

해설
제왕운기(帝王韻紀)는 고려시대 문신이었던 이승휴가 지은 역사서로 상·하권으로 되어 있으며, 칠언고시의 형태로 저술되었다. 상권에는 중국의 신화부터 하나라, 은나라, 주나라, 한나라를 거쳐 원나라의 흥성기까지의 역사를 기록했다. 하권은 우리나라의 역사로 고조선부터 삼국, 후삼국을 걸쳐 고려의 통일까지를 담고 있다.

19
수원시 공공기관 통합채용

세종의 업적으로 적절하지 않은 것은?

① 훈민정음 창제
② 경국대전 반포
③ 4군 6진 설치
④ 〈농사직설〉 간행

해설
세종은 우리나라의 독창적인 문자인 훈민정음을 창제하고(1443) 3년 후 반포했다(1446). 또 정초, 변효문 등을 시켜 우리 풍토에 맞는 농서인 〈농사직설〉을 간행하도록 했다(1429). 여진을 정벌하고 최윤덕이 압록강 상류지역에 4군을(1433), 김종서가 두만강 하류지역에 6진을 설치했다(1449). ② 〈경국대전〉은 조선의 기본법전으로, 세조 때 편찬하기 시작해 성종 때 반포됐다(1485).

20
광주광역시도시공사

조선시대 세종대왕 재임 중 발명되지 않은 것은?

① 신기전
② 침금동인
③ 혼상
④ 병진자

해설
군사무기인 로켓추진 화살 '신기전'은 1448년(세종 30년)에 제작되었고, 별의 위치와 별자리를 표시한 '혼상'은 1437년(세종 19년)에 제작됐다. 또한 세계최초의 납 활자인 '병진자'도 1436년(세종 18년)에 세종대왕의 명으로 제작된 것이다. '침금동인'은 조선후기의 기술자인 '최천약'이 발명한 것으로 조선시대 의관들이 침과 뜸을 연습하던 의료기기다.

21
경인일보

조선시대에 왕권을 견제하는 역할을 한 언론기관은?

① 집현전
② 사간원
③ 사헌부
④ 승정원

해설
사간원은 조선시대 언론의 역할을 한 기관으로 왕에게 잘못된 일을 간하거나 논박하는 왕권 견제 기관이었다. 조선에서는 왕권을 견제하는 기구로 삼사를 두었는데, 먼저 홍문관은 집현전을 계승한 기구로 교서 등을 작성하는 문필기관의 역할을, 사헌부는 감찰기관 역할을 했고 사간원 또한 이 삼사 중 한 축을 맡았다.

22
코리아헤럴드

조선 정조가 왕실서적을 보관할 목적으로 강화도에 설치한 도서관은?

① 집현전
② 외규장각
③ 사정전
④ 장용영

해설
외규장각은 조선왕실 도서관인 규장각의 부속 도서관으로 1782년 정조가 왕실 관련 서적을 보관할 목적으로 강화도에 설치한 도서관이다. 이 곳에는 조선왕실의 주요 행사 내용과 과정을 기록한 의궤 등이 보관됐다. 1866년 병인양요 때에는 강화도에 침입한 프랑스군이 의궤와 기타 왕실서적을 약탈하고 불태우기도 했다.

23
의정부시설관리공단

다음 밑줄 친 전쟁 이후 동아시아의 정세에 대한 설명으로 틀린 것은?

> 적선이 바다를 덮어오니 부산 첨사 정발은 마침 절영도에서 사냥을 하다가, 조공하러 오는 왜라 여기고 대비하지 않았는데 미처 진에 돌아오기도 전에 적이 이미 성에 올랐다. 정발은 난병 중에 전사했다. 이튿날 동래부가 함락되고 부사 송상현이 죽었으며, 그의 첩도 죽었다. 적은 드디어 두 갈래로 나누어 진격하여 김해·밀양 등 부(府)를 함락하였는데 병사 이각은 군사를 거느리고 먼저 달아났다. 2백년 동안 전쟁을 모르고 지낸 백성들이라 각 군현(郡縣)들이 풍문만 듣고도 놀라 무너졌다. 오직 밀양 부사 박진과 우병사 김성일이 적을 진주에서 맞아 싸웠다. 김성일이 아장 이종인을 시켜 백마를 탄 적의 두목을 쏘아 죽이니 드디어 적이 조금 물러났다.

① 명나라는 국력 소모를 크게 하여 국가재정이 문란해졌다.
② 조선에서는 비변사의 역할이 크게 축소되고 의정부의 권한이 강화되었다.
③ 만주의 여진이 세력을 확대하는 계기가 되었다.
④ 일본 내의 봉건 세력이 약화되었고 도쿠가와 이에야스가 정권을 장악하였다.

해설
동아시아 3국이 참전한 국제전이었던 7년간의 임진왜란 이후 명나라는 원군 출정으로 인한 국력 소모로 국가재정이 문란해졌다. 때문에 만주 지역의 여진이 세력을 확장하는 계기가 되었고, 이후 명나라는 무너지고 청나라가 들어서게 된다. 일본에서는 봉건 제후 세력이 약화되어 도쿠가와 이에야스가 정권을 쉽게 장악할 수 있게 되었다. 조선에서는 전쟁 중 기능이 확대된 비변사의 역할과 권한이 그대로 유지되고, 의정부의 역할이 축소되었다.

24
한국산업인력공단

영조 때 백성들의 군역부담을 줄여주기 위해 기존 1년에 2필씩 납부하던 군포를 1필로 줄여 실시된 법은?

① 균역법
② 직전법
③ 대동법
④ 연분9등법

해설
영조는 백성들의 군역부담을 줄여주기 위해 기존 1년에 2필씩 납부하던 군포를 1필로 줄이는 균역법을 실시했다(1750). 균역법의 실시로 감소된 재정은 지주에게 결작으로 부과하고, 어장세, 선박세, 염세 등의 잡세 수입으로 보충했다.

25
부산광역시 공무직 통합채용

조선시대에 일어난 다음 네 사화 중 가장 나중에 일어난 것은?

① 기묘사화
② 갑자사화
③ 을사사화
④ 무오사화

해설
사화는 조선시대 사림파와 훈구파 사이의 대립으로 사림파가 큰 피해를 입은 4가지 사건을 말한다. 1498년 무오사화, 1504년 갑자사화, 1519년 기묘사화, 1545년 을사사화로 이어진다. 을사사화는 명종 재임 당시 일어났으며 인종의 외척이던 윤임과 명종의 외척이던 윤원형 세력의 대립으로 벌어졌다.

26
보훈교육연구원

다음 중 조선시대 정조의 업적에 해당하는 것은?

① 규장각을 설치하고 인재를 등용했다.
② 의정부서사제를 도입했다.
③ 직전법을 실시해 토지부족문제를 해결하려 했다.
④ 통일법전인 대전회통을 편찬했다.

해설
조선의 제22대 왕인 정조는 선왕인 영조의 탕평책을 이어 받아 각종 개혁정치를 펼쳤다. 왕의 친위부대인 장용영을 설치해 왕권을 강화했고, 규장각을 설치하고 초계문신제를 시행해 훌륭한 인재를 등용하려 힘썼다. 또한 수원에 화성을 건설하고, 시전 상인들의 금난전권을 폐지하는 신해통공을 단행했다.

27
한국산업인력공단

정약용에 대한 설명으로 옳은 것은?

① 〈북학의〉를 통해 청의 문물을 적극적으로 수용할 것을 제창했다.
② 〈우서〉에서 상공업의 진흥과 사농공상의 직업적 평등을 주장했다.
③ 수원화성 건설을 위해 도르래의 원리를 이용해 거중기를 고안했다.
④ 유형원의 실학사상을 계승·발전하여 성호학파를 형성했다.

해설
정약용은 조선 후기 실학자로 호는 다산(茶山)이다. 농경사회에서 상공업 사회로 변화하는 18세기 후반~19세기 전반의 조선 사회를 살다간 그는 토지의 공유와 균등분배를 통한 경제적 평등의 실현을 기저로 하는 여전론을 주장했다. 정약용의 대표저서로는 〈경세유표〉, 〈목민심서〉, 〈여유당전서〉가 있다. 정조의 총애 속에 그는 거중기를 고안해냈고 이는 1792년 수원화성을 쌓는데 이용됐다. 순조 때에 신유사옥(辛酉邪獄)으로 18년간의 유배기를 보냈다.

28
경기도 공무직 통합채용

다음 중 조선의 중앙군사편제인 5군영에 해당하지 않는 것은?

① 훈련도감
② 어영청
③ 금위영
④ 속오군

해설
5군영은 조선 후기 서울과 그 외곽지역을 방어하기 위해 편제된 군사제도로 훈련도감·어영청·총융청·수어청·금위영이 있다. 이 중 총융청은 경기도 일대를, 수어청은 남한산성을 수비하기 위해 설치되었다. 속오군은 지방군으로서 속오법에 따라 편성되었고, 각 지방의 주민이 대부분 편입되어 평상시 농사와 군사훈련을 병행했다.

29
수원시 공공기관 통합채용

다음 중 동학농민운동과 관련 없는 것은?

① 전라도 고부군수 조병갑의 폭정이 발단이 됐다.
② 보국안민, 제폭구민을 기치로 진주농민봉기가 일어났다.
③ 황토현 전투, 황룡촌 전투에서 승리했다.
④ 일본군과의 우금치 전투에서 패했다.

해설
고부군수 조병갑의 폭정에 전봉준을 중심으로 한 농민군이 동학농민운동(1894)을 일으켰다. 농민군은 보국안민, 제폭구민을 기치로 백산·무장에서 봉기해 황토현 전투·황룡촌 전투에서 승리하고 전라도 일대를 장악했다. 조정에서는 진압을 위해 청에 원군을 요청하였고, 일본도 톈진 조약에 의해 군대를 파견했다. 농민군은 외세 개입을 우려해 정부와 전주 화약을 맺고 집강소를 설치하여 개혁을 실시했다. 이후 청일전쟁이 발발하고 일본의 내정 간섭이 심해졌다. 외세를 몰아내기 위해 봉기한 농민군은 일본군과의 우금치 전투에서 패했다. 일본군에게 패한 후 전봉준이 서울로 압송되면서 동학농민군은 해체됐다.

30
광주광역시 공무직 통합채용

다음 중 갑신정변에 대한 내용으로 옳지 않은 것은?

① 임오군란 이후 급진개화파가 일본의 군사적 지원을 받아 일으켰다.
② 우정총국 개국 축하연 자리에서 일으켰다.
③ 구본신참을 기본정신으로 삼았다.
④ 개화당 정부를 수립하고 14개조 개혁정강을 발표했다.

해설
임오군란 이후 청의 내정간섭이 심화되자 김옥균, 박영효 등의 급진개화파는 근대화 추진과 민씨 세력 제거를 위해 일본의 군사적 지원을 받아 1884년 우정총국 개국 축하연 자리에서 갑신정변을 일으켰다. 이후 개화당 정부를 수립하고 14개조 개혁정강을 발표한 후 입헌군주제, 청과의 사대관계 폐지, 능력에 따른 인재등용 등의 개혁을 추진했다. 그러나 청의 개입과 일본의 군사지원이 약속대로 이행되지 않아 3일 만에 실패했다. ③은 고종이 대한제국 선포 이후 실시한 '광무개혁'에 대한 내용이다.

31
부산광역시 공무직 통합채용

대한제국 때 고종황제의 퇴위 반대운동을 벌인 민중계몽단체는?

① 근우회
② 보안회
③ 대한자강회
④ 신민회

해설
1906년 4월 설립된 대한자강회는 민중계몽단체로 국민의 교육을 강화하고 그로 하여금 국력을 키워 독립의 기초를 닦기 위한 사명을 띠고 있었다. 윤효정, 장지연, 나수연 등이 설립했으며 교육기관을 세울 것을 주장하고 고종황제의 퇴위 반대운동을 펼치기도 했다.

32
한국수력원자력

다음에서 밑줄 친 전쟁 이후 발생한 사건으로 옳은 것은?

> 의정부 참정 심상훈이 아뢰기를, "지금 일본과 러시아 간에 <u>전쟁</u>이 시작된 이후 일본군사들이 용맹을 떨쳐 육지와 해상에서 연전연승한다는 소식이 세상에 퍼져 각기 나라 사람들과 더불어 가서 관전하는 일이 많습니다. 원수부에서 장령(將領)과 위관(尉官)을 해당 싸움터에 적절히 파견하여 관전하게 하는 것이 어떻겠습니까?"하니, 윤허하였다.

① 독립협회가 관민공동회를 개최했다.
② 평민 의병장 출신 신돌석이 을사의병을 주도했다.
③ 고종이 러시아 공사관으로 피신했다.
④ 서양국가와의 최초의 조약인 조미수호통상조약이 체결됐다.

해설
만주와 조선의 지배권을 두고 러시아와 일본이 1904~1905년에 러일전쟁을 벌였다. 전쟁에서 승리한 일본이 사실상 열강들로부터 한국에 대한 지배를 인정받자 일본은 을사늑약을 체결하여 대한제국의 외교권을 박탈하고 한국을 식민지로 만들려는 계획을 진행했다(1905). 을사늑약 체결 이듬해 서울에 통감부가 설치됐고, 이토 히로부미가 초대 통감으로 부임하여 외교뿐만 아니라 내정에도 간섭하였다. 을사늑약 체결 이후 유생 출신의 민종식, 최익현과 평민 의병장 출신 신돌석 등이 을사의병을 주도했다(1906).

33
을사늑약에 저항해 70세가 넘은 고령의 나이로 의병을 일으킨 조선 말기의 문신은?

① 신돌석　　② 최제우
③ 최익현　　④ 이항로

해설
1833년 출생한 조선 말기 문신 최익현은 바른 것을 지키고 사악한 것을 배척한다는 '위정척사사상'으로 유명한 인물이다. 그는 1905년 일제가 조선의 외교권을 강탈한 '을사늑약'이 체결되자 곧장 이를 비판하며 을사오적을 처단할 것을 상소로 주장했다. 이듬해에는 73세라는 고령으로 의병을 일으켜 항일운동을 펼쳤으나, 같은 해 체포되어 대마도로 유배됐다. 그는 유배기간 동안에도 단식투쟁을 하며 저항하다 끝내 순국했다.

34
일제강점기 당시 독립운동가로 1932년 일왕의 생일날 거사를 일으킨 인물은?

① 김원봉　　② 이봉창
③ 윤봉길　　④ 조소앙

해설
일제강점기 독립운동가인 윤봉길 의사는 임시정부의 김구가 창설한 한인애국단에 가입해, 1932년 중국 상하이 훙커우공원에서 열린 일왕의 생일 기념식에 폭탄을 던져 의거했다. 일왕을 사살하지는 못했으나, 일본군 대장과 일본인 거류민단장이 그 자리에서 사망했다. 현장에서 체포된 윤봉길 의사는 사형선고를 받아 1932년 12월 19일 순국했다.

35
일제강점기에 일제의 통치방식이 무단통치에서 문화통치로 바뀌게 된 계기가 된 사건은?

① 3·1운동
② 2·8독립선언
③ 국채보상운동
④ 대한민국 임시정부 설립

해설
일본 도쿄 유학생들이 결성한 조선청년독립단은 독립단 대표 11인을 중심으로 1919년 도쿄에서 2·8독립 선언서를 발표했다. 이는 미국 대통령 윌슨이 주창한 민족자결주의의 영향을 받은 것으로, 이후 국내에서도 3·1운동이 발생해 민족대표 33인이 독립선언서를 발표하여 국내외에 독립을 선언했다. 3·1운동은 일제가 무단통치를 완화하고 식민지 통치를 문화통치 방식으로 변화시키는 계기가 됐다.

36
이승만 정부의 3·15 부정선거에 반발하여 시작된 대규모 반독재 투쟁은?

① 부마항쟁　　② 4·19 혁명
③ 5·18 민주화 운동　　④ 6월 민주항쟁

해설
4·19 혁명은 1960년 4월 19일 3·15 부정선거에 반발하여 일으킨 민주화혁명이다. 당시 이승만 대통령의 자유당 정권은 이기붕을 부통령으로 당선시키기 위하여 개표를 조작했다. 부정선거무효와 재선거를 주장하며 학생들이 중심이 되어 일어났다. 이 결과로 이승만 대통령이 하야하고 12년간의 장기집권이 막을 내렸다.

37
다음 사건과 관련된 인물은?

> 1970년 11월 13일 서울 청계천 평화시장 재단사였던 그는 열악한 노동환경에 항거해 "근로기준법을 준수하라", "우리는 기계가 아니다"라고 외치며 분신했다.

① 김주열　　② 이소선
③ 박종철　　④ 전태일

해설
전태일 열사는 한국의 노동운동을 상징하는 인물로 청계천 평화시장 재단사로 일하면서 열악한 노동조건의 개선을 위해 노력했다. 1970년 11월 노동자는 기계가 아니라고 외치며 분신하였다. 그의 죽음은 장기간 저임금노동에 시달렸던 당시의 노동환경을 고발하는 역할을 했으며, 한국 노동운동발전에 중요한 계기가 되었다.

38
2023년 개봉한 영화 〈서울의 봄〉의 배경이 되는 역사적 사건은?

① 5·16 군사정변
② 12·12 군사반란
③ 사사오입 개헌
④ 5·18 민주화운동

해설
2023년 개봉한 영화 〈서울의 봄〉은 1979년 육군 사조직 '하나회'의 전두환과 노태우가 신군부를 구성해 일으킨 12·12 군사반란의 과정과 결과를 담고 있다. 신군부는 군사반란을 성공시킨 뒤 정권장악을 위해 5·17 내란을 일으켰다. 내각을 총사퇴시키고, 최규하 대통령을 하야하게 해 전두환정부를 수립했다.

39

국민연금공단, 국민건강보험공단

(가)~(라)를 일어난 순서대로 옳게 나열한 것은?

(가) 경부고속도로 준공
(나) 100억 달러 수출달성
(다) IMF 구제금융 지원요청
(라) 고속철도개통

① (가) - (나) - (다) - (라)
② (가) - (나) - (라) - (다)
③ (나) - (가) - (다) - (라)
④ (나) - (가) - (라) - (다)

해설
(가) 경부고속도로 준공(1970년, 박정희 정부)
(나) 수출 100억 달러 달성(1977년, 박정희 정부)
(다) IMF 구제금융요청(1997년, 김영삼 정부)
(라) 고속철도개통(2004년, 노무현 정부)

40

한국일보

이승만정권이 국민 사상통제를 위해 조직한 반공단체는?

① 서북청년회
② 국민보도연맹
③ 대동청년단
④ 한국자유총연맹

해설
국민보도연맹은 1948년 12월 시행된 국가보안법을 바탕으로 이승만정권이 국민의 사상통제를 위해 조직한 반공단체다. 국가적인 반공운동과 함께 전향한 좌익인사들을 교화하기 위한 활동을 벌였다. 대한민국 정부를 절대 지지하고 조선민주주의인민공화국과 공산주의 사상을 배격하도록 국민을 대상으로 강압적인 교육을 펼쳤다.

41

광주보훈병원

남북한이 1972년 분단 이후 처음으로 통일에 관해 협의한 만남은?

① 7·4 남북공동성명
② 6·15 남북공동선언
③ 10·4 남북공동선언
④ 9월 평양공동선언

해설
7·4 남북공동성명은 1972년 7월 4일 남북한 당국이 국토분단 이후 최초로 통일과 관련하여 합의하고 발표한 역사적인 공동성명이다. 남북한 정부는 우리 민족의 염원인 통일을 이루기 위해 1971년부터 판문점에서 비밀회담을 열었다. 이 자리에는 남북한의 적십자사 대표가 참석해 통일 문제에 대해 의논하였고 이듬해 7월 4일에 각각 서울과 평양에서 '통일의 3대원칙'을 비롯한 여러 가지 합의 사항을 담은 성명을 발표하였다.

42

한겨레

(가)에 들어갈 내용으로 옳은 것은?

전두환 정부	⇨	노태우 정부	⇨	김영삼 정부
남북 이산가족 최초 상봉		(가)		민족 공동체 통일방안 제안

① 남북조절위원회 구성
② 경의선 복구사업 시작
③ 남북기본합의서 채택
④ 7·4 남북공동성명 발표

해설
1991년 노태우 정부는 남북기본합의서를 채택하였다.
• 남북한 당국자 간의 통일논의의 재개를 추진함으로써 남북이산가족 고향방문단 및 예술공연단의 교환방문이 전두환 정부 때 성사되었다(1985).
• 민족 공동체통일방안(1994)은 한민족 공동체 통일방안(1989)과 3단계 3대기조 통일정책(1993)의 내용을 종합한 것으로 공동체 통일방안이라고도 한다. 김영삼 정부가 이를 북한에 제안하였고, 자주, 평화, 민주의 3대원칙과 화해협력, 남북연합, 통일국가완성의 3단계 통일방안을 발표하였다.

정답

01 ①	02 ②	03 ③	04 ③	05 ③	06 ①	07 ④
08 ③	09 ③	10 ②	11 ②	12 ①	13 ④	14 ②
15 ②	16 ①	17 ②	18 ①	19 ②	20 ②	21 ②
22 ②	23 ②	24 ①	25 ③	26 ①	27 ③	28 ④
29 ②	30 ③	31 ②	32 ②	33 ③	34 ②	35 ①
36 ②	37 ④	38 ②	39 ①	40 ②	41 ①	42 ③

SECTION 02 세계사

Theme 1 고대사회

제1장 고대문명

001 4대 문명

매일경제, MBC

☐ 기원전 3,000년을 전후하여 세계에서 가장 먼저 문명을 이루고 발전시킨 4대 지역

구분	특징	강	공통점
메소포타미아 문명 (기원전 3,500년)	쐐기문자 · 60진법 사용, 함무라비 법전 편찬, 태음력 제정	티그리스강, 유프라테스강	• 기후가 온화함 • 관개가 용이함 • 토지가 비옥함
이집트 문명 (기원전 3,000년)	폐쇄적 지형, 상형문자 · 10진법 사용, 피라미드 · 스핑크스 제작	나일강	
황하 문명 (기원전 3,000년)	동아시아에서 가장 오래된 문명, 갑골문자 · 달력 사용	황하	
인더스 문명 (기원전 2,500년)	청동기 · 그림문자 사용, 발달된 도시문명, 엄격한 신분제도	인더스강	

쐐기문자
설형문자라고도 하며 점토판에 갈대로 만든 뾰족한 끝으로 찍어 쓴 문자로 세계에서 가장 오래된 문자이다.

002 문명의 비교

마야 · 오리엔트 · 에게 · 그리스 · 잉카 문명

마야 문명	• 멕시코와 과테말라 북부 페텐 지역을 중심으로 발달한 고대문명 • 도시국가 형성, 천체운행 관찰, 수학의 발달, 상형문자 사용
오리엔트 문명	• 고대 오리엔트 지방에서 발달한 것으로, 이집트 문명과 메소포타미아 문명이 대표적 • 이집트 문명 : 세계 최초의 문명, 태양력 · 10진법 · 상형문자 사용 • 메소포타미아 문명 : 태음력, 60진법, 쐐기문자 사용
에게 문명	• 유럽 지역 최초의 문명으로 에게해 주변에서 일어난 해양문명 • 오리엔트 문명을 그리스인에게 전달하는 중계적 역할
그리스 문명	• 에게 문명을 바탕으로 나타난 고전 문명으로 민주주의 발달 • 알렉산더에 의해 오리엔트 문명에 융합되어 헬레니즘 문화로 로마 등 각지에 전파
잉카 문명	• 남아메리카 안데스 지방에서 번영한 문명 • 농경생활, 관개 · 도로 · 운하 등 토목공사 발달

헬레니즘 문화
그리스 문화가 오리엔트 문명과 융합되어 형성한 유럽문화의 2대 조류로, 로마 문화를 일으키고 인도의 간다라 미술을 탄생시켰다.

Theme 2
중세사회

제1장 서양의 중세사회

003 십자군 전쟁
전라남도 공무직 통합채용, MBC, YTN

☐ 중세 서유럽의 그리스도교 국가들이 이슬람교도들로부터 성지를 탈환하기 위해 벌인 전쟁

그리스도교 국가들이 이슬람교도로부터 성지 예루살렘을 회복하기 위해 1096~1270년까지 8차례에 걸쳐 대규모 십자군 원정을 일으켰다. 원정이 거듭되면서 본래의 순수한 목적에서 벗어나 교황권 강화, 영토 확장 등 세속적 욕구를 추구했고 결국 내부 분쟁으로 인해 실패하였다.

상식 plus+

십자군 원정의 목적	• 교황 : 교황권의 강화와 교회 세력의 확대 • 상인 : 지중해 무역의 장악 • 영주 : 새로운 영토와 영지의 확보 • 농노 : 자유신분의 획득
십자군 원정의 결과	• 교황권과 영주(기사) 세력의 약화 → 국왕권의 강화 • 동방 무역의 발전과 상공업 도시의 성장(12세기) • 장원의 해체 • 이슬람 문화의 유입 → 유럽인들의 문화적 시야 확대

004 백년 전쟁

경기문화재단, YTN

1337~1453년까지 영국과 프랑스 사이에서 벌어진 전쟁

프랑스의 왕위 계승 문제와 **플랑드르**의 양모 공업을 둘러싼 경제적 문제가 얽혀 영국군이 침입하면서 시작되었다. 초기에는 영국이 우세했으나 1492년 **잔다르크**의 활약에 힘입어 프랑스가 영토를 회복하였다. 봉건제후와 귀족들이 몰락하고 중앙집권적 국가로 진입하는 계기가 됐다.

플랑드르(Flandre)
모직물 공업으로 번성한 북프랑스, 벨기에, 네덜란드에 걸친 지역

잔다르크
영국과 프랑스 간의 오를레앙 전투에서 조국인 프랑스의 승리를 이끌어낸 여성

상식 plus⁺

장미 전쟁

1455~1485년 영국의 왕위 계승을 둘러싸고 요크 가문과 랭커스터 가문이 대립하며 발생한 내란으로, 각 가문이 집안의 상징 표시로 장미를 사용했기 때문에 장미 전쟁이라 부른다. 이 전쟁은 랭커스터가의 헨리 7세가 요크가의 엘리자베스를 왕비로 맞아 들여 튜더 왕조를 여는 것으로 끝났다. 튜더 왕조는 중앙집권체제국가의 기틀을 마련하였고 봉건 무사 계급이 몰락하며 절대왕조가 수립되었다.

Theme 3
근현대사회

제1장 서양의 근대사회

005 르네상스

포항시설관리공단, TV조선, MBC

☆☆☆☆

☐ 14~16세기 그리스·로마의 고전 문화를 부흥시키고 새로운 근대 문화 창조를 주장한 운동

중세 교회의 권위 몰락과 봉건 사회의 붕괴를 배경으로 이탈리아에서 발원하여 전 유럽으로 퍼져나간 르네상스 운동은 종교에서 탈피하여 그리스·로마의 고전 문화를 부흥시키고, 개인을 존중하며 인간적인 근대 문화 창조(휴머니즘)를 주장했다. 또한 자연에 대한 관심을 증가시킴으로써 근대 과학 발전의 시발점이 되었고, 유럽 근대 문명 발전의 원동력이 되었다.

상식 plus⁺

구분		특징
이탈리아	배경	지중해 무역의 중심지, 도시와 상업의 발전(시민층의 성장), 로마의 문화유산 간직, 비잔틴 학자들의 이주
	정치	종교와 정치의 분리(마키아벨리의 〈군주론〉)
	문학	페트라르카(서정시인, 최초의 인문주의자), 보카치오(데카메론)
	미술	레오나르도 다빈치(모나리자), 미켈란젤로(다비드상, 천지창조), 라파엘로(성모상) 등으로 인간과 자연의 아름다움을 표현
	건축	성 베드로 성당(미켈란젤로 설계), 르네상스 양식
	쇠퇴	신항로 개척 이후 지중해 무역 쇠퇴에 따라 이탈리아의 무역 도시 쇠락, 정치적인 분열
북유럽	특징	16세기 이후 종교적·사회적 비판
	작품	• 에라스무스(네덜란드) : 〈우신예찬〉에서 교회의 부패를 풍자함 • 토마스 모어(영국) : 〈유토피아〉에서 이상적 평등 사회를 제시함 • 셰익스피어(영국) : 〈햄릿〉, 〈베니스의 상인〉 등 영국의 국민문학 발전 • 세르반테스(에스파냐) : 〈돈키호테〉에서 중세의 기사도를 풍자함

006 종교개혁

포항시설관리공단, CBS

☐ 16세기 교회의 세속화와 타락에 반발하여 출현한 그리스도교 개혁운동

로마 가톨릭교회가 16세기에 지나치게 세속화되면서 금전적인 목적으로 면죄부를 판매하는 등 타락하자 1517년 독일의 마틴 루터가 이를 비판하는 95개조의 반박문을 발표한 것을 시작으로 종교개혁운동이 일어났다. 이후 스위스의 츠빙글리, 프랑스의 칼뱅 등에 의해 전 유럽으로 퍼졌고 그 결과 가톨릭으로부터 이탈한 프로테스탄트라는 신교가 성립되었다.

상식 plus+

구분	루터	칼뱅
특징	면죄부 판매에 반발하여 95개조 반박문 발표	예정설, 직업 소명설
지지계층	독일 제후와 농민층	주로 상공 시민층
승인	아우크스부르크 화의(1555년)	베스트팔렌 조약(1648년)

면죄부
로마 교황이 교회의 건립 비용과 교회의 부족한 재정을 해결하고자 금전이나 재물을 봉헌한 사람들에게 죄를 면해준다는 의미에서 교부한 증서를 말한다.

마틴 루터
로마 가톨릭교회의 부패에 반기를 든 독일의 종교 개혁자로 가톨릭교회의 교리와 폐쇄성에 의문을 제기하고 성경을 통한 하나님과의 직접적인 접촉과 하나님의 구원을 설파하였다.

007 청교도 혁명

경기문화재단, MBC

☐ 1642~1660년 영국에서 청교도를 중심으로 일어난 시민혁명

찰스 1세가 권리청원을 승인한 후 의회를 해산시켜 11년간 의회를 소집하지 않고 전제정치를 단행하자 내전이 시작되었고 결국 크롬웰이 이끈 의회파가 승리하여 공화정이 수립됐고, 찰스 1세는 처형되었다. 그러나 공화정의 대표가 된 **크롬웰**이 독재정치를 펼치며 불만을 사면서 크롬웰 사망 후 찰스 2세가 왕정복고로 즉위했다.

권리청원
1628년 국민의 자유를 보장하기 위한 인권선언으로, 누구도 함부로 체포·구금될 수 없으며 국민의 군법에 의한 재판을 금지하고 의회의 동의 없이는 어떠한 과세·증여도 부과하지 않을 것을 담고 있다. 마그나카르타 및 권리장전과 함께 영국 헌법의 중요한 문서가 되었으며 청교도혁명의 원인을 제공했다.

크롬웰의 독재정치
청교도에 입각한 금욕적인 독재 정치를 실시하면서, 항해법 제정(네덜란드의 중계 무역에 타격), 아일랜드 반란 진압 등을 주도하였다.

008 명예혁명

한국방송광고진흥공사, 전남신용보증재단, MBC

☐ 1688년 영국에서 일어난 시민혁명으로 영국 의회 민주주의의 시발점

배경	찰스 2세와 제임스 2세의 전제정치 강화와 친가톨릭주의에 반대한 의회가 심사법과 인신보호법을 제정하였다.
과정	• 의회가 제임스 2세 축출 → 제임스 2세의 딸 메리와 네덜란드 총독 윌리엄을 공동 왕으로 추대 → 권리장전을 승인하고 즉위 → 의회 중심의 입헌군주제의 토대 마련 → 앤 여왕은 스코틀랜드를 병합하여 대영 제국 성립 • 하노버 왕조 : 앤 여왕 사후 스튜어트 왕조 단절 → 독일 하노버 공 조지 1세가 즉위하여 하노버 왕조 개창 → 내각 책임제 성립
결과	세계 최초로 입헌군주제가 성립되었으며(의회 중심), 식민지 개척과 산업 발전의 기반을 확립하였다.
의의	다른 혁명에 비해 피를 적게 흘린 무혈 시민혁명으로, 의회정치 발달의 토대를 마련하였다.

심사법
찰스 2세 때 의회가 제정·반포한 법률로 영국의 관리, 의원은 반드시 영국 국교도만 된다고 규정하였으며 왕의 가톨릭 부활 정책에 대항하여 만든 것이다.

권리장전
명예혁명의 결과 영국에서 공포된 권리선언으로, 국왕은 의회의 동의를 거치지 않고 법률의 적용 및 과세, 상비군 모집을 할 수 없도록 명시했으며 국민의 청원권과 언론·선거의 자유를 보장한다는 내용이다. 영국 의회민주주의의 기반이 되었으며 후에 미국의 독립선언, 프랑스 혁명에도 영향을 끼치게 된다.

009 프랑스 혁명

경기관광공사, MBC, TBC

☐ 구제도를 타파하고 자유·평등·박애 사회를 건설하기 위해 일어난 시민혁명

1789~1794년 프랑스에서 일어난 시민혁명으로, 당시 절대 왕정이 지배하던 앙시앵 레짐으로 인해 평민들의 불만이 증가하고 있었다. 이에 시민들이 바스티유 감옥을 습격하면서 혁명이 시작됐고 그 결과 새로운 헌법을 정하고 프랑스 공화정이 성립되었다. 프랑스 혁명은 정치권력이 왕족과 귀족에서 시민으로 옮겨진 역사적 전환점이 되었다.

앙시앵 레짐

바스티유 감옥
파리의 동쪽 교외에 있는 요새였으나 루이 13세가 감옥으로 개조하여 정치범을 가두었다.

상식 plus+

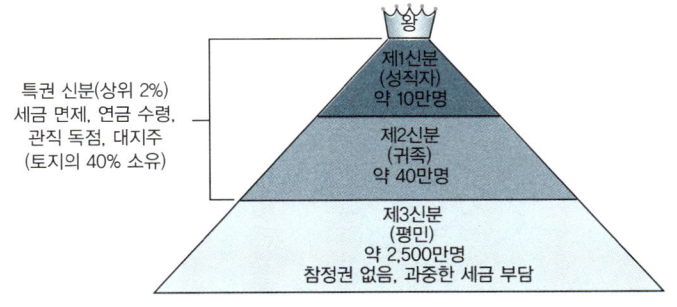

[구제도(앙시앵 레짐)의 모순]

010 산업혁명

인천시공무직, MBC, TBC

☆☆☆☆☆

☐ 18~19세기 영국에서 기술 혁신에 의한 생산성 향상으로 나타난 사회·경제 혁명

영국에서 면방직 공업의 출현으로 시작되었으며 수공업 방식의 소규모 생산에서 공장 기계 공업의 대량 생산체제로 전환되었다. 그 결과 자본주의 경제가 확립되었고 자본가와 노동자 계급이 출현했으며 인구의 도시집중화·노동조건 악화 등의 문제가 발생하기도 했다.

상식 plus⁺

각국의 산업혁명
- **영국** : 막대한 자본과 풍부한 노동력으로 공업도시 발달, 본격적인 산업사회 형성
- **프랑스** : 석탄의 부족으로 제철산업보다는 석유공업 중심으로 발달
- **미국** : 풍부한 자원을 바탕으로 면직·금속·기계공업 발달, 남북 전쟁 이후 자본주의 확립
- **독일** : 풍부한 석탄과 정부의 강력한 지원으로 제철·기계·화학산업 발달(영국과 경쟁)

제 2 장 동양의 근대사회

011 삼민주의

aT, 한국농어촌공사

☆☆☆

☐ 중국 쑨원이 제창한 이념으로 민족주의·민권주의·민생주의

1905년 쑨원이 제창한 중국혁명의 기본 이념으로, 민족의 독립을 주장하는 민족주의와 군주의 지배를 타파하고 민권을 신장시키자는 민권주의, 국민 생활의 안정을 주장하는 민생주의로 구성되어 있다.

쑨원
삼민주의를 내세운 중국의 정치가이며 혁명가로서 신해혁명을 통해 새로운 공화국인 중화민국 정부를 수립하였다.

012 양무운동

한국방송광고진흥공사, YTN

□ 청 말기에 서양 기술의 도입으로 부국강병을 이루고자 한 근대 자강운동

19세기 후반 관료들의 주도하에 이루어진 근대화 운동으로 유럽의 근대기술을 도입하여 난국을 타개하고자 했다. 당시 아편 전쟁과 애로호 사건을 겪으며 서양의 군사적 위력을 알게 된 청조는 서양 문물을 도입하고 군사·과학·통신 등을 개혁함으로써 부국강병을 이루고자 했으나 1894년 청일 전쟁의 패배로 좌절되었다.

자강운동
실력양성을 통한 국권회복을 목표로 하는 운동

상식 plus⁺

애로호 사건
1856년 제1차 아편 전쟁의 결과로 영국이 벌인 사건이다. 영국 국적의 선박 애로호에 청나라 관원이 범인수사를 목적으로 탑승해 영국 국기를 바다에 던진 것을 빌미 삼아 영국이 청나라에 배상금과 사과문을 요구했다. 이 결과 외국군대의 베이징 주둔이 허용되었다.

013 청일 전쟁

안전보건공단, MBC

□ 1894~1895년 청나라와 일본이 조선의 지배권을 놓고 벌인 전쟁

1894년 동학농민운동 진압 과정에서 조선이 청나라에 원군을 요청하자 일본이 1885년 청과 맺은 톈진조약을 근거로 조선에 침입하며 청일 전쟁이 발발했다. 이 전쟁에서 승리한 일본은 시모노세키조약을 맺고 조선에 대한 정치적 주도권을 쟁취하였다.

시모노세키조약
청일 전쟁 후 일본과 청나라가 체결한 조약으로, '청은 조선이 완전한 자주 독립국임을 인정하고 랴오둥 반도와 대만을 일본에 넘겨준다'는 내용을 담고 있다.

014 변법자강운동

YTN

□ 청일 전쟁 패배 이후 절충적 개혁인 양무운동의 한계를 느끼고 캉유웨이 등의 주도로 1898년 발생한 중국의 개혁운동

청일 전쟁에서 패배하자 근본적 정치변혁을 요구하는 개혁론이 대두되면서 캉유웨이, 량치차오 등 중국 지식 계층이 일으킨 운동이다. 일본의 메이지 유신을 본떠 입헌 군주제, 의회제도 등 서양 제도를 도입하여 근대화를 이루려고 하였으나, 서태후를 중심으로 하는 보수파들의 반격(무술정변)과 개혁파의 분열 등으로 실패하였다.

015 신해혁명

★★

한국수산자원관리공단

◻ 1911년에 청나라를 멸망시키고 중화민국을 세운 민주주의 혁명

열강의 침략에 무력한 청 왕조에 대한 반감이 증대하는 가운데 쑨원이 중국 동맹회를 결성하고(1905년), 삼민주의를 제창하였다. 의화단 운동 후에 쑨원(孫文)이 이끄는 중국혁명동맹회 등을 중심으로 무창에서 군대가 봉기한 것을 계기로 혁명운동이 전국에 파급되어 중화민국 임시정부가 수립되고 쑨원이 임시 대총통에 취임하여 공화정을 선언하였다. 이어서 청제의 퇴위에 대신하여 위안스카이(袁世凱)가 임시 대통령에 취임하면서 청조가 무너지고 중화민국이 탄생하였다.

위안스카이
중국의 군인, 정치가로 북양군벌의 기초를 마련하고 변법운동을 좌절시켰으며 신해혁명 당시 임시총통이 되었다.

016 메이지 유신

★★★

한국방송광고진흥공사, MBC

◻ 일본에서 19세기의 후반에 발생한 대규모의 정치적 · 사회적 변혁

19세기 후반 일본의 메이지 천왕 때 막부를 타도하고 일왕을 정점으로 중앙집권적 통일 국가를 수립하여 일본을 자본주의 및 근대화로 이끈 개혁운동이다. 메이지 유신은 서구의 근대화를 모델로 근대화를 추진하였는데 이 개혁으로 왕정복고가 이루어졌으며 입헌 정치가 추진되고 에도 막부는 붕괴되었다.

상식 plus+

구분	특징
정치	국왕 중심의 중앙 집권 체제 수립
경제	토지 · 조세 제도 개혁, 상공업 진흥, 근대 은행 제도 실시, 근대적 공장 설립
사회	신분 제도 철폐, 봉건적 특권 폐지
기타	의무 교육 시행, 유학생 파견, 징병제 실시, 우편 · 철도 제도 실시

제 3 장 서양의 현대사회

017 제1차 세계대전

조선일보, TBC

★★★

☐ 1914~1918년 유럽 국가와 미국, 러시아 등이 참여한 최초의 세계대전

1914년 **사라예보 사건**을 계기로 하여 동맹국(독일·오스트리아)과 연합국(프랑스·영국·러시아·이탈리아·일본) 사이에서 벌어진 전쟁으로 대규모 세계대전으로 발전하였다. 4년 4개월간 지속된 전쟁은 독일의 항복과 연합국의 승리로 끝났으며, 연합국과 독일은 1919년 **베르사유조약**을 맺었다.

사라예보 사건
오스트리아 황태자 프란츠 페르디난트와 그의 왕비가 사라예보에서 세르비아인 청년에게 암살당한 사건으로, 오스트리아가 세르비아에 선전포고를 하면서 제1차 세계대전의 시발점이 되었다.

베르사유조약
제1차 세계대전 후 독일과 연합국 사이에 체결된 조약으로 독일은 해외 식민지를 모두 포기하고 전쟁에 대한 막대한 배상금을 부과했다.

상식 plus+

삼국 동맹

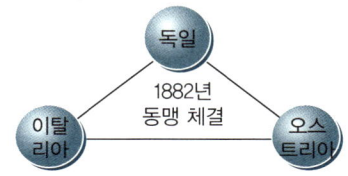

삼국 협상

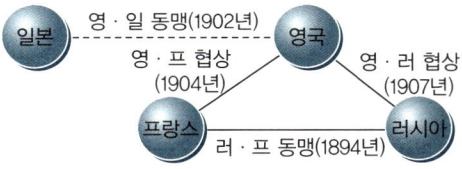

018 제2차 세계대전

국제신문, 매일경제, MBC

★★★★★

☐ 1939~1945년 유럽, 아시아, 북아프리카, 태평양 등지에서 추축국과 연합국 사이에 벌어진 세계전쟁

독일이 폴란드를 침공함으로써 발발하였으며, 3국 조약의 추축국을 이룬 독일·이탈리아·일본과 미국·영국·소련 등 연합국 사이에 벌어진 전쟁이다. 1943년 이탈리아를 항복시킨 연합군은 노르망디 상륙작전으로 프랑스를 해방시키고 1945년 독일의 항복을 받아낸 후 일본에 원폭을 투하하여 제2차 세계대전을 승리로 이끌었다. 인류 역사상 가장 많은 인명·재산 피해를 남긴 전쟁으로 전쟁 후 **국제연합**이 설립되었다.

국제연합(UN)
제2차 세계대전 후 설립된 국제기관으로, 전쟁 방지 및 세계 평화의 유지와 인류복지의 향상을 목적으로 한다.

상식 plus⁺

제2차 세계대전의 전개과정

- **독일의 유럽 점령** : 폴란드 침략 → 덴마크, 노르웨이, 네덜란드, 벨기에 침략 → 파리 점령 후 비시 괴뢰 정권 수립
- **독·소 개전** : 독일의 발칸 반도 점령 → 우크라이나 진격 → 레닌그라드와 모스크바까지 육박 → 소련의 참전
- **연합국의 대응** : 프랑스(드골이 자유 프랑스 정부 수립), 영국(처칠 내각의 항전)
- **대서양 헌장(1941)** : 미국·영국 수뇌의 회동, 전후의 평화 원칙 천명
- **태평양 전쟁(1941)** : 일본의 대동아 공영권 천명과 침략 전쟁 → 인도차이나 반도와 남태평양 진출 → 미국이 일본에 대한 석유 등 전략 물자 수출 금지 → 일본의 진주만 기습
- **연합국의 승리** : 평화 회담 개최, 연합국의 승리(이탈리아 항복, 노르망디 상륙작전, 독일 항복, 일본 원폭 투하), 이탈리아·독일·일본의 순서로 항복

019 대공황

영화진흥위원회

> 1929년에 시작된 사상 최대의 공황

공황이란 경기 순환의 과정에서 상대적 과잉 생산으로, 경제 활동의 축소 과정이 급격하게 진행하는 현상이다. 1929년부터 1939년 무렵까지 북아메리카와 유럽을 중심으로 전 세계 산업 지역에서 광범위하게 지속된 경기 침체이다. 앞서 1920년대의 미국 경제는 호황을 이루었으나 1929년 주식 시장이 붕괴되면서 호경기는 막을 내렸고, 이때부터 경기는 계속 후퇴해 1932년까지 미국 노동자의 1/4이 실직하였다. 불황의 영향은 즉시 유럽 경제에 파급되어 독일과 영국을 비롯한 여러 산업 국가에서 수백만의 노동자들이 일자리를 잃었다. 그러나 제2차 세계대전이 발발해 인력 및 군수품에 대한 수요 증가와 기술 진보를 촉진시키는 효과를 가져와 경제의 새로운 시대가 열리는 계기가 되었다.

020 뉴딜정책

용인문화재단

☐ 미국 대통령인 루스벨트가 경제 대공황을 극복하기 위하여 1933년부터 실시한 경제·사회 정책

루스벨트는 대공황을 극복하기 위해 수정 자본주의 이론에 바탕을 둔 뉴딜정책을 추진하였다. 이는 자본주의 경제 체제의 모순을 극복하기 위해 정부가 경제 문제에 개입하고 복지를 확대하는 것을 특징으로 하였다. 루스벨트는 상품의 생산량을 조절하고 기업의 독점적인 활동을 규제하였으며, 테네시 강 유역 개발 공사와 같은 대규모의 공공사업을 벌여 고용을 촉진하고, 노동자의 단결권과 단체 행동권을 인정하였으며, 최저 임금제를 실현하였다.

긴급 은행법	재기 가능한 은행에 대폭적 대부(貸付)
관리 통화법	통화에 대한 정부 규제력 강화
농업 조정법	농산물 생산 제한으로 농산물 가격 하락 방지
산업 부흥법	기업 간 과열 경쟁 억제, 생산 제한, 가격 협상 인정
테네시 강 유역 개발	다목적 댐 건설로 종합적인 지역 개발

제 4 장 동양의 현대사회

021 문화대혁명

언론진흥재단

☐ 1966~1976년 마오쩌둥의 주도하에 벌어졌던 중국의 사회적·정치적 투쟁

급진적 경제 개발 정책인 대약진 운동이 실패하고 덩샤오핑 중심의 실용주의파가 부상하자 위기를 느낀 마오쩌둥(모택동)이 부르주아 세력과 자본주의 타도를 위해 대학생·고교생 준군사조직인 홍위병을 조직하고 대중을 동원해 일으킨 정치적 투쟁이다. 이 과정에서 정치적·경제적 혼란이 지속되며 사회가 경직화되었고 마오쩌둥의 죽음과 덩샤오핑의 부활로 1997년 공식 종료되었다.

대약진 운동
중국이 경제 고도성장 정책으로 전개한 전국적인 대중운동으로 대규모 수리시설을 건설하고 공업의 기초를 다지려 했던 운동이다.

상식 plus⁺

대약진 운동과 문화대혁명

1953년부터 시작된 제1차 5개년 계획이 성공적으로 마무리되자 중국 지도부는 대약진 운동을 전개하였다. 공업 부문에서 60만개의 재래식 용광로를 만들어 철강증산운동을 전개하였으며, 농민의 99%를 인민 공사에 가입시켜 농업 집단화를 실시하였다. 그러나 집단화에 대한 농민들의 저항, 근로 의욕의 감소, 대규모의 자연재해로 생산력이 저하되었을 뿐만 아니라 대

기근에 직면하여 대약진 운동은 중단되었다. 이후 대약진 운동을 주도한 마오쩌둥은 권력 일선에서 물러나고 덩샤오핑과 류사오치가 경제 성장 위주의 정책을 실시하였으나 빈부의 격차를 심화시키는 부작용을 초래하였다. 한편, 권력 일선에서 물러났으나 절치부심하던 마오쩌둥은 문화대혁명을 일으켜 덩샤오핑과 류사오치를 물러나게 하면서 다시 권력을 장악하게 되었다.

022 천안문사태

□ 1989년 민주화를 요구하던 학생과 시민들을 무력으로 진압한 사건

급진개혁주의자였던 후야오방의 사망을 계기로 정치개혁에 대한 요구가 확산되면서 1989년 전국의 대학생들과 시민 중심의 민주화 운동으로 전개되었다. 이에 국무원 총리 리펑은 베이징에 계엄령을 선포하고 천안문 광장에서 시위 군중을 무력으로 진압하면서 15,000명 이상의 사상자가 생기는 유혈사태가 발생하였다.

후야오방
중국의 정치가로 공산주의청년단 업무를 맡다 문화대혁명으로 공산주의청년단 중앙서기처가 해산되면서 실각하였는데 이후 갑작스럽게 죽음을 맞았다. 이에 그의 명예회복과 민주화를 요구하는 학생과 시민들의 시위가 일어났고 천안문사태가 발생하게 되는 계기가 되었다.

023 스와라지 운동

□ 1906년 인도의 간디가 영국으로부터의 독립을 위해 일으킨 자치운동

인도에서 간디가 주도한 독립 · 자치 운동으로, 영국의 지배를 벗어나서 독립을 획득하고자 했다. 영국은 벵골분할령으로 인도에 대한 식민지배를 강화하려 하였고, 이에 반발한 인도인의 민족주의 운동과 영국제품 · 영화에 대한 불매 · 배척 운동으로 전개되었다.

벵골분할령
1905년 영국이 행정적 편의를 명분으로 반(反) 영국 분위기가 강한 벵골을 힌두교가 많은 서벵골과 이슬람이 많은 동벵골로 분할하여 민족의 단합을 분열시키려 한 정책이다.

상식 plus⁺

스와데시 운동
인도에서 일어난 국산품 애용운동으로, 민족해방운동이 목적이었다. 1905년 캘커타 국민회의 대표는 영국 제품에 대한 불매를 호소했고, 그 결과 토산품의 수요는 증가하고 영국 제품의 판매량은 줄어들었다.

STEP 01 초스피드 암기 확인!

보기
㉠ 에게 문명   ㉡ 앙시앵 레짐   ㉢ 르네상스   ㉣ 명예혁명
㉤ 십자군 전쟁   ㉥ 스와라지 운동   ㉦ 삼민주의   ㉧ 변법자강운동
㉨ 문화대혁명   ㉩ 메소포타미아 문명

01 고대 문명 중에서 _____(은)는 쐐기문자와 60진법의 사용, 함무라비 법전 편찬, 태음력 제정 등의 특징을 갖는다.

02 _____(은)는 유럽 지역 최초의 문명으로 오리엔트 문명을 그리스인에게 전달하는 중계적 역할을 하였다.

03 프랑스 혁명은 1789~1794년 프랑스에서 일어난 시민혁명으로, 당시 절대 왕정이 지배하던 _____(으)로 인한 평민들의 불만이 원인이 됐다.

04 _____은(는) 인도에서 간디가 주도한 독립·자치 운동으로, 영국의 지배를 벗어나서 독립을 획득하고자 했다.

05 _____(은)는 중국 쑨원이 제창한 이념으로 민족주의·민권주의·민생주의로 구성되어 있다.

06 중세 서유럽의 그리스도교 국가들이 이슬람교도들로부터 성지를 탈환하기 위해 벌인 전쟁을 _____(이)라고 한다.

07 14~16세기 그리스·로마의 고전 문화를 부흥시키고 새로운 근대 문화 창조를 주장한 운동을 _____(이)라고 한다.

08 _____(은)는 1688년 영국에서 일어난 시민혁명으로 영국 의회 민주주의의 시발점이 되었다.

09 청일 전쟁의 패배 이후 절충적 개혁인 양무운동의 한계를 느끼고 캉유웨이 등의 주도로 1898년 발생한 중국의 개혁운동을 _____(이)라고 한다.

10 _____(은)는 1966~1976년 마오쩌둥의 주도하에 벌어졌던 중국의 사회적·정치적 투쟁이다.

정답
01 ㉩   02 ㉠   03 ㉡   04 ㉥   05 ㉦   06 ㉤   07 ㉢   08 ㉣   09 ㉧   10 ㉨

STEP 02 기출로 합격 공략!

01 한국노인인력개발원
청동기 문화를 배경으로 기원전 3000년을 전후해 큰 강 유역에서 발생한 4대 문명에 해당하지 않는 것은?

① 메소포타미아 문명
② 잉카 문명
③ 황하 문명
④ 인더스 문명

해설
- 메소포타미아 문명(기원전 3500년) : 티그리스강, 유프라테스강
- 이집트 문명(기원전 3000년) : 나일강
- 황하 문명(기원전 3000년) : 황하
- 인더스 문명(기원전 2500년) : 인더스강

02 한국폴리텍대학
다음 중 고대 그리스의 도편추방제에 대한 설명으로 옳은 것은?

① 시민들이 도편에 위험인물을 적어 공개투표하는 것이 원칙이었다.
② 위험인물을 10년 동안 국외로 추방하는 제도였다.
③ 주로 시민을 상대로 범죄를 저지른 개인을 추방하기 위함이었다.
④ 위험인물로 지목된 이는 스스로를 변론할 기회를 얻었다.

해설
도편추방제는 고대 그리스의 민주정에서 시행된 제도로 시민들이 비밀투표를 통해서 위험인물을 10년간 나라 밖으로 추방하는 제도다. 시민들이 아고라에 모여 도편(도자기 조각)에 민주정에 위협이 되거나 독재자가 될 위험이 있는 인물의 이름을 적어 투표해 추방할 인물을 결정했다. 위험인물로 지목된 이는 스스로를 변론할 기회가 없었다. 민주주의의 성격을 강하게 띠나 한편으론 정치인들이 정적을 제거할 정쟁의 목적으로 사용하기도 했다.

03 한국마사회
다음 중 헬레니즘 문화에 대한 설명으로 옳지 않은 것은?

① 실용적인 자연과학이 발전하였다.
② 알렉산드리아 지방을 중심으로 크게 융성하였다.
③ 신 중심의 기독교적 사고방식을 사상적 기초로 하였다.
④ 인도의 간다라 미술에 상당한 영향을 미쳤다.

해설
헬레니즘 문화는 그리스 문화가 오리엔트 문명과 융합되어 형성한 유럽문화의 2대 조류로, 로마 문화를 일으키고 인도의 간다라 미술을 탄생시켰던 인간 중심의 문화였다.

04 전라남도 공무직 통합채용
다음 중 십자군전쟁에 대한 설명으로 옳지 않은 것은?

① 기독교와 이슬람교의 충돌이었다.
② 기독교 십자군이 성지 예루살렘으로 8차례의 대규모 원정을 떠났다.
③ 전쟁 끝에 십자군은 예루살렘을 탈환하는 데 실패했다.
④ 결과적으로 교황권과 영주의 세력이 더욱 강화되는 계기가 됐다.

해설
중세시대 서유럽의 기독교 국가들이 이슬람교도로부터 성지 예루살렘을 탈환하기 위해 1096~1270년까지 8차례에 걸쳐 대규모 십자군원정을 일으켰다. 원정이 거듭되면서 본래의 순수한 목적에서 벗어나 교황권 강화, 영토 확장 등 세속적 욕구를 추구했고 결국 내부분쟁으로 인해 실패했다. 결국 십자군전쟁으로 교황권과 영주(기사) 세력이 약화되고 국왕권은 강화됐으며, 동방무역이 발전하고 상공업 도시가 성장했다. 장원은 해체됐으며 이슬람 문화가 유입돼 유럽인들의 문화적 시야가 확대됐다.

05
삼성

다음 보기의 전쟁들을 시대 순으로 바르게 나열한 것은?

> ㉠ 크림 전쟁
> ㉡ 십자군 전쟁
> ㉢ 장미 전쟁
> ㉣ 종교 전쟁
> ㉤ 백년 전쟁

① ㉠ - ㉡ - ㉢ - ㉣ - ㉤
② ㉡ - ㉤ - ㉢ - ㉣ - ㉠
③ ㉢ - ㉣ - ㉠ - ㉡ - ㉤
④ ㉣ - ㉠ - ㉡ - ㉢ - ㉤

해설
㉡ 십자군 전쟁 : 중세 서유럽의 그리스도교 국가들이 이슬람교도들로부터 성지를 탈환하기 위해 벌인 전쟁이다.
㉤ 백년 전쟁 : 1337~1453년까지 영국과 프랑스 사이에 벌어진 전쟁으로 봉건제후와 귀족들이 몰락하고 중앙집권적 국가로 발전하는 계기가 되었다.
㉢ 장미 전쟁 : 1455~1485년 영국의 왕위 계승을 둘러싸고 요크 가문과 랭커스터 가문이 대립하며 발생한 내란이다.
㉣ 종교 전쟁 : 종교개혁 이후 낭트칙령으로 신앙의 자유를 얻기 전까지 구교와 신교 간의 대립으로 일어난 전쟁이다.
㉠ 크림 전쟁 : 1853~1856년 러시아와 오스만투르크, 영국, 프랑스, 프로이센, 사르데냐 연합군이 크림반도와 흑해를 둘러싸고 벌인 전쟁이다.

06
한국마사회, MBC

다음 밑줄 친 사상의 영향으로 일어난 사건은?

> 몽테스키외, 볼테르, 루소, 디드로 등에 의해 약 반세기에 걸쳐 배양되었고 특히 루소의 문명에 대한 격렬한 비판과 인민주권론이 혁명사상의 기초가 되었다. 기독교의 전통적인 권위와 낡은 사상을 비판하고 합리적인 이성의 계발로 인간생활의 진보와 개선을 꾀하였다.

① 영국에서 권리장전이 승인되었다.
② 칼뱅을 중심으로 종교개혁이 진행되었다.
③ 레닌이 소비에트 정권을 무너뜨렸다.
④ 시민들이 혁명을 통해 새로운 헌법을 정하고 프랑스 공화정이 성립되었다.

해설
이성과 진보를 강조하는 계몽주의는 프랑스 혁명의 사상적 배경이 되었다. 1789~1794년 프랑스에서 일어난 프랑스 혁명은 정치권력이 왕족과 귀족에서 시민으로 옮겨진 역사적 전환점이 되었다.

07
국민연금공단, 하나금융그룹

종교개혁의 발생 배경으로 적절하지 않은 것은?

① 왕권의 약화
② 교황권의 쇠퇴
③ 교회의 지나친 세속화와 극심한 타락
④ 개인의 신앙과 이성을 중시하는 사상의 확대

해설
종교개혁은 16세기 교회의 세속화와 타락에 반발하여 출현한 그리스도교 개혁운동으로 1517년 독일의 마틴 루터가 이를 비판하는 95개조의 반박문을 발표한 것을 시작으로 이후 스위스의 츠빙글리, 프랑스의 칼뱅 등에 의해 전 유럽에 퍼졌고 그 결과 가톨릭으로부터 이탈한 프로테스탄트라는 신교가 성립되었다.

08
광주광역시도시공사

다음 중 영국의 의회민주주의 발전과 관련 없는 사건은?

① 청교도혁명
② 명예혁명
③ 권리장전
④ 2월혁명

해설
영국은 1642년부터 일어난 청교도혁명으로 공화정이 수립됐고, 이후 다시 크롬웰의 독재정치로 왕정으로 돌아갔다가 1688년 명예혁명으로 영국 의회민주주의의 출발을 알리는 권리장전이 선언됐다. 이로써 영국은 세계 최초로 입헌군주국이 되었다. ④ 2월혁명은 1848년 프랑스에서 일어난 사건으로 프랑스 제2공화국 수립의 계기가 되었다.

09
한국국제협력단, 한국잡월드

미국의 독립혁명에 대한 설명으로 옳지 않은 것은?

① 보스턴 차 사건을 계기로 시작되었다.
② 프랑스·스페인·네덜란드 등의 지원을 받아 요크타운 전투에서 승리했다.
③ 1783년 파리조약으로 평화 협정을 맺고 영국이 독립을 인정했다.
④ 프랑스 혁명과 달리 영국으로부터 독립하는 것만을 목적으로 하였다.

해설
미국의 독립혁명(1775년)은 영국으로부터 독립하는 것이 주된 목적이었으나 절대군주제에 대항하며 자연적 평등과 권리를 주장했고, 민주적인 정치형태를 수립하고자 한 점에서 프랑스 혁명과 유사하다.

10

다음 중 청 말기 서양 기술의 도입으로 부국강병을 이루고자 한 근대화 운동은 무엇인가?

① 양무운동
② 태평천국운동
③ 의화단 운동
④ 인클로저 운동

해설
당시 아편 전쟁과 애로호 사건을 겪으며 서양의 군사적 위력을 알게 된 청조는 양무운동을 통해 서양 문물을 도입하고 군사·과학·통신 등을 개혁함으로써 부국강병을 이루고자 했으나 1894년 청일 전쟁의 패배로 좌절되었다.

11

다음 중 시기적으로 가장 먼저 일어난 사건은 무엇인가?

① 청교도 혁명
② 갑오개혁
③ 프랑스 혁명
④ 신해혁명

해설
① 청교도 혁명(1640~1660년)
③ 프랑스 혁명(1789~1794년)
② 갑오개혁(1894~1896년)
④ 신해혁명(1911년)

12

다음의 사상을 바탕으로 전개된 중국의 민족 운동으로 옳은 것은?

- 만주족을 몰아내고 우리 한족 국가를 회복한다.
- 이제는 평민혁명에 의해 국민 정부를 세운다. 무릇 국민은 평등하게 참정권을 갖는다.
- 사회·경제 조직을 개량하고 천하의 땅값을 조사하여 결정해야 한다.

① 양무운동
② 신해혁명
③ 의화단운동
④ 태평천국운동

해설
쑨원이 제창하였던 민족주의, 민권주의, 민생주의의 삼민주의를 설명한 것이다. 이 사상을 바탕으로 한 신해혁명은 1911년에 청나라를 멸망시키고 중화민국을 세운 민주주의 혁명이다.

13

다음 중 제1차 세계대전 이후의 세계 정세에 대한 설명으로 옳지 않은 것은?

① 얄타 회담에서 전후 국제기구 설립에 합의하였다.
② 독일과 연합국 사이의 강화 조약으로 베르사유 조약이 체결되었다.
③ 세계 평화를 유지하기 위한 최초의 국제평화기구인 국제연맹이 만들어졌다.
④ 전후 문제 처리를 위하여 파리 강화 회의가 개최되었다.

해설
제2차 세계대전 이후 얄타 회담에서 전후 국제기구 설립에 합의하면서 국제연합이 창설되었다.

14 YTN

제2차 세계대전과 관련된 다음의 사건들 중 가장 먼저 일어난 것은?

① 얄타 회담
② 나가사키 원폭 투하
③ UN 창설
④ 카이로 회담

해설
카이로 회담은 제2차 세계대전 때 이집트의 카이로에서 개최된 것으로 1943년 11월에 제1차 카이로 회담이, 그해 12월에 제2차 카이로 회담이 열렸다.
① 얄타 회담 : 1945년 2월 4~11일
② 나가사키 원폭 투하 : 1945년 8월 9일
③ UN 창설 : 1945년 10월 24일

15 대구의료원

제2차 세계대전 당시 독일 나치정권이 자행한 유대인 학살을 의미하는 말은?

① 반달리즘
② 아우슈비츠
③ 제노사이드
④ 홀로코스트

해설
④ 홀로코스트(Holocaust) : 제2차 세계대전 당시 독일 나치정권이 저지른 유대인 대학살을 뜻하는 용어. 홀로코스트는 일반적으로 일정 인종이나 동물을 대량으로 살상하는 행위를 뜻하기도 한다. 나치는 제2차 세계대전 종전까지 600여 만명에 달하는 유대인을 수용소에 가두고 학살하는 등 인류사에 기록될 만행을 저질렀다.
① 반달리즘(Vandalism) : 다른 문화·예술 등에 대한 무지로 인해 문화유적 및 공공시설을 파괴하는 행위를 말한다.
③ 제노사이드(Genocide) : 우리말로 '집단학살'로 번역되며, 특정 인구 집단을 파괴할 목적으로 행해지는 모든 폭력적 행위를 의미한다.

16 한국국제협력단

국제연합에 대한 설명으로 옳지 않은 것은?

① 미국과 영국의 대서양 헌장을 기초로 결성되었다.
② 안전 보장 이사회의 상임 이사국은 거부권을 행사할 수 있다.
③ 소련과 미국이 참여함으로써 세계 중심 기구로 자리잡았다.
④ 독일과 일본은 제2차 세계대전을 일으킨 국가로서 가입하지 못하였다.

해설
국제연합은 미국의 루스벨트와 영국의 처칠이 발표한 대서양 헌장(1941년)을 기초로 결성되었다. 제1차 세계대전 후 결성된 국제연맹에 소련과 미국이 불참한 것과 달리 국제연합에는 소련과 미국이 참여함으로써 현재까지 세계 중심 기구로 활동하고 있다. 독일, 일본은 제2차 세계대전을 일으킨 국가였지만 국제연합에 가입되어 있다.

17 도시철도공사, 코레일

제1·2차 세계대전과 관련하여 열린 국제회담을 순서대로 바르게 나열한 것은?

① 베르사유 조약 - 카이로 회담 - 얄타 회담 - 포츠담 선언
② 카이로 회담 - 얄타 회담 - 포츠담 선언 - 베르사유 조약
③ 얄타 회담 - 포츠담 선언 - 베르사유 조약 - 카이로 회담
④ 포츠담 선언 - 베르사유 조약 - 카이로 회담 - 얄타 회담

해설
베르사유 조약(1919) - 카이로 회담(1943) → 얄타 회담(1945.2) → 포츠담 선언(1945.7)

정답

01 ②	02 ②	03 ③	04 ④	05 ②	06 ④	07 ①
08 ④	09 ②	10 ①	11 ①	12 ②	13 ①	14 ④
15 ④	16 ④	17 ①				

🔗 빅데이터 분석 출제 경향

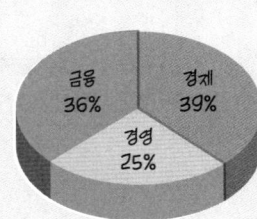

상식 시험에서 경영보다 경제와 금융 분야가 차지하는 비중이 더 큽니다. 일반 경제 현상을 설명해주는 양적완화, 더블딥, 스태그플레이션과 같은 기본 경제 용어의 개념을 확실히 알아두면 문제를 푸는 데 큰 도움이 됩니다.

또한 CPTPP, OECD, APEC과 같은 경제 관련 국제기구에 관한 문제들도 자주 출제되고 있으니 각 국제기구가 어떤 역할을 하는지 그리고 어떤 국가들이 참여하고 있는지 꼭 알아두세요. 또한 정부의 부동산 정책과 관련한 용어들도 평소에 꼼꼼히 챙겨두면 도움이 됩니다.

🔗 최빈출 대표 용어

Section	키워드
01 경제	양적완화, 골디락스, 스태그플레이션, 베블런 효과, 파운드리, G7
02 경영	리쇼어링, 스톡옵션, ESG, 앰부시 마케팅, 기준금리
03 금융	주가지수연동형 상품, LTV, DTI, DSR, 서킷브레이커, 헤지펀드

PART 2
경제·경영·금융

SECTION 01 경제
SECTION 02 경영
SECTION 03 금융

SECTION 01 경제

PART 2 경제 · 경영 · 금융

» Theme 1 «
경제 일반

제1장 경제 기초 용어

★★★★

001 공유경제 Sharing Economy
경기도 공무직 통합채용

☐ 물품을 서로 대여하고 공유하여 협업소비를 하는 경제활동

용어 자체는 2008년 하버드대학교의 로렌스 레식 교수가 자신의 책 〈리믹스(Remix)〉에서 처음 사용하면서 등장하였다. 현대사회에 맞춘 합리적인 소비를 하자는 인식에서 공유경제라는 개념이 부각되었고, 스마트폰의 발달이 공유경제 활성화에 기여하면서 보편적인 개념으로 발전하였다. 모바일 차량서비스인 우버, 집을 공유하는 에어비앤비, 카셰어링 서비스인 쏘카 등이 공유경제의 대표적인 사례이다. 또 개인항공기 대여서비스인 비스타제트가 등장하여 하늘의 공유경제형 사업모델이라는 평가를 받고 있다.

★★

002 구독경제 Subscription Economy
부평구문화재단

☐ 구독료를 내고 필요한 물건이나 서비스를 이용하는 것

일정 기간마다 비용(구독료)을 지불하고 필요한 물건이나 서비스를 이용하는 경제활동을 뜻한다. 영화나 드라마, 음악은 물론이고 책이나 게임에 이르기까지 다양한 품목에서 이뤄지고 있다. 이 분야는 스마트폰의 대중화와 함께 빠르게 성장하고 있는 미래 유망 산업군으로 분류된다. 구독자에게 동영상 스트

리밍 서비스를 제공하는 넷플릭스의 성공으로 탄력을 받았다. 특정 신문이나 잡지 구독과 달리 동종의 물품이나 서비스를 소비자의 취향에 맞춰 취사선택해 이용할 수 있다는 점에서 효율적이다.

★★★★★

003 테이퍼링 Tapering

이데일리, 신용보증기금

☐ 중앙은행이 국채 등 자산 매입으로 시장에 돈을 푸는 양적완화 정책을 점진적으로 축소하는 것

'점점 가늘어지다', '끝이 뾰족해지다'라는 뜻이다. 벤 버냉키 전 미국 연방준비제도(Fed) 의장이 처음 사용한 용어로 미국의 양적완화정책을 점진적으로 줄여나가는 것을 말한다. 즉, 출구 전략의 일환으로서 그동안 매입하던 채권의 규모를 점진적으로 축소하는 정책을 취하는 것이다.

★★★★★

004 양적완화

예금보험공사, 연합인포맥스, 국민일보

☐ 금리인하를 통한 경기부양 효과가 한계에 이르렀을 때, 중앙은행이 국채매입 등을 통해 시중에 돈을 직접 푸는 정책

금리중시 통화정책을 시행하는 중앙은행이 정책금리가 0%에 근접하거나 혹은 다른 이유로 시장경제의 흐름을 정책금리로 제어할 수 없는 이른바 **유동성** 저하 상황 하에 유동성을 충분히 공급함으로써 중앙은행의 거래량을 확대하는 정책이다.

> **유동성(Liquidity)**
> 자산을 현금으로 전환할 수 있는 정도를 나타내는 경제학 용어

상식 plus⁺

긴축발작
- 선진국이 시중에 풀린 자금을 거둬들이는 양적완화 축소가 신흥국 통화가치 급락과 자금 유출을 불러오는 현상을 말한다.
- 벤 버냉키 전 미국 연방준비제도(Fed) 의장이 양적완화 축소 가능성을 시사하면서 미국 국채 금리가 오르고 신흥국 통화 가치가 떨어지자 이를 설명하기 위해 만든 용어다.

005 리디노미네이션 Redenomination

★★★★

한국원자력환경공단, 노원문화재단, MBC

☐ 한 나라에서 통용되는 화폐의 액면가(디노미네이션)를 동일한 비율의 낮은 숫자로 변경하는 조치

화폐의 가치적인 변동 없이 액면을 동일 비율로 하향 조정하는 것을 말한다. 경제 규모가 커지고 물가가 상승함에 따라 거래되는 숫자의 자릿수가 늘어나는 계산상의 불편을 해소하기 위해 도입한다.

제 2 장 경제활동

006 경기변동

★★★

서울도시주택공사

☐ 경제활동이 경제의 장기 성장추세를 중심으로 상승과 하강을 반복하며 성장하는 현상

경기변동 과정에서 나타나는 경기회복·호황·후퇴·불황을 경기변동의 4국면이라고 하며, 회복과 호황을 확장국면, 후퇴와 불황을 수축국면이라고 한다. 경기변동은 특정 경제변수에만 변동하는 것이 아니라 거의 모든 부문 및 변수가 GDP(Gross Domestic Product)와 같은 방향으로 움직이며, 반복적이고 비주기적이며 지속적이다.

> GDP
> 외국인과 우리나라 사람 관계없이 우리나라 국경 안에서 이루어진 생산활동을 모두 포함하는 개념(국내총생산)

상식 plus⁺

경기변동의 4단계
- **호황기** : 투자, 생산, 소비 모두 증가 → 국민소득 증가, 실업률 감소
- **후퇴기** : 과잉투자로 소비 점차 감소, 기업재고량 증가, 일자리 감소, 투자축소
- **침체기** : 불경기, 실업급증, 생산량 급감
- **회복기** : 경제활동 회복, 증가

007 더블딥 Double Dip

★★★★

부산교통공사, MBC

☐ 경기가 침체 국면에서 회복될 조짐을 보이다가 다시 침체 국면으로 빠져드는 현상

'이중하강', '이중침체' 등의 의미로 사용되며 더블딥에 빠지면 이전보다 상황이 더욱 악화된다. 경제하강과 상승을 두 번 반복하는 W자형 경제구조라고 볼 수 있다. 예를 들어 경기침체기에 기업들이 생산량을 늘리면 일시적으로

경기가 반등하는 것처럼 보이지만 실제로는 국민경제 악화로 인해 수요 침체가 다시 발생함으로써 거듭하여 경기 하락 국면으로 접어들게 되는데, 이러한 현상이 바로 더블딥이다.

상식 plus+

트리플딥(Triple Dip)
경기가 일시적으로 회복되었다가 다시 침체되는 현상이 반복적으로 일어나는 일

008 경제성장률

동대문구시설관리공단

☐ 한 나라 경제가 일정 기간 동안 실질적으로 성장하는 비율을 나타낸 것으로 통상 1년 단위로 측정한다.

국가의 실질액의 증가율을 나타내고 있기 때문에 실질성장률이라고도 한다.

$$경제성장률(\%) = \frac{이번\ 연도\ 실질\ GDP - 전년도\ 실질\ GDP}{전년도\ 실질\ GDP} \times 100$$

009 경제활동인구

종로구시설관리공단, 대전광역시 공공기관 통합채용

☐ 노동시장에서 경제활동에 기여할 수 있는 인구

만 15세 이상 인구 중 노동 능력이나 노동 의사가 있어 경제활동에 기여할 수 있는 인구이다. 한편 경제활동참가율은 만 15세 이상 인구 중 경제활동인구(취업자 + 실업자)가 차지하는 비율을 말한다. 즉, 수입 목적으로 인한 취업자와 일을 찾고 있는 실업자를 포함한다.

$$경제활동참가율(\%) = \frac{경제활동인구}{만\ 15세\ 이상\ 인구} \times 100$$

수입
노동의 대가로 얻는 돈이나 물품

상식 plus+

비경제활동인구
- 우리나라에서는 15세 이상이 되어야 일할 능력이 있다고 보는데, 15세 이상 인구 가운데 일할 의사가 없는 사람을 말하며, 가정주부, 학생 등이 속한다.
- 15세 이상 인구 = 경제활동인구 + 비경제활동인구 = 취업자 + 실업자 + 비경제활동인구

010 골디락스 Goldilocks

★★★★★

용인도시공사, 한국일보, YTN

☐ 높은 성장률을 기록하면서도 물가 상승 압력이 거의 없는 이상적인 경제상황

골디락스는 영국 동화 '골디락스와 곰 세 마리'에 등장하는 소녀 이름에서 유래한 용어로 경제에 비유하여 뜨겁지도 차갑지도 않은 경제 호황을 의미한다. 일상생활에서는 가격이 아주 비싼 상품과 싼 상품, 중간 가격의 상품을 함께 진열하여 중간 가격의 상품을 선택하게 유도하는 **판촉** 기법을 골디락스 가격이라고도 한다.

판촉
판매가 늘도록 유도하는 일

상식 plus⁺

경기 순환과 골디락스
- 골디락스는 경제통상적으로 불황기와 호황기 사이와 관련 있는 것으로 알려져 있어 경제의 '봄'이라 할 수 있다.
- 순환되는 경기에서 골디락스 경제가 계속 이어지면 좋겠지만 그렇지 않다.

011 인플레이션 Inflation

★★★★

한국산업인력공단, 경기문화재단, 한국주택금융공사

☐ 개별상품 및 서비스 가격들의 평균값이 지속적으로 상승하는 현상

100원짜리 사과가 인플레이션으로 인해 300원, 500원 등 가격이 높아지는 현상을 말한다. 이는 화폐가 시중에 많이 풀려 화폐가치가 하락하면서 나타나는 현상이다.

실질임금
물가 상승을 고려한 돈의 실질적인 가치 ↔ 명목임금

상식 plus⁺

디플레이션(Deflation)
통화량 감소와 물가하락 등으로 인해 경제활동이 침체되는 현상을 말한다. 또는 경기가 과열되거나 인플레이션이 발생했을 때 이를 억제하기 위해 화폐를 정책적으로 줄이는 것을 뜻하기도 한다.

스크루플레이션(Screwflation)
'돌려 조인다', '쥐어짜다'라는 의미의 스크루(Screw)와 인플레이션(Inflation)의 합성어이며, 물가 상승과 실질임금 감소, 주택가격 하락과 임시직의 증가 및 주가 정체 등으로 중산층의 가처분 소득이 줄어들었을 때 발생한다.

012 스태그플레이션 Stagflation

★★★★★

부평구문화재단, EBS, MBC

☐ 경기침체기에 발생하는 인플레이션으로, 저성장·고물가의 상태

경기침체를 의미하는 '스태그네이션(Stagnation)'과 물가 상승을 의미하는 '인플레이션(Inflation)'을 합성한 용어로, 경제활동이 침체되고 있는 상황에서도 물가는 지속적으로 상승하고 있는 현상이다.

상식 plus+

- **초인플레이션(하이퍼인플레이션)** : 인플레이션의 범위를 초과하여 경제학적 통제를 벗어난 인플레이션
- **디스인플레이션** : 인플레이션이 발생해 통화가 팽창하여 물가가 상승할 때, 그 시점의 통화량-물가수준은 유지한 채 안정을 도모하며 서서히 인플레이션을 수습하는 경제정책을 의미
- **애그플레이션** : 농산물 상품의 가격 급등으로 일반 물가도 덩달아 상승하는 현상
- **밀크플레이션** : 원유(原乳) 가격상승이 우유와 유제품 등의 가격상승을 부르는 현상
- **콘플레이션** : 옥수수의 가격상승이 전반적인 식품 가격상승을 부르는 현상
- **프로틴플레이션** : 육류, 유제품, 계란 등 단백질 공급원의 가격상승 현상
- **베지플레이션** : 채소류 가격상승으로 물가 전반이 동반 상승하는 현상

013 그린플레이션 Greenflation

★★

뉴시스

☐ 탄소규제 등의 친환경정책으로 원자재 가격이 상승하면서 물가가 오르는 현상

친환경을 뜻하는 '그린(Green)'과 화폐가치 하락으로 인한 물가상승을 뜻하는 '인플레이션(Inflation)'의 합성어. 친환경정책으로 탄소를 많이 배출하는 산업을 규제하면 필수원자재 생산이 어려워지고 이것이 생산감소로 이어져 가격이 상승하는 현상을 가리킨다. 인류가 기후변화에 대응하기 위해 노력할수록 사회 전반적인 비용이 상승하는 역설적인 상황을 일컫는 말이다. 대표적인 예로 재생에너지 발전 장려로 화석연료 발전설비보다 구리가 많이 들어가는 태양광·풍력 발전설비를 구축해야 하는 상황이 해당된다. 이로 인해 금속원자재 수요가 급증했으나 원자재 공급량이 줄어들면서 가격이 치솟았다.

상식 plus+

에코플레이션(Ecoflation)
환경을 뜻하는 'Ecology'와 물가상승을 의미하는 'Inflation'의 합성어. 물가상승이 환경적인 요인에 의해 발생하는 것을 뜻한다. 지구 온난화·환경파괴로 인한 가뭄과 홍수, 산불 같은 자연재해의 영향을 받아 상품의 원가가 상승하는 것이다. 지구촌에 이상기후가 빈번히 자연재해를 일으키면서 식료품을 중심으로 물가가 급등하는 에코플레이션이 발생하고 있다.

014 유동성 함정 Liquidity Trap

한국소비자원, MBC

☐ 금리인하와 같은 통화정책이나 재정지출 확대와 같은 재정정책으로도 경기가 부양되지 않는 상태

경제주체들이 돈을 움켜쥐고 시장에 내놓지 않는 상황으로, 기업의 생산·투자와 가계의 소비가 늘지 않아 경기가 나아지지 않고 저성장의 늪으로 빠지는 것처럼 보이는 현상이다.

015 재화

부산교통공사, MBC, 영화진흥위원회

☐ 인간에 도움이 되는 효용을 가지고 있는 모든 물체와 물질

- **정상재** : 소득이 증가(감소)했을 때 수요가 증가(감소)하는 재화
- **열등재** : 소득이 증가(감소)했을 때 수요가 감소(증가)하는 재화
- **경제재** : 희소성이 있어 대가를 지불하지 않고는 얻을 수 없는 경제적 가치가 있는 것
- **자유재** : 사용가치는 있으나 무한하여 교환가치가 없는 비경제재 예 공기, 물
- **대체재** : 한 재화에 대한 수요와 다른 재화의 가격이 같은 방향으로 움직이는 관계에 있는 재화 예 커피-홍차, 소고기-돼지고기
- **보완재** : 하나의 소비활동을 위해 함께 소요되는 경향이 있는 재화
  예 커피-설탕, 만년필-잉크
- **기펜재** : 열등재의 한 종류로, 재화가격이 하락할 때 수요량이 오히려 감소하는 재화

효용
소비자가 재를 소비할 때 얻어지는 주관적인 욕망 충족

Theme 2
시장 경제

제1장 수요와 공급

016 공급의 가격탄력성

★★★

서울시설공단

☐ 가격의 변화 정도에 따른 공급량의 변화 정도

어느 재화 가격이 변할 때 그 재화 공급량이 얼마나 변하는지를 나타내는 지표로, 이는 공급자들이 생산량을 얼마나 신축적으로 조절할 수 있는가에 따라 좌우된다.

$$공급의\ 가격탄력성 = \frac{공급량의\ 변화율}{가격의\ 변화율}$$

공급량
일정 기간에 주어진 가격에서 공급 능력을 갖추고 공급하려는 최대 수량

017 수요의 가격탄력성

★★★

근로복지공단, CBS

☐ 가격의 변화 정도에 따른 수요량의 변화 정도

어느 재화의 가격이 변할 때 그 재화의 수요량이 얼마나 변하는지를 나타내는 지표로, 수요량의 변화율을 가격의 변화율로 나눈 수치이다.

$$수요의\ 가격탄력성 = \frac{수요량의\ 변화율}{가격의\ 변화율}$$

수요량
일정 기간에 주어진 가격에서 소비자가 구매력을 갖추고 구입하려는 최대 수량

018 수요공급곡선

★★★★

YTN, MBC

☐ 상품의 가격과 수요·공급량의 관계를 나타내는 곡선

가격은 수요곡선과 공급곡선의 교차점에서 결정된다. 예를 들어 하나에 100원인 바나나 1,000원어치를 구매하려던 사람은 바나나 가격이 200원으로 오른다면 10개 사려던 것을 5개밖에 살 수 없다. 즉, 가격과 수요량은 반비례한다고 볼 수 있다. 반면 바나나를 파는 공급자 입장에서는 100원 하던 바나나가 200원에 팔려나갈 경우 돈을 더 벌기 위해 더 많은 양의 바나나를 시장에 내놓게 된다. 즉, 가격과 공급량이 비례하는 그래프가 만들어지는 것이다. 이 수요와 공급의 곡선이 교차하는 점이 바로 가격의 결정지점이다.

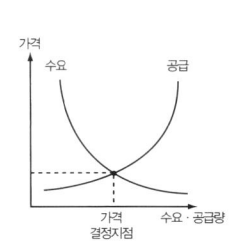

019 독점적 경쟁시장

★★★★

한국주택금융공사, 한국중부발전

☐ 기업들이 독점적 입장의 강화를 꾀하면서도 서로 경쟁하는 시장

진입장벽이 없어 많은 경쟁자가 시장에 있지만 제품 차별화를 통해 생산자가 일시적으로 독점력을 행사하는 시장을 말한다. 즉, 독점적 경쟁시장은 진입과 퇴거가 자유롭고, 다수의 기업이 존재하며, 개별 기업들이 차별화된 재화를 생산하는 시장 형태이다.

상식 plus⁺

- **완전경쟁시장** : 수많은 판매자와 구매자가 주어진 조건에서 동일한 재화를 사고파는 시장
- **독점시장** : 특정 기업이 생산과 시장을 지배하고 있는 시장
- **과점시장** : 소수의 몇몇 대기업들이 시장의 대부분을 지배하는 형태
- **독과점시장** : 독점과 과점시장을 합친 형태

020 한계효용체감의 법칙

★★★

국민체육진흥공단

☐ 한 재화의 소비량이 일정단위를 넘어서면, 소비량이 증가할수록 그 재화의 한계효용이 지속적으로 감소하는 것

어떠한 재화를 소비함에 있어 추가적으로 얻는 효용을 한계효용이라고 한다. 즉, 어떤 상품을 한 단위 더 추가적으로 소비함으로써 소비자가 얼마만큼 더 만족을 느낄 수 있는가를 말하는 것이다. 예를 들어 입으면 20도의 온도를 보장하는 점퍼가 있다고 하자. 추운 겨울 반팔을 입고 있는 사람이 이 점퍼 1벌을 구입하면 만족도가 크지만 이후에는 굳이 필요하지 않기 때문에 추가 구매 시 만족도가 떨어지게 된다. 이것이 한계효용체감의 법칙이다.

한계
일반적으로 경제학에서 '한계'의 뜻은 '한 단위 추가'라는 의미이다.

상식 plus⁺

한계효용균등의 법칙
소비자나 기업 등 경제주체가 한정된 자본이나 소득으로 재화를 구입할 때 얻어지는 효용을 최대로 하고자 한다면, 그 재화에 의해 얻어지는 한계효용은 같아야 한다는 법칙이다. 극대만족의 법칙 또는 현명한 소비의 법칙이라고도 한다.

021 한계소비성향

★★★

부산항보안공사, 경남신용보증재단

☐ 소득이 늘어나는 만큼의 소비가 증가하는 정도

한계소비성향은 추가로 벌어들인 소득에서 소비하는 금액의 비율을 말한다. 1에서 추가 소득 중 저축한 금액의 비율인 한계저축성향을 제한 값이다. 개인의 소득 수준에 따라서 한계소비성향은 달라질 수 있는데, 일반적으로 저소득층이 고소득층보다 한계소비성향이 크다고 알려졌다. 고소득층의 경우 소득이 늘어난다 해도 필수적인 소비는 이미 이뤄지고 있기 때문에 지출이 크게 늘지 않지만, 저소득층은 소득이 늘어난 만큼 소비도 상승하는 경향이 있기 때문이다.

제 2 장 경제분석

022 경제분석일반

★★★★

한국환경공단, 서울신문, SBS

☐ 거시적 관점에서 경기, 금리, 통화량, 물가, 환율, 주가의 관계를 분석하는 것

주가는 경기변동의 선행지표이며 경제성장률은 주가와 양(+)의 상관관계를 갖는다.

① 통화량과 주가
- 통화량 증가 → 유동성 풍부 → 명목소득 상승 → 주식수요 증가 → 주가 상승
- 통화량 감소 → 인플레이션 압박 → 주가 하락

② 금리와 주가
- 금리 하락 → 자금조달 확대 → 설비투자 확대 → 수익성 상승 → 주가 상승
- 금리 상승 → 자금조달 축소 → 설비투자 축소 → 수익성 하락 → 주가 하락

③ 물가와 주가
- 완만한 물가 상승 → 기업판매이윤 증가 → 주가 상승
- 급격한 물가 상승 → 제조비용 증가 → 실질구매력 감소 → 기업수지 악화 → 주가 하락

④ 환율과 주가
- 환율 인하 → 수입 증가, 수출 감소 → 기업의 수익성 하락 → 주가 하락
- 환율 상승 → 수입 감소, 수출 증가 → 기업의 수익성 증가 → 주가 상승

⑤ 원자재가격과 주가
- 원자재가격 상승 → 제조비용 상승 → 국내제품가격 상승 → 판매 하락 → 주가 하락
- 원자재가격 하락 → 제조비용 하락 → 국내제품가격 하락 → 판매 상승 → 주가 상승

상식 plus⁺

평가절상(환율 인하)
자국통화 가치 상승(1,000원/1$ → 900원/1$)

평가절하(환율 인상)
자국통화 가치 하락(1,000원/1$ → 1,100원/1$)

023 거시경제지표

전남신용보증재단, MBC

국민소득이나 물가수준 등 국민경제 전체를 대상으로 분석한 경제

[국제수지표(BOP ; Balance Of Payment)]

경상수지	상품수지	수출, 수입
	서비스수지	운송, 여행, 통신서비스, 건설서비스, 보험서비스, 금융서비스, 컴퓨터 및 정보서비스, 유지보수서비스, 개인·문화·오락 서비스, 사업서비스, 지적재산권 등 사용료
	본원소득수지	급료 및 임금, 투자소득
	이전소득수지	개인송금 등
자본·금융계정	자본계정	
	금융계정	직접투자, 증권투자, 파생금융상품, 기타투자, 준비자산 증감
오차 및 누락		

상식 plus⁺

국제수지표의 작성
국제수지는 현재 IMF의 국제수지 매뉴얼에 따라 한국은행이 작성하고 있다.

024 세계 3대 신용평가기관

★★★★

뉴스1, YTN

☐ 영국의 피치 레이팅스 · 미국의 무디스 · 스탠더드 앤드 푸어스(S&P)

세계 3대 신용평가기관은 각국의 정치 · 경제상황과 향후 전망 등을 고려하여 국가별 등급을 매김으로써 국가신용도를 평가한다.

피치 레이팅스 (Fitch Ratings)	• 1913년 존 놀스 피치(John Knowles Fitch)가 설립한 피치퍼블리싱(Fitch Publishing Company)에서 출발 • 1924년 'AAA~D'까지 등급을 매기는 평가방식 도입 • 뉴욕 · 런던에 본사 소재
무디스 (Moody's Corporation)	• 1909년 존 무디(John Moody)가 설립 • 기업체 및 정부를 대상으로 재무에 관련된 조사 및 분석 • 뉴욕 증권거래소 상장기업
스탠더드 앤드 푸어스 (Standard & Poor's)	• 1860년 헨리 바늄 푸어(Henry Varnum Poor)가 설립한 후 1942년 스탠더드와 합병하며 지금의 회사명으로 변경 • 미국의 3대 지수로 불리는 S&P 500지수 발표 • 뉴욕에 본사 소재

제3장 경제현상

025 베블런 효과 Veblen Effect

★★★★★

헤럴드경제, 매일신문, MBC

☐ 가격이 오르는데도 수요가 줄어들지 않고, 오히려 증가하는 현상

가격이 오르는데도 일부 계층의 과시욕이나 허영심 등으로 인해 수요가 줄어들지 않는 현상으로 상류층 소비자들의 소비 심리를 표현한 말이다. 미국의 경제학자이자 사회학자인 소스타인 베블런(Thorstein Bunde Veblen)의 저서 〈유한계급론(1899)〉에서 유래했다.

상식 plus+

- **스놉 효과** : 특정 제품의 소비가 증가하면서 그 제품의 수요가 줄어드는 현상
- **디드로 효과** : 새로운 물건을 갖게 되면 그것과 어울리는 다른 물건도 원하는 효과
- **펭귄 효과** : 다른 사람이 상품을 사면 이를 따라 사는 구매 행태
- **파노플리 효과** : 상품을 소비함으로써 그것을 소비할 것으로 여겨지는 계층 및 집단과 동일시하는 현상

026 가치의 역설 스미스의 역설

한국폴리텍대학

□ 가격과 효용의 괴리 현상

사람이 살아감에 있어 매우 중요하고 반드시 필요한 물이 헐값에 팔리는 데 반해 일상생활에서 거의 쓸모가 없는 다이아몬드는 매우 비싼 가격에 팔린다. 이러한 모순이 생기는 이유는 다이아몬드의 총효용은 작지만, 존재량이 매우 적어 **한계효용**이 매우 높기 때문이다. 반면, 물은 총효용은 크지만 존재량과 소비량이 매우 많아 한계효용이 0에 가깝기 때문에 가격이 매우 낮아지게 되는 것이다.

한계효용
어떤 상품이나 서비스의 소비를 한 단위 늘렸을 때 추가로 증가한 효용

상식 plus+

가치의 역설이 나타나는 이유
상품가격이 총효용에 의해 결정되는 것이 아니라 한계효용에 의해 결정되기 때문이다. 따라서 물의 총효용이 다이아몬드의 총효용보다 훨씬 클지라도 값은 정반대가 된다.

기펜의 역설(Giffen's Paradox)
한 재화의 가격 하락(상승)이 도리어 그 수요의 감퇴(증가)를 가져오는 현상이다. 예를 들어 쌀과 보리는 서로 대체적인 관계에 있는데, 소비자가 빈곤할 때는 보리를 많이 소비하나, 부유해짐에 따라 보리의 수요를 줄이고 쌀을 더 많이 소비하는 경향이 있다.

027 게임이론 Theory of Games

화성시 공공기관 통합채용

□ 전략적 상황에서의 의사결정이론

1944년 폰 노이만(Johann Ludwig von Neumann)과 모르겐슈테른(Oskar Morgenstern)의 공저 '게임의 이론과 경제행동'에서 발표된 이론이다. 이는 경기자(Player), 전략(Strategy), 보수(Payoff)라는 요소로 구성되어 있으며, 상호의존적·전략적 상황을 고려하는 한 사람의 행위가 다른 사람의 행위에 미치는 의사결정과정을 연구했다. 현재까지 수리경제학에서 활발히 인용되는 기초이론이다.

상식 plus+

넛지이론
2017년 노벨경제학상을 받은 행동경제학자 리처드 탈러와 하버드대학교의 캐스 선스타인 교수가 공동 집필한 〈넛지〉라는 책에서 소개되며 화제가 된 행동경제학 이론이다. 'Nudge(넛지)'는 '쿡 찌르다, 환기시키다'를 뜻하는데, 상대방의 행동을 변화시키는 유연한 방식의 전략을 의미한다. 선택은 상대방에게 맡기되 그의 행동을 특정한 방향으로 유도할 수 있는 효과적인 방식을 제안하는 것이다.

028 역선택

□ 의사결정에 필요한 정보가 충분하지 않아서 불리한 선택을 하게 되는 것

정보를 갖지 못한 쪽이 많은 정보를 갖고 있는 상대방과 거래를 하는 현상으로, 도덕적 해이와 함께 정보비대칭의 일종이다. 어느 한쪽만이 완전한 정보를 가지고 있기 때문에 불완전한 정보에 기초한 선택은 비정상적인 선택이 된다. 이러한 역선택은 주로 한쪽이 많은 정보를 갖고 있는 보험시장, 노동시장에서 자주 발생한다.

도덕적 해이
거래 당사자 중 많은 정보를 갖고 있는 쪽이 부정직하거나 바람직하지 못한 방법으로 거래하는 것

029 펜트업 효과 Pent-up Effect

□ 억눌렸던 소비가 급속히 증가하는 현상

외부 요인에 의해 억눌렸던 수요(소비)가 그 요인이 해소되면서 일순간 급속도로 증가하는 현상을 펜트업 효과라고 한다. 코로나19와 이에 따른 방역 정책으로 억눌렸던 소비가, 확산세가 진정되는 양상을 보이면서 급격한 회복세를 보인 바 있다.

030 긱 이코노미 Gig Economy

□ 산업현장의 수요충족을 위해 필요에 따라 임시직을 고용해 단기계약직이 확산되는 현상

긱 이코노미는 필요에 따라 정규직보다는 임시직이나 단기계약직 등의 인력을 고용해 산업현장의 수요를 충족하는 노동방식을 말한다. '배달의민족' 같은 온라인 플랫폼이 폭발적으로 성장하고, 코로나19 이후 재택·비대면·온라인 근무 등의 근로형태가 활성화되면서 긱 이코노미에 대한 관심이 증대됐다. 긱 이코노미는 근무가 유연하고 자유롭다는 장점이 있지만, 한편 수입과 고용이 불안정하다는 단점도 갖고 있다.

031 피지털 경제 Phygital Economy

□ 물리적 매장을 디지털화하는 소비형태

매일경제

디지털을 활용해 오프라인 공간에서의 육체적 경험을 확대한다는 뜻으로 최근 소비형태의 각 단계에 적용되고 있다. 오프라인을 의미하는 '피지컬(Physical)'과 온라인을 의미하는 '디지털(digital)'의 합성어. 온라인쇼핑은 간단한 검색만으로도 상품정보를 쉽게 찾을 수 있다는 장점이 있지만, 불필요한 정보도 많아 필요한 내용을 찾는 것이 부담스러울 수 있다. 반면 피지털 경제에서는 오프라인 매장에서 마음에 드는 물건을 찾고 상품에 부착된 QR코드를 스캔해 상품정보 및 리뷰를 간편하게 찾을 수 있다. 픽업단계에서도 온라인에서 주문한 제품을 오프라인 매장에서 연중무휴 24시간 찾아갈 수 있도록 변화하고 있다.

032 립스틱 효과

한국산업기술진흥원, 서울시농수산식품공사

□ 경기가 불황일 때 저가 사치품의 매출이 상승하는 현상

경기가 좋지 않거나 미래가 불확실할 때 소비자들이 중저가 상품을 구매하는 경향이 강해지는 것이다. 저가제품 선호추세라고도 하며 불황기에 최대한 돈을 아끼면서 저렴한 립스틱만으로도 심리적 만족을 추구하는 성향을 의미한다. 실제로 불황기에는 립스틱과 같은 저가 화장품의 매출이 증가하며 이는 모든 상품 및 서비스에도 적용될 수 있다. 기업에서는 이를 활용하여 경기불황시 초저가전략을 구사하기도 한다.

상식 plus+

스몰럭셔리(Small Luxury)
높은 실업률과 경기침체 등의 불황 속에서 비싼 가격의 명품들 대신 음식, 화장품 등 비교적 작은 것으로부터 사치를 부리는 새로운 소비트렌드와 이러한 소비트렌드로부터 나타나는 현상들을 말한다. 한 잔에 5,000원이 넘는 금액의 커피를 마시면 '사치'라고 생각되지만, 한편으론 이 커피를 만원 미만의 가격으로 '누리고 있다'는 느낌을 주고, 어려운 삶 속에 큰 위로와 기쁨이 되는 것이다.

033 디깅소비 Digging Consumption

연합인포맥스, 부평구문화재단

☐ 소비자가 선호하는 것에 깊이 파고드는 행동이 관련 제품의 소비로 이어지는 현상

'파다'라는 뜻의 '디깅(digging)'과 '소비'를 합친 신조어로 청년층의 변화된 라이프스타일과 함께 나타난 새로운 소비패턴을 의미한다. 소비자가 선호하는 특정 품목이나 영역에 깊이 파고드는 행위가 소비로 이어짐에 따라 소비자들의 취향을 잘 반영한 제품들에서 나타나는 특별 수요현상을 설명할 때 주로 사용된다. 특히 가치가 있다고 생각하는 부분에는 비용지불을 망설이지 않는 MZ세대의 성향과 맞물려 청년층에서 두각을 드러내고 있다. 대표적인 예로 신발수집을 취미로 하는 일부 마니아들이 한정판 운동화 추첨에 당첨되기 위해 줄을 서서 기다리는 등 시간과 재화를 아끼지 않는 현상을 들 수 있다.

034 리오프닝 Re-opening

헤럴드경제, 대전광역시 공공기관 통합채용

☐ 위축됐던 투자·소비 등 경제활동이 되살아나는 것

리오프닝은 코로나19로 위축되었던 경제활동이 다시 시작되는 것을 뜻한다. 개개인의 소비활동뿐 아니라 기업의 침체되었던 영업활동이나 투자가 다시 활성화되는 것을 의미하기도 한다. 코로나19 확진자가 감소세로 접어들고, 정부의 사회적 거리두기 조치도 완화되면서 국내의 경제활동이 다시금 기지개를 펴게 됐다.

035 규모의 경제 Economy of Scale

연합뉴스TV, 수원시 공공기관 통합채용

☐ 생산의 규모가 커질수록 평균 생산비용이 줄어드는 현상

기업이 생산하는 규모가 증가할 때 생산량 증가가 노동과 자본 등 생산요소의 증가보다 더 크게 나타나는 것을 뜻한다. 생산량이 늘어나면서 그 평균 소요비용은 점차 낮아지는 것이다. 철도나 고속도로처럼 초기 투자비용은 높지만, 손익분기점을 돌파한 후에는 영업이익이 계속 이어지게 된다. 반대 개념으로는 '규모의 불경제(Diseconomies of Scale)'가 있다. 생산규모가 너무 커지면 오히려 관리비용, 비효율이 증가해 평균비용이 올라가는 현상을 뜻한다.

Theme 3
국민 성장 소득

제1장 국민 소득

★★★★

036 국민총생산 GNP ; Gross National Product
_{기술보증기금, MBC}

☐ 일정기간 동안에 한 나라의 국민에 의해 생산된 모든 최종생산물의 시장가치

한 나라의 거주자가 일정 기간 동안 생산한 모든 최종생산물과 용역의 시장가치로, 인력과 자본의 이동이 활발한 세계화 시대에 적합하지 않으며 한 나라의 경기 흐름과 경제 상황은 국내총생산(GDP)이 더 정확히 반영한다.

★★★★★

037 국내총생산 GDP ; Gross Domestic Product
_{부천시 공공기관 통합채용, 국제신문, 국민일보}

☐ 일정기간 동안에 한 나라의 국경 안에서 생산된 모든 최종생산물의 시장가치

① 일정기간 동안 : 유량개념을 의미하며 보통 1년을 단위로 측정
② 한 나라의 국경 안 : 속지주의 개념으로 외국인이 국내에서 생산한 것은 포함되지만 내국인이 국외에서 생산한 것은 제외
③ 최종생산물 : 중간생산물은 제외
④ 시장가치 : 시장에서 거래된 것만 포함

★★★★

038 국민총소득 GNI ; Gross National Income
_{문화일보, MBC}

☐ 우리 국민이 국내와 해외에서 벌어들인 소득의 실질구매력을 나타내는 지표

생산지표인 실질 국내총생산(GDP)에 교역조건 변동에 따른 무역손익을 반영한 국민소득 통계이다. 즉, GNI는 GDP에서 우리나라의 국민들이 외국에서 벌어들이는 소득을 더하고 비거주자인 외국인이 우리나라에서 벌어들인 소득을 뺀 금액이다.

상식 plus⁺
- 1인당 명목(실질) 국민총소득 = 명목(실질) 국민총소득 ÷ 총인구
- 명목 국민총소득(GNI) = 국내총생산(GDP) + 명목 국외순수취요소소득(국외수취요소소득 – 국외지급요소소득)

제 2 장 소득 분배

039 필립스 곡선 Phillip's Curve

★★★★

한국승강기안전관리원, 연합뉴스TV, MBC

◻ 임금상승률과 실업률과의 관계를 나타낸 그래프

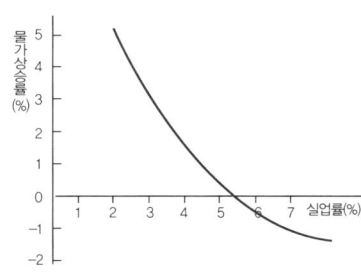

실업률이 낮으면 임금상승률이 높고 실업률이 높으면 임금상승률이 낮다는 관계를 나타낸 곡선이다. 영국 경제학자 필립스가 실제 영국의 사례를 토대로 분석한 결과에서 x=실업률, y=임금상승률로 하여 $\log(y+0.9)=0.984-1.394x$라는 관계를 도출하였다. 이 경우 실업률이 5.5%일 때 임금상승률은 0이 된다. 최근에는 임금상승률과 실업률의 관계보다는 물가 상승률과 실업률의 관계를 보는 것이 일반적이다.

040 지니 계수 Gini Coefficient

★★★★

한국환경공단, 한국농어촌공사

◻ 빈부격차와 계층 간 소득분포 불균형 정도를 나타내는 수치

계층 간 소득분포의 불균형 정도를 나타내는 수치로, 소득이 어느 정도 균등하게 분배돼 있는지를 평가하는 데 주로 이용된다. 지니계수는 0에서 1 사이의 수치로 표시되는데 소득분배가 완전평등한 경우가 0, 완전불평등한 경우가 1이다. 즉, 낮은 수치는 더 평등한 소득 분배를, 반면에 높은 수치는 더 불평등한 소득 분배를 의미한다.

041 로렌츠 곡선 Lorenze's Curve

★★★★

MBC, YTN

◻ 소득분포의 불평등도를 측정하는 방법

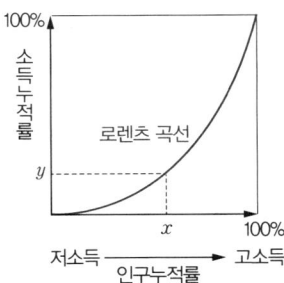

미국의 통계학자 M.로렌츠가 창안한 소득분포의 불평등도를 측정하는 방법으로 한 사회의 인구를 누적시킴에 따라 한 사회의 소득이 누적되는 비율을 나타내는 곡선이다.

제 3 장 경기 지수와 계수

042 기업경기실사지수 BSI ; Business Survey Index

경향신문, MBC

☐ 기업을 통해 전반적인 경기동향을 파악하고자 하는 단기경기예측수단

기업의 활동 및 경기동향 등에 대한 기업가의 판단·전망 및 이에 대비한 계획을 설문지를 통해 조사·분석함으로써 경기동향을 파악하는 방법이다. 한국은행, 산업은행, 한국무역협회, 전국경제인연합회 등에서 분기 또는 월마다 작성한다.

$$BSI = \frac{(긍정적\ 응답\ 업체\ 수 - 부정적\ 응답\ 업체\ 수)}{전체\ 응답\ 업체\ 수} \times 100 + 100$$

- 0< BSI < 100
☞ 수축국면
- BSI = 100
☞ 경기전환점
- 100 < BSI < 200
☞ 경기확장국면

043 소비자물가지수

언론중재위원회, 뉴스1

☐ 가정에서 소비하기 위해 구입하는 재화와 용역의 평균 가격을 측정한 지수

가계에서 일상생활을 영위하기 위해 구입하는 상품가격과 서비스 요금의 변동을 종합적으로 측정하기 위해 작성하는 지수이다. 소비자물가지수의 변동률로 인플레이션을 측정할 수 있다.

상식 plus+

빅맥지수(Big Mac Index)
1986년 영국 경제지 이코노미스트(The Economist)에서 처음 만든 비공식 경제지표다. 전 세계 어디서나 구입할 수 있는 맥도날드의 '빅맥 햄버거' 가격을 기준으로 각국 통화의 가치가 과대평가 혹은 과소평가 되었는지 간단히 비교할 수 있다. 아울러 빅맥의 가격에는 재료·인건비·임대료 등 다양한 요소가 반영되어 있어서 각국의 물가수준을 대략적으로 보여준다.

044 엥겔계수 Engel Coefficient

한국수력원자력, SBS, 서울시복지재단

☐ 총가계 지출액 중에서 식료품비가 차지하는 비율

저소득 가계일수록 가계 지출 중 식료품비가 차지하는 비율이 높고, 고소득 가계일수록 식료품비가 차지하는 비율이 낮은 것을 엥겔의 법칙이라고 한다. 식료품은 필수품이기 때문에 소득수준과 관계없이 반드시 일정한 비율을 소비해야 하며 동시에 어느 수준 이상은 소비할 필요가 없는 재화이다. 따라서 엥겔계수는 소득 수준이 높아짐에 따라 점차 감소하는 경향이 있다.

엥겔의 법칙
1857년 독일 통계학자 엥겔(Ernst Engel)의 조사에서 조사자 이름을 차용함

$$엥겔계수 = \frac{식료품비(음식물비)}{총가계지출액(총생계비)} \times 100$$

상식 plus+

소득수준별 엥겔계수와 엔젤계수

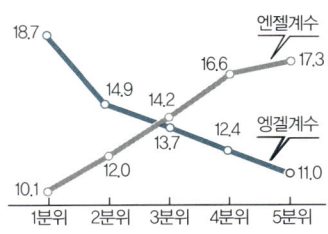

자료 : 통계청

※ 1분위 : 소득 하위 20%, 5분위 : 소득 상위 20%

엔젤계수
가계 총지출에서 취학 전후의 어린이들을 위해 지출한 비용의 비율로 가계 총지출에서 이들을 위해 지출한 교육비, 장난감, 옷값, 용돈 등이 모두 엔젤계수에 포함된다. 엔젤계수가 높아진다는 것은 그만큼 그 나라가 선진화되었다는 것을 의미한다.

제 4 장 경제순환

045 재정정책

조선일보, 서울신문

☐ 조세와 국공채 수입을 통해 들어오는 재정수입을 가지고 정부가 추진하고자 하는 정책목표의 실현을 위해 투입하는 정부의 행위

정부가 공공서비스의 생산 및 각종 정책의 수립·집행 등 공공목적을 달성하기 위해 필요한 재원을 조달하고 이를 관리·운용하는 정부의 제반 재정활동을 말한다. 자원의 최적배분과 경제의 안정화, 소득의 재분배 기능을 수행한다.

상식 plus+

- **긴축재정정책** : 호황기에는 재정지출을 억제하고 조세수입을 높여 총수요를 억제함으로써 경제안정을 도모
- **확장재정정책** : 불황기에는 조세수입을 낮추고 국채발행 등을 통하여 재정지출을 확대하여 총수요 증대를 꾀함으로써 경기회복을 도모

046 환율정책

★★★

서울신문

> 외환정책 중 하나로 정부가 외환시장에 개입함으로써 특정목표를 달성하려는 정책

환율안정을 위한 직접적 수단으로는 외환시장에 개입하여 시장환율을 균형환율로 접근시키고자 하는 경우가 있다. 외환시장에서 환율의 안정화에 실패할 우려가 있는 경우 외환당국이 자본의 유출입을 직접적으로 통제함으로써 환율 안정화를 도모하기도 한다. 직접통제 방법에는 가변예치의무제도, 한계지준제도, 토빈세 등이 있다.

토빈세
국제투기자본의 무분별한 자본시장 왜곡을 막기 위해 모든 단기외환거래에 부과하는 세금으로 1981년 노벨 경제학상 수상자인 경제학자 제임스 토빈이 1972년에 제안한 것이다.

상식 plus⁺

- **가변예치의무제도** : 국내 거주자가 해외로부터 반입하는 투기자금의 일부를 무이자 또는 낮은 이자로 특정은행 및 금융기관에 의무적으로 예치하게 하여 외국자금의 대량유입을 막기 위한 제도이다.
- **한계지준제도** : 통화환수를 목적으로 기본지준율은 그대로 둔 채 새로 늘어나는 예금에 대해 별도의 지준율을 적용하는 제도이다.

047 통화정책

★★★★

서울신문, MBC

> 중앙은행이 통화량 및 금리를 조절함으로써 고용·물가안정·국제수지개선 등의 목표를 달성하기 위한 정책

중앙은행이 재할인정책, 지급준비정책, 공개시장정책 등의 수단을 통해 정책목표를 이루려는 것을 의미한다.

재할인정책
중앙은행이 금융기관에 빌려주는 자금의 양이나 금리를 조절하여 시중 통화량을 조절하는 금융정책

상식 plus⁺

- **경기침체시** : 중앙은행이 통화량을 늘리거나 이자율을 인하하는 등 확장통화정책을 펴면, 투자지출과 소비지출이 증가하여 총수요가 확대되면서 경기가 회복함
- **경기과열시** : 중앙은행이 시중의 돈을 환수하여 통화량을 줄이거나 이자율을 인상하는 긴축통화정책을 펴면 투자와 소비가 감소하면서 총수요가 줄어들어 경기가 회복함

지급준비정책
한국은행이 시중에 자금이 너무 많이 풀려있다고 판단될 경우 금융기관이 보유하고 있어야 하는 현금의 지급준비율을 높여 시중의 통화량을 조절하는 정책

공개시장정책
중앙은행이 국채 및 기타 유가증권 매매를 통해 금융기관과 민간의 유동성을 변동시켜 시장금리에 영향을 주는 정책

» Theme 4 «
세계 경제 및 국제기구

제1장 세계 경제

048 미국 연방준비제도 Fed ; Federal Reserve System

★★★

머니투데이

☐ 미국의 중앙은행제도

1913년 미국의 연방준비법에 의해 설치된 미국의 중앙은행제도이다. 미국은 전역을 12개 연방준비구로 나눠 각 지구에 하나씩 연방준비은행을 두고 이들을 연방준비제도이사회(FRB)가 통합하여 관리하는 형태를 취한다. 이사회는 각 연방은행의 운영을 관리하고 미국의 금융정책을 결정하는 역할을 하고 있는데, 화폐공급 한도를 결정하는 것은 연방공개시장위원회(FOMC)이며 FRB는 FOMC와 협력하여 금융정책을 수행한다. 각 연방은행의 주된 업무는 은행권(연방준비권과 연방준비은행권)의 발행이고, 그밖에는 민간금융기관의 예금지불을 집중적으로 보관하고 상업어음 재할인 등을 하는 것이다.

049 비둘기파 · 매파 · 올빼미파

★★

연합인포맥스

☐ 새를 이용해 경제 · 외교정책의 성향을 나누어 표현한 것

비둘기파는 외교나 특히 경제 부분에서 대립하는 세력들 사이를 온건하게 중재하고 타협하는 등 부드럽게 일을 처리하려는 성향을 말한다. 반면 매파는 강경하게 자신의 입장을 관철시키려는 태도로, 가령 경제에서는 경기과열조짐을 보일 경우 통화를 거둬들이고 물가를 안정시키려는 긴축정책을 선호하는 사람들을 말한다. 올빼미파는 이들 매파와 비둘기파 사이에서 중간적인 성향을 보이는 중도파들을 가리킨다.

050 파운드리 Foundry

☆☆☆☆☆

이투데이, 경향신문, 부산교통공사

☐ 반도체 위탁 생산 시설

반도체 생산 기술·설비를 보유해 반도체 상품을 위탁생산해주는 것을 말한다. 제조과정만 담당하며 외주 업체가 전달한 설계 디자인을 바탕으로 반도체를 생산한다. 주조 공장이라는 뜻을 가진 영단어 'Foundry(파운드리)'에서 유래했다. 대만 TMCZ가 대표적인 파운드리 기업이다. 팹리스(Fabless)는 파운드리와 달리 설계만 전문으로 한다. 반도체 설계 기술은 있지만 공정 비용에 부담을 느껴 위탁을 주거나 비메모리에 주력하는 기업으로 애플, 퀄컴이 대표적인 팹리스 기업이다.

상식 plus⁺

ASML
네덜란드의 반도체 장비기업으로 최첨단 반도체 양산에 필요한 '극자외선(EUV) 노광장비' 분야의 세계 최고 제조업체다. 삼성전자와 대만의 TSMC 등 세계 주요 반도체업체들은 ASML의 첨단장비 공급을 필요로 한다.

051 프렌드쇼어링 Friend-shoring

☆☆

아주경제

☐ 동맹국 간 공급망을 구축하기 위한 미국의 전략적 움직임

코로나19와 러시아의 우크라이나 침공, 중국의 봉쇄정책 등이 촉발한 글로벌 공급망 위기로 세계경제가 출렁이자 미국이 동맹국 간 공급망을 구축하기 위해 전략적으로 움직인 것을 말한다. 이를 통해 '동맹국끼리 뭉쳐 상품을 안정적으로 확보'하겠다는 목적이지만, 중국과 러시아를 공급망에서 배제하려는 의도가 반영됐다는 분석도 있다. 이에 따라 미국은 유럽연합(EU), 호주정부 등과 협력을 강화했으며 기업들도 자발적으로 프렌드쇼어링에 나섰다. 그러나 '세계의 공장'으로 불리는 중국의 값싼 인건비를 포기할 경우 생산비용이 늘어나고, 이것이 소비자 가격에 포함되므로 인플레이션을 촉발할 가능성도 점쳐졌다.

상식 plus⁺

디커플링(Decoupling)
일명 탈동조화 현상으로 한 국가의 경제가 주변의 다른 국가나 세계경제와 같은 흐름을 보이지 않고 독자적인 경제로 움직이는 현상을 말한다. 세계경제는 미국이나 유럽 등 선진국에서 발생한 수요 또는 공급 충격에 큰 영향을 받는 동조화(Coupling) 현상, 점차 다른 나라의 경제상황과 성장에 미치는 영향이 약화되는 디커플링 현상, 동조화 재발생(Recoupling) 현상이 반복된다.

052 유로존 Eurozone

★★★★

영화진흥위원회, YTN, 부천문화재단

☐ 유럽연합의 단일화폐인 유로를 국가통화로 도입하여 사용하는 국가나 지역

오스트리아, 핀란드, 독일, 에스토니아, 프랑스, 아일랜드, 스페인, 라트비아, 벨기에, 키프로스, 그리스, 슬로바키아, 이탈리아, 룩셈부르크, 몰타, 네덜란드, 포르투갈, 슬로베니아, 리투아니아 등 총 19개국이 가입되어 있었으나 2023년 1월 1일 크로아티아가 추가로 유로존에 가입해 2025년 7월 기준 총 20개국이 속해있다. 2026년 1월 1일에는 불가리아가 새롭게 가입할 것으로 보인다. 유로존 가입 조건은 정부의 재정적자 규모가 국내총생산의 3% 미만, 정부의 공공부채 규모가 국내총생산의 60% 이내, 인플레율(물가 상승률)이 유로존 회원국 최저 3개국보다 1.5%를 초과하지 않을 것 등 재정·부채·물가·환율 등의 조건을 충족해야 한다.

053 G7

★★★★★

서울시설공단, SBS, KBS

☐ 미국·영국·프랑스·독일·이탈리아·캐나다·일본 등 선진 7개 국가

세계 경제가 나아갈 방향과 각국 사이의 경제정책에 대한 협조 및 조정에 관한 문제를 논의하기 위한 주요 7개국의 모임으로, 미국·영국·프랑스·독일·이탈리아·캐나다·일본이 회원국이다. 이들 국가들은 1년에 두세 차례씩 재무장관과 중앙은행 총재들이 연석으로 회동하여 세계경제방향과 각국 간의 경제정책협조조정 문제를 논의하며, 각국 대통령 및 총리가 참석하는 정상회담도 1년에 한 번씩 개최하고 있다.

상식 plus⁺
- G2 : 미국, 중국
- G8 : 미국, 영국, 프랑스, 독일, 이탈리아, 캐나다, 일본, 러시아
- G20 : 미국, 영국, 프랑스, 독일, 이탈리아, 캐나다, 일본, 러시아, 한국, 중국, 호주, 인도, 브라질, 멕시코, 인도네시아, 아르헨티나, 튀르키예, 사우디아라비아, 남아공, EU 의장국

054 뉴노멀 New Nomal

★★★★

수원시 공공기관 통합채용

☐ 시대가 변화함에 따라 새롭게 정립되는 표준

2008년 세계경제위기 이후 세계경제와 사회를 표준화할 새로운 기준을 일컫는 말이다. 우리말로 '새 기준', '새 일상'이라 한다. 지난 경제위기 이후에는 저성장과 저소비, 높은 실업율과 위험성, 규제 등의 강화가 세계경제를 가로지르는 표준으로 자리 잡았다. 그리고 2019년 말부터 코로나19의 등장으로 사람들의 일상과 소비패턴이 다시 변화하게 되면서 인공지능, 비대면 사회, 온택트 등의 트렌드가 새 시대의 뉴노멀로서 나타나게 되었다.

055 국제은행간통신협회 SWIFT

★★★

경향신문, 한국폴리텍대학

세계 금융기관들에게 국제 표준화된 데이터 통신망을 제공하는 국제기구

국제은행간통신협회(SWIFT)는 전 세계의 금융기관들이 국제 금융거래를 원활히 할 수 있도록 지원하는 기구다. 가입된 금융기관에 국제 표준화된 금융정보와 서비스·통신망을 제공한다. 거의 모든 국가의 금융기관이 외화거래를 위해 SWIFT를 이용하고 있고, 여기서 퇴출되면 사실상 금융거래는 불가능하다. 2022년 2월 러시아의 우크라이나 침공 이후 러시아에 대한 세계의 경제재제가 시작되면서 러시아의 SWIFT 퇴출이 단행되기도 했다.

056 최혜국대우

★★

중앙보훈병원

☐ 국제통상에서 다른 외국에 부여한 것보다 불리하지 않은 조건을 상대국에게도 부여하는 것

최혜국대우는 국제통상·항해조약에서 한 나라가 외국에게 부여한 조건보다 불리하지 않은 대우를 상대국에게도 부여하는 것을 말한다. 모든 국가들이 서로 국제통상을 할 때 차별하지 않고 동등하게 대한다는 원칙이다. 세계무역기구(WTO)에 가입된 조약국에게는 기본적으로 적용된다.

057 퍼펙트스톰

CBS, 조선일보, 종로구시설관리공단

☐ 심각한 세계경제위기를 비유적으로 이르는 말

크고 작은 악재들이 동시다발적으로 일어나면서 직면하게 되는 절체절명(絕體絕命)의 위기 상황을 가리킨다. 원래는 위력이 약했던 태풍이 다른 자연현상을 만나 엄청난 파괴력을 가진 태풍으로 바뀌는 것을 의미했으나 요즘에는 여러 분야에서 다양한 요인들에 의해 겪게 되는 초대형 복합적 위기를 표현하는 말로 주로 쓰인다. 특히 경제분야에서 자주 등장한다. 한편 각종 경제적 악재가 동시다발적으로 터지는 것을 다양한 술과 음료를 혼합해 만드는 칵테일에 빗대 표현한 '칵테일리스크(Cocktail of Risk)'라는 용어도 있다.

상식 plus+

후지와라 효과

1,000km 이내로 인접한 두 개의 태풍(열대성 저기압)이 서로에게 영향을 끼치는 현상을 뜻한다. 퍼펙트스톰이 두 태풍이 합쳐지는 현상만 가리킨다면 후지와라 효과는 서로의 영향을 받을 때 보이는 태풍의 다양한 움직임들을 전부 가리킨다.

058 회색 코뿔소

YTN, MBN, 아주경제

☐ 충분히 예상되는 위기이나 현실화하기 전까지는 간과되는 상황

위험요인으로 인식되지만, 실제로 그 일이 일어나기 전까지 적절한 조치를 취하지 않은 채로 간과되는 상황을 뜻하는 경제용어이다. 세계정책연구소(World Policy Institute) 대표이사 미셸 부커가 2013년 1월 다보스포럼에서 처음 발표한 개념으로, 회색 코뿔소가 눈앞에 있는데도 거리가 있다는 이유로 바로 도망치지 않고 가만히 있는 모습에서 유래했다.

다보스포럼

정확한 명칭은 세계경제포럼(WEF ; World Economic Forum)이다. 본부는 스위스 제네바에 있다. 1971년 비영리재단으로 창설되어 '유럽인 경영 심포지엄'으로 출발했으나, 1973년에 전 세계로 넓혀져 정치인으로까지 확대됐다. 독립된 비영리단체로 세계 각국의 정상과 장관, 재계 및 금융계 최고경영자들이 모여 각종 정보를 교환하고, 세계경제 발전 방안 등에 대해 논의한다.

제 2 장 협정 및 기구

059 동남아시아국가연합 ASEAN

★★★

국제신문, SBS

□ 동남아시아의 정치·경제·문화 공동체

아세안(ASEAN ; Association of Southeast Asian Nations)이라고도 하며, 매년 11월에 정상회의를 개최한다. 1967년 태국 방콕에서 창설되어 동남아시아 지역의 경제적·사회적 기반 확립과 각 분야에서의 평화적·진보적인 생활수준의 향상을 목적으로 하며 EU의 규모에 준하는 정치·경제 통합체를 지향하고 있다.

상식 plus+

ASEAN 가입국
미얀마, 라오스, 태국, 캄보디아, 베트남, 필리핀, 말레이시아, 브루나이, 싱가포르, 인도네시아

ASEAN+3
ASEAN 가입국 + 한국, 중국, 일본

060 북미자유무역협정 USMCA

★★

한국폴리텍대학

□ 미국·캐나다·멕시코가 기존의 북미무역협정(NAFTA)을 대체하기 위해 합의한 협정

USMCA는 1994년 1월 발효된 NAFTA를 대체하기 위한 협정으로 2018년 10월 1일에 3국이 합의했다. 교역 규모가 1조 2,000억달러에 이르며 2020년 7월 1일에 발효됐다. 핵심 자동차부품의 역내 원산지비율 규정을 강화하고 자동차 노동자 임금을 인상하는 것 등이 주요 내용이다.

061 포괄적·점진적 환태평양경제동반자협정 CPTPP

★★★★

이투데이, 헤럴드경제

☐ 일본의 주도로 아시아와 태평양 11개국이 참여하는 무역협정

미국이 TPP(환태평양경제동반자협정)에서 탈퇴한 후 일본, 캐나다 등 11개국이 추진해 출범한 무역협정이다. 가입국은 일본, 캐나다, 멕시코, 호주, 뉴질랜드, 베트남, 말레이시아, 싱가포르, 칠레, 페루, 브루나이다. 2018년 3월 11개국이 공식서명하며 출범했고, 그해 12월 30일부터 공식 발효됐다. CPTPP의 원칙은 다양한 제품의 무역에 대한 관세를 전면적으로 철폐하는 것이고, 외국자본의 투자규제를 완화하며 자유로이 고급인력이 이동하는 것을 허용하는 것이다.

062 세계무역기구 WTO

★★★★★

한국경제, CBS, 강서구시설관리공단

☐ 관광 진흥을 통한 경제발전, 국제 평화와 번영에 공헌하는 목적으로 설립된 국제기구

1994년 우루과이라운드 협상이 마무리되고 마라케시 선언을 공동으로 발표함으로써 1995년 1월 정식 출범하였다. WTO는 1947년 이래 국제무역질서를 규율해오던 '관세 및 무역에 관한 일반협정(GATT)' 체제를 대신하게 되었다. WTO는 세계무역분쟁조정, 관세인하 요구, 반덤핑규제 등 막강한 국제적인 법적권한과 구속력을 행사한다. 우리나라에서는 WTO 비준안 및 이행방안이 1994년 통과되었다. 본부는 제네바에 있다.

마라케시 선언
1994년 4월 모로코 마라케시에서 열린 GATT 각료회담에서 우루과이라운드협정이 회원국들에 의해 서명되었고, 이에 따라 새로운 WTO 체제가 출범하게 되었음을 선언하였다. 이 선언으로 WTO 협정절차가 시작되었고 우루과이라운드도 공식적으로 종결되었다.

상식 plus+

관세 및 무역에 관한 일반협정(General Agreement on Tariffs and Trade)
1947년 제네바에서 23개국이 관세 철폐와 무역 증대를 위하여 조인한 '관세 및 무역에 관한 일반협정(GATT)'이다. 1995년 세계무역기구(WTO)로 대체되기 전까지 전 세계에서 120여 개국이 가입하였으며, 한국은 1967년 4월 1일부터 정회원국이 되었다.

063 석유수출국기구 OPEC

☐ 산유국 간의 석유정책협조와 이를 위한 정보수집·의견교환을 위한 기구

1960년 9월 이라크, 쿠웨이트, 사우디아라비아, 베네수엘라, 이란 5개국이 설립하였으며, 본부는 오스트리아의 빈에 있다. OPEC 설립의 직접적인 원인은 1959년과 1960년 2회에 걸친 원유공시가격의 대폭 인하가 강대국에 의해 일방적으로 행해진 데에 있다. 현재(2025년 7월 기준) 가맹국은 위 5개국과 알제리, 콩고, 리비아, 나이지리아, 가봉, 적도 기니, 아랍에미리트 등 총 12개국이다.

상식 plus+

OPEC+

OPEC 회원국과 러시아 등 기타 산유국과의 협의체를 말한다. OPEC은 중동의 대표적 산유국 4개국과 베네수엘라가 모여 창립했고, 산유국 간의 공동이익 증진을 위한 행보를 보여 왔다. 그러다가 러시아, 미국, 멕시코, 카자흐스탄, 말레이시아 같은 비OPEC 산유국들이 성장하면서, 이들이 함께 모여 석유생산을 논의하는 OPEC+ 체계가 잡히게 됐다.

064 아시아유럽정상회의 ASEM

☐ 아시아와 유럽의 협력관계 강화를 위해 발족된 기구

아시아와 유럽이 새로운 동반자 관계를 구축함으로써 유럽-북미-동아시아 3각 지역협력체제의 기틀을 마련한다는 데 의의가 있다. 회의 의제는 미리 정해지지 않고 정세에 따라 가변적이다. 한국은 ASEM을 통해 신국제경제질서 개편에 능동적으로 참여하고 아시아 지역 및 유럽연합과 정치·경제적 협력 기반을 다지며 동북아 안보환경 개선 및 한반도 정세안정의 유지, 양 지역 간 다양한 협력 사업 전개를 통한 실질 협력관계 강화를 모색한다.

065 경제협력개발기구 OECD

경기문화재단, SBS, 경인일보

☐ 제2차 세계대전 직후 유럽의 경제부흥을 위한 미국의 마셜플랜에 따라 개발도상국 문제 등 새로운 세계정세에 대응하기 위해 설립된 국제기구

제2차 세계대전 뒤 유럽 각국은 협력체제의 정비가 필요하여 1948년 4월 마셜플랜을 수용하기 위한 기구로서 유럽경제협력기구(OEEC)를 출범시켰다. 이후 1960년 12월 OEEC의 18개 회원국에 추가로 미국·캐나다를 포함하여 20개국 각료와 당시 유럽경제공동체(EEC), ECSC(유럽석탄철강공동체), EURATOM(유럽원자력공동체)의 대표들이 모여 '경제협력개발기구조약'(OECD조약)에 서명하고, 1961년에 협정문이 발효됨으로써 탄생하게 되었다. 우리나라는 1996년 12월에 29번째 회원국으로 가입하였다.

마셜플랜(Marshall Plan)
제2차 세계대전 후, 1947년 ~1951년까지 미국이 서유럽 16개 나라에 행한 대외원조계획이다. 정식 명칭은 유럽부흥계획이지만, 당시 미국의 국무장관이었던 마셜이 최초로 공식 제안하여 그의 이름을 따 마셜플랜이라고 한다.

상식 plus+

OECD 가입국(2025년 7월 기준 38개국)
호주, 오스트리아, 벨기에, 캐나다, 칠레, 체코 공화국, 덴마크, 에스토니아, 핀란드, 프랑스, 독일, 그리스, 헝가리, 아이슬란드, 아일랜드, 이스라엘, 이탈리아, 일본, 대한민국, 라트비아, 리투아니아, 룩셈부르크, 멕시코, 네덜란드, 뉴질랜드, 노르웨이, 폴란드, 포르투갈, 슬로바키아 공화국, 슬로베니아, 스페인, 스웨덴, 스위스, 튀르키예, 영국, 미국, 콜롬비아, 코스타리카

066 아시아태평양경제협력체 APEC

전남신용보증재단, 부산광역시 공무직 통합채용, SBS

☐ 아시아·태평양 국가들의 경제협력을 위해 만든 국제기구

태평양 주변 국가들의 정치·경제적 결속을 다지는 기구로 지속적인 경제성장과 공동의 번영을 위해 1989년 호주 캔버라에서 12개국 간의 각료회의로 출범했다. APEC은 세계인구의 40%, GDP의 52%, 교역량의 45%를 차지하는 최대의 지역협력체로 총 회원국은 한국, 미국, 일본, 오스트레일리아, 뉴질랜드, 캐나다, ASEAN 6개국(말레이시아, 인도네시아, 태국, 싱가포르, 필리핀, 브루나이) 등 총 21개국이 가입해 있다.

067 역내포괄적경제동반자협정 RCEP

★★★★

이투데이, 서울경제

☐ 아세안 10개국과 중국, 일본, 한국, 호주, 뉴질랜드 등의 국가가 참여하는 다자간 무역협정

RCEP는 아세안 10개국과 한·중·일, 호주, 뉴질랜드 등 15개국이 역내 무역자유화를 위해 체결한 다자간 자유무역협정(FTA)을 말한다. 지난 2012년 협상 개시를 선언했으며 2019년에 최종 타결하겠다는 결의를 담은 공동성명을 2018년에 채택하였다. RCEP는 전세계 인구의 절반, 국내총생산(GDP)의 3분의 1을 차지하는 대규모 자유무역협정으로, 아세안 10개국, 한·중·일, 호주, 뉴질랜드 정상들이 2020년 11월 15일 협정문에 최종서명했다.

아세안 10개국
브루나이, 캄보디아, 인도네시아, 라오스, 말레이시아, 미얀마, 필리핀, 싱가포르, 태국, 베트남

068 인도-태평양 경제프레임워크 IPEF

★★

조선비즈

☐ 조 바이든 미국행정부가 제안한 경제협력체

조 바이든 미국행정부가 제안한 경제협력체로 인도와 태평양 지역의 공동번영을 목적으로 추진됐다. 디지털 경제 및 기술표준, 공급망 회복, 탈탄소·청정에너지, 사회간접자본 등 신(新)통상의제에 대해 논의한다. 우리나라와 일본, 호주, 인도, 인도네시아 등 총 14국이 참여하고 있고, 2022년 5월 출범했다. 인도-태평양의 포괄적 경제협력체를 표방하고 있지만, 실상은 중국이 주도하는 RCEP를 견제하기 위한 미국의 전략적 움직임으로 분석된다.

069 유럽연합 EU

★★★★★

영화진흥위원회, MBC, SBS

☐ 1993년 마스트리흐트 조약에 따라 1994년부터 사용된 유럽공동체 EC의 새로운 명칭

유럽의 나라들이 세계 시장에서 경쟁력을 높이기 위해 1993년 마스트리흐트 조약에 따라 결정한 기구이다. 유럽연합(EU)은 일반적인 국제기구와 달리 입법·사법의 독자적인 법령 체계 및 자치 행정 기능을 갖춤으로써 경제통합을 넘어 정치적 통합을 이루는 과정이다. 유럽연합에는 28개 국가가 가입되어 있었으나 영국이 2016년 국민투표로 EU 탈퇴를 결정하였고 2020년 12월 31일 (현지시간) EU와 공식적으로 결별했다.

마스트리흐트 조약
마스트리흐트 조약은 네덜란드 마스트리흐트에서 유럽 공동체 가입국이 서명하고 1993년 발효한 조약으로 유럽연합의 기초가 된다. 이 조약은 유로화의 도입을 이끌었으며, EU의 3가지 중심 구조인 경제 및 사회 정책·공동의 외교 및 안보·사법과 국내 문제를 제안했다.

Theme 5
무역

제1장 기본 무역 용어

★★★★★

070 자유무역협정 FTA

부산교통공사, 한국소비자원, 한국연구재단

☐ 둘 또는 그 이상의 나라들이 상호 간에 수출입 관세와 시장 점유율 제한 등의 무역 장벽을 제거하기로 약정하는 조약

자유무역협정(FTA ; Free Trade Agreement)은 협정을 체결한 국가 간에 상품·서비스 교역에 대한 관세 및 무역장벽을 철폐함으로써 배타적인 무역특혜를 서로 부여하는 협정이다. FTA는 그동안 유럽연합이나, 북미자유무역 등과 같이 인접 국가나 일정한 지역을 중심으로 이루어졌기 때문에 흔히 지역무역협정(RTA ; Regional Trade Agreement)이라고도 부른다.

상식 plus⁺
- 관세동맹(Customs Union) : 회원국 간 역내무역 자유화 외에도 역외국에 대해 공동관세율을 적용하여 대외적인 관세까지도 역내국들이 공동보조를 취함(예 남미공동시장 MERCOSUR)
- 공동시장(Common Market) : 관세동맹 수준의 무역정책 외에도 회원국 간 노동, 자본 등 생산요소의 자유로운 이동 가능

★★★

071 공정무역

광주과학기술원, SBS

☐ 저개발국가의 빈곤을 극복할 수 있도록 지원하여 보다 나은 이윤을 창출하게 하는 것

아프리카 등 개발도상국 생산자의 경제적 자립과 지속가능한 발전을 위해 생산자에게 유리한 무역조건을 제공하는 것을 말한다. 선진국과 개발도상국 간의 불공정무역을 줄이고 부의 편중, 환경파괴, 노동력 착취, 인권침해를 막기 위해 등장했다. 국제공정무역상표기구(FLO), 국제공정무역연합(IFAT, 현재의 WFTO), 유럽세계상점네트워크(NEWS!), 유럽공정무역협회(EFTA)는 비공식연합체 FINE을 구성했다. FINE은 2001년 공정무역에 대해 대화, 투명성, 존중에 바탕을 둔 파트너십으로, 보다 평등한 국제무역을 추구한다.

상식 plus+

공정무역의 10대 원칙
① 경제적으로 소외된 생산자들에게 기회 제공, ② 투명성과 책무성, ③ 공정한 무역 관행, ④ 공정 가격의 지불, ⑤ 아동노동과 강제노동 금지 보장, ⑥ 차별 금지, 성 평등, 결사의 자유 보장, ⑦ 양호한 노동 조건 보장, ⑧ 생산자 역량 강화 지원, ⑨ 공정무역의 홍보, ⑩ 환경 존중

제 2 장 무역 실무 및 관세

072 상계관세

★★★★

아시아경제, MBC

☐ 특정 국가가 자국의 수출품에 장려금이나 보조금을 지급할 경우 수입을 하는 나라가 이로 인한 경쟁력을 상쇄시키기 위해 부과하는 누진관세

국내 산업의 경쟁력을 유지하기 위한 제도다. 수출을 하는 나라가 수출기업에 보조금이나 장려금을 지급하여 수출상품의 경쟁력을 높일 경우 수입국이 보조금이나 장려금에 해당하는 금액만큼 수입상품에 대해 추가로 부과하는 **특별관세**를 의미한다.

특별관세
특별한 사정이 있을 때 일반관세법에 의하지 않고 별도의 관세를 임시로 부과하는 제도

상식 plus+

- **할당관세**: 원활한 물자수급과 산업의 경쟁력을 강화하기 위해서 특정한 물품의 수입을 촉진시킬 필요가 있을 때 수입품의 일정한 수량을 기준으로 관세를 부과하는 것이다.
- **조정관세**: 국민경제에 부정적인 영향을 미칠 우려가 있을 경우에 일시적으로 일정 기간 동안 세율을 조정하여 부과하는 것을 말한다.
- **탄력관세**: 국내산업을 보호하고 물가를 안정시킬 목적으로 정부가 국회의 위임을 받아 일정한 범위 내에서 관세율을 가감할 수 있는 권한을 갖는 것을 말한다.
- **보호관세**: 국내의 산업을 보호하고 육성하기 위해 여러 산업의 제품과 동일한 외국의 수입품에 높은 관세를 부과하는 것을 말한다.

073 상호관세

★★

이데일리

☐ 다른 나라가 부과하는 관세만큼 같은 관세를 부과하는 것

자국 수출품에 외국이 부과하는 관세와 동일한 수준의 관세를 그 국가에서 생산된 수입품에 부과하는 무역정책이다. 무역정책이론에 예전부터 있던 개념으로, 최근 관세전쟁으로 인해 자주 언급된다. 트럼프 대통령은 2기 행정부 출범 이후 상호관세 정책을 발표하며, 미국 제품에 외국이 부과하는 관세 또는 비관세 무역장벽에 대응하여 같은 수준의 관세를 부과하겠다고 입장을 표명했다. 실제로 미국은 세계 각국과 개별적으로 관세협상을 진행 중이며, 중국의

경우 미국의 고율관세 부과에 대해 상호관세로 맞대응했으나 미·중 간 협상 타결로 상호관세를 인하한 바 있다.

074 반덤핑관세 Anti-dumping Duties

아시아경제, MBC

☐ 덤핑효과를 상쇄할 목적으로 부과하는 관세

특정국가의 기업이 시장점유율을 확대할 목적으로 정상가격보다 부당하게 낮은 가격에 제품을 수출하는 것을 덤핑이라 한다. 이러한 덤핑에 의해 수입국이 경제적으로 피해를 입었다고 판단되는 경우 덤핑효과를 상쇄하기 위해 관세를 부과하는데 이를 반덤핑관세라고 한다.

075 세이프가드 Safeguard

국제신문, 연합인포맥스, MBC

☐ 자국의 산업 보호를 위한 긴급 조치

한국어로는 '긴급 수입 제한 조치'라 한다. 수입 품목 중 특정 상품이 매우 경쟁력이 있어 자국 시장을 잠식하고 자국 산업에 큰 피해를 입힐 우려가 있을 경우, 긴급 수입 제한을 하거나 해당 상품에 큰 관세를 매길 수 있다. 세계무역기구는 각 국가의 이러한 긴급 수입 제한 권리를 인정하고 있다. 하지만 이 권리는 조치를 취하지 않았을 때 해당 산업이 심각한 피해를 입을 우려가 있을 경우뿐이며, 어디까지나 국내 산업이 구조조정을 하기까지의 일시적인 방편이란 점에 한한다.

Theme 6
세금

제1장 세금의 기초

★★★

076 버핏세 Buffet Rule

조선일보, MBC

☐ 워렌 버핏이 부유층에 대한 세금 증세를 주장한 방안으로, 연소득 100만달러 이상인 부자가 중산층보다 세금을 적게 부담하지 못하도록 하는 것

투자의 귀재로 불리는 워렌 버핏이 2011년 8월 뉴욕타임스에 기고한 칼럼에서 비롯된 것으로 연간 소득 100만달러 이상의 고소득자들이 일반 미국시민보다 낮은 세율의 세금을 내고 있다며 실효세율이 적어도 중산층 이상은 되도록 세율 하한선을 정하자는 것이다.

실효세율
세법에 의하여 정해진 법정세율에 대해 각종 공제·면세점 제도·조세특별조치 등에 의하여 실제 세부담률이 차이가 있을 경우, 현실적으로 납세자가 부담하는 세액의 과세표준에 대한 비율

★★★★

077 조세피난처 Tax Heaven

한국경제, EBS

☐ 세금이 면제되거나 현저히 경감되는 국가나 지역

법인세 또는 소득세에 대한 세금을 부과하지 않거나 아주 낮은 세율을 적용하는 대신 계좌 유지 및 법인 설립 수수료를 받는 국가나 지역을 말한다. 라이베리아, 케이맨제도, 버진아일랜드 등이 조세피난처이다.

케이맨제도
카리브해에 있는 영국 영토

상식 plus+

페이퍼 컴퍼니(Paper Company)
회사의 물리적 실체 없이 서류형태로만 존재하는 기업으로 사업유지를 위해 소요되는 합산소득에 대한 세금과 기업의 활동 및 유지를 위해 소요되는 제반 경비를 절감하기 위해 설립되는데 그 실체 파악이 어렵다.

078 세입 ★★★

한겨레

☐ 정부가 재정을 위하여 마련하는 모든 수입

경상수입(조세수입+세외수입)·자본수입·원조수입으로 구분되며, 경상수입이 세입의 대부분을 차지하고, 그중에서도 조세수입이 약 90%가량을 차지한다.

경상수입
- 조세수입 : 국민들의 세금으로 징수
- 세외수입 : 수수료, 입장료, 벌과금 등으로 얻는 수입

제 2 장 국세와 지방세

079 국세 ★★★★★

한국일보, 언론진흥재단, SBS

☐ 국가의 살림을 위해 국민으로부터 부과·징수하는 조세

국가가 국가 업무의 수행에 소요되는 경비를 충당하기 위해 국민에게 부과·징수하는 조세로, 지방자치단체가 과세의 주체가 되는 지방세에 대응하는 개념이다. 국세는 크게 내국세와 관세, 목적세로 구분되며, 내국세는 다시 직접세와 간접세로 구분된다.

080 지방세 ★★★★★

주택금융공사, 이데일리, SBS

☐ 지방자치단체가 그 지역 국민에게 부과·징수하는 조세

지방자치단체가 자치단체의 안정된 존립과 주민의 복지에 필요한 공공의 경비를 마련하기 위하여 관할구역 내의 주민, 재산 또는 수익, 기타 특정행위에 대하여 부과·징수하는 조세이다.

상식 plus⁺

지방세의 종류
취득세, 등록면허세, 레저세, 지방소비세, 지역자원시설세, 지방교육세, 지방소득세, 주민세, 재산세, 자동차세, 담배소비세

081 소득세

★★★★

대구시설공단, 대한장애인체육회

☐ 개인의 매년 또는 연간 발생소득을 과세대상으로 부과하는 조세

국세, 직접세, 보통세의 성격을 가지며 개인에게 귀속되는 모든 소득을 합산하여 종합과세하는 것이 원칙이다. 소득세는 소득을 과세표준으로 하여 부과한다는 점에서 법인세와 같으나 납세의무자가 개인이라는 점에서 법인세와 차이가 있다.

082 직접세

★★★★★

한국소비자원, 부산교통공사, 부산항보안공사

☐ 세금을 납부하는 사람(납세자)과 실제 부담하는 사람(담세자)이 같은 조세

세금을 납부할 의무를 지닌 사람과 부담하는 사람이 동일하여 조세부담이 전가되지 않는 조세를 말하며 종류에는 소득세, 법인세, 상속세, 종합부동산세, 증여세 등이 있다.

상식 plus⁺

직접세의 종류
- **소득세** : 일반 근로자가 노동으로 인한 수익 소득에 대해 납부하는 세금
- **법인세** : 법인기업의 소득에 대해 납부하는 세금
- **상속세** : 피상속인 사망시 그 재산을 무상 취득하면서 내는 세금
- **종합부동산세** : 일정 기준을 초과하는 토지와 주택 소유자에 대해서 부여하는 세금
- **증여세** : 타인에게 재산을 무상으로 받는 경우 납부하는 세금

083 간접세 ★★★★

한국환경공단, 부산교통공사

☐ 납세의무자와 담세자가 일치하지 않아 조세의 부담이 타인에게 전가되는 조세

납세자로부터 담세자에게 부담이 전가되므로 조세의 징수가 용이하며 조세저항이 적은 특징이 있다. 그러나 저소득층에 대한 과세부담이 증가되어 빈부의 격차가 심화되고 물가를 자극한다. 종류에는 부가가치세, 개별소비세, 주세, 인지세, 증권거래세 등이 있다.

상식 plus⁺
간접세의 종류
- **부가가치세** : 상품, 서비스 거래 과정에서 부과된 세금
- **개별소비세** : 특정 물품 수입, 특정 장소 입장, 특정 행위에 부과하는 세금
- **주세** : 주류(술)에 부과하는 세금
- **인지세** : 재산상의 권리의 변동·승인을 표시하는 증서 작성자에게 부과하는 세금
- **증권거래세** : 주권 또는 지분의 양도에 대해 부과되는 세금

084 상속세 ★★★

YTN, 매일신문

☐ 자연인의 사망을 원인으로 무상으로 이전되는 재산을 과세대상으로 하여 그 재산의 취득자에게 과세하는 조세

상속·유증·사인증여로 재산을 취득하는 모든 사람을 말한다. 여기서 자연인이란 법률에서 정하는 생물학적 육체를 가진 인간으로, 생존하는 동안 모두 법 앞에 평등한 권리능력을 가지며, 권리·의무의 주체인 지위가 부여된다. 재산의 취득자는 상속인, 과세대상은 상속재산을 말한다.

STEP 01 초스피드 암기 확인!

보기

㉠ 리디노미네이션	㉡ 퍼펙트스톰	㉢ 엔젤계수	㉣ 골디락스
㉤ 스태그플레이션	㉥ 베블런 효과	㉦ 양적완화	㉧ 유동성 함정
㉨ 마셜플랜	㉩ 직접세		

01 ▒▒▒▒▒(은)는 금리인하를 통한 경기부양 효과가 한계에 이르렀을 때, 중앙은행이 국채매입 등을 통해 시중에 돈을 직접 푸는 정책이다.

02 영국 동화에서 유래한 ▒▒▒▒▒(은)는 높은 성장률을 기록하면서도 물가 상승 압력이 거의 없는 이상적인 경제상황을 말한다.

03 여러 가지 악재가 동시에 발생하는 경제의 상황을 ▒▒▒▒▒(이)라고 한다.

04 경제주체들이 돈을 움켜쥐고 시장에 내놓지 않는 상황으로, 기업의 생산·투자와 가계의 소비가 늘지 않아 경기가 점점 더 나빠져 마치 함정에 빠진 것처럼 보이는 현상을 ▒▒▒▒▒(이)라 한다.

05 ▒▒▒▒▒은(는) 가격이 오르는데도 수요가 줄어들지 않고, 오히려 증가하는 현상이다.

06 가계총지출에서 아이들을 위해 지출한 교육비, 장난감, 옷값, 용돈 등은 모두 ▒▒▒▒▒에 포함된다.

07 ▒▒▒▒▒은(는) 한 나라에서 통용되는 화폐의 액면가를 동일한 비율의 낮은 숫자로 변경하는 조치를 말한다.

08 ▒▒▒▒▒은(는) 경기침체기에 발생하는 인플레이션으로, 저성장·고물가의 상태를 뜻한다.

09 경제협력개발기구(OECD)는 제2차 세계대전 직후 유럽의 경제부흥을 위한 미국의 ▒▒▒▒▒에 따라 개발도상국 문제 등 새로운 세계정세에 대응하기 위해 설립된 국제기구이다.

10 세금을 납부하는 사람(납세자)과 실제 부담하는 사람(담세자)이 같은 조세를 ▒▒▒▒▒(이)라고 한다.

정답

01 ㉦ 02 ㉣ 03 ㉡ 04 ㉧ 05 ㉥ 06 ㉢ 07 ㉠ 08 ㉤ 09 ㉨ 10 ㉩

STEP 02 기출로 합격 공략!

01
경인일보

다음 중 경제협력개발기구에 소속된 국가가 아닌 것은?

① 콜롬비아
② 룩셈부르크
③ 싱가포르
④ 슬로베니아

해설
경제협력개발기구(OECD)는 제2차 세계대전 직후 유럽의 경제부흥을 위한 미국의 마셜플랜에 따라 개발도상국 문제 등 새로운 세계정세에 대응하기 위해 설립된 국제기구이다. 1948년 유럽경제협력기구(OEEC)에서 출발해 미국과 캐나다를 포함해 세계 곳곳에서 참여국이 늘어났고, 1961년에 OECD로 확대돼 출범했다. 우리나라는 1996년 가입했으며 2024년 현재 전 세계 38개국이 가입돼 있다. 싱가포르는 여기에 소속돼 있지 않다.

02
대전광역시 공공기관 통합채용

다음 중 OPEC의 창립국가가 아닌 것은?

① 카타르
② 쿠웨이트
③ 사우디아라비아
④ 베네수엘라

해설
1960년 결성된 OPEC의 첫 회원국은 이란, 이라크, 쿠웨이트, 사우디아라비아, 베네수엘라다.

03
코리아헤럴드

경기회복속도가 느린 가운데 물가가 치솟는 현상은?

① 슬로플레이션
② 스킵플레이션
③ 다운플레이션
④ 에코플레이션

해설
슬로플레이션(Slowflation)은 경기회복속도가 둔화되는 상황 속에서도 물가상승이 나타나는 현상이다. 경기회복이 느려진다는 뜻의 'Slow'와 물가상승을 의미하는 '인플레이션(Inflation)'의 합성어이다. 슬로플레이션에 대한 우려는 글로벌 공급망 대란에 따른 원자재가격 폭등에서 비롯된 것으로 스태그플레이션보다는 덜 심각한 상황이지만 경제 전반에는 이 역시 상당한 충격을 미친다.

04
헤럴드경제

기업이 제품의 가격은 유지하고 수량과 무게 등만 줄이는 전략은?

① 런치플레이션
② 애그플레이션
③ 슈링크플레이션
④ 스킵플레이션

해설
슈링크플레이션은 기업들이 자사 제품의 가격은 유지하고, 대신 수량과 무게·용량만 줄여 사실상 가격을 올리는 전략을 말한다. 영국의 경제학자 '피파 맘그렌'이 제시한 용어로 '줄어들다'라는 뜻의 '슈링크(Shrink)'와 '지속적으로 물가가 상승하는 현상'을 나타내는 '인플레이션(Inflation)'의 합성어.

05
서울시공공의료재단, 광주광역시관광재단, 충북대학교병원

다음 ㉠에 들어갈 소득분포의 불평등도 측정방법은?

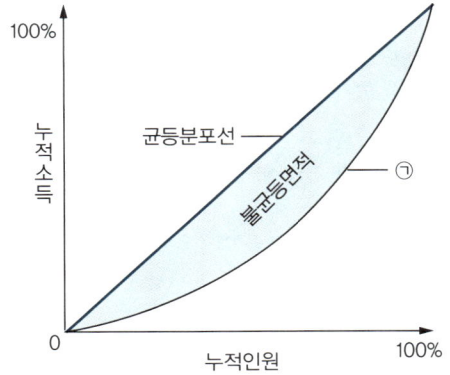

① 로렌츠곡선
② 필립스곡선
③ 래퍼곡선
④ 앵겔곡선

해설
① 로렌츠곡선 : 미국의 통계학자 M. 로렌츠가 창안한 소득분포의 불평등도를 측정하는 방법
② 필립스곡선 : 임금상승률과 실업률의 사이에 있는 역의 상관관계를 나타낸 곡선
③ 래퍼곡선 : 미국의 경제학자 A. 래퍼가 제시한 세수와 세율 간의 관계를 나타낸 곡선
④ 앵겔곡선 : 소득수준에 따라 특정재화의 수요량이 어떻게 변하는지를 나타내는 곡선

06
경남신용보증재단

다음 중 추가된 소득 중 소비되는 금액의 비율을 뜻하는 용어는?

① 가치의 역설
② 한계소비성향
③ 한계효용
④ 역선택

해설
한계소비성향은 추가로 벌어들인 소득에서 소비하는 금액의 비율을 말한다. 1에서 추가 소득 중 저축한 금액의 비율인 한계저축성향을 제한 값이다. 개인의 소득 수준에 따라서 한계소비성향은 달라질 수 있는데, 일반적으로 저소득층이 고소득층보다 한계소비성향이 크다고 알려졌다. 고소득층의 경우 소득이 늘어난다 해도 필수적인 소비는 이미 이뤄지고 있기 때문에 지출이 크게 늘지 않지만, 저소득층은 소득이 늘어난 만큼 소비도 상승하는 경향이 있기 때문이다.

07
인천관광공사

경기상황이 디플레이션일 때 나타나는 현상으로 옳은 것은?

① 통화량 감소, 물가하락, 경기침체
② 통화량 증가, 물가상승, 경기상승
③ 통화량 감소, 물가하락, 경기상승
④ 통화량 증가, 물가하락, 경기침체

해설
디플레이션은 통화량 감소와 물가하락 등으로 인하여 경제활동이 침체되는 현상을 말한다.

08
아시아경제

외부 요인에 의해 억눌려 있던 수요가 급속도로 살아나는 것을 뜻하는 용어는?

① 디드로 효과
② 백로 효과
③ 펜트업 효과
④ 회색코뿔소 효과

해설
외부 요인에 의해 억눌렸던 수요(소비)가 그 요인이 해소되면서 일순간 급속도로 증가하는 현상을 펜트업 효과(Pent-up Effect)라고 한다.

09
연합인포맥스, 머니투데이, 아시아경제, CBS

특정 품목의 수입이 급증할 때, 수입국이 관세를 조정함으로써 국내 산업의 침체를 예방하는 조치는 무엇인가?

① 세이프가드
② 선샤인액트
③ 리쇼어링
④ 테이퍼링

해설
특정 상품의 수입 급증이 수입국의 경제 또는 국내 산업에 심각한 타격을 줄 우려가 있는 경우 세이프가드를 발동한다.
② 선샤인액트 : 제약사와 의료기기 제조업체가 의료인에게 경제적 이익을 제공할 경우 해당 내역에 대한 지출보고서 작성을 의무화한 제도
③ 리쇼어링 : 해외로 진출했던 기업들이 본국으로 회귀하는 현상
④ 테이퍼링 : 양적완화 정책의 규모를 점차 축소해가는 출구전략

10
경향신문

다음 중 유로존 가입국이 아닌 나라는?

① 오스트리아
② 프랑스
③ 아일랜드
④ 스위스

해설
유로존(Eurozone)은 유럽연합의 단일화폐인 유로를 국가통화로 도입하여 사용하는 국가나 지역을 가리키는 말로 오스트리아, 핀란드, 독일, 포르투갈, 프랑스, 아일랜드, 스페인 등 2025년 7월 기준 총 20개국이 가입되어 있다. 스위스는 유로존에 포함되어 있지 않기 때문에 자국 통화인 스위스프랑을 사용한다.

11
충주중원문화재단

GDP에 대한 설명으로 적절하지 않은 것은?

① 비거주자가 제공한 노동도 포함된다.
② 국가의 경제성장률을 분석할 때 사용된다.
③ 명목GDP와 실질GDP가 있다.
④ 한 나라의 국민이 일정 기간 동안 생산한 재화와 서비스이다.

해설
GDP(Gross Domestic Product, 국내총생산)는 한 나라의 영역 내에서 가계, 기업, 정부 등 모든 경제주체가 일정기간 생산한 재화·서비스의 부가가치를 시장가격으로 평가한 것이다. 비거주자가 제공한 노동, 자본 등 생산요소에 의하여 창출된 것도 포함된다. 물가상승분이 반영된 명목GDP와 생산량 변동만을 반영한 실질GDP가 있다. 한 국가의 국민이 일정기간 동안 생산한 재화와 서비스를 모두 합한 것은 GNP이다.

12
경인일보

2008년 세계경제위기를 예견해 '닥터 둠'이라는 별칭을 얻은 경제학자는?

① 누리엘 루비니　② 제롬 파월
③ 재닛 옐런　　　④ 벤 버냉키

해설
누리엘 루비니 뉴욕대 경영대학원 교수는 2008년 당시 세계경제위기를 예견한 것으로 유명하다. 그는 이 예견으로 '닥터 둠(Doctor Doom)'이라는 별명을 얻었다. 그는 대침체가 닥치기 이미 2년 전 서브프라임 모기지 사태로 촉발된 세계금융위기를 정확하게 예측해 주목을 받았다. 루비니는 꾸준히 경제위기를 주장하는 위기 경제학의 대가로도 잘 알려져 있다.

13
한국폴리텍대학

다음 중 경상수지에 해당하지 않는 것은?

① 상품수지　② 서비스수지
③ 국제수지　④ 소득수지

해설
경상수지는 자본수지와 함께 국제수지를 이루는 요소로서 상품수지, 서비스수지, 소득수지, 경상이전수지로 구성된다. 국가 간의 상품과 서비스의 수출입 결과를 종합한 것이다. 즉 외국과의 교역을 통해 상품과 서비스가 얼마나 오갔으며, 자본·노동 등의 생산요소가 이동하면서 이에 따른 수입과 지급은 얼마나 이루어졌는지 총체적으로 나타낸 것이다.

14
영화진흥위원회

다음 중 분수효과에 대한 설명으로 옳지 않은 것은?

① 영국의 경제학자인 존 케인스가 처음 주장했다.
② 저소득층의 소득·소비증대가 고소득층의 소득도 높이게 된다는 이론이다.
③ 저소득층에 대한 복지는 축소한다.
④ 고소득층보다 저소득층의 한계소비성향이 크다는 것을 고려한 이론이다.

해설
분수효과(Trickle-Up effect)는 저소득층의 소득증대와 이에 따른 민간소비증대가 총수요를 진작하고 투자·경기활성화를 불러와 고소득층의 소득까지 상승시킨다는 이론이다. 영국의 경제학자인 존 케인스(John Maynard Keynes)가 주장했으며, 낙수효과와 반대되는 개념이다. 저소득층에 대한 복지를 늘리고, 세금을 인하하는 등의 직접 지원이 경기부양에 도움이 된다고 본다. 저소득층의 한계소비성향이 고소득층보다 더 크다는 것을 바탕으로 한 이론이다.

15
천안시시설관리공단

경제지표 평가 시 기준·비교시점의 상대적 차이에 따라 결과가 왜곡돼 보이는 현상은?

① 분수효과　② 백로효과
③ 낙수효과　④ 기저효과

해설
기저효과는 어떤 지표를 평가하는 과정에서 기준시점과 비교시점의 상대적 수치에 따라 그 결과가 실제보다 왜곡돼 나타나는 현상을 말한다. 가령 호황기의 경제상황을 기준으로 현재의 경제상황을 비교할 경우, 경제지표는 실제보다 상당히 위축된 모습을 보인다. 반면 불황기가 기준시점이 되면, 현재의 경제지표는 실제보다 부풀려져 개선된 것처럼 보이는 일종의 착시현상이 일어난다. 때문에 수치나 통계작성 주체에 의해 의도된 착시라는 특징을 갖는다.

16
천안시시설관리공단

공동체가 사용해야 할 자원을 시장에 맡기게 되면 자원의 고갈·황폐화를 일으킨다는 이론은?

① 죄수의 딜레마
② 공유지의 비극
③ 침묵의 봄
④ 피구 효과

해설
공유지의 비극은 미국의 생태학자 개릿 하딘이 1968년 발표한 논문에서 등장한 이론이다. 모두에게 개방된 목초지가 있다면, 목동들은 자신이 가진 땅이 아닌 공유된 목초지에 소를 방목할 것이고, 그러면 목초지는 끝내 황폐화될 것이라고 설명했다. 이는 초지·삼림·지하자원과 같이 공동체 모두가 공유해야 할 자원들을 시장 원리에 맡겨두게 되면, 시장 구성원의 이기심 때문에 자원들이 남용되어 고갈되고 황폐화된다는 의미를 담고 있다.

17
연합뉴스TV

기업의 생산량 증가가 자본 등 생산요소의 증가보다 더 크게 나타나는 것을 뜻하는 용어는?

① 포티슈랑스　② 방카슈랑스
③ 범위의 경제　④ 규모의 경제

해설
규모의 경제(Economy of Scale)는 기업이 생산하는 규모가 증가할 때 생산량 증가가 노동과 자본 등 생산요소의 증가보다 더 크게 나타나는 것을 뜻한다. 생산량이 늘어나면서 그 평균 소요비용은 점차 낮아지는 것이다. 철도나 고속도로처럼 초기 투자비용은 높지만, 손익분기점을 돌파한 후에는 영업이익이 계속 이어지게 된다.

18 〔기장군도시관리공단〕

세금납부의 주체와 상관없이 소비자와 생산자 사이에서 세금이 분담되는 현상은?

① 조세귀속의 원리
② 조세형평의 원리
③ 조세분담의 원리
④ 조세귀착의 원리

해설
조세귀착은 모든 세금을 소비자와 생산자 어느 한 편에 전가하는 것이 아닌, 납부해야 할 조세를 상대에게 이전하고 난 후 그 나머지를 자신이 부담하는 것이다. 보통 세금 부과로 인해 상품의 가격이 높아졌을 때 발생하게 되는데, 가령 가격이 1,000원인 상품에 500원의 세금이 부과되어 1,500원이 되면 소비자의 희망수요량은 줄어들게 된다. 이때 시장의 균형점이 이동하면서 상품의 가격이 1,200원으로 조정된다면, 소비자는 200원의 세금을 부담하고 생산자는 나머지인 300원을 부담하게 되는 것이다.

19 〔전라남도 공무직 통합채용〕

클라크의 산업분류 중 2차 산업에 해당하지 않는 것은?

① 공업
② 광업
③ 유통업
④ 건설업

해설
영국의 경제학자 콜린 클라크는 자신의 저서에서 산업을 분류하며 이를 단계별로 나누었다. 1차 산업은 농업과 축산업, 어업, 임업과 같이 자연과 직접 상호작용하는 기초산업이다. 2차 산업은 1차를 제외한 생산업을 말하며 공업, 광업, 건설업이 이에 해당한다. 물류업의 하위인 유통업의 경우 서비스업, 연구개발 등과 함께 3차 산업에 속한다.

20 〔부산교통공사〕

다음 중 반도체의 위탁생산을 전담하는 기업을 뜻하는 말은?

① 파운드리
② 팹리스
③ IDM
④ SoC

해설
파운드리는 반도체 생산 기술·설비를 보유해 반도체 상품을 위탁생산해주는 것을 말한다. 제조과정만 담당하며 외주 업체가 전달한 설계 디자인을 바탕으로 반도체를 생산한다. 주조 공장이라는 뜻을 가진 영단어 'Foundry(파운드리)'에서 유래했다.

21 〔한국폴리텍대학〕

애덤 스미스의 〈국부론〉에 등장하는 조세원칙으로 틀린 것은?

① 편의성
② 최대성
③ 투명성
④ 효율성

해설
애덤 스미스는 대표적 저서인 〈국부론〉을 통해 조세의 4가지 원칙을 내세우고 있다. 첫째 소득에 따라서 비례적으로 걷혀야 할 것(비례성), 둘째 임의대로 징수하는 것이 아닌 확실한 기준이 있을 것(투명성), 셋째 납세자가 편리한 방법으로 납부할 수 있을 것(편의성), 넷째 징수에 드는 행정비용이 저렴할 것(효율성) 등이다.

22 〔부산도시공사, 국민연금공단, 한국산업인력공단〕

돈을 풀고 금리를 낮춰도 투자와 소비가 늘지 않는 현상을 무엇이라 하는가?

① 유동성 함정
② 스태그플레이션
③ 디맨드풀인플레이션
④ 애그플레이션

해설
유동성 함정이란 경제주체들이 돈을 움켜쥐고 시장에 내놓지 않는 상황으로서 기업의 생산·투자와 가계의 소비가 늘지 않아 경기가 점점 더 나빠져 마치 함정에 빠진 것처럼 보이는 현상이다.

23 〔YTN, 대한체육회〕

다음 보기에서 설명하고 있는 효과는?

- 가격이 오르는데도 일부 계층의 과시욕이나 허영심 등으로 인해 수요가 줄어들지 않는 현상
- 상류층 소비자들의 소비 행태를 가리키는 말

① 바넘 효과
② 크레스피 효과
③ 스놉 효과
④ 베블런 효과

해설
베블런 효과는 미국의 경제학자이자 사회학자인 소스타인 베블런(Thorstein Bunde Veblen)이 자신의 저서 〈유한계급론(1899)〉에서 "상류층 계급의 두드러진 소비는 사회적 지위를 과시하기 위하여 자각 없이 행해진다."고 지적한 데서 유래했다.

24
한국소비자원

수입품이 정상가보다 낮게 유통돼 국내제품에 타격을 주는 것을 방지하고자 부과하는 관세는?

① 반덤핑관세
② 덤핑관세
③ 상계관세
④ 차별관세

해설
반덤핑관세는 덤핑을 방지하기 위하여 덤핑 상품에 매기는 징벌적인 관세를 말한다. 여기서 덤핑(Dumping)이란 국제 가격경쟁력을 위해 국내 판매 가격보다 낮은 가격으로 상품을 수출하는 것을 말한다. 이는 수입품이 국내 산업에 타격을 줄 수 있어 정상가격과 덤핑가격 사이에 차액 범위 내에서 반덤핑관세를 부과한다. 다른 말로 덤핑방지관세 또는 부당염매방지관세라고도 한다.

25
부산광역시 공무직 통합채용

스위스의 휴양도시에서 열리는 세계경제포럼은?

① 보아오포럼
② 다보스포럼
③ 제네바포럼
④ 취리히포럼

해설
다보스포럼의 정확한 명칭은 세계경제포럼(WEF ; World Economic Forum)이다. 본부는 스위스 제네바에 있다. 1971년 비영리 재단으로 창설되어 '유럽인 경영 심포지엄'으로 출발했으나, 1973년에 전 세계로 넓혀져 정치인으로까지 확대됐다. 독립된 비영리 단체로 세계 각국의 정상과 장관, 재계 및 금융계 최고 경영자들이 모여 각종 정보를 교환하고, 세계경제 발전방안 등에 대해 논의한다.

26
중앙보훈병원

국제통상에서 한 나라가 다른 외국에 부여한 조건보다 불리하지 않은 조건을 상대국에게도 부여하는 것은?

① 최혜국대우
② 출혈 수주
③ 호혜무역
④ 인코텀스

해설
최혜국대우는 국제통상·항해조약에서 한 나라가 외국에게 부여한 조건보다 불리하지 않은 대우를 상대국에게도 부여하는 것을 말한다. 모든 국가들이 서로 국제통상을 할 때 차별하지 않고 동등하게 대한다는 원칙이다. 세계무역기구(WTO)에 가입된 조약국에게는 기본적으로 적용된다.

27
원주문화재단

제품의 가격을 인하하면 수요가 줄어들고 오히려 가격이 비싼 제품의 수요가 늘어나는 것을 무엇이라고 하는가?

① 세이의 법칙
② 파레토최적의 법칙
③ 쿠즈네츠의 U자 가설
④ 기펜의 역설

해설
기펜의 역설(Giffen's Paradox)은 한 재화의 가격 하락(상승)이 도리어 그 수요의 감퇴(증가)를 가져오는 현상이다. 예를 들어 쌀과 보리는 서로 대체적인 관계에 있는데, 소비자가 빈곤할 때는 보리를 많이 소비하나, 부유해짐에 따라 보리의 수요를 줄이고 쌀을 더 많이 소비하는 경향이 있다.

28
한국폴리텍대학

해외 투자자가 평가하는 투자상대국의 대외신인도를 뜻하는 말은?

① 컨트리 리스크
② 소버린 리스크
③ 폴리티칼 리스크
④ 이머전시 리스크

해설
컨트리 리스크(Country Risk)는 글로벌 투자자가 한 국가를 상대로 투자를 하려고 할 때 평가하는 투자상대국의 대외신인도를 말한다. 컨트리 리스크는 해당 국가의 정치적 결단이나 금융정책의 실행에 따라 한순간에 크게 좌우될 수 있다. 때문에 투자상대국의 정책적 행보에 큰 손해를 볼 수 있으므로 글로벌 투자자는 컨트리 리스크를 면밀히 검토해야 한다.

29
머니투데이

다음 중 미국의 연방준비제도에 대한 설명으로 옳은 것은?

① 미국 각 지역의 연방준비제도이사회를 통합 관리한다.
② 미국 지폐와 동전을 모두 발행한다.
③ 역대 의장 중에 재임에 실패한 이는 없다.
④ 미국의 중앙은행제도를 말한다.

해설
미국의 중앙은행제도인 연방준비제도는 미국의 지폐(달러)를 발행하며, 미국의 통화제도를 총괄하는 기관이다. 연방준비제도는 미국 전역을 12개의 구역으로 나누고 각 구역마다 연방준비은행을 둔다. 그리고 연방준비제도이사회에서 이 12개의 은행을 통합 관리하고 있다. 2025년 7월 현재까지 역대 의장 중 연임에 실패한 사람은 제15대 의장인 '재닛 옐런'뿐이다.

30
유행에 편승해 상품을 구매하는 소비현상은?

① 밴드왜건효과 ② 베블런효과
③ 스놉효과   ④ 언더독효과

해설
① 밴드왜건효과(Band Wagon Effect) : 유행에 따라 상품을 구입하는 소비현상으로, 편승효과, 악대차효과라고도 한다. 정치 분야에서는 선거철 사전 여론조사 등에서 우세한 후보에 표가 쏠리는 현상을 지칭한다.
② 베블런효과(Veblen Effect) : 가격이 오르는 데도 일부 계층의 과시욕이나 허영심 등으로 인해 수요가 줄어들지 않는 현상
③ 스놉효과(Snob Effect) : 특정 상품에 대한 소비가 증가하면 희소성이 떨어져 그에 대한 수요가 줄어드는 소비현상
④ 언더독효과(Underdog Effect) : 약세 후보가 유권자들의 동정을 받아 지지도가 올라가는 경향이나 사람들이 약자라고 믿는 주체를 응원하는 현상

31
하나의 부정적 행동이 연쇄적으로 다른 부분에 영향을 끼치며 상황을 전반적으로 악화시키는 현상은?

① 피셔 효과   ② 둠루프
③ 트리플딥   ④ 그레샴의 법칙

해설
둠루프(Doom Loop)란 '파멸의 고리'라는 뜻으로 하나의 부정적 행동이나 사고가 연쇄적으로 다른 부분으로까지 악영향을 끼치며 전반적인 상황을 악화시키는 현상을 말한다. 경제상황에서는 하나의 기업이 무너지면 그 충격으로 산업 전체가 몰락하는 현상을 뜻하기도 한다. 2008년 전세계를 금융위기로 몰아넣었던 '서브프라임 모기지사태'를 대표적 사례로 꼽을 수 있다.

32
다음 중 경기불황일 때 소비자 만족도가 높고 가격이 저렴한 상품이 잘 팔리는 현상은?

① 풍요 속의 빈곤   ② 립스틱 효과
③ 무어의 법칙   ④ 스놉 효과

해설
립스틱 효과(Lipstick Effect)는 경기가 좋지 않거나 미래가 불확실할 때 소비자들이 중저가 상품을 구매하는 경향이 강해지는 것이다. 저가제품 선호추세라고도 하며 불황기에 최대한 돈을 아끼면서 저렴한 립스틱만으로도 심리적 만족을 추구하는 성향을 의미한다. 실제로 불황기에는 립스틱과 같은 저가 화장품의 매출이 증가하며 이는 모든 상품 및 서비스에도 적용될 수 있다. 기업에서는 이를 활용하여 경기불황 시 초저가전략을 구사하기도 한다.

33
다음 중 국제기구인 APEC에 대한 설명으로 옳은 것은?

① 1989년 출범했고, 총 21개국이 가입돼 있다.
② 우리나라는 가입돼 있지 않다.
③ 아시아·태평양 지역 12개국 간의 자유무역협정이다.
④ 동남아시아 국가를 중심으로 한 정치·경제·문화 공동체다.

해설
아시아태평양경제협력체(APEC)는 태평양 주변 국가들의 정치·경제적 결속을 다지는 기구로 지속적인 경제성장과 공동의 번영을 위해 1989년 호주 캔버라에서 12개국 간의 각료회의로 출범했다. APEC은 세계 인구의 40%, GDP의 52%, 교역량의 45%를 차지하는 최대의 지역협력체로 총 회원국은 한국, 미국, 일본, 오스트레일리아, 뉴질랜드, 캐나다, ASEAN 6개국(말레이시아, 인도네시아, 태국, 싱가포르, 필리핀, 브루나이) 등 총 21개국이 가입돼 있다. ③은 CPTPP, ④는 ASEAN에 대한 설명이다.

34
상품이 판매된 후 추가적인 수요에 의해 발생하는 시장은?

① 애프터마켓   ② 스윙마켓
③ 이브닝마켓   ④ 로우마켓

해설
애프터마켓(Aftermarket)은 상품이나 서비스가 판매된 후 이를 유지보수하기 위한 추가적 수요에 의해 발생되는 시장을 말한다. 또는 액세서리 같이 고객의 성향에 따라 상품에 부수적으로 추가할 수 있는 상품들의 시장을 말하기도 한다. 제품 구입 후 고객이 누릴 수 있는 서비스가 기업의 경쟁력이 되면서, 애프터마켓도 큰 성장을 이뤘다. 애프터마켓과 대비되는 신제품 시장은 비포마켓(Beforemaket)이라고 한다.

35
세계국채지수에 대한 설명으로 옳지 않은 것은?

① 전 세계 투자기관이 국채를 사들이는 지표가 된다.
② 런던증권거래소의 FTSE 러셀이 발표한다.
③ 세계 3대 채권지수 중 하나다.
④ 우리나라는 편입돼 있지 않다.

해설
세계국채지수(WGBI)는 블룸버그-버클레이즈 글로벌 종합지수와 JP모던 신흥국 국채지수와 함께 세계 3대 채권지수 중 하나다. 영국 런던증권거래소의 파이낸셜타임스 스톡익스체인지(FTSE)가 발표한다. 세계 투자기관들이 국채를 사들이는 지표가 되는 지수로 우리나라는 시장 접근성 기준에 미달해 편입돼 있지 않았으나, 2024년 10월 편입에 성공한 것으로 알려졌다.

36
충북개발공사

측정하는 시점의 화폐액으로 나타낸 소득은?

① 재산소득 ② 가계소득
③ 실질소득 ④ 명목소득

해설
④ 명목소득 : 측정시점의 화폐액으로 표시된 소득이다. 다른 말로 화폐소득이라고도 부른다.
① 재산소득 : 개인이 소유한 재산을 타인이 사용한 대가로 받은 순수입
② 가계소득 : 한 가구를 형성하는 가족의 경제활동을 통하여 얻은 소득의 총합
③ 실질소득 : 명목소득에서 물가 변동분을 제외한 소득

37
대전광역시 공공기관 통합채용

성장 가능성은 있으나 아직은 성숙하지 못한 산업을 뜻하는 말은?

① 기간산업 ② 유치산업
③ 사양산업 ④ 후방산업

해설
유치산업(Infant Industry)은 발달 초기에 놓인 산업으로 성장 가능성은 있지만 아직 경쟁력을 갖추지 못한 산업을 뜻한다. 유치산업에 대해서는 국제경쟁력을 갖출 수 있도록 국가에서 관세나 보조금 정책 등으로 보호육성해야 한다는 '유치산업보호론'이 있다.

38
YTN, 서울특별시농수산식품공사

다음 보기에서 설명하는 정책에 대한 내용으로 옳지 않은 것은?

> 중앙은행의 정책으로 금리 인하를 통한 경기부양 효과가 한계에 다다랐을 때 중앙은행이 국채매입 등을 통해 유동성을 시중에 직접 푸는 정책을 뜻한다.

① 경기후퇴를 막아 시장의 자신감을 향상시킨다.
② 디플레이션을 초래할 수 있다.
③ 수출 증대의 효과가 있다.
④ 유동성을 무제한으로 공급하는 것이다.

해설
양적완화(Quantitative Easing)는 금리중시 통화정책을 시행하는 중앙은행이 정책금리가 0%에 근접하거나, 혹은 다른 이유로 시장경제의 흐름을 정책금리로 제어할 수 없는 이른바 유동성 저하 상황하에서 유동성을 충분히 공급함으로써 중앙은행의 거래량을 확대하는 정책이다. 양적완화는 수출 증대의 효과가 있는 반면 인플레이션을 초래할 수도 있다. 또한 자국의 경제에는 소기의 목적을 달성하더라도 타국의 경제에 영향을 미쳐 자산 가격을 급등시킬 수도 있다.

39
대한체육회

다음 중 지니계수에 대한 설명으로 옳지 않은 것은?

① 0과 1 사이의 값을 가지며 1에 가까울수록 불평등 정도가 낮다.
② 로렌츠곡선에서 구해지는 면적 비율로 계산한다.
③ 계층 간 소득분포의 불균형 정도를 나타내는 수치로 나타낸 것이다.
④ 소득이 어느 정도 균등하게 분배되는지 평가하는 데 이용된다.

해설
지니계수는 계층 간 소득분포의 불균형 정도를 나타내는 수치로, 소득이 어느 정도 균등하게 분배돼 있는 지를 평가하는 데 주로 이용된다. 지니계수는 0과 1 사이의 값을 가지며 1에 가까울수록 불평등 정도가 높은 것을 뜻한다.

40
보훈교육연구원

상대방의 행동을 변화시키는 유연한 방식의 전략을 의미하는 경제이론은?

① 낙인 이론 ② 넛지 이론
③ 비행하위문화 이론 ④ 깨진 유리창 이론

해설
넛지 이론은 2017년 노벨경제학상을 받은 행동경제학자 리처드 탈러와 하버드대학교의 캐스 선스타인 교수가 공동 집필한 〈넛지〉라는 책에서 소개되며 화제가 된 행동경제학 이론이다. 'Nudge(넛지)'는 '쿡 찌르다, 환기시키다'를 뜻하는데, 상대방의 행동을 변화시키는 유연한 방식의 전략을 의미한다. 선택은 상대방에게 맡기되 그의 행동을 특정한 방향으로 유도할 수 있는 효과적인 방식을 제안하는 것이다.

41
경향신문

1,100원이던 환율이 1,200원이 되었을 때 일어나는 경제적 변화로 틀린 것은?

① 국제수지가 개선된다.
② 국내 물가가 상승한다.
③ 외채상환 부담이 증가한다.
④ 수출이 감소된다.

해설
일반적으로 환율이 상승하면 수출가격이 낮아져 수출이 증가하고 수입가격이 높아져 수입은 감소한다. 따라서 국제 무역수지가 개선되지만 환율이 올라 동일한 외환과 교환되는 원화가 증가하므로 외채상환 부담은 증가한다.

42
연합뉴스TV

미국으로 수입되는 소형트럭에 고율의 관세를 적용하는 제도는?

① 트럭세 ② 링크세
③ 치킨세 ④ 토빈세

해설
'치킨세(Chicken Tax)'는 미국이 수입산 소형트럭에 25%의 고율관세를 적용하는 제도다. 유럽 국가들이 미국산 닭고기에 고율의 관세를 부과하자, 이에 대응해 미국에 수입되는 소형트럭에도 고율관세를 부과하면서 치킨세라는 이름이 붙게 됐다. 트럼프정부 1기 당시에는 이 치킨세를 소형트럭에서 전 차종으로 확대하려는 움직임을 띠기도 했다.

43
아주경제

미국을 중심으로 동맹국이 뭉쳐 글로벌 공급망을 구축하려는 것을 뜻하는 용어는?

① 크롤링 ② 니어쇼어링
③ 오프쇼어링 ④ 프렌드쇼어링

해설
프렌드쇼어링(Frend-shoring)은 미국을 중심으로 한 동맹국들이 공급망을 구축해 상품을 안정적으로 교환·확보하려는 경향을 의미한다. 미국이 대만과 일본, 우리나라에 제안한 칩4동맹도 안정적인 반도체 공급망을 유지하려는 미국의 프렌드쇼어링의 일환이라고 할 수 있다.

44
연합인포맥스

외교·경제정책 등에서 상대방과 타협하고 온건하게 문제를 해결하려는 성향을 뜻하는 용어는?

① 독수리파 ② 매파
③ 비둘기파 ④ 올빼미파

해설
비둘기파는 외교나 특히 경제 부분에서 대립하는 세력들 사이를 온건하게 중재하고 타협하는 등 부드럽게 일을 처리하려는 성향을 말한다. 반면 매파는 강경하게 자신의 입장을 관철시키려는 태도로 가령 경제에서는 경기과열조짐을 보일 경우 통화를 거둬들이고 물가를 안정시키려는 긴축정책을 선호하는 사람들을 말한다. 올빼미파는 이들 매파와 비둘기파 사이에서 중간적인 성향을 보이는 중도파들을 가리킨다.

45
부산항보안공사

다음 중 직접세가 아닌 것은?

① 소득세 ② 개별소비세
③ 종합부동산세 ④ 법인세

해설
직접세는 세금을 납부하는 사람(납세자)과 실제 부담하는 사람(담세자)이 같은 조세다. 소득세, 법인세, 상속세, 종합부동산세, 증여세가 있다. 개별소비세는 간접세에 해당한다.

46
이투데이

미국 연방준비제도가 발표하는 미국 경제동향보고서의 명칭은?

① 그린북 ② 베이지북
③ 블랙북 ④ 화이트북

해설
베이지북은 미국 연방준비제도가 연 8회에 걸쳐 발표하는 미국경제동향 종합보고서로, 1970~1982년까지는 붉은색이었기 때문에 '레드북'이라고 불렸었다. 한편 우리나라 기획재정부가 매월 발간하는 경기분석 보고서는 그린북이라 한다.

47
연합뉴스TV

가계의 소득 대비 주거비용이 차지하는 비율을 뜻하는 지수는?

① 로렌츠지수 ② 빅맥지수
③ 슈바베지수 ④ 엥겔지수

해설
슈바베지수는 가계소득 대비 주거비용이 차지하는 비율을 나타내는 지수다. 소득과 주거비 지출과의 관계에 대해 정리한 슈바베의 법칙(Schwabe's Law)에서 도출된 지수다. 슈바베 법칙은 소득수준이 높을수록 전체 생계비에서 주거비가 차지하는 비율이 낮아지고, 소득수준이 낮을수록 전체 생계비에서 주거비가 차지하는 비율이 높아진다는 것을 말한다.

48
MBN

선진국에 비해서는 품질이, 개발도상국에 비해서는 비용경쟁에서 밀리는 현상은?

① 블랙스완 ② 넛 크래커
③ 치킨게임 ④ 넛지

해설
넛 크래커(nut-cracker)는 호두 같은 단단한 견과류를 양쪽으로 눌러 깨는 도구인 호두까기 기계를 말한다. 그런데 국제시장에서는 양쪽에서 압력을 받는 모습이, 선진국에 생산·수출 물품의 품질경쟁에 밀리고, 개발도상국에게는 생산비용 측면에서 경쟁력을 잃는 모습을 뜻하기도 한다.

49

이투데이

한국은행의 통화신용정책의 주요사항을 심의·의결하는 정책결정기구는?

① 중앙재정경제위원회 ② 조세재정연구원
③ 금융통화위원회   ④ 금융소비자보호처

해설
금융통화위원회는 한국은행의 통화신용정책에 관한 주요 사항을 심의·의결하는 정책결정기구로서 한국은행 총재 및 부총재를 포함하여 총 7인의 위원으로 구성된다. 한국은행 총재는 금융통화위원회 의장을 겸임하며 국무회의 심의와 국회 인사청문을 거쳐 대통령이 임명한다.

50

이투데이

공정거래위원회가 공시대상 기업집단으로 지정하는 자산규모의 기준은?

① 시가총액 1조원 이상 ② 시가총액 5조원 이상
③ 시가총액 7조원 이상 ④ 시가총액 10조원 이상

해설
공정거래위원회는 동일 기업집단 소속 국내회사들의 직전 사업연도 재무상태표상의 자산총액 합계액이 5조원 이상인 기업집단을 '공시대상 기업집단'으로 지정하고 있다. 여기서 기업집단이란 '동일인이 사실상 사업내용을 지배하는 회사의 집단'으로 최소 2개 이상의 회사로 구성된 것을 말한다. 공정거래위원회는 매 사업 연도 말을 기준으로 대규모기업집단에 소속된 계열사들의 지분율과 재무제표를 제출받아 매년 발표한다.

51

뉴스1

다음 중 국세에 해당하지 않는 것은?

① 자동차세 ② 소득세
③ 법인세   ④ 부가가치세

해설
국세는 국가가 국가 업무의 수행에 소요되는 경비를 충당하기 위해 국민에게 부과·징수하는 조세다. 크게 내국세와 관세, 목적세로 구분되며, 내국세는 다시 직접세와 간접세로 구분된다. 소득세, 법인세, 상속세와 증여세, 부가가치세, 교육세 등이 있다. 자동차세는 지방세에 해당한다.

52

코리아헤럴드

한 번 오른 물가가 시간이 지나도 좀처럼 떨어지지 않는 현상을 뜻하는 용어는?

① 스티키인플레이션 ② 디스인플레이션
③ 스크루플레이션   ④ 딥플레이션

해설
스티키인플레이션은 '끈적하다'는 의미의 'Sticky'와 고물가를 뜻하는 'Inflation'을 합친 용어로, 한 번 오른 물가가 끈적거리듯이 좀처럼 떨어지지 않는 양상을 뜻한다.

53

한국경제

가구소득 대비 주택가격비율을 뜻하는 용어는?

① ROI ② PIR
③ PER ④ ROE

해설
PIR(price to income ratio)은 가구소득 대비 주택가격 비율을 뜻하는 경제용어다. 주택을 구매할 수 있는 능력을 나타내는 지표로 개인의 소득 수준의 변화를 고려하는 동시에 주택가격이 얼마나 하락·상승하는지 알아보기 위한 지표다. PIR의 값이 클수록 내 집 마련의 기간이 길어진다.

54

이데일리

상대국이 자국에 부과하는 관세만큼의 관세를 상대국에게도 적용하는 것은?

① 상호관세   ② 보호관세
③ 교역조정관세 ④ 덤핑관세

해설
상호관세(Reciprocal Tariff)란 상대국이 자국에 부과하는 관세율에 따라 자국도 상대국에 동일하거나 유사한 수준의 관세를 부과하는 정책을 말한다. 무역 당사국이 서로 대등한 조건을 맞추려는 무역 대응조치이다. 자국 산업을 보호하며 불공정 무역에 대응할 수 있고, 무역 시 협상카드의 하나로 사용될 수 있으나, 무역분쟁이 격화될 우려도 존재한다.

정답

01 ③	02 ①	03 ①	04 ③	05 ①	06 ②	07 ①
08 ③	09 ①	10 ④	11 ④	12 ①	13 ③	14 ③
15 ④	16 ②	17 ④	18 ④	19 ③	20 ①	21 ②
22 ①	23 ②	24 ①	25 ②	26 ①	27 ④	28 ①
29 ④	30 ①	31 ②	32 ②	33 ①	34 ②	35 ④
36 ④	37 ②	38 ②	39 ①	40 ②	41 ④	42 ③
43 ④	44 ①	45 ②	46 ②	47 ③	48 ②	49 ③
50 ②	51 ①	52 ①	53 ②	54 ①		

SECTION 02 경영

PART 2 경제 · 경영 · 금융

» Theme 1 «
경영 일반

제1장 경영 기초 용어

★★

001 메기 효과 Catfish Effect

충북대학교병원

☐ 강한 경쟁자로 인해 조직 전체가 발전하는 것

치열한 경쟁 환경이 오히려 개인과 조직 전체의 발전에 도움이 되는 것을 말한다. 정어리들이 천적인 메기를 보면 더 활발히 움직인다는 사실에서 유래한다. 정어리를 운반할 때 수족관에 천적인 메기를 넣으면 정어리가 잡아먹힐 것 같지만, 오히려 정어리가 생존을 위해 꾸준히 움직여 항구에 도착할 때까지 살아남는다는 것이다. 조직 내에 적절한 자극제가 있어야 기업의 경쟁력을 높일 수 있다는 의미로 '메기경영'이라는 용어가 파생됐다. 인재를 외부에서 스카우트할 때 근거로 활용되는 효과인 셈이다.

★★★

002 RE100 Renewable Energy 100%

경향신문, 한국일보

☐ 필요한 전력을 재생에너지로만 충당하겠다는 기업들의 자발적인 약속

2050년까지 필요한 전력의 100%를 태양광, 풍력 등 재생에너지로만 충당하겠다는 기업들의 자발적인 약속이다. 2014년 영국의 비영리단체인 기후그룹과 탄소공개프로젝트가 처음 제시했다. RE100에 가입한 글로벌 기업은 2025년 7월 기준으로 총 444곳에 이른다. 우리나라의 경우 제조업의 에너지 사용

량 중 전력에 대한 의존도가 48%나 돼 기업이 부담해야 할 비용이 막대하다는 이유로 2020년 초까지만 해도 RE100 참여 기업이 전무했다. 그러나 RE100의 세계적 확산에 따라 2020년 말부터 LG화학, SK하이닉스, SK텔레콤, 한화큐셀 등이 잇따라 참여를 선언했다.

003 캐즘 Chasm

★★★

머니투데이, 부천시 공공기관 통합채용

☐ 혁신적 신기술을 갖춘 상품이 초기시장에서 일시적으로 수요가 줄어드는 현상

본래 캐즘이란 지질학에서 지층의 균열을 뜻하는 말이다. 이 용어가 경영에서는 새로운 상품을 찾는 혁신적 소비자가 지배하는 초기시장에서 첨단기술이 널리 사용되기 전에, 일시적으로 수요가 정체되거나 후퇴하는 현상을 표현하는 데 쓰인다. 새롭게 개발된 첨단기술 제품이 대중에게 받아들여지고 시장에 정착하기 전에 겪는 침체기를 뜻하는 것이다. 캐즘을 극복하면 대중적 상품으로 자리 잡지만, 그렇지 못하면 얼리어답터의 애호품으로 남게 된다.

004 CSR Corporate Social Responsibility

★★★

인천교통공사

☐ 기업의 사회적 책임

기업이 지역사회 및 이해관계자들과 공생할 수 있도록 의사결정을 해야 한다는 윤리적 책임의식을 말한다. 기업의 활동으로 인해 직·간접적으로 영향을 주고받는 이해관계자들에 대해, 향후 발생할 수 있는 사건 사고 등 이슈에 대한 법적·경제적·윤리적 책임을 감당하는 것이다. 더불어 이를 통해 기업의 리스크를 줄이고 기회를 포착해 중장기적으로 기업의 가치를 상승시킬 수 있도록 추진하는 경영활동이라 할 수 있다. 이해당사자인 소비자와 노동자, 지역사회 등에 다양한 이익을 충족하도록 책임을 다한다.

상식 plus⁺

- CSV(Creating Shared Value) : 공유가치경영으로서 기업활동이 사회적 가치를 창출하면서도 경제적 수익을 추구하는 것
- 사회적기업 : 사회적 목적을 추구하면서 영업활동을 수행하는 기업

005 리니언시 Leniency

★★★★

포항시설관리공단, 이투데이, KBS

☐ 담합 행위를 한 기업들에게 자진신고를 유도하는 자진신고자 감면제

담합 사실을 처음 신고한 업체에게는 과징금 100%를 면제해주고, 2순위 신고자에게는 50%를 면제해주는 제도다. 이 제도는 상호 간의 불신을 자극하여 담합을 방지하는 효과를 얻을 수 있다. 매출액이 클수록 과징금이 많아지기 때문에 담합으로 인해 가장 많은 혜택을 본 기업이 자진신고를 하여 처벌을 면할 수 있다는 한계도 있다.

006 기업공개 IPO ; Initial Public Offering

★★★

한국주택금융공사, 한국수력원자력

☐ 회사가 발행한 주식을 대중에게 분산하고 재무내용을 공시하여 주식회사 체제를 갖추는 것

형식적으로 주식회사가 일반 대중에게 주식을 분산시킴으로써 기업공개 요건을 갖추는 것을 의미하며, 실질적으로 소수의 대주주가 소유한 주식을 일반 대중에게 분산시켜 증권시장을 통해 자유롭게 거래될 수 있게 함으로써 자금 조달의 원활화를 기하고 자본과 경영을 분리하여 경영합리화를 도모하는 것을 말한다.

상식 plus⁺

상장
주식이나 어떤 물건을 매매대상으로 하기 위해 해당거래소에 일정한 자격이나 조건을 갖추어 등록하는 일

007 리쇼어링 Reshoring

★★★★★

언론중재위원회, 한국일보, YTN

☐ 싼 인건비나 시장을 찾아 해외로 진출한 기업들이 본국으로 되돌아오는 현상

해외에 나가 있는 자국기업들을 각종 세제혜택과 규제 완화 등을 통해 자국으로 불러들이는 정책을 말한다. 특히 미국은 리쇼어링을 통해 세계의 패권을 되찾는다는 전략을 추진했다.

상식 plus⁺

오프쇼어링(Off-shoring)
- 기업업무의 일부를 인건비 등이 싼 해외 기업에 맡겨 처리하는 것으로 리쇼어링의 반대개념이다.
- 국내 자본과 설비가 해외로 빠져나가기 때문에 국내 근로자의 일자리가 부족하게 되는 사회문제가 있다.

★★★

008 사외이사

경기도시공사, YTN

☐ 회사 영향력 밖의 이사

전문적인 지식이나 풍부한 경험을 바탕으로 기업경영 전반에 걸쳐 폭넓은 조언과 전문 지식을 구하기 위해 선임되는 기업 외부의 비상근이사를 말한다. 회사 내에서 어느 정도 독립성이 필요한 일을 맡게 되며 일반적으로 대학교수, 변호사, 공인회계사, 언론인, 퇴직관료나 기업인 등 일정 요건을 갖춘 전문가들이 사외이사가 된다.

상식 plus⁺

사외이사의 권한
- 주주총회 소집
- 사업계획 및 예산결정
- 재무제표 승인
- 신주발행 결의
- 대표이사 선임

★★

009 임파워먼트 Empowerment

강남구도시관리공단

☐ 업무재량을 위임해 개인역량을 강화하는 의사결정전략

권한이양이라는 뜻으로 '주다'라는 의미를 가진 'Em'과 '권력'이란 의미의 'Power'가 결합된 용어다. 일반적으로 조직에서 리더가 업무수행에 필요한 책임과 통제력 등을 부하직원에게 이양하고 권한을 부여하는 과정을 일컫는다. 이로써 부하직원이 과업을 수행할 때 자기효능감을 고양하고 동기를 부여받도록 한다. 또한 구성원이 직접 의사결정에 참여하도록 해 조직문화를 유연하게 이끌고 변혁이 신속하게 이루어진다는 점에서 활용도가 높아지고 있다.

010 회사의 종류
주택금융공사, 광주보훈병원

▢ 상법상 회사의 종류는 사원이 어떠한 책임을 지는가에 따라 4가지의 회사로 구분한다.

- 합명회사 : 몇 사람이 동업을 하면서 회사를 설립해 회사의 존망을 모든 사원이 함께 책임지는 회사
- 합자회사 : 일부 사원은 투자 없이(월급사원), 일부 사원은 투자(월급+투자수익)하여 그 투자금액은 손실을 감수해야 하는 형태의 회사로, 즉 합명+유한회사 형태
- 주식회사 : 주식을 발행하여 여러 사람이 자본투자에 참여할 수 있는 회사
- 유한회사 : 사원이 일정금액을 투자하여, 그 투자금액만큼만 책임지는 회사

상식 plus⁺

회사의 구분

구분	인적회사		물적회사	
	합명회사	합자회사	주식회사	유한회사
구성	무한책임사원	무한책임사원	유한책임사원	주주(유한책임사원)	유한책임사원(50인 이하)
회사채권자에 대한 책임	직접, 연대, 무한	직접, 연대, 유한	간접, 유한	간접, 유한 (예외 있음)

011 스톡옵션 Stock Option
장애인고용공단, 국제신문

▢ 직원이 일정 수량의 주식을 살 수 있는 권한

기업이 임직원에게 자기회사의 주식을 일정 수량, 일정 가격으로 매입할 수 있는 권리를 부여하는 제도이다. 주가가 상승할 때에는 직원의 충성심과 사기의 향상을 기대할 수 있다.

상식 plus⁺

풋백옵션(Put Back Option)
일정한 실물 또는 금융자산을 약정된 기일이나 가격에 팔 수 있는 권리로 풋옵션을 기업 인수합병에 적용한 것이다.

012 MICE산업

★★
서울관광재단

☐ 부가가치가 큰 복합전시산업

MICE는 기업회의(Meeting), 인센티브관광(Incentive tour), 국제회의(Convention), 전시(Exhibition) 및 이벤트(Event)의 각 영어 앞 글자를 딴 말로서, 국제회의와 포상관광, 국제 전시회와 이벤트를 주축으로 하는 산업을 의미한다. MICE산업으로 가장 유명한 국가는 싱가포르다. 주변 관광지와 지정학적 위치를 활용해 도시를 고층빌딩과 휴양지로 개발하여 각종 국제회의와 산업의 트렌드를 살펴볼 수 있는 전시회와 이벤트를 개최하고 있다. MICE를 유치하는 도시는 지역경제를 활성화하고 고용을 창출하며, 개최지의 이미지를 각인시킬 수 있는 장점을 갖고 있다. 우리나라의 대표적인 MICE 기업에는 킨텍스와 코엑스, 벡스코 등이 있다.

013 BCG 매트릭스

★★★★
한국관광공사, MBC

☐ 상대적 시장점유율과 사업성장률을 기초로 구성된 분석기법

보스턴컨설팅그룹에 의해 1970년대 초반 개발된 것으로, 기업의 경영전략 수립에 있어 하나의 기본적인 분석도구로 활용되는 사업포트폴리오 분석기법이다. BCG 매트릭스는 자금의 투입, 산출 측면에서 사업(전략사업 단위)이 현재 처해 있는 상황을 파악하여 그에 알맞은 처방을 내리기 위한 분석도구이다.

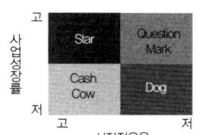

BCG 매트릭스 성장모형

상식 plus+

- **스타(Star) 사업** : 성공사업. 수익성과 성장성이 크므로 계속적 투자가 필요하다.
- **캐시카우(Cash Cow) 사업** : 수익창출원. 기존의 투자에 의해 수익이 계속적으로 실현되므로 자금의 원천사업이 된다. 시장성장률이 낮으므로 투자금액이 유지·보수 차원에서 머물게 되어 자금투입보다 자금산출이 많다.
- **물음표(Question Mark) 사업** : 신규사업. 상대적으로 낮은 시장점유율과 높은 시장 성장률을 가진 사업으로 기업의 행동에 따라서는 차후 스타(Star) 사업이 되거나, 도그(Dog) 사업으로 전락할 수 있는 위치에 있다. 일단 투자하기로 결정한다면 상대적 시장점유율을 높이기 위해 많은 투자금액이 필요하다.
- **도그(Dog) 사업** : 사양사업. 성장성과 수익성이 없는 사업으로 철수해야 한다.

014 퍼스트펭귄 First Penguin

부산광역시 공무직 통합채용, 코리아헤럴드

◻ 불확실한 상황에서 용기를 내는 선두주자

안전이 보장되지 않는 불확실한 상황에서 가장 먼저 용기를 내는 선두주자를 말한다. 퍼스트펭귄이라는 용어는 펭귄의 습성을 보고 만들어졌다. 무리지어 생활하는 펭귄은 먹이를 찾기 위해 바다에 뛰어 들어야 한다. 이때 가장 먼저 뛰어드는 펭귄을 따라서 나머지 펭귄들이 뛰어든다. 퍼스트펭귄이라는 용어를 가장 먼저 사용한 사람은 랜디 포시 카네기멜론대학 교수로 그의 저서 〈마지막 수업〉을 통해 세상에 널리 알려졌다. 우리나라에서는 신용보증기금이 퍼스트펭귄 제도를 운영하여, 창업 5년 이내의 혁신기업을 대상으로 보증지원을 하고 있다.

015 카르텔 Cartel

전국택시공제조합

◻ 동종업계 기업 간의 담합행위

카르텔은 담합이라고도 하며 기업 상호 간의 경쟁의 제한이나 완화를 목적으로 상품 또는 용역의 가격이나 생산수량, 거래조건, 거래상대방, 판매지역을 제한하는 기업 간에 결성되는 기업결합형태를 말하며 공동행위, 기업연합(企業聯合)이라고도 한다. 일반적으로 카르텔은 가맹기업의 자유의사에 의하여 결성되나, 국가에 의하여 강제적으로 결성되는 경우도 있다. 협정내용이 어떤 부문에 관한 것인가에 따라 구매카르텔 · 생산카르텔 · 판매카르텔로 구분되며, 구체적으로는 판매가격 · 생산수량 · 판매지역 분할 · 과잉설비폐기 · 설비투자제한 · 조업단축 · 재고동결 등에 관하여 협정을 맺게 된다.

016 ESG

★★★★★

머니투데이, 한국폴리텍대학, 한국보훈복지공단

☐ 기업의 비재무적인 요소인 환경과 사회적 책무, 지배구조

ESG는 'Environmental', 'Social', 'Governance'의 앞 글자를 딴 용어로 기업의 비재무적인 요소인 환경과 사회적 책무, 지배구조를 뜻한다. '지속가능한 경영방식'이라고도 하는데, 기업을 운영하면서 사회에 미칠 영향을 먼저 생각하는 것을 말한다. ESG는 지역사회에 공헌하고 기후변화에 대처하며 지배구조의 윤리적 개선을 통해 지속적인 성과를 얻으려는 방식이다. 기업들은 자사의 상품을 개발하며 재활용 재료 등 친환경적 요소를 배합하거나, 환경 캠페인을 벌이는 식으로 기후변화 대처에 일조한다. 또한 이사회에서 대표이사와 이사회 의장을 분리하여 서로 견제하도록 해 지배구조 개선에 힘쓰기도 한다. 아울러 직원들의 복지를 강화하고, 지역사회에 보탬이 되는 봉사활동을 기획하는 등 사회와의 따뜻한 동행에도 노력하게 된다.

제 2 장 M&A 용어

017 M&A Merger and Acquisition

★★★★

한국경제, 한국언론진흥재단

☐ 기업인수합병

합병(Merger)과 인수(Acquisition)의 합성어로 우리나라에서는 '기업인수합병'이라는 용어와 같이 사용되고 있다. 최근에는 각각 독립된 둘 이상의 기업이 하나의 경제적 실체가 되는 모든 행위를 포괄하고 있는 개념으로 쓰인다.

상식 plus⁺

합병과 인수
- **합병** : 두 개 이상의 기업이 하나의 기업으로 재편되는 것
- **인수** : 특정 기업의 가지고 있는 기존 지분을 매입하거나 신주발행에 참여하여 경영권을 획득하는 것

018 물적분할 Physical Division

★★★

MBN, 헤럴드경제

☐ 모회사 안의 특정부서를 신설회사로 만들어 이에 대한 지분을 완전히 소유하는 분할방식

기업분할 방식의 하나로 기업을 분할하는 주체가 새로 생기는 기업의 주식을 완전히 소유하게 되어 주주들은 기존과 같은 지분율을 가질 수 있다. 아울러 분할된 기업의 등록세·취득세가 면제되고, 법인세와 특별부과세 납부도 유예된다. 원래 분할기업의 주주들은 주식매수청구권을 행사할 수 없었는데 2022년 하반기부터 일반 개인주주들에게도 주식매수청구권을 도입하는 등의 보호장치를 마련해 보호하기로 했다.

019 포이즌 필 Poison Pill

★★★★

이투데이, 부산도시공사

☐ 기존 주주들에게 시가보다 훨씬 싼 가격에 지분을 매입할 수 있도록 미리 권리를 부여하는 제도

기업 M&A에 대한 방어전략의 일종으로 적대적 M&A가 시도될 경우 기존 주주들에게 시가보다 싼값에 신주를 발행해 기업인수에 드는 비용을 증가시키는 방법이다.

상식 plus⁺

포이즌 필의 종류

- 플립 오버 필(Flip over Pill) : 적대적 매수자가 목표기업을 인수한 후 이를 합병하는 경우 목표기업 주주들에게 합병 후 존속 회사의 주식을 매우 낮은 가격으로 매수할 수 있는 콜옵션을 배당의 형태로 부여하는 것
- 플립 인 필(Flip in Pill) : 적대적 매수자가 대상기업 주식의 일정 비율 이상을 취하면 대상기업 주주들이 대상기업의 주식을 낮은 가격으로 매수할 수 있도록 콜 옵션을 부여하는 것
- 백 엔드 필(Flip end Pill) : 적대적 매수자가 대상기업주식을 일정 비율 이상 취득하며, 대상기업 주주들이 자신의 주식을 우선주로 전환청구하거나 현금 등으로 상환 또는 교환해 줄 것을 청구할 수 있게 하는 것

020 백기사 White Knight

연합뉴스, 방송통신심의위원회

□ 경영권 방어에 협조적인 우호주주

어느 기업이 적대적 M&A의 대상이 되었을 때 이에 대한 방어전략 중의 하나로 적대적인 상대의 인수합병을 막기 위해 이를 대신할 우호적인 제3자에게 매수 결정에 필요한 정보 등 편의를 제공해주고 매수오퍼를 하게 하는데, 이처럼 기업 방어를 위한 제3의 매수자를 백기사라고 한다.

021 황금낙하산 Golden Parachute

서울시설공단, 부산도시공사

□ 임기가 종료되지 않은 경영진들에게 거액의 퇴직금을 지급하거나 스톡옵션을 제공하는 것

인수 대상 기업의 CEO가 인수로 인하여 임기 전에 사임하게 될 경우를 대비하여 거액의 퇴직금, 저가(低價)에 의한 주식매입권(스톡옵션), 일정기간 동안의 보수와 보너스 등을 받을 권리를 사전에 고용계약에 기재하여 안정성을 확보하고 동시에 기업의 인수비용을 높이는 방법이다.

상식 plus⁺
- 납(Lead)낙하산 : 중간관리자에게 지급하는 명예퇴직금
- 양철(Tin)낙하산 : 일반직원에게 지급하는 명예퇴직금
- 주석낙하산 : 경영자가 아닌 일반 직원에게 고액의 퇴직금을 주도록 한 것

Theme 2
재무 회계

제1장 재무의 기초

022 국제회계기준 IFRS
문화일보

☐ 국제회계기준위원회가 제정한 국제회계기준서 및 국제회계기준해석서

국제회계기준위원회(IASC)가 기업의 회계 처리와 재무제표에 대한 국제적 통일성을 높이기 위해 제정한 기준이다. 기업이 국경을 벗어나 글로벌 시장에서 활동하는 일이 많아지면서 기업을 평가할 수 있는 객관적인 세계 공통 기준이 필요하다는 인식이 퍼지면서 탄생했다.

023 손익분기점
한국수력원자력, 한국도로공사

☐ 일정한 기간의 매출액과 그것을 위하여 지출된 총 비용이 일치되는 매출액

매출액과 그 매출을 위해 지출된 모든 비용이 일치되는 지점으로 투입된 비용을 모두 회수할 수 있는 매출액을 말한다. 손익분기점 이상의 매출을 올리면 이익이 생기는 것이다.

손익분기점 = 고정비 ÷ (1−변동비/매출액)

024 손익계산서 P/L ; Statement of Profit and Loss
뉴스토마토, 중앙일보

☐ 일정기간에 있어서 모든 수익과 비용을 대비하여 나타낸 재무제표

재무상태표가 일정시점에서 기업의 재무상태를 보여주는 데 비해 손익계산서는 일정 기간 동안에 일어난 경영활동의 성과를 표시한다. 모든 수익과 비용은 그것이 발생한 기간에 정당하게 배분되도록 처리하며, 다만, 미실현이익은 당기의 이익계산에 산입하지 아니함을 원칙으로 한다.

> **미실현이익**
> 재고자산의 평가이익, 본점과 지점 간의 내부거래에 의한 이익, 화폐가치의 변동에 의한 이익 등으로 기업회계에서 실현하였다고 볼 수 없는 이익이다.

025 이익잉여금처분계산서 Surplus Appropriation Statement

★★★
국민연금공단

☐ 기업의 이익잉여금의 변동사항을 표시한 회계보고서

이익잉여금 또는 결손금의 처리 상황을 명확하게 보여주기 위해 이월이익잉여금의 총 변동사항을 표시한다.

결손금
기업의 경영활동 결과 순자산이 감소하는 경우 그 감소분의 금액으로 이는 결국 자본의 감소로 이어진다.

상식 plus⁺

4대 재무제표
- 재무상태표
- 손익계산서
- 현금흐름표
- 이익잉여금처분계산서

026 재무상태표 Statement of Financial Position

★★★★
뉴스토마토, 한국언론진흥재단

☐ 기업의 일정시점에 있어서 재무상태를 나타내는 재무제표

국제회계기준(IFRS)에 의해 기존의 대차대조표의 명칭이 변경된 것이다. 재무상태표에는 자산, 부채, 자본이 쓰이고, 손익계산서에는 수익과 비용이 쓰인다.

027 현금흐름표 Cash Flow Table

★★★★
한국도로공사, 뉴스토마토

☐ 일정기간 동안의 기업의 현금흐름을 나타내는 표

일정기간 동안 기업이 영업활동에 필요한 자금을 어떻게 조달했고, 그 조달한 자금은 어디에 사용하였는지를 명확하게 보여주기 위하여 작성한다. 현금흐름은 기업의 현금수입과 현금지출의 차이를 의미하는 것으로 손익계산서에서 계산되는 영업이익이나 당기순이익 등과는 다르다.

제 2 장 자산 및 부채

028 유동자산 ★★★★
한국소비자원, 대구시설관리공단

☐ 물이 흘러가듯 움직이는 자산

영업활동을 수행하면서 빈번하게 변동되는 영업자산을 의미한다. 유동자산은 다시 그 내용에 따라 당좌자산과 재고자산으로 분류한다.

당좌자산
복잡한 생산과정을 거치지 않고 즉시 현금화가 가능한 자산

재고자산
판매를 목적으로 보유하고 있는 자산으로 판매과정을 거쳐 현금화가 가능한 자산

상식 plus⁺

유동비율
유동비율은 주로 회사의 단기 채무 상환 능력을 평가하기 위해 사용하는데 유동비율이 높을수록 회사의 단기 부채 상환 능력이 좋다.

$$유동비율 = \frac{유동자산}{유동부채}$$

029 무형자산 ★★
한국수력원자력

☐ 형태가 없는 자산

영업권, 산업재산권(특허권, 실용신안권, 의장권, 상표권, 상호권 및 상품명 포함), 라이센스와 프랜차이즈, 저작권, 컴퓨터 소프트웨어, 개발비, 임차권리금, 광업권, 어업권과 같은 무형의 권리가 여기에 해당된다.

실용신안권
물품의 형상, 구조, 조합의 고안으로 실용신안법에 따라 등록한 것

030 출자전환 Debt-equity Swap ★★
인베스트조선

☐ 기업 부채를 주식으로 전환하는 것

출자전환은 금융기관 등이 기업에게 빌려준 돈을 현금으로 받지 않고 주식으로 받는 것을 말한다. 어려움을 겪는 기업을 살리기 위한 방법으로 기업이 안고 있는 빚에 대한 이자를 내지 않고 자본으로 바꿔주는 것이다.

출자
주주들이 어떤 사업을 위해 자금을 내는 행위

031 ROI Return on Investment, 총자본이익률

★★★★
이투데이, SBS, MBC

☐ 생산활동에 투입된 총 자본이 얼마나 효율적으로 운용되었는지 측정하는 지표

$$총자본이익률(\%) = \frac{당기순이익}{총자본} \times 100$$

당기순이익
배당금 + 사내유보금

상식 plus⁺

ROE(Return on Equity, 자기자본이익률)
타인자본을 제외한 순수한 자기자본의 효율적 운영 측면을 알 수 있는 지표

032 PER Price Earnings Ratio, 주가수익비율

★★★★
주택금융공사, 인베스트조선, 서울경제

☐ 기업의 수익성에 비해 주가가 고평가 혹은 저평가되었는지를 측정하는 지표

$$주가수익비율(배) = \frac{주가}{주당순이익(EPS)}$$

주당순이익(EPS)
1주당 순이익을 내는 데 공헌한 정도 측정(당기순이익/발행주식수)

상식 plus⁺

주식의 고평가와 저평가
시장에서 거래되는 주식의 가격이 기업을 분석한 주식의 가격보다 낮게 평가되어 있다고 주장하는 경우 저평가되었다고 하고, 주식의 가격이 기업을 분석한 주식의 가격보다 높게 평가되어 있는 경우 고평가되었다고 한다.

PBR(Price Book value Ratio, 주가순자산비율)
주식 1주가 기업이 가진 순자산의 몇 배로 매매되고 있는지 파악하는 지표다. 기업의 현재주가를 주당 순자산가치로 나눈 값이다. 기업의 주식가치가 얼마나 되는지 평가하는 기준이 된다.

Theme 3
마케팅

제1장 마케팅의 종류

★★★★

033 니치 마케팅 Niche Marketing
주택금융공사, 부산교통공사, EBS

☐ 시장의 빈틈을 공략하는 새로운 상품을 내놓아 경쟁력을 제고시키는 마케팅

니치란 틈새를 비집고 들어가는 것을 의미하는 것으로 세분화된 시장이나 소비상황을 설명하는 말이기도 하다. 니치 마케팅은 특정한 성격을 가진 소규모의 소비자를 대상으로 판매목표를 설정하는 것인데 국내 사례로는 남성 전용 미용실 '블루클럽'이나 왼손잡이용 가위, 핸드메이드 온라인 플랫폼 '아이디어스' 등이 니치 마케팅에 해당한다.

★★

034 O2O 마케팅 Online to Offline
MBC, 부산경제진흥원

☐ 온라인과 오프라인이 결합된 마케팅

오프라인을 위한 온라인 마케팅으로 모바일 서비스를 기반으로 한 오프라인 매장의 마케팅 방법이다. 스마트기기가 이제는 없어서는 안 될 필수품으로 자리잡으면서 새로운 융합 산업인 'O2O 마케팅' 시장 선점을 위한 주요 기업들의 소리 없는 전쟁이 시작되고 있다.

★★★★

035 디마케팅 Demarketing
주택금융공사, 한국장애인고용공단

☐ 자사의 상품 판매량과 고객 수요를 의도적으로 줄이는 마케팅

소비자들의 건강 및 보호 등 기업의 사회적 책임을 강조하여 기업 이미지를 긍정적으로 바꾸는 효과를 기대하거나 소비자 심리를 자극하여 수익성 제고를 하는 방법이다.

> **상식 plus⁺**
>
> **공익형 디마케팅의 사례**
> - 맥도날드의 선택 : 어린이는 일주일에 한 번만 오세요.
> - 담배 포장 : 건강을 해칠 수 있어요.
> - 강원랜드 : 도박중독센터에서 무료로 상담해드려요.

036 코즈 마케팅 Cause Marketing

서울경제, MBC

☐ 기업과 사회적 이슈가 연계되어 상호이익을 추구하는 것

기업이 일방적으로 기부나 봉사활동을 하는 것에서 나아가 기업이 공익을 추구하면서도 이를 통해 실질적인 이익을 얻을 수 있도록 공익과의 접점을 찾는 것이다.

037 그린 마케팅 Green Marketing

인천교통공사, 한국보훈복지의료공단

☐ 환경적으로 우수한 제품 및 기업이미지를 창출함으로써, 기업의 이익 실현에 기여하는 마케팅

환경적 역기능을 최소화하면서 소비자가 만족할 만한 수준의 성능과 가격으로 제품을 개발하여 환경적으로 우수한 제품 및 기업이미지를 창출함으로써, 기업의 이익 실현에 기여하는 마케팅이다.

038 언택트 마케팅 Untact Marketing

용인도시공사, TBC, MBC

☐ 고객과 마주하지 않고 서비스와 상품 등을 판매하는 비대면 마케팅 방식

언택트는 접촉을 뜻하는 '콘택트(Contact)'라는 말에 '언(un)'이 붙어 '접촉하지 않는다'는 뜻으로, 이는 사람과의 접촉을 최소화하는 비대면 형태의 마케팅 기법을 일컫는다. 키오스크, 가상현실(VR) 쇼핑, 챗봇처럼 매장 직원을 대신하는 첨단 기술이 발달한 덕분에 더욱 발전하고 있는 기법이다.

039 앰부시 마케팅 Ambush Marketing

용인도시공사, TBC, MBC

> 스폰서의 권리가 없는 자가 마치 자신이 스폰서인 것처럼 대중들을 현혹하는 마케팅

매복마케팅이라고도 한다. 공식 스폰서의 권리를 획득하지 못한 다른 기업들이 마치 자신이 공식 스폰서인 것처럼 대중들을 현혹해서 공식 스폰서 활동을 통해 얻고자 하는 기대효과의 일부분을 자신들이 빼앗을 목적으로 각종 이벤트와 함께 실시하는 것을 말한다.

상식 plus+

앰부시 마케팅의 사례
- 경기 중계방송 전후에 자사 광고를 내보내는 방법
- 복권이나 경품 행사 등을 통해 경기 주체와 개최 장소를 알리는 방법
- 개회에 참가하는 팀이나 선수 등 보다 작은 단위의 참가자와 스폰서 계약을 맺는 방법
- 경기장 주변에 광고하는 방법

040 프로슈머 마케팅 Prosumer Marketing

농촌진흥청, 평택도시공사

> 기업의 생산자(Producer)와 소비자(Consumer)의 합성어

1980년 엘빈 토플러가 〈제3의 물결〉에서 처음 사용한 용어로 생산자적 기능을 수행하는 소비자를 말한다. 소비자들이 자신들의 욕구에 따라 직접 상품의 개발을 요구하고 심지어 유통에까지 관여하는 마케팅을 말한다.

제 2 장 마케팅 관련 전략

041 마케팅믹스 4P

★★★★

한국수력원자력, 한겨레

☐ 마케팅의 목표 달성을 위해 최적이 되는 요소들의 조합

마케팅믹스란 표적시장에서 마케팅 목표를 달성하기 위해 필요한 요소들의 조합을 말한다. 제품(Product), 가격(Price), 유통(Place), 촉진(Promotion)의 요소로 구성되는데, 이 요소들을 조합해서 마케팅 목표를 달성하는 것이 마케팅믹스의 핵심이다.

상식 plus⁺

마케팅믹스 nP

마케팅믹스 4P에 People(또는 Public Relations), Partnership, Participation, Process 등을 더해 5P, 6P, 7P라고도 한다.

042 퍼플오션 Purple Ocean

★★★★★

창원문화재단, 부산교통공사, 한국농어촌공사

☐ 레드오션과 블루오션의 장점만을 따서 만든 새로운 시장

레드와 블루를 섞었을 때 얻을 수 있는 보라색 이미지를 사용한다. 경쟁이 치열한 **레드오션**에서 자신만의 차별화된 아이템으로 **블루오션**을 개척하는 것을 말한다. 포화시장으로 인식되던 감자칩 시장에서 "허니버터칩"의 등장, 초코파이시장에서 "녹차맛 초코파이"의 등장 등이 좋은 예이다

레드오션
경쟁이 치열해 성공을 낙관하기 힘든 시장을 의미한다.

블루오션
경쟁자가 없는 미지의 시장을 의미한다.

043 포지셔닝 Positioning

★★★★

한국관광공사, 한국소비자원

☐ 목표 시장에서 전략적 위치를 계획하는 것

소비자들의 마음속에 자사의 제품을 경쟁사 제품과 비교하여 명확하고 차별화되며, 바람직한 위치에 자사제품이 자리 잡도록 하는 것이다.

044 스키밍 가격전략 Skimming Pricing Strategy

★★★

코레일

☐ 신제품을 고가로 출시한 후 점차 가격을 낮추는 전략

시장에 신제품을 선보일 때 고가로 출시한 후 점차적으로 가격을 낮추는 전략으로, 초기 고가전략이라고도 한다. 브랜드의 충성도가 높거나 제품의 차별점이 확실할 때 사용한다.

상식 plus⁺

- **침투 가격전략** : 스키밍 가격전략과 반대되는 가격전략으로, 저가로 출시한 뒤 점차 가격을 높이는 전략
- **단일 가격전략** : 판매처나 판매방식에 관계없이 제품가격을 동일하게 판매하는 전략
- **적응 가격전략** : 소비자의 구매를 유도하기 위해 유사상품의 가격을 다르게 적용하는 전략

045 블랙박스 전략

★★

영화진흥위원회

☐ 신기술에 대한 정보를 원천봉쇄하기 위해 특허출원을 하지 않는 전략

신기술을 개발한 기업이 관련된 특허를 출원할 경우 경쟁업체가 이 기술을 참고하여 신기술이 공개되는 것을 막기 위해 아예 특허출원을 하지 않은 채 기술을 숨기는 전략을 말한다. 특허출원으로 인한 수입보다 자신들만이 보유한 기술력으로 시장에서 경쟁하는 것이 더 나은 효과를 얻는다는 판단에서 활용되고 있다.

특허
특정인의 이익을 위해 일정한 법률적 권리나 능력, 포괄적 법률관계를 설정하는 것

046 SWOT

★★

IBK기업은행

☐ 기업의 환경요인을 분석하는 기본 마케팅 전략

SWOT란 기업의 내부환경인 강점(Strength)과 약점(Weakness), 기회(Opportunity)와 위협(Threat)의 앞 글자를 딴 마케팅 경영기법이다. 기업의 내부환경 요인을 분석하여 강점과 약점을 찾고, 외부환경을 분석하여 기회와 위협을 찾아내어 이를 토대로 소비자에게 강점은 살리고 약점은 낮추고, 기회를 활용하고 위협은 억제하는 마케팅 전략을 수립하는 데 사용한다.

047 갈라파고스 증후군

방송통신심의위원회, 한국언론진흥재단

☐ 기술·서비스가 독자적인 형태로 개발되어 국제 표준에 맞지 않아 세계시장에서 고립되는 현상

일본의 나쓰노 다케시 교수가 처음 사용한 말로, 전자 분야에서 최고의 기술을 보유한 일본이 세계시장에서 단절된 상황을 이 단어로 설명했다. 기술력은 충분하지만 국제 표준을 무시하고 내수시장만을 위한 제품을 생산한 탓에 1990년대 이후부터 우리나라를 비롯한 외국기업과의 경쟁에서 뒤처지게 된 것이다. 과거 찰스 다윈은 남아메리카 대륙으로부터 약 1,000km 떨어져 있는 갈라파고스 제도에서 다른 대륙의 생물에 영향을 받지 않고 스스로 진화한 고유종을 발견했는데, 그러한 상황이 마치 현재의 일본과 같다고 하여 이러한 이름을 붙인 것이다.

048 니블링 전략 Nibbling Tactics

지방공기업평가원

☐ 협상 막바지에 작은 조건을 붙여 약간의 양보를 받아내는 것

니블링 전략은 협상의 성사단계에서 상대의 양보를 유도하여, 작은 것을 덤으로 가져오려는 협상전략이다. 야금야금 먹는다는 뜻의 'Nibble'에서 유래했다. 대부분의 협상가들은 협상의 성사를 망치게 되는 것이 두려워 상대의 니블링을 수용하려 한다. 그러나 능숙한 협상가는 상대의 니블링을 간파하고 '역니블링(Counter Nibbling)' 전략으로써 맞대응할 수 있다.

상식 plus⁺

살라미 전략

하나의 카드를 여러 개로 쪼개서 각각의 보상을 따로 받아내어 협상에 따른 이익을 극대화하는 전략이다. 예컨대 북한은 북핵문제, 미사일 문제 등 결국 하나로 귀결될 수 있는 문제를 각각 이슈화하고 협상단계를 세분화하여 경제적 보상과 이득을 극대화하는 협상전략을 펼쳤다.

STEP 01 초스피드 암기 확인!

보기

- ㉠ 손익분기점
- ㉡ 담합
- ㉢ 앰부시
- ㉣ 재무상태표
- ㉤ 퍼플오션
- ㉥ PER
- ㉦ 스타(Star) 사업
- ㉧ 적대적 M&A
- ㉨ 유통
- ㉩ 스톡옵션(Stock Option)

01 BCG 매트릭스에서 _____ (은)는 수익성과 성장성이 커 계속적 투자가 필요한 사업이다.

02 _____ 사실을 처음 신고한 업체에게는 과징금 100%를 면제해주고, 2순위 신고자에게는 50%를 면제해주는 제도를 리니언시라고 한다.

03 황금낙하산이란 _____ (을)를 방어하는 대표적인 전략으로 인수대상 기업의 경영자에게 큰 상여금 등을 받을 권리를 주어 인수하려는 기업에게 부담을 주는 방법이다.

04 기존에 대차대조표로 불렸던 _____ (은)는 기업의 일정시점에 있어서 재무상태를 나타내는 표이다.

05 경쟁이 치열한 레드오션에서 자신만의 차별화된 아이템으로 블루오션을 개척하는 시장을 이르는 말을 _____ (이)라고 한다.

06 경기 중계방송 전후에 자사 광고를 내보내는 방법이나 경품 행사 등을 통해 경기 주체와 개최 장소를 알리는 방법 등은 _____ 마케팅의 예에 해당한다.

07 제품, 가격, _____, 촉진을 마케팅믹스의 4P라고 한다.

08 직원이 일정수량의 주식을 살 수 있는 권한을 _____ (이)라고 한다.

09 매출액과 그 매출을 위해 지출된 모든 비용이 일치되는 지점으로 투입된 비용을 모두 회수할 수 있는 매출액을 _____ (이)라고 한다.

10 기업의 수익성에 비해 주가가 고평가 혹은 저평가되었는지를 측정하는 지표를 _____ (이)라고 한다.

정답
01 ㉦ 02 ㉡ 03 ㉧ 04 ㉣ 05 ㉤ 06 ㉢ 07 ㉨ 08 ㉩ 09 ㉠ 10 ㉥

STEP 02 기출로 합격 공략!

01
지방공기업평가원

협상 마지막 단계에서 작은 조건을 붙여 필요한 것을 받아내는 전략은?

① 살라미 전술
② 레드헤링 기법
③ 더블마인드 기법
④ 니블링 전략

해설
④ 니블링 전략(Nibbling Tactics) : 협상 마무리 단계에서 작은 것을 요구해 약간의 양보를 얻어내는 전략이다. 야금야금 먹는다는 뜻의 'Nibble'에서 유래했다. 상대의 수용을 전제로 요구를 받아들인다고 맞받아치는 역니블링(Counter Nibbling)도 있다.
① 살라미 전술(Salami Tactics) : 협상 단계에서 과제를 부분별로 세분화시켜 하나씩 해결해 나가는 전략
② 레드헤링(Red Herring) : 주의를 전환시키거나 혼란을 유도해 상대방을 속이는 기법
③ 더블바인드(Double Bind) : 두 가지의 모순되는 메시지를 전달하여 상대가 쉽게 거절하기 어렵게 만드는 설득의 기술

02
한국폴리텍대학

기업이 친환경 정책 또는 논란에 대해 침묵하는 것을 뜻하는 용어는?

① 그린워싱
② 그린버블
③ 그린허싱
④ 그린딜

해설
그린허싱은 친환경을 뜻하는 '그린(green)'과 침묵하다는 뜻의 '허시(hush)'의 합성어로 기업이 친환경 정책이나 논란에 대해 침묵으로 일관하거나 이와 관련된 구체적인 정책을 더 이상 제시하지 않는 것을 말한다. 기업들이 실제로는 친환경적이지 않지만 마치 친환경인 것처럼 홍보하는 '그린워싱'으로 비판받는 것을 두려워해 등장한 용어다.

03
포항시설관리공단

친환경 정책을 바탕으로 새로운 부가가치를 창출하는 시장을 일컫는 말은?

① 레드오션
② 블루오션
③ 그린오션
④ 퍼플오션

해설
③ 그린오션(Green Ocean)은 경제·사회·환경 분야에서 '지속 가능한 성장'을 달성하기 위한 핵심 개념으로, 친환경 정책을 바탕으로 새로운 경제적 부가가치를 창출하는 경영 전략이나 시장을 말한다.
① 레드오션(Red Ocean) : 이미 경쟁이 매우 치열한 특정 산업 내의 기존 시장
② 블루오션(Blue Ocean) : 아직 없거나 알려져 있지 않아 경쟁자가 없는 유망한 시장
④ 퍼플오션(Purple Ocean) : 레드오션과 블루오션의 장점만을 활용해 새로운 가치의 시장을 만드는 경영전략

04
부산교통공사

분리·신설된 회사의 주식을 분할회사가 전부 소유하는 기업분할 방식은?

① 인적분할
② 단순분할
③ 분할합병
④ 물적분할

해설
물적분할은 기업분할 방식의 하나로 기업을 분할하는 주체(분할회사·모회사)가 새로 생기는 기업의 주식을 완전히 소유하게 되어 주주들은 기존과 같은 지분율을 가질 수 있다. 아울러 분할된 기업의 등록세·취득세가 면제되고, 법인세와 특별부과세 납부도 유예된다.

05
한국일보

기업들이 자발적으로 필요 전력을 재생에너지로 충당한다는 캠페인은?

① CF100
② 볼트온
③ ESG
④ RE100

해설
RE100은 2050년까지 필요한 전력의 100%를 태양광, 풍력 등 재생에너지로만 충당하겠다는 기업들의 자발적인 약속이다. 2014년 영국의 비영리단체인 기후그룹과 탄소공개프로젝트가 처음 제시했다.

06
방송통신심의위원회

기업의 영업 실적이 시장이 예상했던 것보다 높아 주가가 큰 폭으로 상승하는 것을 일컫는 용어는?

① 어닝쇼크
② 어닝서프라이즈
③ 턴어라운드
④ 퀀텀점프

해설
어닝서프라이즈(Earning Surprise)는 기업이 분기 또는 반기 별로 영업 실적을 발표하는 어닝 시즌(Earning Season)에 실제 실적이 시장의 예상 영업이익을 훨씬 뛰어넘는 '깜짝실적'일 때를 말한다. 어닝서프라이즈를 기록하면 그 종목의 주가가 큰 폭으로 상승한다. 반대의 경우를 '어닝쇼크(Earning Shock)'라고 부른다.

07 [한국언론진흥재단]
다음 보기와 관련 있는 마케팅 방법은?

┌─보 기─────────────────────┐
• 남성 전용 미용실 '블루클럽'
• 모유, 우유 등에 알레르기를 보이는 유아용 분유
• 왼손잡이용 가위
└────────────────────────┘

① 니치 마케팅　　② 스텔스 마케팅
③ 앰부시 마케팅　④ 매스 마케팅

해설
니치 마케팅은 틈새를 비집고 들어가는 것처럼 시장의 빈틈을 공략하는 것이다. 시장 세분화를 통해 특정한 성격을 가진 소규모의 소비자를 대상으로 한다.

08 [인천교통공사]
사회공헌활동을 통해 이익창출과 무관한 기업의 사회적 책임을 강조하는 경영기법은?

① CSR　　② CSV
③ 코즈 마케팅　④ 사회적기업

해설
① CSR(Corporate Social Responsibility : 사회책임경영) : 기업이 지역사회 및 이해관계자들과 공생할 수 있도록 의사결정을 해야 한다는 윤리적 책임의식
② CSV(Creating Shared Value : 공유가치경영) : 기업 활동이 사회적 가치를 창출하면서도 경제적 수익을 추구하는 것
③ 코즈 마케팅(Cause Marketing) : 기업의 경영 활동과 사회적 이슈를 연계시키는 마케팅
④ 사회적기업 : 사회적 목적을 추구하면서 영업활동을 수행하는 기업

09 [안양창조산업진흥원]
강한 경쟁자와의 치열한 경쟁이 오히려 개인과 조직의 발전을 도모하는 효과는?

① 플라시보효과　② 헤일로효과
③ 메디치효과　　④ 메기효과

해설
메기효과는 치열한 경쟁 환경이 오히려 개인과 조직 전체의 발전에 도움이 되는 것이다. 정어리를 운반할 때 수족관에 천적인 메기를 넣으면 정어리가 잡아먹힐 것 같지만, 오히려 정어리가 생존을 위해 꾸준히 움직여 항구에 도착할 때까지 살아남는 것에서 유래했다. 강한 경쟁자로부터 살아남기 위한 노력이 개인과 조직 전체의 발전을 이끄는 셈이다.

10 [연합뉴스TV]
BCG 매트릭스에서 수익창출원 사업을 뜻하는 용어는?

① 스타사업
② 캐시카우사업
③ 물음표사업
④ 도그사업

해설
BCG매트릭스는 보스턴컨설팅그룹이 1970년대 초반 개발한 것으로, 기업의 경영전략 수립에 있어 하나의 기본적인 분석도구로 활용되는 사업포트폴리오 분석기법이다. 이 중 캐시카우(Cash Cow)사업은 수익 창출원이 되는 사업으로 기존의 투자에 의해 수익이 계속적으로 실현되므로 자금의 원천사업이 된다.

11 [한국마사회]
생산자와 소비자의 역할을 동시에 하는 사람을 나타내는 말은?

① 프로슈머　　② 프로튜어
③ 크리슈머　　④ 사이버레이션

해설
② 프로튜어 : 전문가 못지 않은 식견을 갖춘 일반인
③ 크리슈머 : 단순히 소비에 머무르지 않고 소비를 통해 자신의 개성을 표현하는 창조적인 소비자
④ 사이버레이션 : 인터넷을 통해 맺는 인간관계

12 [부산교통공사]
기업의 신제품이 기존 제품의 영역을 침범해 매출에 부정적 영향을 끼치는 것을 뜻하는 용어는?

① 사이니지
② 캐니벌라이제이션
③ 콘체른
④ 오픈 이노베이션

해설
캐니벌라이제이션(Cannibalization)은 '자기잠식효과'라는 뜻으로 식인 풍습을 뜻하는 '카니발(Cannibal)'에서 유래했다. 기업에서 새롭게 출시한 제품 또는 기술이 그 기업의 기존 제품과 기술의 영역을 침범해 매출에 부정적인 영향을 끼치게 된다는 것을 의미한다. 매년 새롭게 출시되는 휴대전화처럼 비슷한 포지션에 놓인 기존 제품의 매출이 하락하고 사장되는 현상에서 캐니벌라이제이션을 발견할 수 있다.

13 〔대구의료원〕

둘 이상의 자회사의 주식을 갖고 있으면서, 그 회사의 경영권을 가지고 지휘·감독하는 회사는?

① 지주회사 ② 주식회사
③ 합명회사 ④ 합자회사

해설
① 지주회사 : 둘 이상의 다른 회사(자회사)의 주식을 갖고 있으면서, 회사의 경영권을 가지고 지휘·감독하는 회사
② 주식회사 : 주식을 발행하여 여러 사람이 자본투자에 참여할 수 있는 회사
③ 합명회사 : 몇 사람이 동업을 하면서 회사를 설립해 회사의 존망을 모든 사원이 함께 책임지는 회사
④ 합자회사 : 일부 사원은 투자 없이(월급사원), 일부 사원은 투자(월급 + 투자수익)하여 그 투자금액은 손실을 감수해야 하는 형태의 회사

14 〔지방공기업평가원〕

빨간 옷을 입은 산타클로스를 등장시킨 코카콜라의 광고에서 쓰인 마케팅 기법은?

① MOT 마케팅
② BTL 마케팅
③ 프로슈머 마케팅
④ 스토리텔링 마케팅

해설
스토리텔링 마케팅은 기업 브랜드에 이야기를 삽입하여 소비자에게 친근하게 다가가는 마케팅 기법이다. 브랜드와 잘 어울리는 이야기를 만들고 판촉에 활용하여 소비자들의 감성을 자극한다. 스토리텔링 마케팅의 대표적 사례는 코카콜라라고 할 수 있는데, 겨울철에 저조한 판매량을 끌어올리기 위해 코카콜라는 자사의 고유 색상인 빨간 색 옷을 입은 산타클로스를 광고에 등장시켰다. 산타클로스는 광고에서 잠든 아이들에게 선물과 코카콜라를 나눠주는데, 이 광고의 효과로 코카콜라의 겨울철 매출이 크게 상승했다.

15 〔IBK기업은행〕

인터넷에서 빠르게 유행하는 콘텐츠를 활용한 마케팅 기법은?

① 바이럴 마케팅 ② 스텔스 마케팅
③ 앰부시 마케팅 ④ 밈 마케팅

해설
밈 마케팅(Meme Marketing)은 온라인에서 빠르게 유행이 확산되는 밈을 활용한 마케팅을 말한다.

16 〔강남구도시관리공단〕

조직에서 업무 재량을 위임하고 개인의 역량을 강화하는 의사결정 전략은?

① 퍼실리테이션 ② 임파워먼트
③ 소프트어프로치 ④ 브레인스토밍

해설
임파워먼트(Empowerment)는 권한이양이라는 뜻으로 '주다'라는 의미를 가진 'Em'과 '권력'이란 의미의 'Power'가 결합된 용어다. 일반적으로 조직에서 리더가 업무수행에 필요한 책임과 통제력 등을 부하직원에게 이양하고 권한을 부여하는 과정을 일컫는다. 구성원이 직접 의사결정에 참여하도록 해 조직문화를 유연하게 이끌고 변혁이 신속하게 이루어진다는 점에서 활용도가 높아지고 있다.

17 〔코레일〕

제품을 고가로 출시한 후 점차 가격을 낮추는 전략을 무엇이라고 하는가?

① 침투 가격전략 ② 스키밍 가격전략
③ 단일 가격전략 ④ 적응 가격전략

해설
② 스키밍 가격전략(Skimming Pricing Strategy) : 시장에 신제품을 선보일 때 고가로 출시한 후 점차적으로 가격을 낮추는 전략으로, 초기 고가전략이라고도 한다. 브랜드 충성도가 높거나 제품의 차별점이 확실할 때 사용한다.
① 침투 가격전략 : 스키밍 가격전략의 반대되는 개념

18 〔연합뉴스〕

비싸고 품질 좋은 상품으로 소비자를 공략하는 마케팅 방식은?

① 인센티브 마케팅 ② 플래그십 마케팅
③ 임페리얼 마케팅 ④ 풀 마케팅

해설
임페리얼 마케팅(imperial Marketing)은 고가이면서 고품질의 상품을 내세우면서 브랜드의 고급화로 소비자를 끌어당기는 전략이다. 무엇보다 값어치 있는 좋은 상품을 원하는 소비자에게 어필하는 전략으로, 자동차·가전제품·식료품 등 다양한 분야에서 경쟁사보다 고가의 상품을 내놓아 시장과 소비자의 이목을 끈다.

19
외부 환경의 변화에 따라 사업 아이템을 바탕으로 사업의 방향을 전환하는 것은?

① 임파워먼트 ② 니블링
③ 포지셔닝 ④ 피보팅

해설
피보팅(Pivoting)은 유행이나 사회적 분위기 같은 외부 환경의 변화에 따라서 사업 방향을 바꾸는 것을 의미한다. 피보팅은 몸의 중심축을 한쪽 발에서 다른 쪽 발로 옮기는 것을 뜻하는 체육용어다. 기존 아이템을 기준에 두고 소비자의 요구에 유연하게 대처하기 위해 사업 전략의 방향을 트는 것이다.

20
기업 M&A에 대한 방어전략의 일종으로 적대적 M&A가 시도될 경우 기존 주주들에게 시가보다 싼 값에 신주를 발행해 기업인수에 드는 비용을 증가시키는 방법은?

① 황금낙하산 ② 유상증자
③ 신주발행 ④ 포이즌 필

해설
포이즌 필은 적대적 M&A 등 특정 사건이 발생하였을 때 기존 주주들에게 회사 신주(新株)를 시가보다 훨씬 싼 가격으로 매입할 수 있도록 함으로써 적대적 M&A 시도자로 하여금 지분확보를 어렵게 하여 경영권을 방어할 수 있도록 하는 것이다.

21
기업의 환경요인인 강점과 약점, 기회와 위협을 분석하는 경영의 기본 마케팅 전략은?

① STAR ② SWOT
③ SMART ④ START

해설
SWOT란 기업의 내부환경인 강점(Strength)과 약점(Weakness), 기회(Opportunity)와 위협(Threat)의 앞 글자를 딴 마케팅 경영기법이다. 기업의 내부환경 요인을 분석하여 강점과 약점을 찾고, 외부환경을 분석하여 기회와 위협을 찾아낸다. 이를 토대로 소비자에게 강점은 살리고 약점은 낮추고, 기회를 활용하고 위협은 억제하는 마케팅 전략을 수립하는 데 사용한다.

22
일부 주주에 특별히 많은 의결권을 주어 일부 주주의 지배권을 강화하는 전략은?

① 황금낙하산 ② 포이즌 필
③ 차등의결권 ④ 경영진 매수

해설
차등의결권은 적대적 인수합병(M&A)에 대응하기 위한 기업의 경영권 방어 전략이다. 일부 주주에게 특별히 많은 수의 의결권을 주어 지배력을 강화시키는 것이다. 적대적 인수합병에서는 인수 주체 기업이 인수되는 기업을 장악하고 경영권을 위협할 수 있기 때문에, 인수되는 기업이 대표나 소수의 경영진에게 많은 의결권을 부여해 이를 방어하게 한다.

23
첨단기술이 초기시장에서 널리 사용되기 전에 일시적으로 수요가 정체되는 현상은?

① 죽음의 계곡 ② 캐즘
③ 티핑포인트 ④ 캐시버닝

해설
캐즘이란 첨단기술이 새로운 상품을 찾는 혁신적 소비자가 지배하는 초기 시장에서 널리 사용되기 전에, 일시적으로 수요가 정체되거나 후퇴하는 현상을 표현하는 데 쓰인다. 새롭게 개발된 첨단기술 제품이 대중에게 받아들여지고 시장에 정착하기 전에 겪는 침체기를 뜻하는 것이다.

24
다음에서 설명하는 사례에 적용할 수 있는 마케팅 기법은?

- 소셜커머스로 레스토랑 할인쿠폰을 구매한다.
- 매장 사이트를 방문하여 예약을 한다.
- 지도앱 등을 통해 가장 가까운 카페 중 한 곳을 고른다.

① 코즈 마케팅
② 스토리텔링 마케팅
③ O2O 마케팅
④ 플래그십 마케팅

해설
O2O 마케팅(Online To Offline)이란 모바일 서비스를 기반으로 한 오프라인 매장의 마케팅 방법이다. 즉, 온라인을 통해 오프라인 매장에 대한 정보를 습득하고 매장에서 이용할 수 있는 공동구매나 쿠폰 등을 온라인에서 얻는 것을 말한다.

25
연합인포맥스

동종업계 기업을 연달아 인수해 회사의 가치를 끌어올리는 전략은?

① M2E
② 볼트온
③ 죽음의 소용돌이
④ 워크 자본주의

해설
볼트온(Bolt-on)은 기업을 인수하고 동종·유사업계의 기업을 연달아 인수하거나 전후방 사업체를 인수하여 시장경쟁력을 끌어올리는 전략이다. 이른바 '규모의 경제'를 겨냥한 전략인데, 신규업종의 기업에 투자하는 것보다 위험이 적고 관리가 용이하다는 장점이 있다.

26
머니투데이

다음 중 비용이 많이 드는 애물단지 사업을 뜻하는 용어는?

① 검은 백조
② 검은 코끼리
③ 회색 코뿔소
④ 하얀 코끼리

해설
하얀 코끼리는 비용이 많이 들고 관리가 어려운 애물단지를 표현하는 말이다. 고대 태국에서 왕이 미워하는 신하에게 하얀 코끼리를 선물하는 관습에서 유래했다. 신하는 귀한 하얀 코끼리를 막대한 비용을 들여 정성스레 길러야 했는데, 때문에 신하는 재정위기에 처하게 되고 급기야 파산하는 지경에 이른다. 이와 유사하게 경영에서는 관리·운영 비용이 너무 많이 들어 결국에는 수익을 기대하기 어려운 사업을 뜻하는 말로 사용된다.

27
전남신용보증재단

기업이 담합행위를 자진으로 신고한 경우 처벌을 경감하거나 면제해주는 제도는?

① 신디케이트
② 엠네스티 플러스
③ 리니언시
④ 플리바게닝

해설
③ 리니언시(Leniency) : 담합행위를 한 기업이 자진신고를 할 경우 처벌을 경감하거나 면제하는 제도로 기업들 간의 불신을 자극하여 담합을 방지하는 효과를 얻을 수 있다.
① 신디케이트(Syndicate) : 동일 시장 내의 여러 기업이 출자하여 공동판매회사를 설립, 일원적으로 판매하는 조직으로 카르텔과 트러스트의 중간형태
② 엠네스티 플러스(Amnesty Plus) : 담합기업이 공정거래위원회 조사 때 해당 사건이 아닌 과거 다른 담합사건까지 자진 실토하면 추가로 리니언시 지위를 인정해 주는 제도
④ 플리바게닝(Plea Bargaining) : 피고가 유죄를 인정하거나 다른 사람에 대해 증언을 하는 대가로 형을 낮추거나 가벼운 죄목으로 다루기로 검찰 측과 거래하는 것

28
조선비즈

기업 상호간의 경쟁의 제한이나 완화를 목적으로 기업 간에 결성되는 카르텔의 협정내용에 따른 분류에 속하지 않는 것은?

① 구매카르텔
② 생산카르텔
③ 경영카르텔
④ 판매카르텔

해설
기업담합행위인 카르텔은 협정내용이 어떤 부문에 관한 것인가에 따라 구매카르텔·생산카르텔·판매카르텔로 구분된다.

29
이투데이

다음 중 기업주도형 벤처캐피탈의 영문 약자는 무엇인가?

① CRM
② CSR
③ CVC
④ CSV

해설
기업주도형 벤처캐피탈(CVC ; Corporate Venture Capital)은 비금융권의 일반기업이 출자해 만든 벤처캐피탈을 의미한다. 일반적인 벤처캐피탈은 유망한 스타트업에 투자하고 성장시켜 주가수익을 얻는 구조다. CVC는 이뿐 아니라 모기업의 재정확장과 기술·인력확보 등의 경영전략적 목적을 겸비한다.

30
KNN

최근 기업들이 대부분 채용하는 경영기조인 ESG에 해당하지 않는 요소는?

① 환경
② 복지
③ 사회적 책무
④ 지배구조

해설
ESG는 'Environmental', 'Social', 'Governance'의 앞 글자를 딴 용어로 기업의 비재무적인 요소인 환경과 사회적 책무, 지배구조를 뜻한다. '지속가능한 경영방식'이라고도 하는데, 기업을 운영하면서 사회에 미칠 영향을 먼저 생각하는 것을 말한다. ESG는 지역사회에 도움이 되고 기후변화에 대처하며 지배구조의 윤리적 개선을 통해 지속적인 성과를 얻으려는 방식이다.

정답

01 ④	02 ③	03 ③	04 ④	05 ④	06 ②	07 ①
08 ①	09 ④	10 ②	11 ①	12 ②	13 ①	14 ④
15 ④	16 ②	17 ②	18 ③	19 ④	20 ④	21 ②
22 ③	23 ②	24 ②	25 ②	26 ④	27 ③	28 ③
29 ③	30 ②					

SECTION 03 금융

» Theme 1 «
금융 일반

제1장 금융 기초

★★★★

001 모라토리엄 Moratorium

경향신문, MBC

☐ 한 국가가 외국에서 빌려온 채무의 이행을 연기 또는 유예하는 일

라틴어로 '지체하다'란 뜻의 'Morari'에서 파생된 말로 대외 채무에 대한 지불 유예를 의미한다. 전쟁·지진·경제공황·화폐개혁 등 한 국가 전체 또는 어느 특정 지역에서 긴급사태가 생겼을 때 국가권력을 발동해 일정 기간 동안 금전적인 채무이행을 연장하는 것이다. 채무국은 여러 협상을 통해 외채 상환을 유예받지만 국제적으로 신용이 하락하여 대외 거래에 많은 어려움이 뒤따르게 된다.

상식 plus⁺

디폴트(Default)
채무불이행으로서 한 정부가 외국에서 빌려온 차관을 정해진 기간 안에 갚지 못하는 경우를 말한다.

002 뱅크런 Bank Run

★★★★

머니투데이, 뉴시스, KBS

☐ 금융시장이 극도로 불안한 상황일 때 은행에 돈을 맡긴 사람들이 대규모로 예금을 인출하는 사태

은행을 뜻하는 'bank'와 달린다는 의미의 'run'이라는 두 단어가 합쳐져 만들어진 합성어이다. 예금자들이 은행에서 예금을 인출하기 위해 몰려드는 현상을 일컫는 말이며 예금을 맡긴 은행에 무슨 문제가 생겨 파산할지도 모른다고 생각하는 예금자들이 서로 먼저 돈을 찾으려고 은행으로 뛰어가는 모습에서 유래되었다.

상식 plus+

펀드런
펀드 투자자들이 펀드에 투자한 돈을 회수하려는 사태가 잇따르는 것

003 BIS비율 자기자본비율

★★★

기업은행, 주택금융공사

☐ 국제결제은행(BIS)에서 일반은행에 권고하는 자기자본비율 수치

은행의 건전성과 안정성을 확보할 목적으로 은행의 위험자산에 대해 일정비율 이상의 자기자본을 보유하도록 하는 것으로, 은행의 신용위험과 시장위험에 대비해 최소한 8% 이상이 되도록 권고하고 있으며, 10% 이상이면 우량은행으로 평가받는다.

국제결제은행
(Bank for International Settlements) 중앙은행과 다른 기관 사이의 협력을 위한 역할을 하는 국제기구로, 국제금융 안정을 추구한다.

상식 plus+

- **예대율** : 은행이 보유하고 있는 예금 잔액에 대해 은행이 빌려준 대출금 잔액의 비율을 의미한다. 은행의 예대율은 80% 정도의 선에서 억제하는 것이 건전한 경영방침이다.
- **지급준비율** : 은행이 고객에게 받은 예금 중에서 중앙은행에 의무적으로 예치해야 하는 비율을 의미한다. 고객 보호 차원에서 도입됐으며 통화량을 조절하는 금융정책 수단으로도 활용된다.

004 윔블던 효과

★★★★

한국수력원자력, MBC

☐ 외국 자본이 국내 시장을 지배하는 현상

국내 시장에서 외국 기업이 자국 기업보다 잘 나가는 현상이다. 영국의 유명 테니스대회인 '윔블던 대회'가 외국 선수에게 문호를 개방한 이후 대회 자체의 명성은 올라갔지만, 영국인 우승자를 배출하는 것이 어려워진 것에 빗댄 것으로 금융시장을 개방하고 나서 외국계 자본이 국내 자본을 몰아내고 오히려 안방을 차지하는 현상을 말한다.

005 임베디드 금융 Embedded Finance

★★

의정부시시설관리공단

☐ 비금융기업이 금융서비스를 함께 제공하는 것

임베디드 금융은 비금융기업이 자사의 플랫폼에 금융상품을 제공하는 핀테크 기능을 내장하는 것을 의미한다. 코로나19 팬데믹 이후 금융서비스를 비대면 · 모바일로 이용하려는 수요가 늘면서 임베디드 금융이 기업들 사이에 확대되고 있다. 미국의 전기자동차 기업인 테슬라는 자동차 시스템에 수집되는 정보로 운전자의 사고 위험과 수리비용을 예측하는 보험 서비스를 제공하고 있다.

제 2 장 금융 제도

006 랩어카운트 Wrap Account

★★★

헤럴드경제, YTN

☐ 고객이 예탁한 재산에 대해 자산구성, 운용, 투자자문까지 통합적으로 제공하는 자산 종합관리계좌

증권사에서 여러 종류의 자산운용 관련 서비스를 하나로 구성하여 관리하는 종합자산관리방식이다. 고객의 자산구성에서부터 운용 및 투자자문까지 통합적으로 관리해주는 것으로 선진국에서는 보편적인 형태이다. 고객이 돈을 맡기면 증권사에서는 고객의 자산규모와 기호에 맞춰 적절한 운용배분과 투자종목을 추천하고 일정한 수수료를 받는다.

007 한국은행 The Bank Of Korea

이투데이, 대구의료원

☐ 우리나라의 중앙은행

우리나라의 중앙은행이자 발권은행으로 1950년 설립됐다. 화폐발행과 국가의 통화신용정책을 수립하고 집행하는 기구로, 물가를 안정시키고 국가경제의 건전한 발전을 목표로 한다. 한국은행은 **국책은행**과 같이 별도로 제정된 특별법에 의해 설립되고 운영되는 은행이다.

상식 plus+

한국은행의 주요 기능
- 화폐를 발행하고 환수한다.
- 기준금리 등 통화신용정책을 수립하고 진행한다.
- 은행 등 금융기관을 상대로 예금을 받고 대출을 해준다.
- 국가를 상대로 국고금을 수납하고 지급한다.
- 외환건전성 제고를 통해 금융안정에 기여하며, 외화자산을 보유·운용한다.
- 국내외 경제에 관한 조사연구 및 통계 업무를 수행한다.

국책은행
특수은행이라고도 하며 영리를 목적으로 하는 시중은행과 달리 정부·공공기관이 일정 지분을 투자한 은행이다. 국책은행에는 산업 및 기술개발을 위한 장기자금을 공급하는 한국산업은행, 수출입금융을 전문으로 하는 한국수출입은행, 중소기업을 대상으로 하는 기업은행이 있다. 농업협동조합중앙회와 수산업협동조합중앙회의 신용사업 부분도 국책은행에 포함된다.

008 기준금리

연합뉴스, 국립호남권생물자원관

☐ 국가의 각종 금리를 대표하는 금리

한 국가의 각종 금리를 대표하는 금리로, 일반 시중은행들이 중앙은행으로부터 대출을 받을 때 적용되는 금리다. 우리나라는 한국은행의 **금융통화위원회**에서 결정한다. 기준금리에 따라서 시중은행의 금리도 변하는데, 우리나라의 경우 7일물 환매조건부채권(RP)금리가 기준금리 역할을 한다. 기준금리 변동은 '동결'과 0.25%p(베이비스텝), 0.50%p(빅스텝), 0.75~1.00%p(자이언트스텝) 인상으로 이뤄진다. 일반적으로 기준금리 인상은 과열된 경제상황을 안정시키기 위해 단행한다. 금리를 높이면 기업과 가계는 대출에 부담을 느끼게 되고, 은행도 대출 결정에 신중해진다. 이에 따라 과열되었던 소비와 투자도 진정세를 띠게 된다. 아울러 주식이나 부동산 등 자산을 통한 기대수익이 낮아지게 되면서 자산가격도 하락하게 된다. 또한 금리인상은 환율과 물가에도 영향을 끼친다. 반면 금리인하는 침체된 경제에 활력을 불어넣기 위해 시행하는데, 금리를 낮춰 시장에 유동성을 부여하고 소비와 투자를 진작하기 위한 목적이 있다.

금융통화위원회
한국은행의 통화신용정책에 관한 주요사항을 심의·의결하는 정책결정기구로서 한국은행 총재가 의장을 겸임한다. 주요사항에는 한국은행권 발행, 금융기관의 최저지급준비율, 한국은행의 금융기관에 대한 재할인, 기타·여신업무의 기준 및 이자율, 한국은행의 공개시장에서의 증권매매 및 통화안정증권 발행·상환 등에 관한 사항 등이 있다.

상식 plus+

중립금리
경제가 인플레이션이나 디플레이션의 압박 없이도 잠재성장률 수준을 회복할 수 있는 이론적 금리 수준을 뜻하는 용어. 경제상황에 따라 달라지기 때문에 이론상으로만 존재한다.

009 출구전략

☆☆☆
스튜디오S

☐ 위기 때 풀어놓은 각종 경제 완화 정책을 정부가 다시 거둬들이는 것

출구전략은 원래 군사용어로 쓰이던 말로, 아군의 피해를 최소화하면서 전쟁을 끝내는 전략을 의미했다. 그런데 경제용어로 사용되면서 경기침체기에 경기를 부양하기 위하여 취했던 각종 완화 정책들을 경제에 부작용을 남기지 않게 하면서 서서히 거둬들이는 전략을 의미하게 되었다. 경기가 침체되면 기준금리를 내리거나 또는 재정지출을 확대하여 유동성 공급을 늘리는 조치를 취하게 된다. 이러한 조치는 나중에 경기가 회복되는 과정에서 과도하게 공급된 유동성으로 인해 물가가 상승하고 인플레이션을 초래하는 결과를 낳을 수 있다. 이에 따라 경제에 미칠 후유증을 최소화하면서 각종 비상조치를 정상화하여 재정건전성을 강화해나가는 것이 바로 출구전략이다.

010 콜금리 Call Rate

☆☆☆☆
언론중재위원회

☐ 자금이 부족한 금융기관이 자금이 남는 다른 기관에 자금을 빌려달라고 요청할 때 적용되는 금리

금융기관 간에는 일시적으로 자금이 남는 곳과 부족한 곳이 생기는데, 이러한 자금을 거래하는 시장이 콜(Call)시장이다. 여유자금이 있는 금융기관이 콜론(1~2일짜리 초단기 자금거래)을 내놓으면 자금이 부족한 금융기관이 이 콜머니를 빌리게 되는데, 이때 형성되는 금리가 콜금리이다.

콜시장
금융기관 상호 간에 일시적인 자금 과부족을 조절하기 위하여 초단기로 자금을 차입하거나 대여하는 시장

상식 plus⁺

CD금리
시장에서 양도가 가능한 정기예금증서로, 은행은 자금조달을 위해 CD(양도성예금증서, Certificate of Deposit)를 발행하고 투자자는 투자를 위해 CD를 매입한다. CD의 가격이 하락한다는 것은 만기에 동일한 액면 금액을 받기 위해 이전보다 더 낮은 가격으로 살 수 있다는 것을 의미한다.

코픽스(COFIX ; Cost of Funds Index)
2010년에 도입된 대출기준금리로, 우리나라 8개 은행사가 제공하는 자금조달 관련정보를 기반으로 산출한 자금조달비용지수를 말한다. 은행연합회가 산출하여 발표하며, 코픽스의 종류에는 잔액기준 코픽스, 신규취급액기준 코픽스, 단기 코픽스 등이 있다.

제 3 장 　금융상품

011 　모기지론　Mortgage Loan

★★★

영화진흥위원회, YTN

☐ 　부동산을 담보로 주택저당증권을 발행하여 장기주택자금을 대출해주는 제도

주택자금 수요자가 은행을 비롯한 금융기관에서 장기주택자금을 빌리면 은행은 주택을 담보로 **주택저당증권**을 발행하여 이를 중개기관에 팔아 대출자금을 회수한다. 이때 중개기관은 주택저당증권을 다시 투자자에게 판매하고 그 대금을 금융기관에 지급한다.

주택저당증권(MBS)
금융기관이 주택을 담보로 만기 20년~30년짜리 장기 대출을 해준 주택저당채권을 대상자산으로 하여 발행한 증권

상식 plus+

역모기지론
주택을 담보로 일정금액을 연금으로 지급받는 제도다. 우리나라에서는 한국주택금융공사가 한국형 역모기지 시스템인 주택연금을 운영하고 있다.

012 　주가지수연동형 상품　ELD, ELS, ELF

★★★★★

이투데이, 경향신문, SBS

☐ 　증권의 한 종류로 고객들이 예탁한 돈을 주가지수의 움직임에 맞춰 이익을 내도록 운용하는 것

[주가지수연동형 상품의 비교]

구분	ELD(주가지수연동예금)	ELS(주가지수연동증권)	ELF(주가지수연동펀드)
판매기관	은행	증권사 (투자매매·중개업자)	집합투자업자
상품성격	예금	증권	증권펀드
만기수익	지수에 따라 사전에 제시한 수익 확정지급	지수에 따라 사전에 제시한 수익 확정지급	운용성과에 따라 실적배당
예금보호	보호	비보호 (발행사 신용 중요)	비보호 (실적배당상품)
중도해지	가능 (원금손실 가능)	제한적 (유가증권시장에서 매도, 원금손실발생 가능)	가능 (원금손실 가능)
장점	은행이 제시한 수익보장	증권사가 제시한 수익을 달성할 수 있도록 상품을 구성	추가수익발생 가능
단점	추가수익 없음	추가수익 없음	제시수익 보장 없음

013 주택담보대출비용 LTV ; Loan to Value Ratio

★★★★★

경향신문, 헤럴드경제, MBC

☐ 집을 담보로 은행에서 돈을 빌릴 때 집의 자산가치를 평가하는 비율

주택의 종류 및 주택의 소재 지역에 따라 담보자산의 시가 대비 처분가액 비율이 달라질 수 있다. 이는 과도한 부동산 담보대출을 억제하고 부동산 투기를 막는 데 효과가 있다. 보통 기준시가가 아닌 시가의 일정 비율로 정한다.

$$LTV = \frac{주택담보대출금액 + 선순위채권 + 임차보증금 \text{ 및 } 최우선변제 \text{ } 소액임차보증금}{담보가치}$$

014 총부채상환비율 DTI ; Debt to Income

★★★★★

아주경제, 헤럴드경제, MBC

☐ 총소득에서 부채(빚)의 연간 원리금 상환액이 차지하는 비율

금융부채 상환능력을 소득으로 따져 대출한도를 정하는 방식이다. 은행 등 금융기관이 대출금액을 정할 때 대출자의 상환능력을 검증하기 위해 활용하는 개인신용평가시스템(CSS)과 비슷한 개념이다. 수치가 낮을수록 빚 상환능력이 양호하거나 소득에 비해 대출규모가 작다는 의미이다.

개인신용평가시스템
고객의 신상정보, 거래실적, 신용도 등을 통계적으로 분석해 신용상태를 계량화한 시스템

$$DTI = \frac{해당 \text{ } 주택담보대출 \text{ } 연간 \text{ } 원리금 \text{ } 상환액 + 기타 \text{ } 부채의 \text{ } 연간 \text{ } 이자 \text{ } 상환액}{연소득}$$

015 총부채원리금상환비율 DSR ; Debt Service Ratio

★★★★★

헤럴드경제, 아시아경제, MBC

☐ 총체적 상환능력 비율

주택에 대한 대출 원리금뿐만 아니라 전체 금융 부채에 대한 원리금 상환액 비율을 말한다. DSR은 모든 대출금 상환액을 연간소득으로 나눠 계산하며, 차주의 종합부채 상환능력을 따지는 지표이다.

상식 plus+

신(新)DTI와 DSR의 비교

구분	신(新)DTI	DSR(Debt Service Ratio)
명칭	총부채상환비율	총체적 상환능력비율
산정방식	모든 주택담보대출원리금 상환액 + 기타 대출이자 상환액/연간소득	모든 대출 원리금 상환액/ 연간소득

016 MMF Money Market Funds

이투데이, YTN

☐ 단기금융상품에 집중투자하여 얻는 수익률을 되돌려주는 초단기형 실적배당상품

투자신탁회사가 고객들의 자금으로 펀드를 구성한 다음 금리가 높은 1년 미만의 기업어음(CP), 양도성예금증서(CD), 콜 등 단기금융상품에 집중투자를 하여 얻은 수익을 고객에게 돌려주는 만기 30일 이내의 초단기 금융상품이다.

기업어음(CP)
신용상태가 양호한 기업이 상거래와 관계없이 단기자금을 조달하기 위하여 자기신용을 바탕으로 발행하는 만기가 1년 이내인 융통어음이다.

017 자산유동화증권 ABS ; Asset Backed Securities

IBK기업은행

☐ 유동화자산을 기초로 발행된 증권

부동산, 매출채권, 유가증권, 주택저당채권 및 기타 재산권 등과 같은 기업이나 은행이 보유한 유·무형의 유동화자산(Underlying Asset)을 기초로 하여 발행된 증권이다. 건물처럼 매도하는 데 시간이 걸리거나 당장 현금화하기 어려운 자산을 이용하여 자금을 조달하기 위해 발행한다. 실물자산을 담보로 하기 때문에 높은 신용도로 자금조달이 가능하고, 투자자는 일반채권보다 높은 수익률을 얻을 수 있는 효과가 있다.

018 개인종합자산관리계좌 ISA

한국일보, 아주경제

☐ 하나의 통장으로 예·적금, 주식, 펀드, ELS 등의 파생상품 투자까지 가능한 통합계좌

예금, 적금, 주식, 펀드, 주가연계증권(ELS) 등 다양한 금융상품을 하나의 계좌에서 운용할 수 있는 만능통장이다. 2016년 3월 출시됐으며 소득과 상관없이 19세 이상이라면 누구나 가입할 수 있다. 의무 계약기간은 3년이고, 납입한도는 연 2,000만원이다. 운용방식에는 일임형과 신탁형, 중개형이 있다. 소득에 따라서는 일반형과 서민형으로 구분되는데, ISA의 특장점 중 하나인 비과세 혜택도 구분되어 적용된다. 서민형은 투자수익의 400만원, 일반형은 200만원까지 비과세 혜택을 받을 수 있다.

Theme 2
주식·펀드·채권

제1장 주식 시장

★★★★

019 코넥스 KONEX

아이뉴스24, 뉴스토마토, MBC

☐ 코스닥 상장 요건을 충족시키지 못하는 벤처기업과 중소기업이 상장할 수 있는 중소기업 전용 주식시장

창업 초반의 중소기업을 위한 전용 주식시장으로, 코스닥 전 단계의 주식시장이라 할 수 있다. 은행 대출이 막히면 바로 자금난에 허덕일 수밖에 없는 중소기업이 원활하게 자금을 조달할 수 있도록 하겠다는 취지에서 2013년 7월 1일 개장했다. 코넥스는 기존 주식시장인 코스피와 코스닥에 비해 상장 문턱이 낮다. 자기자본 5억원 이상, 매출액 10억원 이상, 순이익 3억원 이상이라는 조건 가운데 1가지만 충족하면 상장할 수 있다. 하지만 투자자격은 까다롭다.

코스피
주로 대기업이 상장되어 있는 시장

코스닥
상대적으로 규모와 수익은 작지만 성장 가능성이 높은 기업이 상장되어 있는 시장

★★★

020 한국거래소 KRX

조선일보, 부산일보

☐ 증권의 공정한 가격 형성과 거래의 안정성 및 효율성을 도모하기 위한 기관

유가증권시장, 코스닥, 파생상품시장 등 국내 증권 관련 거래를 총괄하는 거래소이다. 기존 증권거래소, 선물거래소, 코스닥위원회, (주)코스닥증권시장 등 기존 4개 기관이 통합되어 설립되었다. 한국거래소의 경제적 기능에는 자본전환, 공정가격형성, 가격안정화 및 평준화, 레버리지 효과 등이 있다.

레버리지 효과(지렛대 효과)
타인의 자본을 이용해 자기자본의 수익률을 높이는 효과

상식 plus⁺

대체거래소(ATS)
정규거래소 외에 매매체결 기능을 제공하는 모든 형태의 증권거래시스템을 말한다. 미국과 유럽, 일본 등 대부분의 선진국은 이미 ATS를 도입해 정규거래소와의 경쟁체제가 정착돼 있다. 2025년 3월 국내에서도 첫 ATS인 '넥스트레이드(NXT)'가 개장했다. 이로써 70년 가까이 한국거래소 독점체제로 유지됐던 국내 주식거래시장이 복수·경쟁 체제로 전환됐다.

021 코스피200 KOSPI200

★★★★

이투데이, 평택도시공사

☐ 한국거래소의 유가증권시장 상장종목 중 업종 대표성과 시가총액 유동성을 고려해 200개의 종목을 산출한 지수

1990년 1월 3일을 기준으로 시작되었으며, 코스피200 내에 있는 종목은 항상 그대로 유지되는 것이 아니라 일정 기간마다 시가총액, 혹은 거래량 등을 고려하여 새로운 종목이 편입되기도 하고 제외되기도 한다. 일반적으로 이 지수에 포함되어 있는 종목이라면 우량종목으로 간주된다.

022 어닝쇼크 Earning Shock

★★★★

뉴스1, KBS

☐ 기업의 실적이 예상 기대치보다 못 미쳤을 때 실적쇼크로 인해 주가가 하락하는 것

어닝시즌(Earning Season) 때 기업이 시장에서 예상했던 기대치보다 저조한 실적을 발표하여 그 쇼크로 인해 주가가 하락하는 것을 말한다. '어닝서프라이즈(Earning Surprise)'가 있으면 주가가 오를 가능성이, 어닝쇼크가 발생하면 주가가 떨어질 가능성이 높다.

어닝서프라이즈
(Earning Surprise)
영업 실적이 기대보다 좋아 주가가 큰 폭으로 상승하는 것

상식 plus⁺

코요테모멘트
두렵거나 피하고 싶은 상황에 처해 있다는 사실을 갑자기 깨닫는 순간을 말한다. 코요테가 먹잇감을 쫓는데 정신이 팔려 낭떠러지 쪽으로 뛰어가다 문득 정신을 차려 아래를 보면 허공에 떠 있고 이를 알아차리는 순간 추락하는 것에서 유래됐다. 증권시장에서는 증시의 갑작스런 붕괴를 일컫는 말로 쓰인다.

023 사이드카 Side Car

★★★★★

매일신문, 경기문화재단, SBS

☐ 선물시장이 급변할 경우 현물시장에 대한 영향을 최소화함으로써 현물시장을 안정적으로 운용하기 위한 관리제도

프로그램 매매호가 관리제도의 일종으로 선물가격이 기준가 대비 5% 이상(코스닥은 6% 이상)인 상황이 1분간 지속하는 경우 선물에 대한 프로그램 매매만 5분간 중단한다. 5분이 지나면 자동으로 해제되며 1일 1회만 발동될 수 있다.

선물
계약은 현재 시점에서 하고 결제는 미래의 일정시점에 이행하는 거래

상식 plus+

사이드카 명칭의 유래

금융시장에서는 프로그램 관리기법으로 사용되지만 원래는 보조좌석이 있는 오토바이를 일컫는 말이다. 선물시장에서 시장과열 방지를 위한 보조적인 역할을 하기 때문에 이러한 명칭이 붙었다.

024 서킷브레이커 CB ; Circuit Breaker

이투데이, CBS, MBC

★★★★★

☐ 주식시장에서 주가가 급등 또는 급락하는 경우 주식매매를 일시 정지하는 제도

코스피나 코스닥지수가 전일 대비 10% 이상 폭락한 상태가 1분간 지속하는 경우 시장 모든 종목의 매매거래를 중단한다. 20분간의 매매정지가 풀리면 10분간 동시호가로 접수해서 매매를 재개한다. 1일 1회만 발동할 수 있다.

동시호가
시간에 관계없이 주문을 모아 한꺼번에 체결시킨다. 수량이 많은 주문이 가장 먼저 체결되고 이후 시간우선의 원칙이 적용된다.

상식 plus+

네 마녀의 날

'쿼드러플 위칭 데이(Quadruple Witching Day)'라고도 하며 우리나라의 경우 매년 3, 6, 9, 12월 둘째 주 목요일은 주가지수 선물·옵션과 주식 선물·옵션 만기일이 겹쳐 '네 마녀의 날'로 불린다. 막판에 주가가 요동칠 때가 많아 '마녀(파생상품)가 심술을 부린다'는 의미다. 이 날에는 파생상품과 관련해 숨어 있던 현물주식 매매가 정리매물로 시장에 쏟아져 나오며 주가가 예상하기 어려운 움직임을 보인다. 우리나라는 2008년 개별주식선물이 도입돼 그해 6월 12일에 첫 번째 네 마녀의 날을 맞았다.

025 상장 Listing

머니투데이, 인베스트조선

★★★★

☐ 거래소가 정한 일정 요건을 충족하는 증권에 대해 증권시장에서 거래될 수 있도록 가격을 부여한 것

증권이 거래소에서 매매되면 발행회사의 사회적 평가가 높아져 증자 등이 쉬워지는 등 여러 장점이 있기 때문에 많은 기업들이 상장의 효과를 누리려 한다. 하지만 한국거래소는 공신력을 높이기 위하여 자본금, 재무건전성 등 일정한 상장심사 기준을 정해서 선별하고 있다.

상식 plus+

이전상장

코넥스에서 코스닥으로, 코스닥에서 코스피로 옮겨 상장하는 것

026 유니콘 기업 ★★★

경향신문, 충북대학교병원

□ 기업 가치가 10억달러를 넘어서는 스타트업

설립한 지 10년 이하이면서 뛰어난 기술력과 시장지배력으로 10억달러 이상의 기업 가치를 인정받는 비상장 벤처기업을 말한다. 유니콘(Unicorn)은 이마에 뿔이 하나 달린 전설상의 동물로, 기업 가치가 10억달러를 넘어서는 것을 마치 유니콘처럼 상상 속에서나 존재할 수 있는, 엄청난 일로 받아들인다는 차원에서 이름 지어졌다. 세계적인 벤처기업들의 산실로 여겨지는 미국의 실리콘밸리에서는 유니콘보다 열 배나 큰 데카콘(Decacorn·기업 가치 100억달러) 기업들이 등장하고 있다.

상식 plus⁺

벤처캐피탈
보통 해당 벤처의 사업초기 때 담보 없이 자본을 투자해 성장할 수 있도록 돕고, 벤처가 성장해 상장하거나 성과를 내었을 때 자금을 회수하여 수익을 올리는 자본이다. 위험성이 크다보니 보통 벤처캐피탈의 투자는 소수의 투자자들을 매집하여 많은 벤처기업에 투자하는 일종의 사모펀드 형식으로 이뤄진다.

027 블루칩 Blue Chip ★★

건설경제신문

□ 주식시장에서의 대형 우량주를 통틀어 가리키는 말

주식시장에서 건실한 재무구조와 경기변동에 강한 대형 우량주로 수익성, 성장성, 안정성이 높은 주식을 말한다. 블루칩은 주식시장 이외에도 '유망하다'라는 의미로 쓰이고 있다.

028 숏커버링 Short Covering ★★★★

MBN, MBC

□ 주식시장에서 매도한 주식을 다시 사들이는 것

공매도한 주식을 되갚기 위해 다시 사는 환매수를 말한다. 주식시장에서 주가가 하락할 것이 예상될 때 공매도를 하게 되는데, 이후 주가가 하락하면 싼 가격에 사서 돌려줌으로써 차익을 챙길 수 있지만 주가가 상승할 때는 손실을 줄이기 위해 주식을 매수하게 된다. 이러한 숏커버링은 주가 상승을 가져온다.

공매도
주식시장에서 보유한 주식이나 채권이 없는 상태에서 매도 주문한 경우

029 블록딜 Block Deal ★★★

대구의료원, 연합인포맥스

☐ 주식을 대량으로 보유한 매도자가 매수자에게 장외시간에 주식을 넘기는 거래

주식시장에서 한꺼번에 대량의 주식이 거래될 경우 발생할 수 있는 급격한 가격변동과 물량부담을 줄이기 위한 방안이다. 주로 시장가격에 영향을 미치지 않도록 사전에 매도물량을 인수할 수 있는 매수자를 구해 장 시작 전이나 마감 후 시간외거래 또는 장외거래를 통해 이루어진다. 가격과 물량을 미리 정해두고 거래하기 때문에 장중주가에 큰 영향을 주지 않는다는 장점이 있다. 그러나 블록딜 다음 날 해당 회사의 주가가 하락할 확률이 높다.

030 웩더독 Wag the Dog 현상 ★★★★

한국소비자원, MBC

☐ 선물 매매가 현물시장을 흔들어 직접 영향을 주는 현상

웩더독은 '개의 꼬리가 몸통을 흔든다'는 뜻으로, 주식시장에서 선물시장(꼬리)이 현물시장(몸통)에 큰 영향을 미치는 현상을 가리킬 때 보통 사용한다. 웩더독은 정치·경제분야에서 모두 사용된다.

제 2 장 펀드 시장

031 벌처펀드 ★★★★

경기도경제과학진흥원, 뉴스1

☐ 파산위기에 놓인 부실기업이나 부실채권에 투자하는 자금

사냥해서 먹이를 얻지 않고 동물의 사체를 먹는 대머리독수리(Vulture)에서 유래한 표현으로, 거의 회생가능성이 없는 파산위기의 기업이나 부실채권에 투자해 수익을 내는 자금을 말한다. 싼 값에 매수하여 정상화시킨 후 비싼 값에 팔아 고수익을 노린다는 전략인데, 그만큼 위험성도 크다.

032 리츠펀드

★★

한국폴리텍대학

☐ 소액투자자들의 자금을 모아 부동산에 투자하고 수익을 재배분하는 펀드

소액 개인투자자에게서 자금을 모아 부동산에 전문으로 투자할 수 있게 하는 펀드이다. 또한 이런 리츠펀드를 취급해 부동산임대 수입에서 나오는 배당금과 부동산 가격이 상승하며 발생된 매매차익을 투자자에게 배당하는 '부동산투자회사' 또는 '부동산투자신탁'도 리츠라고 일컫는다.

033 헤지펀드

★★★★★

인베스트조선, 부산도시공사

☐ 투자 위험 대비 고수익을 추구하는 투기성 자본

소수의 고액투자자를 대상으로 하는 사모펀드이다. 주가의 장·단기 실적을 두루 고려해 장·단기 모두에 투자하는 식으로 포트폴리오를 구성하여 위험은 분산시키고 수익률은 극대화한다. 또한, 헤지펀드는 원래 조세회피 지역에 위장거점을 설치하고 자금을 운영하는 투자신탁으로 자금은 투자 위험을 회피하기 위해 펀드로 사용된다.

사모펀드
소수의 투자자들로부터 자금을 모아 주식이나 채권 등에 운용하는 펀드

상식 plus⁺

액티브펀드
펀드매니저가 시장전망에 따라 과감하게 종목을 선정하고 공격적·적극적인 운용전략을 수립해, 시장수익률을 상회하는 수익을 노리는 펀드다. 공격적으로 투자하는 만큼 수익률은 높을 수 있으나 위험성이 크고, 장기보다는 단기투자의 수익률이 높은 편이다.

034 인덱스펀드

★★★★

이투데이

☐ 특정 지수들을 따라가도록 설계되고 운용되는 펀드

인덱스펀드는 주가지표의 변동과 동일한 투자성과를 내기 위해 구성된 포트폴리오로 증권시장의 장기적 성장추세를 전제로 한다. 그러므로 인덱스펀드의 목표수익률은 시장수익률 자체가 주된 목적이 되며 지수추종형 펀드 또는 패시브형 펀드라고도 한다.

상식 plus⁺

인덱스펀드의 장점
- 객관적 운용
- 분산투자
- 거래비용 저렴
- 운용결과 예측 용이

제3장 채권 시장

★★★★

035 채권

인베스트조선, 연합인포맥스

☐ 정부, 공공단체와 주식회사 등이 일반인으로부터 비교적 거액의 자금을 일시에 조달받기 위하여 발행하는 차용증서이자 유가증권

채권은 차입기간 동안 확정이자 및 원금의 지급을 약속하는 하나의 금융상품으로 상환기한이 정해져 있는 기한부증권이자, 상환시 받을 이자가 결정되어 있는 확정이자부증권이다. 채권은 투자자보호조치 차원에서 발행할 수 있는 기관이나 회사를 법률로써 정한다.

잔여재산분배청구권
기업이 파산한 경우 부채를 갚고 남은 재산에 대하여 기업의 이해관계자들이 분배를 청구할 수 있는 권리

상식 plus⁺

채권과 주식의 비교

구분	채권	주식
발행주체	정부, 지방자치단체 특수법인, 주식회사	상장법인의 주식회사
자본성격	타인자본	자기자본
경영참가권 여부	의결권 없음	의결권 있음
원금상환	만기시 상환	상환의무 없음
유동성	낮음	높음
위험도	낮음	높음
존속기간	기한부증권	영구증권
배당 및 이자	원금과 이자를 받음	경영성과에 따른 배당금을 지급받음
소유자의 권리	확정부 이자의 수취 회사 해산시 주식에 우선하여 원리금 우선 지급받음	배당금 수취 **잔여재산분배청구권**

036 환매조건부채권 RP ; Repurchase Agrement

★★★★

근로복지공단

☐ 금융기관이 일정 기간 후 확정금리를 보태어 되사는 조건으로 발행하는 채권

일정기간이 지난 후에 정해진 가격으로 같은 채권을 다시 구매하거나 판매하는 조건으로 채권을 거래하는 방식을 말한다. RP거래는 콜거래, 기업어음거래 등과 같이 단기자금의 **대차거래**이지만 그 거래대상이 장기금융자산인 채권이며, 이 채권이 담보의 성격을 지닌다는 점에서 다른 금융거래와는 다르다.

대차거래
주식을 장기보유하는 증권회사로부터 단기적으로 주식을 빌려서 거래하는 것

037 하이브리드채권 Hybrid Bonds

★★★

MBN

☐ 은행이나 기업이 주로 자본조달수단을 목적으로 발행하는 것으로 주식과 채권의 특징을 함께 가지는 증권

채권처럼 매년 확정이자를 받을 수 있고, 주식처럼 만기가 없으면서도 매매가 가능한 신종자본증권이다. 채권과 주식의 특징을 지니며, 일정한 조건하에서 기업이 만기를 연장할 수 있기 때문에 일반 채권에 비해서 이자율이 높다.

제4장 환율 시장

038 환율

★★★★

MBC, SBS

☐ 자국과 외국통화 간의 교환 비율

한 나라의 통화가치는 대내가치(구매력인 물가로 표시)와 대외가치(외국통화를 대가로 매매할 수 있는 환율)가 있으며, 표시방법으로는 다국통화표시방법과 외국통화표시방법이 있다.

상식 plus⁺
- **환율하락(평가절상)** : 한 국가의 통화가치가 상대적으로 상승하는 것으로 수입증대, 수출감소, 외채부담감소, 국제적인 영향력 강화 제고 현상이 나타난다.
- **환율상승(평가절하)** : 한 국가의 통화가치가 상대적으로 하락하는 것으로 수출증대, 수입감소, 외채부담증가, 국내 인플레이션 현상이 나타난다.

039 기축통화

★★★

한국수력원자력, 서울경제

☐ 국제결제나 금융거래의 기축이 되는 특정국의 통화

국제통화라고도 하며 보통 미국 달러를 가리키기 때문에 미국을 기축통화국이라고도 부른다. 기축통화가 정해지기 전까지 영국의 파운드화가 오랫동안 기축통화로서의 자격을 확보해왔으나 제2차 세계대전 이후, 미국이 각국 중앙은행에 달러의 금태환을 약속함에 따라 달러가 기축통화로서 중심적 지위를 차지하게 되었다.

금태환(金兌換)
금본위제도하에서 해당국 화폐 소유자가 해당국 정부(중앙은행)에 화폐를 제시하며 금과의 교환을 요구했을 때 해당국 정부(중앙은행)가 화폐와의 교환으로 금을 제공하는 것이다.

040 와타나베부인 Mrs. Watanabe

★★★

MBC, 헤럴드경제

☐ 일본에서의 흔한 성을 딴 국제 금융가의 용어

일반 샐러리맨 남편의 수입으로 가정의 재정을 담당하는 일본 가정주부를 의미한다. 일본의 장기불황과 낮은 금리 등을 배경으로 등장하게 된 이들은 저금리의 엔화로 고금리 국가의 금융상품에 투자하여 고수익의 투자 기회들을 노리는 소액투자자의 특징을 갖는다. 이후 와타나베부인은 일본의 개인 외환 투자자들을 의미하는 용어로 사용되었다.

041 캐리트레이드 Carry Trade

★★★

경상대학교병원, 한국일보

☐ 금리가 낮은 통화로 자금을 조달해 금리가 높은 나라의 금융상품 등에 투자함으로써 수익을 내는 거래

금리가 낮은 국가에서 돈을 차용해 높은 수익률이 예상되는 다른 나라의 주식이나 채권에 투자하는 것을 의미한다. 상대적으로 금리가 낮은 국가에서 돈을 차용해 다른 나라의 주식이나 채권에 투자하는 것을 가리키는 경제용어다. 빌린 통화가 달러일 경우 달러 캐리트레이드, 엔일 경우 엔 캐리트레이드라고 부른다. 캐리트레이드 수익은 국가 간 금리 또는 수익률 차이에 의해 발생하는 부분과 환율 변동으로 인해 발생하는 환차익으로 나뉜다.

STEP 01 초스피드 암기 확인!

보기

⊙ MMF ⓒ 인덱스 ⓒ 랩어카운트 ⓔ 헤지펀드
⑩ 기축통화 ⑭ 모라토리엄 ⊗ 하이브리드채권 ⊙ 숏커버링
⊗ 윔블던 효과 ⊗ 서킷브레이커

01 한 국가가 외국에서 빌려온 채무의 이행을 연기 또는 유예하는 일을 _____(이)라고 한다.

02 _____(은)는 주가가 급등 또는 급락하는 경우 모든 주식매매를 일시 정지하는 제도다.

03 외국자본이 국내시장을 지배하는 현상인 _____(은)는 유명 테니스대회를 빗대어 생겨난 용어이다.

04 종합자산관리방식인 _____(은)는 고객이 예탁한 재산에 대해 자산구성, 운용, 투자자문까지 통합적으로 제공한다.

05 _____(은)는 은행이나 기업이 주로 자본조달수단을 목적으로 발행하는 것으로 주식과 채권의 특징을 함께 가지는 증권을 말한다.

06 단기금융상품에 집중투자하여 얻는 수익률을 되돌려주는 초단기형 실적배당상품을 _____(이)라고 한다.

07 _____(은)는 국제결제나 금융거래의 기축이 되는 특정국의 통화를 말하며 현재는 미국의 달러가 이 역할을 하고 있다.

08 특정 지수를 따라가도록 설계되고, 운용되는 펀드를 _____ 펀드라고 한다.

09 주식시장에서 매도한 주식을 다시 사들이는 것을 _____(이)라고 한다.

10 투자 위험 대비 고수익을 추구하는 투기성 자본을 _____(이)라고 한다

정답
01 ⑭ 02 ⊗ 03 ⊗ 04 ⓒ 05 ⊗ 06 ⊙ 07 ⑩ 08 ⓒ 09 ⊙ 10 ⓔ

STEP 02 기출로 합격 공략!

01 한겨레
금융기관의 재무건전성을 나타내는 기준으로, 위험가중자산(총자산)에서 자기자본이 차지하는 비율을 말하는 것은?

① DTI
② LTV
③ BIS 비율
④ 지급준비율

해설
국제결제은행(Bank for International Settlement)에서는 국제금융시장에서 자기자본비율(BIS)을 8% 이상 유지하도록 권고하고 있다.

02 영남일보
다음 중 세계 3대 신용평가기관이 아닌 것은?

① 무디스(Moody's)
② 스탠더드 앤드 푸어스(S&P)
③ 피치 레이팅스(FITCH Ratings)
④ D&B(Dun&Bradstreet Inc)

해설
영국의 피치 레이팅스, 미국의 무디스와 스탠더드 앤드 푸어스(S&P)는 세계 3대 신용평가기관으로서 각국의 정치·경제 상황과 향후 전망 등을 고려하여 국가별 등급을 매겨 국가신용도를 평가한다. D&B(Dun&Bradstreet Inc)는 미국의 상사신용조사 전문기관으로 1933년에 R. G. Dun&Company와 Bradstreet Company의 합병으로 설립되었다.

03 연합인포맥스
연간소득 대비 총부채 연간 원리금 상환액을 기준으로 부채상환능력을 평가함으로써 대출규모를 제한하는 규제는?

① DTI
② LTV
③ DSR
④ DTA

해설
DSR(Debt Service Ratio)은 차주의 소득 대비 부채 수준을 나타내는 지표로 현행 총부채상환비율(DTI)과 비슷하지만 훨씬 엄격하다. 해당 주택담보대출의 원리금과 다른 대출의 이자 부담만을 적용해 계산하는 DTI와 달리 DSR은 할부금, 마이너스 통장 등 전체의 원리금 상환 부담을 반영해 산출한다.
① DTI : 연소득에서 부채의 연간 원리금 상환액이 차지하는 비율
② LTV : 담보 물건의 실제 가치 대비 대출금액의 비율
④ DTA : 자산평가액 대비 총부채 비율

04 스튜디오S
출구전략에 대한 설명으로 옳지 않은 것은?

① 본래 군사용어로 쓰이던 말이다.
② 경기침체에서 벗어나기 위해 강력한 부양정책을 쓰는 것이다.
③ 시장에 유동성 공급을 줄이는 방향이다.
④ 재정건전성을 강화하기 위한 목적이 있다.

해설
출구전략은 원래 군사용어로 쓰이던 말로, 경제에서는 경기침체기의 경기부양정책을 서서히 거둬들이는 전략을 의미한다. 시장에 대한 유동성 공급을 다시 서서히 줄이면서, 경제에 미칠 후유증을 최소화하고 각종 비상조치를 정상화하여 재정건전성을 강화해나가는 전략이다.

05 부천문화재단
신용등급이 낮은 기업이 발행하는 고위험 채권을 가리키는 말은?

① 하이브리드채권
② 정크본드
③ 후순위채권
④ 수쿠크

해설
'정크(Junk)'는 '쓰레기'라는 뜻으로, '정크본드(Junk Bond)'는 쓰레기 같은 채권을 의미한다. 고위험·고수익 채권으로, 회사채 발행이 불가능한 신용도가 매우 낮은 기업이 발행한 채권이며 열등채라고도 부른다. 본래는 갑자기 경영 악화를 맞은 우량기업이 과거에 발행했던 채권을 일컫는 말이었다. 현재는 열등채나 성장 가능성이 높은 중소기업이 발행한 채권, 기업이 M&A를 하기 위한 자금 조달을 목적으로 발행한 채권 등을 의미한다.

06
부산교통공사

특정 저축은행들을 가리키는 88클럽에 대한 설명으로 맞는 것은?

① 저축은행을 강하게 규제하기 위한 제도다.
② 저축은행의 재정 건전성 판단 지표다.
③ BIS 자기자본비율 8% 이하인 은행들에 해당한다.
④ 고정 이하 여신비율 8% 이상인 은행들에 해당한다.

해설
88클럽은 국제결제은행(BIS) 기준 자기자본비율이 8% 이상이면서, 고정 이하 여신비율이 8% 이하인 우량 저축은행들을 말한다. 저축은행들에게 인센티브를 주기 위해 2005년에 만들어진 제도다. 88클럽은 해당 저축은행이 재정적으로 건전한지 판단하는 기준이 된다.

07
대전도시공사

다음 중 '네 마녀의 날'에 대한 설명으로 틀린 것은?

① 쿼드러플 위칭 데이라고도 불린다.
② 네 가지 파생상품의 만기일이 겹치는 날이다.
③ 우리나라는 2008년에 처음 맞았다.
④ 이 날에는 주가의 움직임이 안정을 띠게 된다.

해설
네 마녀의 날은 쿼드러플 위칭 데이(Quadruple Witching Day)라고도 하며 우리나라의 경우 매년 3, 6, 9, 12월 둘째 주 목요일은 주가지수 선물·옵션과 주식 선물·옵션 만기일이 겹쳐 '네 마녀의 날'로 불린다. 막판에 주가가 요동칠 때가 많아 '마녀(파생상품)가 심술을 부린다'는 의미다. 네 마녀의 날에는 파생상품과 관련된 숨어 있었던 현물주식 매매가 정리매물로 시장에 쏟아져 나오며 예상하기 어려운 주가의 움직임을 보인다. 우리나라는 2008년 개별주식선물이 도입돼 그해 6월 12일에 첫 번째 네 마녀의 날을 맞았다.

08
헤럴드경제

기관투자자가 수탁자로서의 책임을 다하도록 행동원칙을 규정한 자율규범은?

① 포이즌 필
② 뉴거버넌스
③ 스튜어드십 코드
④ 코리아 디스카운트

해설
스튜어드십 코드는 연기금·보험사 등 기관투자자들이 기업의 의사결정에 적극적으로 참여하여 주주의 역할을 충실히 수행하고, 위탁받은 국민 또는 고객의 자금을 투명하게 운용하는 수탁자의 책임 역시 충실히 수행하도록 유도해 수익률을 높이는 데 목적을 둔 일종의 가이드라인이다. 과거 서구 지역에서 귀족들의 저택에 기거하며 집안일을 관리하는 스튜어드(집사)에서 유래한 용어다.

09
광주광역시 공공기관 통합채용

대량의 주식을 보유한 매도자와 매수자 간에 주식거래를 체결하는 것은?

① 윈도드레싱
② 숏커버링
③ 스왑딜
④ 블록딜

해설
블록딜(Block Deal)은 주식시장에서 한꺼번에 대량의 주식이 거래될 경우 발생할 수 있는 급격한 가격변동과 물량부담을 줄이기 위한 방안이다. 주로 시장가격에 영향을 미치지 않도록 사전에 매도물량을 인수할 수 있는 매수자를 구해 장 시작 전이나 마감 후 시간외거래 또는 장외거래를 통해 이루어진다. 가격과 물량을 미리 정해두고 거래하기 때문에 장중 주가에 큰 영향을 주지 않는다는 장점이 있다. 그러나 블록딜 다음 날 해당 회사의 주가가 하락할 확률이 높다.

10
경기도일자리재단

다음 중 주식시장에서 보유한 주식이나 채권이 없는 상태에서 매도 주문한 경우를 무엇이라 하는가?

① 공매도
② 숏커버링
③ 블록딜
④ 윈도드레싱

해설
주식이나 채권이 없는 상태에서 매도 주문하는 것을 공매도라고 한다.
② 숏커버링 : 주식시장에서 매도한 주식을 다시 사들이는 것
③ 블록딜 : 주식을 대량으로 보유한 매도자가 대량으로 구매할 매수자에게 장외 시간에 그 주식을 넘기는 거래
④ 윈도드레싱 : 실적이 좋은 주식은 집중 매입하고, 실적이 저조한 주식을 처분하여 투자수익률을 최대한 높이는 행위

11
한국농어촌공사

해외로 나가 있는 자국 기업들을 각종 세제 혜택과 규제 완화 등을 통해 자국으로 다시 불러들이는 정책을 가리키는 말은?

① 리쇼어링(Reshoring)
② 아웃소싱(Outsourcing)
③ 오프쇼어링(Off-Shoring)
④ 앵커링 효과(Anchoring Effect)

해설
미국을 비롯한 각국 정부는 경기 침체와 실업난의 해소, 경제 활성화와 일자리 창출 등을 위해 리쇼어링 정책을 추진한다.

12
국립공원관리공단

주식과 채권의 중간적 성격을 지닌 신종자본증권은?

① 하이브리드 채권
② 금융 채권
③ 연대 채권
④ 농어촌지역개발 채권

해설
하이브리드 채권은 채권처럼 매년 확정이자를 받을 수 있고, 주식처럼 만기가 없으면서도 매매가 가능한 신종자본증권이다.

13
경향신문

환율제도에 대한 설명 중 틀린 것은?

① 고정환율제 - 외환시세의 변동을 전혀 인정하지 않고 고정시켜 놓은 환율제도
② 시장평균환율제 - 외환시장의 수요와 공급에 따라 결정되는 환율제도
③ 복수통화바스켓 - 자국과 교역비중이 큰 복수국가의 통화들의 가중치에 따라 반영하는 환율제도
④ 공동변동환율제 - 역내에서는 변동환율제를 채택하고, 역외에 대해서는 제한환율제를 택하는 제도

해설
공동변동환율제는 역내에서는 제한환율제를 채택하고, 역외에 대해서는 변동환율제를 채택하는 환율제도이다.

14
인천도시개발공사

다음 중 환율인상의 영향이 아닌 것은?

① 국제수지 개선효과
② 외채 상환시 원화부담 가중
③ 수입 증가
④ 국내물가 상승

해설
환율인상의 영향
- 수출 증가, 수입 감소로 국제수지 개선효과
- 수입품의 가격 상승에 따른 국내물가 상승
- 외채 상환시 원화부담 가중

15
한국수력원자력

국제결제나 금융거래의 중심이 되는 특정국의 통화를 무엇이라 하는가?

① 결제통화
② 준비통화
③ 기축통화
④ 기준통화

해설
기축통화는 국제결제나 금융거래의 기준이 되는 특정국의 통화를 말한다. 국제통화라고도 하며 보통 미국 달러를 가리키기 때문에 미국을 기축통화국이라고도 부른다. 영국의 파운드화가 오랫동안 기축통화로서의 자격을 확보해왔으나 제2차 세계대전 이후, 미국이 각국 중앙은행에 달러의 금태환을 약속함에 따라 달러가 기축통화로서 중심적 지위를 차지하게 됐다.

16
인천국제공항공사

지급준비율에 대한 설명으로 틀린 것은?

① 지급준비율 정책은 통화량 공급을 조절하는 수단 중 하나로 금융감독원에서 지급준비율을 결정한다.
② 지급준비율을 낮추면 자금 유동성을 커지게 하여 경기부양의 효과를 준다.
③ 지급준비율은 통화조절수단으로 중요한 의미를 가진다.
④ 부동산 가격의 안정화를 위해 지급준비율을 인상하는 정책을 내놓기도 한다.

해설
지급준비율이란 시중은행이 고객이 예치한 금액 중 일부를 인출에 대비해 중앙은행에 의무적으로 적립해야 하는 지급준비금의 비율이다. 지급준비율의 결정은 중앙은행이 하는데 우리나라의 경우 한국은행이 이에 해당한다.

17
인천국제공항공사

다음 중 환매조건부채권에 대한 설명으로 틀린 것은?

① 금융기관이 일정 기간 후 확정금리를 보태어 되사는 조건으로 발행하는 채권이다.
② 발행 목적에 따라 여러 가지 형태가 있는데, 흔히 중앙은행과 시중은행 사이의 유동성을 조절하는 수단으로 활용된다.
③ 한국은행에서도 시중에 풀린 통화량을 조절하거나 예금은행의 유동성 과부족을 막기 위해 수시로 발행하고 있다.
④ 은행이나 증권회사 등의 금융기관이 수신 금융상품으로는 판매할 수 없다.

해설
환매조건부채권은 은행이나 증권회사 등의 금융기관이 판매하는 수신 금융상품의 하나로 고객에게 직접 판매하는 것도 있다.

18
이투데이

고객의 투자금을 모아 금리가 높은 CD, CP 등 단기 금융상품에 투자해 고수익을 내는 펀드를 무엇이라 하는가?

① ELS
② ETF
③ MMF
④ CMA

해설
CD(양도성예금증서), CP(기업어음) 등 단기금융상품에 투자해 수익을 되돌려주는 실적배당상품을 MMF(Money Market Fund)라고 한다.

19
한국폴리텍대학

펀드매니저가 운용전략을 적극적으로 펴 시장수익률을 초과하는 수익을 노리는 펀드는?

① 액티브펀드
② 인덱스펀드
③ 사모펀드
④ 공모펀드

해설
액티브펀드는 펀드매니저가 시장 전망에 따라 과감하게 종목을 선정하고 공격적·적극적인 운용전략을 수립해, 시장수익률을 상회하는 수익을 노리는 펀드다. 공격적으로 투자하는 만큼 수익률은 높을 수 있으나 위험성이 크고, 장기보다는 단기투자의 수익률이 높은 편이다.

20
서울시설공단

금융시장이 극도로 불안한 상황일 때 은행에 돈을 맡긴 사람들이 대규모로 예금을 인출하는 사태를 무엇이라 하는가?

① 더블딥
② 디폴트
③ 펀드런
④ 뱅크런

해설
뱅크런은 대규모 예금 인출사태를 의미한다. 금융시장이 불안정하거나 거래은행의 재정상태가 좋지 않다고 판단할 때, 많은 사람들이 한꺼번에 예금을 인출하려고 하면서 은행은 위기를 맞게 된다. 한편, 펀드 투자자들이 펀드에 투자한 돈을 회수하려는 사태가 잇따르는 것은 펀드런이라 한다.

21
한국산업인력공단

소수의 투자자로부터 비공개 방식을 통해 자금을 조성해 주식, 채권 등을 운용하는 펀드는?

① 사모펀드
② 헤지펀드
③ 인덱스펀드
④ 공모펀드

해설
사모펀드는 금융기관이 관리하는 일반 펀드와는 달리 '사인(私人) 간 계약'의 형태이므로 금융감독기관의 감시를 받지 않으며, 공모펀드와는 달리 운용에 제한이 없는 만큼 자유로운 운용이 가능하다.

22
헤럴드경제

유망 벤처기업에게 투자해 추후 성장했을 때 자금을 회수하는 자본은?

① 벤처펀드
② 벤처넷
③ 벤처캐피탈
④ 코픽스

해설
벤처캐피탈은 보통 해당 벤처의 사업초기 때 담보 없이 자본을 투자해 성장할 수 있도록 돕고 벤처가 성장해 기업공개를 통해 상장하거나 성과를 내었을 때 자금을 회수하여 수익을 올린다. 위험성이 크다보니 보통 벤처캐피탈의 투자는 소수의 투자자들을 매집하여 많은 벤처기업에 투자하는 일종의 사모펀드 형식으로 이뤄진다.

23
충북대학교병원

다음 중 유니콘 기업으로 분류되는 기업가치의 기준은?

① 5억달러
② 10억달러
③ 15억달러
④ 20억달러

해설
유니콘 기업은 2013년 카우보이 벤처스를 창업한 에일린 리가 처음 사용한 용어로 '혜성처럼 나타난 기업'을 말한다. 유니콘 기업의 판단 기준은 생겨난 지 10년이 되지 않고, 주식을 상장시키지 않았지만 기업가치가 10억달러(1조원)를 넘는 기업을 가리킨다.

24
이투데이

우리나라 8개 은행이 제공하는 자금조달정보로 산출하는 자금조달비용지수는?

① 코픽스
② 콜금리
③ FVI
④ FCI

해설
코픽스(COFIX)는 2010년에 도입된 대출기준금리로, 우리나라 8개 은행사가 제공하는 자금조달 관련정보를 기반으로 산출한 자금조달비용지수를 말한다. 은행연합회가 산출하여 발표하며, 코픽스의 종류에는 잔액기준 코픽스, 신규취급액기준 코픽스, 단기 코픽스 등이 있다.

25
보훈교육연구원

국가의 중앙은행이 0.50%포인트 기준금리를 인상하는 것을 뜻하는 용어는?

① 베이비스텝
② 빅스텝
③ 자이언트스텝
④ 울트라스텝

해설
빅스텝(Big Step)이란 중앙은행이 물가를 조정하기 위해 기준금리를 0.50%포인트(p) 인상하는 것을 뜻한다. 이 밖에도 가장 통상적인 0.25%p 인상은 베이비스텝(Baby Step), 0.75%p의 상당 규모 인상은 자이언트 스텝(Giant Step), 1.00%p 인상은 울트라스텝(Ultra Step)이라고 부른다. 다만 이러한 용어들은 우리나라의 국내 언론과 경제계, 증권시장에서만 사용하는 것으로 알려져 있다.

26
광주관광재단

주가가 급등·급락하는 경우 주식매매를 일시정지 하는 제도는?

① 사이드카
② 어닝서프라이즈
③ 어닝쇼크
④ 서킷브레이커

해설
서킷브레이커(CB ; Circuit Breaker)는 주식에서 주가가 급락하는 경우 시장에 미치는 충격을 완화하기 위하여 30분간 주식매매를 일시 정지하는 제도다.

27
한국폴리텍대학

다음 중 한국은행의 기능이 아닌 것은?

① 화폐를 시중에 발행하고 다시 환수한다.
② 통화량 조절을 위해 정책금리인 기준금리를 결정한다.
③ 외화보유액을 적정한 수준으로 유지한다.
④ 금융기관에 대한 감사와 감독업무를 수행한다.

해설
한국은행의 주요 기능
- 화폐를 발행하고 환수한다.
- 기준금리 등 통화신용정책을 수립하고 진행한다.
- 은행 등 금융기관을 상대로 예금을 받고 대출을 해준다.
- 국가를 상대로 국고금을 수납하고 지급한다.
- 외환건전성 제고를 통해 금융안정에 기여하며, 외화자산을 보유·운용한다.
- 국내외 경제에 관한 조사연구 및 통계 업무를 수행한다.

28
이투데이

정부가 벤처캐피털에 투자하는 재간접펀드는?

① 모태펀드
② 헤지펀드
③ 사모펀드
④ 퀀텀펀드

해설
모태펀드란 투자자가 개별기업이 아니라 투자조합에 출자하여 간접적으로 투자하는 펀드를 말한다. 재간접펀드라고도 하며, 우리나라의 경우 중소기업이나 벤처기업 육성을 위해 투자재원 공급과 정책적 산업 육성, 일자리 창출 등을 목표로 조성된 정부 주도의 펀드를 가리킨다. 창업이나 벤처기업의 경우 자금 공급이 원활하지 않을 때 이를 해결하기 위한 대안으로 모태펀드가 결성된다.

29
다양한 금융상품을 하나의 계좌에서 운용할 수 있는 통장을 말하는 것은?

① ETF
② MMF
③ CMA
④ ISA

해설
개인종합자산관리계좌(ISA)는 2016년 정부가 국민에게 자산형성의 기회를 제공하고 노후를 대비한 자금을 마련하는 것을 돕기 위한 제도로 다양한 금융상품을 한 계좌에서 운용할 수 있다. 소득에 상관없이 19세 이상이라면 가입이 가능하며, 15~19세더라도 소득이 있으면 가입할 수 있다. 수익에 대한 비과세 혜택을 받을 수 있다.

30
저금리의 엔화를 빌려 고금리의 국가 자산에 투자하는 행위는?

① 와타나베부인
② 엔 캐리트레이드
③ FX마진거래
④ 숏커버링

해설
엔 캐리트레이드란 저금리의 일본 엔화로 자금을 조달해 금리가 높은 나라의 금융상품 등에 투자함으로써 수익을 내는 거래를 말한다. 1990년대 초 버블붕괴 이후 저금리를 유지하던 엔화와 세계적인 경기침체로 정책금리를 인상한 다른 선진국·신흥시장 간의 격차가 벌어지며 활성화되기 시작했다.

31
우리나라의 주식시장에 해당하지 않는 것은?

① 코스넷
② 코스닥
③ 코스피
④ K-OTC

해설
코스닥은 상대적으로 규모와 수익은 작지만 성장 가능성이 높은 기업이 상장되어 있는 시장이며, 코스피는 주로 대기업이 상장되어 있는 주식시장이다. K-OTC는 금융투자협회가 운영하는 한국장외주식시장으로 기관·전문 투자자 전용 비상장주식시장이다.

32
인플레이션이나 디플레이션 없이 잠재성장률을 회복할 수 있는 이론적 금리 수준은?

① 정책금리
② 중립금리
③ 압력금리
④ 회생금리

해설
중립금리란 경제가 인플레이션이나 디플레이션의 압박 없이도 잠재성장률 수준을 회복할 수 있는 이론적 금리 수준을 뜻하는 용어다. 경제 상황에 따라 달라지기 때문에 이론상으로만 존재한다.

정답

01	③	02	④	03	③	04	②	05	②	06	②	07	④
08	③	09	④	10	①	11	①	12	①	13	④	14	③
15	③	16	①	17	④	18	③	19	①	20	④	21	①
22	③	23	②	24	①	25	②	26	④	27	②	28	①
29	④	30	②	31	①	32	②						

🔗 빅데이터 분석 출제 경향

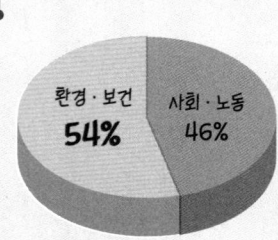

최근 이슈가 되고 있는 사회 현상과 사회 문제와 관련해서 공부해두면 좋습니다. 현 사회를 잘 설명하는 용어가 자주 출제되고 있으니 비슷한 용어끼리 함께 공부하고 암기해두면 도움이 됩니다.

또한 사회적으로 이슈가 된 가스라이팅, 젠트리피케이션과 같은 용어들은 신문을 통해 현안과 영향 등까지 파악해두는 것이 좋습니다.

환경과 관련된 용어, 단체, 협약 등도 자주 출제되니 꼭 암기해두세요. 또한 사회보장제도, 실업, 4대보험, 최저임금과 같은 노동과 관련된 내용도 꼭 숙지하고 있어야 합니다.

🔗 최빈출 대표 용어

Section	키워드
01 사회·노동	MZ세대, 님비 현상, 젠트리피케이션, 가스라이팅, 최저임금제도
02 환경·보건	스마트 그리드, 엘리뇨, 탄소배출권, 그린워싱, 업사이클링, 파리기후변화협약

PART 3 사회

SECTION 01 사회·노동
SECTION 02 환경·보건

SECTION 01 사회·노동

PART 3 사회

» Theme 1 «
사회

제1장 사회 이론 및 현상

★★

001 베르테르 효과 Werther Effect
연합뉴스TV, MBN

☐ 유명인의 자살이 사회에 모방 자살을 일으키는 현상

볼프강 폰 괴테의 소설 〈젊은 베르테르의 슬픔〉에서 유래한 사회적 현상이다. 연예인 등 유명인이나 자신이 롤모델로 삼고 있는 사람이 자살할 경우, 심리적으로 동조하거나 그 사람과 자신을 동일시 여겨 모방 자살을 시도하는 사회현상을 말한다. '자살전염'이라고도 부른다.

상식 plus⁺

파파게노 효과
미디어가 자살 관련 보도를 자제하여 자살을 예방하는 효과를 말한다.

★★★

002 풍선효과 Balloon Effect
경기도시공사, 전남중소기업종합지원센터

☐ 하나의 문제가 해결되는 즉시 다른 문제가 발생하는 현상

어떤 문제를 해결하기 위해 정책을 실시하여 그 문제가 해결되고 나면 다른 곳에서 그로 말미암은 또 다른 문제가 발생하는 현상을 말한다. 이러한 현상이 마치 풍선의 한 쪽을 누르면 다른 쪽이 튀어나오는 모습과 같다고 하여 풍선효과라는 이름을 붙였다. 남미 국가에서 불법 마약 생산과 거래로 인한 범

죄가 심해지자, 미국 정부가 이를 강력하게 단속했는데 그 후 단속이 약한 지역에서 마약 거래가 급증했다는 데서 유래했다.

003 노블레스 오블리주 Noblesse Oblige

★★★
이투데이, MBC

☐ 사회적으로 높은 위치에 있거나 명예를 가진 사람에게 요구되는 도덕적 의무

사회지도층의 책임 있는 행동을 강조하는 프랑스어로, 초기 로마시대에 투철한 도덕의식으로 솔선수범했던 왕과 귀족들의 행동에서 비롯되었다. 도덕적 책임과 의무를 다하려는 사회지도층의 노력으로서 결과적으로 국민들을 결집시키는 긍정적인 효과를 기대할 수 있다.

상식 plus⁺

- **리세스 오블리주(Richesse Oblige)** : 부자가 쌓은 부(富)에도 사회적인 책임이 따른다는 의미이다. 노블레스 오블리주가 지도자층의 도덕의식과 책임감을 요구하는 것이라면, 리세스 오블리주는 부자들의 부의 독식을 부정적으로 보며 사회적 책임을 강조한다. 2011년 미국에서 일어난 월가 시위에서 '1대 99'라는 슬로건이 등장하는 등 1%의 탐욕과 부의 집중을 공격하는 용어로 쓰인다.
- **노블레스 말라드(Noblesse Malade)** : '귀족'을 뜻하는 프랑스어 'Noblesse'와 '아픈, 병든'을 뜻하는 프랑스어 'Malade'의 합성어로, '부패한 귀족'을 의미한다. 오늘날로 말하면 갑질하는 기득권층이나 권력에 기대 부정부패를 일삼는 부유층이라 할 수 있다. '노블레스 오블리주'와 반대되는 의미. 그룹 회장의 기사 폭행, 최순실의 국정 농단, 땅콩 회항 사건 등 끊임없이 보도되는 권력층의 각종 만행들을 예로 들 수 있다.

004 플라시보 효과 Placebo Effect

★★★★
서울시복지재단, MBC, KNN

☐ 환자에게 가짜 약을 진짜 약이라고 속이고 복용하게 했을 때 환자의 병세가 호전되는 현상

환자에게 약효가 전혀 없는 가짜 약을 투여해도, 환자가 그 약을 특효약이라고 믿을 때 병세가 호전되는 효과를 말한다. 플라시보는 라틴어로 '마음에 들도록 한다'라는 뜻과 '가짜약'이란 뜻을 가지고 있다.

상식 plus⁺

노시보 효과(Nocebo Effect)
아무리 좋은 약을 복용하더라도, 환자가 약효가 없다고 생각해 병세가 전혀 호전되지 않는 현상이다.

005 고령화사회

☐ 전체인구 중 65세 이상 인구가 7% 이상을 차지하는 사회

우리나라는 세계에서 고령화가 가장 빠른 나라 중 하나다. 이미 2000년에 65세 이상 인구가 전체인구의 7%인 고령화사회에 진입했고, 이후 급격한 증가세를 보이다 2017년 8월 조사에서 14.02%를 차지하며 본격적인 고령사회에 진입했다. 그리고 2024년에 65세 이상 인구 1,000만명 시대를 맞으며 전체 인구의 20%를 넘어서는 초고령사회에 진입했다. 한편 사회 연령구조를 파악하는 지표인 중위연령은 2024년 46.1세, 2025년 46.7세로 나타났다.

중위연령
총 인구를 연령순으로 나열했을 때 정확히 중간에 있는 사람의 나이를 뜻한다. 사회의 평균연령을 보여주며, 높을수록 고령화가 진행되고 있음을 의미한다.

006 인구절벽

☐ 생산가능인구(만 15~64세)의 비율이 급속도로 줄어드는 사회경제현상

한 국가의 미래성장을 예측하게 하는 인구지표에서 생산가능인구인 만 15세~64세 비율이 줄어들어 경기가 둔화하는 현상을 가리킨다. 이는 경제 예측 전문가인 해리 덴트가 자신의 저서 〈인구절벽(Demographic Cliff)〉에서 사용한 용어로 청장년층의 인구 그래프가 절벽과 같이 떨어지는 것에 비유했다. 그는 한국 경제에도 이미 인구절벽이 시작돼 2024년부터 '취업자 마이너스 시대'가 도래할 것으로 전망했다. 취업자 감소는 저출산·고령화 현상으로 인한 인구구조의 변화 때문으로, 인구 데드크로스로 인해 중소기업은 물론 대기업까지 구인난을 겪게 된다.

인구 데드크로스
저출산·고령화 현상으로 출생자 수보다 사망자 수가 많아지며 인구가 자연감소하는 현상이다. 우리나라는 2020년 출생자 수가 27만명, 사망자 수는 30만명으로 인구 데드크로스 현상이 인구통계상에서 처음 나타났다. 인구 데드크로스가 발생하면 의료서비스와 연금에 대한 수요가 늘어나며 개인의 공공지출부담이 증가하게 된다. 또한 국가입장에서는 노동력감소, 소비위축, 생산감소 등의 현상이 동반되어 경제에 큰 타격을 받는다.

007 스모킹 건 Smoking Gun

☐ 사건을 해결하는 데 있어서 결정적인 단서

아서 코난 도일의 소설 〈글로리아 스콧〉에서 처음 사용한 말로, '연기 나는 총'이란 뜻이다. 사건·범죄·현상 등을 해결하는 데 사용되는 결정적이고 확실한 증거를 말하는데, 가설을 증명해주는 과학적 근거도 스모킹 건이라고 한다.

상식 plus⁺

프로파일러(Profiler)
일반적인 수사기법으로는 사건해결에 한계를 겪는 경우, 프로파일링을 통해 고도의 심리 전략을 발휘함으로써 자백을 받아내거나 용의자의 성격, 성별, 연령, 행동유형, 취향 등을 추론해 수사방향을 설정하고 용의자의 범행동기 및 숨겨진 의도 등을 밝혀낸다.

★★★

008 하인리히 법칙 Heinrich's Law

MBN

☐ 큰 사고가 일어나기 전에 반드시 유사한 작은 사고와 사전징후가 나타난다는 법칙

하인리히 법칙(Heinrich's Law)은 큰 사고가 일어나기 전에 반드시 유사한 작은 사고와 사전징후가 나타난다는 법칙이다. 1931년 미국의 보험회사에서 일하던 헐버트 하인리히가 발견했다. 그는 다양한 산업재해를 분석하면서 통계학적으로 유의미한 결과를 확인했다. 큰 규모의 사고 이전에는 반드시 수차례의 작은 사고가 수반되고, 이에 앞서 훨씬 더 많은 사고의 징후가 포착된다는 것이다.

★★★★★

009 깨진 유리창 이론 Broken Window Theory

이데일리, 국제신문, MBC

☐ 사소한 것들을 방치하면 더 큰 범죄나 사회문제로 이어진다는 사회범죄심리학 이론

미국의 범죄학자가 1982년 '깨진 유리창'이라는 글에 처음으로 소개한 이론이다. 길거리에 있는 상점에 어떤 이가 돌을 던져 유리창이 깨졌을 때 이를 방치해두면 그 다음부터는 '해도 된다'라는 생각에 훨씬 더 큰 문제가 발생하고 범죄로 이어질 확률이 높아진다는 이론이다.

★★★

010 메디치 효과 Medici Effect

MBC, SBS

☐ 서로 다른 분야의 요소들이 결합하여 각 요소가 지닌 에너지의 합보다 더 큰 에너지를 분출하는 것

15세기 이탈리아 피렌체 메디치 가문이 문화, 철학, 과학 등 여러 분야 전문가를 후원하면서 자연스럽게 서로 융합돼 상승효과가 일어난 데서 유래한 용어이다. 최근 들어 기업에서도 성격이 다른 부서를 협업하게 하거나 기존틀을 깨는 새로운 제품을 개발하는 등 메디치 효과를 겨냥한 전략이 늘고 있다.

011 노비즘 Nobyism

경인일보, 문화일보

☐ 타인은 생각하지 않고 철저하게 자신만을 생각하는 개인주의적 사고

자신에게 손해가 되지 않는다면, 이웃이나 사회에 피해가 생겨도 무관심한 현상을 말한다. 도로, 공원 등 공공장소에 쓰레기를 버리는 것에는 무심하지만, 누군가가 자신의 집 앞에 쓰레기를 버리는 것은 못 참는 것이 단적인 사례이다.

상식 plus+
- 미 제너레이션(Me Generation) : 개인주의적 성향이 강한 젊은 세대
- 낫 미 제너레이션(Not Me Generation) : 일이 잘못되면 자신을 돌아보기보다 남 탓으로 돌려 책임을 전가하는 사람

012 방관자 효과 Bystander Effect

MBC

☐ 주변에 사람이 많을수록 위험에 처한 사람을 덜 돕게 되는 현상

주위에 사람들이 많을수록 책임이 분산되어 오히려 어려움·위험에 처한 사람을 돕지 않게 되는 현상을 뜻하는 심리학 용어이다. 이는 자신이 아닌 누군가가 도와줄 것이라는 심리적 요인에 의한 것이다. 방관자 효과 때문에 살해당한 피해자 제노비스의 이름을 따서 '제노비스 증후군(Genovese Syndrome)'이라고도 하고, '구경꾼 효과'라고도 한다.

013 MZ세대

부산일보, 화성시 공공기관 통합채용, 농업기술실용화재단

☐ 디지털 환경에 익숙한 밀레니엄 세대와 Z세대를 부르는 말

1980년대~2000년대 초 출생해 디지털과 아날로그를 함께 경험한 밀레니얼 세대(Millennials)와 1990년 중반 이후 디지털 환경에서 태어난 Z세대(Generation Z)를 통칭하는 말이다. 이들은 일에 대한 희생보다 스포츠, 취미 활동, 여행 등에서 삶의 의미를 찾으며 여가와 문화생활에 관심이 많다. 경제활동인구에서 차지하는 비율이 점차 높아지고 있으며, 향후 15년간 기존 세대를 뛰어넘는 구매력을 가질 것으로 평가된다. 디지털 미디어에 익숙하며 스포츠, 게임 등 동영상 콘텐츠를 선호한다.

상식 plus⁺

알파세대

2010년 이후에 태어난 이들을 지칭하는 용어로 어릴 때부터 기술적 진보를 경험했기 때문에 스마트폰이나 인공지능, 로봇 등을 사용하는 것에 익숙하다. 그러나 사람과의 소통보다 기계와의 일방적 소통에 익숙해 정서나 사회성 발달에 부정적인 영향이 나타날 수 있다는 우려도 있다. 알파세대는 2025년 약 22억명에 달할 것으로 예측되고 있으며, 소비시장에서도 영향력을 확대하는 추세다.

014 에펠탑 효과

★★★

CBS, 의정부시시설관리공단

☐ 첫인상은 좋지 않으나 접하면서 호감을 느끼게 되는 심리현상

에펠탑 효과는 첫인상은 좋지 않았으나 자주 접하면서 호감을 갖게 되는 심리 효과를 말한다. 프랑스 파리의 에펠탑이 처음 세워질 당시 파리의 많은 예술가와 시민은 거대한 철골구조물의 건립을 반대했지만 에펠탑에 익숙해지면서 점차 호감을 갖는 파리 시민의 모습에서 생겨난 용어다.

상식 plus⁺

후광효과

어떤 한 대상을 평가하고 인상에 남기는 과정 속에서 대상의 두드러진 한 가지 특징이 커다란 영향력을 끼치는 것을 말한다. 그러한 특징은 대상에 대해 생각함에 있어 일반적인 견해가 되거나 좋고 나쁜 평판을 결정하는 데 영향을 준다.

초두효과

'첫인상 효과'라고도 부르며 사람·사물에 대해 처음 접하게 된 인상이 굳어지게 되는 심리현상을 말한다. 그 첫인상으로 그 대상을 기억하게 되고 이미지를 각인하게 된다.

015 피그말리온 효과

★★★

광주광역시 공공기관 통합채용, 경기도 공무직 통합채용

☐ 긍정적인 기대나 관심이 사람에게 좋은 영향을 미치는 효과

피그말리온 효과는 어떤 것에 대한 사람의 기대와 믿음이 실제로 그 일을 현실화하는 경향을 말하는 것으로, 교육심리학에서는 학생에 대한 교사의 기대와 예측, 믿음이 학생의 성적을 향상시키는 현상이다. 1964년 미국의 교육심리학자인 로버트 로젠탈과 레노어 제이콥슨이 실험을 통해 확인했다.

016 사일로 효과 Silos Effect

★★★★

MBN, MBC

☐ 조직 부서들이 서로 다른 부서와 벽을 쌓고 내부이익만 추구하는 현상

조직 내의 각 부서들이 서로 다른 부서와 벽을 쌓고 내부 이익만을 추구하는 부서이기주의 현상을 말한다. '사일로'는 원래 곡식을 저장해두는 원통형의 독립된 구조물인데 그 폐쇄성이 조직 이기주의와 같다 하여 이러한 이름이 붙었다.

017 젠트리피케이션 Gentrification

★★★★★

충남문화재단, 매일신문, MBC

☐ 낙후지역의 활성화로 중상층이 유입되면서 원주민들이 집값이나 임대료를 감당하지 못하고 그 지역을 떠나는 현상

지주계급 또는 신사계급을 뜻하는 '젠트리(Gentry)'에서 파생된 용어로, 1964년 영국사회학자 루스 글라스가 처음 사용했다. 당시 런던 변두리에 있는 하층계급 주거지역에 중상층이 유입되면서 고급 주거지가 형성되고 기존 주민들은 비용을 감당하지 못하여 살던 곳에서 쫓겨났는데, 이로 인해 지역 전체의 구성과 성격이 변하는 현상을 설명하며 젠트리피케이션을 언급했다. 우리나라에서는 서촌, 해방촌, 경리단길, 성수동 서울숲길 등이 대표적이다.

상식 plus⁺

- 투어리스티피케이션(Touristification) : '관광지화(Touristify)'와 '젠트리피케이션(Gentrification)'의 혼성어로, 지역 내 관광이 활성화되면서 원주민이 쫓겨나거나 이주하는 현상을 말한다. 상업적인 이유 외에도 소음이나 쓰레기 문제와 사생활 침해 등으로 인해 나타나기도 한다.
- 투어리즘포비아(Tourismphobia) : 관광객 공포증·혐오증을 뜻하는 용어로 오버투어리즘(Overtourism), 투어리스티피케이션과 함께 반(反)관광 정서를 대표하는 용어다. 투어리즘포비아가 단적으로 나타난 도시는 세계적으로 유명한 관광지인 베네치아, 비엔나, 암스테르담, 바르셀로나 등이다.

018 핌피 PIMFY 현상

★★★★★

한국문화예술위원회, MBC

☐ 수익성 있는 사업을 자기 지방에 유치하려는 현상

'제발, 우리 앞마당에!(Please In My Front Yard)'의 약어로, 사람들이 선호하거나 수익성 있는 시설을 자기 지역에 적극적으로 유치하려는 현상이다. 지역이기주의의 일종이다.

019 님비 NIMBY 현상

★★★★★

한국환경공단, 매일신문, MBC

☐ 혐오시설이나 수익성 없는 시설이 자기 지역에 들어오는 것을 반대하는 현상

'Not In My Back Yard(나의 뒷마당에서는 안 된다)'의 약어로, 폐기물 처리장, 장애인 시설, 교도소 등 혐오시설이나 수익성이 없는 시설이 자기 지역으로 들어오는 것을 반대하는 현상이다. 지역이기주의의 또다른 형태이다.

상식 plus+

바나나 현상(Build Absolutely Nothing Anywhere Near Anybody)
님비 현상과 유사한 개념으로 공해와 수질오염 등을 유발하는 공단, 댐, 원자력 발전소, 핵폐기물 처리장 등 환경오염시설의 설치에 대해 그 지역 주민들이 집단으로 거부하는 지역이기주의 현상이다.

020 님투 NIMTOO 현상

★★★

MBC

☐ 공직자가 자기 임기 중에 혐오시설을 설치하지 않고 임기를 마치려고 하는 현상

'Not In My Terms Of Office'의 약어로, 쓰레기 매립장, 분뇨처리장, 하수처리장, 공동묘지 등 주민들의 민원이 발생할 소지가 많은 혐오시설을 공직자가 자신의 재임기간 중에 설치하지 않고 임기를 마치려는 현상을 일컫는다. 님트(NIMT ; Not In My Term) 현상이라고도 한다.

상식 plus+

핌투 현상(PIMTOO ; Please In My Terms Of Office)
공직자가 월드컵 경기장, 사회복지시설 등 선호시설을 자기 임기 중에 유치하려는 현상을 말한다. 가시적인 성과를 이뤄내기 위한 업무 형태로, 장기적인 계획은 고려하지 않은 채 무리하게 사업을 벌이는 행태를 꼬집는 말이다.

021 공동화 현상 ★★

한국폴리텍대학

☐ 도심에는 상업기관·공공기관 등만 남아 주거인구가 텅 비어 있고, 외곽에 밀집되는 현상

공동화 현상은 '도넛화 현상'이라고도 하며 높은 토지가격, 공해, 교통 등 문제들로 인해 도심에는 주택들이 줄어들고 상업·공공기관 등만이 남게 되는 현상이다. 주거인구의 분포를 보면 도심에는 텅 비어 있고, 외곽 쪽에 밀집돼 있어 도넛 모양과 유사하다. 이로 인해 도심의 직장과 교외의 주택 간의 거리가 멀어지는 직주분리가 나타나는데, 심해지면 교통난이 가중되고 능률이 떨어져 다시 도심으로 회귀하는 현상이 일어날 수도 있다.

상식 plus+

생활인구

특정지역에서 주민등록상 인구뿐 아니라, 업무·등교·여행 등으로 유입되어 체류하는 인구와 해당지역에서 유출된 인구까지 고려해 산출하는 인구지표다. 즉, 어떤 시점에 실제로 그 지역에 머물고 있는 사람의 총합이다. 이동통신사 기지국 데이터나 교통카드 데이터, 행정통계 등 다양한 빅데이터를 활용해 추정한다.

022 제노포비아 Xenophobia ★★★

SBS, MBN

☐ 타당한 이유 없이 외국인을 혐오하는 현상

제노(Xeno)와 포비아(Phobia)의 합성어로 '낯선 것 혹은 이방인을 싫어한다'라는 의미를 갖고 있다. 단지 자신과 다르다는 이유로 경계하고 배척하는 경향을 보이거나, 지역에 따라 자신을 보호하고 싶어하는 의식 또는 열등감 때문에 나타나기도 한다.

023 가스라이팅 Gaslighting ★★★★★

고양도시관리공사, 대전광역시 공공기관 통합채용, 광명도시공사

☐ 상황조작을 통해 판단력을 잃게 만들어 지배력을 행사하는 것

연극〈가스등(Gas Light)〉에서 유래한 말로 세뇌를 통해 정신적 학대를 당하는 것을 뜻하는 심리학 용어다. 타인의 심리나 상황을 교묘하게 조작해 그 사람이 스스로 의심하게 만들어 타인에 대한 지배력을 강화하는 행위다. 거부, 반박, 전환, 경시, 망각, 부인 등 타인의 심리나 상황을 교묘하게 조작해 그 사람이 현실감과 판단력을 잃게 만들고, 이로써 타인에 대한 통제능력을 행사하는 것을 말한다.

상식 plus⁺

가스라이팅의 유래

1938년 영국에서 상연된 연극 〈가스등(Gas Light)〉에서 유래됐다. 이 연극에서 남편은 집안의 가스등을 일부러 어둡게 만들고는 부인이 "집안이 어두워졌다"고 말하면 그렇지 않다는 식으로 아내를 탓한다. 이에 아내는 점차 자신의 현실 인지 능력을 의심하면서 판단력이 흐려지고, 남편에게 의존하게 된다. 아내는 자존감이 낮아져 점점 자신이 정말 이상한 사람이라고 생각하게 된다.

024 로맨스 스캠 Romance Scam

★★

부천시 공공기관 통합채용

☐ 신분을 위장하여 이성을 유혹해 사기를 저지르는 범죄수법

주로 SNS상에서 신분을 위장하는 등의 방식으로 이성을 유혹한 뒤, 결혼이나 사업 자금을 명목으로 금전을 갈취하는 사기범죄 수법이다. 신분을 속여 피해자에게 호감을 산 후 거액의 투자를 유도하거나, 사기행각을 저지르도록 강요하기도 한다.

025 폰지사기 Ponzi Schem

★★

MBN

☐ 고수익을 미끼로 투자자들을 이용하는 다단계 금융사기

실제 자본금은 들이지 않고 높은 수익성을 미끼로 투자자들을 끌어모은 뒤 나중에 투자하는 사람의 원금을 받아 앞 사람에게 이자나 배당금을 지급하는 방식의 사기수법을 말한다. 1920년대 미국 보스턴에서 대규모 다단계 금융사기극을 벌였던 찰스 폰지(Charles Ponzi)의 이름에서 따온 것이다. 주로 수익에 비해 이자가 큰 경우 나타나는 경제위기를 나타내거나 채무자가 지속적으로 빚을 굴려 원금과 이자를 갚는 상황을 표현하는 용어로 사용되고 있다.

026 그루밍 성폭력 Grooming Crime

★★★★

뉴시스, 한국일보

☐ 친분을 이용해 피해자를 정신적으로 속박하여 벌어지는 성폭력

피해자와 친분을 쌓아 심리적으로 지배한 뒤 피해자에게 성적 가해를 하는 것을 뜻한다. 'Grooming', 즉 길들인다는 의미대로 가해자는 피해자에게 원하는 것을 주거나 희망을 주어서 성적 가해를 하여도 거부할 수 없게 만든다. 경제적·심리적으로 취약한 아동·청소년에 대한 성범죄에서 쉽게 나타난다. 표면적으로는 피해자가 동의한 것처럼 보여 처벌이 어려워지기도 한다.

027 침묵의 나선 이론 The Spiral of Silence Theory

★★★★★

한겨레, 이투데이, EBS

☐ 다수의 의견에 조용해지는 소수의 의견

독일의 사회학자 노엘레 노이만이 저서 〈침묵의 나선 이론－여론 형성 과정의 사회심리학〉을 통해 제시한 이론이다. 여론이 형성되는 과정에서 자기 입장이 다수 의견과 동일하면 적극적으로 동조하지만, 소수 의견일 경우에는 남에게 나쁜 평가를 받거나 고립되는 것이 두려워 침묵하는 현상을 말한다. 여론의 형성 과정이 한 방향으로 쏠리는 모습이 마치 나선 모양과 같다고 해서 붙여진 이름이다.

028 딩크족 DINK族

★★★★

한국산업인력공단, 한국폴리텍대학, KBS

☐ 경제적으로 풍족하지만 돈을 쓸 시간과 여유가 없는 신세대 맞벌이 부부

'Double Income, No Kids'의 약어이다. 자녀양육에 대한 경제적 부담이나 사회적 성공 등을 이유로 의도적으로 자녀를 두지 않는 맞벌이 부부를 말한다. 딩크족의 증가는 저출산의 원인이 되고 있다.

상식 plus⁺

- **패러싱글족(Parasite Single族)** : 패러사이트(Parasite, 기생충)와 싱글(Single, 혼자)이 합쳐진 용어로, 독립할 나이가 됐지만 경제적 이유로 부모 집에 얹혀살면서 자기만의 독립적인 생활을 즐기는 사람들을 가리킨다.
- **딘트족(DINT族)** : 'Double Income, No Time'의 약어로 맞벌이를 해서 수입은 두 배이지만 업무가 바쁘고, 서로 시간이 없어 소비를 못하는 신세대 맞벌이 부부를 지칭하는 신조어다.
- **그루밍족(Grooming族)** : 피부, 두발, 치아관리는 물론 성형수술까지 마다하지 않으면서 자신을 꾸미는 것에 대한 투자를 아끼지 않는 남성들을 가리킨다.
- **여피족(Yuppie族)** : Young(젊음), Urban(도시형), Professional(전문직)의 머리글자를 딴 YUP에서 나온 용어로, 도시에서 전문직에 종사하는 고수입의 젊은 인텔리를 말한다.
- **더피족(Duppie族)** : '여피(Yuppie)족'에서 'y' 대신 'Depressed(우울한)'의 'D'를 조합하여 만든 용어로, 경기침체로 인해 제대로 된 직장을 구하지 못하고 임시직으로 어렵게 생활하고 있는 도시 전문직을 의미한다.
- **니트족(NEET族)** : 'Not in Education, Employment or Training'의 줄임말로서, 나라에서 정한 의무교육을 마친 후 진학이나 취직을 하지 않고 일할 의지도 없는 청년을 가리킨다.
- **프리터족(Freeter族)** : Free(프리)와 Arbeit(아르바이트)를 합성해 일본에서 생겨난 용어로 일정한 직업 없이 돈이 필요할 때 일시적으로 아르바이트를 하며 생활하는 젊은 층을 말한다.
- **프리커족(Freeker族)** : '프리(Free, 자유)'와 노동자를 뜻하는 '워커(Worker)'를 합성한 용어로, 1~2년 동안 직장에서 일하여 모은 돈으로 1~2년 동안 쉬면서 취미·여가를 즐기거나 자기계발을 하는 새로운 계층을 가리킨다.
- **킨포크족(Kinfolk族)** : 낯선 사람들과 함께 즉석 만남 등을 통해 음식을 함께 나눠먹고 즐기는 사람들을 가리킨다.

제2장 사회 제도 및 교육

029 사회보장제도 Social Security

★★★★

근로복지공단, 경기도시공사, 한겨레

☐ 국민이 최소한의 인간다운 생활을 할 수 있도록 보장하기 위해 국가가 실시하는 제도

질병, 상해, 장애, 실업, 사망 등 사회적 위험에서 국민을 보호하고, 국민의 생활의 질을 향상시키기 위해 실시하는 사회보험, 공적부조, 사회복지서비스 등을 말한다.

공적부조
생활능력이 없거나 생활이 어려운 국민이 기초 생활을 영위할 수 있도록 국가가 지원하는 사회복지제도이다. 만 65세 이상 인구에게 노인 수당을 지급하는 것이 공적부조에 해당한다.

상식 plus+

영국의 사회보장제도
1942년 〈베버리지 보고서〉에 기초한 사회보장제도가 시작되었다. 출산, 교육, 질병, 실업, 은퇴, 재해, 사망에 이르기까지 즉, '요람에서 무덤까지' 적용되는 완벽한 사회보장제도라고 일컬어진다.

독일의 사회보장제도
국가가 저소득층을 보조·지원함으로써 소득재분배를 꾀한 사회보장제도이다. 5대 사회보험으로 의료보험, 연금보험, 실업보험, 산재보험, 수발보험이 있다.

030 고용보험

★★★★

근로복지공단, 안전보건공단

☐ 근로자가 직장을 잃었을 경우 생활에 필요한 급여를 일정기간 지급하고 재취업을 위한 장려금을 지원하는 사회보장제도

4대 사회보험 중 하나로 1998년 10월부터 1인 이상의 근로자가 있는 모든 사업주는 고용보험에 의무적으로 가입해야 한다. 고용보험료는 고용안정, 직업능력개발, 실업급여 보험료로 나뉜다.

사회보험
보험의 원리를 적용해서 국가가 국민을 보호하는 제도이다. 4대 보험으로는 건강보험, 국민연금, 고용보험, 산재보험이 있다.

031 국민연금

★★★★★

경향신문, 한국일보, MBC

☐ 국민의 생활안정과 복지 증진을 위해 국가가 직접 운영하는 공적 연금제도

국가가 보험의 원리를 도입해 만든 사회보험의 일종으로, 가입자가 퇴직, 노령, 사망 등의 이유로 소득활동이 중단되었을 때 본인이나 유족에게 연금으로 지급해 일정 소득을 보장하는 사회보장제도이다. 기본적으로 10년간 납부하는 것이 조건이며, 수령나이는 1952년 이전 출생자는 만 60세부터, 1953~1956년 출생자는 만 61세, 1957~1960년생은 만 62세, 1961~64년생은 만 63세, 1965~68년생은 만 64세, 1969년생 이후는 만 65세로 정해져 있다.

032 국민건강보험

경향신문, 매일경제

☐ 국민의 질병, 상해, 분만 등에 대한 보험금을 지급하여 개인의 부담을 덜어주는 사회보장제도

국민이 평소에 보험료를 내고 보험자인 국민건강보험공단이 이를 관리·운영하다가 필요할 때 보험급여를 제공함으로써 국민 상호간 위험을 분담하고 필요한 의료서비스를 받을 수 있도록 하는 사회보장제도이다. 우리나라는 1977년부터 시행되어 모든 국민이 의무적으로 가입해야 한다.

상식 plus⁺

2025년 기준 국민건강보험료 (단위 : %)

구분	기준액	보험료율	근로자	사업주
건강보험료	보수월액	7.09	가입자부담 50	사업주부담 50
장기요양보험료	소득	0.9182		

033 산업재해보상보험

한국중부발전, 근로복지공단

☐ 업무상 재해를 입은 근로자가 신속하고 공정한 보상을 받도록 국가가 시행하는 제도

개인의 과실이 아니라 업무 중 불가피하게 발생하는 산업재해를 국가가 책임지는 의무보험으로, '산재보험'이라고도 한다. 근로자 1인 이상 사업장은 의무적으로 가입해야 하며, 보험료는 고용주가 전액 부담한다.

034 기초연금

경향신문, 조선일보, 한국폴리텍대학

☐ 저소득층 노인의 생계유지를 위해 매달 일정액이 지급되는 연금제도

65세 이상 노인 중 소득이 하위 70%에 해당되는 저소득층 노인에게 매달 일정액 연금을 지급하는 제도이다. 국민연금과 연계하여 지급한다.

상식 plus⁺

차상위계층

연간 총소득이 최저생계비의 100~120% 이하인 계층을 말한다. 총소득이 실질적으로 최저생계비 이하이지만, 부양 의무자나 소유 재산이 있기 때문에 기초생활보장수급 대상에서 제외된 비수급 빈곤층이다.

035 합계출산율 TFR ; Total Fertility Rate

한국폴리텍대학, 뉴스1, 전국택시공제조합

☐ 한 여성이 가임기간 동안 낳을 것으로 기대되는 평균 출생아 수

합계출산율이란 인구동향조사에서 15~49세의 가임여성 1명이 평생 동안 낳을 것으로 추정되는 출생아 명수를 통계화한 것이다. 한 나라의 인구증감과 출산수준을 비교하기 위해 대표적으로 활용되는 지표로서 일반적으로 연령별 출산율의 합으로 계산된다. 2024년 우리나라의 합계출산율은 0.75명을 기록했다.

» Theme 2 «
노동

제1장 노동 일반

036 실업 Unemployment

매일신문, 뉴시스, MBC

☐ 일하려는 의지는 있지만 일자리를 얻지 못한 상태

일주일에 1시간 이상 일에 종사하여 수입이 있는 사람을 취업자라 하고, 경제활동인구 가운데 취업자를 제외한 사람을 실업자라고 한다.

상식 plus⁺
- **자발적 실업** : 일할 능력과 의사는 있지만 현재의 임금수준이나 복지 등에 만족하지 못하고 다른 곳으로 취업하기 원하여 발생하는 실업이다. 소득수준, 여가시간 활용에 대한 사람들의 관심이 증가하면서 자발적 실업도 늘고 있다.
- **잠재적 실업** : 표면적으로는 취업 중이지만 생계유지를 위해 잠시 만족스럽지 않은 직업에 종사하며 계속 구직에 힘쓰는 상태이다. 형식적으로는 취업 중이기 때문에 실업통계에 실업으로 기록되지 않아 '위장실업'이라고도 한다.
- **구조적 실업** : 경제가 성장함에 따라 산업구조·기술 등의 변화가 생기는데 이에 적절하게 대응하지 못해 발생하는 실업이다. 즉, 경제 구조가 바뀌고 기술혁신 등으로 기술격차가 발생할 때 이에 적응하지 못하는 근로자에게 발생하는 실업유형이다.
- **경기적 실업** : 경기가 침체됐을 때 인원 감축의 결과로 나타나는 실업으로, 일할 의지는 있지만 경기 악화로 인해서 발생하며 비자발적 실업의 한 형태이다. 경기가 회복되면 해소가 가능하지만, 회복될 때까지 긴 시간이 필요하며 경기변동은 주기적으로 발생하는 속성이 있어 경기적 실업은 끊임없이 발생하게 된다.

경제활동인구
일정기간 동안 제품 또는 서비스 생산을 담당하여 노동활동에 기여한 인구로, 취업자와 실업자를 합한 수를 말한다.

- **기술적 실업** : 기술진보로 인해서 기계가 노동인력을 대체함에 따라 노동수요가 감소해 발생하는 구조적 실업 형태 중의 하나이다. 기술진보의 영향에 민감한 산업에서 발생하며 일반적으로 선진국에서 볼 수 있는 유형이다.
- **마찰적 실업** : 구직자·근로자들이 더 좋은 조건을 찾는 탐색행위로 인해 발생하는 실업으로, 고용시장에서 노동의 수요와 공급 간에 소통이 원활하지 않아 발생한다. 근로자들이 자발적으로 선택해서 발생하는 일시적인 실업유형이므로 자발적 실업에 해당한다.

★★★

037 골드칼라 Gold Collar

전남신용보증재단, 경기연구원

☐ 높은 정보와 지식으로 정보화시대를 이끌어가는 전문직 종사자

1985년 카네기멜론 대학의 로버트 켈리 교수가 최초로 사용한 용어로, 주로 정보를 다루는 첨단기술, 통신, 광고, 서비스직 등에서 아이디어를 무기로 사업 능력을 발휘하는 사람을 말한다. 마이크로소프트사의 빌 게이츠, 영화감독 스티븐 스필버그 등이 여기에 속한다.

★★★★

038 퍼플칼라 Purple Collar

한국폴리텍대학, YTN

☐ 일과 가정의 조화를 위해 근무시간과 장소를 탄력적으로 조정하여 일하는 근로자

근무시간과 장소가 자유로워 일과 가정을 함께 돌보면서 일할 수 있는 노동자를 말한다. 적은 시간 동안 일하여 보수가 적지만, 정규직으로서의 직업안정성과 경력을 보장받는다는 점에서 파트타임이나 비정규직과는 다르다.

상식 plus⁺

퍼플잡(Purple Job)
일정한 시간과 형식을 갖춘 정형적인 근무형태에서 벗어나 가사·보육 등의 여건에 맞춰 근무시간을 조절함으로써 원만한 직장생활을 할 수 있도록 지원하는 제도이다. 단기간 근로, 요일제 근무, 재택근무, 탄력근무제 등 다양한 형태가 있으며 근로자의 필요에 따라 주당 15~35시간 범위 내에서 일하고, 근무시간에 따라 보수를 받는다. 고용과 승진 시 불이익을 받지 않는다.

039 노동쟁의 Labor Dispute

★★★

국민일보, 주택도시보증공사

☐ 노동관계 당사자 간에 벌이는 근로조건에 관한 분쟁

임금, 근로시간, 복지, 해고 등의 근로조건에 대해 근로자와 고용주 간에 의견 불일치를 보여 발생하는 분쟁을 말한다. 노동쟁의가 벌어질 때에는 한쪽이 상대방에게 서면으로 통보해야 하고, 만약 어느 한쪽이 노동위원회에 노동쟁의 조정을 신청한 경우 위원회는 지체 없이 조정을 시행해야 한다.

노동위원회
신속하고 공정하게 노사문제를 해결하기 위해 근로자 위원, 사용자 위원, 공익위원, 3자로 구성된 합의제 행정기관이다.

040 ILO International Labour Organization

★★★★

한겨레, MBC

☐ 노동조건 개선과 노동자들의 기본 생활을 보장하기 위한 국제노동기구

국제적으로 노동자들을 보호하기 위해 설립돼 1946년 최초의 유엔전문기구로 인정받았으며 국제노동입법 제정을 통해 고용, 노동조건, 기술원조 등 노동자를 위한 다양한 활동을 하고 있다.

041 부당노동행위 Unfair Labor Practice

★★★

한국석유공사, YTN

☐ 사용자가 근로자나 노동조합의 정당한 노동3권 행사를 방해하는 행위

근로자가 노동조합에 가입·조직·활동한 것을 이유로 불이익을 주는 행위, 노동조합의 불가입·탈퇴를 고용조건으로 하는 행위, 정당한 이유 없이 단체협약이나 단체교섭을 거부하는 행위, 노동조합을 지배 또는 개입하거나 운영비를 원조하는 행위, 근로자가 정당한 단체행동에 참가한 것을 이유로 해고하거나 부당노동행위에 대한 신고·증언에 불이익을 주는 행위 등이 부당노동행위에 해당한다.

042 통상임금

★★★★★

근로복지공단, 서울주택도시공사, 매일경제

☐ 근로자에게 정기적으로 지급하기로 결정한 금액

월급, 주급, 일급, 시간급 등을 총칭한 것으로, 통상임금은 해고수당이나 야간·시간외·휴일 근로시의 가산수당, 연차유급휴가수당 산출의 기초가 된다. 통상임금에 포함되기 위해서는 노사계약에 명시된 근로에 대한 대가로 받는 돈이고 정기적 지급(정기성), 모든 근로자에게 일률 지급(일률성), 사전에 확정한 금액(고정성)이라는 요건을 갖춰야 한다.

상식 plus⁺

- **평균임금** : 통상임금에 연월차 수당, 상여금 같은 비정기적 급여를 합한 임금 총액을 말한다.
- **명목임금** : 임금을 화폐단위의 금액으로 표시한 것을 말한다.
- **실질임금** : 명목임금을 물가 상승에 따라 조정한 화폐임금을 말한다.
  ※ 실질임금 = (명목임금÷물가지수)×100
- **포괄임금제** : 근로계약을 맺을 때 법정기준 노동시간을 초과하는 연장·야근근로가 있을 경우, 임금 계산의 편의를 위해 미리 정한 연장·야간·휴일수당을 매월 급여와 함께 지급하는 방식이다. 근로형태가 추가 근무수당을 정확히 집계하기 어려운 경우 주로 적용한다.

043 사보타주 Sabotage

★★★

한국언론진흥재단, 한국환경공단

☐ 근로자가 고의로 사용자의 사유재산을 파괴하거나 업무를 게을리하는 쟁의행위

'사보(Sabo, 나막신)'는 중세유럽 소작농이 주인에 대항하여 나막신으로 추수한 농작물을 짓밟은 데서 유래된 용어이다. 우리나라에서는 '태업'이라고 하는데 생산 시설 파괴, 불량품 생산, 원재료 과소비 등을 통해 사용자에게 피해를 입히는 쟁의행위를 말한다.

044 직장폐쇄 Lock Out

★★★

한국환경공단, MBC

☐ 근로자 측의 쟁의행위에 대항하는 사용자의 쟁의행위로, 사업장을 폐쇄하는 행위

「노동조합 및 노동관계조정법」에는 노동관계 당사자가 그 주장을 관철할 목적으로 행하는 쟁의행위 중 한 가지로 '직장폐쇄'를 인정하고 있다(제2조). 단 사용자는 노동조합이 쟁의행위를 개시한 이후에만 직장폐쇄를 할 수 있고, 직장폐쇄를 할 경우에는 미리 행정관청 및 노동위원회에 각각 신고해야 한다(제46조). 직장폐쇄는 임금을 지급하지 않는 것을 전제로 하는 경제적 압력 수단이기 때문에 엄격한 제한이 필요하다.

제 2 장 노동 관련 법과 제도

045 근로기준법

★★★★

서울주택공사, 근로복지공단, 마사회

☐ 근로조건의 기준을 법으로 정하여 근로자의 기본 생활을 보장하는 법

근로조건의 기준을 정함으로써 근로자의 기본적 생활을 보장·향상시키고 균형 있는 국민경제의 발전을 위하여 제정한 법이다. 이 법은 상시 5인 이상의 근로자가 일하는 모든 사업장에 적용하되, 동거하는 친족만을 사용하는 사업장과 가사 사용인에 대해서는 적용하지 않는다. 임금, 노동 시간, 유급휴가, 안전 위생 및 재해 보상 등에 관한 최저의 노동 조건을 규정하고 있다.

046 노동3권

★★★★★

전남신용보증재단, 한겨레, MBC

☐ 헌법상 노동자가 기본적으로 누려야 할 3가지 권리

헌법 제33조 제1항에 규정한 근로자의 기본 권리로, 근로자는 근로조건의 향상을 위해 자주적인 단결권, 단체교섭권, 단체행동권을 가진다.

상식 plus⁺
- **단결권** : 노동조합을 결성·운영하며 노동조합 활동을 할 수 있는 권리이다.
- **단체교섭권** : 근로자가 근로조건을 유지하거나 개선하기 위해 단체로 모여 사용자와 교섭할 수 있는 권리이다.
- **단체행동권** : 근로자가 단체로 집단적인 행동을 할 수 있는 권리이다.

047 유니언숍 Union Shop

★★★

경상대학교병원, MBC

☐ 노동조합 가입 여부는 채용에 영향을 미치지 않지만, 고용이 확정되면 일정기간 내에 반드시 노동조합에 가입해야 하는 제도

채용된 근로자가 일정기간 내에 조합에 가입하지 않거나, 조합에서 제명 혹은 탈퇴한 근로자는 해고된다. 채용할 때에는 가입 여부를 따지지 않지만 일단 채용되면 반드시 노동조합에 가입해야 한다는 점에서 오픈숍과 클로즈드숍을 절충한 것이다.

상식 plus+

- **오픈숍(Open Shop)** : 근로자가 노동조합에 대한 가입과 탈퇴를 자기 의사에 따라 결정할 수 있는 제도로, 조합원과 비조합원을 차별하지 않고 동등하게 대우해야 한다. 우리나라에서는 공무원을 제외한 모든 근로자에게 오픈숍을 적용하고 있다.
- **클로즈드숍(Closed Shop)** : 사용자가 근로자를 고용할 때 노동조합의 가입을 필수조건으로 하는 제도이다. 조합에 가입하겠다는 의사를 밝히지 않은 사람은 고용하지 않고 조합을 탈퇴하거나 제명된 사람은 해고한다.

048 최저임금제도

★★★★★

경향신문, 매일경제, 화성도시공사

☐ 국가가 근로자의 최저임금 수준을 결정하여 사용자가 지급하도록 하는 제도

국가가 근로자 임금액의 최저한도를 결정하고 사용자가 그에 따라 임금을 지급하도록 법적으로 강제하는 제도이다. 고용노동부장관은 다음 연도 최저임금을 최저임금위원회의 심의를 거쳐 매년 8월 5일까지 결정·고시해야 한다. 우리나라의 2026년도 시급 기준 최저임금은 전년도 대비 2.9% 인상된 10,320원이다.

상식 plus+

최저임금위원회
최저임금을 결정하기 위해 국가에서 소집하는 회의기구로 공익위원 9명, 근로자위원 9명, 사용자위원 9명으로 구성되어 있다. 최저임금은 최저임금위원회 재적위원 '과반수 참석에 출석위원 과반수의 찬성'으로 결정되며, 매년 6월 29일까지 다음해의 최저임금을 결정하면 노사의 이의신청을 받은 뒤 고용노동부장관이 8월에 이를 고시한다.

최저임금 업종별 차등지급 논쟁
최근 최저임금위원회의 경영계 측에서는 현재의 최저임금이 소상공인의 지불능력을 넘어섰다며 업종별로 차등지급을 해야 한다고 주장했다. 반면 노동계는 최저임금 업종별 차등지급이 저임금 노동자의 최소생계를 보장하는 제도 취지에 어긋난다며 반대하는 입장을 보였다.

STEP 01 초스피드 암기 확인!

보기

㉠ 단체행동권	㉡ 통상임금	㉢ 제노포비아	㉣ 하인리히 법칙
㉤ 풍선효과	㉥ 님투 현상	㉦ 사보타주	㉧ 합계출산율
㉨ ILO	㉩ 침묵의 나선 이론		

01 _____(은)는 근로자에게 정기적으로 지급하기로 결정한 금액으로, 정기성·고정성·일률성의 요건을 갖춰야 한다.

02 _____(은)는 별다른 이유 없이 외국인을 혐오하는 것으로, 지역에 따라 자신을 보호하고 싶어하는 의식 또는 열등감 때문에 나타나기도 한다.

03 여론이 형성되는 과정에서 자기 입장이 다수 의견과 동일하면 적극적으로 동조하지만, 소수 의견일 경우에는 남에게 나쁜 평가를 받거나 고립되는 것이 두려워 침묵하는 현상을 _____(이)라고 한다.

04 어떤 문제를 해결하기 위해 정책을 실시하여 그 문제가 해결되고 나면 다른 곳에서 그로 말미암은 또 다른 문제가 발생하는 현상을 _____(이)라고 한다.

05 헌법상 노동자가 누려야 할 권리인 노동3권은 단결권, 단체교섭권, _____(으)로 구성되어 있다.

06 _____(은)는 공직자가 자기 임기 중에 혐오시설을 설치하지 않고 임기를 마치려고 하는 현상이다.

07 _____(은)는 큰 사고가 일어나기 전에 반드시 유사한 작은 사고와 사전징후가 나타난다는 법칙이다.

08 근로자가 고의로 사용자의 사유재산을 파괴하거나 업무를 게을리하는 쟁의행위를 _____(이)라고 한다.

09 _____(은)는 인구동향조사에서 15~49세의 가임여성 1명이 평생 동안 낳을 것으로 추정되는 출생아 명수를 통계화한 것이다.

10 노동조건 개선과 노동자들의 기본 생활을 보장하기 위한 국제노동기구의 약자는 _____(이)다.

정답
01 ㉡ 02 ㉢ 03 ㉩ 04 ㉤ 05 ㉠ 06 ㉥ 07 ㉣ 08 ㉦ 09 ㉧ 10 ㉨

STEP 02 기출로 합격 공략!

01 　　　　　　　　　　　　　서울시공공의료재단
다음의 사례에서 나타난 실업의 종류는 무엇인가?

> 통계상 실업자는 조사대상주간에 수입이 있는 일을 하지 않았으나 지난 4주간 적극적으로 구직 활동을 했으며 일자리가 있을 경우 즉시 취업이 가능한 사람을 뜻한다.

① 구조적 실업　　　② 경기적 실업
③ 마찰적 실업　　　④ 계절적 실업

해설
② 경기적 실업 : 일할 의사가 있지만 일자리를 얻지 못해 일어나는 비자발적 실업의 한 형태
① 구조적 실업 : 자본주의 경제구조의 변화에서 오는 실업 형태로 산업부문간 노동수급의 불균형으로 말미암아 발생하는 실업이다.
③ 마찰적 실업 : 산업 간 또는 지역 간의 노동력 이동과정에서 일시적 수급불균형으로 인해 생기는 실업. 대규모 사업체가 부도났을 경우 이 회사의 근로자들이 새로운 일자리를 찾을 때까지 생기는 한시적 실업이 대표적인 예다.
④ 계절적 실업 : 어떠한 산업의 생산이 계절적으로 변동했기 때문에 일어나는 단기적인 실업

02 　　　　　　　　　　　　　전주MBC
엄청난 결과를 초래할 것을 알면서도 모른 척 해결하지 않는 것을 뜻하는 용어는?

① 검은 코끼리　　　② 하얀 백조
③ 방 안의 코끼리　　④ 검은 백조

해설
'검은 코끼리'는 '검은 백조'와 '방 안의 코끼리'를 합성해 만든 용어다. 도저히 일어날 것 같지 않은 일이 현실화되는 '검은 백조'와 누구나 알고 있지만 언급하게 되면 커다란 위험이 될 것이 두려워 침묵하는 '방 안의 코끼리'의 의미가 합쳐졌다. 따라서 엄청난 결과를 초래할 것을 알면서도 모른 척하며 손을 놓고 있는 양상을 표현한 용어라 할 수 있다.

03 　　　　　　　　　　　　　대구의료원
패션과 미용에 아낌없이 투자하는 남성들을 뜻하는 말은?

① 여피족　　　② 딘트족
③ 그루밍족　　④ 더피족

해설
그루밍족은 패션과 미용에 아낌없이 투자하는 남성을 뜻하는 신조어다. 피부, 두발은 물론 성형수술까지 자신을 꾸미는 것에 대한 투자를 아끼지 않는 남성들을 가리킨다.

04 　　　　　　　　　　　　　MBN
큰 사고가 일어나기 전에 반드시 유사한 작은 사고와 사전징후가 나타난다는 법칙은?

① 샐리의 법칙　　　② 하인리히 법칙
③ 이케아 효과　　　④ 깨진 유리창 이론

해설
하인리히 법칙(Heinrich's Law)은 큰 사고가 일어나기 전에 반드시 유사한 작은 사고와 사전징후가 나타난다는 법칙이다. 1931년 미국의 보험회사에서 일하던 허버트 하인리히가 발견했다. 그는 다양한 산업재해를 분석하면서 통계학적으로 유의미한 결과를 확인했다. 큰 규모의 사고 이전에는 반드시 수차례의 작은 사고가 수반되고, 이에 앞서 훨씬 더 많은 사고의 징후가 포착된다는 것이다.

05 　　　　　　　　　　　　　교통안전공단
공직자가 자신의 재임 기간 중에 주민들의 민원이 발생할 소지가 있는 혐오시설들을 설치하지 않고 임기를 마치려고 하는 현상은?

① 핌투현상　　　② 님투현상
③ 님비현상　　　④ 핌피현상

해설
① 핌투현상 : 공직자가 사업을 무리하게 추진하며 자신의 임기 중에 반드시 가시적인 성과를 이뤄내려고 하는 업무 형태로, 님투현상과는 반대개념이다.
③ 님비현상 : 사회적으로 필요한 혐오시설이 자기 집 주변에 설치되는 것을 강력히 반대하는 주민들의 이기심이 반영된 현상이다.
④ 핌피현상 : 지역발전에 도움이 되는 시설이나 기업들을 적극 자기 지역에 유치하려는 현상으로 님비현상과는 반대개념이다.

06 　　　　　　　　　　　　　부산광역시 공무직 통합채용
트렌드를 놓치거나 소외되는 것에서 불안감을 느끼는 증후군은?

① 라마증후군　　　② 오셀로증후군
③ 아스퍼거증후군　④ 포모증후군

해설
포모증후군은 마케팅 용어이자 사람들의 불안심리를 표현하는 심리용어다. 세상의 흐름에 제외되거나 소외받는 것을 두려워하고 불안해하는 심리상태를 뜻한다. 인터넷과 SNS의 발달로 트렌드와 타인의 일상을 관찰하기 쉬워지면서, 포모증후군에 빠진 사람들이 늘어나고 있다.

07
서울시복지재단

환자의 부정적 감정이나 기대가 의학적 치료효과를 나타나지 않게 하는 현상은?

① 스티그마 효과
② 피그말리온 효과
③ 노시보 효과
④ 플라시보 효과

해설
노시보 효과(Nocebo Effect)는 의사의 말이 환자에게 부정적인 감정이나 기대를 유발하여 환자에게 해를 입히는 현상이다. 또는 의사의 올바른 처방에도 환자가 의심을 품어 효과가 나타나지 않는 것을 뜻하기도 한다. '나는 상처를 입을 것이다'는 뜻을 지닌 라틴어에서 유래한 노시보는 마찬가지로 라틴어에서 기원한 플라시보 효과(Placebo Effect)와 대조적인 개념이다.

08
서울시복지재단

다음 중 사회적 기업에 대한 설명으로 틀린 것은?

① 취약계층에게 일자리나 서비스를 제공한다.
② 수익은 창출하지 않는 비영리적인 기업형태를 갖는다.
③ 노숙자를 판매원으로 고용하는 잡지 '빅이슈' 등이 있다.
④ 국가에서 인증된 사회적 기업은 세제 · 경영지원 등 혜택을 받는다.

해설
사회적 기업은 취약계층에게 일자리나 복지서비스를 제공하는 회사를 말하며, 비영리와 영리의 중간형태를 갖는다. 노숙자를 판매원으로 고용해 도움을 주는 '빅이슈' 잡지가 대표적인 사회적 기업이다. 사회적 기업은 국가의 인증을 받아 4대보험, 소득세·법인세 감면 등 세제혜택과 경영지원을 받을 수 있다.

09
광주광역시 공공기관 통합채용

교육심리학에서 학생에게 교사가 믿음과 기대를 가질 때 실제로 성적이 상승하는 효과는?

① 호손 효과
② 헤일로 효과
③ 골렘 효과
④ 피그말리온 효과

해설
피그말리온 효과는 어떤 것에 대한 사람의 기대와 믿음이 실제로 그 일을 현실화하는 경향을 말하는 것으로, 교육심리학에서는 학생에 대한 교사의 기대와 예측, 믿음이 학생의 성적을 향상시키는 현상이다. 1964년 미국의 교육심리학자인 로버트 로젠탈과 레너어 제이콥슨이 실험을 통해 확인했다.

10
한국폴리텍대학

상담이나 의사소통을 통해 구축된 상호신뢰관계를 뜻하는 심리학 용어는?

① 라포
② 그루밍
③ 메타인지
④ 모글리 현상

해설
라포(Rapport)란 상담 또는 교육, 의사소통을 바탕으로 구축된 상호신뢰관계를 뜻하는 말이다. 주로 상담과정에서 상담자와 내담자 사이에 쌓이는 친근한 인간관계를 지칭할 때 쓰인다. 라포는 공감대 형성과 상호협조가 필요한 상담·치료·교육과정에서 성공을 이끌어 낼 수 있는 필수요소로 꼽힌다.

11
한국폴리텍대학

도심에는 상업기관 · 공공기관 등만 남아 주거인구가 텅 비어 있고, 외곽에 밀집되는 현상은?

① 토페카 현상
② 지가구배 현상
③ 스프롤 현상
④ 도넛화 현상

해설
도넛화 현상은 '공동화 현상'이라고도 하며 높은 토지가격, 공해, 교통 등 문제들로 인해 도심에는 주택들이 줄어들고 상업·공공기관 등만이 남게 되는 현상이다.

12
한국환경공단

우리나라 근로기준법상 근로가 가능한 최저근로 나이는 만 몇 세인가?

① 13세
② 15세
③ 16세
④ 18세

해설
근로기준법에 따르면 15세 미만인 자(초·중등교육법에 따른 중학교에 재학 중인 18세 미만인 자를 포함한다)는 근로자로 채용할 수 없다.

13
부산광역시 공공기관 통합채용

부유한 가정에서 태어나 별 노력 없이도 성공한 삶을 사는 자녀를 뜻하는 말은?

① 눔프
② 킨포크
③ 네포 베이비
④ 텐포켓

해설
네포 베이비란 족벌주의를 뜻하는 네포티즘(Nepotism)과 아기(Baby)를 합친 말로, 우리말로 하면 '금수저'를 뜻한다. 부유하고 유명한 부모에게서 태어나 별 노력 없이 풍족하고 성공적인 삶을 사는 자녀를 의미하는 말이다.

14
부산광역시 공공기관 통합채용

지지하는 브랜드의 상품을 의도적으로 구입하고 구입을 권장하는 행위는?

① 노멀크러시 ② 윤리적 소비
③ 보이콧 ④ 바이콧

해설
바이콧(Buycott)은 보이콧(Boycott)에 대비되는 개념으로 스스로 지지하는 브랜드의 상품을 의도적으로 구입하고, 주변에도 구입을 권장하는 행위를 말한다. 환경보호에 나서거나 사회에 선한 영향력을 끼치는 기업의 상품을 적극적으로 구입해, 이러한 기업을 지지하고 더 좋은 영향력을 끼칠 수 있도록 독려하는 것이다.

15
한국폴리텍대학

한 여성이 가임기간에 낳을 것으로 기대되는 평균 출생아 수를 설정한 지표는?

① 합계출생아 ② 평균출산율
③ 합계출산율 ④ 가임출산율

해설
합계출산율이란 인구동향조사에서 15~49세의 가임 여성 1명이 평생 동안 낳을 것으로 추정되는 출생아 수를 통계화한 것이다. 한 나라의 인구 증감과 출산 수준을 비교하기 위해 대표적으로 활용되는 지표로서 일반적으로 연령별 출산율의 합으로 계산된다.

16
부산광역시 공무직 통합채용

다음 중 영국의 베버리지 보고서에서 정의한 5대 사회악에 해당하지 않는 것은?

① 불결 ② 태만
③ 궁핍 ④ 불신

해설
베버리지 보고서는 영국의 경제학자인 '윌리엄 베버리지'가 사회보장에 관한 문제를 조사·연구한 보고서다. 이 보고서는 국민의 최저 생활 보장을 목적으로 5대 사회악의 퇴치를 주장하였으며 사회보장제도의 원칙을 제시했다. 베버리지는 궁핍, 질병, 무지, 불결, 태만 등 다섯 가지가 인간생활의 안정을 위협하는 사회악이라고 정의했다.

17
부산디자인진흥원, 경기도 공무직 통합채용

다음 중 노동3권에 포함되지 않는 것은?

① 단결권 ② 단체설립권
③ 단체교섭권 ④ 단체행동권

해설
노동3권은 근로자의 권익과 근로조건의 향상을 위해 헌법상 보장되는 기본권으로, 단결권·단체교섭권·단체행동권이 이에 해당한다. 다른 말로는 근로3권이라고도 한다. 노동3권은 경제적 약자인 근로자들이 개인이 아닌 집단의 힘으로 사용자와 대등하게 교섭해 단체협약을 체결함으로써 노동자의 생존권을 보장받도록 하는 데 목적이 있다.

18
영화진흥위원회

하지 말라고 하면 더 하고 싶어지는 심리적 저항현상을 뜻하는 말은?

① 칼리굴라 효과
② 로미오와 줄리엣 효과
③ 칵테일파티 효과
④ 서브리미널 효과

해설
칼리굴라 효과는 하지 말라고 하면 더 하고 싶어지는, 즉 금지된 것에 끌리는 심리현상을 말한다. 1979년 로마 황제였던 폭군 칼리굴라의 일대기를 그린 영화 〈칼리굴라〉가 개봉했는데, 미국 보스턴에서 이 영화의 선정성과 폭력성을 이유로 들어 상영을 금지하자 외려 더 큰 관심을 불러일으킨 데서 유래했다.

19
광주광역시 공무직 통합채용

첨단기술 등 발전하는 물질문화를 개인의 가치관 등의 비물질문화가 따라잡지 못하면서 발생하는 현상은?

① 문화실조 ② 문화접변
③ 문화지체 ④ 문화충격

해설
문화지체(Cultural Lag)란 급속히 발전하는 기술 등의 물질문화를 국가 정책이나 개인의 가치관 등의 비물질문화가 따라잡지 못하면서 발생하는 현상을 말한다. 미국의 사회학자 'W.F.오그번'이 주장한 이론이다. 자동차가 발명돼도 교통법규 등의 시민의식은 금방 확립되지 않는 것처럼, 신기술이나 획기적 발명품이 탄생해도 이와 관련된 윤리의식이나 가치관의 발달은 더디게 일어난다는 것이다.

20
광주광역시 공무직 통합채용

사진을 통해 자신의 정체성을 드러내는 세대를 뜻하는 신조어는?

① 미닝아웃 ② 포토프레스
③ 쓸쓸비용 ④ 나포츠족

해설
포토프레스는 '포토(photo)'와 '표현(express)'의 합성어로 사진을 통해 자신의 정체성을 드러내는 세대를 가리키는 용어이다. 이들은 사진을 촬영하는 과정 자체를 놀이자 경험으로 여기기 때문에 단순히 촬영하는 것에서 끝내지 않고 실물사진으로 현상해 소장한다. 또한 이러한 사진을 선별해 SNS에 올려 타인과 공유·소통한다.

21
충북대학교병원

우리나라 생산가능인구의 연령기준은?

① 14~60세　　② 15~64세
③ 17~65세　　④ 20~67세

해설
생산가능인구는 노동가능인구라고도 불린다. 우리나라의 생산가능인구의 연령기준은 15세에서 64세인데, 우리나라는 급격한 고령화로 생산가능인구수가 빠른 속도로 줄어들고 있는 실정이다.

22
머니투데이

65세 이상 인구수가 전체인구수의 20%를 차지하는 초고령화 시대를 뜻하는 말은?

① 실버에이지　　② 골든에이지
③ 글로벌에이지　④ 슈퍼에이지

해설
슈퍼에이지는 65세 이상의 인구수가 전체연령 인구수의 20%를 차지하는 초고령화 사회를 뜻하는 말이다. 인구통계학자 브래들리 셔면이 만든 신조어다. 그는 앞으로의 세상은 노년층이 강력한 소비층으로 떠오르면서, 고령화로 인한 암울한 미래가 아닌 새로운 산업발전의 기회가 찾아올 수도 있다는 전망을 내놨다.

23
연합뉴스TV

유명인 등의 자살 소식에 동요하여 모방자살을 일으키는 사회현상은?

① 파파게노 효과　② 링겔만 효과
③ 베르테르 효과　④ 풍선 효과

해설
베르테르 효과는 연예인 등 유명인이나 자신이 롤모델로 삼고 있는 사람이 자살할 경우, 그 사람과 자신을 동일시 여겨 모방 자살을 시도하는 사회현상을 말한다.

24
연합뉴스TV

자연 속에서 전통문화를 보존하며 느림의 삶을 추구하자는 국제운동은?

① 슬로시티　　　② 더 기빙 플레지
③ 아너 소사이어티　④ 내추럴시티

해설
슬로시티 운동은 이탈리아 중북부의 작은 마을 그레베 인 키안티에서 시작되었다. 'Slow'는 단순히 'Fast'의 반대가 아닌 환경, 자연, 시간, 계절을 존중하고 느긋하게 사는 것을 뜻한다. 슬로시티의 슬로건은 거닐기, 듣기, 권태롭기, 꿈꾸기, 기다리기, 마음의 고향을 찾기, 글쓰기 등 무한 속도 경쟁의 디지털 시대보다 여유로운 아날로그적 삶을 추구하는 것이다.

25
부산광역시 공무직 통합채용

태어나면서부터 첨단기술을 경험한 2010년 이후에 태어난 이들을 지칭하는 용어는?

① 베타세대　　② N세대
③ 알파세대　　④ MZ세대

해설
알파세대는 2010년 이후에 태어난 이들을 지칭하는 용어로 어릴 때부터 기술적 진보를 경험했기 때문에 스마트폰이나 인공지능, 로봇 등을 사용하는 것에 익숙하다. 그러나 사람과의 소통보다 기계와의 일방적 소통에 익숙해 정서나 사회성 발달에 부정적인 영향이 나타날 수 있다는 우려도 있다. 알파세대는 2025년 약 22억명에 달할 것으로 예측되고 있으며, 소비시장에서도 영향력을 확대하는 추세다.

26
연합뉴스TV

심리현상 중 하나로 보편적인 성격특성을 자신의 성격과 일치한다고 믿는 현상은?

① 크레스피효과　② 베블런효과
③ 바넘효과　　　④ 스놉효과

해설
바넘효과(Barnum effect)는 누구에게나 보편적으로 적용되는 특성의 성격이 자신의 성격과 꼭 맞는다고 생각하는 심리현상이다. 1949년 미국의 심리학자 '포러'가 대학생들을 대상으로 한 실험을 통해 규명되었다. 포러는 대학생들에게 동일한 내용의 성격검사결과지를 나눠주고, 스스로 성격과 얼마나 일치하는지 평가했다. 그 결과 대부분의 대학생들이 자신의 성격과 매우 일치한다고 답변했다.

27
관광지의 관광객 과잉이 유발하는 피해를 뜻하는 용어는?

① 볼런투어리즘   ② 젠트리피케이션
③ 다크투어리즘   ④ 오버투어리즘

해설
오버투어리즘이란 관광지가 수용 가능한 범위를 넘어선 관광객 수요 때문에 물가가 상승하고 현지주민이 피해를 입는 일련의 현상을 뜻하는 용어다. 관광객이 많을 경우 지역상권은 활성화되지만 그로 인해 지역의 땅값이 올라 지역 주민들이 쫓겨나기도 하고, 교통체증과 물가상승에 시달리는 등 삶의 질이 떨어지는 문제가 발생할 수 있다.

28
다음 중 통상임금의 조건이 아닌 것은?

① 정기성   ② 고정성
③ 합리성   ④ 일률성

해설
통상임금에 포함되기 위해서는 노사계약에 명시된 근로에 대한 대가로 받는 돈이고, 정기적 지급(정기성), 모든 근로자에게 일률 지급(일률성), 사전에 확정한 금액(고정성)이라는 요건을 갖춰야 한다.

29
영국작가 코난 도일의 소설에서 처음 등장한 말로 사건의 결정적인 단서를 뜻하는 말은?

① 마타도어   ② 스모킹 건
③ 포렌식   ④ 주홍글씨

해설
스모킹 건(Smoking Gun)은 사건을 해결하는 데 있어서 결정적인 단서를 뜻하는 말이다. 아서 코난 도일의 소설 〈글로리아 스콧〉에서 처음 사용한 말로, '연기 나는 총'이란 뜻이다. 사건·범죄·현상 등을 해결하는 데 사용되는 결정적이고 확실한 증거를 말하는데, 가설을 증명해주는 과학적 근거도 스모킹 건이라고 한다.

30
다음 중 노동쟁의와 관련된 용어가 아닌 것은?

① 피케팅   ② 사보타주
③ 프로보노   ④ 직장폐쇄

해설
프로보노(Pro Bono)는 의사들의 의료봉사처럼 어떤 분야의 전문가들이 자신의 직업 전문성을 활용해 사회적 약자를 돕는 공익적 활동을 의미한다. 피케팅은 파업 등 노동쟁의가 일어났을 때 플래카드나 확성기를 이용해 근로자들에게 동참할 것을 요구하는 행위를 가리킨다. 사보타주는 근로자가 고의로 사용자의 사유재산을 파괴하거나 업무를 게을리 하는 쟁의행위이며, 직장폐쇄는 이에 대항하는 사용자의 쟁의행위로 사업장을 폐쇄하는 것이다.

31
어른이 마치 아이처럼 젊고 개성 있게 생활하려고 하는 개인적 풍조를 뜻하는 말은?

① 피터팬 신드롬   ② 파랑새 신드롬
③ 아도니스 신드롬   ④ 네버랜드 신드롬

해설
네버랜드 신드롬(Neverland Syndrome)은 나이 든 어른이 실제 나이보다 젊고 개성 있게 살아가는 것을 미덕으로 여기는 개인적 풍조를 뜻한다. 성인인데도 아이의 행동양식을 가지려 하는 피터팬 신드롬과는 다르다. 삶이 질 향상과 정보화로 인터넷에서 다양한 유행을 접할 수 있게 되면서, 자신의 개성을 자유롭게 표현하려는 풍조가 만든 현상이라고 볼 수 있다.

32
냄새를 맡으면 특정 과거의 기억과 당시의 감정이 되살아나는 현상은?

① 피그말리온 효과   ② 호손 효과
③ 프루스트 효과   ④ 골렘 효과

해설
프루스트 효과는 프랑스 작가 마르셀 프루스트의 소설 〈잃어버린 시간을 찾아서〉에서 유래한 심리효과다. 작중 주인공은 홍차에 적신 마들렌 향기를 맡고 어린 시절을 추억하게 되는데, 이처럼 특정한 향기 또는 냄새가 과거의 기억과 당시의 감정 등을 불러일으키는 심리현상을 말한다. 후각신경이 기억을 담당하는 변연계와 의식을 담당하는 대뇌피질로 정보를 보내 이 같은 현상이 발생한다.

33
다음 중 영국 옥스퍼드대가 선정한 2024년 올해의 단어는?

① Brain Rot
② Rizz
③ Vax
④ Goblin Mode

해설
뇌 썩음(Brain Rot)은 옥스퍼드 영어사전을 편찬하는 옥스퍼드대학이 선정한 '2024년 올해의 단어'다. 사람들이 사회관계망서비스(SNS)를 통해 넘쳐나는 정보나 자극적인 숏폼 콘텐츠를 과잉소비하면서 집중력 저하, 문해력 약화 등 정신적·지적 퇴화가 심각해지는 현상을 꼬집은 단어다.

34
사회적 약자에 대한 물리적 장애물을 제거하자는 운동 또는 정책을 영어로 표현한 것은?

① Delphi Method
② Barrier Free
③ Universal Design
④ Normal Crush

해설
베리어프리(Barrier Free)란 장애인 및 노인 등 사회적 약자들이 편하게 살아갈 수 있도록 물리적·심리적 장애물을 제거하자는 운동 및 정책을 뜻한다. 장애가 있는 사람들이 일상생활에서 겪는 물리적인 장애를 제거하려는 운동으로 시작하여, 최근에는 자격이나 시험 등의 제도적·법률적 장벽과 차별·편견 등 마음의 벽까지 허물자는 운동으로 확대됐다.

35
젠더·인종평등 등을 지향하고 소수자의 권리보호에 민감하게 반응하려는 태도 및 이념을 일컫는 용어는?

① 백래시
② 캔슬컬처
③ 안티워크
④ 워크이즘

해설
워크이즘(Wokeism)이란 사회정의와, 인종·젠더평등, 소수자 권리 보호에 민감하게 반응하고 이를 실천하려는 태도나 이념을 말한다. 흑인 인종차별 측면에서 '사회적 불의에 깨어 있다'는 흑인 슬랭에서 유래한 용어로, 현재는 성소수자, 페미니즘, 환경보호 등 광범위한 영역에서 사용되고 있다.

36
중증질환이나 장애를 앓는 가족을 돌보는 아동·청소년 등을 일컫는 말은?

① 퍼플칼라
② 페라싱글족
③ 영케어러
④ 갭이어

해설
영케어러(Young carer)는 질병, 정신건강, 알코올·약물중독 등의 중증 질환 또는 장애를 가진 가족구성원을 돌보며 생계를 책임지는 13~34세의 아동·청소년·청년을 일컫는다. '가족돌봄청년'이라고도 한다. 이들은 학업과 가족돌봄을 병행하고 있어 미래를 계획하기 힘들 뿐만 아니라 신체적 고통은 물론 심리·정서적 고통, 경제적 어려움 등의 삼중고를 겪는 경우가 많다.

37
논란에 휩싸인 유명인을 사적으로 단죄하려는 현상을 뜻하는 신조어는?

① 미닝아웃
② 미러링
③ 디지틴
④ N차 피해

해설
디지틴(디지털 단두대, Digital Guillotine)은 사회적으로 논란을 일으킨 연예인, 인플루언서 등 유명인들이나 기업을 단순히 '보이콧'하는 것을 넘어 단죄하려는 경향을 의미하는 신조어다. SNS 등 인터넷 서비스의 발달로 사회적 물의를 일으킨 유명인들은 인터넷상에서 쉽게 집단적 거부와 비난의 대상이 된다. 그런데 이 과정에서 제대로 된 사회적 논의와 사실 확인 없이 사과를 강요받고 처벌 압박을 받게 되어 문제가 될 수 있다.

38
인프라의 부족으로 건강한 식제품을 구하기 어려운 지역을 뜻하는 용어는?

① 식품난지
② 식품사막
③ 식품장막
④ 식품난민

해설
물을 구하기 어려운 사막처럼, 인프라가 부족하거나 거주지에서 멀리 떨어져 있어 건강하고 저렴한 식제품을 구하기 어려운 지역을 '식품사막'이라고 한다. 식품사막에 사는 주민들은 경제적으로 열악하고 이동성이 떨어지는 경우가 많아 대형마트에서나 취급하는 건강한 식재료를 구입하지 못하고 가공식품 등을 주로 이용하게 되어, 비만 등 질병에 쉽게 노출될 수 있다.

39
집안의 주방을 최소화하거나 아예 없애는 1인 가구 트렌드를 뜻하는 신조어는?

① 키친포비아
② 키친클로징
③ 키친아웃팅
④ 키친베리어

해설
최근 집안에 주방을 최소화하거나 아예 없애버리는 트렌드가 나타나고 있는데 이를 키친클로징(Kitchen Closing)이라고 한다. 1인 가구의 증가와 식재료 가격의 인상, 외식의 보편화 등이 맞물려 나타난 트렌드다. 집안에서 식사를 제대로 차려먹기보다는 간단히 조리할 수 있는 음식을 먹거나 배달해 먹는 경향이 늘어나면서 음식을 조리하는 공간 자체를 줄이는 추세가 1인 가구를 중심으로 나타나고 있다.

40
맞벌이를 하면서도 자녀를 두지 않는 젊은 부부를 뜻하는 용어는?

① 킨포크족
② 프리커족
③ 듀프족
④ 더피족

해설
듀프족(DINKWOF)은 'Dual Income, No Kids With Out Future'의 줄임말로, 맞벌이를 하면서도 자녀를 두지 않는 젊은 부부를 뜻하는 신조어다. 고물가나 주거불안, 육아부담 등으로 아이를 갖지 않는 사람들이다. '딩크족'과 유사한 개념인데, 딩크족은 의도적으로 아이를 갖지 않고 경제적 여유와 자아실현을 추구하는 경향인 데 반해, 듀프족은 현실적인 제약 때문에 자녀를 갖고 싶어도 포기하는 사람들을 뜻한다.

41
특정 세대의 특성에 얽매이지 않고 다양한 세대의 특성을 보유한 사람들을 뜻하는 말은?

① 퍼레니얼 세대
② 제네레이션 세대
③ 캥거루 세대
④ 탕진잼 세대

해설
퍼레니얼(Perennial) 세대란 자신이 속한 세대의 생활방식이나 특성에 얽매이지 않고 다른 세대와 끊임없이 상호작용을 하며 세대를 뛰어넘은 사람을 일컫는다. 퍼레니얼은 여러 세대에 걸친 기술과 문화, 환경 등을 공유하기 때문에 여러 세대의 특성을 동시에 보유하게 된다. 이는 출생연도나 연령에 근거하여 세대를 구분하던 기존의 방식과 다르게 유사한 사고방식과 생활방식을 공유하는 사람들을 모두 아우를 수 있다는 특징이 있다.

정답

01 ②	02 ①	03 ③	04 ②	05 ②	06 ④	07 ③
08 ②	09 ④	10 ①	11 ④	12 ②	13 ③	14 ④
15 ③	16 ④	17 ②	18 ①	19 ③	20 ②	21 ②
22 ④	23 ③	24 ①	25 ②	26 ③	27 ④	28 ③
29 ②	30 ③	31 ④	32 ③	33 ①	34 ②	35 ④
36 ③	37 ③	38 ②	39 ②	40 ③	41 ①	

SECTION 02 환경·보건

PART 3 사회

Theme 1
환경

제1장 환경 일반

001 미세먼지법
경기도일자리재단, 한국일보

☐ 미세먼지 대책의 법적 기반이 되는 '미세먼지 저감 및 관리에 관한 특별법'

2019년 2월 15일부터 시행된 미세먼지 특별법은 미세먼지가 이틀 연속 '나쁨' 수준(=50㎍/㎥)일 때 '고농도 미세먼지 비상저감조치'가 발령된다. 비상저감조치가 발령되면 배출가스 5등급 이하의 차량은 운행이 제한되며 위반 시 10만원의 과태료가 부과된다. 또한 기존에 수도권 공공기관 중심으로 시행됐던 차량 2부제를 민간 차량에도 의무적으로 적용했다. 어린이집·유치원·초중고교는 휴원·휴업 및 수업시간을 단축할 수 있으며, 화력발전소나 시멘트 제조사 등 미세먼지를 배출하는 시설은 가동중지 및 가동시간과 가동률을 변경·조정할 수 있다.

상식 plus⁺
- **미세먼지** : 지름이 10㎛ 이하의 먼지
- **초미세먼지** : 지름이 2.5㎛ 이하인 먼지

002 플로깅 Plogging

부산일보, 화성시 공공기관 통합채용

☐ 조깅을 하면서 쓰레기를 줍는 운동

달리거나 산책을 하면서 쓰레기를 줍는 행동을 말한다. '이삭을 줍는다'는 뜻인 스웨덴어 'plocka upp'과 천천히 달리는 운동을 뜻하는 영어단어 '조깅(jogging)'의 합성어다. 쓰레기를 줍기 위해 앉았다 일어나는 동작이 스쾃 운동자세와 비슷하다는 데서 생겨났다. 2016년 스웨덴에서 처음 시작돼 북유럽을 중심으로 빠르게 확산했고 최근 기업이나 기관에서도 플로깅을 활용한 마케팅이 활발해지는 추세다. 쓰레기를 담은 봉투를 들고 뛰기 때문에 단순한 조깅보다 칼로리 소비가 많고 환경도 보호한다는 점에서 호응을 얻고 있다. 한편 국립국어원은 2019년 11월 플로깅을 대체할 우리말로 쓰담달리기를 선정한 바 있다.

003 그린워싱 Green Washing

한국일보, 조선일보, 한국농수산식품유통공사

☐ 친환경 제품이 아닌 것을 친환경 제품인 척 홍보하는 것

친환경 제품이 아닌 것을 친환경 제품으로 속여 홍보하는 것이다. 초록을 뜻하는 그린(Green)과 영화 등의 작품에서 백인 배우가 유색인종 캐릭터를 맡을 때 사용하는 화이트 워싱(White Washing)의 합성어로 위장 환경주의라고도 한다. 기업이 제품을 만드는 과정에서 환경오염을 유발하지만 친환경 재질을 이용한 제품 포장 등만을 부각해 마케팅에 강조하는 것이 그린워싱의 사례다. 2007년 미국 테라초이스가 발표한 그린워싱의 7가지 유형을 보면 ▲ 상충효과 감추기 ▲ 증거 불충분 ▲ 애매모호한 주장 ▲ 관련성 없는 주장 ▲ 거짓말 ▲ 유행상품 정당화 ▲ 부적절한 인증라벨이 있다.

004 스마트 그리드 Smart Grid

한국전력공사, 이투데이

◻ 집이나 사무실에서 효율적으로 전기를 쓸 수 있는 지능형 전력망 시스템

기존 전력망에 정보기술을 접목해 전력 공급자와 소비자가 실시간 서로 정보를 교환함으로써 효율적으로 전력을 생산·소비하는 시스템을 말한다. 전체적인 전력 사용 상황에 따라 5~10분마다 전기요금 단가가 바뀌는 게 특징이다. 우리나라는 2030년까지 국내 전역에 스마트 그리드 설치를 완료하는 것을 골자로 한 국가 로드맵을 확정했다.

상식 plus⁺

지능형 전력계
전력부하에 따라 실시간으로 변하는 전기요금을 파악해 전기요금이 저렴한 시간에 소비자가 전기를 이용할 수 있도록 알려주는 기능을 한다.

005 엘니뇨 El Nino

연합뉴스TV, 한국수산자원관리공단, 경향신문

◻ 평년보다 0.5℃ 이상 해수면 온도가 높은 상태가 5개월 이상 지속되는 현상

엘니뇨는 주로 열대 태평양 적도 부근 남미 해안이나 중태평양 해상에서 발생하는데, 크리스마스 즈음에 나타나기 때문에 '아기 예수, 남자아이'를 뜻하는 스페인어 '엘니뇨'라고 불린다. 엘니뇨는 대기 순환에 영향을 주어 세계 각 지역에 홍수, 무더위, 가뭄 등 이상기후를 일으킨다.

상식 plus⁺

라니냐(La Nina)
엘니뇨의 반대 현상으로, 평년보다 해수면 온도가 0.5℃ 이상 낮은 상태가 5개월 이상 지속되는 상태이다. 예년과 비교할 때 강한 무역풍이 지속돼 일어나는 기후 변동 현상이다.

006 탄소배출권 CERs ; Certified Emission Reductions

★★★★★

한국수력원자력, 경기문화재단, CBS

☐ 일정 기간 동안 온실가스를 일정량 배출할 수 있는 권리

지구온난화를 일으키는 일산화탄소(CO), 메탄(CH), 아산화질소(NO)와 3종의 프레온가스, 6개 온실가스를 배출할 수 있는 권리를 의미한다. 유엔기후변화협약에서 발급하며, 발급된 CERs는 시장에서 상품처럼 거래할 수 있다. 주로 온실가스 배출을 줄여야 하는 의무를 지는 국가와 기업이 거래한다.

007 탄소발자국 Carbon Footprint

★★★★

한국농어촌공사, 한국환경공단

☐ 개인 또는 단체가 직접·간접적으로 발생시키는 온실 기체의 총량

우리가 일상생활을 하면서 탄소를 얼마나 배출해내는지 그 양을 한눈에 볼 수 있도록 표시한 것이다. 지구온난화의 가장 큰 원인 중의 하나인 탄소 발생에 대해 경각심을 갖고 정화를 위한 노력을 해나가자는 취지에서 만들어졌다.

상식 plus⁺

- **탄소포인트제** : 온실가스 중 이산화탄소 감축 실적에 따라 탄소포인트를 발급하고, 그에 상응하는 인센티브를 제공하는 제도이다. 탄소포인트제는 환경부가 정책지원 및 제도화 추진을 맡아 총괄하고, 한국환경공단이 운영센터 관리와 기술·정보를 제공하며, 지방자치단체가 운영·관리한다.
- **생태발자국(Ecological Footprint)** : 인간이 기본적인 생활을 하는 데 있어서 필요한 자원의 생산과 폐기에 드는 비용을 토지로 환산한 지수이다. 지구가 감당할 수 있는 생태발자국 면적 기준은 1인당 1.8ha이고 면적이 넓으면 넓을수록 환경문제가 심각하다는 것을 의미한다.

008 BOD Biochemical Oxygen Demand

★★★

전남신용보증재단, MBC

☐ 물의 오염 정도를 나타내는 지표가 되는 생화학적 산소 요구량

물속에 있는 호기성 미생물이 유기물을 분해시켜 정화하는 데 사용하는 산소량으로, 5일간을 기준으로 하여 ppm으로 나타낸다. BOD 값이 클수록 오염 정도가 심한 물이고, BOD 값이 작을수록 깨끗한 물이다.

009 미세플라스틱 Microplastics

★★★

영화진흥위원회, MBC

☐ 환경 중에 존재하는 미세한 플라스틱 조각

미세플라스틱은 만들어질 때부터 미세플라스틱으로 제조되기도 하고, 커다란 플라스틱이 미세플라스틱으로 분해되면서 생성되기도 한다. 주로 필링용 세안제, 연마재 등으로 활용되는 미세플라스틱은 입자가 극도로 작아 하수처리시설로 걸러지지 않고 그대로 강이나 바다로 유입되어 생태계 뿐만 아니라 인류의 건강을 위협하는 요인이 된다.

010 요소수

★★★

한국일보, 광명도시공사

☐ 디젤차량에서 발생하는 질소산화물을 정화하기 위한 물질

요소수는 디젤차량에서 발생하는 질소산화물(NOx)을 정화하기 위한 물질로, 차량에 설치된 정화장치인 SCR에 사용된다. 배기가스가 지나는 통로에 요소수를 뿌리면 질소산화물이 물과 질소로 환원된다. 2015년에 유럽의 배기가스 규제인 유로6가 국내에 도입되면서, 디젤차량에 반드시 SCR을 탑재하고 요소수 소모 시 보충해야 한다. SCR이 설치된 디젤 차량은 요소수가 없으면 시동이 걸리지 않는 등 운행할 수 없다. 2021년 말 우리나라에서 품귀사태를 빚어 유통·물류활동에서도 지장을 겪은 바 있다.

011 업사이클링 Up-cycling

★★★★★

경기도일자리재단, TV조선, MBC

☐ 재활용품에 디자인 또는 활용도를 더해 그 가치를 더 높은 제품으로 만드는 것

업사이클링(Up-cycling)은 단순히 쓸모없어진 것을 재사용하는 리사이클링(Recycling)의 상위 개념으로 디자인 또는 활용도를 더해 전혀 다른 제품으로 생산하는 것을 말한다.

리사이클링(Recycling)
자원의 재이용

상식 plus+

리자인(Resign)
기존에 사용되다 버려진 물건에 디자인적 요소를 가미해 재탄생시키는 것

012 그리드 패리티 Grid Parity ★★

스튜디오S

☐ 신재생에너지 발전비용과 화력발전의 원가가 같아지는 시점

석유, 석탄 등을 사용해 전기를 만드는 화력발전과 풍력, 수력, 태양광 등의 신재생에너지로 전기를 생산하는 원가가 같아지는 균형점을 말한다. 신재생에너지를 사용한 전기발전의 경우 건설비용이 화력발전보다 비싸 초기 경제성이 낮지만 발전비용이 저렴하기 때문에 차츰 경제성을 갖추게 된다. 그리드 패리티는 신재생에너지가 화력발전으로 인한 대기오염과 원료 고갈문제를 해결할 수 있다는 근거가 되기 때문에 중요하다. 그리드 패리티 도달조건으로는 국제유가 상승이 충족돼야 한다. 또한 생산원가의 하락과 관련이 있는 그리드 패리티 기술과 관련 부품의 가격이 하락해야 한다.

제2장 국제환경기구 협약

013 나고야 의정서 Nagoya Protocol ★★★★

조선일보, MBC

☐ 다양한 생물자원을 활용하여 생기는 이익을 공유하기 위한 지침을 담은 국제협약

생물다양성협약 부속의 '유전자원에 대한 접근 및 유전자원 이용으로부터 발생하는 이익의 공정하고 공평한 공유에 관한 규정'이다. '생물다양성협약'을 이행하고자 채택된 것으로, 우리나라에서는 2017년 8월 17일에 발효됐다.

생물다양성협약(CBD)
1992년 〈유엔환경개발회의〉에서 채택된 국제협약으로, 생물다양성 보호를 위한 국가 간의 권리 및 의무 관계를 규정한다.

014 람사르 협약 Ramsar Convention ★★★★

한국소비자원, 한국수력원자력

☐ 습지와 습지 자원을 보호하기 위한 국제 환경 협약

물새 서식처로서 국제적으로 중요한 습지에 관한 협약으로, 1971년 2월 이란 람사르에서 체결되었다. 가맹국은 철새의 번식지가 되는 습지를 보호할 의무가 있으며 국제적으로 중요한 습지를 1개소 이상 보호지로 지정해야 한다. 대한민국은 101번째로 람사르 협약에 가입하였으며, 2008년에 경남 창원에서 '제10차 람사르 총회'를 개최하였다.

015 바젤 협약 Basel Convention

☐ 유해폐기물의 국가 간 교역을 규제하는 국제협약

카이로 지침을 바탕으로 1989년 스위스 바젤에서 채택된 국제협약으로, 유해폐기물의 불법적인 이동을 막는 데 목적이 있다. 병원성 폐기물을 포함한 유해폐기물을 국가 간 이동시킬 때, 교역하는 나라뿐만 아니라 경유하는 나라에까지 사전 통보·조치를 취해야 한다는 내용이다.

카이로 지침
유해폐기물을 관리할 때 환경적으로 건전하게 처리할 의무와 원칙을 세운 것으로, 1987년에 채택되었다.

016 기후변화협약 UNFCCC

☐ 지구온난화를 규제·방지하기 위한 국제 협약

1992년 6월 브라질의 리우회의에서 채택된 협약으로 정식명칭은 '기후변화에 관한 유엔 기본협약(United Nations Framework Convention on Climate Change)'이다. '리우환경협약'이라고도 하는데, 온실가스의 방출을 제한하여 지구온난화를 방지하고자 하는데 목적이 있다. 이 협약을 이행하기 위한 교토의정서가 만들어졌다.

017 교토의정서

☐ 기후변화협약(UNFCCC)에 따른 온실가스 감축을 이행하기 위한 의정서

1997년 교토에서 열린 기후변화협약 제3차 당사국총회에서 채택됐으며, 탄산가스 배출량에 대한 국가별 목표수치를 제시했다. 선진국의 감축의무 이행에 신축성을 활성화하기 위한 방안으로 배출권거래제도, 공동이행제도, 청정개발체제 등을 도입하였다. 교토의정서에서 정한 삭감 대상 온실가스는 이산화탄소, 메탄, 아산화질소, 과불화탄소, 수소화불화탄소, 육불화유황으로 6가지이다.

018 파리기후변화협약

★★★★★
공무원연금공단, 한국전력공사, 이투데이

☐ 전 세계 온실가스 감축을 위해 맺은 국제 협약

전 세계 온실가스 감축을 위해 2015년 12월 12일 프랑스 파리에서 맺은 국제 협약으로, '파리협정'이라고도 한다. 지구 평균온도가 2도 이상 상승하지 않도록 온실가스를 단계적으로 감축하는 내용을 담고 있다. 2020년까지 유효했던 교토의정서를 대체하여 2021년부터 적용된 새로운 기후협약이다.

019 녹색기후기금 GCF ; Green Climate Fund

★★
문화일보

☐ 개발도상국의 온실가스 감축과 기후변화 대응을 지원하기 위해 만든 국제금융기구

UN산하기구로 선진국이 개발도상국의 이산화탄소 감축과 기후변화 대응을 지원하기 위해 만든 기후변화 특화기금이다. 2010년 12월 멕시코 칸쿤에서 열린 유엔기후변화협약(UNFCCC) 제16차 당사국 총회에서 기금 설립이 승인됐고, 사무국은 우리나라 인천 송도에 위치한다.

020 런던 협약 London Dumping Convention

★★★★
부천도시공사, 한국수력원자력, 부산일보

☐ 해양오염 방지를 위한 국제 협약

방사성 폐기물을 비롯하여 바다를 오염시킬 수 있는 각종 산업폐기물의 해양 투기나 해상 소각을 규제하는 협약으로, 해양오염을 방지하는 것이 목적이다. 우리나라는 1992년에 가입했다.

021 몬트리올 의정서

★★★★
한겨레, MBC

☐ 지구의 오존층을 보호하기 위해 오존층 파괴물질 사용을 규제하는 국제협약

정식 명칭은 '오존층을 파괴시키는 물질에 대한 몬트리올 의정서'이며 1989년 1월 발효됐다. 오존층 파괴물질인 프레온가스(CFC), 할론 등의 사용을 규제하여 지구의 오존층을 보호하는 것이 목적이다.

프레온가스(CFC)
냉매, 분사제, 세정제 등에 쓰이는 가스로 오존층을 파괴하는 주범으로 알려졌다.

할론(Halon)
소화 성능이 뛰어나 소화기에 사용되는데, 오존층 파괴물질로 밝혀져 규제대상이 됐다.

Theme 2
보건

제1장 보건 일반

022 HACCP Hazard Analysis and Critical Control Point

★★

MBN

☐ 식품의 안전성을 확보·보증하는 식품안전관리인증 기준

식품 원재료의 생산부터 최종 소비자의 섭취 전까지 모든 단계에 걸쳐 식품에 위해요소가 혼입되거나 오염되는 것을 방지하기 위한 식품위생관리 시스템이다. HACCP은 위해분석(HA ; Hazard Analysis)과 중요관리점(CCP ; Critical Control Point)으로 구성되어 있는데, 우리나라는 1995년 식품위생법에 HACCP 제도를 도입하였다. 국제식품규격위원회(Codex)에 규정된 12단계와 7원칙으로 현장에 적용되고 있다.

023 세계보건의 날

★★

서울교통공사

☐ 세계보건기구의 헌장이 발효된 날

세계보건기구(WHO)의 헌장이 공식 발효된 날인 1948년 4월 7일을 해마다 기념하는 날이다. WHO는 보건위생 활동을 촉진하기 위해 이 날에 맞춰 그해의 중점과제를 각국에 표어로 제시한다. 그리고 이날에는 세계 각지에서 보건위생활동을 위한 행사가 펼쳐진다. 우리나라에서는 1973년 보건사회부(현 보건복지부)가 이날을 기념해 '보건의 날'로 지정했다.

세계보건기구(WHO ; World Health Organization)
국제연합(UN) 산하의 전문기구로 1948년 26개 회원국의 비준을 거쳐 설립됐다. 전 세계인이 가능한 최고의 건강수준에 도달하는 것을 목표로 한다. 각국 중앙검역소의 업무, 공중보건 행정업무와 감염병 관리대책 등을 지원한다. 2025년 기준 194개 회원국이 있다.

024 팬데믹 Pandemic

★★★

경기도 공무직 통합채용

□ 감염병 경고 최고등급

팬데믹은 세계보건기구(WHO)가 감염병이 전 지구적으로 유행하고 있음을 선포하는 감염병 경고 최고등급이다. 범유행 또는 세계적 대유행이라고 부르기도 한다. 세계보건기구는 감염병의 유행 정도에 따라 그 단계를 6개로 나눈다. 1단계는 동물에 한정된 감염이며, 2단계는 동물에서 소수의 사람에게 감염되는 것, 3단계는 사람 사이에서 감염이 늘어나는 상태, 4단계는 사람 간 감염이 급속하게 확산되면서 유행병이 발생할 초기 무렵, 5단계는 최소 2개국의 나라까지 감염이 널리 확산된 상태이고, 6단계는 국가를 넘어 다른 대륙으로까지 감염이 발생하는 상태다. 세계보건기구는 현재까지 1968년의 홍콩독감, 2009년의 신종플루 그리고 코로나19 감염사태에 대해 팬데믹을 선포했다.

상식 plus⁺
- 트윈데믹(Twin Demic) : 코로나19와 독감이 함께 유행하는 것
- 엔데믹(Endemic) : 특정 지역의 주민들 사이에서 주기적으로 발생하는 풍토병
- 에피데믹(Epidemic) : 비교적 넓은 특정 지역에 감염속도가 빠르게 확산되는 유행병

제 2 장 질병

025 구제역

★★

MBC

□ 발굽이 두 개로 갈라진 동물이 걸리는 제1종 가축전염병

감염 시 치사율이 최대 55%에 이르는 병으로, 감염 동물의 배설물, 사료, 차량, 황사 등을 통해 급속히 전염된다. 현재 확실한 치료법이 없어서 구제역에 걸린 가축은 모두 도살, 매립, 소각한다. 또한 전염 범위가 최대 반경 250km에 달해 국가 간에 축산물을 교역할 때 규제 대상이 된다.

026 지카 바이러스 Zika Virus

★★★

영남일보, SBS

□ 이집트 숲 모기를 통해 전염되는 바이러스

1947년 우간다에서 붉은원숭이를 통해 처음 발견되었고, 1952년 우간다와 탄

자니아 지역에서 인간에게 처음으로 발병했다. 한정된 지역에서만 발병했던 지카 바이러스가 2015년 4월 브라질을 중심으로 중남미에 유행하며 알려졌다. 약이나 백신이 없으며, 산모를 통한 신생아 소두증이나 다발성신경 병증을 일으킨다.

027 광우병

★★
평화방송

☐ 소가 미친 것처럼 행동하다가 죽어가는 뇌질환

소의 뇌조직에 구멍이 생기는 '우해면양뇌증(BSE)'으로, 소가 갑자기 미친 듯이 포악해지고 정신이상, 거동불안 등 증상을 보이는 것이 특징이다. 광우병에 걸린 소의 고기를 사람이 섭취한 경우 인간광우병이 발병할 수 있다.

인간광우병(CJD)
광우병이 사람에게 전염된 변종 크로이츠펠트 야곱병을 말한다.

028 파킨슨병 Parkinson's Disease

★★★
서울시복지재단, 경상대학교병원

☐ 만성 진행 신경퇴행성 질환

파킨슨병은 도파민을 분비하는 신경세포가 서서히 소실되어 가는 질환으로, 서동증(운동 느림), 안정 시 떨림, 근육 강직, 자세 불안정 등의 증상이 발생한다. 연령이 증가할수록 이 병에 걸릴 위험이 점점 커져 노년층에서 많이 발생한다.

029 알츠하이머병 Alzheimer's Disease

★★
한국환경공단

☐ 치매를 일으키는 가장 흔한 퇴행성 뇌질환

1907년 독일의 정신과 의사 알로이스 알츠하이머 박사에 의해 최초로 보고된 뇌질환으로, 매우 서서히 발병하여 점진적으로 진행되는 특징이 있다. 초기에는 주로 최근 일에 대한 기억력 감퇴를 보이다가, 더 진행되면서 언어기능·판단력 등 여러 인지기능 이상을 나타내고 결국에는 모든 일상생활 기능을 상실하게 된다.

STEP 01 초스피드 암기 확인!

보기

ⓐ 파리기후변화협약　　ⓒ 엘니뇨　　ⓒ BOD　　ⓓ 교토의정서
ⓔ 람사르 협약　　ⓕ SCR　　ⓖ 나고야 의정서　　ⓗ 그린워싱
ⓘ 업사이클링　　ⓙ 구제역　　ⓚ 스마트 그리드

01 ▨▨▨▨(은)는 발굽이 두 개로 갈라진 동물이 걸리는 제1종 가축전염병으로 감염 시 치사율이 최대 55%에 이른다.

02 ▨▨▨▨(은)는 물의 오염 정도를 나타내는 지표가 되는 생화학적 산소 요구량으로 이 값이 클수록 오염이 심한 것이다.

03 친환경 제품이 아닌 것을 친환경 제품인 척 홍보하는 행태를 ▨▨▨▨(이)라고 한다.

04 ▨▨▨▨(은)는 전 세계 온실가스 감축을 위해 2015년 12월 12일 맺은 국제 협약으로, 2020년까지 유효했던 ▨▨▨▨(을)를 대체한다.

05 ▨▨▨▨(은)는 생물다양성 유전자원에 대한 접근 및 유전자원 이용으로부터 발생하는 이익의 공정하고 공평한 공유에 관한 규정이다.

06 기존 전력망에 정보기술을 접목해 전력 공급자와 소비자가 실시간 서로 정보를 교환함으로써 효율적으로 전력을 생산·소비하는 시스템을 ▨▨▨▨(이)라고 한다.

07 ▨▨▨▨(은)는 재활용품에 디자인 또는 활용도를 더해 그 가치를 더 높은 제품으로 만드는 것을 말한다.

08 요소수는 디젤차량에서 발생하는 질소산화물(NOx)을 정화하기 위한 물질로, 차량에 설치된 정화장치인 ▨▨▨▨에 사용된다.

09 ▨▨▨▨(은)는 물새 서식처로서 국제적으로 중요한 습지에 관한 협약으로, 가맹국은 철새의 번식지가 되는 습지를 보호할 의무가 있으며 국제적으로 중요한 습지를 1개소 이상 보호지로 지정해야 한다.

10 ▨▨▨▨(은)는 평년보다 0.5℃ 이상 해수면 온도가 높은 상태가 5개월 이상 지속되는 현상이다.

정답
01 ⓙ　02 ⓒ　03 ⓗ　04 ⓐ, ⓓ　05 ⓖ　06 ⓚ　07 ⓘ　08 ⓕ　09 ⓔ　10 ⓒ

STEP 02 기출로 합격 공략!

01 새마을금고
재활용품에 디자인 또는 활용도를 더해 그 가치를 더 높은 제품으로 만드는 것은?

① 업사이클링(Up-cycling)
② 리사이클링(Recycling)
③ 리뉴얼(Renewal)
④ 리자인(Resign)

해설
업사이클링(Up-cycling)은 쓸모없어진 것을 재사용하는 리사이클링의 상위 개념이다. 즉 자원을 재이용할 때 디자인 또는 활용도를 더해 전혀 다른 제품으로 생산하는 것을 말한다.

02 헤럴드경제
탄소를 포집해 저장하는 기술의 영문약자는?

① CBAM
② PGII
③ BIPV
④ CCS

해설
CCS(Carbon Capture & Storage)는 이산화탄소 포집과 저장기술을 뜻하는 용어다. 이산화탄소가 배출되기 전에 고농도가 되도록 모은 후, 압축하고 수송해 저장하는 기술 전반을 뜻한다.

03 한국농어촌공사, 인천관광공사
2007년 환경부가 도입한 제도로서 온실가스를 줄이는 활동에 대해 각종 인센티브를 제공하는 제도는?

① 프리덤 푸드
② 탄소발자국
③ 그린워싱
④ 탄소포인트제

해설
① 프리덤 푸드 : 동물학대방지협회가 심사·평가하여 동물복지를 실현하는 농장에서 생산된 축산제품임을 인증하는 제도
② 탄소발자국 : 개인 또는 단체가 직·간접적으로 발생시키는 온실기체의 총량
③ 그린워싱 : 실제로는 환경에 유해한 활동을 하면서 마치 친환경적인 것처럼 광고하는 행위

04 MBC, 국제신문
구제역에 걸리지 않는 가축은?

① 소
② 사슴
③ 염소
④ 개

해설
구제역이란 발굽이 2개인 소·돼지·염소·사슴·낙타 등 우제류 동물의 입과 발굽 주변에 물집이 생긴 뒤 치사율이 5~55%에 달하는 가축의 제1종 바이러스성 법정전염병이다.

05 SBS
조깅을 하면서 쓰레기를 줍는 활동의 명칭은?

① 비치코밍
② 용기내 챌린지
③ 플로깅
④ 미닝아웃

해설
플로깅(plogging)은 '이삭을 줍는다'는 뜻인 스웨덴어 'plocka upp'과 조깅(jogging)의 합성어로서 조깅을 하면서 쓰레기를 줍는 환경 캠페인이다. 2016년 스웨덴에서 처음 시작했고, 달리며 길가에 떨어진 쓰레기를 줍는 모습이 이삭을 줍는 것과 비슷해 이러한 이름이 붙었다. 국립국어원에서는 플로깅을 대체할 우리말로 '쓰담달리기'를 선정했다.

06 연합뉴스TV
다음 중 엘니뇨에 대한 설명으로 옳지 않은 것은?

① 강한 무역풍의 영향으로 발생한다.
② 태평양 적도의 남미 해안에서 발생한다.
③ 스페인어로 '아기 예수'라는 의미다.
④ 해수면 온도가 평년 대비 0.5℃ 높게 지속되는 현상이다.

해설
엘니뇨(El Nino)는 평년보다 0.5℃ 이상 해수면 온도가 높은 상태가 5개월 이상 지속되는 현상이다. 주로 열대 태평양 적도 부근 남미 해안이나 중태평양 해상에서 발생하는데, 크리스마스 즈음에 나타나기 때문에 '아기 예수, 남자아이'를 뜻하는 스페인어 '엘니뇨'라고 불린다. 엘니뇨는 대기순환에 영향을 주어 세계 각 지역에 홍수, 무더위, 가뭄 등 이상기후를 일으킨다. ①은 엘니뇨의 반대 현상인 라니냐(La Nina)에 대한 설명이다.

07
영화진흥위원회

다음 중 탄소배출권에 대한 설명으로 옳은 것은?

① 유엔기후변화협약(UNFCCC)에서 발급한다.
② 상품처럼 시장에서 거래할 수 없다.
③ 일산화탄소, 메탄, 아산화질소 배출권은 제외된다.
④ 온실가스 배출에 대한 영구적 권리를 의미한다.

해설
탄소배출권(CERs ; Certified Emission Reductions)은 지구온난화를 일으키는 일산화탄소(CO), 메탄(CH), 아산화질소(NO)와 3종의 프레온 가스, 6개 온실가스를 일정기간 배출할 수 있는 권리를 의미한다. 유엔기후변화협약에서 발급하며, 발급된 CERs는 시장에서 상품처럼 거래할 수 있다. 주로 온실가스 배출을 줄여야 하는 의무를 지는 국가와 기업이 거래한다.

08
YTN

시간당 평균 미세먼지 농도 수치가 얼마일 때 미세먼지 주의보가 발령되는가?

① $150\mu g/m^3$
② $200\mu g/m^3$
③ $250\mu g/m^3$
④ $300\mu g/m^3$

해설
미세먼지(PM-10) 시간평균 농도가 $150\mu g/m^3$ 이상 2시간 지속될 때 미세먼지 주의보가 발령되고, 미세먼지(PM-10) 시간평균 농도가 $300\mu g/m^3$ 이상 2시간 지속될 때 미세먼지 경보가 발령된다.

09
조선일보

실제로는 환경에 유해한 활동을 하면서 마치 친환경적인 것처럼 광고하는 행위는?

① 업사이클링
② 프리덤 푸드
③ 고프코어
④ 그린워싱

해설
'green'과 'washing(세탁)'의 합성어인 그린워싱(Greenwashing)은 실제로는 환경에 해롭지만, 마치 친환경적인 것처럼 광고하는 것을 말한다. 기업들이 자사의 상품을 환경 보호에 도움이 되는 것처럼 홍보하는 '위장환경주의'를 뜻하기도 한다. 기업이 상품을 생산하는 과정에서 일어나는 환경오염 문제는 축소시키고 재활용 등의 일부 과정만을 부각시켜 마치 친환경인 것처럼 포장하는 것이 이에 해당한다.

10
서울특별시농수산식품공사

다음 보기에서 설명하는 협약은 무엇인가?

보기
정식 명칭은 '물새서식지로서 특히 국제적으로 중요한 습지에 관한 협약'으로, 환경올림픽이라고도 불린다. 가맹국은 철새의 번식지가 되는 습지를 보호할 의무가 있으며 국제적으로 중요한 습지를 1개소 이상 보호지로 지정해야 한다.

① 런던 협약
② 몬트리올 의정서
③ 람사르 협약
④ 바젤 협약

해설
① 선박이나 항공기, 해양시설로부터의 폐기물 해양투기나 해상소각을 규제하는 국제협약
② 지구의 오존층을 보호하기 위해 오존층 파괴물질의 사용을 규제하는 국제 협약
④ 유해폐기물의 국가 간 교역을 규제하는 국제협약

11
MBC, 전남신용보증재단

호기성 미생물이 일정 기간 동안 물속에 있는 유기물을 분해할 때 사용하는 산소의 양을 말하며, 물의 오염된 정도를 표시하는 지표로 사용되는 것은?

① pH
② BOD
③ COD
④ DO

해설
생화학적 산소요구량(Biochemical Oxygen Demand)은 일반적으로 BOD로 부르며, 생물분해가 가능한 유기물질의 정도를 뜻한다. BOD 값이 클수록 오염 정도가 심한 물이고, BOD 값이 작을수록 깨끗한 물이다.

12
헤럴드경제

이산화탄소 배출이 많은 국가 제품에 관세를 부과하는 탄소국경조정제도의 영문약자는?

① CERs
② CBAM
③ CDM
④ DOE

해설
탄소국경조정제도의 영문약자는 CBAM(Carbon Border Adjustment Mechanism)이다. 이산화탄소 배출이 많은 국가에서 생산·수입되는 제품에 부과하는 관세로 미국 조 바이든 행정부와 유럽연합(EU)이 주도적으로 추진했다.

13

식품안전관리인증기준 HACCP 제도에 대한 설명으로 옳지 않은 것은?

① 우리나라는 1995년 식품위생법에 HACCP 제도를 도입하였다.
② 위해분석(HA)과 중요관리점(CCP)으로 구성되어 있다.
③ 국제식품규격위원회(Codex)에 규정된 12단계와 5원칙으로 현장에 적용되고 있다.
④ 식품의 생산, 유통, 소비의 전 과정을 통하여 지속적으로 관리함으로써 제품 또는 식품의 안전성을 확보한다.

해설
HACCP은 국제식품규격위원회(Codex)에 규정된 12단계와 7원칙으로 현장에 적용되고 있다.
HACCP 준비단계
HACCP팀 구성 → 제품설명서 작성 → 제품용도 확인 → 공정흐름도 작성 → 공정흐름도 현장 확인
HACCP 7원칙
위해요소분석, 중요관리점(CCP) 결정, CCP 한계기준 설정, CCP 모니터링체계확립, 개선조치방법 수립, 검증절차 및 방법 수립, 문서화 및 기록유지방법 설정

14

열섬 현상에 관한 설명으로 적절하지 않은 것은?

① 도심의 온도가 타 지역보다 높게 측정되는 현상이다.
② 낮보다 밤에 심하게 나타난다.
③ 도시의 매연이 가장 큰 원인이다.
④ 봄·가을보다는 여름에 열대야 현상과 함께 나타난다.

해설
열섬 현상은 도심의 온도가 다른 주변의 지역보다 훨씬 높게 측정되는 것이다. 도심은 대기가 오염되어 있고, 인구가 밀집되어 있어 일사 에너지가 방출되지 못하고 저장된다. 도심과 주변지역의 온도를 연결하는 등온선이 섬과 비슷해 '열섬'이라는 이름이 붙었다. 열섬 현상은 여름보다는 일교차가 심한 봄·가을에 강도가 심하게 나타난다.

15

다음 중 온실효과를 일으키는 물질로만 짝지어진 것은?

① 이산화탄소(CO_2), 메탄(CH_4)
② 질소(N), 아산화질소(N_2O)
③ 프레온(CFC), 산소(O_2)
④ 질소(N), 이산화탄소(CO_2)

해설
질소(N), 산소(O_2) 등의 기체는 가시광선이나 적외선을 모두 통과시키기 때문에 온실효과를 일으키지 않는다. 교토의정서에서 정한 대표적 온실가스에는 이산화탄소(CO_2), 메탄(CH_4), 아산화질소(N_2O), 과불화탄소(PFCs), 수소불화탄소(HFCs), 육불화유황(SF_6) 등이 있다.

16

이산화탄소를 배출량 이상으로 흡수하는 것을 뜻하는 용어는?

① 탄소 네거티브
② 넷제로
③ 탄소중립
④ 탄소발자국

해설
탄소 네거티브는 적극적인 탄소감축·친환경 정책으로 이산화탄소를 배출량 이상으로 흡수해, 실질적인 배출량을 마이너스로 만드는 것을 뜻한다. 배출량 상쇄를 뜻하는 탄소중립을 넘어 이미 배출된 이산화탄소를 제거할 수 있어야 달성된다.

17

다음 설명과 관련된 국제 협약은 무엇인가?

> 해양수산부는 국제해사기구에서 열린 국제회의에 참가해 육상 폐기물의 해양 배출을 전면 금지하기로 한 정부 의지를 밝혔다. 회의에서는 당사국의 폐기물 해양 배출 현황 보고 및 평가 등이 진행됐다.

① 바젤 협약
② 람사르 협약
③ 런던 협약
④ 로마 협약

해설
① 바젤 협약 : 핵 폐기물의 국가 간 교역을 규제하는 국제 환경 협약
② 람사르 협약 : 물새 서식지로서 특히 국제적으로 중요한 습지에 관한 협약
④ 로마 협약 : 지적 재산권 보호를 위한 협약

18
차량 배기가스 저감장치 중 하나인 디젤 미립자 필터를 가리키는 약자는?

① NOx   ② SCR
③ EGR   ④ DPF

해설
DPF(Diesel Particulate Filter, 디젤 미립자 필터)는 배기가스 저감장치 중 하나다. 배기가스의 유해한 성분을 후처리하는 장치로 디젤이 연소한 후 남은 탄화수소의 찌꺼기들을 고온으로 완전히 연소시켜 없애는 역할을 한다.

19
음식물쓰레기를 줄여 환경을 보호하고 기아인구를 돕기 위해 세계식량계획이 진행한 캠페인은?

① SAS   ② ZWZH
③ Breath Life   ④ The Cost

해설
유엔세계식량계획(WFP)의 'ZWZH(Zero Waste Zero Hunger)' 캠페인은 버려지는 음식물쓰레기를 줄여 기후위기에 대처하고 기아인구를 돕는다는 내용이다. WFP에 따르면 매년 전 세계 식량의 3분의 1은 버려지고 있는데, 이는 기아를 악화시키고 탄소를 배출해 기후위기를 심화시키고 있다. 음식물 낭비를 줄여 탄소배출을 저감하고, 여기서 발생한 비용을 기아인구가 식량을 구하도록 기부하는 것이 캠페인의 주된 내용이다.

20
2021년 품귀 사태를 빚었던 요소수에 대한 설명으로 옳은 것은?

① 가솔린 차량에서 발생하는 질소산화물을 정화시키기 위한 물질이다.
② 유럽의 배출가스 규제인 유로6의 도입으로 사용이 의무화되었다.
③ 질소산화물을 물과 이산화탄소로 환원시킨다.
④ 요소수가 소모되어도 차량 운행에는 문제가 없다.

해설
요소수는 디젤 차량에서 발생하는 질소산화물(NOx)를 정화하기 위한 물질로, 차량에 설치된 정화장치인 SCR에 사용된다. 배기가스가 지나는 통로에 요소수를 뿌리면 질소산화물이 물과 질소로 환원된다. 2015년에 유럽의 배출가스 규제인 유로6가 국내에 도입되면서, 디젤차량에 반드시 SCR을 탑재하고 요소수 소모 시 보충해야 한다. SCR이 설치된 디젤 차량은 요소수가 없으면 시동이 걸리지 않는 등 운행할 수 없다.

21
다음 중 파리협정에 대한 설명으로 옳지 않은 것은?

① 2015 기후변화협약에서 채택됐다.
② 2020년에 만료됐다.
③ 교토의정서를 대체한다.
④ 지구 평균기온을 산업화 이전보다 2도 이상 오르지 않게 하자는 내용이다.

해설
파리기후변화협약은 일명 '파리협정'으로, 프랑스 파리에서 열린 제21차 유엔기후변화협약에서 195개 협약 당사국이 지구온난화 방지를 위해 채택했다. 지구 평균기온이 산업화 이전보다 2도 이상 상승하지 않도록 온실가스를 단계적으로 감축하는 방안으로서, 2020년에 만료된 교토의정서(1997)를 대신하여 2021년부터 적용됐다.

22
핵 폐기물의 국가 간 교역을 규제하는 내용의 국제환경 협약은?

① 람사르 협약   ② 런던 협약
③ CBD   ④ 바젤 협약

해설
① 람사르 협약 : 물새 서식지로서 특히 국제적으로 중요한 습지에 관한 협약
② 런던 협약 : 해양오염 방지를 위한 국제 협약
③ 생물다양성협약(CBD) : 지구상의 동·식물을 보호하고 천연자원을 보존하기 위한 국제협약

23
세계보건기구가 주관하는 '세계 보건의 날'은 언제인가?

① 3월 7일   ② 4월 7일
③ 5월 7일   ④ 6월 7일

해설
세계 보건의 날은 세계보건기구(WHO)의 헌장이 공식 발효된 날인 1948년 4월 7일을 해마다 기념하는 날이다. WHO는 보건위생 활동을 촉진하기 위해 이 날에 맞춰 그해의 중점과제를 각국에 표어로 제시한다. 그리고 이날에는 세계 각지에서 보건위생 활동을 위한 행사가 펼쳐진다. 우리나라에서는 1973년 보건사회부(현 보건복지부)가 이날을 기념해 '보건의 날'로 지정했다.

24

경기도 공무직 통합채용

세계보건기구(WHO)에서 선포하는 감염병 경고 최고등급은?

① 트윈데믹 ② 엔데믹
③ 팬데믹 ④ 에피데믹

해설
③ 팬데믹(Pandemic) : 감염병의 세계적 대유행으로, WHO가 선포하는 감염병 경고 최고등급
① 트윈데믹(Twindemic) : 코로나19와 독감이 함께 유행하는 것
② 엔데믹(Endemic) : 특정 지역의 주민들 사이에서 주기적으로 발생하는 풍토병
④ 에피데믹(Epidemic) : 비교적 넓은 특정 지역에 감염속도가 빠르게 확산되는 유행병

25

서울시복지재단

도파민을 분비하는 신경세포가 만성적으로 퇴행하는 질환은?

① 파킨슨병 ② 알츠하이머병
③ 루게릭병 ④ 뇌전증

해설
파킨슨병(Parkinson's Disease)은 만성 진행 신경퇴행성 질환이다. 도파민을 분비하는 신경세포가 서서히 소실되어 가는 질환으로, 서동증(운동 느림), 안정 시 떨림, 근육 강직, 자세 불안정 등의 증상이 발생한다. 연령이 증가할수록 이 병에 걸릴 위험이 점점 커져 노년층에서 많이 발생한다.

26

조선비즈

멸종위기에 처한 야생동식물의 국제거래를 막기 위한 협약의 약자는?

① NDC ② IUCN
③ CITES ④ ICBP

해설
CITES는 '멸종위기에 처한 야생동식물종의 국제거래에 관한 협약(Convention on International Trade in Endangered Species of Wild Flora and Fauna)'의 약자다. 이 협약의 부록인 부속서에는 국제무역이 중지되지 않으면 멸종되거나 멸종될 우려가 있는 약 33,000여 종의 동식물이 등록되어 있다. 1975년 발효됐고, 우리나라는 1993년 가입했다.

27

한겨레

기후변화 문제에 대처하기 위해 세계기상기구와 유엔환경계획이 1988년 공동설립한 기구는?

① UNCOD
② PACD
③ UNFCCC
④ IPCC

해설
IPCC(Intergovernmental Panel on Climate Change)는 '기후변동에 관한 정부 간 패널'로 1988년 기후변화에 대처하기 위해 세계기상기구(WMO)와 유엔환경계획(UNEP)이 공동설립한 기구다. 기후변화의 그 과학적 근거를 제시하는 보고서를 작성해 발표하고 있다.

정답

01 ① 02 ④ 03 ④ 04 ④ 05 ③ 06 ① 07 ①
08 ① 09 ④ 10 ③ 11 ② 12 ② 13 ③ 14 ④
15 ① 16 ① 17 ③ 18 ④ 19 ② 20 ② 21 ②
22 ④ 23 ② 24 ③ 25 ① 26 ③ 27 ④

빅데이터 분석 출제 경향

정치·외교 56%
법률 44%

정치는 정부, 정책, 국제, 외교 등 많은 영역을 포괄하는 분야입니다. 대통령과 국회의 권한 및 역할뿐 아니라 헌법, 정당, 선거와 관련된 내용들도 자주 출제되니 꼼꼼하게 암기해두세요. 현 정부의 조직과 기능 그리고 직무 담당자의 임기뿐 아니라 조직 변경과 직무 담당자의 교체 현황도 자주 출제됩니다.

국제·외교에서는 현 이슈와 관련된 북한 관련 내용들도 빈번히 출제되고 있으니 중요한 이슈들은 평소에 관심을 가지고 내용과 용어를 익혀두는 것이 좋습니다. 또한 우리나라에 도입 예정인 해외 법률이나 제도들과 관련된 용어들도 생소할 수 있으니 꼭 체크하고 넘어가야 합니다.

최빈출 대표 용어

Section	키워드
01 정치·외교	필리버스터, 레임덕, 대통령의 지위와 권한, 옴부즈만 제도, 교섭단체, 언더독 효과
02 법률	헌법 개정절차, 헌법재판소, 탄핵, 김영란법, 일사부재리의 법칙

PART

4

정치

SECTION 01 정치·외교
SECTION 02 법률

SECTION 01 정치·외교

PART 4 정치

» Theme 1 «
정치 일반

제1장 정치의 기초

001 숙의민주주의
뉴스1, KBS

□ 숙의를 바탕으로 한 합의적인 의사결정 방식의 민주주의

'숙의(熟議)'는 '깊이 생각하여 넉넉히 의논함'을 뜻하는 것으로, 이러한 '숙의'가 의사결정의 중심이 되는 형식을 숙의민주주의라고 한다. 직접민주주의적인 형태로서, 다수결로 대표되는 대의민주주의의 한계를 보완하는 기능을 하는 것이다. 갈등이 첨예한 사안에 관하여 단순히 찬성 혹은 반대로 의견을 대립하는 것이 아니라 충분한 시간을 두고 전문가가 제공하는 지식과 정보를 바탕으로 한 학습 및 의견 수렴 과정을 거치며, 이해와 공감으로 해결책을 도출해 낸다는 장점이 있다.

002 삼권분립
한국소비자원

□ 국가권력을 입법권, 행정권, 사법권으로 나누는 것

영국의 철학자 존 로크가 처음 주장한 이론에서 비롯했다. 국가권력의 집중과 남용을 막기 위해 입법권, 행정권, 사법권으로 분리하여 이를 각각 국회, 정부, 법원이 맡음으로써 상호 간 견제를 통해 국민의 자유를 보장하려는 제도다.

제 2 장 정치 이론

003 투키디데스의 함정

★★★★★

MBC, MBN

☐ 신흥 강대국과 기존 강대국의 필연적인 갈등

새로운 강대국이 떠오르면 기존의 강대국이 이를 두려워하여 견제하여 부딪칠 수밖에 없는 상황을 의미하는 이 용어는 아테네와 스파르타의 전쟁에서 유래한 말이다. 미국 정치학자 그레이엄 앨리슨은 2017년 낸 저서 〈예정된 전쟁〉에서 기존 강국이던 스파르타와 신흥 강국이던 아테네가 맞붙었듯이 현재 미국과 중국의 세력 충돌 또한 필연적이라는 주장을 하면서 이런 필연을 '투키디데스의 함정'이라고 명명했다.

004 고노 담화

★★★★★

뉴스1, 문화일보, MBC

☐ 일본군 위안부 모집에 대해 일본군이 강제 연행했다는 것을 인정하는 내용이 담긴 담화

1993년 8월 4일 고노 요헤이 일본 관방장관이 위안부 문제와 관련, 일본군 및 관헌의 관여와 징집·사역에서의 강제성을 인정하고 문제의 본질이 중대한 인권 침해였음을 인정하면서 사죄한 것으로 일본 정부의 공식 입장이다.

상식 plus⁺

- **무라야마 담화** : 1995년 당시 일본 무라야마 총리가 식민지 지배와 침략의 역사를 인정하고 사죄하는 뜻을 공식적으로 표명한 담화이다. 외교적으로 일본이 가장 적극적으로 일본의 식민지배를 사죄한 것으로 평가되지만 강제동원 피해자에 대한 배상문제와 군 위안부 문제 등에 대한 언급은 없었다.
- **미야자와 담화** : 1982년 역사교과서 파동시 미야자와 당시 관방장관이 "일본 정부가 책임지고 교과서 기술을 시정하겠다"고 밝힌 내용으로, 일본은 이에 근거해 교과서 검정 기준에 '근린제국 조항'을 집어넣었다.

근린제국 조항
근린제국이란 가까운 여러 이웃 나라, 즉 주변국가라는 의미이다. 일본은 교과서 검정기준을 둘러싼 파동이 일자 '근린제국 조항'을 도입하면서 근현대사의 역사적 사건을 다룰 때 국제적인 이해의 시점에서 배려할 것이라는 뜻을 밝힌 바 있다.

005 독트린 Doctrine

> 국제사회에서 공식적으로 표방하는 정책상의 원칙

어원은 종교의 교리나 교의를 뜻하는 라틴어 Doctrina이다. 정치나 학문 등의 '주의'나 '신조'를 나타내는 뜻으로 쓰이거나, 강대국 외교 노선의 기본 지침으로 대내외에 천명될 경우에도 사용된다.

상식 plus+

역대 미국 대통령들의 독트린

- 먼로 독트린(Monroe Doctrine)
  1823년 유럽 열강으로 하여금 더 이상 미 대륙을 식민지화하거나 미 대륙에 있는 주권 국가에 대한 간섭을 거부하는 내용
- 트루먼 독트린(Truman Doctrine)
  1947년 공산주의 확대를 저지하기 위하여 자유와 독립의 유지에 노력하며, 소수의 정부지배를 거부하는 의사를 가진 나라에 대하여 군사적·경제적 원조를 제공한다는 내용
- 닉슨 독트린(Nixon Doctrine)
  1969년 발표한 고립주의 외교정책으로 미국은 아시아 제국(諸國)과의 조약상 약속을 지키지만, 강대국의 핵에 의한 위협의 경우를 제외하고는 내란이나 침략에 대하여 아시아 각국이 스스로 협력하여 그에 대처하여야 할 것 등의 내용 포함
- 부시 독트린(Bush Doctrine)
  2001년 9·11 테러 이후 발표한 외교정책으로 미국은 자국의 안보를 위해 선제공격도 불사하며, 테러리스트뿐 아니라 그들을 지원하는 국가도 모두 적으로 간주한다는 강경한 대외정책 원칙

관타나모 수용소
쿠바 남동쪽 관타나모만에 설치된 미국 해군기지 내 수용소로, 9·11 테러 이후 알카에다와 탈레반 정권에 연루된 외국인들을 구금하고 있다. 수용 인원보다 많은 인원이 수감돼 있으며 고문과 인권침해 문제에 대한 논란이 있었다.

006 엽관제도 Spoils System

> 선거에서 당선되어 정권을 잡은 사람 또는 정당이 관직을 지배하는 정치적 관행

19세기 중반 미국에서 성행한 공무원 임용제도에서 유래한 것으로 정당에 대한 충성도와 기여도에 따라 공무원을 임용하는 인사관행을 말한다.

상식 plus+

정실주의(情實主義)
실적(實績)을 고려하지 않고 정치성·혈연·지연(地緣)·개인적 친분 등에 의하여 공직의 임용을 행하는 인사관행 내지 제도이다.

007 포퓰리즘 Populism

한국폴리텍대학, 경인일보

★★★

☐ 재정·실현가능성을 생각하지 않는 대중영합주의 정치

대중의 의견을 존중하고, 대중의 이익을 대변하는 방향으로 정치활동을 펼치는 것을 말한다. 아울러 재정이나 환경 또는 실현가능성을 고려하지 않고 인기에 따라 '퍼주기식' 정책을 펼치는 대중영합주의 정치를 뜻하기도 한다.

008 필리버스터 Filibuster

경향신문, 구미시설공단, 방송통신심의위원회

★★★★★

☐ 소수파가 다수파의 독주를 막기 위해 합법적으로 의사진행을 방해하는 행위

의회 내에서 긴 발언을 통해 의사진행을 합법적으로 방해하는 행위를 말한다. 고대 로마 원로원에서 카토가 율리우스 카이사르의 입안 정책을 막는 데 사용한 것에서 유래했다. 우리나라는 1964년 당시 국회의원 김대중이 김준연 의원의 구속동의안 통과를 막기 위해 5시간 19분 동안 연설을 진행한 것이 최초다. 그러나 박정희 정권시절에 필리버스터가 금지되었고, 2012년 국회선진화법이 도입되면서 부활했다.

국회선진화법

다수당의 일방적인 법안·안건 처리 방지를 위해 2012년 제정된 국회법 개정안이다. 법안에 대한 국회의장의 직권 상정과 다수당의 날치기 통과를 막기 위해 재적의원 5분의 3 이상의 동의가 있어야만 본회의 상정이 가능하도록 한 국회법이다. 일방적인 국회 운영 및 법률안 처리나 국회 폭력을 예방하기 위해 2012년 5월 2일, 18대 국회 마지막 본회의에서 여야 합의로 도입됐다.

009 비토크라시

코리아헤럴드

★★

☐ 상대 정당의 주장을 모두 거부하는 극단적 정치

거부(Veto)와 민주주의(Democracy)를 합친 말로, 상대정당에 대한 정책과 입장을 모두 거부하는 극단적인 파당정치를 말한다. 상대정당을 반대하기 위해 반대하는 것이다. 이러한 비토크라시 상황에서는 정당 간의 협치와 소통은 사라지고, 입법 등 국정운영 과정에서도 큰 차질을 빚게 된다.

Theme 2
통치 구조

제1장 정부 조직과 행정

010 감사원

★★★★

한국수력원자력, 한국철도시설공단

☐ 행정부의 최고 감사 기관, 합의체 기관, 헌법상의 필수 기관

헌법에 의해 설치된 정부기관으로, 국가의 세입·세출을 결산하고 국가 및 법률이 정한 단체의 회계검사와 행정기관 및 공무원의 직무에 관한 감찰을 하는 기관이다.

상식 plus⁺

감사원의 구성과 권한

- 구성
  - 조직 : 감사원장을 포함한 5인 이상~11인 이하의 감사위원으로 구성한다.
  - 임명 : 감사원장은 대통령이 국회의 동의를 얻어 임명하고, 감사위원은 원장의 제청으로 대통령이 임명한다.
  - 임기 : 감사원장·감사위원 모두 4년이며, 1차에 한하여 중임할 수 있다.
- 권한
  - 세입·세출의 결산 검사 및 보고 : 국가의 세입·세출의 결산을 매년 검사하여 그 결과를 대통령과 차년도 국회에 보고한다.
  - 회계검사 : 국가 및 법률이 정한 단체의 회계를 검사한다.
  - 직무감찰 : 행정기관 및 공무원의 직무에 관한 감찰을 한다.

011 레임덕 Lame Duck

★★★★★

화성시 공공기관 통합채용, 부산교통공사, 인천교통공사

☐ 임기 말 권력누수 현상

절름발이 오리라는 뜻이며, 현직에 있던 대통령의 임기 만료를 앞두고 나타나는 것으로 대통령의 권위나 명령이 제대로 시행되지 않거나 먹혀들지 않아서 국정 수행에 차질이 생기는 일종의 권력누수 현상이다. 레임덕이 발생하기 쉬운 경우는 임기 제한으로 인해 권좌나 지위에 오르지 못하게 된 경우, 임기 만료가 얼마 남지 않은 경우, 집권당이 의회에서 다수 의석을 얻지 못한 경우 등이 있다. 레임덕이 심화하면 데드덕이 된다.

데드덕(Dead Duck)
레임덕이 정부수반 등의 임기 말 권력누수 현상을 뜻한다면, 데드덕은 이보다 더 심각한 권력공백 상태를 뜻하는 말이다. 데드덕은 영어에서 '가망이 없는 사람'을 의미하기도 한다.

012 대통령의 지위와 권한

한국남동발전, 국민연금공단

☐ 국가의 원수로서 국가를 대표하는 행정부의 수반(우두머리)으로서의 여러 가지 권한

대통령은 국가의 원수이며, 행정권은 대통령을 수반으로 하는 정부에 속한다.
- **국가 원수로서의 권한**: 국가를 대표하는 권한(조약체결·비준권, 외교사절 신임·접수·파견권, 선전포고·강화권, 외국승인권), 국가와 헌법 수호권(긴급재정·경제처분 및 명령권, **긴급명령권**, 계엄선포권), 국정조정권(헌법개정제안권, 국민투표부의권, 임시국회소집요구권, 사면·감형·복권명령권), 헌법기관구성권(대법원장·국무총리·감사원장·헌법재판소장 임명권, 대법관 임명권, 헌법재판소재판관 임명권, 중앙선거관리위원회위원 임명권)
- **행정부 수반으로서의 권한**: 행정부의 최고 지휘·감독권, 법령집행권, **국군통수권**, 공무원 임면권, 대통령 발포권, **법률안 거부권** 등

긴급명령권
국가비상사태 등 중대한 위기가 있거나 예상될 때 법에 따른 권한에 구애받지 않고 긴급한 조치를 위해 명령할 수 있는 권한

국군통수권
국군을 지휘하고 통솔하는 권한

법률안 거부권
'법률안 재의요구권'이라고도 한다. 대통령이 국회에서 의결한 법률안을 거부할 수 있는 권리이며, 국회에 법률안을 다시 심사하라고 돌려보내는 것이다. 단 법률안이 아닌 예산안에는 거부권을 행사할 수 없다.

013 대통령의 의무

한국남동발전, 경향신문, MBC

☐ 헌법상 한국의 대통령이 지켜야 할 의무

국가의 독립과 영토 보전 의무, 국가의 계속성과 헌법 수호의 책무, 조국의 평화적 통일을 위한 성실한 노력 의무, 취임 선서문의 직책을 성실히 수행할 의무 등을 가진다.

계엄
전시·사변 등 비상사태 발생 시 사법·행정의 전부 또는 일부를 잠정적으로 군사령관과 군법회의에 이전하는 제도이다. 계엄하에서는 국민의 권리와 자유가 제한된다.

상식 plus+

대통령의 권한 중 국회의 동의, 승인, 통고가 필요한 경우

국회의 동의를 얻어야 하는 경우	조약의 체결·비준/일반사면/국무총리, 감사원장, 대법원장, 헌법재판소장, 대법관의 임명/예비비의 설치/선전포고 및 강화/국군의 해외 파병/외국의 국내 주둔/국채모집
국회의 승인을 받아야 하는 경우	긴급명령/긴급재정경제처분 및 명령/예비비의 지출
국회에 통고하여야 하는 경우	계엄선포

014 위성정당

★★

헤럴드경제

☐ 다당제의 형태를 갖추기 위해 만든 명목상의 정당

위성정당(Satellite Party)은 일당제의 국가에서 집권 여당 외에 다당제의 형태를 갖추기 위해 만드는 명목상의 정당이다. 일당제 국가에서 '우리도 다당제 국가이다'라는 것을 내세우기 위해 존재하는 정당이다. 다당제의 구색을 맞춘다고 해서 구색정당(Bloc Party)이라고도 부른다. 위성정당으로의 정권교체는 사실상 불가능하며 그러한 의지도 없다. 당원의 수도 매우 적고 변변한 지방조직도 없다. 조선노동당의 독주 체제인 북한에서는 '조선사회민주당'이 위성정당의 사례다.

015 옴부즈만 제도 Ombudsman System

★★★★★

보훈교육연구원, 한국언론진흥재단, 한국장애인고용공단

☐ 정부의 부당한 행정 조치를 감시하고 조사하는 일종의 행정 통제 제도

입법부와 법원이 가지고 있는 행정 통제의 고유 권한이 제 기능을 발휘하지 못함에 따라 이를 보완하고 보다 적극적으로 국민의 이익을 보호하려는 취지에서 1809년 스웨덴에서 처음 창설된 대국민 절대 보호 제도이다. 옴부즈만과 비슷한 제도로 우리나라에는 '국민권익위원회'가 있다.

상식 plus⁺

국민고충처리위원회

1994년 설치되었던 합의제 행정기관

국민권익위원회

부패 방지와 국민의 권리 보호 및 구제를 위하여 설치한 국무총리 소속의 행정기관으로 2008년 2월 29일 법률 제8878호로 제정되었다. 부패 방지와 국민의 권리 보호 및 구제를 위하여 과거 국민고충처리위원회·국가청렴위원회·국무총리행정심판위원회 등의 역할을 하고 있다.

016 정부형태의 비교

충북대학교병원, MBC

☐ 대통령제와 의원내각제의 차이는 의회의 내각불신임권과 행정부의 의회해산권의 존재 여부에 있다.

구분	대통령제	의원내각제
특징	• 권력 분립 지향(견제와 균형) • 대통령은 국민에 대해 책임 • 국가원수이며 행정부 수반 • 대통령의 법률안 거부권 • 내각은 의결 기관이 아닌 심의 기관 • 의회는 행정부를 불신임할 수 없고, 행정부도 의회를 해산할 수 없음 • 정부는 법률안 제안권이 없으며, 정부 각료의 의회 출석 발언권도 없음 • 정부 각료는 의회 의원을 겸할 수 없음	• 권력 융합주의 • 의회의 신임(대체로 다수당)에 의해 내각 구성 • 왕, 대통령은 정치적 실권이 없는 상징적 존재 • 의회는 내각불신임의결권을 가지고 있음 • 내각은 의회해산권과 법률안 제안권을 갖고 있음 • 각료는 원칙적으로 의회 의원이어야 하며 의회 출석 발언권을 가짐 • 내각은 의결 기관임
장점	• 대통령 임기 동안 정국 안정 • 정책의 계속성 보장 • 국회 다수당의 횡포 견제	• 정치적 책임에 민감 • 국민의 민주적 요청에 충실 • 정국 안정시 능률적 행정
단점	• 대통령의 강력한 권한으로 독재화의 가능성 있음 • 책임 정치의 실현이 곤란	• 다수당의 횡포 가능성 • 군소 정당 난립시 정국 불안 • 정책의 일관성·지속성 결여
공통점	사법부의 독립을 엄격히 보장 → 기본권의 보장	

내각불신임권
국회가 투표를 통해 내각을 신임하지 않는다는 의사를 결정하는 것

의회해산권
대통령이 국회를 해산할 수 있는 권한으로, 임기 만료 전에 의원에 대한 자격을 상실하게 하는 것

상식 plus⁺

우리나라가 채택하고 있는 의원내각제적 요소

행정부(대통령)의 법률안 제안권, 의원의 내각각료 겸직 가능, 국무총리제, 국무회의의 국정심의, 대통령의 국회 출석 및 의사표시권, 국회의 국무총리·국무위원에 대한 해임건의권 및 국회 출석 요구·질문권 등

제 2 장 국회와 정당

017 교섭단체

문화일보, SBS

☐ 국회에서 정당 소속 의원들의 의견과 정당의 주장을 통합하여 국회가 개회되기 전에 반대당과 교섭·조율하기 위해 구성하는 단체

소속 국회의원의 20인 이상을 구성 요건으로 하며 하나의 정당으로 교섭단체를 구성하는 것이 원칙이지만 복수의 정당이 연합해 구성할 수도 있다. 매년 임시회와 정기회에서 연설을 할 수 있고 국고보조금 지원도 늘어난다.

국고보조금
국가가 추진하는 산업 정책을 장려하는 차원에서 무상으로 지급하는 보조금

상식 plus⁺

국회법 제33조 제1항(교섭단체)
국회의 20인 이상의 소속의원을 가진 정당은 하나의 교섭단체가 된다. 그러나 다른 교섭단체에 속하지 아니하는 20인 이상의 의원으로 따로 교섭단체를 구성할 수 있다.

018 국회가 하는 일

경향신문, MBC

☐ 입법에 관한 일, 재정에 관한 일, 일반 국정에 관한 일

- 입법에 관한 일 : 법률제정, 법률개정, 헌법개정 제안·의결, 조약체결·비준 동의
- 재정에 관한 일 : 예산안 심의·확정, 결산 심사, 재정 입법, 기금심사, 계속비 의결권, 예비비지출승인권, 국채동의권, 국가의 부담이 될 계약 체결에 대한 동의권
- 일반 국정에 관한 일 : 국정감사·조사, 탄핵소추권, 헌법기관 구성권, 긴급명령·긴급재정경제처분 명령 승인권, 계엄해제 요구권, 일반사면에 대한 동의권, 국무총리·국무위원 해임건의권, 국무총리·국무위원·정부위원 출석요구권 및 질문권

탄핵소추권
대통령·국무총리 등 고위공직자가 직무 집행에 있어서 헌법을 위배한 경우에 탄핵의 소추를 통해 책임을 묻는 제도로, 국회 재적의원 3분의 1 이상의 발의가 있어야 한다. 다만, 대통령에 대한 탄핵소추는 국회 재적의원 과반수의 발의가 있어야 한다.

상식 plus⁺

국회의 임명동의 대상
국무총리, 감사원장, 대법원장, 대법관, 헌법재판소장
※ 국정원장, 각 부처장관, 국세청장, 검찰총장, 경찰청장, 중앙선거관리위원장은 국회가 청문회를 열긴 해도 국회의 임명동의 대상은 아니다.

019 국회의원의 헌법상 의무

부산광역시 공무직 통합채용, 뉴스1

☐ 청렴의 의무, 국익 우선의 의무, 지위 남용금지의 의무, 겸직금지의 의무

재물에 욕심을 내거나 부정을 해서는 안 된다는 청렴의 의무, 개인의 이익보다 나라의 이익을 먼저 생각하는 국익 우선의 의무, 국회의원의 신분을 함부로 남용하면 안 된다는 지위 남용금지의 의무, 법에서 금지하는 직업을 가져서는 안 되는 겸직금지의 의무 등이 있다.

상식 plus+

국회법상 국회의원의 의무
- 직무의 내외를 불문하고 그 품위를 손상하는 행위를 해서는 안 된다(품위유지 의무).
- 국회 본회의와 위원회에 출석하여야 한다(국회의 본회의와 위원회 출석 의무).
- 의사 진행 중에는 의사에 관한 법규를 준수하며, 질서유지에 관한 명령에 복종할 의무가 있다(의사에 관한 법령·규칙 준수 의무).

020 불체포특권

한겨레, 경향신문

☐ 회기 중에 국회동의 없이 체포 또는 구금되지 않을 국회의원의 권리

면책특권과 함께 국회의원의 특권 중 하나로 범죄혐의가 있어도 회기 중에 국회동의 없이는 체포 또는 구금되지 않을 권리이다. 다만 현장에서 범죄를 저질러 적발된 현행범인 때는 예외다. 불체포특권을 둔 목적은 국회의원의 자유로운 의정활동과 국회의 기능을 보장하기 위함이다. 그러나 불체포특권을 남용해 수사가 진행 중인 국회의원의 체포를 막으려 소속정당에서 임시국회를 고의로 여는 소위 '방탄국회' 소집도 발생했다. 이를 막기 위해 2005년에는 체포동의안이 제출되면 본회의를 열고 보고한 다음, 24시간 후 72시간 내에 무조건 동의안 표결을 해야 하는 식으로 국회법이 개정됐다.

면책특권
국회의원이 국회 내에서 직무상 행한 발언과 표결에 관하여 국회 밖에서 민사상·형사상의 책임을 지지 않는다는 특권이다.

021 정족수

한국남동발전, 한국마사회, 뉴스1

☐ 회의를 진행하고 의사를 결정하는 데 필요한 최소한의 인원수

의결정족수는 의결을 유효하게 성립시키는 데 필요한 정족수를 말하고, 의사정족수는 회의를 열고 진행하기 위해 필요한 정족수를 말한다.

상식 plus⁺

국회 안건별 정족수 정리

조건	안건
재적 2/3 이상	국회의원 제명, 대통령 탄핵 소추, 헌법개정안 의결, 국회의원 무자격 결정
재적 과반수의 출석, 출석 2/3 이상	법률안 재의결, 의안의 번안의결
재적 3/5 이상	무제한토론(필리버스터)의 종결 의결, 체계·자구심사 본회의 부의 요구, 신속처리안건 지정
재적 과반수	계엄 해제 요구, 대통령 탄핵소추 발의, 일반 탄핵소추, 국무총리·국무위원 해임 건의, 안건 신속처리 건의, 국회의장·부의장 선출, 헌법개정안 발의
재적 1/4 이상의 출석, 출석 과반수	전원위원회 의결
재적 과반수 출석, 출석 과반수	일반 의결
출석 과반수	국회회의 비공개 여부
재적 과반수 출석, 출석 다수	국회 임시의장 선출, 최고 득표자 2인 발생시 대통령 당선자 결정
재적 1/3 이상	무제한토론 종결 발의, 무제한토론 요구, 일반 탄핵소추 발의, 국무총리·국무위원 해임 건의 발의
재적 1/4 이상	국회의원 석방요구 발의, 국정조사 발의, 전원위원회, 임시회 소집요구, 휴회 중 본회의 재개 요구
재적 1/5 이상	위원회 개회, 본회의 개회, 표결 방식 변경 요구
50인 이상	예산안 수정
30인 이상	일반 의안 수정, 국회의원 자격심사 청구, 폐기된 법률안 본회의 부의
20인 이상	징계 요구, 교섭단체 성립, 긴급현안 질문, 국무위원·정부위원 출석 요구
10인 이상	회의 비공개 발의, 일반 의안 발의

022 일사부재의의 원칙

★★★

방송통신심의위원회, 헤럴드경제

☐ 한 번 부결된 안건은 같은 회기 중에 다시 발의하거나 제출하지 못한다는 원칙

소수파에 의한 의사방해를 막기 위한 제도로 국회법상의 원칙이다. 따라서 국회법의 개정으로 폐지되거나 내용이 달라질 수 있다. 또한 일사부재의는 국회의 대의기능을 제한하는 의사원칙이므로, 그 적용범위는 국회법의 규정문언(부결된 안건은 같은 회기 중에 다시 발의 또는 제출하지 못한다)에 엄격히 한정되어야 한다. 참고로 **일사부재리의 원칙**은 형사소송법에서 적용된다.

> **일사부재리의 원칙**
> 어떤 사건에 대해 일단 판결이 내리고 그것이 확정되면 그 사건을 다시 소송으로 재판하지 않는다는 원칙이다.

023 정기국회

★★★★★

대구시설관리공단, 매일경제

☐ 매년 1회 정기적으로 소집되는 국회

정기국회는 매년 9월 1일에 열리며 정기회의·회기는 100일을 초과할 수 없다. 정기회의의 주요 업무는 다음 해의 예산안을 심의 확정하는 일이다. 이 기간 중에 위원회 또는 본회의에 상정하는 법률안은 다음 연도의 예산안처리에 부수하는 법률안에 한한다. 다만, 긴급하고 불가피한 사유로 위원회 또는 본회의 의결이 있는 경우에는 일반 법률도 상정할 수 있다.

상식 plus⁺

임시국회

대통령 또는 국회재적의원 1/4 이상의 요구에 의하여 집회가 열린다. 따로 집회요구가 없더라도 국회는 매년 2월, 4월, 6월의 1일과 8월 16일에 임시회를 소집해야 한다. 임시회의 회기는 집회 후 즉시 의결로 정하되, 의결에 의해 연장할 수 있다. 다만, 임시회의 회기는 30일(8월 16일에 집회하는 임시회의의 회기는 8월 31일까지)로 한다.

024 가예산

★★★

경기도 공무직 통합채용

☐ 예산안이 국회를 통과하지 못했을 때 잠정 편성하는 예산

국회가 부득이한 사유로 회계연도 개시 전까지 예산을 의결하지 못한 경우, 회계연도 시작 후 일정기간 동안 잠정적으로 편성하는 예산을 말한다. 국회가 회계연도 개시까지 부득이한 사유로 예산이 의결되지 못한 때에 국정상의 지장을 제거하기 위한 대비책 가운데 하나다. 예산의 공백기간 중에 긴급히 부득이한 조치로서 1개월분의 예산을 임시로 승인하여 집행하고, 후일 본예산이 성립하면 이에 흡수시키는 방법이다. 최초의 1개월분에 제한된다는 점에서 잠정예산과 차이가 있다.

상식 plus⁺

- **준예산** : 국가의 예산이 법정기간 내에 성립하지 못한 경우, 정부가 일정한 범위 내에서 전 회계연도 예산에 준하여 집행하는 잠정적인 예산
- **잠정예산** : 회계연도 개시 전일까지 예산이 의회에서 의결되지 않는 경우 일정기간 동안 정부가 잠정적으로 사용할 수 있는 예산
- **보정예산** : 본예산 편성 후에 재해발생이나 정책변경 등으로 본예산 항목이나 금액에 변경을 가하는 예산

025 주요 공직자의 임기

★★★★★

뉴시스, 뉴스1, MBC

☐

- 임기 2년 : 검찰총장, 국회의장, 국회부의장
- 임기 4년 : 감사원장, 감사위원, 국회의원
- 임기 5년 : 대통령
- 임기 6년 : 헌법재판소재판관, 중앙선거관리위원장, 대법원장, 대법관
- 임기 10년 : 일반법관

026 캐스팅보트 Casting Vote

★★★★

포항시설관리공단, 매일경제

☐ 투표 결과 찬성과 반대가 같은 수일 때 의장의 결정권

합의체의 의결에서 가부동수인 경우에 의장이 갖는 결정권이다. 또한 양대 당파의 세력이 거의 비슷하여 제3당이 비록 소수일지라도 의결의 가부를 좌우할 경우도 제3당이 캐스팅보트를 쥐고 있다고 말한다. 우리나라는 국회의장의 캐스팅보트를 인정하지 않으며 가부동수인 경우 부결된 것으로 본다.

가부동수
찬반의 투표수가 동일한 상황

027 패스트트랙

★★★

아주경제, 뉴스1

☐ 국회에서 발의된 안건의 신속처리를 위한 제도

현행 국회법의 핵심 내용 중 하나다. 여야 간 합의를 이루기 어려운 쟁점법안이 국회에서 장기간 표류하는 것을 막는 것이 주요취지다. 여야 간 쟁점법안으로 상임위원회 통과가 어려울 때 본회의에 자동 상정되는 제도로 상임위에서 재적의원 5분의 3 찬성으로 '신속처리안건'으로 지정한 뒤 일정 기간(최장 330일) 후 본회의에 자동 상정해 표결 처리된다. 패스트트랙으로 지정되면 상임위와 법사위 통과 없이 바로 본회의 표결에 들어갈 수 있다.

» Theme 3 «
선거 제도

제1장 선거 방식

028 보궐선거

★★★★★

뉴스1, 매일신문, MBC

☐ 대통령이나 국회의원 또는 기초·광역단체장 등의 자리가 비었을 때 이를 메우기 위해 실시하는 선거

보궐선거는 재선거와 보궐선거로 나뉘는데, 재선거는 공직선거가 당선인의 선거법 위반 등으로 공정하게 치러지지 않았을 경우 당선을 무효화하고 다시 선거를 치르는 선거이다. 보궐선거는 선거에 의해 선출된 의원 등이 임기 중 사퇴, 사망, 실형 선고 등으로 인해 그 직위를 잃어 공석 상태가 되는 경우에 치르는 선거이다.

상식 plus⁺

보궐선거의 실시

일반적으로 보궐선거의 선거일은 4월과 10월의 마지막 수요일로 법정화되어 있다. 임기만료에 의한 국회의원 선거는 그 임기만료 선거일부터 50일 후 첫 번째 수요일에 실시하고 대통령 선거 시기에 확정된 보궐선거는 선거일에 동시 실시한다. 비례대표 국회의원, 비례대표 지방의회의원의 궐원시에는 보궐선거를 실시하지 않고 의석승계를 하게 된다.

029 비례대표제

★★★★

MBN, SBS

☐ 각 정당의 총 득표수에 비례하여 당선자를 결정하는 제도

사표(死票)를 방지하고 소수표를 보호하는 동시에 국민의 의사를 정확·공정하게 반영하는 것이 목적이다. 비례대표제의 장점은 투표권자들이 투표하는 한 표의 가치를 평등하게 취급한다는 점에서 참다운 선거권의 평등을 보장하고 정당 정치 확립에 유리하며 소수 의견을 존중하고 다양한 여론을 반영한다는 것이다. 단점으로는 군소정당이 난립하고, 정당 간부의 횡포가 우려된다는 점이 있다.

사표(死票)
선거에서 낙선된 후보에게 지지한 표로, 유효 투표이지만 당선자 결정에 있어서 영향을 끼치지 못한 표이다.

상식 plus⁺

- **직능대표제** : 직업별 이익을 대변하는 전문가를 대표로 선출하는 제도로 우리나라에서는 채택하고 있지 않다.
- **연동형 비례대표제** : 비례대표제는 정당의 유효 득표수만큼 의석수(47석)를 배분하는 것을 목표로 한 제도로 사표(死票)를 최소화할 수 있다.
- **준연동형 비례대표제** : 정당이 지역구에서 얻은 의석수가 전국 정당 득표율에 미치지 못하면 그 차이만큼 비례대표 의석으로 보장하는 제도. 비례대표 의석 47석 중 30석을 정당 득표율에 따라 각 당에 배분하되, 지역구 당선자 수를 제외한 의석수의 절반만 반영하고, 나머지 17석은 기존 비례대표제(병립형)로 정당 득표율에 따라 단순 배분한다.

030 중대선거구제

★★

대전도시공사

☐ 1개의 선거구에서 2~5인의 대표를 선출하는 방식

지역구당 2~5명의 의원을 뽑는 방식으로 한 지역구에서 한 명의 대표를 선출하는 소선거구제에 비해 지역구 범위가 넓어진다. 가령 한 개 도에 10개의 지역구가 있다면 이를 북부와 남부라는 2개의 커다란 지역구로 통합한다. 지역구마다 2~5명의 의원이 선출되기 때문에 유권자 입장에서는 선택의 폭이 넓어지고, 당선자 선출에 기여하지 못하는 사표(死票)가 줄어든다. 그러나 유권자의 민의가 충분히 반영되지 않고, 군소정당의 후보들이 선거판에 난립할 수 있다는 단점도 있다. 지역구가 넓어 선거비용도 비교적 많이 들게 된다.

선거구
독립적으로 선거를 시행하여 대표를 선출할 수 있는 단위 구역이다.

031 오픈 프라이머리 Open Primary

★★★★

MBC, CBS, SBS

☐ 미국의 예비선거에서 무소속 유권자나 다른 정당원에게도 투표할 수 있는 자격을 개방하는 방식

미국에서는 본선거를 치르기 전에 선거구별로 후보자를 선정하는 예비선거(Primary)의 한 방식으로 투표 자격을 당원으로 제한하지 않고 무소속 유권자나 다른 정당원에게도 투표할 수 있는 자격을 개방하는 것을 말한다. 그 운영 방식에는 **폐쇄형, 혼합형, 완전개방형**이 있다.

폐쇄형
등록된 당원만 투표

혼합형
당원 여부에 관계없이 등록만 하면 참여

완전개방형
주민 누구나 참여

상식 plus⁺

오픈 프라이머리의 장·단점

장점	단점
상향식 후보 결정	인지도 낮은 정치 신인에게 불리
소신 정치 확대	진성당원제와의 충돌
국민이 직접 뽑은 후보라는 명분 형성	다른 정당 지지자가 경쟁력이 약한 후보에게 표를 몰아주는 역선택 가능
대국민 관심 유발로 경선 흥행	금품선거가 될 우려

제 2 장 선거권 및 원칙

032 민주선거의 4대 기본원칙

★★★★
한국환경공단, 뉴스1

☐ 보통선거 · 평등선거 · 직접선거 · 비밀선거

- 보통선거 : 만 18세 이상 국민은 성별 · 재산 · 종교 · 교육에 관계없이 선거권을 주는 제도 ↔ 제한선거
- 평등선거 : 모든 유권자에게 한 표씩 주고, 그 한 표의 가치를 평등하게 인정하는 제도 ↔ 차등선거
- 직접선거 : 선거권자가 대리인을 거치지 않고 자신이 직접 투표 장소에 나가 투표하는 제도 ↔ 대리선거
- 비밀선거 : 누구에게 투표했는지 알 수 없게 하는 제도 ↔ 공개선거

033 선거권

★★★
한겨레, 한국소비자원

☐ 헌법에 의하여 국민에게 보장된 선거에 참여할 수 있는 권리

선거권은 국민의 기본권인 **참정권**의 대표적인 권리이다. 모든 국민은 법률이 정하는 바에 의하여 선거권을 가지며, 투표 연령은 만 18세 이상이다. 국민의 선거권에는 국회의원 선거권, 대통령 선거권, 지방의회의원과 지방자치단체의 장의 선거권 등이 있다.

참정권
국민이 직 · 간접적으로 국가의 정책에 참여할 수 있는 기본적인 권리를 말하며 선거권, 피선거권, 공무담임권, 국민투표권 등이 있다.

034 선거관리위원회

★★★
매일경제, CBS

☐ 선거와 국민투표의 공정한 관리 및 정당에 관한 사무처리를 하기 위한 독립기관

헌법상 정치적 중립기관으로서 중앙선거관리위원회, 시 · 도선거관리위원회, 구 · 시 · 군선거관리위원회, 읍 · 면 · 동선거관리위원회 등 4단계로 조직되어 있다. 위원의 신분 보장은 6년 임기에 연임 제한이 없으며, 탄핵이나 금고 이상의 형의 선고에 의해서만 파면된다. 또한 위원은 정당에 가입하거나 정치에 관여할 수 없으며 대통령이 임명하는 3인, 국회에서 선출하는 3인, 대법원장이 지명하는 3인으로 구성된다.

상식 plus⁺

선거관리위원회의 권한

- **선거와 국민투표의 관리권** : 국가 및 지방자치단체의 선거관리 사무와 국민투표에 관한 사무 담당
- **정당 사무 처리권** : 정당 등록 접수, 등록 사항 공고, 등록 취소에 관한 사무 관리 처리
- **정치 자금 배분권** : 정치 자금의 기탁과 기탁된 정치 자금·국고 보조금을 각 정당에 배분하는 사무 담당
- **규칙 제정권** : 법령의 범위 안에서 선거 관리, 국민투표 관리, 정당 사무에 관한 규칙 제정

★★★★

035 게리맨더링 Gerrymandering

언론중재위원회, SBS

☐ 집권당에 유리하도록 한 기형적이고 불공평한 선거구 획정

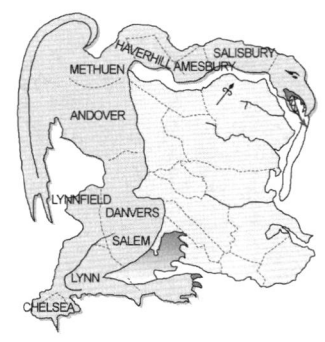

1812년 미국 매사추세츠 주지사 게리가 당시 공화당 후보에게 유리하도록 선거구를 재조정하였는데 그 모양이 마치 그리스 신화에 나오는 샐러맨더와 비슷하다고 한 데서 유래한 말이다. 즉, 특정 정당이나 후보자에게 유리하도록 선거구를 인위적으로 조작하는 것을 의미하며, 이를 방지하기 위해 선거구 법정주의를 채택하고 있다.

상식 plus⁺

선거구 법정주의

선거구가 특정한 정당이나 후보자에게 유리한 일이 없도록 국회가 선거구를 법률로써 정하는 제도를 말한다. 목적은 선거구를 임의로 정함으로써 생길 수 있는 폐단인 게리맨더링을 방지하여 공정한 선거를 이루기 위함이다.

★★★

036 매니페스토 Manifesto

한국언론진흥재단, MBC

☐ 정당이나 후보자가 선거공약의 구체적인 실천안을 문서화하여 공표하는 정책서약서

이탈리아어로 '선언'이라는 뜻이며, 예산 확보 및 구체적인 실행 계획을 마련해 이행 가능한 선거 공약을 뜻한다. 구체적인 정책대안을 공약서에 담아 유권자에게 약속하는 것을 말한다.

제 3 장 기타 선거 용어

037 언더독 효과 Underdog Effect

포항시설관리공단, 이투데이, MBC

☐ 약세 후보가 유권자들의 동정을 받아 지지도가 올라가는 경향

개싸움 중에 밑에 깔린 개가 이기기를 바라는 마음과 절대 강자에 대한 견제 심리가 발동하게 되는 현상으로 선거철에 지지율이 낮은 후보에게 유권자들이 동정표를 주는 현상을 말한다. 여론조사 전문가들은 밴드왜건과 언더독 효과가 동시에 발생하기 때문에 여론조사 발표가 선거 결과에 미치는 영향은 중립적이라고 보고 있다.

상식 plus⁺

밴드왜건 효과
밴드왜건이란 서커스 행렬을 선도하는 악대 마차로, 사람들이 무의식적으로 그곳에 몰려들면서 군중이 점점 증가하는 것을 비유하여 생긴 용어이다. 정치에서는 특정 유력 후보가 앞서가는 경우 그 후보자에 대해 유권자의 지지가 더욱 커지는 것을 의미하고, 경제에서는 특정 상품의 수요가 증가하면 일반 대중이 따라 사는 경우를 말한다.

038 스윙보터 Swing Voter

MBC

☐ 선거 등의 투표행위에서 누구에게 투표할지 결정하지 못한 유권자

스윙보터란 선거에서 후보자를 정하지 못하고 어느 후보에게 투표할지 결정 못한 유권자로 플로팅보터(Floating Voter)라고도 한다. 예전에는 미결정 투표자라는 뜻의 언디사이디드보터(Undecided Voter)라는 말이 많이 쓰이기도 하였다. 부동층 유권자들은 지지정당이 없기 때문에 여러 가지 요소에 따라 정당을 쉽게 바꿀 수 있다.

상식 plus⁺

스윙스테이트(Swing States)
미국에서 정치적 성향이 뚜렷하지 않은 주(States)를 뜻하며 '부동층 주'라고도 불린다. 어느 후보도 우세를 점하지 못하고 있기 때문에 미국 대선의 향방을 좌우하는 중요한 지역이다.

Theme 4
국제·외교

제1장 국제 분쟁

039 치킨게임 Chicken Game
★★★
경기도시공사, 조선일보

☐ 어느 한쪽이 양보하지 않을 경우 양쪽 모두 파국으로 치닫게 되는 극단적인 게임 이론

1950~1970년대 미국과 소련 사이의 극심한 군비경쟁을 꼬집는 용어로 사용되면서 국제정치학 용어로 정착되었다. 그 예로는 한 국가 안의 정치나 노사협상, 국제외교 등에서 상대의 양보를 기다리다가 파국으로 끝나는 것 등이 있다.

040 조어도 센카쿠, 댜오위다오 분쟁
★★★
영남일보, TV조선

☐ 조어도를 둘러싼 일본과 중국·대만 간의 영유권 분쟁

조어도는 일본 오키나와에서 약 300km, 대만에서 약 200km 떨어진 동중국해상 8개 무인도다. 현재 일본이 실효 지배하고 있으나 중국과 대만이 영유권을 주장하고 있다.

상식 plus+

조어도의 각국 명칭
센카쿠(일본), 댜오위다오(중국), 조어대(대만)

041 난사군도 분쟁

aT, 영남일보, MBC

☐ 중국 · 대만 · 베트남 · 말레이시아 · 필리핀 · 브루나이 등 6개국이 벌이고 있는 영유권 분쟁 지역

중국은 '난사군도', 베트남은 '쯔응사군도'라고 부르며, 필리핀은 '칼라얀 군도', 말레이시아 등 영어권은 '스프래틀리 군도'라고 한다. 남중국해 영유권 분쟁은 1960년대 후반 이곳에 석유자원이 풍부하게 매장돼 있다는 조사 결과가 나오면서 본격화되었다.

난사군도
100여 개의 무인도와 환초(環礁), 모래톱 등으로 이뤄졌다. 동쪽으로는 필리핀의 팔라완섬과 보르네오, 서쪽으로는 베트남과의 사이에 걸쳐 있는 지역이다.

042 호르무즈해협 Hormuz Strait

연합뉴스, MBC

☐ 페르시아만에서 생산되는 석유의 주요 운송로이자 국제 에너지 안보의 중심지

페르시아만과 오만만을 잇는 좁은 해협으로, 북쪽으로는 이란과 접하며, 남쪽으로는 아랍에미리트에 둘러싸인 오만의 월경지이다. 이 해협은 페르시아만에서 생산되는 석유의 주요 운송로로 세계원유 공급량의 30% 정도가 영향을 받는 곳이기도 하다. 미국이 이란에 대해 경제제재 조치를 가하자 이 해협을 봉쇄하겠다고 맞선 분쟁지이다.

페르시아만
유럽과 아시아 동서 교통의 요충지이며 이란과 아라비아 반도에 둘러싸인 만

043 크림반도 Crimean Pen

MBN, 화성시 공공기관 통합채용

☐ 러시아가 병합한 우크라이나 남서쪽 반도지역

크림반도는 우크라이나의 남쪽 지역에서 흑해를 향해 뻗어 나가 있는 반도다. 1991년 우크라이나가 소련으로부터 독립한 후 크림자치공화국으로 성립되었다가, 2013년부터는 우크라이나 친서방 정권에 반발하여 분리 독립하자는 움직임이 일었다. 2014년에는 러시아군이 무력으로 크림반도를 장악했고, 이어진 러시아와의 합병에 대한 주민투표에서도 압도적 찬성표가 나왔다. 결국 푸틴 러시아 대통령이 러시아-크림공화국 합병에 최종 서명하며 크림반도는 러시아의 일부가 되었다.

044 배타적 경제수역 EEZ ; Exclusive Economic Zone

★★★★

해양환경공단, MBC

☐ 자국 연안으로부터 200해리까지의 모든 자원에 대해 독점적 권리를 행사할 수 있는 수역

자국 연안으로부터 200해리까지의 수역에 대해 천연자원의 탐사·개발 및 보존, 해양 환경의 보존과 과학적 조사활동 등 모든 주권적 권리를 인정하는 유엔해양법상의 개념이다. 배타적 경제수역은 영해와 달리 영유권은 인정되지 않는다. 따라서 어업행위 등 경제활동의 목적이 없는 외국 선박의 항해와 통신 및 수송을 위한 케이블이나 파이프의 설치는 허용되지만 자원탐사 및 개발, 어업활동 등의 경제활동은 연안국의 허가를 받아야 하며, 이를 위반했을 때는 처벌을 받는다.

해리
거리의 단위로서 바다 위나 공중에서 긴 거리를 나타낼 때 쓴다. 나라마다 약간의 차이는 있으나 보통 1해리는 1,852m에 해당한다.

상식 plus⁺

영해
영토에 인접한 해역으로서 한 나라의 절대적인 주권이 미치는 범위이다. 해수면이 가장 낮은 썰물(간조) 때의 해안선을 기준으로 폭 3해리까지가 보통이지만 나라에 따라 6해리, 12해리를 주장하기도 한다. 우리나라는 1978년 4월부터 영해를 12해리로 선포하였다. 영해 지역은 외국 국적의 선박이나 항공기가 그 나라의 허가 없이 통행할 수 없다.

045 팔레스타인 분쟁

★★

대구의료원

☐ 유대인들이 팔레스타인 지역에 이스라엘을 건국하며 발생한 분쟁

팔레스타인은 이스라엘과 요르단의 여러 지역을 포함하며 대체로 서쪽의 지중해에서 동쪽의 요르단강까지, 북쪽의 이스라엘과 레바논 국경지대에서 남쪽의 가자지구에 이르는 지역을 가리킨다. 밸푸어 선언과 시오니즘 운동으로 유대인들이 팔레스타인으로 모여들면서 예전부터 거주하던 아랍인과의 갈등이 격화되어 분쟁이 심화되자 1947년에 UN이 팔레스타인을 이스라엘과 아랍의 양국으로 분할하는 안을 결의했고, 다음 해에 이스라엘 공화국이 건국되면서 아랍연합군과 이스라엘의 중동전쟁이 4차례, 이스라엘과 팔레스타인 간의 전쟁이 2차례 일어나게 된다. 중동평화를 위한 국제사회의 중재로 여러 평화협정이 있었으나 팔레스타인의 자살폭탄 공격과 이스라엘의 반격·침공이 이어져 2023년에도 전면전이 발생하는 등 여전히 분쟁이 끊이지 않고 있다.

밸푸어 선언
1차 세계대전 중 영국 외무장관 밸푸어가 팔레스타인에 유대인의 민족국가를 건설하는 것을 지지한 선언이다.

시오니즘(Zionism)
세계 각지에 흩어져 있던 유대인들이 팔레스타인에 국가를 건설하자는 운동이다.

제 2 장 국제기구 및 조약

046 국제형사재판소 ICC ; International Criminal Court
★★
한국폴리텍대학

☐ 국제사회가 전쟁범죄 등을 저지른 개인을 처벌하기 위한 국제상설재판소

국제형사재판소는 국제사회가 집단학살, 전쟁범죄 등을 저지른 개인을 신속하게 처벌하기 위한 재판소다. 세계 최초로 발족한 상설 재판소로 반인도적 범죄를 저지른 개인을 개별국가가 기소하기를 주저할 때에 국제형사재판소의 독립검사가 나서서 기소할 수 있도록 했다. 본부는 네덜란드 헤이그에 있으며 2002년 7월에 정식 출범했다.

047 국제사법재판소 ICJ ; International Court of Justice
★★★★
한국마사회, MBC

☐ 국가 간의 분쟁을 법적으로 해결하는 국제연합 기관

국제연합(UN)의 주요 사법기관으로, 국가 간 분쟁의 법적 해결을 위해 설치되었다. 재판소는 국제연합 총회·안전보장이사회에서 선출된 15명의 재판관으로 구성되며, 국제법을 원칙으로 적용하여 심리한다. 법원 판결의 집행은 헌장에 따라 구속력을 갖지만 판결의 불이행이 국제평화와 안전을 해친다고 인정되는 경우에 한하기 때문에 판결집행의 제도적 보장은 미흡하다. 재판소는 네덜란드 헤이그에 있다.

> **심리**
> 법률상 재판의 기초가 되는 사실 관계를 명확히 하기 위해 법원이 행하는 공식적 심사 행위

048 쉥겐협약 Schengen Agreement
★★
광주광역시 공공기관 통합채용

☐ 유럽지역 협약가입국가 간 비자 없이 국경을 통행할 수 있는 조약

2025년 기준 유럽지역 27개 국가들이 여행과 통행의 편의를 위해 체결한 협약이다. 이 협약에 가입한 국가를 여행할 때는 마치 국경이 없는 하나의 국가를 여행하는 것처럼 자유로이 이동할 수 있다. 1985년 서독, 프랑스, 네덜란드, 벨기에, 룩셈부르크가 룩셈부르크 남부지역의 쉥겐에서 상호국경개방조약을 맺으며 출발했다. 1990년 조약을 개정해 비자정책을 통일했다.

049 UN 국제연합, United Nations

★★★★★

국민연금공단, 경향신문, 국제신문

☐ 전쟁을 방지하고 평화를 유지하기 위해 설립된 국제기구

신탁통치
국제연합의 감독 아래 특정 국가가 특정한 지역에 대해 시행하는 특수통치제도

설립일	1945년 10월 24일
설립목적	전쟁 방지 및 평화 유지, 정치·경제·사회·문화 등 모든 분야의 국제협력 증진
주요활동	평화유지 활동, 군비축소 활동, 국제협력 활동
본부	미국 뉴욕
가입국가	193개국

주요 기구	총회	• 국제연합의 최고 의사결정기관 • 9월 셋째주 화요일에 정기총회 개최(특별한 안건이 있을 경우에는 특별총회 또는 긴급총회 소집)
	안전보장이사회 (안보리, UNSC)	• UN 회원국의 평화와 안보 담당 • 5개의 상임이사국(미국·영국·프랑스·러시아·중국)과 10개의 비상임이사국으로 구성됨
	경제사회이사회 (ECOSOC)	• 국제적인 경제·사회 협력과 개발 촉진, UN 총회를 보조하는 기구 • 유엔가입국 중 총회에서 선출된 54개국으로 구성
	국제사법재판소 (ICJ)	• 국가 간의 법률적 분쟁을 재판을 통해 해결 • 네덜란드 헤이그에 있음
	신탁통치이사회	신탁통치를 받던 팔라우가 1994년 독립국이 된 이후로 기능이 중지됨
	사무국	UN의 운영과 사무 총괄
전문 기구	국제노동기구(ILO), 국제연합식량농업기구(FAO), 국제연합교육과학문화기구(UNESCO), 세계보건기구(WHO), 국제통화기금(IMF), 국제부흥개발은행(세계은행, IBRD), 국제금융공사(IFC), 국제개발협회(IDA), 국제민간항공기구(ICAO), 만국우편연합(UPU), 국제해사기구(IMO), 세계기상기구(WMO), 국제전기통신연합(ITU), 세계지적재산권기구(WIPO), 국제농업개발기금(IFAD), 국제연합공업개발기구(UNIDO) 등	

050 안전보장이사회

★★★★★

MBC, KBS 한국공항공사

☐ UN 회원국의 평화와 안보를 담당하는 주요 기구

국제연합의 한 기관인 안전보장이사회는 UN 회원국의 평화와 안보를 목적으로 설립되어 그 역할을 담당하고 있다. 이 기관은 15개국(초창기는 11개국)이 참여하고 있는데, 상임이사국은 이 중 고정 멤버로 참여하는 5개국(미국, 중국, 러시아, 프랑스, 영국)을 이르는 말이다. 그리고 5개국을 제외한 나머지 10개국은 비상임이사국이라 하여 임기제로 해마다 5개국씩 교체되고 있다. 비상임이사국의 임기는 2년이며, 중임은 가능하나 연임은 불가능하다.

상식 plus⁺

상임이사국의 거부권

UN은 2차 대전의 5대 승전국인 미국, 영국, 프랑스, 구소련, 중국이 주축이 되어 탄생했다. 이들 5개국은 UN의 상임이사국이 되어 Veto(거부권)를 행사할 수 있는 권리를 얻었다. 이는 UN의 현안에 대해서 5개국이 만장일치의 동의를 해야만 문제를 해결할 수 있다는 단서조항 속에서 서로의 정치적 입장에 의해 거부권이라는 것을 고안해낸 것이다. 따라서 국제 사회의 평화와 질서를 위해 안보리가 결의안을 마련할 수 있지만 상임이사국이 거부권을 행사하면 결의안은 채택될 수 없다.

051 페르소나 논 그라타 Persona non grata

★★★

대구의료원, 경향신문

☐ 상대국의 외교사절로서 받아들이기 싫은 인물

페르소나 논 그라타란 '호감 가지 않는 인물'이라는 의미로 국가가 외교사절로서 기피하려 하는 타국의 인물을 뜻하는 말이다. 국제 외교관례상 외교사절을 파견할 때 사전에 상대국에 동의를 얻는 것을 '아그레망'이라고 하는데, 이에 동의를 얻지 못한 것을 페르소나 논 그라타라고 한다.

Theme 5
군사·안보

제1장 군사 지대

052 공동경비구역 JSA ; Joint Security Area
★★★★
기장군도시관리공단, MBC

☐ 비무장지대 안에 있는 특수지역

1953년 10월 군사정전위원회 본부구역 군사분계선(MDL)상에 설치한 지대로 판문점이라고도 한다. 비무장지대에 남과 북의 출입은 제한적이지만 양측이 공동으로 경비하는 공동경비구역은 비무장지대 내 특수지역으로, 양측의 허가받은 인원이 출입할 수 있다. 이 구역 내에 군사정전위원회와 중립국감시위원단이 있다. 2018년 11월부터 남북 양측의 합의로 민간인 출입이 가능해졌다.

053 비무장지대 DMZ ; Demilitarized Zone
★★★★
경상대학교병원, 영남일보, MBC

☐ 국제조약이나 협약에 의해서 무장이 금지된 지대

비무장지대에는 군대의 주둔이나 무기의 배치, 군사시설의 설치가 금지된다. 주로 적대국의 군대 간에 발생할 수 있는 무력충돌을 방지하거나, 운하·하천·수로 등의 국제교통로를 확보하기 위해서 설치된다. 한국의 DMZ는 군사분계선(MDL)을 중심으로 남북 2km, 약 3억평의 완충지대이다.

054 북방한계선 NLL ; Northern Limit Line
★★★
aT

☐ 남한과 북한 간의 해양경계선

해양의 북방한계선은 서해 백령도·대청도·소청도·연평도·우도의 5개 섬 북단과 북한 측에서 관할하는 옹진반도 사이의 중간선을 말한다. 북한은 1972년까지 이 한계선에 이의를 제기하지 않았으나 1973년부터 북한이 서해 5개 섬 주변 수역을 북한 영해라고 주장하며 NLL을 인정하지 않고 침범하여 남한 함정들과 대치하는 사태가 발생하기도 했다.

제 2 장 군사 무기 및 훈련

055 사드 THAAD ; Terminal High Altitude Area Defense

★★★

SBS, aT

☐ 고고도 미사일 방어체계

미국 미사일방어 체계의 핵심 전력 중 하나로 탄도미사일이 발사되었을 때 인공위성과 지상 레이더에서 수신한 정보를 바탕으로 요격미사일을 발사하여 40~150km의 높은 고도에서 직접 충돌하여 파괴하도록 설계되었다. 2016년 정부는 북한의 공격을 방어하기 위해 사드의 국내 배치를 선언하고 경북 성주를 배치지역으로 결정했다. 그러나 지역 주민의 결사적인 반발과 중국, 러시아 등 주변국의 강력한 비난을 초래했고 특히 중국은 보복성 경제조치를 단행했다.

056 데프콘 Defcon ; Defense Readiness Condition

★★★★

장애인고용공단

☐ 대북 전투준비태세로, 전쟁 발발 가능성의 정도에 따라 1~5단계로 나눠져 있음

북한의 군사활동을 감시하는 대북 정보감시태세인 '워치콘(Watch Condition)'의 분석에 따라 '정규전'에 대비해 전군에 내려지는 전투준비태세이다. 1~5단계로 나눠져 있고 숫자가 낮을수록 전쟁 발발 가능성이 높다는 의미이다. 데프콘의 발령권한은 한미연합사령관에게 있으며 우리나라는 평상시 4단계 상태가 유지된다.

워치콘(Watch Condition)
북한의 군사 활동을 추적하는 대북 정보감시태세로 평상시에는 '4' 수준에 있다가 전쟁위험이 커지면 '3, 2, 1'로 올라간다. 워치콘 2단계와 데프콘 3단계의 상태에서 미국은 한반도에 증원군을 파병할 수 있다.

상식 plus+

데프콘의 단계

데프콘 5	전쟁 위험이 없는 상태
데프콘 4	전쟁 가능성이 상존하는 경우
데프콘 3	모든 군인의 휴가 · 외출 금지
데프콘 2	휴가 · 외박 장병들의 전원복귀로 부대 편제인원이 100% 충원되고 장병들에게 실탄이 지급됨
데프콘 1	동원령이 선포되는 전시상황

057 아이언돔 Iron Dome

뉴스1, 뉴시스

☐ 이스라엘군이 개발한 이동식 전천후 방공시스템

아이언돔은 이스라엘군이 개발하여 2011년부터 운용 중인 이동식 전천후 방공시스템을 말한다. 단거리 로켓포나 155mm 포탄, 다연장 로켓포 등을 요격할 수 있다. 우리나라 방위사업청도 지난 2021년 6월 북한군의 장사정포를 요격하기 위한 한국형 아이언돔 개발을 추진키로 했다고 발표했다.

상식 plus+

골든돔(Golden Dome)
트럼프 미국 행정부가 탄도미사일·드론 등 적대국의 공격으로부터 미국전역을 방어하기 위해 400~1,000기의 관측·추적용 인공위성과 200기의 공격용 인공위성을 띄우겠다는 계획이다.

058 한국형 3축 체계

뉴시스, 아시아경제

☐ 우리 군의 독자적인 억제·대응 능력을 확보하기 위해 추진 중인 킬 체인(Kill Chain), 한국형 미사일방어체계(KAMD), 대량응징보복(KMPR)을 의미

미사일 선제 대응방법 순서로서 3축은 북한의 미사일 위협을 실시간으로 탐지해 표적을 타격하는 공격체계인 킬 체인(Kill Chain, 1축), 북한의 미사일을 공중에서 방어하는 한국형 미사일방어체계(KAMD, 2축), 북한의 미사일 공격 시 미사일 전력과 특수작전부대 등으로 지휘부를 응징하는 대량응징보복(KMPR, 3축)을 말한다.

059 전시작전통제권 WOC ; Wartime Operational Control

조선일보

☐ 한반도 유사시 주한미군사령관이 한국군의 작전을 통제할 수 있는 권리

평상시에는 작전통제권은 우리가 갖고 있지만 전투준비태세인 '데프콘'이 적의 도발 징후가 포착되는 상황인 3단계로 발령되면 한미연합사령관에게 통제권이 넘어가도록 되어 있다. 다만, 수도방위사령부 예하부대 등 일부 부대는 작전통제권이 이양에서 제외돼 유사시에도 한국군이 독자적으로 작전권을 행사할 수 있다.

제 3 장 안보 기구 및 협약

060 파이브아이즈 Five Eyes

★★★

경향신문, 의정부시설관리공단

☐ 영어권 5개국이 참여하고 있는 기밀정보 동맹체

미국, 영국, 캐나다, 호주, 뉴질랜드 등 영어권 5개국이 참여하고 있는 기밀정보 동맹체다. 2013년 6월 미국 국가안보국(NSA) 요원이던 에드워드 스노든에 의해 그 실상이 알려졌다. 당시 스노든이 폭로한 NSA의 도·감청 기밀문서를 통해 미국 NSA가 영국·캐나다·호주·뉴질랜드 정보기관과 협력해 벌인 다양한 첩보활동의 실태가 드러났다. 파이브 아이즈는 1946년 미국과 영국이 공산권과의 냉전에 대응하기 위해 비밀 정보교류 협정을 맺은 것이 시초로 1960년에 개발된 에셜론(Echelon)이라는 프로그램을 통해 전 세계 통신망을 취합한 정보를 공유하는 것으로 알려져 있다.

061 오커스 AUKUS

★★

경향신문

☐ 미국, 영국, 호주 등 3국이 출범한 외교안보 3자 협의체

오커스는 미국과 영국, 호주가 2021년 9월 15일 발족한 안보협의체다. 호주(Australia), 영국(United Kingdom), 미국(United States)의 국가명 앞 글자를 따 이름이 붙여졌다. 3국이 정기적으로 교류하며, 인도 태평양 지역의 안보와 평화 구축을 위해 출범했다. 미국과 영국이 호주의 핵잠수함 개발을 지원하는 것이 주요 계획이다. 미국이 태평양 지역에서 중국을 견제하기 위한 목적으로 출범했다는 분석이 나온다.

062 쿼드 Quad

경향신문, 한국폴리텍대학

☐ 미국, 일본, 인도, 호주 4국가가 모여 구성한 안보협의체

미국, 일본, 인도, 호주로 구성된 안보협의체다. 2007년 당시 아베 신조 일본 총리의 주도로 시작됐으며 2020년 8월 미국의 제안 아래 공식적인 국제기구로 출범했다. '법치를 기반으로 한 자유롭고 개방된 인도·태평양(FOIP ; Free and Open Indo-Pacific)'전략의 일환으로 시진핑 중국주석이 이끄는 일대일로를 견제하기 위한 목적도 갖고 있다. 이 때문에 반(反)중국의 성격을 가지고 있는데 당시, 미국은 쿼드를 인도-태평양판 나토(NATO, 북대서양조약기구)로 추진했다. 한편 쿼드는 한국, 뉴질랜드, 베트남이 추가로 참가하는 쿼드 플러스로 기구를 확대하려는 의지를 내비치기도 했다.

063 북대서양조약기구 NATO ; North Atlantic Treaty Organization

문화일보, 한국중부발전

☐ 북대서양조약에 따라 설립된 북아메리카와 서유럽을 연결하는 집단안전보장기구

북대서양조약을 기초로 미국, 캐나다와 유럽 10개국 등 12개국이 참가해 발족시킨 집단방위기구로, 흔히 NATO(나토)라고 부른다. 냉전 체제하에서 구소련을 중심으로 한 동구권의 위협에 대항하기 위해 창설되었다. 소련 등 공산권은 NATO에 대한 대항으로 지역안보기구인 바르샤바조약기구를 창설했으나 소련의 붕괴로 바르샤바조약기구가 해체되자 NATO 체제를 변화시켜 미국의 주도로 지역분쟁에 대처하는 유럽 안보기구로 변화했다.

제 4 장 핵 관련 용어

064 핵확산금지조약 NPT ; Nuclear Non-proliferation Treaty

한국수력원자력

☐ 핵보유국이 비핵보유국에 핵무기를 양여하거나 비핵보유국이 핵무기를 보유하는 것을 금지하는 조약

1968년 미국, 소련, 영국 등 총 56개국이 핵무기 보유국의 증가 방지를 목적으로 체결하였고 1970년에 발효된 다국 간 조약이다. 핵보유국에 대해서는 핵무기 등의 제3자로의 이양을 금지하고 핵군축을 요구한다. 비핵보유국에 대해서는 핵무기 개발·도입·보유 금지와 원자력시설에 대한 국제원자력기구(IAEA)의 사찰을 의무화하고 있다. 우리나라는 1975년 86번째로 정식 비준국이 되었으며, 북한은 1985년 가입했으나 IAEA가 임시핵사찰 이후 특별핵사찰을 요구한 데 대해 반발하여 1993년 3월 NPT 탈퇴를 선언하였다. 같은 해 6월 미국과의 고위급회담 후에 탈퇴를 보류하였으나 2002년에 불거진 북한 핵개발 문제로 2003년 1월 다시 NPT 탈퇴를 선언하였다.

065 국제원자력기구 IAEA ; International Atomic Energy Agency

부산일보, 헤럴드경제

☐ 원자력의 평화적 사용을 장려하기 위한 국제기구

국제연합(UN) 산하의 준독립기구로 오스트리아 빈에 본부를 두고 있다. 전 세계 평화를 위한 원자력의 사용을 촉진·증대하기 위해 노력하며, IAEA의 원조가 군사적 목적으로 이용되지 않도록 보장하는 데 설립목적을 두고 있다. 핵확산금지조약(NPT)에 따라 핵무기 비보유국은 IAEA와 평화적인 핵 이용과 활동을 위한 안전협정을 체결해야 하며, IAEA는 핵무기 비보유국이 핵연료를 군사적으로 사용하는 것을 방지하기 위해 현지에서 직접 사찰할 수 있다. IAEA는 지난 2023년 시작된 일본의 후쿠시마 원전 오염수 방류에 대한 안전성 점검에 나섰는데, 일본의 오염수 처리과정에 절차적 하자가 없다고 발표한 바 있다.

066 이란핵협정 JCPOA

경향신문

☐ 2015년 이란과 미국, 영국, 프랑스, 독일, 중국, 러시아 등 6개국이 이란의 핵개발 프로그램을 제한하는 대신 각종 제재조치를 해제한다는 합의

2015년 7월 미국을 포함한 주요 6개국(유엔 안전보장이사회 5개 상임이사국 + 독일)과 이란이 오스트리아 비엔나에서 맺은 협정이다. 이란이 비핵화를 할 경우 세컨더리 보이콧을 비롯한 각종 경제제재를 해제하는 내용을 담고 있다. 이란은 IAEA의 정기적인 시찰을 통해 2016년 1월부터 11번이나 검증받았으나, 트럼프 정부로 들어와 이란핵협정을 파기하면서 이란과의 관계가 악화되었다.

067 전술핵

서울경제, 매일신문, SBS

☐ 20kt(킬로톤) 이하의 핵무기

군사 목표를 공격하기 위한 야포와 단거리 미사일로 발사할 수 있는 핵탄두, 핵지뢰, 핵기뢰 등을 말한다. 장거리 탄도미사일인 전략핵무기보다 사정거리는 짧으나 국지전투에 유리하다. 계속되는 북한의 핵실험에 국내에서는 북한의 핵 공격을 억제하고, 남북한의 핵 불균형을 해소할 뿐만 아니라 자체 핵무장 효과를 갖고 있는 전술핵의 재배치 문제가 부상했다.

068 핵우산

코리아헤럴드

☐ 핵무기 보유국이 핵을 보유하지 않은 동맹국가의 안전을 보장하는 것

핵을 보유하지 않은 동맹국이 핵공격을 받을 경우 핵무기를 보유한 우방국이 핵전력을 제공해 그 국가의 안전을 보장하는 개념이며, '핵우산 아래로 들어간다'고 표현한다. 핵우산은 적국의 핵위협을 사전에 억제하는 동시에 동맹국의 핵보유에 따른 군사적 긴장 고조를 방지하는 이중적 효과를 갖는 전략적 억제체계다. 군사적으로뿐만 아니라 정치적·심리적 위협에 대처하는 효과도 있다. 또한 동맹 내 안보결속을 강화하고, 핵 비확산 체제를 유지하는 데 중요한 역할을 한다.

069 ICBM Intercontinental Ballistic Missile

★★★★

한국경제, MBN, SBS

☐ 대륙간 탄도 미사일

5,500km 이상 사정거리의 탄도미사일로 핵탄두를 장착하고 한 대륙에서 다른 대륙까지 공격이 가능하다. 1957년 러시아는 세계 최초의 ICBM인 R-7을 발사했고, 미국은 1959년부터 배치하기 시작했다. 현재 핵보유국은 미국, 중국, 영국, 프랑스, 러시아 등 핵확산금지조약(NPT)에서 인정하는 5개국과 미국이 용인하고 국제사회가 묵인한 인도, 파키스탄, 이스라엘 등 사실상 핵을 보유한 3개국 등 총 8개국이다. 이 중에서 핵탄두 탑재 ICBM을 보유한 국가는 미국, 러시아, 중국, 인도, 이스라엘 등 5개국이다. 1990년대부터 ICBM 개발에 나선 북한은 1998년 대포동 1호를 시작으로 꾸준히 개발을 진행 중이고, 2017년 7월에는 '화성-14형'을 시험 발사한 후 발사 성공을 대대적으로 발표하기도 했다.

화성-14형
화성-12형에 2단계 미사일을 장착한 액체연료 대륙간탄도미사일

070 SLBM Submarine-Launched Ballistic Missile

★★★

뉴스1, 의정부시시설관리공단

☐ 잠수함에서 발사되는 탄도미사일

잠수함에 탑재되어 잠항하면서 발사되는 미사일 무기로, 대륙간탄도미사일(ICBM), 다탄두미사일(MIRV), 전략 핵폭격기 등과 함께 어느 곳이든 핵탄두 공격을 감행할 능력을 갖췄는지를 판단하는 기준 중 하나다. 잠수함에서 발사할 수 있기 때문에 목표물이 본국보다 해안에서 더 가까울 때에는 잠수함을 해안에 근접시켜 발사할 수 있으며, 조기에 모든 미사일을 탐지하기가 어렵다는 장점이 있다. 북한은 2021년 초 미국 바이든 행정부 출범을 앞두고 신형 SLBM '북극성-5형'을 공개했다. 우리나라는 지난 2021년 9월 15일 독자개발한 SLBM 발사시험에 성공하면서 세계 7번째 SLBM 운용국이 됐다.

STEP 01 초스피드 암기 확인!

보기

㉠ 호르무즈해협	㉡ 5,500km	㉢ 투키디데스의 함정	㉣ 독트린
㉤ 오픈 프라이머리	㉥ 워치콘	㉦ 의원내각제	㉧ 20
㉨ 스윙보터	㉩ 아이언돔		

01 국제사회에서 공식적으로 표방하는 정책상의 원칙을 뜻하는 용어는 _____ (이)다.

02 간접민주정치는 국민이 선거를 통해 대표자를 선출하여 정치에 간접적으로 참여하는 것으로 그 형태에는 대통령제와 _____ (이)가 있다.

03 _____ (이)란 선거에서 후보자를 정하지 못하고 어느 후보에게 투표할지 결정 못한 유권자로 플로팅보터라고도 한다.

04 미국에서는 본선거를 치르기 전에 선거구별로 후보자를 선정하는 예비선거(Primary)를 치르는데, 이때 투표 자격을 당원으로 제한하지 않고 무소속 유권자나 다른 정당원에게도 투표할 수 있는 자격을 개방하는 방식을 _____ (이)라고 한다.

05 _____ 은(는) 새로운 강대국이 떠오르면 기존의 강대국이 이를 두려워하여 견제하여 부딪칠 수밖에 없는 상황을 의미하는 정치용어다.

06 국회의 _____ 인 이상의 소속의원을 가진 정당은 하나의 교섭단체가 된다.

07 _____ 은(는) 페르시아만에서 생산되는 석유의 주요 운송로이자 국제 에너지 안보의 중심지이다.

08 _____ 은(는) 이스라엘군이 개발하여 2011년부터 운용 중인 전천후 방공시스템이다.

09 데프콘(Defcon)은 북한의 군사활동을 감시하는 대북 정보감시태세인 _____ 의 분석에 따라 '정규전'에 대비해 전군에 내려지는 전투준비태세이다.

10 ICBM은 _____ 이상 사정거리의 탄도미사일로 핵탄두를 장착하고 한 대륙에서 다른 대륙까지 공격이 가능하다.

정답
01 ㉣ 02 ㉦ 03 ㉨ 04 ㉤ 05 ㉢ 06 ㉧ 07 ㉠ 08 ㉩ 09 ㉥ 10 ㉡

STEP 02 기출로 합격 공략!

01 한국수력원자력

선거에 출마한 후보가 내놓은 공약을 검증하는 운동을 무엇이라 하는가?

① 아그레망
② 로그롤링
③ 플리바게닝
④ 매니페스토

해설
매니페스토는 선거와 관련하여 유권자에게 확고한 정치적 의도와 견해를 밝히는 것으로, 연설이나 문서의 형태로 구체적인 공약을 제시한다.

02 포항시설관리공단

다음 중 국회에서 국외 원내 교섭단체를 이룰 수 있는 최소 의석수는?

① 10석
② 20석
③ 30석
④ 40석

해설
국회에서 단체교섭에 참가하여 의사진행에 관한 중요한 안건을 협의하기 위하여 의원들이 구성하는 단체를 교섭단체라고 한다. 국회법 제33조에 따르면 국회에 20명 이상의 소속의원을 가진 정당은 하나의 교섭단체가 된다. 다만 다른 교섭단체에 속하지 않는 20명 이상의 의원으로 따로 교섭단체를 구성할 수도 있다.

03 전라남도 공공기관 통합채용

다음 중 헌법에 명문화되어 있는 선거의 4대 원칙이 아닌 것은?

① 보통선거의 원칙
② 자유선거의 원칙
③ 직접선거의 원칙
④ 비밀선거의 원칙

해설
우리 헌법에는 보통선거, 평등선거, 직접선거, 비밀선거의 원칙이 4대 원칙으로 명문화되어 있다. 자유선거의 원칙의 경우 명문화되어 있지는 않으나 자유민주주의 체제에서 내재적으로 당연히 요청되는 권리라 할 수 있다.

04 한국산업단지공단

다음 중 우리나라가 채택하고 있는 의원내각제적 요소는?

① 대통령의 법률안 거부권
② 의원의 각료 겸직
③ 정부의 의회해산권
④ 의회의 내각 불신임 결의권

해설
우리나라가 채택하고 있는 의원내각제적 요소
행정부(대통령)의 법률안 제안권, 의원의 각료 겸직 가능, 국무총리제, 국무회의의 국정 심의, 대통령의 국회 출석 및 의사표시권, 국회의 국무총리·국무위원에 대한 해임건의권 및 국회 출석 요구·질문권

05 헤럴드경제

다음 중 위성정당에 대한 설명으로 옳은 것은?

① 집권 여당을 견제하는 실질적인 정당이다.
② 구색정당으로도 불린다.
③ 일당제 체제의 국가에서는 찾아 볼 수 없다.
④ 정권교체의 의지와 열망이 강한 정당을 말한다.

해설
위성정당(Satellite Party)은 일당제의 국가에서 집권 여당 외에 다당제의 형태를 갖추기 위해 만드는 명목상의 정당이다. 다당제의 구색을 맞춘다고 해서 구색정당(Bloc Party)이라고도 부른다. 위성정당으로의 정권교체는 사실상 불가능하며 그러한 의지도 없다. 당원의 수도 매우 적고 변변한 지방조직도 없다.

06 문화일보

선거에서 약세 후보가 유권자들의 동정을 받아 지지도가 올라가는 현상을 무엇이라 하는가?

① 밴드왜건 효과
② 언더독 효과
③ 스케이프고트 현상
④ 레임덕 현상

해설
언더독은 절대 강자가 지배하는 세상에서 약자에게 연민을 느끼며 이들이 언젠가는 강자를 이겨주기를 바라는 현상을 말한다.

Section 01 정치·외교

07
다음 중 국정조사에 대한 설명으로 틀린 것은?

① 비공개로 진행하는 것이 원칙이다.
② 재적의원 4분의 1 이상의 요구가 있는 때에 조사를 시행하게 한다.
③ 특정한 국정사안을 대상으로 한다.
④ 부정기적이며, 수시로 조사할 수 있다.

해설
국정조사는 공개를 원칙으로 하고, 비공개를 요할 경우에는 위원회의 의결을 얻도록 하고 있다.

08
방송통신위원회에 대한 설명으로 옳은 것은?

① 국무총리산하 직속기관이다.
② 2024년 10월 기준 위원장은 류희림이다.
③ 5명의 상임위원으로 구성된 합의제 기구다.
④ 한국방송공사의 이사진 임명권을 가진다.

해설
대통령의 직속기관인 방송통신위원회는 방송정책 및 규제를 총괄하는 기구다. 위원장 1인, 부위원장 1인을 포함해 5명의 상임위원으로 구성된 합의제 기구다. 문화방송(MBC)의 대주주인 방송문화진흥회의 이사진 임명권을 가진다. 2024년 10월 기준 위원장은 이진숙이며, 류희림은 유관기관인 방송통신심의위원회 위원장이다.

09
선거 승리로 정권을 잡은 사람·정당이 관직을 지배하는 정치적 관행을 뜻하는 용어는?

① 데탕트
② 독트린
③ 엽관제
④ 미란다

해설
엽관제(Spoils System)는 19세기 중반 미국에서 성행한 공무원 임용제도에서 유래한 것으로 정당에 대한 충성도와 기여도에 따라 공무원을 임용하는 인사관행을 말한다. 실적을 고려하지 않고 정치성·혈연·지연 등에 의하여 공직의 임용을 행하는 정실주의와 유사한 맥락이다.

10
특정 정당이나 후보에게 유리하도록 의도적으로 선거구를 조작하는 것은?

① 스핀닥터
② 매니페스토
③ 게리맨더링
④ 캐스팅보트

해설
게리맨더링(Gerrymandering)은 1812년 당시 미국 매사추세츠 주지사 게리가 당시 공화당 후보에게 유리하도록 선거구를 재조정했는데 그 모양이 마치 그리스 신화에 나오는 샐러맨더와 비슷하다고 한 데서 유래한 말이다. 이는 특정 정당이나 후보자에게 유리하도록 선거구를 인위적으로 획정하는 것을 의미하며, 이를 방지하기 위해 선거구 법정주의를 채택하고 있다.

11
공직자의 임기에 대한 설명으로 적절하지 않은 것은?

① 국회의원 임기는 4년이며 연임할 수 있다.
② 대법관의 임기는 6년으로 하며 연임할 수 있다.
③ 헌법재판소 재판관의 임기는 6년이며 연임할 수 있다.
④ 대통령의 임기는 5년이며 1회에 한해 연임할 수 있다.

해설
대통령의 임기는 5년, 단임제이다.

12
다음 중 국회의 동의 없이 대통령이 임명할 수 있는 공직은?

① 검찰총장
② 국무총리
③ 대법원장
④ 헌법재판소장

해설
국회의 동의를 받아 임명해야 하는 직위에는 국무총리와 감사원장, 대법원장 및 대법관(16인), 헌법재판소장이 있다. 검찰총장과 경찰청장, 국세청장, 국가정보원장 등은 국회 인사청문을 거쳐 임명하게 된다.

13
한국폴리텍대학

재정·실현가능성은 생각하지 않는 대중영합주의 정치를 뜻하는 말은?

① 프러거니즘
② 포퓰리즘
③ 리버타리아니즘
④ 맨해트니즘

해설
포퓰리즘(Populism)은 대중의 의견을 존중하고, 대중의 이익을 대변하는 방향으로 정치 활동을 펼치는 것을 말한다. 또한 재정이나 환경 또는 실현가능성을 고려하지 않고 인기에 따라 '퍼주기식' 정책을 펼치는 대중영합주의 정치를 뜻하기도 한다.

14
경기교통공사

지정된 조사관이 공무원의 권력남용을 감시, 조사하는 행정통제제도는?

① 데마고그
② 크레덴다
③ 옴부즈만
④ 거버넌스

해설
옴부즈만(Ombudsman) 제도는 정부의 부당한 행정 조치를 시민들로부터 신고 받아 조사하고 국민의 권리가 잘 보호되고 있는지 감시하는 제도이다. 1809년 스웨덴에서 시작되었으며 옴부즈만은 스웨덴어로 '대리자, 후견인, 대표자'를 뜻한다.

15
한국폴리텍대학

국제형사재판소에 대한 설명으로 옳지 않은 것은?

① 집단학살, 전쟁범죄 등을 저지른 개인을 처벌한다.
② 제2차 세계대전 직후 1945년에 발족했다.
③ 본부는 네덜란드 헤이그에 있다.
④ 세계 최초의 상설 전쟁범죄 재판소다.

해설
국제형사재판소(International Criminal Court)는 국제사회가 집단학살, 전쟁범죄 등을 저지른 개인을 신속하게 처벌하기 위한 재판소다. 세계 최초로 발족한 상설 재판소로 반인도적 범죄를 저지른 개인을 개별국가가 기소하기를 주저할 때에 국제형사재판소의 독립검사가 나서서 기소할 수 있도록 했다. 본부는 네덜란드 헤이그에 있으며 2002년 7월에 정식 출범했다.

16
뉴스1

우리나라가 193번째로 정식 수교를 맺은 국가는?

① 캄보디아
② 모나코
③ 북마케도니아
④ 쿠바

해설
우리나라는 2024년 2월 외교관계가 없었던 쿠바와 정식 수교를 맺게 됐다. 쿠바는 우리나라의 193번째 수교국으로 1959년 쿠바의 사회주의 혁명 이후 교류가 단절됐었다. 외교부는 쿠바와의 수교를 통해 양국 간 경제협력 확대 및 우리기업 진출을 위한 제도적 기반을 마련함으로써 양국 간 실질적인 협력 확대에 기여할 것으로 예상된다고 밝혔다.

17
서울메트로환경

근거 없는 사실을 조작해 상대를 공격하는 정치 용어는?

① 도그마
② 사보타주
③ 마타도어
④ 헤게모니

해설
마타도어(Matador)는 정치권의 흑색선전을 뜻하는 용어로 근거 없는 사실을 조작해 상대 정당·후보 등을 공격하는 것을 말한다. 스페인의 투우에서 투우사가 마지막에 소의 정수리에 칼을 꽂아 죽이는 스페인어 '마타도르'에서 유래한 것이다.

18
한국관광공사, 산업인력공단

다음 중 선거에서 누구에게 투표할지 결정하지 못한 유권자를 가리키는 말은?

① 로그롤링
② 매니페스토
③ 캐스팅보트
④ 스윙보터

해설
① 로그롤링 : 정치세력들이 상호지원을 합의하여 투표거래나 투표담합을 하는 행위
② 매니페스토 : 구체적인 예산과 실천방안 등 선거와 관련한 구체적 방안을 유권자에게 제시하는 공약
③ 캐스팅보트 : 양대 당파의 세력이 비슷하게 양분화된 상황에서 결정적인 역할을 수행하는 사람

19 [대전MBC]
2014년 3월 독립해 러시아와 합병한 공화국이 위치한 반도는?

① 크림반도　② 캄차카반도
③ 리바치반도　④ 야말반도

해설
크림반도는 우크라이나의 남쪽 지역에서 흑해를 향해 뻗어 나가 있는 반도다. 1991년 우크라이나가 소련으로부터 독립한 후 크림자치공화국으로 성립되었다가, 2013년부터는 우크라이나 친서방 정권에 반발하여 분리 독립하자는 움직임이 일었다. 2014년에는 러시아군이 크림반도를 장악했고, 이어진 러시아와의 합병에 대한 주민투표에서도 압도적 찬성표가 나왔다. 결국 푸틴 러시아 대통령이 러시아-크림공화국 합병에 최종 서명하며 크림반도는 러시아의 일부가 되었다.

20 [부산일보]
다음 중 우리나라의 5부요인에 해당하지 않는 직위는?

① 국무총리
② 대통령
③ 국회의장
④ 중앙선거관리위원회위원장

해설
우리나라의 국가 의전 서열은 외교부의 의전 실무편람을 따르게 된다. 서열 1위는 대통령, 2위는 국회의장, 3위는 대법원장, 4위 헌법재판소장, 5위는 국무총리다. 그러나 우리나라에서 말하는 5부 요인에서 1위인 대통령은 국가 그 자체를 대표하는 인물이므로 제외된다. 그래서 의전 서열 2위부터 6위인 중앙선거관리위원회위원장까지가 5부 요인에 포함된다.

21 [TV조선]
다음 중 UN 산하 전문기구가 아닌 것은?

① 국제노동기구(ILO)
② 국제연합식량농업기구(FAO)
③ 세계기상기구(WMO)
④ 세계무역기구(WTO)

해설
1995년 출범한 세계무역기구(WTO)는 1947년 이래 국제무역질서를 규율해오던 GATT(관세 및 무역에 관한 일반협정) 체제를 대신한다. WTO는 GATT에 없었던 세계무역분쟁 조정, 관세 인하 요구, 반덤핑규제 등 막강한 법적 권한과 구속력을 행사할 수 있다. WTO의 최고의결기구는 총회이며 그 아래 상품교역위원회 등을 설치해 분쟁처리를 담당한다. 본부는 스위스 제네바에 있다.

22 [대전도시공사]
다음 중 중대선거구제에 대한 설명으로 틀린 것은?

① 사표가 많이 발생하게 된다.
② 지역구마다 2~5명의 의원을 선출하는 방식이다.
③ 유권자의 민의가 충분히 반영되지 않는다.
④ 많은 군소정당의 후보가 선거에 뛰어들게 된다.

해설
중대선거구제는 지역구당 2~5명의 의원을 뽑는 방식으로 유권자 입장에서 선택의 폭이 넓어지고, 당선자 선출에 기여하지 못하는 사표(死票)가 줄어든다. 유권자의 정치적 효능감도 커지게 된다. 그러나 유권자의 민의가 충분히 반영되지 않고, 군소정당의 후보들이 선거판에 난립할 수 있다는 단점도 있다. 지역구가 넓어 선거비용도 비교적 많이 들게 된다.

23 [대구의료원]
외교사절로서 받아들이기 싫어하는 인물을 뜻하는 말은?

① 페르소나 논 그라타
② 페르소나 그라타
③ 아그레망
④ 모두스 비벤디

해설
페르소나 논 그라타란 '호감 가지 않는 인물'이라는 의미로 국가가 외교사절로서 기피하려 하는 타국의 인물을 뜻하는 말이다. 국제 외교관례상 외교사절을 파견할 때 사전에 상대국에 동의를 얻는 것을 '아그레망'이라고 하는데, 이에 동의를 얻지 못한 것을 페르소나 논 그라타라고 한다.

24 [뉴시스]
다음 중 한국형 3축 체계에 해당하지 않는 것은?

① KMPR
② KAMD
③ Kill Chain
④ WMD

해설
한국형 3축 체계는 우리 군의 미사일 선제 대응방법 순서로서 3축은 북한의 미사일 위협을 실시간으로 탐지해 표적을 타격하는 공격체계인 '킬 체인(Kill Chain, 1축)', 북한의 미사일을 공중에서 방어하는 '한국형 미사일방어체계(KAMD, 2축)', 북한의 미사일 공격 시 미사일 전력과 특수작전부대 등으로 지휘부를 응징하는 '대량응징보복(KMPR, 3축)'을 말한다. 'WMD(Weapon of Mass Destruction)'는 대량살상무기를 의미한다.

25 [뉴스1]
2023년 11월 북한이 발사한 인공위성의 이름은?
① 천리마 1호
② 광명성 1호
③ 만리경 1호
④ 광명성 3호

해설
북한은 2023년 11월 군사정찰위성인 만리경 1호를 발사해 성공적으로 우주궤도에 진입시켰다고 발표했다. 북한은 이밖에도 2024년 내에 추가로 3개의 정찰위성을 더 발사하겠다고 밝히기도 했다. 우리정부는 북한의 위성발사는 탄도미사일 기술을 활용한 것으로, 명백한 유엔 안전보장이사회 대북제재 결의 위반이라며 규탄에 나섰다.

26 [보훈교육연구원]
다음 중 입헌군주제 국가에 해당하는 나라가 아닌 것은?
① 네덜란드
② 덴마크
③ 태국
④ 네팔

해설
현대의 입헌군주제는 '군림하되 통치하지 않는다'는 것을 기조로 국왕과 왕실은 상징적인 존재로 남고 헌법에 따르며, 실질적인 통치는 주로 내각의 수반인 총리가 맡는 정부 형태를 말한다. 현존하는 입헌군주국에는 네덜란드와 덴마크, 노르웨이, 영국, 스페인, 일본, 태국, 캄보디아 등이 있다. 네팔은 1990년에 입헌군주정을 수립했으며 2008년 다시 절대왕정으로 회귀하려다 왕정을 폐지했다.

27 [연합뉴스TV]
전쟁으로 인한 희생자를 보호하기 위해 1864~1949년에 체결된 국제조약은?
① 비엔나협약
② 베를린협약
③ 제네바협약
④ 헤이그협약

해설
제네바협약은 전쟁으로 인한 부상자·병자·포로 등을 보호하기 위해 제네바에서 체결한 국제조약이다. 80여 년의 시차를 두고 맺어졌으며, 협약의 목적은 전쟁이나 무력분쟁이 발생했을 때 부상자·병자·포로·피억류자 등을 전쟁의 위험과 재해로부터 보호하여 가능한 한 전쟁의 참화를 경감하려는 것으로 '적십자조약'이라고도 한다.

28 [광주보훈병원]
국제연합의 안전보장이사회의 상임이사국에 해당하지 않는 국가는?
① 영국
② 독일
③ 러시아
④ 중국

해설
국제연합(UN) 회원국의 평화와 안보를 담당하는 안전보장이사회(UNSC)는 미국·영국·프랑스·러시아·중국의 5개의 상임이사국과 10개의 비상임이사국으로 구성된다.

29 [한국일보]
다음 중 북한정권이 발사한 미사일의 이름이 아닌 것은?
① 노동
② 화성
③ 원산
④ 무수단

해설
화성은 북한이 개발·운용하고 있는 탄도미사일의 제식명칭이다. 우리나라와 미국정부 측은 이 미사일이 발사된 장소의 이름을 따 명칭을 짓는데 화성-7은 '노동', '화성-10'은 '무수단'으로 이름 붙였다. 원산은 북한의 강원도에 위치한 중심도시이며, 조선인민군의 탄도미사일 기지가 소재한다.

30 [뉴스1]
이스라엘군이 개발하여 2011년부터 운용 중인 이동식 방공시스템은?
① 아이언돔
② CIWS
③ C-RAM
④ 맨패즈

해설
아이언돔(Iron Dome)은 이스라엘군이 개발하여 2011부터 운용 중인 이동식 전천후 방공 시스템을 말한다. 단거리 로켓포나 155mm 포탄, 다연장 로켓포 등을 요격할 수 있다. 우리나라 방위사업청도 지난 2021년 6월 북한군의 장사정포를 요격하기 위한 한국형 아이언돔 개발을 추진키로 했다고 발표했다.

31
뉴스1

레임덕에서 한 단계 더 나아간 의미의 용어로 권력 공백 상태를 뜻하는 것은?

① 마이티덕　② 롤링덕
③ 데드덕　④ 시팅덕

해설
레임덕이 정부수반 등의 임기 말 권력누수 현상을 뜻한다면, 데드덕은 이보다 더 심각한 권력공백 상태를 뜻하는 말이다. 데드덕은 영어에서 '가망이 없는 사람'을 의미하기도 한다.

32
연합뉴스TV

소수파가 다수파의 독주를 막기 위해 합법적으로 의사진행을 방해하는 행위는?

① 필리버스터　② 치킨호크
③ 살라미 전술　④ 슈퍼 테러리즘

해설
필리버스터는 고대 로마 원로원의 관습에서 유래한 것으로 의회 내에서 긴 발언을 통해 의사진행을 합법적으로 방해하는 행위를 말한다.

33
전자신문

윤석열정부가 추진한 지방대학 활성화 정책의 명칭은?

① 글로컬대학 30　② 대학통합 30
③ 지방거점대학 30　④ 동반성장대학 30

해설
글로컬대학 30은 윤석열정부가 2026년까지 지방대 30곳을 글로컬대학으로 지정해 지원하는 지방대학 활성화 정책이다. 글로컬은 세계화를 뜻하는 글로벌(Global)과 지역·지방을 뜻하는 로컬(Local)의 합성어다.

34
전자신문

우리나라 국가행정조직은 몇 개 부, 몇 개 청으로 구성되어 있는가?

① 18부 19청　② 19부 19청
③ 19부 20청　④ 20부 20청

해설
우리나라 「정부조직법」에 의하면 2025년 7월 기준 대한민국 행정부는 19부 3처 19청으로 구성되어 있다. 2023년 6월에 기존 국가보훈처를 국가보훈부로 승격시켰고, 외교부 산하에 재외동포청을 신설했다.

35
코리아헤럴드

상대정당의 주장을 모두 거부하는 극단적 정치를 뜻하는 말은?

① 로그롤링　② 치킨호크
③ 네포티즘　④ 비토크라시

해설
비토크라시란 거부(Veto)와 민주주의(Democracy)를 합친 말로, 상대 정당에 대한 정책과 입장을 모두 거부하는 극단적인 파당정치를 말한다. 상대정당을 반대하기 위해 반대하는 것이다. 이러한 비토크라시 상황에서는 정당 간의 협치와 소통은 사라지고, 입법 등 국정운영 과정에서도 큰 차질을 빚게 된다.

36
부산광역시 공무직 통합채용

다음 중 데프콘에 대한 설명으로 옳은 것은?

① 북한의 군사활동을 추적하는 대북 정보감시태세다.
② 전쟁 발발 가능성의 정도에 따라 1~5단계로 나눠져 있다.
③ 숫자가 낮은 단계일수록 전쟁 가능성이 낮다는 의미다.
④ 우리나라는 평상시 5단계 상태가 유지된다.

해설
데프콘은 북한의 군사활동을 감시하는 대북 정보감시태세인 '워치콘'의 분석에 따라 '정규전'에 대비해 전군에 내려지는 전투준비태세다. 1~5단계로 나눠져 있고 숫자가 낮을수록 전쟁 발발 가능성이 높다는 의미이다. 데프콘의 발령권한은 한미연합사령관에게 있으며 우리나라는 평상시 4단계 상태가 유지된다.

37
이투데이

소상공인의 폐업, 사망 등으로 인한 피해구제를 지원하는 중소기업중앙회의 제도는?

① 진심동행론
② 버팀금융
③ 노란우산공제
④ 희망리턴패키지

해설
노란우산공제는 소기업·소상공인이 폐업이나 노령 등의 생계위협으로부터 생활의 안정을 기하고 사업재기 기회를 제공받을 수 있도록 중소기업중앙회가 운영하는 사업주 퇴직금(목돈마련)을 위한 공제제도다. 2007년부터 출범했으며, 소상공인 등이 폐업, 사망 등으로 생계위협에 처했을 때 가입기간이나 연령에 상관없이 공제금을 지원받을 수 있다.

38
의정부시시설관리공단

다음 중 잠수함에서 발사되는 탄도미사일을 뜻하는 용어는?

① SLBM
② ICBM
③ MIRV
④ SRBM

해설
SLBM은 잠수함에 탑재되어 잠항하면서 발사되는 미사일 무기로, 대륙간탄도미사일(ICBM), 다탄두미사일(MIRV), 전략 핵폭격기 등과 어느 곳이든 핵탄두 공격을 감행할 능력을 갖췄는지를 판단하는 기준 중 하나다.

39
보훈교육연구원

국가와 국가 혹은 국가와 세계의 경기가 같은 흐름을 띠지 않는 현상을 뜻하는 말은?

① 리커플링
② 디커플링
③ 테이퍼링
④ 양적완화

해설
디커플링(Decoupling)은 일명 탈동조화 현상으로 한 국가의 경제가 주변의 다른 국가나 세계경제와 같은 흐름을 보이지 않고 독자적인 경제로 움직이는 현상을 말한다. 세계경제는 미국이나 유럽 등 선진국에서 발생한 수요 또는 공급 충격에 큰 영향을 받는 커플링 현상, 점차 다른 나라의 경제상황과 성장에 미치는 영향이 약화되는 디커플링 현상, 동조화 재발생(Recoupling) 현상이 반복된다.

40
뉴스1

제22대 국회에서 원내정당이 아닌 당은?

① 녹색정의당
② 조국혁신당
③ 개혁신당
④ 진보당

해설
2024년 4월 10일 치러진 제22대 총선 투표 결과, 녹색정의당이 지역구와 비례대표에서 한 석도 차지하지 못하면서 창당 12년 만에 원외정당으로 밀려나게 됐다. 유일한 지역구 의원이었던 심상정 의원 또한 5선 도전에 실패하면서 정계은퇴를 선언했다. 정의당과 녹색당의 선거연합정당인 녹색정의당은 새 지도부를 꾸리고 당이 나아갈 방향을 새롭게 논의하겠다고 밝혔다.

41
한국폴리텍대학

국회의원의 불체포특권에 대한 설명으로 옳은 것은?

① 현행범인 경우에도 체포되지 않을 권리로 인정된다.
② 국회 회기 중이 아니어도 인정된다.
③ 국회의원의 체포동의안은 국회에서 표결로 붙여진다.
④ 재적의원의 과반수 출석에 과반수가 동의안에 찬성하면 해당 의원은 즉시 구속된다.

해설
불체포특권이란 국회의원이 현행범인 경우를 제외하고는 회기 중에 국회의 동의 없이 체포 또는 구금되지 않으며, 회기 전에 체포 또는 구금된 때에는 현행범이 아닌 한, 국회의 요구가 있으면 회기 중 석방되는 특권을 말한다. 법원에서 현역 국회의원의 구속이나 체포가 필요하다고 인정할 경우, 체포동의요구서를 정부에 제출하고 정부는 다시 국회에 이를 넘긴다. 국회가 체포동의안을 표결에 붙이고 재적의원 과반수가 참석해 과반수가 찬성하게 되면 구속 전 피의자심문을 위해 해당 의원을 체포하게 된다. 체포동의안이 가결돼 체포되어도 즉시 구속되는 것이 아닌 일단 법원의 판단을 구하는 것이다.

42
경기도 공무직 통합채용

국민의 4대 의무로 적절하지 않은 것은?

① 국방의 의무
② 근로의 의무
③ 환경보전의 의무
④ 교육의 의무

해설
일반적으로 '국민의 4대 의무'라 하면 국방의 의무, 근로의 의무, 교육의 의무, 납세의 의무를 말하며, 헌법에 규정된 국민의 6대 의무는 국방, 납세, 교육, 근로, 공공복리에 적합한 재산권 행사, 환경보전이다.

43
부산일보

경선이나 전당대회 등 정치적 이벤트 직후 해당 정당이나 정치인의 지지율이 상승하는 현상을 이르는 말은?

① 밴드왜건 효과
② 언더독 효과
③ 컨벤션 효과
④ 베블런 효과

해설
컨벤션 효과(Convention Effect)란 경선이나 전당대회 등 대규모 정치행사 후에 행사 주체인 정당이나 정치인의 지지율이 상승하는 현상을 말한다. 언론보도나 미디어 노출이 급격히 늘어나면서 대중의 관심이 높아지고, 지지자들이 결집하며, 해당 정당·정치인에 호감을 느끼는 무당층이 늘어나면서 컨벤션 효과가 나타난다.

44
한국경제

트럼프 미국 대통령의 별장 이름에서 딴 트럼프 행정부의 경제정책의 명칭은?

① 마러라고 합의
② 플라자 합의
③ 팜비치 합의
④ 플로리다 합의

해설
마러라고(Mar-a-Lago) 합의는 플로리다 팜비치에 소재한 트럼프 미국 대통령의 별장 이름에서 딴 경제정책 구상이다. 트럼프 행정부는 미국의 제조업 부흥과 무역적자 해소를 위해 달러의 가치를 의도적으로 낮추는 정책을 고려하고 있는 것으로 알려졌다. 1985년 미국이 일본, 독일 등과 함께 달러가치를 인위적으로 낮추기 위해 체결한 '플라자 합의'에서 착안했다.

45
MBN

북한의 특수작전부대로 지난 2024년 10월 우크라이나-러시아 전쟁에 파병된 것으로 알려진 부대의 이름은?

① 호랑이군단
② 폭풍군단
③ 백두산군단
④ 태풍군단

해설
폭풍군단은 북한군의 특수작전부대로 훈련이 잘 되고 충성심이 특히 굳건한 부대로 전해진다. 경보병여단, 항공육전단, 저격여단 등 특수작전에 특화된 예하 여단을 거느리고 있다. 지난 2024년 10월 북한군 동향을 감시하던 국가정보원은 러시아 해군 수송함이 북한군을 실어 나르는 장면을 포착했다. 이은 첩보와 조사에서 1만명이 넘는 폭풍군단 소속병력들이 러시아군을 지원하기 위해 파병된 사실이 드러나면서 국제적 파장이 일었다.

46
뉴스1

다음 중 북한의 명절이 아닌 날은?

① 조선로동당 창건일
② 국제부녀절
③ 김일성 생일
④ 김정은 생일

해설
북한의 4대 명절에는 김일성 생일(태양절), 김정일 생일(광명성절), 정권 수립일, 조선로동당 창건일이 있다. 여기에 국제노동자절, 해방기념일, 헌법절을 포함하여 7대 명절이라고 한다. 또한 3·8국제부녀절, 5·1국제로동자절, 6·1국제아동절 등의 '사회주의 명절'을 함께 지낸다.

47
뉴스1

1983년 창설된 레바논의 이슬람 시아파 무장정파의 명칭은?

① 하마스
② 헤즈볼라
③ ISIS
④ 알 카에다

해설
헤즈볼라(Hezbollah)는 1983년 창설된 이슬람 시아파 무장단체이자 정당으로 레바논을 거점으로 하고 있다. 이스라엘에게 점령된 레바논 영토의 해방과 레바논에 시아파 이슬람 국가 건설 등을 목표로 하는 단체로 이란의 지원을 받고 있다.

정답

01 ④	02 ②	03 ②	04 ②	05 ②	06 ②	07 ①
08 ③	09 ③	10 ③	11 ④	12 ①	13 ②	14 ③
15 ②	16 ④	17 ③	18 ④	19 ①	20 ②	21 ④
22 ①	23 ①	24 ④	25 ③	26 ④	27 ③	28 ②
29 ③	30 ①	31 ②	32 ①	33 ①	34 ②	35 ④
36 ②	37 ③	38 ①	39 ②	40 ①	41 ③	42 ③
43 ③	44 ①	45 ②	46 ④	47 ②		

SECTION 02 법률

PART 4 정치

» Theme 1 «
법 일반

제1장 법의 기초

001 기본 6법

★★★

한국농어촌공사

☐ 헌법 · 민법 · 형법 · 상법 · 민사소송법 · 형사소송법

- **헌법** : 국민의 기본권을 보장하고 국가의 통치조직과 통치작용의 기본법칙이다.
- **민법** : 일반인의 사적 생활관계인 재산관계와 가족관계를 규율하는 법이다.
- **형법** : 범죄와 형벌을 규정한 법으로, 어떤 행위가 범죄이고 이에 대한 법적 효과로서 어떤 형벌이 부과되는가를 규정한다.
- **상법** : 기업의 생활관계나 기업의 상거래 · 경영에 대한 법률이다.
- **민사소송법** : 사법체계의 권리 실현을 위한 재판 절차를 규정하는 법으로서, 민사집행법과 더불어 사법적 법률관계에 관한 절차법을 이룬다.
- **형사소송법** : 수사 및 형사재판 절차를 규정한 공법으로, 수사의 절차, 재판의 개시, 재판 절차, 판결의 선고, 선고된 판결에 대한 불복 및 확정 등에 대한 일반적인 법규정을 망라한 절차법이다.

> **절차법**
> 실체법과 대립되는 개념으로, 권리를 실현하기 위해 취해야 하는 방법을 규율하는 형식법이다.

002 법의 체계

☐ 헌법 → 법률 → 명령 → 지방자치법규(조례 · 규칙)

- **헌법** : 모든 법령의 근본이 되며 다른 법률이나 명령으로는 변경할 수 없는 국가의 최상위 규범이다.
- **법률** : 헌법이 정하는 절차에 따라 국회에서 제정하며 일반적으로 국민의 권리와 의무사항을 규정한다.
- **명령**
  - 대통령령 : 법률을 시행하기 위해서 필요한 사항에 관하여 대통령이 발하는 명령
  - 총리령 · 부령 : 국무총리 또는 행정 각부의 장관이 그의 소관 사무에 관하여 법률이나 대통령의 위임에 의거하여 발하는 명령
- **지방자치법규**
  - 조례 : 지방자치단체가 지방의회의 의결에 의하여 법령의 범위 내에서 자기의 사무에 관하여 규정한 것
  - 규칙 : 지방자치단체의 장이 법령 또는 조례에서 위임한 범위 내에서 그 권한에 속하는 사무에 관하여 규정한 것

상식 plus⁺

행정부의 권한에 속하는 사항을 집행하는 기관

기획재정부, 교육부, 과학기술정보통신부, 외교부, 통일부, 법무부, 국방부, 행정안전부, 문화체육관광부, 보건복지부, 산업통상자원부, 여성가족부, 환경부, 국토교통부, 농림축산식품부, 해양수산부, 고용노동부, 중소벤처기업부, 국가보훈부

003 법률상 연령

☐

구분	연령	구분	연령
형법상 형사미성년자	만 14세 미만	투표권 행사 가능	만 18세 이상
부모 동의 하에 결혼 가능	만 18세	대형면허 취득 가능	만 19세 이상
부모 동의 없이 약혼 또는 혼인 가능	만 19세 이상	민법상 미성년자	만 19세 미만
1 · 2종 보통운전면허 취득 가능	만 18세 이상	인터넷 성인영화 관람 가능	만 19세 이상
성인영화극장관람 가능	만 18세 이상	군대 입대	만 18세 이상

004 법 적용의 원칙

★★★★
경상대학교병원

☐ 상위법우선의 원칙, 특별법우선의 원칙, 신법우선의 원칙, 법률불소급의 원칙

- 상위법우선의 원칙
  실정법상 상위의 법규는 하위의 법규보다 우월하며, 상위의 법규에 위배되는 하위의 법규는 정상적인 효력이 발생하지 않는다는 원칙이다.
- 특별법우선의 원칙
  특정한 사람, 사물, 행위 또는 지역에 국한되는 특별법이 일반법보다 우선적으로 적용된다는 원칙이다.
- 신법우선의 원칙
  법령이 새로 제정 또는 개정되어 법령 내용에 충돌이 생겼을 때, 신법이 구법에 우선적으로 적용된다는 원칙이다.
- 법률불소급의 원칙
  새롭게 제정 또는 개정된 법률은 그 법률이 효력을 가지기 이전에 발생한 사실에 대해 소급하여 적용할 수 없다는 원칙으로, 기득권의 존중 또는 법적 안정성을 반영한 것이며 특히 형법에서 강조된다.

제 2 장 법의 분류

005 국내법과 국제법

★★★
매일경제

☐ 분류기준은 법의 효력이 미치는 지역적 범위

- 국내법 : 한 나라의 주권이 미치는 범위 내에서 적용되며, 국가와 국민 사이 또는 국민 상호 간의 권리·의무 관계를 규율하는 법이다.
- 국제법 : 다수 국가들 사이에서 적용되는 법으로, 국가 상호 간의 관계 또는 국제 조직 등에 대하여 규율하는 법이다.
- 국제법의 효력 : 헌법에 의하여 체결·공포된 조약과 일반적으로 승인된 국제 법규는 국내법과 같은 효력을 가진다.

006 국민기초생활보장법

한국일보, 한겨레

☐ 생활이 어려운 사람에게 필요한 급여를 실시하여 최저생활을 보장하고 자활을 돕는 것을 목적으로 제정한 법

이 법에 따른 급여는 수급자가 생활의 유지·향상을 위하여 그의 소득, 재산, 근로능력 등을 활용하여 최대한 노력하는 것을 전제로 이를 보충·발전시키는 것을 기본원칙으로 한다. 부양의무자의 부양과 다른 법령에 따른 보호는 이 법에 따른 급여에 우선하여 행하여지는 것으로 한다.

상식 plus⁺

급여의 종류

생계급여, 주거급여, 의료급여, 교육급여, 해산급여(解産給與), 장제급여(葬祭給與), 자활급여

007 성문법과 불문법

한국농어촌공사, 용인도시공사

☐ 법을 일정한 제정 절차 유무와 존재 형식에 따라 구분한 것

성문법은 헌법, 법률, 명령, 자치법규(조례와 규칙), 조약 등이 있으며 현재 존재하는 가장 오래된 법전인 함무라비 법전이 대표적인 예이다. 현재 대부분의 근대 국가는 법체계의 많은 부분이 성문법화되어 있다. 불문법은 법규범의 존재 형식이 제정되지 않은 법체계에 의하는 것을 말하며, 비제정법이라고도 한다. 성문법에 대응하는 것으로 관습법이나 판례법, 조리 등이 여기에 속한다.

판례법
법원의 재판이 동일한 판결을 반복하면서 재판의 선례가 다음의 재판을 구속할 때 형성되는 불문법이다.

조리
일반적으로 인정되는 객관적인 원리 또는 법칙으로, 이치에 맞도록 행동하거나 존재하는 상태를 의미한다.

상식 plus⁺

성문법의 장단점
- 장점 : 합리적인 법의 구체화에 적합하고 여러 제도를 빨리 개척하는 것에 편리하며, 법의 존재와 그 내용이 확실하여 법생활의 안정성을 확보할 수 있다.
- 단점 : 유동하는 사회 실정에 바로 대응할 수 없고, 입법이 복잡하고 기술화되어 국민의 체계적 이해가 어렵다.

Theme 2
헌법

제1장 헌법의 이해와 적용

008 대한민국헌법
★★★★
국민체육진흥공단, SBS

☐ 대한민국 최고 기본법

1987년 10월 29일에 마지막으로 개정된 현행 헌법은 전문과 총강, 국민의 권리와 의무, 국회, 정부, 법원, 헌법재판소, 선거관리, 지방자치, 경제, 헌법 개정 등 본문 130개조, 부칙 6개조로 구성되어 있는 민정(民定)·경성(硬性)·성문(成文)의 단일법전이다. 인적으로는 대한민국의 국민에게 적용되고, 장소적으로는 대한민국의 영역 내에서 적용된다.

상식 plus⁺
- 민정헌법 : 국민의 의사에 의하여 제정된 헌법
- 경성헌법 : 개정 절차가 까다롭게 되어 있는 헌법(↔ 연성헌법)
- 성문헌법 : 조문의 형식으로 구성된 헌법전의 형태를 가지고 있는 헌법

009 헌법 개정절차
★★★★★
장애인고용공단, 조선일보, MBC

☐ 제안(헌법 제128조) → 공고 → 국회의결(헌법 제130조 제1항) → 국민투표(헌법 제130조 제2항) → 공포(헌법 제130조 제3항) → 시행(헌법 부칙 제1조)

- 제안
  - 대통령은 국무회의 심의를 거친다.
  - 국회 재적의원 과반수 또는 대통령의 발의로 헌법개정안을 제안한다.
- 공고 : 제안된 개정안은 대통령이 20일 이상의 기간 동안 이를 공고하여야 한다(의무규정).
- 국회 의결
  - 국회는 헌법개정안이 공고된 날로부터 60일 이내에 의결하여야 한다.
  - 국회의 의결은 재적의원 3분의 2 이상의 찬성을 얻어야 한다.

국민투표
헌법개정안에 대한 투표와 같이 국가의 중대한 사항을 결정하기 위해 국민이 직접 투표에 참여함으로써 국민의 의사를 결정하는 직접민주제의 요소이다.

- 국민투표
  - 국회를 통과한 개정안은 30일 이내에 **국민투표**에 붙여야 한다.
  - 국회의원선거권자 과반수의 투표와 투표자 과반수의 찬성을 얻어야만, 헌법 개정이 확정된다.
- 공포 : 헌법 개정이 확정되면 대통령은 즉시 이를 공포하여야 한다.
- 시행

상식 plus⁺

법률 제정절차

법률안의 제안(국회의원과 정부가 제출) → 법률안의 심의와 의결(국회의장이 상임위원회에 회부) → 상임위원회의 심사 → 법제사법위원회의 체계·자구심사 → 전원위원회의 심사 → 본회의 상정(심의·의결) → 정부이송 → 대통령의 거부권 행사 → 공포

010 헌법의 기본원리

MBC

□ 인간존중의 정치 질서를 실현하기 위한 원리

- 국민주권주의 : 국가의 의사를 최종적으로 결정할 수 있는 최고 권력, 즉 주권은 국민에게 있다는 원리이다.
- 자유민주주의 : 자유주의와 민주주의를 결합한 정치 원리이다.
- 권력분립주의 : 입법·행정·사법의 3권으로 분류되어 상호 견제하고 균형을 이룬다.
- 복지국가주의 : 국민의 기본적 수요 충족 및 문화적 생활을 국민의 권리로 인정하고, 이것을 국가가 보장한다는 원리이다.
- 문화국가주의 : 국가는 전통문화를 계승·발전시키기 위해 노력한다.
- 평화통일추구 : 무력이 아닌 평화적인 방법으로 조국 통일을 이룩한다는 원리이다.
- 국제평화주의 : 국제 사회에서 세계 평화에 이바지한다는 원리이다.

011 헌법소원

한국마사회, 국민일보

☐ 기본권을 침해받은 국민이 직접 헌법재판소에 구제를 제기하는 기본권 구제수단

우리나라 헌법 제111조 제1항 제5호는 헌법재판소 관장사항으로 '법률이 정하는 헌법소원'을 규정하고 있다. 헌법소원은 대한민국 국민이면 누구나 청구할 수 있고, 자연인뿐만 아니라 회사와 같은 법인도 청구할 수 있다. 미성년자도 청구할 수 있으나, 부모 등 법정대리인이 소송행위를 대신하여야 한다. 헌법이 내외국인을 구별하지 않고 기본권을 보장할 때에는 외국인도 헌법소원을 청구할 수 있다. 헌법소원은 권리구제형 헌법소원과 위헌심사형 헌법소원으로 나뉘며, 헌법소원의 청구기간은 그 사건이 발생한 날로부터 1년 이내, 그리고 기본권침해사유를 안 날로부터 90일 이내이다.

위헌법률심판제청
법원에서 재판 중인 소송 사건에서 그 사건에 적용될 수 있는 법률이 헌법에 위배되는지의 여부를 결정하도록 헌법재판소에 요청하는 제도

상식 plus⁺

- 권리구제형 헌법소원 : 공권력의 행사 또는 불행사로 인하여 헌법상 보장된 기본권을 침해받은 자가 제기하는 헌법소원
- 위헌심사형 헌법소원 : 법원에 **위헌법률심판제청신청**이 기각된 때 제청신청을 한 당사자가 헌법재판소에 제기

012 헌법재판소

수원문화재단, MBC

☐ 헌법에 관한 분쟁이나 법률의 위헌 여부, 탄핵, 정당의 해산 등을 사법적 절차에 따라 해결하는 특별재판소

헌법재판소장은 대통령이 국회의 동의를 얻어 임명하며, 재판관은 총 9명으로 대통령과 국회·대법원장이 각각 3명씩 선출하고 대통령이 임명한다. 헌법재판소 재판관의 임기는 6년이며 연임이 가능하고 정년은 만 70세이다. 헌법재판소 재판관은 정당에 가입하거나 정치에 관여할 수 없고, 탄핵 또는 **금고** 이상의 형의 선고에 의하지 아니하고는 해임되지 않는다.

금고
수형자에게 강제 노동을 구형하지 않고 교도소에 구치하여 신체의 자유를 박탈하는 형벌

상식 plus⁺

헌법재판소의 권한
- 탄핵심판권
- 위헌법률심사권
- 정당해산심판권
- 기관쟁의심판권
- 헌법소원심판권

013 탄핵

경주문화재단, SBS

☐ 신분이 보장된 고위직 공무원의 잘못·비리에 대해 국회의 소추로 해임 또는 처벌하는 제도

우리나라의 탄핵은 국회에서 소추 및 의결을 하며 의결 통과가 되면 대상자의 권한이 정지되고 이후 헌법재판소에서 탄핵의 최종 여부를 결정한다. 국회에서의 필요정족수는 피소추인의 신분에 따라 다르며, 헌법재판소에서 6인 이상의 인용(認容) 의견이 있어야 한다.

상식 plus⁺

탄핵에 필요한 국회 정족수
- **대통령** : 국회재적의원 과반수 발의, 국회 재적의원 3분의 2 이상의 찬성
- **국무총리·국무위원·행정각부의 장(長)·헌법재판소 재판관·법관·중앙선거관리위원회 위원·감사원장·감사위원·기타 법률이 정한 공무원** : 국회 재적의원 3분의 1 이상의 발의, 국회재적의원 과반수의 찬성

제 2 장 기본권의 보장

014 근로의 권리

서울시여성가족재단, MBC

☐ 노동기본권·근로권(노동권)·노동 3권

- **노동기본권** : 근로자의 생존권 확보를 위하여 헌법이 규정하고 있는 근로권(노동권)과 노동 3권(단결권, 단체교섭권, 단체행동권)을 말한다.
- **근로권** : 근로의 능력과 의사를 가진 자가 사회적으로 근로할 수 있는 기회의 보장을 요구할 수 있는 권리이다.
- **노동 3권** : 근로 조건의 향상을 위하여 근로자가 가지는 단결권, 단체교섭권, 단체행동권을 말한다. 제1차 헌법에서부터 계속 보장되어 왔다.

상식 plus⁺

노동 3권의 구분

구분	내용
단결권	근로 조건과 경제적 지위를 향상시킬 목적으로 근로자들이 자주적으로 노동조합을 설립할 수 있는 권리이다.
단체교섭권	근로자가 근로 조건을 유지·개선하기 위하여 조합원이 단결하여 사용자와 교섭할 수 있는 권리이다.
단체행동권	근로자가 사용자에 대해서 주장을 관철하기 위하여 단결권을 배경으로 각종 쟁의 행위를 할 수 있는 권리이다.

015 기본권

한국도로공사, aT

☐ 인간다운 생활을 영위하기 위해 헌법이 보장하는 국민의 기본적인 권리

기본권의 본질은 천부인권사상이며, 천부인권으로서의 기본권을 성문화한 것으로 미국의 버지니아주 권리장전, 독립선언, 프랑스 인권선언이 있다. 우리나라 헌법은 제10조에서부터 국민의 기본권을 보장하고 있는데, 내용에 따라 분류해보면 인간의 존엄과 가치, 행복추구권, 평등권, 자유권, 사회권, 청구권, 참정권의 기본적 권리와 납세·국방·교육·근로의 기본적 의무로 나눌 수 있다.

천부인권사상
인간은 태어나면서부터 남에게 침해받지 않을 자유롭고 평등한 기본적 권리를 가진다는 사상

상식 plus⁺

기본권의 종류
- **자유권적 기본권** : 국가권력으로부터의 자유, 가장 핵심적 기본권이자 소극적 권리(신체의 자유, 거주·이전의 자유, 직업선택의 자유)
- **참정권** : 국민이 국가에 참여할 수 있는 권리(공무원 선거권, 공무담임권, 국민투표권)
- **사회적 기본권** : 인간다운 생활을 위하여 국가에 대해 어떤 보호나 생활수단을 요구할 수 있는 권리, 국가에 의한 자유(교육의 권리, 근로의 권리, 근로자의 단결권, 단체행동권, 환경권)

016 자유권

MBC

☐ 자신의 자유영역에 관하여 국가로부터 침해를 받지 않을 권리

"모든 국민은 인간으로서의 존엄과 가치를 가지며, 행복을 추구할 권리를 가진다. 국가는 개인이 가지는 불가침의 기본적 인권을 확인하고 이를 보장할 의무를 진다"고 헌법 제10조에 규정되어 있다. 자유권의 법적 성격은 천부적·전국가적인 권리이자 소극적·방어적인 권리이며 포괄적 권리이다.

상식 plus⁺

자유권의 종류
- **신체의 자유** : 신체의 보전 및 활동의 자유
- **사회·경제적 자유** : 거주 이전의 자유, 직업 선택의 자유, 주거의 자유, 통신의 자유, 사생활 비밀의 자유, 재산권 보장의 자유
- **정신적 자유** : 양심의 자유, 종교의 자유, 학문의 자유, 언론·출판·집회·결사의 자유
- **예술의 자유[미(美)추구의 자유]** : 예술 창작의 자유와 표현의 자유, 예술적 결사의 자유

017 참정권

★★★★
MBC, SBS

☐ 국민이 국가 정책이나 정치에 직접 또는 간접적으로 참여할 수 있는 권리

좁은 의미로서의 정치적 기본권으로, 국민이 직·간접적으로 정치에 참여하고 국가기관의 구성에 참여하는 권리이다. 피선거권·국민투표권·선거권·**국민심사권**·공무원과 배심원이 되는 권리 모두를 말하지만, 좁은 의미로는 선거권과 피선거권만을 일컫는다.

국민심사권
미국에서 재판관 선거제의 폐단을 극복하기 위해 고안된 것으로, 국민이 법률이나 공무원 등을 직접 심사할 수 있는 제도

상식 plus⁺

참정권의 종류
- **국민투표권** : 국가 의사 결정에 직접 참여할 수 있는 권리로 헌법 개정이나 국가 중요 정책에 관한 국민투표권이 인정된다.
- **선거권** : 국민의 대표를 선출할 수 있는 권리이다(우리나라 만 18세 이상).
- **공무담임권** : 국민이 국가나 지방자치단체 기관의 구성원이 되어 공무를 담당할 수 있는 권리이다.
  - 피선거권 : 선거직 공무원에 있어 그 당선인이 될 수 있는 권리이다.
  - 공직취임권 : 일정한 자격이나 조건을 갖추어 공무원이 될 수 있는 권리이다.

018 초상권

★★★★
CBS, TV조선, KBS

☐ 헌법상 인정되는 인격권의 하나로, 자기 자신의 초상에 대한 독점권

타인이 사생활을 넘보지 못하게 하는 인격권으로서의 초상권인 프라이버시권과 유명인의 초상과 같이 경제적인 가치가 있기 때문에 무단·무보수 사용을 금지하는 재산권으로서의 초상권인 퍼블리시티권이 있다.

상식 plus⁺

프라이버시권과 퍼블리시티권
- **프라이버시권(Right of Privacy)** : 개인이 자신의 의사와 상관없이 사생활에 대해 함부로 공표되게 하지 않을 권리로 개인의 초상이 본인의 허락 없이 공표됨으로써 받게 되는 정신적 고통을 방지하는 데 기본적 목적이 있다.
- **퍼블리시티권(Right of Publicity)** : 초상권의 재산권적 성격을 구체화한 것으로 자신의 초상 사용을 독점적으로 이용할 권리로 영화배우, 운동선수, 유명인에게 주로 해당된다.

Theme 3
민법

제1장 민법 일반

★★★

019 민법

한국언론진흥재단, 예금보험공사

☐ 사적 법률주체 사이의 법률관계를 규율하는 일반 사법

민법은 개인 상호간의 사적 관계를 규율하는 법으로 규율 대상은 신분관계와 재산관계로 구성되며, 민법전인 형식적 의미의 민법과 일반 사법인 실질적 의미의 민법이 있다. 민법의 구성은 재산관계(물권법, 채권법)와 신분관계(가족법, 상속법)로 이루어진다. 근대 민법의 기본원칙은 근대 시민국가의 개인주의와 자유주의 사상에 기초한다.

상식 plus⁺

물권법과 채권법
- **물권법** : 각종 재화에 대한 사람의 지배 관계를 규율하는 법으로, 물건을 직접적으로 이용할 수 있는 권리를 정한다.
- **채권법** : 채권자가 채무자에 대하여 특정한 행위를 청구할 수 있는 권리이다.

★★

020 제한능력자제도

한국지역난방공사

☐ 단독으로 유효하게 법률행위를 할 수 없는 자로서 단독으로 행한 행위에 대해 취소할 수 있게 하는 제도

제한능력자제도는 사회의 획일적 기준에 의하여 의사능력을 객관화한 제도로서 거래의 안전보다는 제한능력자 본인의 보호에 제1차적 목적이 있는데, 제한능력자제도는 재산상의 법률행위에 대해서만 적용되고 가족법상의 법률행위, 사실행위나 불법행위에는 적용되지 않는다.

상식 plus⁺

민법상 제한능력자
- **미성년자** : 만19세 미만인 자
- **피성년후견인** : 질병, 장애, 노령 그 밖의 사유로 인한 정신적 제약으로 사무를 처리할 능력이 지속적으로 결여된 사람에 대하여 청구권자의 청구에 의하여 성년후견 개시의 심판을 받은 자

- **피한정후견인** : 질병, 장애, 노령 그 밖의 사유로 인한 정신적 제약으로 사무를 처리할 능력이 부족한 사람으로서 청구권자의 청구에 의하여 가정법원으로부터 한정후견 개시의 심판을 받은 자
- **피특정후견인** : 질병, 장애, 노령 그 밖의 사유로 인한 정신적 제약으로 일시적 후원 또는 특정한 사무에 관한 후원이 필요한 사람에 대하여 청구권자의 청구에 의하여 가정법원으로부터 특정후견의 심판을 받은 자

제 2 장 채권 · 물권 · 친족

021 채권

☆☆☆

한겨레, 인베스트조선

☐ 채권자가 채무자에게 일정한 행위(급부)를 청구할 수 있는 권리

물권이 일정한 물건을 직접 지배하여 배타적으로 이익을 향수(享受)하는 권리인 반면, 채권은 어떤 사람에 대하여 특정의 행위를 하게 할 수 있는 권리이다. 즉, 채권의 본질은 채무자의 행위를 매개로 함으로써 비로소 권리 내용의 실현이 기대된다는 것이다.

022 물권

☆☆☆

한국수력원자력, 한국마사회

☐ 사람과 물건과의 관계에 대한 권리

물권이란 물건에 대한 권리, 즉 어떤 특정한 물건을 사용, 수익, 처분 등을 하여 이익을 얻을 수 있는 권리이다. 민법에서 인정되고 있는 물권에는 점유권, 소유권, 지상권, 지역권, 전세권, 유치권, 질권, 저당권 등이 있고, 관습법에서 인정되고 있는 물권에는 분묘기지권, 관습법상의 법정지상권 등이 있다.

상식 plus+

물권의 종류 체계도

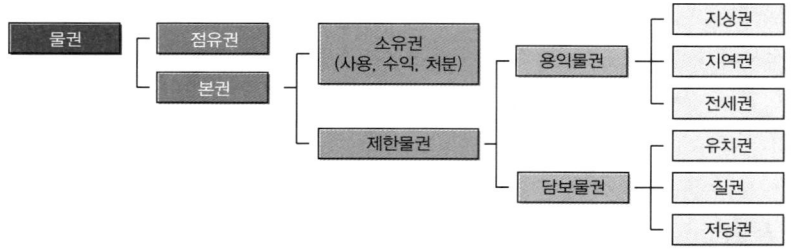

023 부동산의 등기

- 등기 : 등기부라는 공적 장부에 일정한 권리관계를 기재하는 것을 말한다.
- 등기부 : 부동산에 관한 소유권 및 소유권 이외의 권리에 대한 사항 등 각종 권리 관계와 부동산 표시에 관한 사항이 기재되어 있다.
- 등기부의 구조 : 표제부(소재지, 면적, 용도, 구조 등 기재), 갑구(소유권에 관한 사항), 을구(소유권 이외의 권리에 관한 사항 기재)

상식 plus⁺

부동산 거래 절차

등기부 열람 → 토지대장 열람 → 매매계약 체결 → 계약금 지급 → 중도금 지급 → 잔금 지급 → 등기서류 및 부동산 인도 → 등기 → 등록세 납부 → 취득세 납부

024 상계

☐ 채무자가 그 채권자에 대해 동종의 채권을 가지는 때에 그 채권과 채무를 대등액에서 소멸시키는 의사표시

채권에는 자동채권과 수동채권이 있는데 자동채권은 상계를 주장하는 자의 채권이며 그 상대방의 채권을 수동채권이라 한다. 상계는 당사자 사이에 서로 대립하는 각각의 채권에 관하여 별개·독립으로 급부하는 것이 아니고, 그 대등액에서 채권·채무를 소멸시키는 것이다.

025 상속

☐ 사람이 사망함으로써 그의 재산에 관한 권리와 의무가 일정 범위의 친족과 배우자에게 포괄적으로 승계되는 것

상속의 대상은 재산이며, 상속의 종류에는 법정상속·유언상속이 있다. 유언이 있을 때에는 유류분을 제외하고는 유언상속에 따르고, 유언이 없을 경우에는 법정상속한다.

상식 plus⁺

상속의 결격사유(민법 제1004조)
- 고의로 직계존속, 피상속인, 그 배우자 또는 상속의 선순위나 동순위에 있는 자를 살해하거나 살해하려 한 자
- 고의로 직계존속, 피상속인과 그 배우자에게 상해를 가하여 사망에 이르게 한 자
- 사기 또는 강박으로 피상속인의 상속에 관한 유언 또는 유언의 철회를 방해한 자
- 사기 또는 강박으로 피상속인의 상속에 관한 유언을 하게 한 자
- 피상속인의 상속에 관한 유언서를 위조 · 변조 · 파기 또는 은닉한 자

026 유류분

★★

한국일보

☐ 상속인이 법률상 반드시 취득하도록 유보된 상속재산의 일정 부분

상속인이 법률상 반드시 취득하도록 보장되어 있는 상속재산의 가액을 말하며 유언자의 유언보다 우선한다. 유류분에 해당되는 유가족은 피상속인의 직계비속, 배우자, 직계존속, 형제자매다. 그러나 2020년 구하라법이 발의되고, 양육의무를 저버리거나 학대 등 패륜행위를 한 가족에게도 의무적으로 일정유산을 상속하도록 하는 것이 국민의 법 감정과 상식에 부합하지 않는다는 여론이 조성됐다. 결국 2024년 4월 이러한 유류분 규정이 헌법불합치 및 위헌이라는 헌법재판소 판단이 나오면서 유류분의 효력이 정지됐다. 이로써 2025년 말까지 국회가 개정하지 않을 경우 유류분은 2026년 1월 1일부로 전면 폐지된다.

구하라법
부양의무를 이행하지 않았거나 학대 등의 범죄를 저지른 부모의 상속권을 박탈할 수 있도록 하는 민법 개정안이다. 22대 국회에서 통과됐다.

027 임대차 3법

★★★

이투데이, 영화진흥위원회

☐ 전월세상한제 · 계약갱신청구권제 · 전월세신고제를 핵심으로 하는 법안

임대차 3법은 계약갱신청구권과 전월세상한제를 담은 '주택임대차보호법'개정안과 전월세신고제를 담은 '부동산 거래신고 등에 관한 법률'개정안을 말한다. 이 중 '주택임대차보호법'개정안은 2020년 7월 31일 본회의를 통과한 당일부터 시행됐다. 이에 따라 세입자는 추가 2년의 계약연장을 요구할 수 있고 집주인은 실거주 등의 특별한 이유가 없으면 이를 받아들여야 하는데, 이때 임대료는 종전 계약액의 5% 이내에서만 인상할 수 있다. 계약 당사자가 계약 30일 이내에 임대차 계약정보를 신고해야 하는 '부동산 거래신고 등에 관한 법률'개정안은 2020년 8월 4일 본회의를 통과해 2021년 6월 1일부터 시행됐다.

Theme 4
형법

제1장 형법의 기초

028 범죄 성립의 3요소 범죄 성립의 구성요건
KBS, MBC

☐ 구성요건 해당성, 위법성, 책임성

- **구성요건 해당성** : 어떠한 행위가 형법에서 범죄로 규정하고 있는 구성요건에 해당이 되어야 한다.
- **위법성** : 전체 법질서로부터 부정적인 행위라는 판단이 가능해야 한다.
- **책임성** : 법이 요구하는 공동생활상의 규범에 합치할 수 있도록 의사결정을 할 수 있는 능력으로 일정한 행위가 구성요건에 해당하고 위법성을 갖추었더라도 책임성이 결여되면 범죄로 성립되지 않는다.

상식 plus⁺

위법성의 조각사유
구성요건에 해당하는 어떠한 조건을 갖추면 꼭 처음부터 적법한 행위였던 것처럼 평가되는 것으로 정당방위, 정당행위, 긴급피난, 피해자의 승낙, 자구행위 등이 있다.

유형	내용	사례
정당행위	• 법령에 의한 행위 또는 업무로 인한 행위 • 기타 사회 상규에 위배되지 않는 행위	공무원의 직무 집행 행위, 징계 행위, 현행범인 체포 행위, 노동쟁의행위 등
정당방위	• 자기 또는 타인의 법익에 대한 현재의 부당한 침해를 방위하기 위한 상당한 이유 있는 행위 • 방위행위가 상당성의 정도를 넘었을 때에는 과잉 방위라 하여 위법성이 조각되지 않음	강도로부터 자신을 방어하기 위한 과정에서 강도를 상해한 경우
긴급피난	자기 또는 타인의 법익에 대한 현재의 위난을 피하기 위한 행위로서 상당한 이유가 있는 행위	화재 진압 도중 주변 가옥을 손괴한 경우
자구행위	권리자가 위법하게 그 권리를 침해당했을 경우, 일정한 요건하에서 자력에 의하여 그 권리를 구제·실현하는 행위	수일 전 자신의 지갑을 훔친 소매치기를 붙잡는 경우
피해자의 승낙	처분할 수 있는 자의 승낙에 의하여 그 법익을 훼손한 행위. 단 법률에 특별한 규정이 있는 경우(살해, 임산부의 동의에 의한 낙태)는 벌함	복싱경기 중 상대방의 코뼈를 부러뜨린 경우

029 속지주의

방송통신심의위원회

☐ 한 국가의 영역 안에 있는 사람은 국적을 불문하고, 그 나라의 법이 적용된다는 국제법상의 한 원칙(영토고권 존중)

우리나라는 형법 제2조에서 "대한민국 영역 내에서 죄를 범한 내국인과 외국인에게 적용한다"라고 규정하고, 제4조에서 "대한민국의 영역 외에 있는 대한민국의 선박 또는 항공기 내에서 죄를 범한 외국인에게 적용한다"라고 규정하여 속지주의를 채택하고 있다. 또한 제3조에서 "본 법은 대한민국 영역 외에서 죄를 범한 내국인에게 적용한다"라는 규정을 두어 속인주의도 아울러 채택하고 있다.

속인주의
국적을 기준하여 국내외의 모든 자국민에게 자국법이 적용된다는 원칙

030 죄형법정주의

한국마사회, SH서울주택도시공사

☐ 법률이 없으면 범죄도 없고 형벌도 존재하지 않는다는 원칙

어떤 행위가 범죄가 되고, 어떤 처벌을 할 것인가는 미리 성문 법률에 규정되어 있어야 한다는 원칙이다. 즉, '법률이 없으면, 범죄도 없고, 형벌도 없다'는 것을 의미한다.

상식 plus⁺

죄형법정주의의 원칙
- 관습형법 배제의 원칙
- 명확성의 원칙
- 유추해석금지의 원칙
- 소급효 금지의 원칙
- 절대적 부정기형의 금지원칙

031 죄수의 딜레마 Prisoner's Dilemma

조선일보, MBC

☐ 합리적인 선택이 오히려 불리한 결과로 이어진다는 모순 이론

게임 이론의 유명한 사례로, 2명이 참가하는 비제로섬 게임의 일종이다. 두 공범자를 심문할 때, 상대방의 범죄 사실을 밝히면 형량을 감해준다는 수사관의 말에 넘어가 상대방의 죄를 말함으로써 무거운 형량을 선고받게 되는 현상이다. 죄수의 딜레마는 두 당사자 간 이익이 상반되는 상황에서는 언제든 나타날 수 있는 현상이다.

상식 plus+

비제로섬 게임
한쪽의 이득과 다른 쪽의 손실을 합했을 때 제로가 되지 않는 현상으로 서로 협력하여 동시에 이득을 증가시키거나 자신의 이득을 일방적으로 증대시킬 수도 있다.

032 김영란법

서울경제, MBC, EBS

☐ 부정청탁 및 금품 등 수수의 금지에 관한 법률

공직자 등의 공정한 직무수행을 저해하는 부정청탁 관행을 근절하고, 금품 등의 수수행위를 직무관련성 또는 대가성이 없는 경우에도 제재하도록 하여 공정한 직무수행을 보장하고 공공기관에 대한 국민의 신뢰를 확보하기 위해 이 법률이 발의되었다. 그러나 위헌 논란으로 헌법소원까지 제기되었지만 2016년 7월 28일 헌법재판소의 합헌 결정에 따라 2016년 9월 28일부터 시행되었다.

상식 plus+

음식물·경조사비·선물 등의 가액 범위(부정청탁 및 금품 등 수수의 금지에 관한 법률 시행령 별표1)
- 음식물(제공자와 공직자 등이 함께하는 식사, 다과, 주류, 음료) : 5만원(2024년 8월 27일부터 상향)
- 경조사비 : 축의금·조의금은 5만원. 다만, 축의금·조의금을 대신하는 화환·조화는 10만원으로 한다.
- 선물 : 금전, 유가증권, 음식물 및 경조사비를 제외한 일체의 물품, 그 밖에 이에 준하는 것은 5만원. 다만, 농수산물 및 농수산가공품(농수산물을 원료 또는 재료의 50퍼센트를 넘게 사용하여 가공한 제품)은 15만원(설날·추석명절에는 최대 30만원)으로 한다.

033 이해충돌방지법

★★★

한국일보, 의정부시시설관리공단

☐ 공직자가 직위를 통해 얻는 사적이익을 방지하는 법안

공직자가 자신의 직위를 이용해 사적이익을 얻는 것을 방지하는 법안이다. 2013년 처음 발의돼 2021년 4월 29일 국회를 통과했다. 첫 발의 당시 고위공직자의 범위가 모호하다는 이유로 부정청탁금지법 일부분만 통과돼 김영란법이라고 불리는 법률로 제정됐다. 이해충돌방지법은 1년간의 준비기간을 가진 뒤 2022년 5월부터 본격 시행됐다. 법의 대상이 되는 범위는 국회의원을 포함한 공무원, 공공기관 임직원, 국공립학교 임직원 등 190만명이다. 배우자와 직계존비속이 포함될 경우 800만명까지 증가할 수 있다. 미공개 정보로 사적이득을 가지는 공무원은 최고 7년 이하의 징역형이나 7,000만원 이하의 벌금에 처한다.

034 중대재해 기업처벌법

★★★★★

연합뉴스, 조선일보, 대전광역시 공공기관 통합채용

☐ 중대한 인명피해를 주는 산업재해가 발생했을 경우 사업주에 대한 형사처벌을 강화하는 법률

산업안전법이 산업현장의 안전규제를 대폭 강화했다면 중대재해법은 더 나아가 경영책임자와 기업에 징벌적 손해배상책임을 부과한다. 중대한 인명피해를 주는 산업재해가 발생했을 경우 경영책임자 등 사업주에 대한 형사처벌을 강화하는 내용이 핵심이다. 노동자가 사망하는 산업재해가 발생했을 때 안전조치 의무를 미흡하게 이행한 경영책임자에게 징역 1년 이상, 벌금 10억원 이하의 처벌을 받도록 했다. 법인이나 기관도 50억원 이하의 벌금형에 처하도록 했다. 2022년 1월 27일부터 시행됐으며 50인 미만 사업장에는 공포된 지 3년 후부터 시행됐다.

035 특검법 특별검사의 임명 등에 관한 법률

★★★
문화일보, TV조선

☐ 상설특별검사제도의 도입 근거를 마련한 법률

대통령 측근이나 고위공직자 등 국민적 관심이 집중된 대형 비리사건에 있어 검찰 수사의 공정성과 신뢰성 논란이 생길 때마다 특별검사제도를 도입·운용했다. 그러나 특별검사제도의 도입에는 여러 논란점들이 있어 이를 해소하고자 미리 특별검사제도의 발동경로와 수사대상, 임명절차 등을 법률로 제정해 두고 대상사건이 발생하면 곧바로 특별검사를 임명하여 최대한 공정하고 효율적으로 수사하기 위해 마련한 법률이다.

상식 plus+

특검법 수사기간(특별검사의 임명 등에 관한 법률 제10조)
준비기간이 만료된 날의 다음 날부터 60일 이내에 담당사건에 대한 수사를 완료하고 공소제기 여부를 결정. 대통령의 승인을 받아 수사기간을 한 차례만 30일까지 연장이 가능하다.

제2장 범죄의 성립과 처벌

036 미필적 고의

★★★★
경제투데이, MBC

☐ 자기의 행위로 인해 어떤 범죄 결과가 일어날 수 있음을 알면서도 그 결과의 발생을 인정하여 받아들이는 심리 상태

행위자가 자신의 행위가 죄의 성립요소에 해당 가능성이 있다고 판단하고 결과를 예측한 상태에서 그 행위를 하는 경우를 말한다. 형법 제13조는 "죄의 성립요소인 사실을 인식하지 못한 행위는 벌하지 아니한다. 단, 법률에 특별한 규정이 있는 경우에는 예외로 한다"고 규정하고 있으므로 원칙적으로 고의 행위만을 처벌 대상으로 하기 때문에 미필적 고의는 처벌대상이 되고, 자신의 행위가 죄에 해당하는 사실을 인식하지 못한 '과실'의 경우는 벌하지 않는다.

037 가석방

★★

한국마사회

☐ 수형자의 개전이 인정될 때에 형기만료 전에 수형자를 조건부로 석방하는 제도

가석방은 진보적인 제도 중의 하나로 수형자의 사회적 복귀를 자발적으로 하고 소위 형의 집행에 있어서 형식적 정의를 제한하고 구체적 타당성을 살리겠다는 요구에 대응하는 형의 구체화 과정이다.

상식 plus⁺

가석방의 요건(형법 제72조)
- 개전의 정상이 현저해야 한다.
- 무기형은 20년, 유기형은 형기의 3분의 1을 경과하여야 한다.
- 벌금 또는 과료의 병과가 있으면 금액을 모두 납부해야 한다.

038 특별사면

★★

이투데이

☐ 대통령의 조치로 특정 범죄인의 형을 면하거나 유죄선고의 효력을 상실시키는 것

대통령의 고유 권한으로 특정 범죄인에 대해 남은 형의 집행을 면제하거나 유죄선고의 효력을 상실시키는 것을 말한다. '특사'라고도 한다. 국무회의의 의결을 거쳐 대통령이 명령하여 이루어진다. 특별사면의 방법으로는 가석방 혹은 복역 중인 피고인에게 남은 형기를 면제하는 '잔형집행면제'와 집행유예를 선고받아 유예기간이 지나지 않은 피고인에게 내려지는 '형선고 실효'가 있다. 특별사면과 비교해 일반사면은 대통령이 사면대상이 되는 범죄의 유형을 지정하여 일괄적으로 시행하는 것이다.

039 집행유예

★★★★

연합뉴스, MBC

☐ 죄의 선고를 즉시 집행하지 않고 일정 기간 그 형의 집행을 유예하는 제도

형의 선고에 있어서 그 정상이 가볍고 형의 현실적 집행이 필요가 없다고 인정되는 경우에 범인에 대해서 일정한 형의 집행을 유예하고 유예기간을 무사히 경과하면 선고된 형의 실효(失效)를 인정하는 제도를 말한다.

040 징계

한국도로공사, 인천국제공항공사

☐ 공무원 등 특별신분관계에 있는 사람에게 직무태만 등의 이유로 책임을 부과하는 행위

국가공무원법이 규정하고 있는 징계사유는 국가공무원법과 동법에 의한 명령을 위반했을 때, 직무상의 의무에 위반하거나 직무를 태만했을 때, 직무의 내외를 불문하고 그 체면 또는 위신을 손상하는 행위를 한 때 등의 3가지가 있다.

상식 plus⁺

징계의 종류
- **파면** : 공무원을 강제퇴지시키는 중징계처분의 하나이다. 파면되면 5년간 공무원 임용을 할 수 없고, 퇴직급여액의 1/2이 삭감된다.
- **해임** : 공무원 관계를 해제하는 점에서 파면과 같으나, 퇴직급여액의 감액이 없는 점에서 파면의 경우보다 가볍다. 해임을 당한 자는 3년간 공무원에 임용될 수 없다.
- **정직** : 1개월 이상~3개월 이하의 기간 동안 정직처분을 받은 자는 그 기간 중 공무원의 신분은 보유하나 직무에 종사하지 못하며, 보수의 2/3를 감한다.
- **감봉** : 1개월 이상~3개월 이하의 기간 동안 보수의 1/3을 감하는 처분이다.
- **견책** : 전과에 대해 훈계하고 반성하게 하는 것에 그치는 가장 가벼운 처분이다

041 형벌

서울교통공사, 한국마사회, MBC

☐ 생명형인 사형, 자유형인 징역 · 금고 · 구류, 재산형인 벌금 · 과료 · 몰수, 명예형인 자격상실 · 자격정지

- **사형** : 수형자의 생명을 박탈하는 것을 내용으로 하는 생명형이며 가장 중한 형벌이다.
- **징역** : 수형자를 형무소 내에 구치하여 정역(강제노동)에 복무하게 하는 형벌로 수형자의 신체적 자유를 박탈하는 것을 내용으로 한다는 의미에서 금고 및 구류와 같이 자유형이라고 한다.
- **금고** : 수형자를 형무소에 구치하고 자유를 박탈하는 점에서 징역과 같으나, 정역에 복무하지 않는 점에서 징역과 다르다. 그러나 금고수형자에게도 신청에 의하여 작업을 과할 수 있다.
- **구류** : 금고와 같으나 그 기간이 1일 이상~30일 미만이라는 점이 다르다. 형법에서는 아주 예외적인 경우에만 적용되며, 주로 경범죄에 부과하고 있다.
- **벌금** : 일정액의 금전을 박탈하는 형벌로, 과료 및 몰수와 더불어 재산형이라고 한다.
- **과료** : 벌금과 같으나 그 금액이 2천원 이상~5만원 미만으로 판결확정일로부터 30일 이내에 납입하여야 하며, 납입하지 아니한 자는 1일 이상~30일

미만의 기간 동안 노역장에 유치하여 작업에 복무하게 하여야 한다.
- **몰수** : 원칙적으로 타형에 부가하여 과하는 형벌로서 범죄행위와 관계있는 일정한 물건을 박탈하여 국고에 귀속시키는 처분이다.
- **자격상실** : 수형자에게 일정한 형의 선고가 있으면 그 형의 효력으로 당연히 일정한 자격이 상실되는 형벌이다.
- **자격정지** : 수형자의 일정한 자격을 일정한 기간 정지시키는 경우로 현행 형법상 범죄의 성질에 따라 선택형 또는 병과형으로 하고 있다.

★★★★

042 반의사불벌죄

대구시설공단, 매일경제, 뉴스1

☐ 피해자가 가해자의 처벌을 원하지 않는다는 것을 표시하면 처벌할 수 없는 범죄

피해자의 의사에 관계없이 공소를 제기할 수 있으나, 피해자의 명시한 의사에 반하여 처벌할 수 없는 범죄이다. 반의사불벌죄는 처벌을 원하는 피해자의 의사표시 없이도 공소할 수 있다는 점에서 고소·고발이 있어야만 공소를 제기할 수 있는 친고죄(親告罪)와 구별된다.

친고죄
공소제기를 위하여 피해자 기타 고소권자의 고소가 있을 것을 요하는 범죄

[친고죄와 반의사불벌죄의 종류]

친고죄	반의사불벌죄
• 절대적 친고죄 　- 모욕죄(형법 제311조) 　- 비밀침해죄(형법 제316조) 　- 업무상비밀누설죄(형법 제317조) 　- 사자명예훼손죄(형법 제308조) • 상대적 친고죄(친족상도례규정) : 친족 간의 범행과 고소(형법 제328조)	• 폭행, 존속폭행죄(형법 제260조) • 협박, 존속협박죄(형법 제283조) • 명예훼손죄(형법 제307조) • 출판물 등에 의한 명예훼손죄(형법 제309조) • 과실치상죄(형법 제266조)

★★★

043 재정신청

문화일보, 연합뉴스

☐ 검사가 불기소 처분을 했을 경우 고소·고발인이 법원에서 기소 여부에 대한 판단을 받도록 하는 제도

검사가 불기소 조치를 할 경우 고소한 당사자는 검사가 소속된 지방검찰청 소재지를 관할하는 고등법원에 검사의 판단이 타당한지를 묻는 것을 말한다. 2007년 6월 1일 개정된 형사소송법에서는 모든 사건에 대해 재정신청을 할 수 있게 했다. 재정신청을 하기 위해서는 일단 검사의 불기소 처분에 대하여 검찰청법 제10조에 따른 항고를 선행하여야 하고(항고전치주의), 이 항고가 기각되면 그때 비로소 고등 법원에 재정신청을 할 수 있다.

검찰청법
검찰청의 조직, 직무 범위 및 인사와 그 밖에 필요한 사항을 규정함을 목적으로 한 법

Theme 5
소송법

제1장 소송법 일반

044 기소독점주의

영화진흥위원회, 조선일보

☐ 공소권(공소를 제기하고 수행할 권한)을 검사에게 독점시키는 주의

기소독점주의란 재판을 받게 할지 여부를 결정할 수 있는 권한을 오직 검사만 갖는다는 뜻이다. 우리나라는 "공소는 검사가 제기하여 수행한다(형사소송법 제246조)"고 규정하여 기소독점주의와 기소편의주의를 채택하고 있다. 기소독점주의는 공소제기(公訴提起)의 권한을 검사에게만 부여하는 것이며, 기소편의주의는 형사소송법상 공소의 제기에 관하여 검사의 재량을 허락하고 불기소(기소유예와 무혐의 처분)를 인정하는 제도이다.

상식 plus⁺

기소편의주의(起訴便宜主義)
공소를 제기함에 충분한 혐의가 인정되고 소송조건을 갖춘 때라고 하더라도 검사의 재량에 의하여 불기소를 할 수 있는 것을 말한다. 우선 유죄로 인정되는 사건이라 하더라도 검사가 재판을 받지 않게 할 수 있다.

기소유예
범죄혐의는 명백히 인정되나 피의자의 전과기록, 피해사실과 정도, 피해자와의 합의·반성여부 등을 고려해 검사가 기소하지 않는 것을 말한다. 피의자에게 전과기록을 남기지 않고, 삶을 재고할 기회를 주려는 목적이다. 기소유예의 경우 전과기록은 남지 않으나, 검사는 언제든 공소를 제기해 피의자를 재판에 넘길 수 있다.

045 구속적부심사

YTN

☐ 수사기관의 피의자에 대한 구속의 적부를 법원이 심사하여, 그 구속이 위법·부당하다고 판단되는 경우 구속된 피의자를 석방하는 제도

피구속자 또는 관계인의 청구가 있으면, 법관이 즉시 본인과 변호인이 출석한 공개법정에서 구속의 이유(주거부정, 증거인멸의 염려, 도피 등)를 밝히도록 하고, 구속의 이유가 부당하거나 적법한 것이 아닐 때에는 법관이 직권으로 피구속자를 석방하게 하는 제도를 말한다.

046 불고불리의 원칙

★★★

MBC

공소제기가 없는 한 법원은 사건을 심판할 수 없고 공소가 제기된 사건에 대해서만 심판할 수 있다는 원칙

'소 없는 곳에 재판 없다.' 즉, 검사의 공소제기가 있을 때에만 법원이 심판할 수 있다는 형사소송의 원칙이다. 법원은 검사가 공소를 제기하여야만 비로소 그 기소한 범죄사실에 대하여 심리를 개시할 수 있고, 공소장에 기재된 사실과 동일성이 있는 사건만을 심판할 수 있다.

047 일사부재리의 원칙

★★★★★

한국소비자원, MBC

어떤 사건에 대해 일단 판결이 확정되면 그 사건을 소송으로 다시 심리·재판하지 않는다는 원칙

형사소송법상 어떤 사건에 대하여 유죄 또는 무죄의 실체적 판결 또는 면소의 판결이 확정되었을 때 판결의 기판력의 효과이다. 같은 사건에 대하여 또 다시 공소의 제기를 하지 않는 일을 말한다. 일사부재리의 원칙은 로마시민법에서 인정되었고, 민사 사건에는 적용되지 않는다.

기판력
확정판결을 받은 동일사건에 대해서 다른 법원에 다시 제소된 경우, 이와 모순되는 주장이나 판단을 할 수 없도록 구속하는 소송법상의 효력이다.

제2장 수사와 재판

048 상소 제도
영화진흥위원회, 이투데이
★★★★

☐ 재판 결과에 불복하여 상급 법원에 다시 재판해줄 것을 요구할 수 있는 제도

- 상소 : 1심 재판에 불만이 있을 경우 2심, 3심 등 상급법원에 다시 재판해줄 것을 요구하는 것으로, 상소는 항소와 상고를 포괄적으로 아우르는 말이다.
- 항소 : 1심 재판, 즉 지방법원의 재판에 불복하여 2심(고등법원)에 상소하는 것
- 상고 : 2심 재판, 즉 고등법원의 항소 재판에도 불복하여 3심(대법원)에 상소하는 것
- 항고 : 재판에서 판결 외에 결정·명령에 대해 불복할 때에 하는 신청

상식 plus⁺

심급제도
재판의 공정성과 정확성을 확보하여 국민의 기본권을 보장하기 위한 제도로 우리나라는 3심제를 원칙으로 한다. 3심급 중 제1심과 제2심은 사실심, 제3심은 법률심이다.

049 고발
한국도로공사, 뉴스1
★★★

☐ 고소권자와 범인 이외의 사람이 수사기관에 범죄사실을 신고하여 소추를 요구하는 것

고소권자와 범인 이외의 자라면 누구든지 범죄가 있다고 판단되는 때에는 고발할 수 있다.

050 고소
전라남도 공무직 통합채용, 한국농어촌공사, 뉴스1
★★★★

☐ 범죄의 피해자, 법정대리인 또는 그와 일정한 관계가 있는 고소권자가 수사기관에 범죄사실을 신고하여 범인의 소추를 요구하는 의사표시

수사의 단서가 될 뿐만 아니라 친고죄에 있어서는 소송조건이 되지만, 고소가 곧 기소는 아니다. 고소권자는 피해자의 법정대리인, 배우자의 친족, 지정고소권자 등이며, 고소의 절차는 서면·구술로 하고, 검사(사법경찰관)의 구술에 의한 고소를 받은 때에는 조서를 작성해야 한다(형사소송법 제237조).

소추
형사소송에서 재판을 요구하거나 탄핵을 발의하는 등 공소를 제기하고 소송을 수행하는 일

051 구속영장

★★★★

MBC, YTN

☐ 피의자나 피고인을 일정한 장소에 가두는 것을 허가하는 영장

피의자를 구속하기 위해서는 검사의 청구에 의하여 법관이 적법한 절차에 따라 발부한 영장을 제시해야 한다. 피의자가 죄를 지었다고 생각할 만한 상당한 의심이 있고, 주거가 일정하지 않거나 증거를 없앨 이유가 있는 경우 또는 도망이나 도주의 우려가 있는 경우에 검사는 관할 지방법원 판사에게 청구하여 구속영장을 발부받아 피의자를 구속할 수 있다.

심문
법원이 당사자나 이해관계가 있는 사람에게 서면이나 구두로 개별적인 진술기회를 주는 일

상식 plus⁺

구속영장실질심사
구속영장이 청구된 피의자에 대하여 법관이 수사기록에만 의지하지 않고 구속 여부를 판단하기 위하여 필요한 사항에 대하여 직접 피의자를 심문하고 필요한 때에는 심문장소에 출석한 피해자, 고소인 등 제3자를 심문하거나 그 의견을 듣고 이를 종합하여 구속 여부를 결정하는 제도이다.

052 공소시효

★★★★★

방송통신심의위원회, MBC

☐ 검사가 일정 기간 동안 어떤 범죄에 대해 공소를 제기하지 않고 방치하는 경우에 국가의 소추권 및 형벌권을 소멸시키는 제도

시효는 공소의 제기로 진행이 정지되고 공소기각 또는 관할위반의 재판이 확정된 때로부터 진행한다. 공범의 1인에 대한 전항의 시효정지는 다른 공범자에게 대하여 효력이 미치고 당해 사건의 재판이 확정된 때로부터 진행한다. 범인이 형사처분을 면할 목적으로 국외에 있는 경우 그 기간 동안 공소시효는 정지된다(형사소송법 제253조). 2013년 6월 19일부터 13세 미만 및 신체·정신적 장애가 있는 사람을 대상으로 한 강간죄, 강제추행죄, 준강간 및 준강제추행죄, 강간 등 상해·치상죄, 강간 등 살인·치사죄 등의 범죄를 저지른 경우에는 공소시효가 적용되지 않는다.

공소기각
형사소송에서 공소가 제기된 경우, 소송조건이 결여되었을 때 공소를 부적법하다고 인정하여 심리를 하지 않고 소송을 종결시키는 형식재판

상식 plus⁺

공소시효의 기간
- 사형에 해당하는 범죄 : 25년
- 무기징역 또는 무기금고에 해당하는 범죄 : 15년
- 장기 10년 이상의 징역 또는 금고에 해당하는 범죄 : 10년
- 장기 10년 미만의 징역 또는 금고에 해당하는 범죄 : 7년
- 장기 5년 미만의 징역 또는 금고, 장기 10년 이상의 자격정지 또는 벌금에 해당하는 범죄 : 5년
- 장기 5년 이상의 자격정지에 해당하는 범죄 : 3년
- 장기 5년 미만의 자격정지, 구류, 과료 또는 몰수에 해당하는 범죄 : 1년

053 국민참여재판

★★★★
연합뉴스, CBS, 조선일보

☐ 우리나라에서 2008년 1월부터 시행된 배심원 재판제도

만 20세 이상의 국민 중 무작위로 선정된 배심원(예비배심원)이 참여하는 형사재판으로, 배심원으로 선정된 국민은 피고인의 유무죄에 관하여 평결을 내리고, 유죄 평결이 내려진 피고인에게 선고할 적정한 형벌을 토의하는 등 재판에 참여하는 기회를 갖게 된다. 단, 법적인 구속력은 없다.

배심원
재판이나 기소과정에 참여하여 사실문제를 판단하는 법률전문가가 아닌 일반 시민

상식 plus⁺

국민참여재판의 특징
- 배심원들이 유·무죄를 판단하게 하기로 하고 또 유죄 판단이 섰을 경우에는 시민들이 법관과 함께 양형을 논의하도록 하지만 결정은 하지 못한다.
- 배심원의 의견은 원칙적으로 만장일치제로 하되, 의견 통일이 되지 않을 경우 법관과 함께 토론한 뒤 다수결로 유·무죄 여부를 가린다. 이와 함께 배심원 의견의 '강제력'은 인정하지 않고, 권고적인 효력만 인정한다.
- 법관이 배심원의 의견과 다른 판결을 하게 되면, 판결문에 배심원의 의견을 따로 기록하도록 한다.
- 배심원들의 의견은 강제력이 없는 만큼 법정에서 따로 공개하지 않는 대신 배심원의 의견을 문서로 남겨 사건과 관련된 사람들은 열람할 수 있도록 한다.
- 피고인이 원하지 않으면 시행할 수 없다.
- 배심원단은 법정형이 사형인 때에는 9명, 그 밖의 사건은 7명으로 구성된다. 배심원은 해당 지방법원 관할 구역에 살고 있는 20세 이상 국민 중에서 무작위로 선정된다.
- 국회의원이나 변호사, 법원·검찰공무원, 경찰, 군인 등은 배심원으로 선정될 수 없다.

STEP 01 초스피드 암기 확인!

보기
- ㉠ 성문법
- ㉡ 위법성
- ㉢ 속지주의
- ㉣ 상위법우선의 원칙
- ㉤ 3분의 2
- ㉥ 9명
- ㉦ 죄형법정주의
- ㉧ 3심제
- ㉨ 공소시효
- ㉩ 불고불리의 원칙

01 실정법상 상위의 법규는 하위의 법규보다 우월하며, 상위의 법규에 위배되는 하위의 법규는 정상적인 효력이 발생하지 않는다는 것은 법 적용의 원칙 중 _____ 에 해당한다.

02 심급제도란 공정성과 정확성을 확보하여 국민의 기본권을 보장하기 위한 제도로 우리나라는 _____ (을)를 원칙으로 한다.

03 _____ (은)는 한 국가의 영역 안에 있는 사람은 국적을 불문하고 그 나라의 법이 적용된다는 국제법상의 원칙을 말한다.

04 법률이 없으면 범죄도 없고 형벌도 존재하지 않는다는 원칙은 _____ (이)다.

05 헌법재판소장은 대통령이 국회의 동의를 얻어 임명하며, 재판관은 총 _____ (으)로 대통령과 국회·대법원장이 임명한다.

06 _____ 에는 헌법, 법률, 명령, 자치법규, 조약 등이 있으며 현재 존재하는 가장 오래된 법전인 함무라비 법전이 대표적인 예이다.

07 대통령의 탄핵에 필요한 국회 정족수는 국회재적의원 과반수 발의 또는 국회 재적의원 _____ 이상의 찬성이 있어야 한다.

08 범죄 성립의 3요소는 구성요건의 해당성, _____, 책임성 등을 말한다.

09 공소제기가 없는 한 법원은 사건을 심판할 수 없고 공소가 제기된 사건에 대해서만 심판할 수 있다는 원칙은 _____ (이)다.

10 _____ (은)는 검사가 일정 기간 동안 어떤 범죄에 대해 공소를 제기하지 않고 방치하는 경우에 국가의 소추권 및 형벌권을 소멸시키는 제도이다.

정답
01 ㉣ 02 ㉧ 03 ㉢ 04 ㉦ 05 ㉥ 06 ㉠ 07 ㉤ 08 ㉡ 09 ㉩ 10 ㉨

STEP 02 기출로 합격 공략!

01
한국전력공사

헌법재판소에서 위헌법률심판권, 위헌명령심판권, 위헌규칙심판권은 무엇을 근거로 하는가?

① 신법우선의 원칙
② 특별법우선의 원칙
③ 법률불소급의 원칙
④ 상위법우선의 원칙

해설
법률보다는 헌법이 상위법이므로, 법률은 헌법에 위배되어서는 안 된다. 이는 상위법우선의 원칙에 근거한다.

02
뉴스1

다음 중 친고죄에 해당하지 않는 범죄는?

① 사자명예훼손죄
② 모욕죄
③ 업무상비밀누설죄
④ 강제추행죄

해설
친고죄란 범죄의 피해자나 법률이 정한 고소권자의 고소가 있어야만 공소제기가 가능한 범죄를 말한다. 피해자가 고소하지 않는다면 검사가 범죄에 대한 기소를 할 수 없고, 판사도 유·무죄를 판단할 수 없다. 친고죄에는 사자명예훼손죄, 모욕죄, 비밀침해죄, 업무상비밀누설죄가 있다.

03
이투데이

다음 중 법원이 피의자의 구속영장을 발부하는 기준이 아닌 것은?

① 피의자의 주거가 일정할 것
② 피의자가 범행증거를 없앨 이유가 있을 것
③ 피의자에게 죄가 있다고 여길만한 상당한 의심이 있을 것
④ 피의자가 도망 또는 도주할 우려가 있을 것

해설
구속영장은 피의자나 피고인을 일정한 장소에 가두는 것을 허가하는 영장이다. 구속을 위해서는 검사의 청구에 의하여 법관이 적법한 절차에 따라 발부한 영장을 제시해야 한다. 피의자가 죄를 지었다고 생각할 만한 상당한 의심이 있고, 주거가 일정하지 않거나 증거를 없앨 이유가 있는 경우 또는 도망이나 도주의 우려가 있는 경우에 검사는 관할 지방법원 판사에게 청구하여 구속영장을 발부받아 피의자를 구속할 수 있다.

04
한국전력공사

다음이 설명하는 원칙은?

> 범죄가 성립되고 처벌을 하기 위해서는 미리 성문의 법률에 규정되어 있어야 한다는 원칙

① 불고불리의 원칙
② 책임의 원칙
③ 죄형법정주의
④ 기소독점주의

해설
죄형법정주의는 범죄와 형벌이 법률에 규정되어 있어야 한다는 원칙이다.

05
천안시시설관리공단

여러 가지 죄가 동시에 형량에 적용되는 것을 의미하는 법률 용어는?

① 포괄적 경합
② 상상적 경합
③ 실체적 경합
④ 동시적 경합

해설
실체적 경합은 여러 가지 행위로 여러 가지의 범죄를 일으켜 이 범죄들이 동시에 형량에 적용되는 것을 의미한다. 가령 1월에 사기죄를 저지르고, 2월에 횡령죄를 저질렀다고 했을 때, 3월에 재판을 받게 되면 앞선 두 범죄가 한꺼번에 형량에 영향을 미치게 된다. 반면 상상적 경합은 한 가지 행위가 여러 가지 죄명에 해당하는 경우를 말한다.

06
뉴스1

대통령의 친인척이나 특수한 관계에 있는 사람의 비위행위를 조사할 권한을 갖는 직위는?

① 인사정보관리관
② 특수검사관
③ 특별감찰관
④ 특별검사

해설
특별감찰관법은 2014년에 제정되어 같은 해 시행되었다. 특별감찰관은 대통령의 친인척 등 특수한 관계에 놓인 사람들의 비위행위를 감찰하는 직위다. 국회에서 15년 이상 판·검사, 변호사직에 있는 변호사 3인을 추천하고 대통령이 인사청문회를 통해 선발하게 된다.

07 ㅤㅤㅤㅤㅤㅤㅤㅤㅤㅤ광주보훈병원
우리나라의 현행 헌법이 마지막으로 개정된 연도는?

① 1952년
② 1960년
③ 1987년
④ 1993년

해설
헌법은 우리나라의 최고 기본법이다. 1987년 10월 29일에 마지막으로 개정된 현행 헌법은 전문과 총강, 국민의 권리와 의무, 국회, 정부, 법원, 헌법재판소, 선거관리, 지방자치, 경제, 헌법 개정 등 본문 130개조, 부칙 6개조로 구성되어 있는 민정(民定)·경성(硬性)·성문(成文)의 단일법전이다. 인적으로는 대한민국의 국민에게 적용되고, 장소적으로는 대한민국의 영역 내에서 적용된다.

08 ㅤㅤㅤㅤㅤㅤㅤㅤㅤㅤYTN
헌법 개정 절차로 올바른 것은?

① 공고 → 제안 → 국회의결 → 국민투표 → 공포
② 제안 → 공고 → 국회의결 → 국민투표 → 공포
③ 제안 → 국회의결 → 공고 → 국민투표 → 공포
④ 제안 → 공고 → 국무회의 → 국회의결 → 국민투표 → 공포

해설
헌법 개정 절차는 '제안 → 공고 → 국회의결 → 국민투표 → 공포' 순이다.

09 ㅤㅤㅤㅤㅤㅤ국민건강보험공단, 서울시농수산물공사
다음 중 반의사불벌죄가 아닌 것은?

① 존속폭행죄
② 협박죄
③ 명예훼손죄
④ 모욕죄

해설
반의사불벌죄는 처벌을 원하는 피해자의 의사표시 없이도 공소할 수 있다는 점에서 고소·고발이 있어야만 공소를 제기할 수 있는 친고죄(親告罪)와 구별된다. 폭행죄, 협박죄, 명예훼손죄, 과실치상죄 등이 이에 해당한다. 모욕죄는 친고죄이다.

10 ㅤㅤㅤㅤㅤㅤㅤㅤㅤㅤ아주경제
다음 중 가명정보에 대한 설명으로 옳은 것은?

① 데이터 3법 개정시행으로 도입됐다.
② 개인정보의 남용을 방지할 수 있다.
③ 이름과 성별, 나이를 비롯한 모든 개인정보를 가린 것이다.
④ 익명정보와 동일한 개념이다.

해설
가명정보는 데이터 3법 개정시행으로 도입됐으며, 추가정보 없이는 특정한 개인을 알 수 없도록 조치한 것이다. 가령 성, 이름, 나이, 성별, 전화번호에서 이름과 전화번호만 가려 개인을 명확히 알아볼 수 없도록 한다. 완전익명의 중간단계라 할 수 있다. 이러한 가명정보를 4차산업과 첨단서비스 개발에 이용할 수 있다는 점이 각광받고 있지만, 한편으로 개인정보의 남용이 우려된다는 목소리도 있다.

11 ㅤㅤㅤㅤㅤㅤㅤㅤㅤㅤ한국수력원자력
우리나라 헌법이 보장하는 기본권 중 하나로 안락하고 만족스러운 삶을 추구할 수 있는 권리는?

① 행복기본권
② 평등권
③ 행복추구권
④ 기본생활영위권

해설
행복추구권(幸福追求權)은 고통이 없는 상태나 만족감을 느낄 수 있는 상태를 실현할 수 있는 권리를 말한다. 우리나라 「헌법」 제10조는 "모든 국민은 인간으로서의 존엄과 가치를 가지며, 행복을 추구할 권리를 가진다"라고 규정하고 있다. 고통과 불쾌감이 없는 상태를 추구하며, 더 나아가 안락하고 만족스러운 삶을 영위할 권리이다. 행복추구권은 행동의 자유권과 인격의 자유발현권 및 생존권의 의미를 포함하고 있다.

12 ㅤㅤㅤㅤㅤㅤㅤㅤㅤㅤ경향신문
가해자가 악의적인 행위로 피해를 입혔을 경우, 실제 손해액보다 더 많은 손해배상을 부과하는 제도는?

① 징벌적 손해배상
② 통합적 손해배상
③ 부대적 손해배상
④ 보상적 손해배상

해설
징벌적 손해배상은 가해자가 고의 또는 악의를 가지거나 무분별·반사회적인 성격을 띠고 신체나 재산상에 피해를 입혔을 경우, 손해배상청구 시 손해 원금뿐 아니라 형벌적인 금액까지 추가적으로 배상하게 하는 제도다.

13
우리나라의 기소유예 제도에 대한 설명으로 맞는 것은?

① 재판을 받지 않아도 범죄혐의는 명백하므로 유죄가 된다.
② 피의자의 반성사실, 피해자와의 합의여부 등을 고려해 결정한다.
③ 제1심 법원이 검사의 요청에 따라 결정한다.
④ 일단 결정되면 일정기간 동안에는 검사가 공소를 다시 제기할 수 없다.

해설
기소란 검사가 어떤 형사사건에 대해 법원에 심판해 달라 요청하는 것을 말한다. 기소유예란 범죄혐의는 명백히 인정되나 피의자의 전과기록, 피해사실과 정도, 피해자와의 합의·반성여부 등을 고려하여 검사가 기소하지 않는 것을 말한다. 피의자에게 전과기록을 남기지 않고, 삶을 재고할 기회를 주려는 목적이다. 기소유예가 될 경우 전과기록은 남지 않으나, 검사는 언제든 공소를 제기해 피의자를 재판에 넘길 수 있다.

14
우리나라의 배심제에 대한 설명 중 바르지 못한 것은?

① 미국의 배심제를 참조했지만 미국처럼 배심원단이 직접 유·무죄를 결정하지 않는다.
② 판사는 배심원의 유·무죄 판단, 양형 의견과 다르게 독자적으로 결정할 수 있다.
③ 시행 초기에는 민사 사건에만 시범적으로 시행되었다.
④ 피고인이 원하지 않을 경우 배심제를 시행할 수 없다.

해설
우리나라 배심제는 시행 초기에는 살인죄, 강도와 강간이 결합된 범죄, 3,000만원 이상의 뇌물죄 등 중형이 예상되는 사건에만 시범적으로 시행되었다.

15
다음 중 우리나라의 국경일에 해당하지 않는 날은?

① 한글날 ② 제헌절
③ 현충일 ④ 개천절

해설
국경일은 나라의 경사스러운 날을 기념하기 위한 날로써 3·1절(3월 1일), 제헌절(7월 17일), 광복절(8월 15일), 개천절(10월 3일), 한글날(10월 9일)이 이에 해당한다. 국토방위에 충성으로 목숨을 바친 이들을 기리는 현충일(6월 6일)은 국경일이 아닌 공휴일로 법률로써 지정돼 있다.

16
우리나라의 심급제도에 대한 설명으로 틀린 것은?

① 우리나라는 3심제를 원칙으로 하고 있다.
② 제1심 판결에 불복해 상급법원에 신청하는 것은 항소다.
③ 재판의 공정성과 개인의 권리를 보장하기 위함이다.
④ 모든 재판은 대법원의 판결로 종결된다.

해설
심급제도는 재판의 공정성과 정확성을 확보하여 국민의 기본권을 보장하기 위한 제도로 우리나라는 3심제를 원칙으로 한다. 3심급 중 제1심과 제2심은 사실심, 제3심은 법률심이다. 1심 재판(지방법원)의 재판에 불복하여 2심(고등법원)에 상소하는 것은 '항소'라고 하고, 2심 재판의 항소 재판에 불복해 3심(대법원)에 상소하는 것은 '상고'라고 한다. 그러나 판결에 불복해 항소나 상고하여도 상급법원이 이를 기각하면 상급법원의 심판을 받지 못하게 될 수도 있다. 또 재판의 종류에 따라서는 2심제나 단심제를 채택하는 경우도 있다.

17
다음 중 위헌법률심판 제청에 대한 설명으로 옳지 않은 것은?

① 재판 중인 사건에 적용되는 법률의 위헌 여부를 따지는 것이다.
② 제청 결정이 나도 해당 재판은 이어진다.
③ 제청 신청이 기각되면 항고할 수 없다.
④ 위헌 결정이 내려지면 해당 법률은 그 재판에 한해 효력을 상실한다.

해설
위헌법률심판 제청은 법원에서 재판 중인 소송 사건에서 그 사건에 적용될 수 있는 법률이 헌법에 위배되는지의 여부를 결정하도록 헌법재판소에 요청하는 제도다. 제청 결정이 나면 해당 재판은 중지되며, 위헌 결정이 내려지면 법률의 효력은 해당 재판에 한해 효력을 상실한다. 만약 제청 신청이 기각되면 항고나 재항고를 할 수 없다.

18
형벌의 종류 중 무거운 것부터 차례로 나열한 것은?

① 사형 – 자격상실 – 구류 – 몰수
② 사형 – 자격상실 – 몰수 – 구류
③ 사형 – 몰수 – 자격상실 – 구류
④ 사형 – 구류 – 자격상실 – 몰수

해설
형벌의 경중 순서
사형 → 징역 → 금고 → 자격상실 → 자격정지 → 벌금 → 구류 → 과료 → 몰수

19
미국에서 12세 미만의 아동에게 저지른 성범죄를 25년 이상의 징역형 등으로 강력 처벌하는 내용의 법률은?

① 링컨법
② 셔먼법
③ 제시카법
④ 펜들턴법

해설
제시카법은 미국에서 2005년 성폭행 후 살해된 9살 소녀의 이름을 따 제정된 법으로 12세 미만의 아동에 성범죄를 저지른 범죄자에게 25년 이상의 징역형과 출소 후에는 종신토록 위치추적장치를 채우는 강력한 처벌내용을 담고 있다. 우리나라에서도 13세 미만 아동에게 성범죄를 저지른 전과자가 출소 후 학교·보육시설로부터 500m 이내에는 거주할 수 없게 하는 '한국형 제시카법'이 입법됐다.

20
형식적으로는 범죄의 조건을 갖추고 있으나, 실질적으로는 위법이 아니라 판단할 수 있는 사유를 일컫는 용어는?

① 위법성 조각사유
② 위법성 과잉사유
③ 위법성 정당사유
④ 위법성 감경사유

해설
위법성은 범죄가 성립하는 요건의 하나로, 위법성 조각사유란 그러한 위법성에서 배제되는 경우를 가리킨다. 위법성 조각사유에는 정당행위, 정당방위, 긴급피난, 자구행위, 피해자의 승낙이 있다. 행위의 과정과 결과가 형식상 범죄의 조건을 갖추고 있다 하더라도 실질적·사회적으로 이것이 위법에 배제된다고 상당히 판단될 때 위법성 조각사유가 있다고 한다.

21
동일한 죄목에 대해 이중 처벌할 수 없는 원칙은?

① 법률불소급의 원칙
② 미란다의 원칙
③ 일사부재리의 원칙
④ 불고불리의 원칙

해설
일사부재리의 원칙은 어떤 사건에 대해 일단 판결이 확정되면 그 사건을 소송으로 다시 심리·재판하지 않는다는 원칙이다. 형사소송법상 어떤 사건에 대하여 유죄 또는 무죄의 실체적 판결 또는 면소의 판결이 확정되었을 때 판결의 기판력의 효과이다. 같은 사건에 대하여 또 다시 공소의 제기를 하지 않는 것을 말한다.

22
일정기간이 지나면 법률의 효력이 자동으로 사라지는 제도는?

① 종료제
② 일몰제
③ 순환제
④ 실효제

해설
일몰제는 시간이 흐르고 해가 지듯이 일정시간이 지나면 법률이나 규제·조항의 효력이 자동으로 종료되는 제도를 말한다. 1976년 미국의 콜로라도주 의회에서 최초로 제정됐으며 해당 법률에 대한 행정부의 감독과 책임의식을 증대하기 위해 시작됐다.

23
경향신문, 한겨레, MBC

다음 밑줄 친 용어에 해당하지 않는 것은?

> 노동 3권을 포괄하는 개념인 노동기본권은 1919년 독일 바이마르 헌법에서 처음으로 헌법상 권리로 보장되기 시작해 1948년 세계인권선언에도 명시됐다.

① 노동단체권
② 단결권
③ 단체교섭권
④ 단체행동권

해설
노동 3권

구분	내용
단결권	근로 조건과 경제적 지위를 향상시킬 목적으로 근로자들이 자주적으로 노동조합을 설립할 수 있는 권리이다.
단체교섭권	근로자가 근로 조건을 유지·개선하기 위하여 조합원이 단결하여 사용자와 교섭할 수 있는 권리이다.
단체행동권	근로자가 사용자에 대해서 주장을 관철하기 위하여 단결권을 배경으로 각종 쟁의 행위를 할 수 있는 권리이다.

24
부산광역시 공무직 통합채용

다음 중 법의 체계가 올바르게 나열된 것은?

① 헌법-법률-명령-조례-규칙
② 헌법-명령-법률-규칙-조례
③ 법률-헌법-명령-조례-규칙
④ 헌법-법률-조례-명령-규칙

해설
법의 올바른 체계는 헌법→법률→명령→지방자치법규(조례·규칙)다. 헌법은 모든 법령의 근본이 되며 다른 법률이나 명령으로는 변경할 수 없는 국가의 최상위 규범이다. 법률은 헌법이 정하는 절차에 따라 국회에서 제정하며 일반적으로 국민의 권리와 의무사항을 규정한다. 명령은 법률을 시행하기 위해서 필요한 사항에 관하여 대통령이 발하는 명령인 대통령령과 국무총리 또는 행정 각부의 장관이 법률이나 대통령의 위임에 의거하여 발하는 명령인 총리령으로 나뉜다. 조례는 지방자치단체가 지방의회의 의결에 의하여 법령의 범위 내에서 자기의 사무에 관하여 규정한 것이고, 규칙은 지방자치단체의 장이 법령 또는 조례에서 위임한 범위 내에서 그 권한에 속하는 사무에 관하여 규정한 것이다.

25
뉴시스

2024년 1월부터 변경된 법인용 차량의 번호판 색상은?

① 노란색
② 연두색
③ 파란색
④ 분홍색

해설
정부는 기업의 소유주 또는 가족이 고가의 법인차를 사적으로 사용하는 것을 막기 위해, 법인차 번호판 색상을 연두색으로 하는 입법을 추진했다. 2024년 1월부터 개정 법안이 시행됐다.

26
광주광역시 공공기관 통합채용

2023년 5월 확대된 외국인 계절근로자의 최대 국내 체류기간은?

① 3개월
② 5개월
③ 6개월
④ 8개월

해설
외국인 계절근로자는 농어촌의 농·어번기 인력부족을 해결하기 위해 단기간 외국인 근로자를 정식 고용할 수 있도록 하는 제도다. 도입을 결정한 지방자치단체는 각 지역의 계절근로자 수요를 조사하고 고용을 허가한다. 2023년 5월 정부는 기존 5개월이었던 체류기간이 다소 짧다는 지자체와 농어업 현장의 목소리를 반영해, 최대 국내 체류기간을 8개월까지 확대하기로 했다.

27
대구의료원

12인승 이하의 승합자동차가 고속도로에서 버스전용차로를 이용하기 위해서는 최소 몇 명이 탑승해야 하는가?

① 2명
② 3명
③ 4명
④ 6명

해설
9인승 이상 12인승 이하의 승합자동차가 고속도로에서 버스전용차로를 이용하기 위해서는 최소 6명 이상이 탑승해야 한다. 이를 위반할 경우 벌점 30점과 승용차는 범칙금 6만원, 승합차는 7만원을 부과 받게 된다.

28
한국폴리텍대학

다음 중 범죄 성립의 3요소에 해당하지 않는 것은?

① 구성요건 해당성
② 위법성
③ 모욕성
④ 책임성

해설
범죄 성립의 3요소에는 구성요건 해당성, 위법성, 책임성이 있다. 어떠한 행위가 형법에서 범죄로 규정하고 있는 구성요건에 해당이 되어야 하며, 전체 법질서로부터 위법적인 행위라는 판단이 가능해야 한다. 또한 범죄 행위자가 법이 요구하는 공동생활상의 규범에 합치할 수 있도록 의사결정을 할 수 있는 능력인 책임능력을 갖추고 있어야 한다.

29
한국일보, 머니투데이

다음 중 위드마크 음주측정공식에 대한 설명으로 틀린 것은?

① 1931년 창안된 계산공식이다.
② 음주운전자의 체중과 성별 등을 감안한다.
③ 법정에서 음주운전에 대한 핵심적인 증거로 쓰인다.
④ 음주운전 사고 당시의 혈중알코올농도를 계산한다.

해설
위드마크 음주측정공식이란 음주운전 사고 후 시간이 경과돼 사고 당시 운전자의 혈중알코올농도를 알 수 없을 때, 혈중알코올농도가 시간당 0.015%씩 감소한다는 것을 감안해 사고 당시의 농도를 역추적하는 방식이다. 스웨덴 생리학자 위드마크(Widmark)가 1931년 창안한 방식으로, 음주운전자의 체중, 성별, 경과시간 등을 공식에 포함해 계산한다. 위드마크 공식은 법정에서 참고용 자료로 사용될 수 있다.

30
서울시복지재단

만 10세~14세 미만으로 형벌에 처할 범법행위를 한 미성년자를 뜻하는 말은?

① 촉법소년
② 소년범
③ 위법소년
④ 우범소년

해설
촉법소년은 범죄를 저지른 만 10세 이상 14세 미만 청소년으로, 형사책임능력이 없어 형사처벌을 받지 않고, 가정법원의 처분에 따라 보호처분을 받거나 소년원에 송치된다. 최근 들어 아동과 청소년의 범죄가 심각해지고, 이 과정에서 촉법소년 제도를 악용하는 사례도 발생하면서 촉법소년의 연령을 낮추자는 의견이 정치권에서 제기됐다.

31
부평구문화재단

우리 헌법에서 보장하고 있는 국민의 5대 기본권에 해당하지 않는 것은?

① 평등권
② 생존권
③ 사회권
④ 자유권

해설
기본권은 인간다운 생활을 영위하기 위해 헌법이 보장하는 국민의 권리를 뜻한다. 우리나라 헌법 제10조에서는 인간의 존엄과 가치 및 행복추구권을 기본이념으로 하며, 평등권, 자유권, 참정권, 사회권, 청구권을 기본권으로 규정하고 있다.

정답

01 ④	02 ④	03 ①	04 ③	05 ③	06 ③	07 ③
08 ②	09 ④	10 ①	11 ③	12 ①	13 ②	14 ③
15 ③	16 ④	17 ②	18 ①	19 ③	20 ①	21 ③
22 ②	23 ①	24 ①	25 ②	26 ④	27 ④	28 ③
29 ③	30 ①	31 ②				

MEMO

🔗 빅데이터 분석 출제 경향

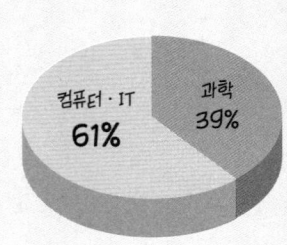

기초과학에서는 기본적인 과학원리나 물리법칙뿐만 아니라 온난화, 엘리뇨와 같은 기후환경들을 중점적으로 살펴보고 공부하는 것이 좋습니다. 또한 SMR, 그래핀과 같이 첨단 과학과 관련한 내용도 자주 출제되고 있으니 꼭 확인하고 넘어가세요.

최근에는 일상생활과 연관 있는 IT · 모바일 · 인터넷 관련 용어들의 출제 비중이 커지고 있습니다. 누리호, 메타버스, 딥러닝, 빅데이터와 같이 사회현상과 관련된 용어들도 평소에 기사를 통해 꼼꼼하게 정리해두는 것이 좋습니다.

🔗 최빈출 대표 용어

Section	키워드
01 과학	엔트로피, 옴의 법칙, 희토류, 다누리, 그래핀
02 컴퓨터 · IT	디도스, 랜섬웨어, 쿠키, 클라우드 컴퓨팅, 딥러닝

PART 5

과학

SECTION 01 과학
SECTION 02 컴퓨터·IT

01 과학

» Theme 1 «
기초과학

제1장 물리

001 힘의 3요소
한국남부발전, 서울시설공단

☐ 힘의 크기, 힘의 방향, 힘의 작용점

물리적인 힘을 설명하는 세 가지 요소로, 힘의 크기, 방향, 작용점을 말한다. 물체에 힘이 작용할 때, 힘의 크기에 따라 그 모양이 변하는 정도가 달라지며 힘의 크기가 같더라도 그 방향이 다르면 효과도 다르다. 또한 힘의 작용점에 따라 물체가 회전하기도 하므로 물리적인 힘을 나타낼 때는 힘의 방향, 힘의 크기, 힘의 작용점으로 표현한다.

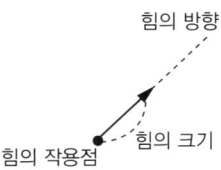

힘의 방향	힘이 작용하는 방향을 화살표의 방향으로 나타낸다.
힘의 크기	힘의 크기는 화살표의 크기와 비례한다.
힘의 작용점	힘의 작용점은 화살표의 시작과 같다.

002 운동법칙

한국남부발전, 한국수자원공사

☐ 뉴턴이 확립한 역학(力學)의 3대 법칙

물체의 운동에 관한 기본법칙으로 뉴턴의 운동법칙이라고도 부른다.

- 관성의 법칙(뉴턴의 제1법칙)
  외부의 힘이 가해지지 않는 한 모든 물체는 자기의 상태를 그대로 유지하려는 성질이 있는데, 이것을 '관성의 법칙'이라고 한다. 즉 정지되어 있는 물체는 계속 정지하고 움직이는 물체는 계속 등속도 운동을 한다는 것이다. 관성은 물체의 질량이 클수록 크다.
  예 멈춰있던 차가 출발할 때 몸이 뒤로 가는 것, 달리던 차가 급정차할 때 몸이 앞으로 가는 것

- 가속도의 법칙(뉴턴의 제2법칙)
  물체에 힘이 가해졌을 때 가속도의 크기는 힘의 크기에 비례하고, 질량에 반비례하며, 가속도의 방향은 힘의 방향과 일치한다는 법칙이다.
  예 같은 무게의 볼링공을 어른과 아이가 굴렸을 때 어른이 굴린 볼링공이 더 빠르게 굴러가는 것

- 작용·반작용의 법칙(뉴턴의 제3법칙)
  두 물체 간에 작용하는 힘은 늘 한 쌍으로 작용하며, 그 방향은 서로 반대이나 크기는 같다.
  예 풍선에서 바람이 빠지며 날아가는 것, 노를 저으면 배가 앞으로 나아가는 것

003 에너지의 단위

한국전력공사, 한국농어촌공사

☐ 줄, 전자볼트, 칼로리 등과 같이 일을 할 수 있는 에너지의 능력을 나타내는 단위

물리적 에너지는 일을 할 수 있는 능력으로 일과 같은 단위를 가진다.

- 줄(J) : 국제단위계에서 사용하는 에너지의 단위. 1줄(J)은 물체를 1뉴턴(N)의 힘으로 힘의 방향으로 1m만큼 움직일 때 필요한 에너지이다.
- 전자볼트(eV) : 원자물리학이나 소립자물리학에서 사용하는 에너지의 단위. 전기를 띤 매우 작은 입자가 전위차에 의해 움직일 때의 에너지 단위이다. 1전자볼트(eV)는 전자가 1V의 전위차에 의해서 가속될 때 얻는 운동에너지이다.
- 칼로리(cal) : 열량(열에너지)의 단위이다. 1cal=4.185J이다.

전위차
전기장 안의 두 점 사이의 전위(단위 전하에 대한 전기적 위치에너지)의 차로 전압이라고도 한다.

004 엔트로피

★★★★

한국서부발전, 한국공항공사

☐ 자연계의 무질서도를 나타내는 양

자연의 모든 현상은 엔트로피가 증가하는 방향으로 일어난다. 물에 빨간 잉크를 떨어뜨리면 빨간 잉크는 물 전체로 퍼져 나간다. 그러나 그 반대로는 되지 않는다. 처음의 잉크 방울 형태를 질서 있는 상태, 잉크가 퍼져 나간 상태를 무질서한 상태라고 할 때, 세상의 모든 물질은 반드시 엔트로피가 증가하는 방향, 즉 무질서한 상태로 되려는 경향이 있다.

005 상대성이론 Theory of Relativity

★★★

서울시설공단, 한국벤처투자

☐ 시간과 공간이 서로 영향을 주고받는다는 이론

독일 태생의 물리학자 아인슈타인(A. Einstein)이 세운 물리학 이론으로 특수상대성이론과 일반상대성이론을 통틀어 상대성이론이라 한다. 20세기에 등장한 상대성이론과 양자론은 고전물리학과 현대물리학을 나누는 기준이 되었다.

특수상대성이론
빛의 속도는 변하지 않으며 시간과 공간은 각각 관찰자에 따라 정의된다는 이론이다.

일반상대성이론
빛의 진로는 강한 중력의 장 속에서 굽어진다는 이론으로, 특수상대성이론을 중력까지 확장한 개념이다.

상식 plus+

양자론
양자역학을 기초로 하는 모든 물리학 이론을 일컫는 용어이다. 양자론은 물리학 이외에도 생리학, 화학, 공학 등 다양한 학문의 발전에 큰 영향을 미쳤다. 슈뢰딩거에 의한 파동역학과 하이젠베르크에 의한 행렬역학으로 나타낼 수 있다.

006 옴의 법칙

★★★★

코레일, 한국환경공단, 한국감정원

☐ 전류의 세기는 전기의 저항에 반비례하고, 두 점 사이의 전위차(전압)에 비례한다는 법칙

독일 물리학자 옴이 발견한 법칙이다. 전류의 세기를 I, 전압의 크기를 V, 전기저항을 R이라 할 때, $V = I \cdot R$의 관계가 성립한다. 즉, 전류는 전압의 크기에 비례하고 저항에 반비례한다. 예를 들어 전압이 2배가 되면 전류의 양도 2배 늘어나고, 저항이 3배가 되면 전류의 양은 1/3로 줄어든다.

전기저항
전류가 흐르지 못하도록 방해하는 힘이다. 저항은 길이가 길수록 단면적이 적을수록 커진다. 단위는 옴(Ω)을 사용한다.

007 초전도체 Superconductor

☐ 반자성을 띠며 특정 임계온도에서 저항이 0이 되는 물질

특정 임계온도에서 저항이 0이 되는 물질로, 저항이 없기 때문에 이를 활용하면 전력의 손실을 없앨 수 있다. 또 외부의 자기장에 반대되는 자기장을 갖는 반자성을 띤다. 초전도 현상을 이용한 기술은 이미 상용화되었으나, 이 현상을 구현하기 위한 초저온의 환경을 조성하는 데 많은 비용이 들기 때문에 상온·상압에서 작용하는 초전도체를 찾는 것은 오랜 숙원이었다. 그런데 2023년 국내의 퀀텀에너지연구소가 'LK-99'라고 이름 붙인 초전도체를 개발해냈다며, 관련논문을 인터넷에 게시하면서 전 세계의 이목을 끌었다. 그러나 국내외 연구진들이 논문 검증결과에 부정적 의견을 잇달아 내놓으면서 기대감은 크게 수그러들었다.

008 카오스 이론

☐ 무질서하고 불규칙적으로 보이는 현상에 숨어 있는 질서와 규칙을 설명하려는 이론

무질서해 보이는 현상의 배후에 질서와 규칙이 감추어져 있음을 전제로 하는 이론이다. 카오스 연구는 예측 불가능한 현상 뒤의 알려지지 않은 법칙을 밝혀내는 것을 목적으로 한다. 즉, 카오스 이론은 안정적이면서도 안정적이지 않은, 안정적이지 않으면서도 안정적인 다양한 현상을 설명하고자 한다.

상식 plus⁺

나비 효과
작은 변화가 파급되어 예상하기 어려운 큰 변화를 일으키는 것을 일컫는 말이다. 미국의 기상학자 에드워드 로렌츠가 컴퓨터로 기상을 모의 실험하던 중 초기 조건의 값의 미세한 차이가 엄청나게 다른 결과를 가져온다는 것을 발견하면서 알려졌다. 즉 아마존 정글에서 파닥이는 나비의 날갯짓이 몇 주 또는 몇 달 후 미국 텍사스에서 토네이도를 일게 할 수 있다는 것으로 나비 효과는 카오스 이론의 토대가 되었다.

제 2 장 화학

009 pH Hydrogen Exponent

농촌진흥원, 한국수력원자력

☐ 수용액의 수소 이온 농도를 나타내는 지표

pH란 수소 이온 농도의 역수의 상용log 값을 말한다. pH7(중성)보다 pH 값이 작은 수용액은 산성이고, pH 값이 7보다 크면 염기성, 즉 알칼리성이다. pH가 작을수록 수소 이온($H+$)이 많아 더욱 산성을 띠고, pH가 클수록 수소 이온이 적어 염기성이 강해진다.

상식 plus+

여러 용액들의 pH 값

건전지에 이용되는 산	0.1 ~ 0.3	마시는 물	6.3 ~ 6.6
위액	1.0 ~ 3.0	순수한 물	7.0
식초	2.4 ~ 3.4	바닷물	7.8 ~ 8.3
탄산음료	2.5 ~ 3.5	암모니아수	10.6 ~ 11.6
재배토	6.0 ~ 7.0	세제	14

010 플라스마 Plasma

한국폴리텍대학, 전자신문

☐ 기체 상태의 중성 물질이 고온에서 이온핵과 자유전자의 집합체로 바뀌는 상태

고체에 열을 가하면 액체가 되고, 액체에 열을 가하면 기체가 된다. 기체에 계속해서 열을 가하면 플라스마가 되는데 이를 '제4의 물질' 상태라고 한다. 플라스마 상태는 전기적으로 중성을 띠며 현재 네온사인, 형광등, PDP TV 등에서 사용되고 있다. 핵융합, 화석연료를 대체할 수 있기 때문에 선진국에서는 플라스마를 이용한 대체에너지 개발을 연구하고 있다.

PDP(Plasma Display Panel) 플라스마 현상을 이용한 디스플레이로, TV의 대형화와 슬림화에 큰 기여를 했다.

상식 plus+

자유전자

원자 속의 전자들이 핵의 인력에 의해 고정되어 있는 것에 반해, 자유전자는 물질 속에서 자유롭게 움직일 수 있는 전자로, 주로 금속 내에 있다.

011 핵융합

★★

국가핵융합연구소

☐ 1억℃ 이상의 고온에서 가벼운 원자핵들이 융합하여 에너지를 방출하는 것

고온에서 가벼운 원자핵들이 융합하여 더 무거워지려고 할 때 막대한 에너지가 방출된다. 이러한 핵융합의 원리를 이용하여 '수소폭탄'이 만들어졌다. 핵융합은 해로운 방사능 배출도 적으며 핵연료도 바다에서 쉽게 구할 수 있다.

상식 plus⁺

핵분열
우라늄 235의 원자핵이 중성자를 흡수하면 2개의 다른 원자핵으로 분열하는 것을 핵분열이라고 한다. 이 핵분열의 연쇄반응을 고속으로 진행시켜 만든 폭탄이 바로 히로시마에 투하되었던 '원자폭탄'이다.

수소폭탄
중수소와 삼중수소의 융합으로 폭발력을 일으키는 핵폭탄
예 미국의 아이비 마이크, 구소련의 차르 봄바

012 희토류

★★★★★

서울주택도시공사, 조선일보, SBS

☐ 첨단산업의 비타민으로 불리는 비철금속 광물

희귀한 흙이라는 뜻의 희토류는 지각 내에 총 함유량이 300ppm(100만분의 300) 미만인 금속이다. 화학적으로 안정되고 열을 잘 전달하는 것이 특징이다. 물리·화학적 성질이 비슷한 란탄, 세륨 등 원소 17종을 통틀어서 희토류라고 부르며, 우라늄·게르마늄·세슘·리튬·붕소·백금·망간·코발트·크롬·바륨·니켈 등이 있다. 희토류의 이용 범위는 점차 넓어지고 있으며, 휴대전화, 반도체, 전기차 등의 생산에 필수 자원으로 각광받고 있다.

013 OLED Organic Light Emitting Diodes

★★★★

전자신문, MBN

☐ 전기 자극을 받아 스스로 빛을 내는 자체 발광형 유기물질

OLED(유기 발광 다이오드)는 형광성 유기 화합 물질에 전류가 흐르면 자체적으로 빛을 내는 발광현상을 이용하는 디스플레이를 말한다. LCD보다 선명하고 보는 방향과 무관하게 잘 보이는 것이 장점이다. 화질의 반응 속도 역시 LCD에 비해 1,000배 이상 빠르다. 또한 단순한 제조 공정으로 인해 가격 경쟁면에서도 유리하다.

014 방사성 원소 Radioactive Element

한국수력원자력, 경기관광공사

☐ 원자핵이 불안정하여 방사선을 방출하여 붕괴하는 원소를 총칭하는 용어

천연 방사성 원소와 인공 방사성 원소로 나눌 수 있다. 원자핵이 α선, β선, γ선 등의 방사선을 방출하고 붕괴하면서 안정한 원소로 변하는데, 안정한 원소가 되기 위해 여러 번의 붕괴를 거친다. 천연적인 것으로는 우라늄, 악티늄, 라듐, 토륨 등이 있고, 인공적인 것으로는 넵투늄 등이 있다.

상식 plus+
- **반감기** : 방사성 원소나 소립자가 붕괴 또는 다른 원소로 변할 때, 그 원소의 원자 수가 처음의 반으로 줄 때까지 걸리는 시간을 말한다. 반감기는 원소에 따라 각각 고유의 값을 가진다.
- **베크렐(Bq)** : 방사능 물질이 방사능을 방출하는 능력을 측정하기 위한 방사능의 국제단위이다.
- **시버트(Sv)** : 방사선이 생물에 미치는 영향을 나타내는 측정단위. 아주 적은 양의 방사선량을 나타내는 베크렐에 비해 상대적으로 많은 양의 방사선을 나타낼 때 사용한다. 1시버트의 1000분의 1인 밀리시버트(mSv)가 주로 쓰인다.

제 3 장 생물

015 DNA

경기도시공사, 한국중부발전

☐ 염색체 안에 존재하는 유전물질

디옥시리보핵산(Deoxyribonucleic Acid)의 줄임말이다. 모든 생물의 세포에는 DNA가 들어 있으며, DNA는 유전물질을 보관하고 있다. 유전물질에는 생명체에 필요한 명령이 들어있다. DNA는 생물 세포의 염색체를 이루고, DNA가 배열된 방식을 유전자라고 한다.

유전물질
생식 세포 가운데 어버이의 형질을 자손에게 전하는 물질

상식 plus+
RNA
RNA는 핵산의 일종으로, 유전자 본체인 DNA의 유전정보에 따라 단백질을 합성할 때 직접적으로 작용하는 고분자 화합물이다. 리보오스, 염기, 인산 등 세 가지 성분으로 되어 있으며, DNA의 염기인 티민(T) 대신 우라실(U)을 가진다.

016 멘델의 법칙

인천교통공사

☐ 오스트리아의 유전학자 멘델이 1865년에 발표한 세 가지 유전 법칙

멘델이 완두콩 교배 실험을 통해 알아낸 유전 법칙으로, 우열의 법칙, 분리의 법칙, 독립의 법칙이 있다.

우열의 법칙	순종의 대립형질을 교배하면 우성 형질만 나온다는 법칙
분리의 법칙	단성 잡종끼리 교배하였을 때 우성과 열성의 대립 유전자가 일정한 비율로 분리된다는 법칙
독립의 법칙	서로 다른 형질의 영향을 받지 않고 우열의 법칙, 분리의 법칙에 의해 독립적으로 유전된다는 법칙

순종
다른 계통과 섞이지 아니한 유전적으로 순수한 계통 혹은 품종

017 인슐린 Insulin

국제신문

☐ 탄수화물의 대사를 조절하는 호르몬

인슐린은 혈액 속의 포도당을 일정하게 유지하는 기능을 하는 호르몬이다. 음식을 소화하고 흡수할 때도 순간적으로 혈당이 높아지는데, 그 혈당의 양을 조절하는 것이 인슐린의 역할이다. 인슐린은 이자에서 합성·분비된다. 인슐린이 제 기능을 하지 못하면, 당뇨병에 걸릴 수 있다.

상식 plus⁺

당뇨병
인슐린의 분비량 부족이나 기능 장애로 인해 발생하는 대사성 질환이다. 혈중 포도당의 농도가 높아지는 고혈당을 특징으로 한다. 고혈당으로 인하여 여러 증상 및 징후를 일으키고 소변으로 포도당을 배출하게 된다.
- **급성 합병증** : 당뇨병성 케톤산증, 고혈당성 고삼투압 증후군
- **만성 합병증** : 망막병증, 신장병증, 신경병증, 뇌혈관 질환 등

018 줄기세포

서울시농수산식품공사, 한국언론진흥재단

☐ 여러 종류의 신체 조직으로 분화 가능한 미분화 세포

줄기세포는 어떤 기관으로도 전환할 수 있는 만능 세포이다. '배아줄기세포'와 '성체줄기세포'로 나뉜다. 현재 줄기세포를 이용하여, 심장 조직을 치료하는 심장 근육 세포, 뇌의 질병을 치료할 신경 세포 등을 만드는 연구가 진행되고 있다.

배아(Embryo)
수정 후 첫 난할부터 완전한 개체가 되기 전까지의 생명체

배아줄기세포	정자와 난자가 수정된 후 조직과 기관이 분화하는 8주까지의 초기 생명체인 배아에서 얻는다. 신체 모든 기관으로 분화 가능하지만 아직 이론에 머물러 있으며 현실화되지는 않았다.
성체줄기세포	사람의 피부, 골수 등에서 얻는다. 모든 기관으로 분화할 수는 없으나, 정해진 장기나 조직으로 분화할 수 있다.

019 비타민 Vitamin

용인도시공사, 평택도시공사

☐ 물질대사와 생리작용을 돕는 유기물

비타민은 적은 양으로도 물질대사와 생리작용을 돕는다. 지용성 비타민과 수용성 비타민으로 나뉘는데, 지용성 비타민에는 A, D, E, F, K가 있으며, 수용성 비타민에는 B_1, B_2, B_6, B_{12}, C, L, P 등이 있다. 각 비타민이 부족한 경우 결핍증이 발생한다.

상식 plus+

비타민 결핍증
- A : 야맹증, 각막건조증
- B_1 : 각기병, 신경염
- B_{12} : 악성빈혈
- C : 괴혈병
- D : 구루병
- E : 불임

020 아스파탐

한겨레, 한국경제TV

☐ 설탕의 200배 단맛을 내는 인공감미료

인공감미료의 일종으로 열량은 설탕과 동일하지만 감미도는 약 200배 높아 소량으로도 단맛을 낼 수 있다. 2023년 7월 세계보건기구의 국제암연구소가 아스파탐을 '발암가능물질 2B'로 분류하면서 식품산업, 보건계가 충격에 휩싸였다. 2B군은 '암을 유발할 가능성이 있다'는 의미이지만, 실험을 통해 그 가능성이 충분히 입증되지는 않은 경우에 해당한다. 아스파탐은 최근 유행하는 '제로슈거' 식품에 흔히 쓰였으나, 아스파탐이 발암물질로 분류된다는 소식이 들리면서 식품업계는 대체재를 찾아 나섰다.

인공감미료(Sweetener)
합성감미료라고도 하며 식품에 단맛을 가미하기 위해 인공적으로 만드는 화학 합성물이다. 설탕보다 훨씬 강한 단맛을 내나 비영양물질인 경우가 많다. 사카린, 아스파탐, 수크랄로스 등이 있다.

제 4 장 지구과학

021 바람의 옛 이름

영화진흥위원회, 한국농어촌공사

☐ 높바람, 샛바람, 높새바람, 하늬바람, 마파람

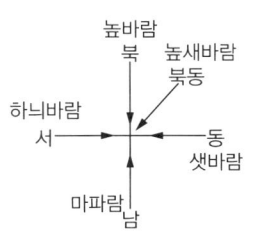

북쪽에서 부는 바람은 높바람(된바람), 동쪽에서 부는 바람은 샛바람, 남쪽에서 부는 바람은 마파람, 서쪽에서 부는 바람은 하늬바람이라 한다. 북동쪽에서 부는 바람은 **높새바람**이라고 한다.

높새바람
늦은 봄에서 초여름에 걸쳐 동해로부터 태백산맥을 넘어 불어오는 고온 건조한 바람

022 표준시

한국수력원자력, SBS

☐ 법규 또는 일반적인 관례에 따라 한 지역이나 국가에서 채택해 사용하는 평균 태양시

우리나라는 동경 135°를 표준 경선으로 사용한다. 지구가 24시간 동안 360°를 회전하기 때문에 본초자오선을 기준으로 경도 15°마다 1시간의 시차가 발생하는데, 이때 영국보다 동쪽에 있으면 15°마다 1시간씩 빨라지고, 서쪽에 있으면 15°마다 1시간씩 느려진다. 따라서 동경 135°를 표준 경선으로 사용하는 우리나라는 영국보다 9시간 빠른 시간대를 사용한다.

023 온실효과

지표에서 반사된 복사에너지가 대기에 머물러 기온이 상승하는 현상

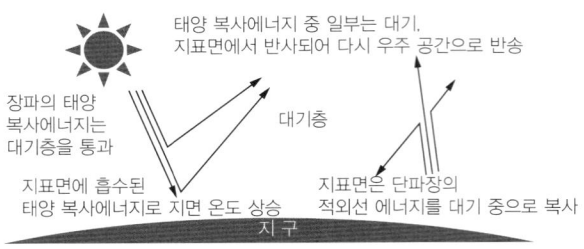

대기를 빠져나가야 하는, 지표에서 반사된 복사에너지가 대기를 빠져나가지 못하고 재흡수되어 행성의 기온이 상승하는 현상이다. 대기 자체가 온실의 유리와 같은 기능을 하기 때문에 '온실효과'라는 이름이 붙었다. 온실효과 자체는 원래 행성에 존재하는 것으로, 복사에너지에 의한 자연발생적인 온실효과는 지구 온난화의 원인이 아니지만 산업화의 진행에 따라 온실 가스의 양이 과거에 비해 늘어나 온실효과가 극대화되고 있다.

온실 가스
지구 대기를 오염시켜 온실 효과를 일으키는 가스를 통틀어 이르는 말. 이산화탄소, 메탄 등의 가스가 있다.

024 온난화 현상

지구의 평균 온도가 온실 가스로 인해 상승하는 현상

지구의 평균 온도를 상승시키는 온실 가스에는 이산화탄소, 메탄, 프레온 가스가 있다. 지구의 기온이 점차 상승함에 따라 해수면이 상승하고 해안선이 바뀌며 생태계에 변화를 가져오게 된다. 이로 인해 많은 환경 문제들이 야기되고 있어 세계적으로도 이산화탄소 배출량을 줄이기 위해 그린업그레이드 운동 등의 환경운동을 하고 있다.

그린업그레이드 운동
미국의 환경단체에서는 웹 사이트에 탄소계산기를 운용하여 탄소 배출량에 해당되는 환경보호 기금을 모금하는 그린업그레이드 운동을 하고 있다. 그린업그레이드 운동에 참여하는 사람들을 그린업그레이드족이라고 한다.

상식 plus⁺

기후변화협약과 교토의정서

1992년 온실 가스의 인위적 방출을 규제하기 위한 '유엔기후변화협약(UNFCCC)'이 채택됐으며, 1997년 국가 간 이행 협약인 '교토의정서'가 만들어졌다. 교토의정서에서 온실 가스로 꼽힌 기체는 이산화탄소(CO_2), 메탄(CH_4), 아산화질소(N_2O), 수소불화탄소(HFCs), 과불화탄소(PFCs), 육불유황(SF_6) 등 6가지이다.

025 불의 고리

☆☆☆☆
KBS, MBN

☐ 환태평양 조산대의 별칭

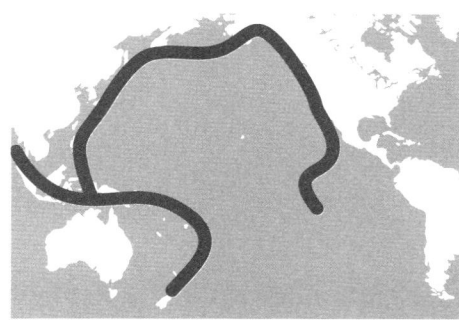

세계의 주요 지진대와 화산대 활동이 중첩되는 환태평양 조산대를 가리키는 말이다. 남극의 팔머반도에서부터 남아메리카 안데스산맥, 북아메리카 산지와 알래스카, 쿠릴 열도, 일본 열도, 동인도 제도, 동남아시아 국가, 뉴질랜드와 태평양의 여러 섬으로 이어지는 지대로 이 지역에 분포하는 활화산을 연결한 것이 원 모양이어서 이러한 이름이 붙었다. 이 지역에서는 지진이 빈번하게 발생해 큰 피해를 입는다. 2017년 6월에는 중미의 과테말라 푸에고 화산이 폭발해 200여 명에 이르는 실종자가 발생했고, 2022년 1월에는 태평양 한가운데의 섬나라 통가에서 해저화산이 폭발해 상당규모의 쓰나미가 일어났다.

상식 plus⁺

판 구조론

지구 표면이 판으로 이루어졌다는 이론이다. 판 구조론에 따르면 지구의 겉 부분은 여러 개의 단단한 판으로 이루어져 있고, 판은 맨틀 대류에 의해 서서히 움직인다. 판 구조론은 대륙 이동뿐만 아니라 화산 활동이나 지진 같은 지각 변동을 종합적으로 설명할 수 있는 이론이다.

026 이안류

☆☆
조선일보

☐ 해안으로 밀려들어온 파도가 한 곳에 모였다가 바다 쪽으로 급속히 빠져나가는 현상

이안류는 폭이 좁고 빨라 휴가철 해수욕장에서 이안류로 인한 사고가 자주 발생한다. 이안류에서 빠져나오기 위해서는 잠수하여 해안선에 평행으로 수영하면 된다. 이안류는 다양한 장소에서 짧은 시간에 발생하기 때문에 예측하기가 매우 어렵다.

027 열대야 Tropical Night

☐ 밤 최저기온이 25℃ 이상을 기록하는 무더운 밤

한여름 일일 최고기온이 30℃를 넘어서는 가운데, 밤의 최저기온도 열대지방처럼 25℃ 이상을 기록하는 현상을 말한다. 우리나라는 장마 이후 북태평양고기압이 세력을 키울 때 나타난다. 낮 동안의 복사열로 발생한 수증기와 이산화탄소가 밤에도 대기 중에 머물러 복사열 방출을 막고 지상으로 되돌려 보냄으로써 발생한다.

제 5 장 한국과학기지

028 이어도해양과학기지

☐ 제주 서남쪽의 이어도에 설립한 종합해양과학기지

한국해양연구원이 기상 관측과 해양 자원 연구를 목적으로 설립하였으며, 2003년에 완공된 우리나라의 첫 번째 해양과학기지이다. 이곳에서 한국해양연구원 직원들이 2~3개월에 한 번씩 1주일간 머무르면서 관측 장비를 점검한다.

029 다산과학기지

☐ 2002년 4월 북극 스발바드 군도에 설립된 과학기지

조선 실학자 정약용의 호를 따서 만들어진 다산과학기지는 6명 정도의 연구원들이 일정 기간 동안 체류하면서 북극의 기후 변화와 빙하, 생물종, 해류, 자원 등에 대한 연구를 하는 과학기지이다. 우리나라 최초의 북극 해양과학기지로, 이 기지 건립에 따라 우리나라는 세계에서 8번째로 남극과 북극에 모두 기지를 보유한 국가가 되었다.

030 세종과학기지

한국폴리텍대학, 국민연금공단

☐ 킹조지섬 바턴반도에 있는 한국 최초의 남극과학기지

1988년 남셰틀랜드 군도의 섬들 가운데 킹조지섬과 넬슨섬으로 둘러싸인 맥스웰만에 세워졌다. 킹조지섬은 사우스셰틀랜드제도의 여러 섬 중 가장 큰 섬으로 남극 진입의 관문이라 할 수 있는 곳이다. 과학기지를 세운 주요 이유는 남극의 무한한 자원 개발에 참여할 수 있는 연고권을 얻는 것이었다. 남극에는 칠레, 우루과이를 비롯한 30여 개국의 상주 기지가 설치되어 있다.

031 장보고과학기지

평택도시공사

☐ 대한민국의 두 번째 남극과학기지

2014년에 완공된 대한민국의 두 번째 남극 과학기지이다. 연면적 4,458m²에 연구동과 생활동 등 16개동의 건물로 구성된 장보고과학기지는 겨울철에는 15명, 여름철에는 최대 60명까지 수용할 수 있다.

Theme 2
우주과학

제1장 우주과학 일반

★★★

032 블랙홀

한국수자원공사

☐ 빛마저도 빨려 들어갈 정도로 중력과 밀도가 무한대에 가깝게 큰 천체

행성이 폭발할 때 극단적으로 수축하면서 밀도와 중력이 어마어마하게 커진 천체이다. 이때 발생한 중력으로부터 빠져나오려면 빛보다 빨라야 하므로, 빛조차도 블랙홀 안으로 빨려 들어가고 있다고 추측된다. 만약 지구 만한 행성이 블랙홀이 된다면 그 반지름은 겨우 0.9cm로 줄어들게 될 정도로 중력이 크다. 블랙홀이라는 명칭이 붙게 된 이유도 직접 관측할 수 없는 암흑의 공간이기 때문이다. 스티븐 호킹은 아인슈타인의 상대성이론에 근거하여 블랙홀의 소멸 가능성을 주장하였다.

스티븐 호킹
루게릭병에도 불구하고 블랙홀 연구 등에 뛰어난 업적을 남긴 영국의 물리학자. 많은 업적을 남기고, 2018년 3월 세상을 떠났다.

상식 plus⁺

사건의 지평선(Event Horizon)
외부에서 관찰했을 때 블랙홀의 표면처럼 보이는 가상의 경계를 말한다. 블랙홀의 강력한 중력 때문에 이 경계를 넘어서 들어가면 빛조차 빠져나올 수 없고, 블랙홀 내부에서 일어나는 어떤 사건도 외부로 그 정보가 전달되지 않는다. 덕분에 블랙홀은 외부에서 볼 때 완전히 어둡게 보이고, 사건의 지평선에 접근할수록 시간이 거의 멈춘 것처럼 보인다.

★★

033 골디락스 존 Goldilocks Zone

연합뉴스TV

☐ 우주에서 생명체가 거주할 수 있을만한 환경을 갖춘 공간범위

'생명가능지대'라고도 불리며, 우주에서 생명체가 탄생하고 살아가기에 적합한 환경을 갖춘 우주의 공간범위를 뜻하는 말이다. 모항성을 중심으로 도는 행성과 행성들 간의 공간 가운데서, 생명체가 거주 가능한 중력, 온도, 대기 등 갖가지 적합한 환경을 갖춘 공간이다.

제 2 장 우주개발

034 누리호 KSLV-II

SBS, 한국폴리텍대학, 광명도시공사

☐ 우리나라 최초의 저궤도 실용위성 발사용 로켓

누리호(KSLV-II ; Korea Space Launch Vehicle-II)는 2021년 6월에 개발된 우리나라 최초의 저궤도 실용위성 발사용 로켓으로 국내독자기술로 개발한 3단액체로켓이다. 누리호에 실린 성능검증위성 등은 2022년 6월 21일 2차 발사에 성공해 궤도에 안착했다. 이로써 우리나라는 세계 7번째로 1t 이상인 실용적 규모의 인공위성을 자체기술로 쏘아 올린 나라가 됐다. 특히 향후 대형·소형발사체 개발에 지속적으로 활용할 수 있는 75t급 엔진의 성능을 입증하면서 향후 우주개발의 발판을 만들었다는 평가가 나왔다. 성능검증위성은 누리호의 궤도 투입성능을 검증하기 위해 국내기술로 제작된 위성으로 임무수명기간인 2년 동안 지구 태양동기궤도에서 하루에 약 14.6바퀴 궤도운동을 하도록 설계됐다.

035 다누리 KPLO

뉴스1, 연합뉴스, 한국폴리텍대학

☐ 한국의 첫 달 탐사궤도선

다누리(KPLO ; Korea Pathfinder Lunar Orbiter)는 우리나라의 첫 달 탐사궤도선으로 2022년 8월 5일 미국 플로리다주 케이프커내버럴 우주군 기지에서 발사됐다. 다누리는 태양과 지구 등 천체의 중력을 이용해 항행하는 궤적에 따라 이동하도록 설계됐다. 지구에서 약 38만km 떨어진 달로 곧장 가지 않고 태양 쪽의 먼 우주로 가서 최대 156만km까지 거리를 벌렸다가 나비 모양 궤적을 그리면서 다시 지구 쪽으로 돌아와서 달에 접근하는 방식이다. 전문가들은 다누리 발사의 성공으로 한국 최초 인공위성 '우리별 1호(1992년)' 이래 30년 만에 우리나라의 우주탐사가 지구궤도를 벗어나 '우주영토'를 갖게 됐다고 평가했다.

036 우주경제

☆☆

스튜디오S

☐ 항공우주산업에 민간기업이 참여하는 경제활동

항공우주산업에 민간기업의 참여를 독려해 경제활동을 촉진하는 것을 말한다. 국가 주도로 이뤄졌던 항공우주산업에 민간기업을 뛰어들게 하는 것이다. 우주경제는 우주탐사와 활용, 발사체 및 위성의 개발·제작·발사·운용 등 항공우주기술과 관련한 모든 분야에서 가치를 창출하는 활동을 총칭한다. 우주경제의 선봉에 선 미국에서는 이미 일론 머스크의 '스페이스X', 제프 베조스의 '블루오리진', 버진그룹의 '버진갤럭틱' 같은 민간 우주기업이 위성산업과 우주관광·탐사를 주도하고 있다.

037 스타링크 STARLINK

☆☆

스튜디오S

☐ 미국 우주기업 스페이스X의 저궤도 위성통신 구축사업

테슬라의 CEO 일론 머스크가 설립한 미국의 우주기업 스페이스X가 2020년대 말까지 무려 4만 2,000개에 달하는 군집위성을 궤도에 올려 통신망을 구축하겠다는 우주사업이다. 2024년 8월까지 약 7,000개의 저궤도 위성을 쏘아 올렸다. 미국을 비롯한 100여 개의 국가에서 통신서비스를 제공하고 있다. 스페이스X는 재사용이 가능한 발사체를 개발한 덕분에 무수한 위성을 발사시키고도 비용을 절감할 수 있었다. 이들이 개발한 로켓 '팰컨 9(Falcon 9)'은 발사되어 위성을 궤도에 올린 후 다시 지구로 수직 착륙할 수 있다.

038 미항공우주국 NASA

☆☆☆☆

연합뉴스, SBS

☐ 미국 대통령 직속의 우주항공 연구개발기관

소련이 미국보다 먼저 발사한 스푸트니크 위성의 충격으로 미국항공자문위원회를 해체시키고 1958년 발족한 대통령 직속 우주항공 연구개발기관이다. 미국 워싱턴에 위치한 본부 이외에 유인우주선(우주왕복선)센터, 케네디우주센터, 마샬우주센터 등의 부속 기관이 있다. 아폴로 계획, 우주왕복선 계획, 우주정거장 계획, 화성탐사 계획, 스카이랩 계획, 아르테미스 계획 등을 추진했다.

스카이랩(Skylab)
아폴로계획에 사용된 새턴V 로켓, 새턴IB 로켓을 이용한 미국 최초의 우주정거장

아르테미스 계획
NASA의 유인 달 착륙·탐사계획으로 2025년 성공을 목표로 미국을 넘어 세계 각국의 우주 관련기관과 기업들이 동참하는 글로벌 프로젝트로 진행되고 있다.

039 제임스 웹 우주망원경 NGST

★★★★

코리아헤럴드, SBS

☐ 허블우주망원경을 대체하는 차세대 우주망원경

허블우주망원경을 대체하는 망원경으로 NASA의 제2대 국장인 제임스 웹의 업적을 기리기 위해 그의 이름에서 명칭을 따왔다. 허블우주망원경보다 반사경의 크기가 더 커지고 무게는 더 가벼워진 한 단계 발전된 우주망원경이다. 적외선 영역만 관측할 수 있지만, 더 먼 우주까지 관측할 수 있도록 제작됐다.

» Theme 3 «
첨단 과학

제1장 첨단과학 기술

040 유전자 가위

★★★

뉴스1, 연합뉴스

☐ 인간 또는 동식물이 가진 세포의 유전자를 교정하는 데 사용하는 기술

손상된 DNA를 잘라낸 후 정상 DNA로 바꾸는 기술이다. 동식물 유전자의 특정 DNA 부위를 자른다고 하여 '가위'라는 표현을 사용한다. 1, 2, 3세대의 유전자 가위가 존재하며 최근 3세대 유전자 가위인 '크리스퍼'가 개발되었다. 유전병의 원인이 되는 줄기세포·체세포의 돌연변이의 교정이나 항암세포 치료제 등으로 다양하게 활용할 수 있다.

체세포
생물체를 구성하고 있는 생식세포 이외의 세포

미토콘드리아
진핵세포 속에 들어 있는 길쭉한 모양의 알갱이로 세포의 발전소 역할을 하는 기관이다.

상식 plus⁺

영국 '세 부모 아이' 시술 첫 승인
2016년 4월 세계 최초로 유전자 가위 시술을 통해 '세 부모 아이'가 태어났다. 세 부모 체외수정은 미토콘드리아 DNA 결함을 지닌 여성의 난자로부터 핵만 빼내 정상 미토콘드리아를 가진 다른 여성의 핵을 제거한 난자에 주입한 뒤 정자와 수정시키는 것인데, 생물학적 부모가 3명이 된다는 점에서 윤리성 논란이 끊이지 않았지만 영국 보건 당국은 세계 최초로 이른바 '세 부모 아이' 시술을 승인했다. 영국 언론에 따르면 영국의 인간수정·배아관리국(HFEA)이 미토콘드리아 질환을 자녀에게 물려주지 않기 위해 이른바 '세 부모 체외수정'을 사용하는 것을 승인했다고 한다.

041 바이오시밀러 Biosimilar

★★★★

서울경제, 헤럴드경제, MBN

☐ 특허가 만료된 바이오의약품의 복제약

바이오의약품을 복제한 약을 말한다. 오리지널 바이오의약품과 비슷한 효능을 갖도록 만들지만 바이오의약품의 경우처럼 동물세포나 효모, 대장균 등을 이용해 만든 고분자의 단백질 제품이 아니라 화학적 합성으로 만들어지기 때문에 기존의 특허받은 바이오의약품에 비해 약값이 저렴하다.

042 그래핀 Graphene

★★★★★

대구도시공사, MBN, MBC

☐ 탄소원자 1개의 두께로 이루어진 아주 얇은 막으로 활용도가 뛰어난 신소재

흑연은 탄소들이 벌집 모양의 육각형 그물처럼 배열된 평면들이 층으로 쌓여 있는 구조를 하고 있는데, 이 흑연의 한 층을 그래핀이라 부른다. 그래핀은 구리보다 100배 이상 전기가 잘 통하고 실리콘보다 100배 이상 전자를 빠르게 이동시킨다. 강도는 강철보다 200배 이상 강하고, 열전도성은 다이아몬드보다 2배 이상 높다.

상식 plus⁺

그래핀 볼(Graphene Ball)
그래핀을 규소, 산소와 결합하여 팝콘 형태의 3차원 입체로 만든 것이다. 그래핀 볼을 리튬 이온 배터리의 양극 보호막과 음극 소재에 적용하면 기존 리튬 이온 배터리에 비해 충전 용량은 45% 증가하고, 충전 속도는 5배 빨라진다. 또 온도가 60℃까지 상승해도 안정성을 유지해 전기자동차용으로도 쓸 수 있다.

043 하이퍼루프 Hyperloop

★★★

이투데이

☐ 시속 1,200km의 속도로 운행하는 미래 교통수단

진공에 가까운 튜브 안에 차량을 살짝 띄운 상태로 넣어 공기 저항과 마찰을 줄이는 방식으로 작동되는 열차이다. 우리나라에서는 한국철도기술연구원이 진공 압축 기술과 자기부상 기술을 융합하여 2016년에 한국형 하이퍼루프를 개발했고, 시속 700km 시험 작동에 성공했다.

044 커넥티드 카

★★★★
머니투데이, 조선일보

☐ 주변 사물들과 인터넷으로 연결돼 운행에 필요한 각종 교통 정보는 물론 다른 차량의 운행 정보도 실시간으로 확인할 수 있는 스마트 자동차

자동차 주행에 필요한 신호등이나 CCTV 등으로부터의 각종 교통정보와 주변의 도로나 차량 등의 운행 정보까지 실시간으로 확인하며 주행하는 자동차를 말한다. 주고받는 데이터양이 많기 때문에, 커넥티드 카에는 초고속 통신망이 필수적으로 요구된다. SK텔레콤과 BMW코리아는 5G 통신망을 이용한 커넥티드 카 'T5'를 공개하고 세계 최초로 미래 주행 기술을 선보이기도 했다.

045 소형모듈원전 SMR ; Small Modular Reactor

★★★★
KBS, SBS, 한국일보

☐ 발전용량 300MW급의 소형 원전

소형모듈원전(SMR)은 발전용량 300MW급의 소형 원전을 뜻하며, 차세대 원전으로 떠오르고 있다. 대형 원전에 비해 크기는 작지만, 그만큼 빠른 건설이 가능하고 효율이 높다.

046 인공태양

★★
헤럴드경제

☐ 핵융합 반응을 활용한 에너지발전 방식

태양의 수소 핵융합 반응을 지상에서 실현하여 에너지 발전에 이용하려는 것이다. 본래는 1993년 러시아에서 우주정거장에 설치한 대형 반사경에 태양빛을 반사시켜 지구의 일부 지역을 밝게 비추려는 시도가 있었다. 그러다 태양에서 일어나는 수소 핵융합 방식을 이용하는 방식으로 선회했다. 현재 주로 연구되는 인공태양 발전은 소련에서 개발됐던 초전도 자석 설비인 토카막(Tokamak)방식으로 이뤄진다. 핵융합 실험로에 수소와 삼중수소를 연료로 넣고, 초고온의 플라스마 상태로 가열해 에너지를 생산하는 방식이다. 인공태양은 발전과정에서 오염물질 배출이 거의 없고, 연료를 쉽게 구할 수 있다는 점에 차기 에너지원으로 주목받는다. 우리나라에서도 자체기술로 개발한 'KSTAR'라는 핵융합연구장치를 이용해 인공태양 발전을 연구 중이다.

047 이퓨얼 E-fuel

국립호남권생물자원관

☐ 물을 전기분해해 얻은 수소를 이산화탄소, 질소 등과 혼합해 만든 친환경 연료

'전기기반 연료(Electricity-based Fuel)'의 약자로 물을 전기로 분해해 얻은 수소를 이산화탄소, 질소 등과 결합시켜 만드는 친환경 연료를 뜻한다. 대기 중의 이산화탄소를 포집해 사용하기 때문에 온실가스 감축에도 효과가 있어 탄소중립 시대의 대체연료로 부상하고 있다. 또 화학적 구성이 석유와 같고 에너지 밀도는 경유와 유사해 선박용 디젤이나 비행기용 제트엔진 등 기존 내연기관에 바로 사용할 수 있을 정도로 호환성이 좋다.

048 mRNA백신

SBS, 이투데이

☐ 유전정보를 전달하는 RNA를 이용해 개발하는 백신

mRNA백신은 핵 안의 유전정보를 세포질 내 리보솜에 전달하는 RNA백신이다. 기존의 백신이 바이러스 단백질을 체내에 직접 주입한다면, mRNA백신은 DNA상의 유전정보를 전령하는 방식으로 신체 면역 반응을 유도해 '전령(메신저) RNA'라고 부른다. 기존 백신과 달리 바이러스 항원 배양 시간이 들지 않아 시간이 절약된다는 장점이 있다. 하지만 보관온도 등 주변 환경에 매우 취약하다는 단점도 있다.

049 라이다 LiDAR ; Light Detection And Ranging

스튜디오S

☐ 고출력 레이저펄스를 발사해 목표물에 맞고 되돌아오는 시간을 측정하는 기술

라이다는 최근 자율주행자동차에서 주로 쓰이는 기술로 고출력 레이저를 발사해 목표물에 맞고 되돌아오는 시간을 측정하여, 주변 사물의 위치와 거리 등의 정보를 파악하는 기술이다. 자율주행차가 스스로 주변 환경을 이미지화하는 '눈'의 역할을 한다. 반면 레이더는 역할은 같으나 레이저 대신 전파를 사용한다는 점에서 차이가 있다.

050 도심항공교통 UAM ; Urban Air Mobility

전라남도 공무직 통합채용, 대전도시공사

☐ 전동 수직이착륙기를 활용한 도심교통시스템

기체, 운항, 서비스 등을 총칭하는 개념으로 전동 수직이착륙기(eVTOL)를 활용하여 지상에서 450m 정도의 저고도 공중에서 이동하는 도심교통시스템을 말한다. 도심의 교통체증이 한계에 다다르면서 이를 극복하기 위해 추진되고 있다. 도심항공교통의 핵심인 eVTOL은 옥상 등에서 수직이착륙이 가능해 활주로가 필요하지 않으며, 전기모터를 구동해 탄소배출이 거의 없다. 또한 소음이 적고 자율주행도 수월한 편이라는 점 때문에 미래의 도심형 항공교통수단으로 각광받고 있다.

제 2 장 시사과학

051 AI   Avian Influenza

한국환경공단

☐ 고병원성 조류독감

바이러스에 감염된 조류의 콧물이나 호흡기 분비물, 대변 등에 접촉한 조류들이 다시 감염되는 형태로 전파되는 고병원성 조류인플루엔자는 우리나라에서 법정 제1종 가축전염병으로 분류된다. 닭은 특히 감수성이 커서 감염되면 80% 이상이 호흡 곤란으로 폐사한다.

052 GMO   Genetically Modified Organism

한국기술교육대학교, 농민신문

☐ 유전자변형농산물

병충해에 대한 내성과 저항력을 갖게 하거나 양적인 가치와 보존성을 높이기 위해 외래 유전자를 주입하여 키운 농산물을 일컫는다. 1994년 무르지 않는 토마토를 시작으로 유전자 조작이 시작되었다. 자연의 섭리를 거슬러 해당 작물에 종을 뛰어넘는 유전자를 주입하는 것에 대한 두려움과 공포 때문에 유럽에서는 '프랑켄슈타인식품'이라고 부른다.

STEP 01 초스피드 암기 확인!

보기

㉠ 불의 고리	㉡ 상대성이론	㉢ 그래핀	㉣ 장보고과학기지
㉤ 줄기세포	㉥ 스타링크	㉦ 핵융합	㉧ GMO
㉨ 라이다	㉩ 옴의 법칙		

01 _____(은)는 전류의 세기는 저항에 반비례, 두 점 사이의 전위차(전압)에 비례한다는 법칙이다.

02 2014년에 완공된 우리나라의 두 번째 남극과학기지는 _____이다.

03 미국 우주기업 스페이스X의 저궤도 위성통신 구축사업의 이름은 _____(이)다.

04 활용도가 뛰어난 _____(은)는 탄소원자 1개의 두께로 이루어진 아주 얇은 막이다.

05 인공태양 발전은 태양의 수소 _____ 반응을 지상에서 실현하여 에너지 발전에 이용하려는 것이다.

06 아인슈타인이 주장한 물리학의 대표 이론으로, 시간과 공간이 서로 영향을 주고받는다는 이론은 _____이다.

07 환태평양 조산대는 분포하는 활화산을 연결한 것이 원 모양이어서 _____(이)라는 이름이 붙었다.

08 _____(은)는 어떤 기관으로도 전환할 수 있는 만능세포이다.

09 유전자변형농산물 _____(은)는 병충해에 대한 내성을 갖게 하거나 양적인 가치와 보존성을 높이기 위해 외래 유전자를 주입하여 키운 농산물을 말한다.

10 _____은(는) 고출력 레이저펄스를 발사해 목표물에 맞고 되돌아오는 시간을 측정하는 기술이다.

정답

01 ㉩ 02 ㉣ 03 ㉥ 04 ㉢ 05 ㉦ 06 ㉡ 07 ㉠ 08 ㉤ 09 ㉧ 10 ㉨

01
부평구문화재단

다음 중 역사상 최초로 인류를 우주로 보낸 소련의 우주선은?

① 프로스페로
② 스푸트니크 1호
③ 보스토크 1호
④ 로히니 D1

해설
미국과 우주진출 경쟁을 벌이던 소비에트 연합(소련)은 1968년 4월 12일 우주선 '보스토크 1호'를 쏘아 올려 최초로 유인 우주탐사에 성공했다. 당시 탑승했던 우주비행사 '유리 가가린'은 대기권 밖의 우주까지 진출해 비행을 하고 지구로 귀환했다.

02
용인도시공사

다음 중 오존층의 역할로 맞는 것은?

① 대기 중의 온실가스의 양을 줄인다.
② 대기 중의 산소의 양을 늘린다.
③ 지표면에 도달하는 가시광선의 양을 줄인다.
④ 지표면에 도달하는 자외선의 양을 줄인다.

해설
오존층(Ozone Layer)은 지상 20~30km의 성층권에 분포하는 층으로 성층권의 다른 부분에 비해 오존(O_3)의 농도가 높은 부분을 말한다. 대기 중의 산소분자가 태양의 자외선을 받아 원자로 분해되고 이것이 다른 산소원자와 결합하면서 오존이 생성된다. 오존층은 이러한 과정에서 태양의 강력한 자외선이 지표면에 도달하는 것을 일정부분 방해하는 역할을 한다.

03
충북대학교병원

다음 중 하늬바람은 어느 방향에서 불어오는 바람을 말하는가?

① 동남쪽
② 동쪽
③ 북서쪽
④ 서쪽

해설
하늬바람은 서쪽에서 부는 바람을 일컫는 옛 이름이다. 이 밖에도 북쪽에서 부는 바람은 높바람(된바람), 동쪽에서 부는 바람은 샛바람, 남쪽에서 부는 바람은 마파람, 북동쪽에서 부는 바람은 높새바람이라고 한다.

04
한국폴리텍대학

동물의 중추신경계에서 행복을 느끼게 하고, 우울이나 불안감을 줄여주는 신경전달물질은?

① 옥시토신
② 히스타민
③ 세로토닌
④ 트립토판

해설
신경전달물질 중 하나인 세로토닌(Serotonin)은 아미노산인 트립토판을 통해 생성된다. 세로토닌은 동물의 뇌와 중추신경계에 존재하며, 감정에 관여해 행복감을 느끼게 하고, 우울감과 불안감을 줄여주는 역할을 하기도 한다. 세로토닌이 결핍되면 기분장애를 유발할 수 있다.

05
광명도시공사

다음 중 우리 태양계 목성의 위성은 무엇인가?

① 이오
② 포보스
③ 타이탄
④ 엔셀라두스

해설
목성은 태양계의 가장 거대한 행성으로 95개 이상의 위성을 거느리고 있다. 이중 가장 크고 유명한 위성은 1610년 이탈리아의 천문학자 갈릴레오 갈릴레이가 발견한 네 개의 위성으로 이오(Io), 유로파(Europa), 가니메데(Ganymede), 칼리스토(Callisto)가 있다.

06
부천시 공공기관 통합채용

다음 중 용연향에 대한 설명으로 틀린 것은?

① 향유고래의 창자 속에서 생성되는 물질이다.
② 바다를 부유하다가 해안가에 밀려들어 발견되곤 한다.
③ 신선한 상태에서는 좋은 향기가 난다.
④ 매우 비싸게 팔리는 것으로 유명하다.

해설
용연향은 수컷 향유고래가 주식인 오징어를 섭취하고 창자에 남은 이물질이 쌓여 배설되는 것으로 알려져 있다. 막 배설된 용연향은 부드럽고 악취가 심하나, 바다에 오래 부유하면서 햇볕에 마르고 검게 변하고 악취도 점차 사라진다. 바다를 부유하다가 해안가에 밀려 종종 발견되곤 하는데 알코올에 녹여 고급향수의 원료로 사용한다. 그 가치가 매우 높은 것으로 유명한데, 바다에 오래 떠다닐수록 향이 좋아 고가에 거래된다.

07 한국일보
다음 중 달의 뒷면을 최초로 사진 촬영하는 데 성공한 국가는?

① 미국
② 소비에트 연방
③ 중국
④ 독일

해설
1959년 10월 7일 소비에트 연방의 탐사선 '루나 3호'가 세계 최초로 달의 뒷면 사진을 촬영하는 데 성공했다. 이 밖에도 1968년 미국의 아폴로 8호는 최초로 달의 궤도를 돌면서 달의 뒷면을 목격했고, 시간이 흘러 중국이 2018년 발사한 '창어 4호'는 최초로 달의 뒷면에 착륙하는 데 성공하기도 했다.

08 수원시 공공기관 통합채용
다음 색깔 중 열화상카메라 촬영 시 온도가 가장 높은 부분을 나타내는 것은?

① 파란색
② 보라색
③ 빨간색
④ 초록색

해설
사물이 방출하는 적외선을 감지해 온도차를 시각적으로 보여주는 열화상카메라는 보통 온도가 높은 부분을 흰색, 노란색, 빨간색으로 표현한다. 파란색·보라색은 낮은 온도, 초록색·주황색은 중간 온도를 나타낸다.

09 인천글로벌캠퍼스
석회암이 물속의 탄산가스에 의해 녹거나 침전되어 생성되는 지형은?

① 드럼린 지형
② 카르스트 지형
③ 모레인 지형
④ 바르한 지형

해설
카르스트 지형은 석회암이 물속에 함유된 탄산가스에 의해 용해되고 침전되어 만들어지는 지형을 말한다. 석회암 지역에서 나타나는 독특한 지형이다. 석회암 지반에서 빗물에 의해 용식작용이 일어나면서 구멍이 생기는데, 이 구멍으로 빗물이 침투하여 공간이 더욱 확장된다. 이렇게 공간이 확장된 석회암 지대는 석회동굴로 발전한다.

10 해양환경공단
다음 중 바이러스에 대한 설명으로 적절하지 않은 것은?

① 박테리아는 바이러스에 감염되지 않는다.
② 숙주세포가 있어야 증식이 가능하다.
③ 인수공통감염도 일으킬 수 있다.
④ AIDS나 독감 등 다양한 질환의 원인이다.

해설
바이러스(Virus)는 DNA나 RNA를 게놈(Genome)으로 가지며 단백질로 둘러싸여 있다. 바이러스는 혼자서 증식이 불가능하여 숙주 세포 내에서 복제를 하며, 세포 간에 감염(Infection)을 통해서 증식한다. 동물, 식물, 박테리아 등 거의 모든 생명체에는 각각 감염되는 바이러스가 존재하며, AIDS나 독감과 같은 다양한 질환의 원인이 된다.

11 광주광역시 공공기관 통합채용
토마토에 함유된 붉은 색소로 항암작용을 하는 물질은?

① 안토시아닌
② 카로틴
③ 라이코펜
④ 루테인

해설
라이코펜(Lycopene)은 잘 익은 토마토, 수박, 감, 당근 등 붉은색의 과일·채소에 함유된 카로티노이드 색소의 일종이다. 항산화작용과 항암작용을 하는 것으로 유명하며, 산화물질을 효과적으로 제거할 수 있는 중화제로도 알려져 있다.

12 아주경제
이른바 '하얀 석유'라 불리는 배터리의 핵심소재는?

① 니켈
② 붕소
③ 베릴륨
④ 리튬

해설
최근 전기차의 대중화와 여기에 사용되는 2차배터리의 수요가 급증하면서 2차배터리의 핵심광물인 리튬이 이른바 '하얀 석유'라고 불리며 가치를 증대하고 있다. 리튬은 2차배터리의 양극재로 사용된다. 리튬은 가볍고 무른 성질을 갖고 있으며 보통 탄산리튬, 수산화리튬으로 가공돼 유통된다. 2차배터리를 제조·유통하는 기업들은 이 리튬을 확보하기 위해 사활을 걸고 있다.

13

환태평양 조산대에 대한 설명으로 틀린 것은?

① 대부분의 영역이 보존형 경계로 이루어져 있다.
② 불의 고리라고도 불린다.
③ 지구상에서 일어나는 지진의 대부분이 이 영역에서 발생한다.
④ 태평양판을 중심으로 말발굽 형태를 이루고 있다.

해설

환태평양 조산대(Circum-Pacific belt)는 불의 고리라고도 불리며 지구상에서 발생하는 지진의 90%, 화산 활동의 75%가 발생하는 영역이다. 태평양판을 말발굽 형태로 둘러싼 판들이 판 구조운동을 하며 지질현상을 일으킨다. 남아메리카 남쪽부터 아메리카 대륙 서쪽 해안을 따라 알류산·쿠릴·일본열도를 지나 말레이시아와 뉴질랜드까지 이어진다. 환태평양 조산대는 대부분이 판과 판이 마주보고 섭입 및 충돌하는 수렴형 경계를 이루고 있다. 반면 보존형 경계는 판과 판이 변화 없이 서로 수평 이동만 하는 형태를 가리킨다.

14

로봇이 인간의 외모와 유사성이 높을수록 호감도가 높아지다 일정수준이 되면 오히려 불쾌감을 느끼는 현상은?

① 게슈탈트 붕괴 ② 타나토스
③ 불쾌한 골짜기 ④ 언캐니

해설

불쾌한 골짜기(Uncanny Valley)란 1970년대 일본의 로봇공학자인 모리 마사히로가 소개한 이론으로, 로봇이나 인형처럼 인간이 아닌 존재가 인간의 외형과 닮아갈 때 어느 정도까지는 호감을 느끼지만, 일정 수준에 도달하면 오히려 불쾌감을 느낀다는 것이다. '인간과 거의 흡사한 모습'과 '인간과 거의 똑같은 모습' 사이에서 불완전함과 이로 인한 거부감을 느끼게 된다.

15

미국 항공우주국(NASA)이 달에 다시 한 번 인류를 보낼 목적으로 추진 중인 우주 계획은?

① 아르테미스 계획 ② 아폴로 계획
③ 스페이스 레이스 ④ 머큐리 계획

해설

아르테미스 계획은 미 항공우주국(NASA)이 달에 다시 한 번 인류를 보낼 목적으로 추진 중인 우주 계획이다. 미국을 포함해 호주, 캐나다, 일본, 룩셈부르크, 이탈리아, 영국, 아랍에미리트(UAE), 우크라이나 등 20개국이 참가하고 있다. 우리나라는 지난 2021년 5월 한미정상회담에서 아르테미스 협정에 공식 서명해 브라질을 제치고 10번째 참여국이 되었다.

16

열대야를 판정하는 최저기온 기준은?

① 23℃ 이상
② 25℃ 이상
③ 27℃ 이상
④ 29℃ 이상

해설

열대야란 한 여름 일일 최고기온이 30℃를 넘어서는 가운데, 밤의 최저기온 열대지방처럼 25℃ 이상을 기록하는 현상을 말한다. 우리나라는 장마 이후 북태평양 고기압이 세력을 키울 때 나타난다. 낮 동안의 복사열로 발생한 수증기와 이산화탄소가 밤에도 대기 중에 머물러 복사열 방출을 막고 지상으로 되돌려 보냄으로써 발생한다.

17

보일의 법칙은 일정한 온도에서 무엇을 증가시키면 부피가 줄어든다는 법칙인가?

① 질량 ② 고도
③ 습도 ④ 압력

해설

1662년 아일랜드의 물리학자 R.보일이 발견한 '보일의 법칙'은 일정한 온도에서 기체의 압력과 그 부피는 서로 반비례한다는 법칙이다. 온도를 일정하게 유지하는 상태에서 압력을 높이게 되면 물체의 부피는 줄어든다는 것을 실험을 통해 밝혀냈다.

18

제임스 웹 우주망원경에 대한 설명으로 틀린 것은?

① 허블 우주망원경을 대체하는 망원경이다.
② 허블 우주망원경보다 크기는 작으나 성능은 개선됐다.
③ 미항공우주국 국장의 이름을 땄다.
④ 차세대 우주망원경으로도 불린다.

해설

제임스 웹 우주망원경은 허블 우주망원경을 대체하는 우주 관측용 망원경이다. 별칭인 NGST는 'Next Generation Space Telescope'의 약자로 2002년 미항공우주국(NASA)의 제2대 국장인 제임스 웹의 업적을 기리기 위해 붙여졌다. 허블 우주망원경보다 반사경의 크기가 더 커지고 무게는 더 가벼워지는 등 한 단계 발전했다. 사상 최대 크기의 우주망원경으로 망원경의 감도와 직결되는 주경의 크기가 6.5m에 달한다. 미국 NASA와 유럽우주국, 캐나다우주국이 함께 제작했다. 허블 우주망원경과 달리 적외선 영역만 관측할 수 있지만, 더 먼 우주까지 관측할 수 있도록 제작됐다.

19
다음 중 발전용량 300MW급의 소형 원전을 뜻하는 용어는?

① RTG
② SMR
③ APR+
④ BWR

해설
SMR(Small Modular Reactor, 소형모듈원전)은 발전용량 300MW급의 소형 원전을 뜻하며, 차세대 원전으로 떠오르고 있다. 대형 원전에 비해 크기는 작지만, 그만큼 빠른 건설이 가능하고 효율이 높다.

20
고출력 레이저 펄스를 발사해 목표물에 맞고 되돌아오는 시간을 측정하는 기술은?

① ADAS
② AO
③ 레이더
④ 라이다

해설
라이다(LiDAR ; Light Detection And Ranging)는 최근 자율주행자동차에서 주로 쓰이는 기술로 고출력 레이저를 발사해 목표물에 맞고 되돌아오는 시간을 측정하여, 주변 사물의 위치와 거리 등의 정보를 파악하는 기술이다. 자율주행차가 스스로 주변 환경을 이미지화하는 '눈'의 역할을 한다. 반면 레이더는 역할은 같으나 레이저 대신 전파를 사용한다는 점에서 차이가 있다.

21
가시광선보다 파장이 긴 전자기파는?

① 감마선
② 엑스선
③ 자외선
④ 적외선

해설
전자기파란 전기가 흐르며 생기는 전자기장의 주기적 변화로 인한 파동을 의미한다. 전자기파는 저마다 파동이 퍼져나간 거리인 '파장'을 갖게 된다. 이중 사람의 눈에 보이는 범위의 파장을 가진 전자기파를 '가시광선(빛)'이라고 한다. 감마선, 엑스(X)선, 자외선은 가시광선보다 파장이 짧고, 가시광선보다 파장이 긴 전자기파에는 열선이라고도 부르는 적외선이 있다. 적외선을 다시 파장의 길이에 따라 분류하면 0.75~3㎛의 근적외선, 3~25㎛의 적외선, 25㎛ 이상의 원적외선으로 나눈다. 한편 적외선보다 파장이 긴 전자기파는 전파다.

22
우리정부가 처리 지원사업을 벌이고 있는 지붕용 슬레이트에서 검출되는 발암물질은?

① 타르
② 라돈
③ 석면
④ 벤젠

해설
이전부터 주택의 지붕에 주로 사용되던 슬레이트는 발암물질인 석면으로 만들어져 그 위해성이 끊임없이 경고돼 왔다. 정부와 지자체는 석면 슬레이트 지붕을 철거하려는 가구에 2023년부터 최대 700만원을 지원하고 있다.

23
다음 중 화학물질인 다이옥신에 대한 설명으로 옳은 것은?

① 무색무취의 맹독성 물질이다.
② 주로 오염된 생활하수에서 발견된다.
③ 과거에는 살충제로서 널리 사용됐다.
④ 인간을 제외한 동식물에게는 무해한 물질이다.

해설
다이옥신(Dioxin)은 본래 산소 원자 2개를 포함하고 있는 분자를 총칭하지만, 특히 우리가 다이옥신이라 부르는 것은 벤젠 고리에 산소 원자와 염소가 결합된 화학물질로 무색무취의 맹독성 물질이다. 주로 플라스틱, 쓰레기 등을 소각할 때 발생하며 건물 등 인공구조물에 화재가 났을 때도 검출된다. 인체에 노출되면 치명적이며 암, 염소여드름, 간 손상, 면역·신경체계 변화, 기형아 등을 유발하고 과다노출 시 사망에 이를 수 있다. 과거 베트남전쟁 당시 미군이 밀림의 풀숲을 제거하기 위해 다이옥신이 함유된 고엽제를 살포하면서 수많은 군인과 베트남인들이 피해를 입기도 했다.

24
우주에서 생명체가 거주할 수 있을만한 환경을 갖춘 공간범위를 뜻하는 말은?

① 자오선
② 라그랑주 점
③ 도플러 존
④ 골디락스 존

해설
골디락스 존은 '생명가능지대'라고도 불리며, 우주에서 생명체가 탄생하고 살아가기에 적합한 환경을 갖춘 우주의 공간범위를 뜻하는 말이다. 모항성을 중심으로 도는 행성과 행성들 간의 공간 가운데서, 생명체가 거주 가능한 중력, 온도, 대기 등 갖가지 적합한 환경을 갖춘 공간이다.

정답

01 ③ 02 ④ 03 ④ 04 ③ 05 ① 06 ③ 07 ②
08 ③ 09 ② 10 ① 11 ③ 12 ④ 13 ① 14 ③
15 ① 16 ② 17 ④ 18 ② 19 ② 20 ④ 21 ④
22 ③ 23 ① 24 ④

SECTION 02 컴퓨터·IT

PART 5 과학

» Theme 1 «
컴퓨터

제1장 컴퓨터 일반

001 컴퓨터의 기본 구성

★★★

한국농수산식품유통공사

☐ 컴퓨터는 크게 하드웨어와 소프트웨어로 구성되어 작동한다.

하드웨어	중앙처리장치(Central Processing Unit)	CPU라고 부른다. 입력장치, 기억장치로부터 받은 데이터를 분석·처리하는 역할을 하기 때문에 컴퓨터의 두뇌에 해당한다고 볼 수 있다.
	주기억장치(Main Memory Unit)	중앙처리장치가 처리해야 할 데이터를 보관하는 역할을 한다. ROM과 RAM으로 나뉘는데 롬(ROM)은 데이터를 한 번 기록해두면 전원이 꺼져도 남아 있고, 램(RAM)은 자유롭게 데이터 관리가 가능하지만 전원이 꺼지면 모든 데이터가 사라져버린다. 대부분의 컴퓨터가 램을 사용한다.
	보조기억장치(Secondary Memory Unit)	대부분의 컴퓨터가 램을 사용하는데 용량이 적고 전원이 꺼지면 데이터가 지워진다는 단점이 있어서 보조기억장치는 주기억장치를 보완하는 역할을 한다. 하드디스크나 CD-ROM, USB 메모리가 대표적이다.
	입력장치(Input Device)	컴퓨터에 자료나 명령어를 입력할 때 쓰이는 장치를 말하며 키보드, 마우스, 조이스틱 등이 대표적이다.
	출력장치(Output Device)	CPU에서 처리한 정보를 구체화해서 사용자에게 전달하는 장치로, 모니터, 프린터, 스피커 등이 대표적이다.

소프트웨어

운영체제(Operating System)
컴퓨터 시스템을 총괄하는 중요한 소프트웨어이다. 컴퓨터를 구성하는 모든 하드웨어, 응용 소프트웨어는 운영체제가 있어야만 제 기능을 할 수 있다. 운영체제의 성격에 따라 컴퓨터 전반의 성능과 기능이 달라진다. PC용 운영체제로는 마이크로소프트의 윈도우 시리즈가 대표적이다.

응용 소프트웨어(Application Software)
워드프로세서, 스프레드시트와 같은 사무용 소프트웨어를 비롯해 게임, 동영상플레이어를 포함하는 멀티미디어 소프트웨어 등 종류가 다양하다.

★★★★★

002 비트 Bit

한국마사회, 한국가스공사, KBS

☐ 컴퓨터에서 정보의 양을 나타내는 최소 기본 단위

Binary Digit를 줄여서 이르는 말로, 여기서 binary는 '이진수의'라는 뜻이다. 이진수란 두 개의 숫자로 구성된 숫자 체계를 말하는 것으로, 컴퓨터는 모든 신호를 0과 1의 이진수로 기억장치에 저장한다. 이때 0과 1을 표시하는 하나의 자리가 바로 비트이다. 8개의 비트를 모아놓은 단위를 바이트(Byte)라고 한다. 컴퓨터에서 문자 구현 정보는 글자당 1~2바이트의 용량을 차지한다.

문자 구현 정보
문자 구현은 1바이트(아스키코드)나 2바이트(유니코드) 크기의 정보로 이뤄진다. 아스키코드는 알파벳과 반각문자만 표현하며, 유니코드는 모든 문자를 표현한다.

★★★

003 디버깅 Debugging

MBC, KBS

☐ 원시프로그램에서 목적프로그램으로 번역하는 과정에서 발생하는 오류를 찾아 수정하는 것

컴퓨터 프로그램에 오류가 발생했을 때 오류를 찾아내고 수정하는 작업이다. 프로그램 속에 있는 에러를 '버그'라고 하는데, 오류를 벌레(Bug)에 비유한 것이다. 디버그는 벌레, 해충을 잡는다는 뜻으로, 의미를 확장해 프로그램의 오류를 잡아낸다는 의미로 사용하고 있다.

원시프로그램
사용자가 작성한 프로그램으로 번역기에 의해 기계어로 번역되기 이전 상태의 프로그램

목적프로그램
컴퓨터가 이해할 수 있는 언어인 기계어로 작성된 프로그램으로 원시프로그램이 번역기를 거치면 목적프로그램이 된다.

004 알고리즘 Algorithm

★★★

경기교통공사

☐ 문제를 해결하기 위한 절차와 방법의 집합

수학과 컴퓨터 과학, 언어학 등에서 어떤 문제를 해결하기 위한 명령들로 구성된 일련의 순서화된 절차를 의미한다. 문제를 논리적으로 해결하기 위해 필요한 절차, 방법, 명령어들을 모아놓은 것, 이를 적용해 문제를 해결하는 과정을 모두 알고리즘이라고 한다. 알고리즘은 연산, 데이터 진행 또는 자동화된 추론을 수행한다.

005 SSD Solid State Disk

★★★

MBC

☐ 초고속 반도체 메모리를 저장매체로 사용하는 대용량 저장장치

플래시 방식의 비휘발성 낸드플래시나 램(RAM) 방식의 휘발성 DRAM을 사용하는 방식이 있는데, 최근에는 안전성이 높은 플래시메모리 기반이 주로 사용된다. SSD는 하드디스크 드라이브에 비해 소비 전력이 낮고, 충격에 강하며, 읽기·쓰기 속도도 빠르다. 또한 기계적 지연이나 실패율이 적고, 발열·소음도 적으며, 소형화·경량화할 수 있는 장점이 있다.

상식 plus⁺

플래시메모리
전원이 끊겨도 저장된 정보가 지워지지 않는 비휘발성 기억장치이다. 내부 방식에 따라 크게 저장용량이 큰 낸드(NAND)형과 처리 속도가 빠른 노어(NOR)형의 2가지로 나뉜다. 낸드형은 고집적이 가능하며 대용량 정보 저장이 가능해 하드디스크를 대체할 수 있다. 노어형은 대용량의 정보 저장은 어렵지만 읽기 속도가 빠르고 데이터의 안정성이 확보된다는 장점이 있다.

006 HBM High Bandwidth Memory

★★★

전자신문, 한국일보

☐ 기존 DRAM의 데이터 처리능력을 끌어올린 고대역폭메모리

우리나라의 SK하이닉스가 세계 최초로 고안해 양산한 고대역폭메모리로 DRAM을 수직으로 적층해 데이터 처리 속도를 대폭 강화했다. 인공지능이나 빅데이터처럼 방대한 양의 데이터를 연산·처리해야 하는 첨단 IT기술 구현의 강력한 무기가 되고 있다. SK하이닉스는 2024년 9월 HBM 최대용량 36GB를 구현한 HBM3E 12단 신제품을 세계 최초로 양산하기 시작했다.

007 하이브리드 컴퓨터 Hybrid Computer

★★★

국제신문

☐ 아날로그 컴퓨터와 디지털 컴퓨터의 특성을 조합한 혼성형 컴퓨터

아날로그 컴퓨터와 디지털 컴퓨터 시스템의 특성을 동시에 갖추고 있어서 아날로그와 디지털의 모든 데이터를 처리할 수 있는 컴퓨터이다. 아날로그 컴퓨터보다 정확도가 뛰어나고, 디지털 컴퓨터보다 속도가 빠르다.

혼성
가치의 극대화를 이뤄내기 위해서 이질적인 두 요소를 결합시키는 것

상식 plus+

- **아날로그 컴퓨터**(Analog Computer) : 온도, 전압 등과 같은 연속적인 변화가 있는 데이터를 연산하도록 하는 컴퓨터로, 연속적으로 변하는 데이터를 처리하는 데 적합하고, 미적분과 시뮬레이션 작업 등 특수한 업무 수행이 가능하다는 장점이 있다.
- **디지털 컴퓨터**(Digital Computer) : 숫자나 문자, 음성, 영상 등 다양한 정보를 코드화된 숫자나 문자로 처리해 작업을 수행하는 컴퓨터로 우리가 주변에서 볼 수 있는 컴퓨터는 대부분 디지털 컴퓨터이다.

008 양자컴퓨터

★★★★

YTN, 아이뉴스24

☐ 양자역학의 원리에 따라 작동되는 미래형 첨단 컴퓨터

반도체가 아닌 원자를 기억소자로 활용하는 컴퓨터이다. 고전적 컴퓨터가 한 번에 한 단계씩 계산을 수행했다면, 양자컴퓨터는 모든 가능한 상태가 중첩된 얽힌 상태를 이용한다. 양자컴퓨터는 0 혹은 1의 값만 갖는 2진법의 비트(Bit) 대신, 양자 정보의 기본 단위인 큐비트를 사용한다.

상식 plus+

큐비트(Qubit ; Quantum Bit)
양자 정보의 기본 단위이다. 0과 1이 양자물리학적으로 중첩된 상태로, 양자비트라고도 한다. 양자컴퓨터는 큐비트라 불리는 양자 비트(Quantum Bit) 하나에 0과 1의 두 상태를 동시에 표시할 수 있어 데이터를 병렬적으로 동시에 처리할 수 있기 때문에 처리 가능한 정보량도 폭발적으로 증가한다.

제 2 장 보안·해킹

009 어나니머스 Anonymous

★★★★★

방송통신심의위원회, 영남일보, MBC

□ 해커들의 온라인 커뮤니티로, 전 세계적으로 활동하는 인터넷 해킹그룹

어나니머스(Anonymous)는 '익명'이라는 뜻의 해커들의 집단으로 회원은 3,000명 정도로 추정된다. 컴퓨터 해킹을 투쟁 수단으로 사용해 자신들의 의사에 반하는 사회나 국가 등 특정 대상에 대해 공격을 가하는 것이 특징이다. 다수의 기업을 해킹 공격했으며, 2010년 이란 정부에 디도스 공격, 2011년 소니사 플레이스테이션 네트워크를 집중 공격한 사건으로 유명하다.

010 디도스 DDoS

★★★★★

한국소비자원, 한국지역난방공사, KBS

□ 특정 사이트를 마비시키기 위해 여러 대의 컴퓨터가 일제히 공격을 가하는 해킹 수법

특정 컴퓨터의 자료를 삭제하거나 훔치는 것이 목적이 아니라 정당한 신호를 받지 못하도록 방해하는 '분산서비스 거부공격'을 말한다. 여러 대의 컴퓨터가 일제히 공격해 대량 접속이 일어나게 함으로써 해당 컴퓨터의 기능이 마비되게 한다. 자신도 모르는 사이에 악성 코드에 감염돼 특정 사이트를 공격하는 PC로 쓰일 수 있는데, 이러한 컴퓨터를 좀비PC라고 한다.

① 디도스(DDoS) 증상
- 컴퓨터가 갑자기 느려진다.
- 인터넷이 끊긴다.
- 갑자기 파일들에 암호가 걸리고 압축된다.
- 갑자기 이상한 글들이 써진다.
- 저장했던 파일들이 날아가거나 변경된다.

② 긴급 조치 방법
- 네트워크 연결선(LAN선)을 뽑는다.
- PC를 다시 시작한 후에 F8을 눌러서 안전 모드를 선택해 부팅한다.
- 네트워크를 재연결한 후 보호나라 또는 프리가드에 접속해 디도스 전용 백신을 다운로드한다.
- 디도스 전용 백신으로 악성 코드를 치료한 후 PC를 다시 부팅한다.

악성 코드
컴퓨터가 제 기능을 하지 못하도록 악의적인 목적으로 유포된 소프트웨어

안전 모드
컴퓨터 부팅이 정상적으로 되지 않을 때 부팅시키는 방법으로 복구 모드라고도 한다.

상식 plus⁺

좀비PC(Zombie PC)

악성 코드에 감염돼 해당 컴퓨터 이용자의 의지와는 상관없이 해커들의 명령대로 움직이는 PC로, 해커가 액티브X나 이메일 첨부 파일 등을 이용해 수많은 좀비PC들에 악성 코드를 심어놓는다. 좀비PC들은 특정 일자, 특정 시간이 되면 한꺼번에 특정 사이트를 동시 접속해 공격하는데, 대상 사이트는 이를 견디지 못하고 결국 다운된다.

★★★

011 악성 코드 Malicious Code

MBC

☐ 컴퓨터에 악영향을 끼쳐 제 기능을 하지 못하도록 방해하는 소프트웨어

예전에는 단순한 바이러스만이 활동했으나 최근에는 감염 방식과 증상이 다양해져서 악성 코드를 찾아내고 치료할 수 있는 통합적인 보안 프로그램 설치의 중요성이 높아지고 있다. 바이러스, 웜 바이러스, 트로이목마 등으로 분류되며 유해 가능 프로그램, 스파이웨어와는 다른 개념이지만 비슷한 의미로 혼동해서 사용하기도 한다.

바이러스	프로그램을 통해 감염되는 악성 코드이다. 감염 대상 프로그램이 자신을 변형하고 복제해 데이터 처리장치를 감염시키고, 다른 대상까지 감염시키면서 확산된다.
웜 바이러스	컴퓨터의 취약점을 찾아 네트워크를 통해 스스로 감염되는 악성 코드이다. 다른 프로그램에의 감염은 없지만 감염 프로그램이 자신을 복제하는 명령어들의 조합을 확대시킨다.
트로이목마	컴퓨터 사용자는 알 수 없게 사용자의 정보를 유출시킨다. 감염 프로그램이 자신을 복제해서 확산시키지 않는다는 점에서 바이러스나 웜 바이러스와는 약간 다른 개념이다.
스파이웨어	사용자의 정보를 빼내는 악성 코드의 일종이며, 컴퓨터 사용 중 사용자가 원하지 않는 사이트로 이동해 불편을 끼친다.

012 랜섬웨어 Ransomeware

★★★★★

한국서부발전, 조선일보, MBC

☐ 사용자 컴퓨터 시스템에 침투하여 중요 파일에 대한 접근을 차단하고, 몸값을 요구하는 악성 프로그램

랜섬웨어는 몸값(Ransom)과 소프트웨어(Software)의 합성어이다. 사용자 컴퓨터 시스템을 잠그거나 데이터를 암호화해서 사용할 수 없도록 만든 다음 사용하고 싶다면 돈을 내라고 비트코인이나 금품을 요구한다. 주로 이메일 첨부파일이나 웹페이지 접속을 통해 들어오거나, 확인되지 않은 프로그램이나 파일을 내려받기 하는 과정에서 들어온다.

상식 plus⁺

국내에 알려진 랜섬웨어

크립토락커	국내에서 가장 잘 알려진 랜섬웨어로, 2013년 9월 발견되었다. 데이터 확장자를 'Encrypted' 또는 'Ccc'로 변경하는 식으로 파일을 암호화한다.
테슬라크립트	지난 2015년 국내에 많이 유포된 랜섬웨어이다. 파일 확장자를 'Ecc', 'Micr' 등으로 변경한다.
록키	2016년 3월 이후 이메일을 통해 퍼진 랜섬웨어이다. 'Invoice', 'Refund' 등의 제목을 사용하는 것이 특징이다.
크립트XXX	2016년 5월 발견되었다. 감염되면 파일 확장자가 'Crypt' 등으로 변하고 바탕화면에 복구 메시지가 뜬다.

013 피싱 Phishing

보훈교육연구원, 한국농어촌공사, 국립공원관리공단

☐ 개인 정보를 불법적으로 알아내 이를 이용하는 사기수법

개인 정보(Private Data)와 낚는다(Fishing)라는 단어의 합성어로 사람들에게 메일을 보내 위장된 홈페이지로 접속하게 하거나, 이벤트 당첨, 사은품 제공 등을 미끼로 수신자의 개인 정보를 빼내 범죄에 악용하는 수법을 말한다. 주로 금융기관, 상거래 업체를 사칭해 개인 정보를 요구한다.

상식 plus⁺

- **파밍(Pharming)** : 해커가 특정 사이트의 도메인 자체를 중간에서 탈취해 개인 정보를 훔치는 인터넷 사기이다. 진짜 사이트 주소를 입력해도 가짜 사이트로 연결되도록 하기 때문에, 사용자들은 가짜 사이트를 진짜 사이트로 착각하고 자신의 개인 정보를 입력한다. 그렇게 되면 개인 아이디와 암호, 각종 중요한 정보들이 해커들에게 그대로 노출돼 피싱보다 더 큰 피해가 발생할 수 있다.
- **스미싱** : 문자 메시지(SMS)와 피싱(Phishing)의 합성어로, 인터넷 접속이 가능한 스마트폰의 문자 메시지를 이용한 휴대폰 해킹을 뜻한다.

014 마이데이터 산업

조선일보, 광주광역시 공공기관 통합채용

☐ 여러 금융회사에 흩어진 개인의 금융정보를 통합관리하는 산업

마이데이터(Mydata) 산업은 일명 본인신용정보관리업으로 금융데이터의 주인을 금융회사가 아니라 개인으로 정의해, 각종 기관과 기업에 산재하는 신용정보 등 개인정보를 직접 관리하고 활용할 수 있는 서비스다. 개인정보를 한곳에 모아 관리하고, 맞춤형 서비스를 제공해준다는 점에서 각광받고 있다. 데이터 3법 개정으로 2020년 8월부터 사업자들이 개인의 동의를 받아 금융정보를 통합관리 해주는 마이데이터산업이 가능해졌다. 네이버나 카카오 등 핀테크 업체에 대항해 은행만의 디지털 금융서비스를 제공하는 것이 목적이다.

데이터 3법
2020년 1월 국회를 통과한 정보통신망법, 신용정보법, 개인정보보호법 3개의 개정법을 말한다. 4차산업혁명 시대의 핵심 자원인 데이터의 축적과 연구를 진행하기 위해, 개인정보를 '가명정보' 상태에서 다룰 수 있도록 하는 것을 골자로 한다.

Theme 2
인터넷·전자상거래

제1장 인터넷

★★★★★

015 쿠키 Cookie

국제신문, 경상대학교병원, aT

☐ PC 사용자의 인터넷 웹 사이트 방문기록이 저장되는 파일

쿠키에는 PC 사용자의 ID와 비밀번호, 방문한 사이트 정보 등이 담겨 하드디스크에 저장된다. 이용자들의 홈페이지 접속을 도우려는 목적에서 만들어졌기 때문에 해당 사이트를 한 번 방문하고 난 이후에 다시 방문했을 때에는 별다른 절차를 거치지 않고 빠르게 접속할 수 있다는 장점이 있다. 하지만 개인 정보 유출, 사생활 침해 등 개인 정보가 위협받을 수 있다는 우려가 공존한다.

★★

016 다크웹 Dark Web

대전MBC

특정 환경의 인터넷 브라우저에서만 접속되는 웹사이트

네이버나 구글 같은 일반 인터넷 검색 엔진에서 검색되지 않고 독자적인 네트워크나 특정 브라우저로만 접속할 수 있는 비밀 웹사이트를 말한다. 누가 어떤 활동을 했는지 흔적이 남지 않아 일종의 '숨겨진 인터넷'이라고 볼 수 있다. 인터넷 프로토콜(IP)을 여러 차례 바꾸고 통신 내용을 암호화하는 특수 프로그램으로 접속하기 때문에 IP 주소 등을 추적하기 어렵다. 익명성이 보장됨에 따라 음란물이 유통되고 마약·무기·해킹툴·개인정보 등의 매매가 빈번히 이뤄지는 '인터넷 암시장'으로도 활용된다. 불법 정보가 넘쳐나는 등 범죄의 온상으로 여겨진다.

017 OTT Over The Top

한국일보, MBC, SBS

☐ 인터넷을 통해 영화, TV 방송 등 각종 미디어 콘텐츠를 제공하는 서비스

'Top(셋톱박스)를 통해 제공됨'을 의미하는 것으로, 범용 인터넷을 통해 미디어 콘텐츠를 이용할 수 있는 서비스를 말한다. 시청자의 다양한 욕구, 온라인 동영상 이용의 증가는 OTT 서비스가 등장하는 계기가 되었으며 초고속 인터넷의 발달과 스마트 기기의 보급은 OTT 서비스의 발전을 가속화시켰다. 현재 전 세계적으로 OTT 서비스가 널리 제공되고 있고, 그중에서도 미국은 가장 큰 OTT 시장을 갖고 있다.

Theme 3
정보통신·정보사회

제1장 정보통신망

★★★

018 광섬유

한국마사회

☐ 데이터를 송수신하는 광학적 섬유

중심부는 굴절률이 높은 유리, 겉부분은 굴절률이 낮은 유리를 사용하여 에너지 손실을 최소화한 광학적 섬유이다. 데이터를 송수신하는 데 사용되고 있으며 광섬유를 여러 가닥 묶어서 케이블로 만든 것을 광케이블이라고 한다. 광섬유는 외부 전자파에 의한 간섭도 없고 도청이 어려우며, 굴곡에도 강하므로 외부의 영향을 거의 받지 않는다는 장점이 있다.

★★

019 GIS Geographic Information System

세종시교육청

☐ 맞춤형 지리정보체계 서비스

GIS는 생활에 필요한 지리정보를 인공위성으로 수집하고, 이를 컴퓨터 데이터로 변환해 효율적으로 활용하기 위한 정보시스템이다. GIS는 지리적 위치를 가진 대상의 위치자료(Spatial data)와 속성자료(Attribute data)를 통합 관리하여 지도, 도표 및 그림 등의 여러 가지 형태의 정보로 제공한다. 한국공간정보통신이 만든 인트라맵 '코로나19 종합상황지도'에 활용됐다. 코로나19 종합상황지도는 GIS 사용자의 위치를 기반으로 확진자의 동선정보와 질병관리청의 제공정보, 마스크 정보 등을 실시간으로 업데이트했다.

020 NFC Near Field Communication

한국가스공사, 조선일보, MBC

☐ 근거리 무선통신

약 10cm 이내의 근거리에서 데이터를 교환할 수 있는 비접촉식 무선통신으로 13.56MHz 대역의 주파수를 사용한다. 스마트폰에 교통카드, 신용카드, 멤버십 카드, 쿠폰 등을 탑재할 수 있어 일상생활에 널리 쓰이고 있다. 짧은 통신거리라는 단점이 있으나 기존 RFID 기술보다 보안성이 높다는 장점이 있다. 또한 기존 근거리 무선 데이터 교환 기술은 '읽기'만 가능했던 반면, NFC는 '읽기'뿐만 아니라 '쓰기'도 가능하다.

상식 plus⁺

RFID(Radio Frequency IDentification)
극소형 IC칩에 상품정보를 저장하고 무선을 통해 정보를 송신하는 장치이다. 유통분야에서 일반적으로 물품관리를 위해 사용되는 바코드를 대체할 기술로 꼽힌다. RFID는 판독 및 해독 기능을 하는 판독기(Reader)와 정보를 제공하는 태그(Tag)로 구성되는데 제품에 붙이는 태그에 생산, 유통, 보관, 소비의 전 과정에 대한 정보를 담고 판독기로 하여금 안테나를 통해 이 정보를 읽도록 한다.

제 2 장 정보통신과 사회

021 디지털 블랙아웃 Digital Blackout

한국농수산식품유통공사

☐ 통신망이 갑작스레 정지되는 재난사태

디지털 블랙아웃은 사회 곳곳을 연결하는 통신 네트워크가 일순간 마비되는 대규모 재난사태를 일컫는 말이다. 이동통신 서비스가 이미 삶 도처에 일상화된 초연결 사회에서 통신망이 정지되거나 장애를 일으키면 엄청난 혼란을 초래하게 된다. 지난 2021년 발생한 kt의 통신망 장애로 많은 사람들이 카드결제 오류, 인터넷 이용불가 등 큰 불편을 겪었다. 또한 2022년 10월에는 SK C&C 데이터센터 화재로 인해 카카오 서비스가 마비되면서 전국적인 혼란과 사회·경제적 피해를 일으켰다. 그런가하면 2024년 7월에는 일부 마이크로소프트(MS) PC에서 촉발된 '셧아웃' 사태가 전 세계를 IT대란에 빠뜨리며 세계 곳곳의 기업과 기관에서 운영·서비스 장애가 발생했다.

022 잊힐 권리 Right to Be Forgotten

★★

한겨레

☐ 인터넷상에 기록되고 검색되는 개인 정보에 대한 삭제를 요구할 수 있는 권리

컴퓨팅 서비스가 발전하면서 이용자의 정보가 이곳저곳에 손쉽게 기록되고 검색되어, 시간이 지난 후 이러한 정보가 자신에게 불리한 정보로 돌아와 고통받는 사람들이 늘고 있다. 개인 정보라고 하면 흔히 이름, 이메일, 주민등록번호, 주소 등의 정보만 생각하기 쉽지만 인터넷상에 등록한 사진 등도 개인 저작물에 포함되는 개인 정보이므로 중요하다고 볼 수 있다. 이러한 개인 정보에 대해 삭제를 요청할 수 있도록 법으로 보장해 개인 정보에 대한 자기 통제권을 강화하자는 것이 잊힐 권리의 핵심이다.

개인 저작물
개인이 창작한 예술, 문학, 학술 등의 저작물로 저작권법의 보호를 받는다.

023 DRM Digital Rights Management

★★★

전력거래소, SBS

☐ 디지털 콘텐츠 제공자의 권리를 보장하기 위해 무단사용을 방지하는 서비스

DRM은 우리말로 디지털 저작권 관리라고 부른다. 허가된 사용자만 디지털 콘텐츠에 접근할 수 있도록 제한해 비용을 지불한 사람만 콘텐츠를 사용할 수 있도록 하는 서비스, 또는 정보보호 기술을 통틀어 가리킨다. 불법 복제는 콘텐츠 생산자들의 권리와 이익을 위협하고, 출판, 음악, 영화 등 문화산업 발전의 걸림돌이 될 수 있다는 점에서 DRM은 점점 더 중요해지고 있다.

024 디지털포렌식 Digital Forensic

★★★★

한국일보, 경기도 공무직 통합채용

☐ 디지털 정보를 활용해 범죄의 단서를 찾는 수사기법

디지털 증거를 수집·보존·처리하는 과학적·기술적인 기법을 말한다. '포렌식(Forensic)'의 사전적 의미는 '법의학적인', '범죄 과학 수사의', '재판에 관한' 등이다. 법정에서 증거로 사용되려면 증거능력(Admissibility)이 있어야 하며 이를 위해 증거가 법정에 제출될 때까지 변조 혹은 오염되지 않는 온전한 상태(Integrity)를 유지하는 일련의 절차 내지 과정을 디지털포렌식이라고 부른다. 초기에는 컴퓨터를 중심으로 증거수집이 이뤄졌으나 최근에는 이메일, 전자결재 등으로 확대됐다.

025 제로레이팅 Zero Rating

방송통신심의위원회, 한국폴리텍, MBN

☐ 콘텐츠 사업자가 이용자의 데이터 이용료를 부담하는 제도

특정한 콘텐츠에 대한 데이터 비용을 이동통신사가 대신 지불하거나 콘텐츠 사업자가 부담하도록 하여 서비스 이용자는 무료로 이용할 수 있게 하는 것을 말한다. 예컨대 통신업체들이 넷플릭스나 페이스북 같은 특정 업체들의 사이트에서 영상과 음악, 게시물 등을 무제한 무료로 받을 수 있는 것이다.

상식 plus+

망중립성(Network Neutrality)
인터넷망 서비스를 전기·수도와 같은 공공서비스로 분류해, 네트워크 사업자가 관리하는 망이 공익을 위한 목적으로 사용돼야 한다는 원칙이다. 즉 네트워크 사업자는 모든 콘텐츠를 동등하게 취급해야 하며, 어떠한 차별도 있어서는 안 된다는 원칙이다. 따라서 인터넷망을 통해 오고가는 인터넷 트래픽에 대해 데이터의 유형, 사업자, 내용 등을 불문하고 이를 생성하거나 소비하는 주체를 차별 없이 동일하게 처리해야 한다는 것이다. 이에 따라 통신사업자는 막대한 비용을 들여 망설치를 하여 과부하로 인한 망의 다운을 막으려고 하지만, 스마트TV 생산 회사들이나 콘텐츠 제공업체들은 망중립성을 이유로 이에 대한 고려 없이 제품 생산에만 그쳐, 망중립성을 둘러싼 갈등이 불거지기도 하였다.

026 네카시즘 Netcarthyism

영상물등급위원회, MBC

☐ 인터넷과 매카시즘의 합성어로 인터넷에 부는 마녀사냥 열풍

다수의 누리꾼들이 인터넷, SNS 공간에서 특정 개인을 공격하며 사회의 공공의 적으로 삼고 매장해버리는 현상이다. 누리꾼들의 집단행동이 사법 제도의 구멍을 보완할 수 있는 요소라는 공감대에서 출발했지만 누리꾼들의 응징 대상이 대부분 힘없는 시민이라는 점과 사실 확인이 쉽지 않은 인터넷상의 정보를 기반으로 하기 때문에 피해를 보는 사람이 생길 수 있다는 문제가 제기된다.

매카시즘(MaCarthyism)
1940~1950년대 만연했던 반공주의 열풍

027 디지털 디바이드 Digital Divide

디지털 기기를 사용하는 사람과 사용하지 못하는 사람 사이에 정보 격차와 갈등이 발생하는 것

디지털 기기의 발전과 그에 따른 통신 문화의 확산으로, 이를 제대로 활용하는 사람들은 지식 축적과 함께 소득까지 증가하는 반면, 경제적·사회적인 이유로 디지털 기기를 활용하지 못하는 사람들은 상대적으로 심각한 정보 격차를 느끼며 소외감을 느끼게 된다. 전문가들은 디지털 디바이드를 극복하지 못하면 사회 안정에 해가 될 수 있다고 주장한다.

» Theme 4 «
컴퓨터 최신 기술

제1장 IT 기술

★★★

028 디지로그 Digilog
매일신문

☐ 디지털 기반과 아날로그 정서가 융합하는 첨단 기술

디지털(Digital)과 아날로그(Analog)의 합성어로 기본적으로는 아날로그 시스템이지만 디지털의 장점을 살려 구성된 새로운 제품이나 서비스를 말한다. 빠르고 편리한 디지털화도 좋지만 최근에는 아날로그적이고 따뜻한 감성, 느림과 여유의 미학을 필요로 하는 사람들이 늘고 있어서 사회, 문화, 산업 전반에서 디지털과 아날로그의 융합인 디지로그에 주목하고 있다.

아날로그
어떤 수치를 연속된 물리량으로 나타내는 일

★★★★

029 N스크린 N Screen
MBC, SBS

☐ 하나의 콘텐츠를 다양한 정보통신 기기에서 이용할 수 있는 네트워크 서비스

하나의 콘텐츠를 여러 개의 디지털 기기들을 넘나들며 시간과 장소에 구애받지 않고 이용할 수 있도록 해주는 기술이다. 'N'은 수학에서 아직 결정되지 않은 미지수를 뜻하는데, 하나의 콘텐츠를 이용할 수 있는 스크린의 숫자를 한정 짓지 않는다는 의미에서 N스크린이라고 부른다.

미지수
값을 알 수 없는 어떤 수

★★★★

030 클라우드 컴퓨팅 Cloud Computing
한국농어촌공사, 한국동서발전, 농촌진흥청

☐ 다양한 소프트웨어나 데이터를 컴퓨터 저장장치에 담지 않고 웹 공간에 두어 마음대로 다운받아 쓰는 차세대 인터넷 컴퓨터 환경

인터넷상의 서버에 데이터를 저장해 두고, 언제 어디서나 인터넷에 접속해 다운받을 수 있어서 시간과 공간의 제약 없이 원하는 일을 할 수 있다. 구름(Cloud)처럼 무형의 형태인 인터넷상의 서버를 클라우드라고 하며, 사용자가 스마트폰이나 PC 등을 통해 문서, 음악, 동영상 등 다양한 콘텐츠를 편리하게 이용할 수 있다. 클라우드 환경의 종류에는 SaaS, IaaS, PaaS가 있다.

SaaS(Software as a Service)
클라우드 환경에서 소프트웨어를 제공하는 서비스 모델
IaaS(Infrastructure as a Service)
서버·스토리지 같은 인프라를 서비스로 제공

상식 plus⁺

에지 컴퓨팅(Edge Computing)

다양한 단말기기에서 발생하는 데이터를 클라우드와 같은 중앙 집중식 데이터센터로 보내지 않고 데이터가 발생한 현장 혹은 근거리에서 실시간 처리하는 방식으로 데이터 흐름 가속화를 지원하는 컴퓨팅 방식이다.

PaaS(Platform as a Service)
소프트웨어 등을 개발할 수 있는 플랫폼을 서비스로 제공

---

031 딥러닝 Deep Learning

★★★★
이투데이, 서울경제, SBS

☐ 컴퓨터가 사람처럼 생각하고 배울 수 있도록 하는 기술

컴퓨터가 다양한 데이터를 이용해 마치 사람처럼 스스로 학습할 수 있게 하기 위해 만든 인공 신경망(ANN ; Artificial Neural Network)을 기반으로 하는 기계 학습 기술이다. 이는 컴퓨터가 이미지, 소리, 텍스트 등의 방대한 데이터를 이해하고 스스로 학습할 수 있게 돕는다. 딥러닝의 고안으로 인공지능(AI)이 획기적으로 도약하게 되었다.

인공 신경망
인간 뇌의 정보 처리 과정을 모방해서 만든 알고리즘

상식 plus⁺

알파고 제로(Alphago Zero)

인간의 지식으로부터 전혀 도움을 받지 않았다는 점에서 '0(Zero)'을 붙인 인공지능 바둑 프로그램 알파고 버전의 명칭이다. 인간 고수들이 둔 기보 16만건을 제공받은 이전 알파고 버전과 달리 인간의 도움 없이 오직 강화학습의 방법론에만 의존한다.

---

032 5G 5th Generation Mobile Communications

★★★★
조선비즈, 한국일보, SBS

☐ 28GHz의 초고대역 주파수를 사용하는 이동통신기술

5G는 모바일 국제 표준이다. 국제전기통신연합(ITU)은 5G의 공식 기술 명칭을 'IMT(International Mobile Telecommunication)2020'으로 정하고, 최대 20Gbps의 데이터 전송 속도와 어디에서든 최소 100Mbps 이상의 체감 전송 속도를 제공하는 것을 5세대 이동통신이라고 정의했다. 이 속도는 기존의 이동통신 속도보다 70배가 빠르고 일반 LTE와 비교했을 때는 280배 빠른 수준이다. CES 2017에서 인텔은 5G 모뎀을 발표하며 주목을 받기도 했다.

상식 plus⁺

CES(The International Consumer Electronics Show)

미국 라스베가스에서 매년 1월에 열리는 세계 최대 규모의 전자제품 전시회로 1967년 시작되어 2017년 50주년을 맞았다. 2000년대 초반까지는 TV, 냉장고 등의 가전제품 위주로 전시가 진행되었으나 정보통신기술이 급격하게 발달하면서 인공지능, 자율 주행차 등 첨단 IT 기술을 적용한 제품들을 선보이는 행사가 되었다.

033 확장현실 XR ; eXtended Reality

★★
SBS

☐ VR, AR, MR을 포함한 초실감형 기술

가상현실(VR), 증강현실(AR), 혼합현실(MR)의 특성을 모두 아우르는 초실감형 기술이다. 가상현실은 이용자가 만들어진 가상환경을 눈으로 접하게 하고, 증강현실은 실제 환경에 가상 요소가 보이도록 하는 것이다. 혼합현실은 실제 환경과 그래픽을 합치는 것인데, 이로써 이용자가 실제와 가상이 혼합된 환경과 상호작용할 수 있게 한다. 확장현실은 이 세 기술을 혼합하여 이용자가 극도로 몰입하도록 하는 첨단 기술이다.

034 메타버스 Metaverse

★★★★★
뉴시스, 대전광역시 공공기관 통합채용, 한국농수산식품유통공사

☐ 가상과 현실이 융합된 초현실세계

가상·초월을 뜻하는 메타(Meta)와 현실세계를 뜻하는 유니버스(Universe)를 더한 말이다. 현실세계와 가상세계를 더한 3차원 가상세계를 의미한다. 자신을 상징하는 아바타가 게임, 회의에 참여하는 등 가상세계 속에서 사회·경제·문화적 활동을 펼친다. 메타버스라는 용어는 닐 스티븐슨이 1992년 출간한 소설 '스노 크래시(Snow Crash)'에서 처음 나왔다. 조 바이든 전 미국 대통령이 대선 당시 게임 '포트나이트'와 '동물의 숲'에서 유세활동을 펼치는 등 메타버스를 활용하는 사례가 증가하고 있다.

035 챗GPT Chat GPT

★★★★
수원시 공공기관 통합채용, 부산광역시 공공기관 통합채용

☐ 대화 전문 인공지능 챗봇

인공지능 연구재단 오픈AI(Open AI)가 개발한 대화 전문 인공지능 챗봇이다. 사용자가 대화창에 텍스트를 입력하면 그에 맞춰 대화를 나누는 서비스로 오픈AI에서 개발한 대규모 인공지능 모델 'GPT-3.5' 언어기술을 기반으로 한다. 챗GPT는 인간과 자연스럽게 대화를 나누기 위해 수백만개의 웹페이지로 구성된 방대한 데이터베이스에서 사전 훈련된 대량생성 변환기를 사용하고 있으며, 사용자가 대화 초반에 말한 내용을 기억해 답변하기도 한다. 오픈AI는 2023년 3월에 이미지 또한 인식하고 해석할 수 있는 'GPT-4'를 공개해 챗GPT에 적용했다.

제 2 장 데이터 기술

036 빅데이터 Big Data
★★★★★

한국농어촌공사, 한국토지주택공사, MBC

☐ 디지털 환경에서 생성되는 부피가 크고, 변화의 속도가 빠르며, 속성이 매우 다양한 데이터

기존 데이터베이스 관리 도구의 데이터 수집·저장·관리·분석의 역량을 넘어서는 대량의 정형 또는 비정형 데이터 세트와 이러한 데이터로부터 가치를 추출하고 결과를 분석하는 기술을 의미한다. 대규모 데이터의 생성·수집·분석을 특징으로 하는 빅데이터는 과거에는 불가능했던 기술을 실현시키기도 하며, 전 영역에 걸쳐서 사회와 인류에 가치 있는 정보를 제공하기도 한다.

037 데이터마이닝 Data Mining
★★★★★

경기도시공사, 문화일보, MBC

☐ 대규모의 데이터베이스로부터 유용한 상관관계를 발견하고, 미래에 실행 가능한 정보를 추출하여 중요한 의사 결정에 활용하는 과정

기업이 보유하고 있는 대규모의 데이터 속에서 정보의 연관성을 파악하고, 새로운 규칙 등을 발견함으로써 중요한 의사 결정을 위한 정보로 활용해 이익을 극대화한다. 즉, 축적되어 있는 기존의 다양한 데이터에서 기업의 경쟁력을 높일 수 있는 유용한 정보를 찾아내는 작업이다.

상식 plus⁺

데이터라벨링(Data Labelling)
사진이나 문서 등 사람이 만든 데이터를 인공지능(AI)이 스스로 인식할 수 있는 형태로 재가공하는 작업이다. AI가 학습할 데이터인 동영상이나 사진에 등장하는 사물 등에 라벨을 달아 주입하면 된다. AI는 이를 바탕으로 데이터들을 학습하면서 유사한 이미지를 인식하며 고품질의 알고리즘을 구축한다.

038 블록체인 Block Chain

★★★★

금융감독원, 서울시공공의료재단, 경기콘텐츠진흥원

☐ 데이터 분산처리를 통해 거래정보를 참여자가 공유하는 기술

온라인 거래 시 거래 기록을 영구히 저장하여, 장부를 통한 증명으로 돈이 한 번 이상 지불되는 것을 막는 기술이다. 거래가 기록되는 장부가 '블록(Block)'이 되고, 이 블록들은 시간의 흐름에 따라 연결된 '사슬(Chain)'을 이루게 된다. 이렇게 생성된 블록은 네트워크 안의 모든 참여자에게 전송되는데 모든 참여자가 이 거래를 승인해야 기존의 블록체인에 연결될 수 있다. 이러한 과정의 반복으로 형성된 구조는 거래장부의 위·변조를 불가능하게 만든다.

039 NFT Non Fungible Token

★★★★

이투데이, 헤럴드경제, 수원시 공공기관 통합채용

☐ 다른 토큰과 대체·교환될 수 없는 가상화폐

하나의 토큰을 다른 토큰과 대체하거나 서로 교환할 수 없는 가상화폐이며, 대체불가토큰이라고도 불린다. 2017년 처음 시장이 만들어진 이래 미술품과 게임아이템 거래를 중심으로 빠른 성장세를 보였다. NFT가 폭발적으로 성장한 이유는 희소성때문이다. 기존 토큰의 경우 같은 종류의 코인은 한 코인당 가치가 똑같았고, 종류가 달라도 똑같은 가치를 갖고 있다면 등가교환이 가능했다. 하지만 NFT는 토큰 하나마다 고유의 가치와 특성을 갖고 있어 가격이 천차만별이다. 또한 어디서, 언제, 누구에게 거래가 됐는지 모두 기록되어서 위조가 쉽지 않다는 것이 장점 중 하나다.

040 플레이 투 언 P2E

★★★

뉴스1, 이투데이

☐ 게임을 하며 획득한 재화를 블록체인 기술을 통해 자산으로 만드는 수익모델

플레이 투 언(Play to Earn, P2E)은 말 그대로 게임을 하면서 돈을 번다는 의미로, 게임을 하면서 얻은 아이템을 팔아 수익을 낼 수 있는 시스템이다. 획득한 아이템 등을 블록체인을 기반으로 한 가상화폐로 환전하여 자산으로 만들 수 있다. 최근 게임업계에서 차세대 수익모델로써 각광받았다.

보기

ⓐ 큐비트 ⓑ 마이데이터 산업 ⓒ 클라우드 컴퓨팅 ⓓ 디버깅
ⓔ 블록체인 ⓕ 어나니머스 ⓖ OTT ⓗ RFID
ⓘ 랜섬웨어 ⓙ 제로레이팅

01 _____(은)는 다양한 소프트웨어나 데이터를 자신의 컴퓨터 저장장치에 담지 않고 웹 공간에 두어 마음대로 빌려 쓰는 차세대 인터넷 컴퓨터 환경이다.

02 해커들의 온라인 커뮤니티인 _____(은)는 컴퓨터 해킹을 투쟁 수단으로 사용해 자신들의 의사에 반하는 사회나 국가 등 특정 대상에 공격을 가하는 것이 특징이다.

03 _____은(는) 극소형 IC칩에 상품정보를 저장하고 무선을 통해 정보를 송신하는 장치이다.

04 몸값(Ransom)과 소프트웨어(Software)의 합성어인 _____(은)는 사용자 컴퓨터 시스템을 잠그거나 데이터를 암호화해서 사용할 수 없도록 만든 다음 사용하고 싶다면 돈을 내라고 비트코인이나 금품을 요구하는 악성 프로그램이다.

05 _____(은)는 콘텐츠 사업자가 이용자의 데이터 이용료를 부담하는 제도를 말한다.

06 양자컴퓨터는 0 혹은 1의 값만 갖는 2진법의 비트 대신, 양자 정보의 기본 단위인 _____(을)를 사용한다.

07 _____(은)는 인터넷을 통해 영화, TV 방송 등 각종 미디어 콘텐츠를 제공하는 서비스이다.

08 온라인 거래시 거래 당사자 사이(P2P)에서 오가는 비트코인과 같은 가상화폐를 사용할 때, 돈이 한 번 이상 지불되는 것을 막는 _____(은)는 블록 구조를 형성하여 거래장부의 위·변조를 불가능하게 하는 기술이다.

09 _____(은)는 원시프로그램에서 목적프로그램으로 번역하는 과정에서 발생하는 오류를 찾아 수정하는 작업이다.

10 _____은(는) 여러 금융회사에 흩어진 개인의 금융정보를 통합관리하는 산업을 말한다.

정답
01 ⓒ 02 ⓕ 03 ⓗ 04 ⓘ 05 ⓙ 06 ⓐ 07 ⓖ 08 ⓔ 09 ⓓ 10 ⓑ

STEP 02 기출로 합격 공략!

01 　　　　　　　　　　　　　　MTN

여러 금융회사에 흩어진 개인의 금융정보를 통합 관리하는 산업은?

① 데이터경제산업
② 오픈뱅킹산업
③ 빅데이터산업
④ 마이데이터산업

해설
마이데이터(Mydata)산업은 일명 신용정보관리업으로 금융데이터의 주인을 금융회사가 아니라 개인으로 정의해, 각종 기관과 기업에 산재하는 신용정보 등 개인정보를 직접 관리하고 활용할 수 있는 서비스다. 데이터3법(개인정보보호법·신용정보법·정보통신망법) 개정으로 2020년 8월부터 사업자들이 개인의 동의를 받아 금융정보를 통합관리해주는 마이데이터산업이 가능해졌다.

02 　　　　　　　　　　　한국농수산식품유통공사

다음 중 통신망이 갑작스레 정지되는 재난사태를 일컫는 용어는?

① 디지털 저지먼트
② 디지털 스커지
③ 디지털 참사
④ 디지털 블랙아웃

해설
디지털 블랙아웃(Digital Blackout)은 사회 곳곳을 연결하는 통신 네트워크가 일순간 마비되는 대규모 재난사태를 일컫는 말이다. 이동통신 서비스가 이미 삶 도처에 일상화된 초연결 사회에서 통신망이 정지되거나 장애를 일으키면 엄청난 혼란을 초래하게 된다. 지난 2021년 발생한 kt의 통신망 장애로 많은 사람들이 카드결제 오류, 인터넷 이용불가 등 큰 불편을 겪었었다.

03 　　　　　　　　　　　　　공무원연금공단

개방형 클라우드와 폐쇄형 클라우드가 조합된 클라우드 컴퓨팅 방식은?

① 온 프레미스 클라우드
② 퍼블릭 클라우드
③ 프라이빗 클라우드
④ 하이브리드 클라우드

해설
하이브리드 클라우드는 공공에게 개방된 개방형(퍼블릭) 클라우드와 개인이나 기업 자체에서 활용하는 폐쇄형(프라이빗) 클라우드가 조합되었거나, 개방형 클라우드와 서버에 직접 설치된 온 프레미스(On-premise)를 조합한 방식의 클라우드 컴퓨팅을 말한다. 기업·개인이 보유한 IT 인프라와 데이터, 보안시스템을 한 곳에 몰아넣지 않고 그 특성과 중요도에 따라 분산하여 배치해, 업무효율성과 안전성을 획득할 수 있다.

04 　　　　　　　　　　　　　　연합뉴스TV

미국 라스베이거스에서 해마다 열리는 세계 최대 규모의 가전제품 박람회는?

① GSM
② MWC
③ CES
④ IFA

해설
세계가전전시회(CES ; Consumer Electronics Show)는 미국 라스베이거스에서 매년 열리는 세계 최대 규모의 가전제품 박람회다. 1967년 처음 뉴욕에서 개최됐으며 1995년부터 라스베이거스에서 열린다. 미국소비자기술협회가 주관한다. 세계 유수의 가전제품·IT기업이 총출동해 각 기업이 선봉으로 내세우는 최일선의 상품과 첨단기술을 접할 수 있다.

05 〈서울시공공의료재단〉
데이터 분산처리 기술을 통해 거래정보를 참여자 모두가 나누어 가지는 기술은?

① 데이터마이닝
② 더비체인
③ 블록체인
④ 콜드체인

해설
③ 블록체인(Block Chain) : 모든 거래 당사자가 거래 장부 사본을 기록하고 관리하도록 거래가 기록되는 장부가 '블록(Block)'이 되고, 이 블록들은 시간의 흐름에 따라 연결된 '사슬(Chain)'을 이루게 된다. 주로 암호화폐인 비트코인에서 사용된다.
① 데이터마이닝(Data Mining) : 많은 데이터 간의 상호 관계를 분석해 데이터 속에 숨어 있던 새로운 정보를 추출해 내는 작업이다.
② 더비체인(TheBchain) : 블록체인 미디어 플랫폼(Blockchain Media Platform)의 줄임말로 블록체인 및 암호화폐를 전문적으로 다루는 온라인 매체다.
④ 콜드체인(Cold Chain) : 식료품을 신선하게 유통해 품질을 유지하기 위한 냉동·냉장에 의한 저온유통체계다.

06 〈이투데이〉
반도체를 만들 때 쓰이는 극자외선(EUV) 노광장비시장을 독점하고 있는 네덜란드의 다국적기업은?

① 마이크론
② ASML
③ TSMC
④ 퀄컴

해설
ASML은 반도체의 직접회로 제조에 사용되는 극자외선(EUV) 노광공정장비를 독점하고 있는 네덜란드의 다국적기업이다. 2021년을 기준으로 전 세계 노광장비 시장의 91%를 점유하고 있다.

07 〈보훈교육연구원〉
통신장치를 일정 시간 내에 오가는 데이터 전송량을 뜻하는 용어는?

① 핑
② 패킷
③ 트래픽
④ 트랜잭션

해설
트래픽(Traffic)은 서버 등 통신장치를 일정 시간 동안 오가는 데이터의 양을 말하는 것으로 통신장치와 시스템에 걸리는 부하를 뜻한다. 트래픽양의 단위는 얼랑(erl)이다. 트래픽 전송량이 많으면 네트워크와 서버에 과부하가 걸려 데이터 송수신 장애를 일으킬 수 있다.

08 〈소상공인진흥공단〉
스웨덴의 통신기업 에릭슨이 최초로 개발한 근거리 무선통신기술은?

① 블루투스
② NFC
③ 지그비
④ 와이파이

해설
블루투스(Bluetooth)는 1994년 스웨덴의 통신업체 에릭슨이 고안한 기술로, 10미터 내외의 근거리에서 휴대기기를 서로 연결할 수 있는 무선기술표준이다. 같은 주파수를 사용하는 다른 시스템들과의 충돌을 피하기 위해 여러 채널을 빠르게 넘나드는 '주파수 도약'이라는 기술을 이용한다. 그러나 보안에 취약하다는 것은 단점으로 지적된다.

09 〈광주도시철도공사, 수원문화재단〉
다음에서 설명하는 것은 무엇인가?

- 구리보다 100배 이상 전기가 잘 통한다.
- 강철보다 200배 이상 단단하다.
- 늘리거나 구부려도 전기적 성질을 잃지 않는다.

① 시그마
② 리튬
③ 베크렐
④ 그래핀

해설
그래핀은 구리보다 100배 이상 전기가 잘 통하고, 실리콘보다 100배 이상 전자이동성이 빠르다. 강도는 강철보다 200배 이상 강하며, 다이아몬드보다 2배 이상 열전도성이 높다. 또한, 빛을 대부분 통과시키기 때문에 투명하며 신축성도 매우 뛰어나다.

10
보훈교육연구원

다음 중 스마트폰의 문자메시지를 이용한 휴대폰 해킹을 뜻하는 용어는?

① 메모리피싱
② 스피어피싱
③ 파밍
④ 스미싱

해설
스미싱은 문자메시지(SMS)와 피싱(Phishing)의 합성어로, 인터넷 접속이 가능한 스마트폰의 문자메시지를 이용한 휴대폰 해킹을 뜻한다.

11
CBS

데이터를 인공지능이 스스로 학습할 수 있도록 재가공하는 것은?

① 브로드데이터
② 데이터라벨링
③ 데이터마이닝
④ 데이터베이스

해설
데이터라벨링은 사진이나 문서 등 사람이 만든 데이터를 인공지능이 스스로 인식할 수 있는 형태로 재가공하는 작업이다. AI가 학습할 데이터인 동영상이나 사진에 등장하는 사물 등에 라벨을 달아 주입하면 된다. AI는 이를 바탕으로 데이터들을 학습하면서 유사한 이미지를 인식하며 고품질의 알고리즘을 구축한다.

12
아이뉴스24

가상공간에 실물과 같은 형태의 물체를 만들어 시뮬레이션을 통해 검증하는 기술은?

① 디지털 샌드박스
② 콜봇
③ 디지털 트윈
④ 데브옵스

해설
디지털 트윈(Digital Twin)은 미국의 전자기기 기업 '제너럴 일렉트릭'이 만든 개념으로서, 컴퓨터로 가상공간에 실물과 똑같은 물체(쌍둥이)를 만들어 시뮬레이션과 실험을 통해 검증하는 것을 말한다. 디지털 트윈은 다양한 산업분야에서 활용되어 제품 및 자산을 최적화하고 돌발 사고를 줄이는 데 도움을 줄 수 있다.

13
한겨레, 수도권매립지관리공사, 한국산업인력공단

인터넷 사용자가 접속한 웹사이트 정보를 저장하는 정보 기록 파일을 의미하며, 웹사이트에서 사용자의 하드디스크에 저장되는 특별한 텍스트 파일을 무엇이라 하는가?

① 쿠키
② 피싱
③ 캐시
④ 텔넷

해설
쿠키에는 PC 사용자의 ID와 비밀번호, 방문한 사이트 정보 등이 담겨 하드디스크에 저장된다. 이용자들의 홈페이지 접속을 도우려는 목적에서 만들어졌기 때문에 해당 사이트를 한 번 방문하고 이후에 다시 방문했을 때에는 별다른 절차를 거치지 않고 빠르게 접속할 수 있다는 장점이 있다.

14
경기도 공무직 통합채용

디지털 기록과 정보를 범죄 단서를 찾는데 활용하는 수사기법은?

① 다크웹
② 디가우징
③ 디지털포렌식
④ 디지털디바이드

해설
① 다크웹(Dark Web) : 특정 환경의 인터넷 브라우저에서만 접속되는 비밀 웹사이트
② 디가우징(Degaussing) : 자기장으로 하드디스크를 물리적으로 복구 불가능하게 지우는 것을 가리킨다.
④ 디지털디바이드(Digital Divide) : 디지털 기기의 소유 유무에 따라 정보접근 격차가 커지는 현상

15
헤럴드경제

다음 중 반도체가 아닌 원자를 기억소자로 활용하는 컴퓨터는?

① 하이브리드 컴퓨터
② 양자 컴퓨터
③ 원자 컴퓨터
④ 엣지 컴퓨터

해설
양자컴퓨터는 양자역학의 원리에 따라 작동되는 미래형 첨단 컴퓨터다. 반도체가 아닌 원자를 기억소자로 활용하는 컴퓨터다. 고전적 컴퓨터가 한 번에 한 단계씩 계산을 수행했다면, 양자컴퓨터는 모든 가능한 상태가 중첩된 얽힌 상태를 이용한다. 양자컴퓨터는 0 혹은 1의 값만 갖는 2진법의 비트(Bit) 대신, 양자 정보의 기본 단위인 큐비트를 사용한다.

16
헤럴드경제

특정 브라우저를 통해 접속할 수 있는 웹은?

① 서피스 웹
② 다크 웹
③ 토르 네트워크
④ 핵티비스트

해설
다크 웹은 보통의 일반적인 브라우저로는 접속할 수 없는 웹으로 IP추적이 불가능하고 익명성이 보장되도록 고안되었다. 토르 브라우저(TOR Browser)라는 특수한 브라우저를 통해 접속할 수 있고, 표면화되지 않는 방대한 정보들이 숨어 있는 것으로 알려져 있다. 이러한 특징 때문에 마약·총기거래 등 범죄에 악용될 소지가 있어 문제가 되고 있다.

17
SBS

가상현실, 증강현실, 혼합현실의 특성을 겸비해 가상환경에 극도로 몰입하게 하는 기술을 뜻하는 용어는?

① 확장현실
② 강화현실
③ 상호현실
④ 메타버스

해설
확장현실(XR)은 가상현실(VR), 증강현실(AR), 혼합현실(MR)의 특성을 모두 아우르는 초실감형 기술이다. 가상현실은 이용자가 만들어진 가상환경을 눈으로 접하게 하고, 증강현실은 실제 환경에 가상 요소가 보이도록 하는 것이다. 혼합현실은 실제 환경과 그래픽을 합치는 것인데, 이로써 이용자가 실제와 가상이 혼합된 환경과 상호작용할 수 있게 한다. 확장현실은 이 세 기술을 혼합하여 이용자가 극도의 몰입감을 느끼도록 하는 첨단 기술이다.

18
광주보훈병원

다음 중 챗GPT에 대한 설명으로 옳은 것은?

① 구글이 개발한 대화형 인공지능이다.
② 인공지능 모델 GPT-1.0 기술을 바탕에 둔다.
③ 이미지 창작과 생성이 주요 기능이다.
④ 사용자와의 초반 대화내용을 기억해 질문에 답변할 수 있다.

해설
챗GPT(ChatGPT)는 인공지능 연구재단 오픈AI(Open AI)가 개발한 대화 전문 인공지능 챗봇이다. 사용자가 대화창에 텍스트를 입력하면 그에 맞춰 대화를 나누는 서비스로 대규모 인공지능 모델 'GPT-3.5' 언어기술을 기반으로 개발됐다. 챗GPT는 인간과 자연스럽게 대화를 나누기 위해 수백만개의 웹페이지로 구성된 방대한 데이터베이스에서 사전 훈련된 대량생성 변환기를 사용하고 있으며, 사용자가 대화 초반에 말한 내용을 기억해 답변하기도 한다.

19
코리아헤럴드

구글이 2023년 출시한 인공지능 챗봇의 이름은?

① 왓슨
② 테이
③ 클로바
④ 바드

해설
바드(Bard)는 구글이 2023년 출시한 인공지능 챗봇 서비스다. 3월 21일부터 미국과 영국에서 일부 이용자를 대상으로 테스트에 들어갔고, 4월부터는 이제 한국을 포함해 일부 국가에서도 바드 웹사이트를 통해 테스트 버전 이용신청을 접수했다. 2024년 2월부터는 '제미니(Gemini)'로 리브랜딩 됐다.

20
KBS

컴퓨터가 인간을 먼저 인지하고 원하는 것을 실행해주는 것을 뜻하는 용어는?

① 앰비언트 컴퓨팅
② 행동인터넷
③ 유비쿼터스
④ 초연결

해설
앰비언트 컴퓨팅(Ambient Computing)은 사람이 먼저 컴퓨터 프로그램을 파악하고 원하는 것을 실행하기 위해 다루는 것이 아닌, 컴퓨터가 먼저 사람을 인지하고 상호작용하는 것을 뜻한다. 앰비언트란 공기처럼 우리 주위에 존재한다는 의미로, 탑재된 센서를 통해 인간을 먼저 인식하고 상황에 따라 자동으로 요구사항을 충족시키는 시스템이다.

21
KBS

다음은 무엇에 대한 설명인가?

> 악성 코드에 감염된 다수의 좀비PC를 이용하여 대량의 트래픽을 특정 시스템에 전송함으로써 장애를 일으키는 사이버 공격이다.

① 해킹
② 스푸핑
③ 디도스
④ 크래킹

해설
디도스는 여러 대의 컴퓨터가 일제히 공격해 대량 접속이 일어나게 함으로써 해당 컴퓨터의 기능이 마비되게 하는 것이다. 자신도 모르는 사이에 악성 코드에 감염돼 특정 사이트를 공격하는 PC로 쓰일 수 있는데, 이러한 컴퓨터를 좀비PC라고 한다.

22
보훈교육연구원

불법 해킹에 대항하는 선의의 해커를 뜻하는 용어는?

① 화이트 해커
② 하얀 헬멧
③ 어나니머스
④ 크래커

해설
화이트 해커(White Hacker)는 불법으로 인터넷 서버나 네트워크에 침입해 파괴하고 정보를 탈취하는 해커(크래커)에 대비되는 개념이다. 해킹 능력을 활용해 네트워크에 들어가 보안상 취약한 점을 발견해 제보하거나, 불법 해킹 시도를 저지하기도 한다. 우리 정부에서도 국내외에서 자행되는 사이버테러나 해킹에 대응하기 위해 전문가를 육성하고 있다.

23
머니투데이

AI 챗봇 등 생성형 인공지능이 근거 없는 잘못된 정보를 생성하는 것을 뜻하는 용어는?

① 할루시네이션
② 일루전
③ 디버깅
④ CRC

해설
할루시네이션(Hallucination)은 영어로는 '환영', '환상'을 뜻하는데, IT업계에서는 최근 챗GPT 등 생성형 인공지능이 대두하면서 AI가 잘못된 답변이나 정보를 생성하는 현상을 가리킨다. 정보처리과정에서 발생하는 오류를 뜻하기도 한다. 데이터를 잘못 학습해 질문에 엉뚱한 대답을 한다든가, 사실과 다른 내용을 전달하는 등의 할루시네이션이 발생하는 때가 있다.

24
한국폴리텍대학

네트워크의 보안 취약점이 공표되기도 전에 이뤄지는 보안 공격을 뜻하는 용어는?

① 스피어 피싱
② APT 공격
③ 제로 데이 공격
④ 디도스 공격

해설
제로 데이 공격(Zero Day Attack)은 네트워크나 시스템 운영체제의 보안 취약점이 발견돼 이를 보완하기 위한 조치가 이뤄지기도 전에, 그 취약점을 이용해 네트워크에 침입하여 공격을 가하는 것을 말한다. 취약점을 뚫리지 않게 하기 위한 보안 패치가 배포되기도 전에 공격을 감행해 네트워크는 속수무책으로 당할 수밖에 없다.

25
SBS

다음 중 컴퓨터 메모리의 단위를 작은 것부터 바르게 나열한 것은?

① 테라-제타-페타-엑사
② 테라-페타-엑사-제타
③ 제타-페타-엑사-테라
④ 제타-테라-페타-엑사

해설
컴퓨터의 디지털 정보를 나타내는 최하위 단위는 비트(Bit)이며 8비트가 모이면 바이트(Byte)가 된다. 바이트는 각각 1,000배씩 늘어나며 새로운 단위를 만들어낸다. 테라(Tera)바이트는 1조, 페타(Peta)바이트는 1,000조, 엑사(Exa)바이트는 100경, 제타(Zetta)바이트는 10해의 배수를 뜻한다.

26
뉴스1

각국이 자국의 기술을 활용해 독자적 AI모델이나 시스템을 개발하려는 정책·역량을 뜻하는 말은?

① 내셔널 AI
② 컨트리 AI
③ 소버린 AI
④ 가버먼트 AI

해설
소버린 AI(Sovereign AI)란 세계 각국이 자국이 보유한 데이터와 기술, 네트워크 등을 활용하여 독자적인 인공지능(AI) 모델을 개발하고 AI시스템을 구축하려는 정책 방향을 뜻하는 말이다. 바야흐로 첨단 AI 시대가 개막하면서 각국은 각종 분야의 혁신을 촉진하는 AI기술을 독자적으로 구축하는 움직임을 보이고 있다.

27
다음 중 컴퓨터로 인간의 언어를 분석하고 처리하는 기술은?

① 코딩 ② 텍스트 마이닝
③ 자연어 처리 ④ 데이터 마이닝

해설
자연어 처리(NLP)란 인간이 일상적으로 의사소통에 사용하는 언어인 '자연어'를 컴퓨터가 수용하고 분석해 '기계어'로 치환하는 기술이다. 이를 통해 인간이 자연어로 명령을 입력하면 컴퓨터가 이를 인식하고 그 명령을 처리할 수 있다.

28
인터넷에서 유행한 농담 등에서 비롯되어 만들어진 가상화폐는?

① 테더 ② 밈코인
③ 솔라나 ④ 라이트코인

해설
인터넷에서 떠도는 인터넷 밈(meme), 유행 또는 농담에서 비롯된 암호화폐를 밈코인이라고 한다. 가상화폐의 실용적 목적보다는 유머, 인터넷 커뮤니티 중심의 유행에 바탕을 두고 만들어지곤 한다. 밈코인의 대표적인 사례에는 '시바견 밈'에서 유행해 일론 머스크의 언급으로 가격이 크게 출렁거렸던 '도지코인(Dogecoin)'이 있다.

29
인공지능을 실제 물리적 환경에서 구현하고 적용시키는 것을 뜻하는 용어는?

① 피지컬 AI ② 소버린 AI
③ 피직스 AI ④ 생성형 AI

해설
'피지컬 AI(Physical AI)'란 물리적인 현실 환경에서 움직이고 작동하는 인공지능을 의미한다. 단순히 컴퓨터 안에 탑재되어 연산·학습을 수행하는 AI가 아닌, 로봇, 자율주행차, 기계장치 등과 결합하여 실제로 행동하는 AI이다. 외부환경을 인식할 수 있는 센서와 AI 알고리즘, 실제 움직임을 구현할 기계장치로 구성되어 있다.

30
웹사이트 등에서 사용자가 의도치 않은 선택을 하도록 교묘하게 유도하는 사용자 인터페이스는?

① 화이트패턴 ② 레드패턴
③ 블루패턴 ④ 다크패턴

해설
다크패턴(Dark Pattern)은 기업의 플랫폼이나 애플리케이션 등에서 사용자가 원하지 않는 행동을 하도록 유도하거나 실수하게끔 설계된 사용자 인터페이스(UI)를 말한다. 고의적으로 설계된 기만적 디자인이다. 사용자는 자신의 선택을 나중에야 깨닫곤 한다. 가령 서비스의 가입은 쉽게 하도록 한 반면 탈퇴는 어렵도록 경로를 숨긴다든지, 가입 시 자동으로 유료옵션이 체크되도록 해 원치 않는 추가결제를 유도하는 등의 방식으로 이뤄진다.

31
고도의 기술력을 바탕으로 한 혁신적 첨단기술 영역을 뜻하는 용어는?

① 섭테크 ② 하이테크
③ 씬테크 ④ 딥테크

해설
딥테크(Deep Tech)란 일반적으로 출시되는 애플리케이션 서비스 등의 IT 플랫폼이 아닌 치밀한 과학적 연구에서 시작된 고도의 기술력을 바탕으로 한 혁신적인 기술 영역을 뜻하는 용어다. 기초과학에 뿌리를 두고 오랜 연구와 복잡한 개발과정을 거치며, 많은 자금과 인력이 필요하다. 인공지능(AI), 바이오, 우주항공, 양자컴퓨팅, 로봇공학 등이 딥테크의 예시다.

32
이용자가 플랫폼을 바꾸거나 동시에 여러 개의 플랫폼을 사용하는 현상을 뜻하는 용어는?

① 리버스호밍 ② 플랫폼호밍
③ 멀티호밍 ④ 태스크호밍

해설
멀티호밍(Multi-homing)은 플랫폼 이용자가 기존에 사용하던 플랫폼에서 다른 플랫폼으로 옮겨 가거나 여러 개의 플랫폼을 동시에 사용하는 현상을 말한다. 정보기술(IT) 분야에서는 다중 IP주소를 사용해 둘 이상의 네트워크 또는 링크에 다중접속을 실현하는 것을 의미한다. 이용자의 입장에서는 목적과 니즈에 따라 여러 플랫폼을 이용할 수 있으므로 선택의 폭이 넓어지고 합리적인 선택을 할 수 있다.

정답

01 ④	02 ④	03 ④	04 ③	05 ③	06 ②	07 ③
08 ①	09 ④	10 ④	11 ②	12 ③	13 ①	14 ③
15 ②	16 ②	17 ①	18 ④	19 ④	20 ①	21 ③
22 ①	23 ①	24 ③	25 ②	26 ③	27 ③	28 ②
29 ①	30 ④	31 ④	32 ③			

빅데이터 분석 출제 경향

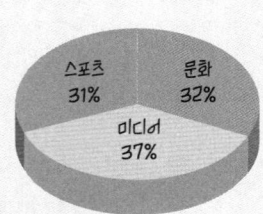

고전적 예술 작품부터 최근의 문화 경향, 미디어 관련 용어, 스포츠 이슈까지 포함하는 범위가 매우 넓은 분야입니다. 세계유산, 국내외 영화제, 노벨상 수상자, 스포츠 관련 국제조직 등은 출제율이 매우 높은 분야이므로 꼭 암기해두어야 합니다.

세계유산 목록, 국내외 영화제 수상작품 및 수상자, 노벨상 수상자, 미술사조와 미술용어 등은 되도록 숙지해두는 것이 좋습니다. 또한 스포츠 분야는 월드컵, 올림픽 우승국, 세계 주요 대회와 관련된 문제가 출제되고, 미디어는 저널리즘이나 효과론 등의 방송 용어 등도 많이 출제됩니다.

최빈출 대표 용어

Section	키워드
01 문화	유네스코 세계유산, 노벨상, 세계 3대 영화제, 판소리, 사물놀이
02 미디어	엠바고, 인포데믹, 저널리즘 유형, 광고의 종류
03 스포츠	근대 5종 경기, 패럴림픽, 골프 4대 메이저 대회

PART 6

문화

SECTION 01 문화
SECTION 02 미디어
SECTION 03 스포츠

SECTION 01 문화

PART 6 문화

>> Theme 1 <<
문화 일반

제1장 문화 일반 이론

★★★★★

001 국보·보물

포항시설관리공단, 문화일보, 전기신문

> 보물은 국가가 법적으로 지정한 유형문화재이고, 그 중 가치가 크고 유례가 드문 것이 국보이다.

보물과 국보는 모두 유형문화재로, '보물'은 건조물·전적·서적·고문서·회화·조각·공예품·고고자료·무구 등의 문화재 중 중요한 것을 문화재청장이 문화재위원회의 심의를 거쳐 지정하고, '국보'는 보물에 해당하는 문화재 중 제작 연대가 오래되고 시대 특유의 제작 기술이 뛰어나며 형태나 용도가 특이한 것을 문화재위원회의 심의를 거쳐 지정한다. 따라서 국보보다 보물이 많다.

무형문화재
역사적·예술적 가치가 있는 무형의 문화적 유산을 보존·계승하기 위해 국가에서 지정한 문화재

서울4대문
- 동대문 – 흥인지문
- 서대문 – 돈의문
- 남대문 – 숭례문
- 북대문 – 숙청문

상식 plus⁺

구분	1호	2호	3호
국보	서울 숭례문(남대문)	원각사지 10층 석탑	북한산 신라 진흥왕순수비
보물	서울 흥인지문(동대문)	서울 보신각종	대원각사비
사적	경주 포석정지	김해 봉황동 유적	수원화성
무형문화재	종묘제례악	양주 별산대놀이	남사당놀이

002 세계유산

조선일보, 문화일보, KBS

☐ 유네스코에서 인류의 소중한 문화 및 자연 유산을 보호하기 위해 지정한 유산

유네스코는 1972년부터 세계유산협약에 따라 역사적 중요성, 뛰어난 예술성, 희귀성 등을 지니고 인류를 위해 보호해야 할 가치가 있는 유산을 세계유산으로 지정하고 있다. 세계유산은 '문화유산', '자연유산', '복합유산'으로 나누어 관리한다.

유네스코(UNESCO)
교육·과학·문화·커뮤니케이션을 비롯한 광범위한 분야에서 국제 이해와 협력을 증진시켜 항구적인 세계 평화 건설을 목적으로 하는 국제연합전문기구

상식 plus⁺

구분	등록현황
세계문화유산	석굴암·불국사(1995), 해인사 장경판전(1995), 종묘(1995), 창덕궁(1997), 수원화성(1997), 경주역사유적지구(2000), 고창·화순·강화 고인돌 유적(2000), 조선왕릉(2009), 안동하회·경주양동마을(2010), 남한산성(2014), 백제역사유적지구(2015), 산사, 한국의 산지승원(2018), 한국의 서원(2019), 한국의 갯벌(2021), 가야고분군(2023), 반구천의 암각화(2025)
세계자연유산	제주화산섬과 용암동굴(2007)

003 세계기록유산

조선일보, 국민일보, YTN

☐ 사회적·문화적 가치가 높다고 인정되는 기록물을 보존하기 위해 지정하는 유산

유네스코가 지정하는 세계유산 중 가치가 높다고 인정되는 기록물을 대상으로 지정한다. 인류의 소중한 기록유산을 보존·활용하기 위해 1997년부터 2년마다 국제자문위원회의 심의를 통해 유네스코 사무총장이 선정한다. 무형문화재 가운데 선정되는 세계무형유산과는 구별되며 별도로 관리된다.

일성록
1760~1910년까지 국왕과 국정에 관해 기록한 일기로, 국보 제153호로 지정되었다. 임금의 입장에서 편찬된 일기이지만 공식적인 정부의 기록으로 본다.

상식 plus⁺

구분	등록현황
우리나라 세계기록유산	훈민정음(1997), 조선왕조실록(1997), 직지심체요절(2001), 승정원일기(2001), 해인사 대장경판 및 제경판(2007), 조선왕조 의궤(2007), 동의보감(2009), 일성록(2011), 5·18 민주화운동 기록물(2011), 난중일기(2013), 새마을운동 기록물(2013), 한국의 유교책판(2015), KBS 특별 생방송 이산가족을 찾습니다 기록물(2015), 조선왕실 어보와 어책(2017), 국채보상운동 기록물(2017), 조선통신사 기록물(2017), 4·19혁명 기록물(2023), 동학농민혁명 기록물(2023), 제주4·3 기록물(2025), 산림녹화 기록물(2025)
우리나라 세계무형유산	종묘 제례 및 종묘제례악(2001), 판소리(2003), 강릉단오제(2005), 강강술래(2009), 남사당놀이(2009), 영산재(2009), 처용무(2009), 제주칠머리당영등굿(2009), 가곡(2010), 대목장(2010), 매사냥(2010), 택견(2011), 줄타기(2011), 한산모시짜기(2011), 아리랑(2012), 김장문화(2013), 농악(2014), 줄다리기(2015), 제주해녀문화(2016), 씨름(2018), 연등회(2020), 한국의 탈춤(2022), 한국의 장 담그기 문화(2024)

004 창구효과 Window Effect ★★

서대문구도시관리공단

☐ 문화산업의 산업 연관효과가 다른 산업에 비해 훨씬 큰 것을 뜻하는 용어

창구효과(Window Effect)는 문화산업에서의 산업 연관효과가 다른 산업에 비해 매우 큰 것을 의미하는 용어다. 문화산업은 상품을 생산하기 위해 초기에 매우 큰 비용이 들지만, 이후의 재생산하는 비용은 거의 들지 않는다. 더욱이 한 장르의 문화상품은 다른 장르의 상품으로 연계되고 시장이 확대될 여지가 높기 때문에, 새로운 부가가치를 창출할 수 있다.

005 스낵컬처 Snack Culture ★★★★★

인천서구문화재단, SBS

☐ 짧은 시간 동안 간편하게 즐기는 문화

'짧은 시간에 문화 콘텐츠를 소비한다'는 뜻으로 패션, 음식, 방송 등 사회 여러 분야에서 나타나는 현상이다. 제품과 서비스에 소요되는 비용이 부담스럽지 않아, 항상 새로운 것을 열망하는 소비자들이 많은 것을 소비할 수 있도록 하는 하나의 문화 트렌드로 숏폼, 웹툰, 웹소설과 웹드라마가 대표적이다.

숏폼(Short-form)
러닝타임은 짧으면서도 강한 인상을 남기는 영상콘텐츠를 이르는 말이다. 중국의 영상플랫폼인 '틱톡', 인스타그램의 '릴스', 유튜브의 '쇼츠'가 대표적인 숏폼 서비스다.

006 오마주 Hommage ★★★★

한국연구재단, CBS, SBS

☐ 특정 작품을 차용하여 해당 작가나 작품에 대한 존경을 표시하는 것

오마주란 사전적인 의미로 '존경, 경의'라는 뜻을 지닌 프랑스어로, 존경하는 예술가와 비슷하게 또는 원작 그대로 일부를 표현하는 것을 의미한다. 예술·문학 작품에서는 존경하는 작가의 원작과 비슷한 작품을 창작하거나 원작을 그대로 재현해내는 것을 말하고, 영화에서는 존경하는 영화인 또는 영화의 장면을 재현함으로써 작가나 작품에 존경을 표하는 것을 나타낸다.

상식 plus⁺

- **클리셰** : 판에 박은 듯 쓰이는 문구나 표현을 지칭하는 용어. 영화에서 사용될 때에도 역시 오랫동안 습관적으로 쓰여 뻔하게 느껴지는 표현이나 캐릭터, 카메라 스타일 등을 포괄적으로 가리킨다.
- **패러디** : 영화, 연극, 드라마 등의 내용이나 이야기의 전반적 흐름, 등장인물의 말투 등을 흉내 내어 우스꽝스럽게 표현하는 방법. 원작을 흉내 내어 약간 변형시키거나 과장하여, 풍자나 해학의 효과를 얻기 위해 시도하는 경우가 많다.

007 카피레프트 Copyleft

한국농수산식품유통공사, MBC, KBS

☐ 지적 창작물에 대한 권리를 모든 사람이 공유할 수 있도록 하는 것

1984년 리처드 스톨먼이 주장한 것으로 저작권(Copyright, 카피라이트)에 반대되는 개념이며 정보의 공유를 위한 조치이다. 카피레프트를 주장하는 사람들은 지식과 정보는 소수에게 독점되어서는 안 되며 모든 사람에게 열려 있어야 한다고 주장한다.

상식 plus⁺

카피라이트	카피레프트
창작자에게 독점권 권리 부여	저작권 공유 운동
창작의 노고에 대한 정당한 대가 요구	자유로운 정보 이용으로 창작 활성화
궁극적으로 문화 발전을 유도	지식과 정보는 인류 전체의 공동 자산

008 오버투어리즘 Overtourism

한겨레, 문화일보

☐ 관광객 과잉과 그로 인한 폐해

관광객이 너무 많아 발생하는 문제들을 가리킨다. 관광객이 많을 경우 지역 상권은 발전하지만 그로 인해 지역의 땅값이 올라 지역 주민들이 쫓겨나기도 하고, 교통 체증과 물가 상승에 시달리는 등 삶의 질이 떨어지는 문제가 발생할 수 있다. 스페인 바르셀로나에서는 2014년 '바이바이 바르셀로나(Bye Bye Barcelona)'라는 다큐멘터리가 나와 과잉관광의 문제점을 지적하기도 했다.

상식 plus⁺

다크투어리즘(Darktourism)

비극적인 사건이 벌어졌던 역사적 장소나 큰 재해가 발생했던 현장을 돌아보며 당시의 사건을 떠올리면서 교훈을 얻는 여행을 말한다. 우리나라에는 일제강점기 독립 운동가들이 수감되었던 대전 형무소, 한국전쟁 전후로 수만 명의 민간인이 학살당한 제주 4·3 사건을 되돌아보게 하는 제주 4·3 평화공원 등이 다크투어리즘의 명소로 자리 잡았다. 세계적으로는 체르노빌 원자력 발전소, 아우슈비츠 수용소 등이 다크투어리즘의 명소로 꼽힌다.

제 2 장 문화·예술·스포츠 주요 상

009 노벨상 Nobel Prizes

★★★★★

뉴스1, 매일경제, SBS

☐ 인류 문명의 발달에 공헌한 사람이나 단체에 수여하는 상

다이너마이트를 발명한 알프레드 노벨의 유산을 기금으로 하여 해마다 물리학·화학·생리의학·경제학·문학·평화의 6개 부문에서 인류 문명의 발달에 공헌한 사람이나 단체를 선정하여 수여하는 상이다. 1901년 제정되어 매년 12월 10일 스웨덴의 스톡홀름에서 시상식이 열리고, 평화상 시상식만 노르웨이의 오슬로에서 열린다. 한국인으로는 2000년에 김대중 전 대통령이 최초로 노벨평화상을 수상한 바 있고, 2024년에는 소설가 한강이 문학상을 수상하는 영광을 안았다.

상식 plus⁺

2024년 수상자
- **생리의학상** : 빅터 앰브로스, 게리 러브컨
- **물리학상** : 존 홉필드, 제프리 힌턴
- **화학상** : 데이비드 베이커, 데미스 허사비스, 존 점퍼
- **평화상** : 니혼 히단쿄
- **경제학상** : 다론 아제모을루, 사이먼 존슨, 제임스 A. 로빈슨
- **문학상** : 한강

010 이그노벨상 Ig Nobel Prize

★★

조선일보

☐ 미국 하버드대학교의 과학잡지사에서 기발한 연구나 업적을 대상으로 수여하는 상

이그노벨상은 1991년 미국 하버드대학교의 유머과학잡지인 〈기발한 연구 연보(The Annals of Improbable Research)〉가 제정한 상으로 '흉내 낼 수 없거나 흉내 내면 안 되는 업적'에 수여되며 매년 진짜 노벨상 수상자가 발표되기 1~2주 전에 시상식이 열린다. 이그노벨상은 상금이 주어지지 않으며 실제 논문으로 발표된 과학 업적 가운데 재미있거나 기발한 연구에 수여한다. 지난 2023년에는 공공보건 분야에서 스탠퍼드 의대 소속인 한국의 박승민 박사가 수상자로 선정되기도 했다. 그는 사람의 배설물 상태 등을 식별해 질병을 진단할 수 있는 스마트 변기를 발명했다.

011 필즈상 Fields Medal

★★★

SBS, 뉴시스, 부산일보

☐ 수학계의 노벨상

수학계의 노벨상으로 불리는 필즈상은 세계수학자대회에서 수여하는 수학계에서는 가장 권위 있는 상이다. 매 4년마다 시상식이 열리며, 1924년 세계수학자대회 조직위원장이었던 '존 필즈'가 국제적 수학상 제정을 제안한 것으로 시작되었다. 새로운 수학 분야 개척에 공헌한 40세 미만의 젊은 수학자에게 수여된다. 2022년에는 한국계 미국인 수학자인 허준이 프린스턴대 교수가 필즈상을 수상해 화제가 되었다.

012 아카데미상 Academy Award, OSCAR

★★★

영화진흥위원회, SBS

☐ 미국 영화계에서 가장 권위 있는 영화상

1929년에 시작되었으며, 오스카상으로도 불린다. 전년도에 발표된 미국 영화 및 LA에서 1주일 이상 상영된 외국 영화를 대상으로 우수한 작품과 그 밖의 업적에 대하여 해마다 봄철에 시상한다. 지난 2020년 제72회 시상식에서는 봉준호 감독의 〈기생충〉이 작품상, 감독상, 각본상, 국제장편영화상을 휩쓸어 4관왕에 올랐다.

상식 plus+

2025년 주요 수상자(작품)

- 작품상 : 〈아노라(Anora)〉
- 감독상 : 션 베이커, 〈아노라(Anora)〉
- 남우주연상 : 에이드리언 브로디, 〈브루탈리스트(The Brutalist)〉
- 여우주연상 : 미키 매디슨, 〈아노라(Anora)〉
- 각본상 : 션 베이커, 〈아노라(Anora)〉

013 골든글로브상 Golden Globe Award

☐ 영화와 TV 프로그램과 관련해 시상하는 상

미국의 로스앤젤레스에 있는 할리우드에서 한 해 동안 상영된 영화들을 대상으로 최우수 영화의 각 부분을 비롯하여 남녀 주연, 조연 배우들을 선정해 수여하는 상이다. '헐리우드 외신기자협회(HFPA)'는 세계 각국의 신문 및 잡지 기자로 구성되어 있으며, 골든글로브상은 이 협회의 회원 90여 명의 투표로 결정된다. 1944년 시작된 최초의 시상식은 당시 소규모로 개최되었으나 현재는 세계 영화시장에서 막강한 영향력을 행사하고 있다. 약 3시간 동안 진행되는 시상식은 드라마 부문과 뮤지컬·코미디 부문으로 나뉘어 진행되며 생방송으로 세계 120여 개 국에 방영되어 매년 약 2억 5,000만 명의 시청자들이 이를 지켜본다. 한편, 봉준호 감독의 영화 〈기생충〉이 2020년 제77회 시상식에서 외국어 영화상을 수상하며, 한국 영화 최초의 골든글로브 본상 수상 기록을 달성했고, 2021년 제78회 시상식에서는 〈미나리〉가 외국어 영화상을 수상하는 쾌거를 이뤘다. 또한 2022년 제79회 시상식에서는 넷플릭스 오리지널 드라마 〈오징어게임〉에 출연한 오영수 배우가 TV부문 남우조연상을 수상하기도 했다.

014 토니상 Tony Awards

☐ 미국 브로드웨이에서 수여하는 연극상

매년 미국 브로드웨이에서 상연된 연극과 뮤지컬의 우수한 업적에 대해 수여하는 상으로, 연극의 아카데미상이라고도 불린다. 해마다 5월 하순~6월 상순에 최종 발표와 시상식이 열리고, 연극 부문인 스트레이트 플레이와 뮤지컬 부문인 뮤지컬 플레이로 나뉘어 작품상, 남녀 주연상, 연출상 등이 수여된다. 2025년 제78회 토니상 시상식에서는 브로드웨이에 진출한 한국의 창작뮤지컬 '어쩌면 해피엔딩(Maybe Happy Ending)'이 최고영예인 '뮤지컬 작품상'을 포함해 6관왕을 차지하며 'K-뮤지컬'의 역사를 새로 썼다.

브로드웨이
미국 뉴욕 맨해튼 타임스 스퀘어 주변의 극장가로, 30여 개의 대규모 극장들이 밀집해 있어 뮤지컬, 연극 등 다양한 작품을 공연하는 세계 연극의 중심지이다.

015 에미상 Emmy Awards

□ TV 프로그램 및 관계자의 우수한 업적에 대해 수여하는 미국 최대의 프로그램상

TV의 아카데미상으로 불리는 이 상은 1948년 창설되어 뉴욕에서 시상식이 개최되며, 미국 텔레비전예술과학아카데미가 주최한다. 본상격인 프라임타임 에미상과 주간 에미상, 로스앤젤레스 지역 에미상, 국제 에미상 등의 부문으로 나누어 수상작을 발표한다.

프라임타임
시청자가 가장 많은 황금 시간대로, 프라임타임 에미상은 저녁 시간에 진행하는 프로그램을 대상으로 한다.

016 그래미상 Grammy Awards

□ 미국의 권위 있는 음악상

전미국레코드예술과학아카데미(NARAS ; Nation Academy of Recording Arts & Science)가 대중음악과 클래식을 통틀어 그 해의 최우수 엘피(LP), 작사, 작곡가, 가수, 연주자 등 총 70~100여 부문에 걸쳐 수상자를 선정하여 주는 상이다. '그래미'는 축음기란 뜻의 그래머폰(Gramophone)에서 비롯된 말이며, 1957년에 창설되었고, 수상자에게는 나팔관이 부착된 축음기 모양의 기념패를 준다.

017 안데르센상 Hans Christian Andersen Awards

□ 아동문학계의 노벨상

정식명칭은 '한스 크리스티안 안데르센상'으로 19세기 덴마크 출신 동화작가인 한스 크리스티안 안데르센을 기리고자 1956년 만들어진 상이다. 아동문학계 최고의 권위를 인정받는다. 아동문학 발전에 지속해서 공헌한 글·그림 작가를 '국제아동청소년도서협의회(IBBY)'가 2년마다 한 명씩 선정해 상을 준다. 원래는 글 작가에게만 수여했으나, 1966년부터 일러스트레이터 부문이 만들어졌다. 각국 안데르센위원회에서 자국 대표작가를 국제아동청소년도서협의회에 추천하고 심사위원 10명이 문학적 성취, 새로운 시도, 참신성 등을 기준으로 최종 수상자를 가린다. 지난 2022년 3월에는 그림책 〈여름이 온다〉의 이수지 작가가 일러스트레이터 부문 수상의 영광을 안았다.

Theme 2
영화·연극

제1장 영화

018 세계 3대 영화제
★★★★★
경인일보, 매일신문, MBC

☐ 베니스영화제, 칸영화제, 베를린영화제

영화제	특징	수상내역
베니스 영화제 (이탈리아)	• 1932년 창설되어, 매년 8~9월 열리는 가장 오래된 영화제 • 최고의 작품상(그랑프리)에는 '황금사자상'이 수여되고, 감독상에는 '은사자상'이, 남녀 주연상에는 '볼피 컵상'이 수여된다.	• 한국 수상내역 ◇〈씨받이(1987)〉 강수연 : 여우주연상 ◇〈오아시스(2002)〉 이창동 : 감독상 　　　　　　　　 문소리 : 신인여우상 ◇〈빈집(2004)〉 김기덕 : 감독상 ◇〈피에타(2012)〉 김기덕 : 황금사자상 • 2024년 수상내역 ◇황금사자상 : 〈더 룸 넥스트 도어〉 페드로 알모도바르 ◇심사위원대상 : 〈베르밀리오〉 마우라 델페로 ◇남우주연상 : 〈더 콰이어트 선〉 뱅상 랭동 ◇여우주연상 : 〈베이비걸〉 니콜 키드먼
칸영화제 (프랑스)	• 1946년 시작되어 매년 5월 개최 • 대상은 '황금종려상'이 수여되며 시상은 경쟁 부문과 비경쟁 부문, 주목할 만한 시선 부문 등으로 나뉜다. 우리나라는 '춘향뎐(1999)'으로 경쟁부문에 최초 진출했다.	• 한국 수상내역 ◇〈취화선(2002)〉 임권택 : 감독상 ◇〈올드보이(2004)〉 박찬욱 : 심사위원 대상 ◇〈밀양(2007)〉 전도연 : 여우주연상 ◇〈하하하(2010)〉 홍상수 : 주목할 만한 시선부문 대상 ◇〈기생충(2019)〉 봉준호 : 황금종려상 ◇〈헤어질 결심(2022)〉 박찬욱 : 감독상 ◇〈브로커(2022)〉 송강호 : 남우주연상 • 2025년 수상내역 ◇황금종려상 : 〈심플 액시던트〉 자파르 파나히 ◇심사위원대상 : 〈센티멘탈 밸류〉 요아킴 트리에 ◇남우주연상 : 〈시크릿 에이전트〉 바그네르 모우라 ◇여우주연상 : 〈리틀 시스터〉 나디아 멜리티

베를린 영화제 (독일)	• 1951년 창설하여 매년 2월 개최 • 최우수 작품상에 수여되는 '황금곰상'과 심사위원대상·감독상·주조연상 등에 수여되는 '은곰상' 등이 있다.	• 한국 수상내역 ◇ 〈마부(1961)〉 강대진 : 특별은곰상 ◇ 〈사마리아(2004)〉 김기덕 : 감독상 ◇ 임권택 : 명예 황금곰상(2005, 아시아 최초) ◇ 〈밤의 해변에서 혼자(2017)〉 김민희 : 여자연기자상 ◇ 〈도망친 여자(2020)〉 홍상수 : 감독상 ◇ 〈인트로덕션(2021)〉 홍상수 : 각본상 ◇ 〈소설가의 영화(2022)〉 홍상수 : 심사위원대상 ◇ 〈여행자의 필요(2024)〉 홍상수 : 심사위원대상 • 2025년 수상내역 ◇ 황금곰상 : 〈드림스〉 다그 요한 하우거루드 ◇ 심사위원대상 : 〈더 블루트레일〉 가브리엘 마스카로 ◇ 주연상 : 〈내가 다리가 있으면 널 차버릴 거야〉 로즈 번 ◇ 조연상 : 〈블루 문〉 앤드류 스콧

상식 plus+

모스크바영화제

세계 4대 영화제 중 하나이다. 1959년 처음 개최되었으며, 러시아 모스크바에서 열린다. 우리나라에서는 강수연(1989년, 〈아제아제 바라아제〉, 여우주연상), 이덕화(1993년, 〈살어리랏다〉, 남우주연상), 장준환(2003년, 〈지구를 지켜라〉, 감독상), 정영헌(2013년, 〈레바논 감정〉, 감독상), 손현주(2017년, 〈보통사람〉, 남우주연상), 정관로(2020년, 〈녹턴〉, 다큐멘터리 부분 최우수상)가 수상했다.

019 선댄스영화제

영화진흥위원회, 한국문화예술위원회

□ 세계 최고의 권위를 지닌 독립영화제

미국의 감독 겸 배우 로버트 레드포드가 할리우드의 상업주의에 반발하고 독립영화 제작에 활기를 불어넣기 위해 창설하였다. 독립영화를 후원하기 위해 선댄스협회를 설립한 뒤, 1985년 '미국영화제'를 흡수·통합하면서 시작되었다. 코엔 형제의 〈분노의 저격자〉, 쿠엔틴 타란티노의 〈저수지의 개들〉과 같은 영화가 선댄스영화제를 통해 세상에 알려진 작품들이다.

020 국내 5대 국제영화제

한국환경공단, SBS, MBC

구분	특징
부산국제영화제	• 1996년 시작된 한중일 최대의 비경쟁 영화제 • 모든 영화가 초청 대상, 어떤 영화든 2회 상영이 기본 • 서구에 눌려 있던 아시아 영화인의 연대를 실현
전주국제영화제	• '취향의 다양성', '새로운 영화 체험'을 가치로 내걸고 2000년 출범 • 재능 있고 혁신적인 감독의 작품을 통해 영화의 예술적·기술적·매체적 진화를 체험할 수 있도록 함 • 새로운 대안적 영화 소개, 디지털 영화 상영 및 지원
부천국제판타스틱영화제	• 1997년부터 부천국제영화제 조직위원회 주관으로 개최 • 우리 영화를 세계에 알리고, 저예산 및 독립영화의 국제적 메카를 지향하며, 시민이 중심이 되는 수도권 축제의 이미지를 완성하려는 목적으로 기획 • '사랑, 환상, 모험'을 주제로 한 대중적·창의적·미래지향적인 프로그램 구성
제천국제음악영화제	• 2005년 시작된 국내 최초의 음악영화제 • 영화·음악·특별 프로그램으로 구성되어 있어 영화와 음악을 동시에 즐길 수 있다. • 국내외의 다양한 음악영화를 가장 먼저 소개하는 창구
서울국제여성영화제	• 1997년 사단법인 여성문화예술기획 주최로 시작 • 세계 여성영화의 흐름과 아시아 지역의 국제여성영화 네트워크를 소개하기 위한 목적 • 아시아 여성영화인력 발굴, 여성영화 제작지원

021 누벨바그 Nouvelle Vague

영화진흥위원회, MBC

전 세계 영화에 큰 영향을 준 프랑스의 새로운 영화 운동

'새로운 물결'이라는 뜻의 프랑스어로, 1958년경부터 프랑스 영화계에서 젊은 영화인들이 주축이 되어 펼친 영화 운동이다. 기존의 프랑스 영화산업에서 벗어나 소규모 그룹의 제작, 사실적인 구성, 즉흥적인 연출 등을 통해 개인적, 창조적인 방식의 영화를 만들었다. 대표적인 작품으로는 고다르의 〈네 멋대로 해라〉, 트뤼포의 〈400번의 구타〉 등이 있다.

022 몽타주 Montage

★★★

KBS

☐ 따로따로 촬영된 짧은 장면(쇼트)들을 연결해서 제3의 의미를 창조하는 편집 기법

프랑스어의 '조립하다(Monter)'에서 유래된 말로, 여러 가지 쇼트들의 연결로 새로운 의미를 창조하는 영화편집을 의미한다. 일반적으로 영화에서 각각 촬영된 필름을 결합하여 하나의 완성된 작품을 만들어내는 편집을 총칭한다.

쇼트(Shot)
영화 촬영의 최소 단위로, 카메라가 돌아가는 동안 한 번에 촬영한 장면이다. 롱 쇼트, 풀 쇼트, 클로즈업 쇼트 등으로 구분된다.

023 미장센 Mise-en-scene

★★★★

연합뉴스, KBS

☐ 영화에서 연출가가 모든 시각적 요소를 배치하여 단일한 쇼트로 영화의 주제를 만들어내는 작업

몽타주와 상대적인 개념으로 쓰이며, 특정 장면을 찍기 시작해서 멈추기까지 한 화면 속에 담기는 모든 영화적 요소와 이미지가 주제를 드러내도록 하는 것을 말한다. 관객의 능동적 참여를 요구하고, 주로 예술영화에서 강조되는 연출 기법이다.

Theme 3 음악·미술

제1장 음악

024 국악의 빠르기

★★★★
수원시 공공기관 통합채용, MBC

□ 진양조 → 중모리 → 중중모리 → 자진모리 → 휘모리

진양조	가장 느린 장단으로 1장단은 4분의 24박자이다.
중모리	중간 속도로 몰아가는 장단으로, 4분의 12박자이다.
중중모리	8분의 12박자 정도이며 춤추는 대목, 통곡하는 대목 등에 쓰인다.
자진모리	매우 빠른 12박으로, 극적이고 긴박한 대목에 쓰인다.
휘모리	매우 빠른 8박으로, 급하고 분주하거나 절정을 묘사한 대목에 쓰인다.

025 판소리

★★★★★
국제신문, 경인일보, MBC

□ 한 명의 소리꾼이 창(소리)·말(아니리)·몸짓(발림)을 섞어가면서 긴 이야기를 노래하는 것

- 판소리의 유파

동편제	전라도 동북 지역의 소리, 단조로운 리듬, 짧고 분명한 장단, 씩씩하고 담백한 창법
서편제	전라도 서남 지역의 소리, 부드럽고 애절한 창법, 수식과 기교가 많아 감상적인 면 강조
중고제	경기도와 충청도 지역의 소리, 동편제와 서편제의 절충형, 상하성이 분명함

- 판소리의 3대 요소

창	판소리에서 광대가 부르는 노래이자 소리로, 음악적인 요소
아니리	창자가 한 대목에서 다음 대목으로 넘어가기 전에 장단 없이 자유로운 리듬으로 말하듯이 사설을 엮어가는 것, 문학적인 요소
발림	판소리 사설의 내용에 따라 몸짓을 하는 것으로, 춤사위나 형용 동작을 가리키는 연극적 요소, 비슷한 말인 '너름새'는 몸짓으로 하는 모든 동작을 의미

상식 plus⁺

판소리 작품

판소리 12마당	춘향가, 심청가, 흥보가, 수궁가, 적벽가, 변강쇠타령, 배비장타령, 강릉매화타령, 옹고집타령, 장끼타령, 무숙이타령(왈짜타령), 숙영낭자타령(신선타령). 영조, 정조 시대를 거치면서 정립되었다.
판소리 6마당	신재효가 12마당을 6마당으로 정리·개작한 것으로 춘향가, 심청가, 흥보가, 수궁가, 적벽가, 변강쇠타령을 말한다. 현재 변강쇠타령을 제외한 5마당만 전한다.
판소리 5마당	춘향가, 심청가, 흥보가, 적벽가, 수궁가

★★★★

026 사물놀이

한국언론진흥재단, 조선일보, MBC

☐ 꽹과리, 장구, 북, 징의 네 가지 악기로 연주하도록 편성한 음악 또는 연주

사물놀이는 네 가지 악기, 즉 사물(四物)로 연주하도록 편성된 음악이다. 농민들이 하던 대규모 풍물놀이에서 앞부분에 배치되어 있던 악기 중 꽹과리, 장구, 북, 징의 4가지 악기를 빼서 실내 무대에서도 공연이 가능하도록 새롭게 구성한 것으로, 1970년대 후반에 등장했다. '사물놀이'라는 이름도 그 무렵 만들어진 것이다.

★★★★

027 음악의 빠르기

대구시설관리공단, 한국수력원자력

☐ 아다지오(Adagio) → 안단테(Andante) → 모데라토(Moderato) → 알레그로(Allegro) → 프레스토(Presto)

라르고(Largo) : 아주 느리고 폭넓게 → 아다지오(Adagio) : 아주 느리고 침착하게 → 안단테(Andante) : 느리게 → 모데라토(Moderato) : 보통 빠르게 → 알레그레토(Allegretto) : 조금 빠르게 → 알레그로(Allegro) : 빠르게 → 비바체(Vivace) : 빠르고 경쾌하게 → 프레스토(Presto) : 빠르고 성급하게

028 교향곡 Symphony

★★★★
세종시설관리공단, 한국소비자원

☐ 오케스트라의 합주를 위해 작곡한 소나타

18~19세기 초 고전파 음악의 대표적 장르로서, 4악장으로 구성되어 있으며 관현악으로 연주되는 대규모의 기악곡이다. 세계 3대 교향곡은 베토벤의 〈운명〉, 슈베르트의 〈미완성 교향곡〉, 차이코프스키의 〈비창〉이다.

고전파 음악
18세기 중엽~19세기 초 바로크 시대와 낭만파 시대 사이에 성행한 음악으로 하이든, 모차르트, 베토벤 등이 큰 기여를 했다.

029 관현악 Orchestra

★★★
KBS

☐ 관악기, 현악기, 타악기가 함께 연주하는 합주체

기악 합주 중 가장 규모가 큰 것으로, 오페라나 발레, 가곡 등의 반주에 사용된다. 80~100명의 인원이 연주에 참여하고 지휘자의 통제 아래 연주가 이뤄진다. 악기는 현악기-목관악기-금관악기-타악기 순서로 배치된다.

상식 plus⁺
- **현악기** : 제1바이올린, 제2바이올린, 비올라, 첼로, 콘트라베이스
- **관악기** : 플루트, 피콜로, 오보에, 코랑글레, 클라리넷, 베이스 클라리넷, 바순, 색소폰, 호른, 트럼펫, 트롬본, 튜바
- **타악기** : 팀파니, 실로폰, 마림바, 큰북, 작은북, 심벌즈, 공, 트라이앵글, 탬버린, 캐스터네츠

030 오페라 Opera

음악을 중심으로 문학, 연극, 미술적 요소들이 결합된 대규모 종합 무대 예술

독창, 합창, 관현악을 사용하고 발레도 참가하는 대규모의 음악극이다. 이탈리아어로 '작품'을 뜻하며 독창자와 합창자의 노래, 연기, 춤이 무대 위에서 펼쳐진다.

레치타티보
오페라에서 대사를 말하듯이 노래하는 형식

상식 plus⁺

오페라 세리아 (정가극)	서정적 비극을 다루며, 아리아에 중점을 두고 드라마틱한 레치타티보로 접속해가는 방법을 취한다. 이탈리아 오페라 역사의 주류를 이루고 있다.
오페라 부파 (희가극)	자유로운 제재로 풍자를 포함하고 있으며, 음악적으로는 중창이 많이 쓰여 대규모의 앙상블에 충실한 음악을 들을 수 있다.
악극	가창 중심의 오페라에 대한 비판과 반성으로 발생한 음악극의 형식이다. 문학적·연극적 요소와 음악적 요소를 긴밀하게 결합시켰다.
오페레타	코믹한 이야기와 알기 쉬운 음악으로 작곡한 가벼운 오페라

제 2 장 미술

031 미술의 사조

한국언론진흥재단, EBS

근대미술 사조	신고전주의	• 18~19세기에 걸쳐 서구 전역에 나타난 예술양식 • 합리주의적 미학에 바탕을 둔 정확한 묘사 • 대표화가 : J. L. 다비드, 앵그르
	낭만주의	• 18~19세기 중반, 자유로운 내면세계를 표출한 양식 • 개성을 중시하고 주관적 · 감정적 태도가 두드러짐 • 대표화가 : 들라크루아
	사실주의	• 19세기 중엽, 프랑스 예술의 주류를 이룸 • 객관적 대상을 정확하게 묘사하려는 태도 • 대표화가 : 밀레, 쿠르베 등
	인상주의	• 19세기 후반 프랑스에서 일어난 중요한 회화운동 • 시시각각 변하는 빛 · 색채에 따른 자연의 변화를 표현 • 대표화가 : 모네, 마네, 피사로, 르누아르 등
현대미술 사조	야수파	• 20세기 초반 모더니즘 예술에서 나타난 미술사조 • 강렬한 표현과 대담한 원색 사용, 형태의 단순화 • 대표화가 : 마티스, 드랭, 블라맹크, 루오 등
	입체파	• 20세기 초 야수파의 뒤를 이어 프랑스에서 일어남 • 물체의 모양을 분석하고 구조를 연결하여 기하학적으로 재구성 • 대표화가 : 피카소, 브라크 등
	표현주의	• 20세기 초 반(反)인상주의로 독일에서 일어난 운동 • 극단적 형태 변화와 단순화로 내면세계 표현 • 대표화가 : 뭉크, 샤갈, 클레, 코코슈카 등
	미래파	• 20세기 초 이탈리아에서 일어난 전위예술운동 • 전통을 부정하고 현대생활의 약동감과 속도감 표현 • 대표화가 : 보초니, 세베리니, 라의, 루솔로 등
	초현실주의	• 1919년부터 제2차 세계대전 발발 직후까지 프랑스에서 일어난 예술운동 • 무의식 영역에 큰 관심을 가졌고, 초월적인 현실에 도달하고자 함. 콜라주 · 프로타주 등의 표현기법 사용 • 대표화가 : 달리, 미로, 마그리트

샤갈
러시아 출신의 프랑스 화가로 독창적이고 환상적인 작품을 많이 남겼다. 피카소와 함께 20세기 최고의 화가로 불린다.

032 르네상스 3대 거장

★★★★
TV조선, MBC

☐ 레오나르도 다빈치, 미켈란젤로, 라파엘로

1480~1520년까지를 르네상스 회화의 전성기로 보는데, 이 시기에 활동한 레오나르도 다빈치, 미켈란젤로, 라파엘로를 르네상스의 3대 거장이라 부른다.

르네상스 회화
15~16세기 이탈리아를 중심으로 유럽 전역에서 일어난 미술 양식으로, 20세기 입체파가 등장할 때까지 서구 회화를 지배했다. 문화적·미술적 부흥과 인간 중심의 미술을 도모했으며 원근법을 확립했다.

상식 plus⁺

- **레오나르도 다빈치** : 〈암굴의 성모〉, 〈성모자〉, 〈모나리자〉, 〈최후의 만찬〉 등의 작품을 남겼고, 해부학에서도 큰 업적을 남겼다. 또한 천문학, 물리학, 지리학, 토목학, 병기 공학, 생물학 등 다양한 분야에서 독창적인 연구를 하였으며, 음악에도 뛰어난 재능이 있었다.
- **미켈란젤로** : 작품에 〈최후의 심판〉, 〈천지창조〉 등의 그림과 〈다비드〉 조각이 있으며, 건축가로서 성 베드로 대성당의 설계를 맡기도 하였다.
- **라파엘로** : 아름답고 온화한 성모를 그리는 데에 재능이 뛰어나 미술사에 독자적인 자리를 차지하고 있으며, 조화로운 공간 표현·인체 표현 등으로 르네상스 고전 양식을 확립하였다.

033 팝아트 Pop Art

★★★★
한국농어촌공사, MBC, TBC

☐ 대중 문화적 시각 이미지를 미술의 영역 속에 수용한 구상 미술의 경향

1950년대 영국에서 시작된 팝아트는 추상표현주의의 주관적 엄숙성에 반대하며 TV, 광고, 매스미디어 등 주위의 소재들을 예술의 영역 안으로 받아들인 사조를 말한다. 대중문화 속에 등장하는 이미지를 받아들임으로써 순수예술과 대중 예술의 경계를 깨뜨렸다는 평도 있지만, 소비문화에 굴복한 것으로 보는 시선도 있다. 앤디 워홀, 리히텐슈타인 등이 대표적인 작가이다.

앤디 워홀
만화의 한 컷, 신문 보도사진의 한 장면 등 매스미디어의 매체를 실크스크린을 이용해 캔버스에 전사, 확대하는 방법으로 현대의 대량 소비문화를 찬미하는 동시에 비판한 인물

상식 plus⁺

- **옵아트** : 팝아트의 상업주의에 대한 반동적 성격으로 탄생한 것으로, 사상이나 정서와는 무관하게 원근법상의 착시나 색채를 이용하여 순수 시각상의 효과를 추구하며 빛, 색, 형태를 통해 역동적인 입체성을 보여준다.
- **키네틱아트** : 어떠한 수단이나 방법을 이용해, 작품 그 자체가 움직이거나 움직임을 나타내는 부분을 넣은 예술 작품을 의미한다.

034 비엔날레

☐ 2년마다 열리는 국제 미술전

이탈리아어로 '2년마다'라는 뜻으로 미술 분야에서 2년마다 열리는 전시 행사를 일컫는다. 세계 각지에서 여러 종류의 비엔날레가 열리고 있지만, 그중에서도 가장 역사가 길며 그 권위를 인정받고 있는 것은 베니스 비엔날레이다. 1895년에 창설된 베니스 비엔날레는 2년마다 6월에서 9월까지 27개국의 독립 전시관과 가설 전시관을 설치하여 세계 각국의 최신 미술 경향을 소개하는 역할을 담당하고 있다. 우리나라는 1995년 제45회 전시부터 독립된 국가관을 개관하여 참가하고 있다.

상식 plus⁺
- **세계 3대 비엔날레** : 베니스 비엔날레, 상파울루 비엔날레, 휘트니 비엔날레
- **광주 비엔날레** : 1995년 한국 미술문화를 새롭게 도약시키자는 목표를 가지고 창설되었다.
- **트리엔날레** : 3년마다 열리는 미술행사
- **콰드리엔날레** : 4년마다 열리는 미술행사

035 픽토그램 Pictogram

☐ 사물이나 행위를 그림으로 단순화해 표현한 기호

Picture(그림)와 Gram(기호)을 합성한 용어로 의미를 그림으로 표현하여 언어와 상관없이 직관적으로 이해할 수 있는 기호를 말한다. 복잡한 요소를 최대한 축약해 의미를 바로 알 수 있도록 하고, 문자로 된 설명 없이 이미지로만 되어 있어 공항과 지하철 등 국제적인 장소에서도 통용된다. 화장실 안내표지나 출입금지 표지, 비상구 표지 등이 픽토그램의 사례다.

상식 plus⁺
- **아이콘(Icon)** : 컴퓨터나 애플리케이션에서 사용되는 작은 그림이나 기호. 어떤 개념을 대표하거나 자연스럽게 연상되는 상징을 뜻하기도 함(예 혁신의 아이콘 스티브 잡스)
- **심벌(Symbol)** : 기업이나 단체 등 특정집단·브랜드를 상징하는 기호(예 올림픽 오륜기, 십자가)
- **로고(Logotype)** : 브랜드의 이름을 글자나 기호로 디자인해 대중에게 각인시키기 위한 것(예 코카콜라 로고, 삼성 로고)

STEP 01 초스피드 암기 확인!

보기

⊙ 팝아트　　　　　ⓒ 비엔날레　　　　　ⓒ 몽타주　　　　　② 카피레프트
⑩ 서편제　　　　　ⓗ 창구효과　　　　　ⓐ 선댄스영화제　　⊙ 입체파
㉒ 스낵컬처　　　　㉓ 세계기록유산

01 _____(은)는 사회적·문화적 가치가 높다고 인정되는 기록물을 보존하기 위해 지정하는 유산이다.

02 1984년 리처드 스톨먼이 주장한 것으로 저작권에 반대되는 개념은 _____(이)다.

03 _____(은)는 문화산업의 산업 연관효과가 다른 산업에 비해 훨씬 큰 것을 뜻하는 용어다.

04 따로 촬영된 짧은 장면들을 연결해서 제3의 의미를 창조하는 영화기법을 _____(이)라고 한다.

05 _____(은)는 할리우드의 상업주의에 반발하고 독립영화 제작을 후원하기 위해 만들어진 독립영화제이다.

06 국제 미술전 _____(은)는 이탈리어로 '2년마다'라는 뜻으로 미술 분야에서 열리는 전시 행사를 일컫는다.

07 _____(은)는 추상표현주의의 주관적 엄숙성에 반대하며 TV, 광고, 매스미디어 등 주위의 소재들을 예술의 영역 안으로 받아들인 사조이다.

08 전라도 서남 지역의 소리로, 부드럽고 애절한 창법, 수식과 기교가 많아 감상적인 면을 강조한 판소리 유파는 _____이다.

09 _____(은)는 20세기 초 야수파의 뒤를 이어 프랑스에서 일어난 현대미술의 사조로, 피카소, 브라크 등이 대표 화가이다.

10 '짧은 시간에 문화 콘텐츠를 소비한다'는 뜻으로, 항상 새로운 것을 열망하는 소비자들이 많은 것을 소비할 수 있도록 하는 하나의 문화 트렌드는 _____이다.

정답
01 ㉓　02 ②　03 ⓗ　04 ⓒ　05 ⓐ　06 ⓒ　07 ⊙　08 ⑩　09 ⊙　10 ㉒

STEP 02 기출로 합격 공략!

01 국민연금공단
미국 브로드웨이에서 연극과 뮤지컬에 대해 수여하는 상은 무엇인가?
① 토니상 ② 에미상
③ 오스카상 ④ 골든글로브상

해설
토니상은 연극의 아카데미상이라고 불리며 브로드웨이에서 상연된 연극과 뮤지컬 부문에 대해 상을 수여한다.

02 조선일보
미국 하버드대학교의 과학잡지사에서 수여하는 상으로 기발한 연구나 업적을 대상으로 하는 상은?
① 이그노벨상 ② 프리츠커상
③ 뉴베리상 ④ 콜더컷상

해설
이그노벨상은 1991년 미국 하버드대학교의 유머과학잡지인 〈기발한 연구 연보(The Annals of Improbable Research)〉가 제정한 상으로 '흉내낼 수 없거나 흉내내면 안 되는 업적'에 수여되며 매년 진짜 노벨상 수상자가 발표되기 1~2주 전에 시상식이 열린다.

03 수원시 공공기관 통합채용
촬영기법 중 카메라를 기울여 사선으로 촬영하는 기법은?
① 더치 앵글 ② 버드아이즈 뷰
③ 더스트 앵글 ④ 아이 레벨 앵글

해설
더치 앵글(Dutch angle)은 카메라를 기울여서 사선으로 촬영하는 기법으로 불안감, 긴장감, 혼란스러운 심리를 표현할 때 많이 사용한다. 버드아이즈 뷰(Bird's-eye view)는 하늘에서 새가 내려다보는 시선처럼 높은 곳에서 아래를 내려다보는 촬영기법이다. 아이 레벨 앵글(Eye level angle)은 가장 보편적인 앵글로 피사체를 눈높이에서 수평으로 바라보는 것이다.

04 광주보훈병원
다음 중 세계 3대 영화제에 해당하지 않는 것은?
① 모스크바영화제 ② 베니스영화제
③ 칸영화제 ④ 베를린영화제

해설
세계 3대 영화제로는 베니스영화제, 칸영화제, 베를린영화제가 꼽힌다.

05 노원문화재단
비극적인 참상이 있던 장소를 여행지로 방문해 그를 통해 교훈을 얻는 관광은?
① 그린투어리즘 ② 지오투어리즘
③ 다크투어리즘 ④ 블루투어리즘

해설
① 그린투어리즘(Greentourism) : 농촌만의 아름다운 자연경관과 문화 등을 매개로 한 농촌관광사업
② 지오투어리즘(Geotourism) : 지질(Geology)을 뜻하는 영어 접두어 'Geo-'와 관광을 뜻하는 'Tourism'의 합성어로 천연 지질자원을 활용해 관광객을 유치하는 관광사업
④ 블루투어리즘(Bluetourism) : 섬이나 바닷가에서 매력적이고 충실한 생활체험을 통해 몸과 마음을 재충전하는 여가활동

06 수원시 공공기관 통합채용
다음 중 가장 늦은 시기에 활동한 음악가는?
① 볼프강 아마데우스 모차르트
② 프레데리크 쇼팽
③ 프란츠 요제프 하이든
④ 안토니오 비발디

해설
1810년 폴란드에서 출생한 프레데리크 쇼팽은 피아노의 시인이라고 불리며, 200곡에 이르는 수많은 피아노곡을 작곡했다. 독자적인 피아노 연주 테크닉을 완성했고, 후대 피아니스트들에게도 그의 연주법은 지대한 영향을 끼쳤다. 한편 18세기 빈고전파를 대표하는 모차르트와 하이든은 각각 1756년, 1732년 태어났다. 바로크 시대의 이탈리아 출신 음악가 비발디는 더 이전인 1678년 출생했다.

07 공무원연금공단
음악의 빠르기에 대한 설명이 잘못된 것은?
① 아다지오(Adagio) : 아주 느리고 침착하게
② 모데라토(Moderato) : 보통 빠르게
③ 알레그레토(Allegretto) : 빠르고 경쾌하게
④ 프레스토(Presto) : 빠르고 성급하게

해설
③ 알레그레토(Allegretto) : 조금 빠르게

08 　　　　　　　　　　　　　　　부산교통공사
형상을 단순화하여 간결하고 원색적인 색채를 즐겨 사용한 20세기 초의 미술사조는?

① 사실주의　　② 표현주의
③ 낭만주의　　④ 인상주의

해설

표현주의는 20세기 초에 나타난 미술사조로 인상주의에 반하여 대상의 형상을 단순화하고, 강렬하고 원색적인 색채를 통해 작품에 역동성을 부여하려 한 양식이다. 본래 조형예술에서 비롯된 양식으로서 표현주의 화가들은 자신이 대상에서 느끼는 강렬하고 직설적인 느낌을 과감하게 표현하려 했다. 표현주의의 대표적인 화가로는 마르크 샤갈과 에드바르트 뭉크 등이 있다.

09 　　　　　　　　　　　　　　　서울시복지재단
다음 작품을 그린 화가에 대한 설명으로 옳은 것은?

① 일제강점기 시절 군국주의에 찬동하는 등 친일활동을 벌였다.
② 청각장애를 딛고 한국화의 거장이 됐다.
③ 소를 소재로 하는 작품을 많이 그렸다.
④ 화강암의 질감을 연상케 하는 작품을 그렸다.

해설

이중섭은 우리나라 근대미술사를 대표하는 서양화가다. 일본으로 유학해 서양화를 공부했고 귀국 후 활발한 작품활동을 했으나, 해방과 6·25전쟁을 겪으며 다사다난한 삶을 살기도 했다. 대담하고 거친 묘사로 내면을 폭발적으로 드러낸 화가로, 소를 소재로 한 작품도 많이 그렸다. 문제에 제시된 작품은 그의 대표작 〈흰 소〉(1954년경)다.

10 　　　　　　　　　　　　　　　수도권매립지관리공사
2년마다 주기적으로 열리는 국제 미술 전시회를 가리키는 용어는?

① 트리엔날레　　② 콰드리엔날레
③ 비엔날레　　　④ 아르누보

해설

비엔날레는 이탈리아어로 '2년마다'라는 뜻으로, 미술 분야에서 2년마다 열리는 전시 행사를 일컫는다. 가장 역사가 길며 그 권위를 인정받고 있는 것은 베니스 비엔날레이다.

11 　　　　　　　　　　　　　　　대전도시공사
다음 우리 전통악기 중 '국악의 바이올린'으로 꼽히는 것은?

① 해금　　② 아쟁
③ 양금　　④ 비파

해설

현악기 중 하나인 해금(奚琴)은 고려 예종 때 중국에서 우리나라로 유입됐다고 전해진다. 민간에서는 '깽깽이'나 '깡깡이'라고도 칭한다. 활로 현을 마찰시켜 소리를 내는 찰현악기로 '국악의 바이올린'이라 불린다. 원통모양의 울림통에 대나무로 된 기둥을 꽂아 자루로 삼고, 굵은 줄과 가는 줄을 하나 씩 기둥 상단의 줄감개에 감아 제작한다. 줄은 명주실로 되어 있다.

12 　　　　　　　　　　한국전기안전공사, 수도권매립지관리공사
다음 중 사물놀이에 해당하지 않는 것은?

① 꽹과리　　② 장구
③ 징　　　　④ 소고

해설

사물놀이는 꽹과리, 징, 장구, 북을 연주하는 음악 또는 놀이이다.

13 　　　　　　　　　　　　　　　한국폴리텍대학
다음 중 판소리 5대 마당이 아닌 것은?

① 춘향가　　② 변강쇠가
③ 흥보가　　④ 적벽가

해설

판소리는 한 명의 소리꾼이 창(소리)·말(아니리)·몸짓(발림)을 섞어가면서 긴 이야기를 노래하는 전통예술의 한 갈래다. 판소리의 5대 마당에는 춘향가, 심청가, 흥보가, 적벽가, 수궁가가 전해진다.

14 　　　　　　　　　　　　　　　한국경제
오스트리아 출신의 표현주의 화가로 〈꽈리 열매가 있는 자화상〉 등을 그린 인물은?

① 구스타프 클림트　　② 에곤 실레
③ 앙리 마티스　　　　④ 에드바르 뭉크

해설

에곤 실레(Egon Schiele)는 1890년 오스트리아 빈 근교에서 태어난 표현주의 화가다. 초기에는 구스타프 클림트의 영향을 크게 받았으며 점차 독자적인 화풍을 구축해나갔다. 신체를 거칠고 뒤틀린 형태로 묘사하는 등 인간의 공포와 실존의 고통을 표현하는 데 힘썼다. 대표작에는 〈꽈리 열매가 있는 자화상〉(1912), 〈죽음과 소녀〉(1915), 〈포옹〉(1917) 등이 있다.

15
다음 중 노벨상에서 수상하지 않는 부문은?

① 수학상   ② 생리의학상
③ 화학상   ④ 물리학상

해설
노벨상은 스웨덴 발명가 알프레드 노벨의 유산을 기금으로 하여 해마다 물리학·화학·생리의학·경제학·문학·평화의 6개 부문에서 인류문명의 발달에 공헌한 사람이나 단체를 선정하여 수여하는 상이다. 1901년 제정되어 매년 12월 10일 스웨덴의 스톡홀름에서 시상식이 열리고, 평화상 시상식만 노르웨이의 오슬로에서 열린다.

16
다음 중 미륵사지 석탑에 대한 설명으로 잘못된 것은?

① 전북 익산시에 위치한다.
② 1962년 보물로 지정됐다.
③ 백제시대 무왕 때에 건립됐다.
④ 국내에 존재하는 최대의 석탑이다.

해설
미륵사지 석탑은 전라북도 익산시 금마면 미륵사지에 있는 백제시대 석탑이다. 현존하는 석탑 중 가장 규모가 크고 오래된 백제 석탑이다. 백제 무왕 때에 건립되었으며 1962년에는 국보로 지정됐다. 2001년부터 보수 작업이 진행되어 2018년 6월 복원된 석탑이 일반에 공개됐다.

17
다음 작품을 그린 인물에 대한 설명으로 옳은 것은?

① 프랑스 출신의 화가다.
② 초기에는 밝은 색채를 이용해 삶의 환희를 표현한 작품을 그렸다.
③ 생전에 화가로서 대단한 성공을 거뒀다.
④ 20세기 초 야수파에 지대한 영향을 끼쳤다.

해설
빈센트 반 고흐는 1853년 네덜란드에서 출생한 후기 인상주의 화가다. 초기에는 어두운 색채로 비참한 삶을 그린 작품을 주로 선보였다. 이후 프랑스에서 자신만의 화려한 색 대조와 강렬한 붓 터치를 완성해 후대의 야수파와 표현주의에 지대한 영향을 끼쳤다. 생전에는 화가로서 성공을 거두지 못했지만 사후에는 대단한 명성을 누렸다. 문제에 제시된 작품은 그의 초기작인 〈감자를 먹는 사람들〉(1885)이다.

18
다음 중 피아노 3중주에 쓰이는 악기가 아닌 것은?

① 비올라   ② 바이올린
③ 피아노   ④ 첼로

해설
피아노 3중주는 피아노와 다른 두 개의 악기가 모인 고전주의 실내악의 한 형태다. 일반적으로 피아노와 바이올린, 첼로로 구성된다. '피아노 트리오'라고 부르기도 한다. 대체로 소나타 형식을 취하고 있고 하이든, 모차르트, 베토벤 등 저명한 음악가들도 작곡하였다.

19
다음 중 자격루에 대한 설명으로 틀린 것은?

① 조선 세종 때 장영실이 발명한 물시계다.
② 사람이 시계 옆에 상주하며 시간을 파악해야 하는 불편함을 개선했다.
③ 조선의 국가표준시계였다.
④ 장영실이 제작한 자격루는 현재 경복궁에 남아 있다.

해설
자격루(自擊漏)는 조선 세종 때 장영실이 발명한 물시계로 조선의 국가표준시계 역할을 했다. 이전의 물시계는 물의 부력을 이용해 떠오른 자의 눈금을 사람이 직접 읽어 시간을 파악했는데, 여기서 진일보해 자동으로 때마다 눈금을 읽어 시간을 알려주는 시보장치가 탑재됐다. 현재 장영실이 제작한 자격루는 존재하지 않으며 1531년 중종 때 장영실의 자격루를 개량한 것이 덕수궁에 유일하게 남아 있다. 이 시계는 효종 이후부터 조선 말기까지 표준시계로 쓰였다.

20
세계 3대 패션 위크가 열리는 도시가 아닌 것은?

① 미국 뉴욕   ② 이탈리아 밀라노
③ 영국 런던   ④ 프랑스 파리

해설
패션 위크(Fashion Week)란 일주일 안팎의 기간 동안 패션 브랜드의 패션쇼가 집중적으로 열리는 기간을 의미한다. 보통 2월 즈음에 가을·겨울컬렉션(F/W), 9월 경에 봄·여름컬렉션(S/S)을 꾸려 패션쇼를 진행한다. 세계적으로 3대 패션 위크로 꼽히는 것은 뉴욕, 파리, 밀라노 컬렉션이고, 이중에서도 가장 큰 규모와 영향을 가진 패션 위크는 파리에서 열린다. 런던 컬렉션까지 더해 4대 패션 위크로 꼽기도 한다.

21 한국폴리텍대학
전통과 젊은 세대 특유의 감성이 만나 만들어진 새로운 트렌드를 뜻하는 신조어는?

① 욜로
② 플로깅
③ 스낵컬처
④ 힙트래디션

해설
힙트래디션(Hiptradition)은 고유한 개성을 지니면서도 최신 유행에 밝고 신선하다는 뜻의 'hip'과 전통을 뜻하는 'tradition'을 합친 신조어로 우리 전통문화를 재해석해 즐기는 것을 의미한다. 한국의 전통문화를 MZ세대 특유의 감성으로 해석해 새로운 트렌드를 만드는 것으로 최근 SNS를 중심으로 인기를 끌고 있다. 대표적으로 반가사유상 미니어처, 자개소반 모양의 무선충전기 등 전통문화재를 기반으로 디자인된 상품의 판매율이 급증하면서 그 인기를 입증하고 있다.

22 한국폴리텍대학
미술 등에서 원작자가 직접 만든 작품의 사본을 뜻하는 말은?

① 레플리카
② 어센틱
③ 레디메이드
④ 카피레프트

해설
레플리카(Replica)는 그림·조각 등 미술 분야에서 원작자가 기존과 동일한 방법으로 원작을 재현한 사본을 의미하는 용어다. 기존 재료와 기술을 그대로 활용하여 원작을 동일하게 모사한다. 레플리카는 화학·산업분야에서 물체의 표면에 플라스틱으로 피막을 만들어 그 표면상태를 그대로 복제한 것을 뜻하기도 한다.

23 부산광역시 공무직 통합채용
다음 중 조선왕조실록에 대한 설명으로 틀린 것은?

① 기전체로 주로 작성됐다.
② 유네스코 세계기록유산으로 등록됐다.
③ 태조부터 제25대 왕인 철종까지의 기록을 담고 있다.
④ 소실을 막기 위해 여러 사본을 만들어 보관했다.

해설
조선왕조실록은 조선시대 제1대 왕 태조로부터 제25대 왕 철종에 이르기까지 25대 472년간의 역사를 편년체로 기록한 역사서다. 편년체란 역사의 기록을 연·월·일순으로 정리하는 체제를 말한다. 국보 제151호이며, 1997년에는 훈민정음과 함께 유네스코 세계기록유산으로 등재되었다. 전란 등으로 인한 소실을 방지하기 위해 여러 사본이 만들어졌으며 오대산, 태백산 등 다양한 곳에 보관되었다.

24 서울시복지재단
다음 건축물을 설계한 인물에 대한 설명으로 틀린 것은?

① 스페인 카탈루냐 출신의 인물이다.
② 특유의 모자이크로 장식된 구엘 공원을 건축했다.
③ 문제에 제시된 건축물이 완공된 해에 사망했다.
④ 건축한 작품 중 일곱 작품이 세계문화유산에 등재됐다.

해설
안토니 가우디는 스페인 카탈루냐 지방에서 1852년에 태어난 건축가다. 주로 바르셀로나에서 활동했으며 자연을 닮은 곡선과 특유의 모자이크 기법을 활용한 건축물을 만든 것으로 유명하다. 그가 바르셀로나에 1900년 계획·건축한 '구엘공원'은 매년 수많은 관광객을 끌어들이고 있다. 문제에 제시된 건축물은 '성가족성당'으로 가우디는 완공을 보지 못하고 1926년 사망했으며, 2026년 완공 예정이다. 그의 일곱 작품이 유네스코 세계문화유산에 등재돼 있다.

정답
01 ①	02 ①	03 ①	04 ①	05 ③	06 ②	07 ③
08 ②	09 ③	10 ①	11 ①	12 ④	13 ②	14 ②
15 ①	16 ②	17 ④	18 ①	19 ④	20 ③	21 ④
22 ①	23 ①	24 ③				

SECTION 02 미디어

PART 6 문화

» Theme 1 «
미디어 일반

제1장 미디어 일반 이론

★★★

001 세계 4대 통신사
이데일리, 건설경제

☐ AP(미국 연합통신사), UPI(미국 통신사), AFP(프랑스 통신사), 로이터(영국 통신사)

AP (Associated Press)	1848년에 설립된 세계 최대의 통신사로, 비영리법인이다. 뉴스 취재망과 서비스망을 가지고 문자, 사진, 그래픽, 오디오, 비디오 뉴스 등을 제공한다.
UPI (United Press International)	1907년 뉴욕에서 창설된 통신사로, 제1·2차 세계대전을 겪으며 국제 통신사로 성장했다. 하지만 여러 차례 소유주가 바뀌면서 쇠퇴하기 시작했고, 2000년 통일교 교주 문선명이 세운 뉴스월드커뮤니케이션스에 인수되었다.
AFP (Agence France-Presse)	1835년 설립되어 근대적 통신사의 기원이라 불리는 아바스 통신사가 그 전신으로, 프랑스는 물론 라틴아메리카, 서아시아 등 세계에서 활동하고 있다.
로이터 (Reuters)	1851년 설립되어 영국의 뉴스 및 정보를 제공하는 국제통신사이다. 정확하고 신속한 보도가 강점이며 금융정보 제공의 비중이 크다.

> **통신사**
> 독자적인 취재 조직을 가지고 뉴스와 기사 자료를 수집해서 신문사·방송국과의 계약을 맺고 뉴스를 제공하는 기구

002 매스미디어 효과이론

한겨레, 이투데이, EBS

> 매스미디어가 수용자에 미치는 영향이 어떠한가에 대한 이론

매스미디어가 미치는 효과의 총체적 크기에 관한 이론으로, '강효과', '중효과', '소효과' 이론으로 분류한다.

- **강효과 이론** : 매스미디어가 미치는 효과가 매우 크다는 이론

탄환 이론	• 매스미디어는 고립된 대중들에게 즉각적, 획일적으로 강력한 영향을 미친다는 이론 • 피하주사식 이론, 기계적 자극·반응 이론 등으로 불림
미디어 의존 이론	• 매스미디어 – 수용자 – 사회는 3원적 의존관계로 이루어짐 • 매스미디어에 대한 수용자의 의존도가 점점 높아지는 현대 사회에서 매스미디어가 수용자나 사회에 미치는 효과는 매우 크다는 이론
모델링 이론	• 반두라의 사회적 학습이론을 바탕으로 함 • 수용자들은 매스미디어의 행동 양식을 모델로 삼아서 행동하므로, 매스미디어의 영향력은 매우 강력하다는 이론
침묵의 나선 이론	• 자신의 의견이 사회적으로 지배적인 여론과 일치되면 이를 적극적으로 표현하지만 그렇지 않으면 침묵하는 경향 • 매스미디어는 지배적인 여론 형성에 큰 영향력을 행사한다는 이론
문화계발효과 이론	• 조지 거브너가 주장한 이론 • 매스미디어가 수용자에게 현실 세계에 대한 정보를 제공함으로써 대중들의 관념을 형성시키며 강력한 영향력을 행사한다는 이론

노이만의 침묵의 나선 이론 4단계 가설
권력자가 주목되지 않았던 화제를 꺼낸다 → 일단 옳은 것으로 인식된다 → 이후 나오는 비판은 배제된다 → 소수가 된 비판 세력은 비판을 포기한다.

- **중효과 이론** : 매스 커뮤니케이션의 효과는 크지도 작지도 않다.

이용과 충족 이론	• 인간은 각자의 필요를 충족시키기 위해 매스미디어를 이용하므로 메시지를 받아들일 준비가 된 사람에게만 영향을 끼침 • '사람들이 매스미디어로 무엇을 하느냐'의 관점에서 연구
의제설정 이론	• 매스미디어는 특정 주제를 강조함으로써 사회의 이슈를 만들고 대중들의 의제설정에 기여함 • 미디어가 중요하게 다루는 것이 대중에게도 중요한 주제가 됨

- **소효과 이론** : 매스 커뮤니케이션의 효과는 그리 크지 않다.

선별효과 이론	• 매스미디어의 효과는 수용자의 능동적 선별에 따라 한정적 • 수용자는 자신의 가치관과 일치하는 메시지는 받아들이지만 그렇지 않으면 별다른 반응을 보이지 않음
2단계 유통 이론	• 매스미디어의 영향력은 의견지도자를 거쳐 수용자들에게 전달 • 매스미디어보다 대인 접촉이 더 큰 영향력을 발휘함
제한효과 이론	• 대중매체는 여러 중개요인과 연관되어 영향력을 발휘함 • 매스미디어의 효과는 강력한 것이 아니라 중개요인들이 기존의 가치를 강화시키는 제한적 영향을 지님

003 맥루한의 미디어결정론

방송통신심의위원회

☐ 미디어가 전달하는 '내용'이 아닌 '매체'의 성질에 따라 수용자의 행동이 결정된다는 이론

마샬 맥루한은 〈미디어의 이해〉라는 그의 저서에서 '미디어는 메시지(Message)'라고 밝혔다. 이것은 미디어가 전달하는 것은 그 내용과는 전혀 다른 미디어 자체의 특질이며, 같은 내용이라 해도 TV, 신문 등 '매체'에 따라 메시지나 수용자의 인식이 달라짐을 의미한다. 또한 맥루한은 메시지와 채널의 결합으로 생기는 미디어의 힘을 '마사지(Massage)'라고 표현하며 메시지에 끼치는 미디어의 중요성을 강조하기도 했다.

마샬 맥루한
매체와 매체의 의미에 관한 새로운 해석으로 미디어 비평계의 초석을 다진 캐나다의 미디어 이론가. '지구촌(Global village)'이라는 표현을 만들기도 했다.

004 미국의 3대 방송사

경상대학교병원, SBS

☐ NBC · CBS · ABC

NBC (National Broadcasting Company)		1926년 라디오 방송을 시작으로, 1941년 TV방송을 시작한 방송사로, 미국 3대 네트워크 중 가장 오랜 역사를 지니고 있다. 쇼, 영화, 모험 드라마와 사건 취재 등에 강하다.
CBS (Columbia Broadcasting System)		1927년 설립되어 1931년 미국 최초로 TV 정기방송을 시작한 데 이어 1951년 미국 최초로 컬러 TV방송을 도입했다. 대형 스타들을 기용하고 뉴스에 역점을 두며 네트워크 중 우세를 차지하기도 했다.
ABC (American Broadcasting Company)		1943년 설립되어 1948년 처음 TV방송을 시작한 ABC는 1996년 월트디즈니사에 인수되었다. 뉴스로 명성이 높으며 올림픽 중계 등 스포츠에서 강세를 보여 왔다.

MBS
미국 4대 방송사 중 하나로, 1934년 개국한 미국의 상업 라디오 방송사이다.

005 반론권

매스미디어에 공표된 내용에 의해 피해를 입은 사람이 반론 보도를 청구할 수 있는 권리

액세스권의 한 유형으로 신문·잡지·방송 등 언론 보도에 의해 명예훼손을 당한 사람이 해당 언론에 대해 반박문이나 정정문을 게재 또는 방송하도록 요구할 수 있는 권리를 말한다. 우리나라는 정정보도청구권·반론보도청구권 등을 통해 반론권을 보장하고 있다.

- **정정보도청구권**: 언론 보도 내용으로 인해 피해를 입었을 경우 해당 언론에 대해 정정하도록 요구할 수 있는 권리로, 사실 보도에 한정되며 비판·논평은 해당하지 않는다.
- **반론보도청구권**: 사실적 주장에 관한 보도로 피해를 입었을 경우 자신이 작성한 반론문을 해당 언론에 보도해줄 것을 요구할 수 있는 권리로, 보도 내용의 진실 여부와 관계없이 요구할 수 있다.
- **추후보도청구권**: 법률 범죄 혐의가 있거나 형사상 조치를 받았다고 보도되었거나 방송된 사람이 그에 대한 형사 절차가 무죄 판결이 되거나 이와 동등한 형태로 종결되었을 때에 서면으로 추후 보도나 추후 방송을 청구할 수 있는 권리를 말한다.

상식 plus⁺

액세스권

미국의 매스커뮤니케이션 법학자 배런에 의해 제기된 권리로, 언론 자유와 관련된 기본권의 하나이다. 즉 일반 대중들이 미디어에 자유롭게 접근하고 이용할 수 있는 권리를 부여하는 것으로, 구체적인 내용은 다음과 같다.
- 신문·방송 등에 의견이나 반론을 게재·방송하도록 청구할 수 있는 권리
- 매스미디어에 대한 비판·요구 등을 할 수 있는 권리
- 신문 편집이나 방송 프로그램에 참가하여 의견을 표현할 수 있는 권리
- 매스미디어 경영에 대한 참여를 요청할 수 있는 권리

명예훼손

사실 또는 허위의 사실을 적시하여 산 사람이나 죽은 사람에 대해 치욕·불명예 등을 초래하는 것으로, 매스미디어가 개인의 명예를 훼손했을 경우에는 민법이나 형법에 의거하여 피해자를 구제해야 한다.

006 핫미디어 · 쿨미디어

한국언론진흥재단, KNN

◯ 맥루한이 정보의 정세도와 수용자의 참여 정도를 바탕으로 미디어를 구분한 이론

핫미디어 (Hot Media)	정보의 양이 많고 논리적이지만 감정의 전달이 어렵고 수용자의 참여 정도가 약하다. 신문 · 잡지 · 라디오 · 영화 · 사진 등이 대표적이다.
쿨미디어 (Cool Media)	정보의 정세도가 낮고 부족하지만 수용자의 높은 참여를 요구한다. TV · 전화 · 만화 등이 대표적이다.

정세도(Definition)
명료하게 전달할 수 있는 정도.
선명함 · 명확함

007 국경 없는 기자회

YTN

◯ 세계언론의 자유와 언론인 보호를 위한 국제단체

국경 없는 기자회(Reporters sans frontières)는 1985년에 설립된 세계 언론 단체로 본부는 프랑스 파리에 있다. 언론인들의 인권 보호와 언론 자유의 신장을 위해 설립되었다. 아프리카 · 아메리카 · 아시아 · 중동 · 유럽 등 5개 대륙에 9개의 지부를 두고 있다. 부당하게 살해당하거나 체포된 언론인들의 현황을 조사하고, 각국의 언론자유지수를 발표하고 있다.

008 인포데믹 Infodemic

스튜디오S, 한국디자인진흥원, 광명도시공사

◯ 거짓정보, 가짜뉴스 등이 미디어, 인터넷 등을 통해 매우 빠르게 확산되는 현상

'정보'를 뜻하는 'Information'과 '유행병'을 뜻하는 'Epidemic'의 합성어로, 잘못된 정보나 악성루머 등이 미디어, 인터넷 등을 통해 무분별하게 퍼지면서 전염병처럼 매우 빠르게 확산되는 현상을 일컫는다. 미국의 전략분석기관 '인텔리브리지' 데이비드 로스코프 회장이 2003년 워싱턴포스트에 기고한 글에서 잘못된 정보가 경제위기, 금융시장 혼란을 불러올 수 있다는 의미로 처음 사용했다. 허위정보가 범람하면 신뢰성 있는 정보를 찾아내기 어려워지고, 이 때문에 사회 구성원 사이에 합리적인 대응이 어려워지게 된다. 인포데믹의 범람에 따라 정보방역이 중요성도 강조되고 있다.

Theme 2
신문·방송·광고

제1장 신문과 잡지

★★★

009 게이트키핑 Gate Keeping

한국언론진흥재단, MBC

☐ 뉴스 결정권자가 뉴스를 취사선택하는 과정

뉴스가 대중에게 전해지기 전에 기자나 편집자와 같은 뉴스 결정권자(게이트키퍼)가 대중에게 전달하고자 하는 뉴스를 취사선택하여 전달하는 것이다. 객관적 보도의 가능성과 관련한 논의에서 자주 등장한다.

게이트키퍼(Gate keeper)
뉴스나 정보의 유출을 통제하고, 뉴스를 취사선택하는 결정권자이다. 뉴스의 선택 과정에서 게이트키퍼의 가치관이 작용할 수 있기 때문에 내용이 왜곡될 우려가 있다.

★★★

010 발롱데세

한국언론진흥재단, 연합뉴스

☐ 여론의 방향을 탐색하기 위해 정보나 의견을 흘려보내는 것

기상 상태를 관측하기 위하여 사용하는 시험 기구에서 비롯된 말로, 상대방의 의견이나 여론의 방향을 알아보기 위해 시험적으로 특정 의견 또는 정보를 언론에 흘림으로써 여론의 동향을 탐색하는 수단이다.

★★★★

011 스쿠프 Scoop

부산교통공사, MBC

☐ 경쟁 언론사보다 빠르게 입수하여 독점 보도하는 특종기사

일반적으로 특종 기사를 다른 신문사나 방송국에 앞서 독점 보도하는 것을 말하며 비트(Beat)라고도 한다. 대기업이나 정치권력 등 뉴스 제공자가 숨기고 있는 사실을 정확하게 폭로하는 것과 발표하려는 사항을 빠르게 입수해 보도하는 것, 이미 공지된 사실이지만 새로운 문제점을 찾아내 새로운 의미를 밝혀주는 것 등을 모두 포함한다.

012 엠바고 Embargo

방송통신심의위원회, 연합뉴스, MBC

☐ 일정 시간까지 뉴스의 보도를 미루는 것

본래 특정 국가에 대한 무역·투자 등의 교류 금지를 뜻하지만 언론에서는 뉴스 기사의 보도를 한시적으로 유보하는 것을 말한다. 즉, 정부 기관 등의 정보 제공자가 뉴스의 자료를 제보하면서 일정 시간까지 공개하지 말 것을 요구할 경우 그때까지 보도를 미루는 것이다. 흔히 '엠바고를 단다'고 말하며 정보 제공자측과의 관계를 고려하여 되도록 지켜주는 경우가 많다.

아그레망
새로운 대사나 공사 등 외교사절을 파견할 때 상대국에게 얻는 사전 동의

상식 plus⁺

엠바고의 유형

보충 취재용 엠바고	전문적이고 복잡한 문제를 다루고 있어 보충 취재가 필요한 경우 뉴스 제공자와의 합의하에 보도를 유보하는 것
조건부 엠바고	사건이 일어나는 것은 확실하지만 정확한 시간을 예측하기 어려운 경우 사건이 일어난 뒤에 기사화하는 조건으로 보도 자료를 제공받는 것
공공 이익을 위한 엠바고	국가의 안전이나 공공의 이익에 해를 끼칠 수 있는 사건이 진행 중일 경우 사건 해결 전까지 보도하지 않는 것
관례적 엠바고	해외 공관장의 이동 등과 관련해, 주재국 정부가 아그레망을 부여하거나 양국의 공식 발표가 있을 때까지 보도를 중지하는 것

013 오프더레코드 Off-the-record

한국언론진흥재단, MBC, TBC

☐ 보도하지 않는 것을 전제로, 기록에 남기지 않는 비공식 발언

소규모 집회나 인터뷰에서 뉴스 제공자가 오프더레코드를 요구하는 경우, 기자는 그것을 공표하지 않겠다고 약속하고 발언자의 이야기를 정보로서 참고만 할 뿐 기사화해서는 안 된다. 취재기자는 오프더레코드를 지키는 것이 기본자세이지만 반드시 지켜야 할 의무는 없다.

014 저널리즘 유형

언론중재위원회, MBC, SBS

☐ 매스미디어를 통해 시사적 문제에 대한 보도 및 논평을 하는 언론 활동의 유형

저널리즘의 유형	특징
가차 저널리즘 (Gotcha journalism)	'I got you'의 줄임말로, '딱 걸렸어!'라는 의미가 되는데, 사안의 맥락과 관계없이 유명 인사의 사소한 실수나 해프닝을 흥미 위주로 집중 보도하는 저널리즘
경마 저널리즘 (Horse race journalism)	• 경마를 구경하듯 후보자의 여론 조사 결과 및 득표 상황만을 집중 보도하는 선거 보도 형태 • 선거에 필요한 본질적인 내용보다는 흥미 위주의 보도
그래프 저널리즘 (Graph journalism)	• 사진 위주로 편집된 간행물 • 사회문제 및 패션·문화 등의 소재를 다룸
뉴 저널리즘 (New journalism)	• 1960년대 이후 기존 저널리즘의 관념을 거부하며 등장 • 속보성·단편성을 거부하고 소설의 기법을 이용해 심층적인 보도 스타일을 보임
블랙 저널리즘 (Black journalism)	숨겨진 사실을 드러내는 취재 활동으로, 약점을 이용해 보도하겠다고 위협하거나 특정 이익을 위해 보도하기도 함
스트리트 저널리즘 (Street journalism)	• 시민들이 거리의 기자가 되어 언론에 참여하는 형태로, 시민 저널리즘이라고도 함 • 통신 장비의 발달로 1인 미디어의 영향력이 더욱 확대
옐로 저널리즘 (Yellow journalism)	• 독자들의 호기심을 자극하고 끌어들이기 위해 선정적·비도덕적인 보도를 하는 형태 • 황색 언론이라고도 하며 범죄·스캔들·가십 등 원시적 본능을 자극하는 흥미 위주의 소재를 다룸
제록스 저널리즘 (Xerox journalism)	극비 문서를 몰래 복사하여 발표하는 저널리즘으로, 비합법적인 폭로 기사 위주의 보도 형태

취재원

신문사나 잡지사 등에서 취재와 기사의 출처를 제공하는 사람이다. 언론사에서는 취재원 비닉권이라 하여 취재원을 제3자에게 공개하지 않고 비밀을 지킴으로써 취재원을 보호한다.

체크북 저널리즘 (Checkbook journalism)	• 유명 인사들의 스캔들 기사 등과 관련해 언론사가 거액의 돈을 주고 취재원으로부터 제보를 받거나 인터뷰하는 것 • 취재 경쟁이 과열되면서 발생한 저널리즘으로, 수표 저널리즘이라고도 함
크로니 저널리즘 (Crony journalism)	영향력 있는 인사에 대한 나쁜 뉴스를 무시하는 언론인들의 윤리 부재 및 관행
팩 저널리즘 (Pack journalism)	• 취재 방법 및 시각이 획일적인 저널리즘으로, 신문의 신뢰도 하락을 불러옴 • 정부 권력에 의한 은밀한 제한 및 강압에 의해 양산됨
퍼블릭 저널리즘 (Public journalism)	• 언론인들이 시민들로 하여금 공동체 문제에 참여하도록 유도하여 민주주의의 활성화에 영향을 끼친 것 • 취재원의 다양화 및 여론의 민주화를 가져옴
포토 저널리즘 (Photo journalism)	사진을 중심으로 시사 문제를 보도하는 저널리즘으로 픽토리얼 저널리즘이라고도 함
하이에나 저널리즘 (Hyena journalism)	권력 없고 힘없는 사람에 대해서 집중적인 매도와 공격을 퍼붓는 저널리즘

제 2 장 방송

015 스핀오프 Spin Off

방송통신심의위원회, SBS

☐ 기존의 작품에서 파생된 작품

초기에는 파생작을 뜻하지만 지금은 부수적으로 나오는 부산물 정도로 그 뜻이 넓게 쓰이고 있다. 드라마나 예능의 경우 기존의 작품에서 파생된 작품을 뜻하는 것으로 이해하면 쉽다. 비슷하게 책이나 영화 등에 사용되었던 것을 바탕으로 현재의 상황에 맞는 다른 스토리를 만들어내는 것을 말하기도 한다.

상식 plus⁺

스핀오프(Spin Off) 작품

가장 유명한 스핀오프 작품은 라스베이거스를 배경으로 한 수사물 〈CSI〉의 스핀오프 시리즈인 〈CSI : 뉴욕〉, 〈CSI : 마이애미〉, 〈CSI : 라스베이거스〉 시리즈이다. 영화로는 〈슈렉〉(2001년)의 매력적인 조연인 장화 신은 고양이의 활약을 다룬 〈장화 신은 고양이〉(2011년), 〈엑스맨〉 시리즈의 주인공들 중 하나인 울버린의 탄생 배경을 다룬 〈엑스맨 탄생 : 울버린〉(2009년)이 유명하다.

016 IPTV Internet Protocol Television

한국농어촌공사, 방송통신심의위원회, MBC

☐ 인터넷망을 이용해 멀티미디어 콘텐츠를 제공하는 방송·통신 융합 서비스

초고속 인터넷망을 통해 영화·드라마 등 시청자가 원하는 콘텐츠를 양방향으로 제공하는 방송·통신 융합 서비스이다. 가장 큰 특징은 시청자가 편리한 시간에 원하는 프로그램을 선택해 볼 수 있다는 것이다. TV 수상기에 셋톱박스를 설치하면 인터넷 검색은 물론 다양한 동영상 콘텐츠 및 부가 서비스를 제공받을 수 있다.

제 3 장 광고

017 광고의 종류

서울시설공단, MBC, KBS

광고의 종류	특징
PPL 광고 (Products in PLacement Advertising)	• 영화·드라마 등에 특정 제품을 노출시키는 간접 광고 • 엔터테인먼트 콘텐츠 속에 기업의 제품을 소품이나 배경으로 등장시켜 소비자들에게 의식·무의식적으로 제품을 광고하는 것
티저 광고 (Teaser Advertising)	• 처음에는 상품명을 감추거나 일부만 보여주고 궁금증을 유발하며 서서히 그 베일을 벗는 방법으로, 게릴라 마케팅의 일환으로 사용된다. • 티저는 '놀려대는 사람'이라는 뜻을 지니며 소비자의 구매욕을 유발하기 위해 처음에는 상품 광고의 주요 부분을 감추고 점차 공개하는 것이다.
인포머셜 광고 (Infomercial Advertising)	• 상품의 정보를 상세하게 제공하여 구매욕을 유발하는 것 • Information(정보)과 Commercial(광고)의 합성어로, 상품에 관한 정보를 가능한 한 많이 제공함으로써 소비자의 이해를 돕고 관심을 불러일으키는 방법이다.
애드버토리얼 광고 (Advertorial Advertising)	• 신문·잡지에 기사 형태로 실리는 논설식 광고를 뜻한다. • 기사 속에 관련 기업의 주장이나 식견 등을 소개하면서 회사명과 상품명을 표현하는 기사 광고이다.

시리즈 광고
하나의 상품과 주제를 대상으로 하여 연속적인 광고를 게재하는 것으로, 시청자들이 자연스럽게 받아들일 수 있기 때문에 장기적인 캠페인의 효과가 있다.

POP 광고 (Point of Purchase Advertisement)	• 소비자가 상품을 구매하는 시점에 전개되는 광고 • 포스터나 옥외 간판 등 소비자가 상품을 구입하는 장소 주변에서의 광고를 말하고, 이것은 직접적으로 구매를 촉진한다.	
멀티스폿 광고 (Multi-Spot Advertisement)	• 동일한 상품에 대해 다양한 소재의 광고를 한꺼번에 내보내는 방식 • 비슷한 줄거리에 모델만 다르게 써서 여러 편을 한꺼번에 내보내는 것이다. 한 제품에 대해 여러 편의 광고를 차례로 내보내는 시리즈 광고와 구분된다.	
키치 광고 (Kitsch Advertisement)	• 언뜻 보아서는 무슨 내용인지 알 수 없는 광고이다. • 감각적이고 가벼운 것을 좋아하는 신세대의 취향을 만족시킨다.	
버추얼 광고 (Virtual Advertising)	• 가상의 이미지를 방송 프로그램에 끼워 넣는 '가상 광고' • 컴퓨터 그래픽을 이용해 방송 중인 프로그램에 광고 이미지를 끼워 넣는 것으로, 우리나라는 2010년 1월부터 지상파 TV에서 가상 광고가 가능해졌다.	
비넷 광고 (Vignet Advertisement)	한 가지 주제에 맞춰 다양한 장면을 짧게 연속적으로 보여줌으로써 강렬한 이미지를 주는 광고 기법	
트레일러 광고 (Trailer Advertising)	• 메인 광고 뒷부분에 다른 제품을 알리는 맛보기 광고 • 한 광고로 여러 제품을 다룰 수 있어 광고비가 절감되지만 주목도가 분산되므로 고가품에는 활용되지 않는다.	
더블업 광고 (Double Effect of Advertisement)	• 특정 제품을 소품으로 활용하여 홍보하는 광고 기법 • '광고 속의 광고'라고도 하며 소비자들의 무의식에 잔상을 남겨 광고 효과를 유발한다.	
레트로 광고 (Retrospective Advertising)	과거에 대한 향수를 느끼게 하는 추억 광고	

018 미디어렙 Media Representative

★★★★

KBS, 한국방송광고진흥공사

☐ 방송 광고 판매 대행사

Media(매체)와 Representative(대표)의 합성어로, 방송사의 위탁을 받아 광고주에게 광고를 판매하고 판매 대행 수수료를 받는 회사이다. 이런 대행 체제는 방송사가 광고를 얻기 위해 광고주한테 압력을 가하거나 자본가인 광고주가 광고를 빌미로 방송사에 영향을 미치는 것을 일부 막아주는 장점이 있다.

STEP 01 초스피드 암기 확인!

보기
ⓐ 선별효과이론   ⓑ AP   ⓒ 스핀오프   ⓓ 미디어렙
ⓔ 엠바고   ⓕ 게이트키핑   ⓖ 발롱데세   ⓗ 팩 저널리즘
ⓘ 마샬 맥루한   ⓙ 인포데믹

01 세계 4대 통신사는 UPI, AFP, 로이터, _____ 이다.

02 매스미디어 효과이론 중 다음 설명에 해당하는 것은 _____ 이다.
- 매스미디어의 효과는 수용자의 능동적 선별에 따라 한정적임
- 수용자는 자신의 가치관과 일치하는 메시지는 받아들이지만 그렇지 않으면 별다른 반응을 보이지 않음

03 _____ (은)는 뉴스가 대중에게 전해지기 전에 기자나 편집자와 같은 뉴스 결정권자가 대중에게 전달하고자 하는 뉴스를 취사선택하여 전달하는 것이다.

04 _____ (은)는 '미디어는 메시지'라는 표현을 통해 미디어가 전달하는 내용이 아닌 '매체'의 성질에 따라 수용자의 행동이 결정된다고 주장했다.

05 방송 광고 판매 대행사 _____ (은)는 방송사의 위탁을 받아 광고주에게 광고를 판매하고 판매 대행 수수료를 받는 회사를 말한다.

06 _____ (은)는 초기에는 파생작을 뜻했지만 지금은 부수적으로 나오는 부산물 정도로 그 뜻이 넓게 쓰이고 있다.

07 여론의 방향을 탐색하기 위해 특정 의견 또는 정보를 언론에 흘리는 것을 _____ (이)라 한다.

08 _____ (은)는 본래 특정 국가에 대한 무역·투자 등의 교류 금지를 뜻하지만 언론에서는 뉴스 기사의 보도를 한시적으로 유보하는 것을 말한다.

09 거짓정보, 가짜뉴스 등이 미디어, 인터넷 등을 통해 매우 빠르게 확산되는 현상을 _____ (이)라고 한다.

10 다음에서 설명하는 저널리즘은 _____ 이다.
- 취재 방법 및 시각이 획일적인 저널리즘으로, 신문의 신뢰도 하락을 불러옴
- 정부 권력에 의한 은밀한 제한 및 강압에 의해 양산됨

정답
01 ⓑ   02 ⓐ   03 ⓕ   04 ⓘ   05 ⓓ   06 ⓒ   07 ⓖ   08 ⓔ   09 ⓙ   10 ⓗ

01
동대문구시설관리공단

기자가 선입견을 가지고 기사를 제공하는 저널리즘은?

① 브랜드 저널리즘
② 팩 저널리즘
③ 스트리트 저널리즘
④ 파라슈트 저널리즘

해설
파라슈트 저널리즘(Parachute journalism)은 현지에 상주하는 것이 아닌, 취재 지역에 기자를 급파하여 소식을 전하는 형태의 저널리즘을 말한다. 낙하산 저널리즘이라고도 하는데, 현지 사정을 잘 모르는 기자가 선입견을 가지고 기사를 제공하는 것을 의미하기도 한다.

02
YTN

다음 중 국경 없는 기자회에 대한 설명으로 틀린 것은?

① 프랑스 파리에 본부를 두고 있다.
② 중동을 제외한 4개 대륙에 지부를 두고 있다.
③ 살해당하거나 체포된 언론인의 현황을 공개하고 있다.
④ 세계 언론인들의 인권 보호를 위해 설립되었다.

해설
국경 없는 기자회(Reporters sans frontières)는 1985년에 설립된 세계 언론 단체로 본부는 프랑스 파리에 있다. 언론인들의 인권 보호와 언론 자유의 신장을 위해 설립되었다. 아프리카·아메리카·아시아·중동·유럽 5개 대륙에 9개의 지부를 두고 있다. 부당하게 살해당하거나 체포된 언론인들의 현황을 조사하고, 각국의 언론자유지수를 발표하고 있다.

03
경인일보, MBC

지배적인 여론과 일치되면 의사를 적극 표출하지만 그렇지 않으면 침묵하는 경향을 보이는 매스커뮤니케이션의 효과 이론은 무엇인가?

① 탄환 이론
② 미디어 의존 이론
③ 모델링 이론
④ 침묵의 나선 이론

해설
침묵의 나선 이론은 지배적인 여론 형성에 큰 영향력을 행사한다.

04
MBC

다음 중 미국의 4대 방송사가 아닌 것은?

① CNN
② ABC
③ CBS
④ NBC

해설
미국의 4대 방송사는 NBC, CBS, ABC, MBS이다.

05
공무원연금공단

광고의 종류에 관한 설명이 잘못 연결된 것은?

① 인포머셜 광고 - 상품의 정보를 상세하게 제공하는 것
② 애드버토리얼 광고 - 언뜻 보아서는 무슨 내용인지 알 수 없는 광고
③ 레트로 광고 - 과거에 대한 향수를 느끼게 하는 회고 광고
④ PPL 광고 - 영화나 드라마 등에 특정 제품을 노출시키는 간접광고

해설
② 애드버토리얼 광고는 신문·잡지에 기사 형태로 실리는 논설식 광고를 말한다. 신세대의 취향을 만족시키는 것으로 언뜻 보아서는 무슨 내용인지 알 수 없는 광고는 '키치 광고'이다.

06
CBS, 공무원연금공단

언론을 통해 뉴스가 전해지기 전에 뉴스 결정권자가 뉴스를 취사선택하는 것을 무엇이라고 하는가?

① 바이라인
② 발롱데세
③ 게이트키핑
④ 방송심의위원회

해설
게이트키핑은 게이트키퍼가 뉴스를 취사선택하여 전달하는 것으로, 게이트키퍼의 가치관이 작용할 수 있다.

07
한국마사회, 한국산업단지공단, 한국전기안전공사, MBN

처음에는 상품명을 감췄다가 서서히 공개하면서 궁금증을 유발하는 광고 전략을 무엇이라 하는가?

① PPL 광고
② 비넷 광고
③ 트레일러 광고
④ 티저 광고

해설
① 영화나 드라마의 장면에 상품이나 브랜드 이미지를 노출시키는 광고 기법
② 한 주제에 맞춰 다양한 장면을 짧게 보여주면서 강렬한 이미지를 주는 기법
③ 메인 광고 뒷부분에 다른 제품을 알리는 맛보기 광고. '자매품'이라고도 함

08
충북대학교병원

사람들의 관심을 끌기 위해 자극적인 것만 보도하는 저널리즘은?

① 팩 저널리즘
② 경마 저널리즘
③ 옐로 저널리즘
④ 블랙 저널리즘

해설
③ 옐로 저널리즘(Yellow Journalism) : 독자들의 호기심을 자극하고 끌어들이기 위해 선정적·비도덕적인 보도를 하는 형태이다. 황색언론이라고도 하며 범죄·스캔들·가십 등 원시적 본능을 자극하는 흥미 위주의 소재를 다룬다.
① 팩 저널리즘(Pack Journalism) : 취재 방법 및 시각이 획일적인 저널리즘으로 신문의 신뢰도 하락을 불러온다. 정부 권력에 의한 은밀한 제안 및 강압에 의해 양산된다.
② 경마 저널리즘(Horse Race Journalism) : 경마를 구경하듯 후보의 여론조사 결과 및 득표상황만을 집중보도하는 형태. 선거에 필요한 본질적인 내용보다는 흥미 위주의 보도를 한다.
④ 블랙 저널리즘(Black Journalism) : 숨겨진 사실을 드러내는 취재활동으로, 약점을 이용해 보도하겠다고 위협하거나 특정 이익을 위한 보도를 한다.

09
MBC

선거 보도 형태의 하나로 후보자의 여론조사 결과 및 득표 상황만을 집중적으로 보도하는 저널리즘은 무엇인가?

① 가차 저널리즘
② 경마 저널리즘
③ 센세이셔널리즘
④ 제록스 저널리즘

해설
① 유명 인사의 사소한 해프닝을 집중 보도
③ 스캔들 기사 등을 보도하여 호기심을 자극
④ 극비 문서를 몰래 복사하여 발표

10
국제신문, 한국노인인력개발원

다음 중 IPTV에 관한 설명으로 잘못된 것은 무엇인가?

① 방송·통신 융합 서비스이다.
② 영화·드라마 등 원하는 콘텐츠를 제공받을 수 있다.
③ 양방향 서비스이다.
④ 별도의 셋톱박스를 설치할 필요가 없다.

해설
IPTV의 시청을 위해서는 TV 수상기에 셋톱박스를 설치해야 한다.

11
한국산업단지공단, 한국마사회, MBC

언론에 보도하지 않는 것을 전제로 하여 기록에 남기지 않는 비공식 발언을 무엇이라 하는가?

① 엠바고
② 오프더레코드
③ 신디케이트
④ 스쿠프

해설
① 일정 시간까지 뉴스의 보도를 미루는 것
③ 여러 분야의 필자들이 공동으로 저작물을 배급하는 방식
④ 특종기사를 경쟁 관계에 있는 타사보다 앞서 보도하는 것

12
방송통신심의위원회

우리나라 최초의 텔레비전 상업 방송국은?

① 동양방송
② 경성방송
③ 한국방송
④ 대한방송

해설
우리나라에서 최초로 개국한 텔레비전 상업 방송국은 대한방송이다. 1956년에 설립되었으며 1961년에 방송이 중단되었다. 처음에는 격일제로 2시간씩 보도·오락 등 방송을 하였으나 적자를 이기지 못해 한국일보에 양도된다. 이후 방송시간을 확대하고 제작에 안정을 찾게 되었으나 1959년 원인 모를 화재로 사옥과 방송장비를 소실했다. 그리고 주한미군방송의 도움으로 방송을 이어갔으나 결국에 1961년 폐국하고 만다.

13. MBC, MBN, TBC, 조선일보
매스미디어의 이론 중 사회 영향력의 정도를 바라보는 관점이 다른 것 하나는?

① 탄환 이론
② 제한효과 이론
③ 문화계발효과 이론
④ 침묵의 나선 이론

해설
20세기에 매스미디어의 사회 영향력에 대한 연구가 계속되면서 매스미디어의 사회 영향력이 강하다는 강효과 이론과 매스미디어가 사회에 별 영향력을 끼치지 못한다는 약효과 이론이 나오게 됐다. 강효과 이론으로는 침묵의 나선 이론, 문화계발효과 이론, 탄환 이론 등이 있으며 약효과 이론으로는 제한효과 이론, 선별효과 이론, 2단계 유통 이론 등이 있다.

14. 한국마사회, MBC
숨겨진 사실을 드러내는 것으로 약점을 보도하겠다고 위협하거나 특정 이익을 위해 보도하는 저널리즘은 무엇인가?

① 블랙 저널리즘
② 뉴 저널리즘
③ 팩 저널리즘
④ 하이에나 저널리즘

해설
② 뉴 저널리즘 : 속보성과 단편성을 거부하고 소설의 기법을 이용해 심층적인 보도 스타일을 보이는 저널리즘
③ 팩 저널리즘 : 취재 방법 및 시각이 획일적인 저널리즘으로, 신문의 신뢰도 하락을 불러온다.
④ 하이에나 저널리즘 : 권력 없는 사람에 대해서 집중적인 매도와 공격을 퍼붓는 저널리즘

15. 한겨레, MBC, 공무원연금공단
다음 중 미디어렙에 관한 설명으로 옳지 않은 것은?

① Media와 Representative의 합성어이다.
② 방송사의 위탁을 받아 광고주에게 광고를 판매하는 대행사이다.
③ 판매 대행시 수수료는 따로 받지 않는다.
④ 광고주가 광고를 빌미로 방송사에 영향을 끼치는 것을 막아준다.

해설
미디어렙은 방송광고판매대행사로, 판매 대행 수수료를 받는 회사이다.

16. 언론중재위원회, KBS, CBS
다음 중 인정되지 않는 보도청구권은 무엇인가?

① 피해보도청구권
② 정정보도청구권
③ 반론보도청구권
④ 추후보도청구권

해설
언론에 의해 권익의 침해를 겪을 경우 그 형태에 따라 보도청구를 할 수 있다. 정정보도는 언론사가 사실관계를 잘못 파악하여 기사를 내보낸 경우 이것을 정정하도록 하는 것이며, 반론보도는 사실관계에는 문제가 없으나 자신의 입장을 피력하고 싶을 경우 요청할 수 있다. 추후보도는 보도 이후 재판상의 절차가 끝나고 자신의 명예를 회복할 필요가 있을 경우 요청하는 것이다.

17. SBS
다음 중 건물의 외벽에 LED 조명을 이용하여 영상을 표현하는 미술 기법은?

① 데포르마숑
② 미디어 파사드
③ 실크스크린
④ 옵티컬아트

해설
미디어 파사드(Media Facade)에서 파사드는 건물의 외벽을 의미하는 말로, 건물 외벽을 스크린처럼 이용해 영상을 표시하는 미술 기법을 말한다. LED 조명을 건물의 외벽에 설치하여 디스플레이를 구현한다. 옥외광고로도 이용될 수 있어, 통신망을 통해 실시간으로 광고판에 정보를 전달하는 디지털 사이니지(Digital Signage)의 한 종류로 분류된다.

18. MBC, YTN, MBC
기사 끝에 기자의 신상정보를 입력하는 곳을 무엇이라 하는가?

① 바이라인
② 발롱데세
③ 게이트키핑
④ 스핀닥터

해설
바이라인(By Line)이란 기사 끝에 기자의 신상정보를 입력할 수 있는 공간이다.
② 의도적으로 정보를 흘려 여론의 반응을 살피는 것이다. 기상관측을 위해 띄우는 기구에서 따온 말이다.
③ 언론사 데스크에서 기자들이 써온 뉴스를 취사선택하여 전달하는 것이다.

19
YTN

청암언론문화재단에서 주관하며 언론민주화에 기여한 인물에게 수여하는 상의 이름은?

① 최은희여기자상　② 한국기자상
③ 엠네스티언론상　④ 송건호언론상

해설
2001년 세상을 떠난 언론인 송건호의 뜻을 기리기 위해 제정된 송건호언론상은 그의 호인 청암(靑巖)에서 이름을 따 발족한 청암언론문화재단에서 주관하고 있다. 송건호는 동아일보의 편집국장을 역임했으며, 1975년 동아사태 이후 퇴직하여 해직기자들과 월간지 〈말〉을 창간했고, 일간지 〈한겨레〉의 창간을 주도했다.

20
CBS

내용은 보도해도 되지만 취재원을 밝혀서는 안 되는 것을 뜻하는 취재용어는?

① 백그라운드브리핑
② 딥백그라운드
③ 오프더레코드
④ 엠바고

해설
딥백그라운드(Deep Background)는 취재원을 인터뷰한 내용을 쓸 때 특별한 경우를 제외하고 취재원 정보를 보도하지 않거나 익명으로 보도하는 관례이다. 일반적인 보도가 온더레코드(On The Record) 즉, 기자가 신분을 밝히고 취재원·정보원으로부터 얻은 정보는 원칙적으로 보도하는 것을 전제로 한다면, 딥백그라운드는 익명의 제보자를 뜻하는 딥스로트(Deep Throat)의 신변보호를 위해 취재원의 정보를 공개하지 않는다.

21
연합뉴스TV

유료 방송 시청자가 OTT 등 새로운 방송 플랫폼으로 이동하는 현상은?

① 빈지워칭　② 빈지뷰잉
③ 코드커팅　④ 코드제로

해설
코드커팅(Cord-cutting)은 'TV 선 자르기'로, 케이블TV 가입을 해지하고 인터넷TV나 동영상 스트리밍 서비스 등으로 옮겨가는 것을 말한다. 기존 통신 및 방송사가 아닌 새로운 사업자가 인터넷으로 드라마나 영화 등 다양한 미디어 콘텐츠를 제공하는 서비스인 OTT(Over The Top)의 발달에 따른 것이다. TV 선을 자르지 않고 OTT 서비스에 추가로 가입하는 것을 '코드스태킹(Cord-stacking)'이라고 한다.

22
서울시복지재단

일정시간까지 뉴스의 보도를 미루는 것을 뜻하는 미디어 용어는?

① 게이트키핑　② 발롱데세
③ 엠바고　　　④ 스쿠프

해설
엠바고(Embargo)는 본래 특정국가에 대한 무역·투자 등의 교류 금지를 뜻하지만 언론에서는 뉴스기사의 보도를 한시적으로 유보하는 것을 말한다. 즉, 정부기관 등의 정보제공자가 뉴스의 자료를 제공하면서 일정시간까지 공개하지 말 것을 요구할 경우 그때까지 보도를 미루는 것이다. 흔히 '엠바고를 단다'고 하며 정보제공자 측과의 관계를 고려하여 되도록 지켜주는 경우가 많다.

23
대전MBC

다음 중 재난보도준칙이 제정된 계기가 된 사건·사고는?

① 4·16 세월호참사
② 4·19 민주화운동
③ 11·23 연평도포격전
④ 10·29 이태원참사

해설
재난보도준칙은 언론이 재난에 관한 보도를 할 때, 국민에게 사회적 혼란이나 불안을 야기하지 않도록 노력하고 재난수습에 지장을 주거나 개인의 인권을 침해하지 않도록 유의하자는 내용의 준칙이다. 2014년 4월 16일 발생한 세월호 침몰사고를 계기로 한국기자협회가 제정했다.

24
한국폴리텍대학

최근 미디어 업계에서 '투자 이상의 수익을 냈다'는 의미로 사용되는 용어는?

① 리쿱　　　　② 모멘텀
③ 리드 스코어링　④ 아웃바운드

해설
리쿱(Recoup)은 본래 '쓴 돈을 되찾다'라는 의미로서, 최근 콘텐츠·미디어업계에서는 제작하고 론칭한 드라마·영화 등의 콘텐츠가 투자 금액 이상의 성과를 낸 것을 의미하는 용어로 쓰인다. 우리나라가 제작한 드라마, 영화, K-POP 등 콘텐츠가 세계시장에서 인기를 얻으면서 리쿱과 수익률을 의미하는 '리쿱 비율'이 자주 쓰이는 용어가 됐다.

정답

01 ④	02 ②	03 ④	04 ①	05 ②	06 ③	07 ④
08 ③	09 ②	10 ④	11 ②	12 ④	13 ②	14 ①
15 ③	16 ①	17 ②	18 ①	19 ④	20 ②	21 ③
22 ③	23 ①	24 ①				

SECTION 03 스포츠

PART 6 문화

» Theme 1 «
스포츠 일반

제1장 스포츠 일반

★★★★

001 근대 5종 경기
국민체육진흥공단, MBC

☐ 한 경기자가 사격, 펜싱, 수영, 승마, 크로스컨트리(육상) 등의 5종목을 겨루어, 각 종목의 정해진 계산법으로 점수를 합산한 뒤 종합 점수로 순위를 매기는 경기

근대 5종 경기는 원래 병사들의 종합 능력을 테스트할 목적으로 만들어졌다. 오랜 역사를 가진 종목으로 고대 그리스의 올림픽(BC 708년)까지 거슬러 올라간다. 1일 동안 펜싱, 수영, 승마, 복합(사격+육상) 경기 등 5개 종목을 순서대로 진행하며, 각 종목별 기록을 근대 5종 점수로 바꾸었을 때 총득점이 가장 높은 선수가 우승한다. '근대 5종'이라는 이름으로 1912년 제5회 올림픽 경기대회 때부터 정식 종목으로 채택되었다.

상식 plus⁺

고대 5종 경기
고대 올림픽에서 실시하던 종목으로 멀리뛰기, 원반던지기, 창던지기, 달리기, 레슬링의 다섯 종목을 말한다. 이 순서에 따라 경기가 진행되었으며, 이것이 근대 5종 경기로 발전하였다.

002 드래프트시스템 Draft System

★★★

대구시설공단

☐ 신인 선수를 선발하는 제도

일정한 기준에서 입단할 선수들을 모은 뒤 각 팀의 대표가 선발회를 구성, 각 팀이 후보자를 1회씩 순차적으로 뽑는 선발 방법이다. 이를 통해 스카우트 경쟁을 방지하고 우수 선수를 균형 있게 선발해 각 팀의 실력 평준화와 팀 운영의 합리화를 꾀한다. 원래는 야구 용어였으나 현재는 배구, 축구, 농구 등 스포츠 분야에서 광범위하게 사용되고 있다.

상식 plus+

드래프트 로터리 시스템

플레이오프에 진출하지 못한 팀이 모여 제비뽑기를 하고, 성적이 낮은 순으로 1번픽이 당첨될 수 있는 높은 확률을 부여받는다. 그래서 1번부터 3번까지 정해진 뒤 나머지 픽은 성적의 역순으로 정해진다.

> **플레이오프(Play Off)**
> 운동 경기에서, 지역 우승 팀끼리 싸워 각 리그의 우승을 결정하기 위해 치르는 우승 결정전. 처음에는 정식 시즌이 끝난 뒤 리그 승자를 가리지 못했을 때만 치르는 경기였으나. 정규 시즌보다 주목도가 높아 관중들에게 인기를 끌면서 점점 보편화되었다. 그 때문에 상업적인 여러 스포츠에서 플레이오프 제도를 도입하고 있다.

003 와일드카드 Wild Card

★★★

경기방송, SBS

☐ 스포츠 종목에서 출전 자격을 얻지 못했지만, 특별히 출전이 허용되는 선수나 팀

와일드카드란 원래 카드 게임에서 '아무 카드나 대용으로 쓸 수 있는 카드', '동시에 다양한 용도로 쓰이는 카드'를 말한다. 여기서 의미가 확장되어 야구, 축구, 테니스 등 스포츠 종목에서 출전 자격을 얻지 못했지만, 특별히 출전이 허용되는 선수나 팀을 일컫는 말로도 사용되고 있다.

004 샐러리캡 Salary Cap

★★

부평구문화재단

☐ 스포츠 팀의 전체 소속 선수의 연봉 총액에 상한선을 두는 제도

샐러리캡(Salary Cap)은 팀에 소속된 전체 선수의 연봉 총액에 상한선을 두는 제도로 미국프로농구협회(NBA)에서 먼저 도입됐다. 스포츠 스타들의 몸값이 과도하게 상승하는 것을 막아 구단이 적자로 운영되는 것을 방지하고, 부유한 구단들이 유명 선수를 독점하여 구단끼리의 격차가 지나치게 벌어지는 것을 막기 위함이다.

005 노히트노런 No Hit No Run

한국농어촌공사

☐ 야구에서 투수가 상대팀에게 한 개의 안타도 허용하지 않고 승리로 이끈 게임

한 명의 투수가 선발로 출전하여 안타와 득점을 허용하지 않은 게임을 말한다. 안타가 아닌 실책, 볼넷, 사구 등으로 인한 출루는 허용해도 상관없지만 이로 인해 득점을 허용했을 경우에는 노히트노런 게임으로 인정되지 않는다.

상식 plus⁺

국내프로야구 노히트노런 기록

- 방수원(해태) 1984. 5. 5 광주 삼미전
- 김정행(롯데) 1986. 6. 5 사직 빙그레전
- 장호연(OB) 1988. 4. 2 사직 롯데전
- 이동석(빙그레) 1988. 4. 17 광주 해태전
- 선동열(해태) 1989. 7. 6 광주 삼성전
- 이태일(삼성) 1990. 8. 8 사직 롯데전
- 김원형(쌍방울) 1993. 4. 30 전주 OB전
- 김태원(LG) 1993. 9. 9 잠실 쌍방울전
- 정명원(현대) 1996. 10. 20 인천 해태전(한국시리즈 노히트노런)
- 정민철(한화) 1997. 5. 23 대전 OB전
- 송진우(한화) 2000. 5. 18 광주 해태전
- 찰리 쉬렉(NC) 2014. 6. 24 잠실 LG전
- 마야(두산) 2015. 4. 9 잠실 넥센전
- 보우덴(두산) 2016. 6. 30 잠실 NC전
- 맥과이어(삼성) 2019. 4. 21 대전 한화전

006 퍼펙트게임 Perfect Game

부산교통공사, 한겨레

☐ 야구에서 투수가 상대팀에게 한 개의 진루도 허용하지 않고 승리로 이끈 게임

한 명의 투수가 선발로 출전하여 단 한 명의 주자도 출루하는 것을 허용하지 않은 게임을 말한다. 국내 프로야구에서는 아직 달성한 선수가 없으며, 120년 역사의 메이저리그에서도 단 24명만이 퍼펙트게임을 기록했다.

상식 plus⁺

연장 10회 노히트노런

9회까지 노히트노런을 기록하다가 0 : 0 상황이 계속되어 10회로 경기가 넘어가 안타를 맞았을 경우 노히트노런은 인정되지 않는다. 노히트노런과 퍼펙트게임은 투수의 완투승으로 경기가 종료되는 시점에 성립된다.

007 염소의 저주 Curse of the Billy Goat

□ 미국 프로야구 메이저리그의 팀인 '시카고 컵스'의 징크스

1945년 경기에 염소를 데리고 입장하려 했던 관중인 빌리 시아니스(Billy Sianis)는 컵스에 의해 입장을 거부당했다. 그가 "다시는 컵스가 우승하지 못할 것이다"라는 말을 남기고 사라진 후 시카고 컵스는 1945년 이후에는 월드시리즈 무대조차 밟지 못하는 등 1908년 이후 100년이 넘도록 월드시리즈에서 우승하지 못했고, 이러한 이름의 징크스가 생겼다. 그러다 시카고 컵스는 2016년에 클리블랜드 인디언스를 꺾고 1908년 이후 무려 108년만에 우승하여 '드디어 염소의 저주가 깨졌다'며 환호했다.

008 자동투구판정시스템 ABS

□ 야구에서 스트라이크와 볼을 자동으로 판정하는 시스템

야구에서 카메라·레이더를 활용하여 투수가 던지는 공의 궤적을 추적해 스트라이크와 볼을 자동으로 판정하는 시스템이다. 우리나라 KBO리그에서 세계 최초로 도입했다. 그간 스트라이크·볼 판정이 주심의 육안에 의존해왔기 때문에 스트라이크존이 일정하지 않고 오심이 발생할 여지가 많아 판정시비가 잦았다. 이를 해결하기 위해 2024년부터 KBO는 ABS를 정식으로 도입했다. ABS가 판정결과를 주심에게 무선이어폰을 통해 전달하면 주심이 이를 외치게 된다.

009 해트트릭

□ 축구 경기에서 1명의 선수가 1경기에서 3득점을 하는 것

1명의 선수가 1경기에서 3득점을 하는 것을 말한다. 크리켓(Cricket)에서 3명의 타자를 연속으로 삼진 아웃시킨 투수에게 그 명예를 기리는 뜻으로 선물한 모자(Hat)에서 유래한 이름이다.

010 리베로 Libero

★★★

수원시 공공기관 통합채용, SBS

☐ 배구와 축구에서 수비를 전담하거나 수비에 특화된 포지션

리베로는 이탈리아어로 '자유인'이라는 뜻으로, 배구나 축구에서 수비만을 전문으로 하는 선수를 말한다. 배구의 경우 경기 중 1명의 리베로가 후위에 위치하며, 득점은 규정상 불가능하고 오로지 수비와 서브리시브만 플레이할 수 있다. 축구에서는 '스위퍼(Sweeper)'라고도 불리며 골키퍼 바로 앞에 위치해 최후방 수비를 담당하나, 경우에 따라서는 자유롭게 공격에 가담하기도 한다.

제 2 장 주요 경기

011 국궁과 양궁

★★★★

한겨레, 조선일보

☐ 국궁은 우리나라의 전통 활을 쏘는 경기, 양궁은 서양에서 유래된 활을 쏘는 경기

활은 인류가 생존을 위해 만든 수렵의 도구로서 역사가 흐르면서 전쟁의 도구, 스포츠, 수련의 도구로 사용되었다.

국궁(國弓)	구분	양궁(洋弓)
전통 활은 물소뿔, 소힘줄, 뽕나무, 민어부레풀 등을 이용하여 제작되며 보급형인 개량궁은 인조뿔과 나무 등을 합성하여 만든다.	활의 재료	라스파이버와 대나무 등을 합성한 소재를 이용하여 만들며 첨단 소재 등으로 계속 발전·변형된다.
화살은 활의 오른쪽(활을 기준으로 화살 당기는 손의 방향)	화살 위치	화살은 활의 왼쪽(활을 기준으로 화살 당기는 손의 반대 방향)
화살은 어깨까지 당긴다.	시위	화살은 턱의 위치까지 당긴다.
원시궁 그대로를 유지해야 하므로 아무것도 부착되지 않아야 한다.	보조장치	안정장치, 회전비행보정기, 조준기, 무게조절기 등의 인위적인 장치가 부착되어 명중률을 가중시킨다.
145m	과녁 거리	30~90m
과녁 어느 부분을 맞더라도 점수는 같다.	점수	표적판의 색깔에 따라 점수가 다르다. (노란색 9~10점, 빨간색 7~8점, 파란색 5~6점, 검정색 3~4점, 하얀색 1~2점)
6자 6치(2m), 8자 8치(2.67m) 중 하나를 사용하며, 모양은 직사각형이다.	과녁 규격	50m까지는 지름 80cm, 그 이상에서는 지름 122cm의 원형 타깃을 사용한다.

012 골프 Golf

☐ 골프채(Club)로 공을 쳐서 가장 적은 타수로 홀에 넣는 것으로 순위를 가리는 경기

각 홀마다 승패를 결정하는 매치 플레이(Match Play)와 정규 라운드에서 최소 타수를 기록한 선수가 우승하는 스트로크 플레이(Stroke Play), 각 홀의 1위 선수가 홀마다 걸린 상금을 획득하는 방식인 스킨스 게임(Skins Game)이 있다. 골프채는 골프 클럽(Golf Club)이라고 하는데 한 경기에서 사용할 수 있는 클럽은 14개 이하이며, 상황에 따라 드라이버(Driver), 우드(Wood), 아이언(Iron), 웨지(Wedge), 퍼터(Putter) 등을 사용한다.

우드와 아이언
타구면이 있는 골프채의 머리 부분이 나무로 된 것은 우드, 쇳덩이로 된 것은 아이언이라 한다. 우드는 볼을 멀리 보내기 위한 클럽이고 아이언은 알맞은 거리에 따라 골라 쓰는 클럽으로, 우드가 아이언보다 길다.

상식 plus⁺

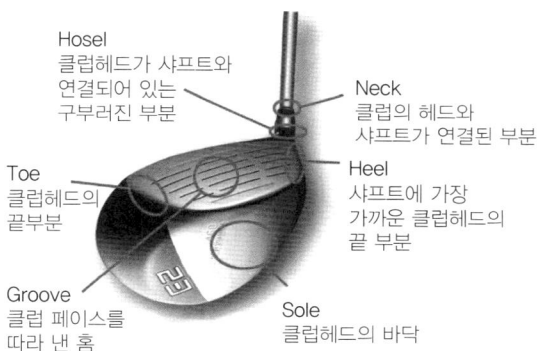

⟨HEAD⟩

- 갤러리(gallery) : 골프 경기의 관중
- 그로스(gross) : 라운드의 총 스트로크 수
- 네트(net) : 총 타수에서 자기 핸디캡을 뺀 스코어
- 더블 보기(double bogey) : 파보다 2타 많은 타수
- 도그레그(dog-leg) : 활처럼 휘어진 홀
- 러프(rough) : 페어웨이 바깥쪽의 잡초 지대
- 버디(birdie) : 파보다 1타 적은 타수
- 보기(bogey) : 파보다 1타 많은 타수
- 벙커(bunker) : 코스 안에 있는 인공 모래사장. 장애물 지역으로 해저드의 일종
- 부비(booby) : 최하위 또는 최하위에서 두 번째 성적을 일컫는 말
- 스크래치(scratch) : 핸디캡을 붙이지 않는 일
- 스타이미(stymie) : 공과 홀 중간에 있는 방해물
- 아웃(out) : 18개 홀 가운데 1~9번까지 전반의 9개 홀
- 인(in) : 18개 홀 가운데 10~18번까지 후반의 9개 홀
- 아웃 오브 바운즈(out of bounds) : 코스 이외의 플레이 금지구역. 줄여서 OB라고 함
- 앨버트로스(albatross) : 파보다 3타 적은 타수
- 어프로치(approach) : 가까운 거리에서 핀을 향해 모아 치는 일

- 언더파(under par) : 18홀을 규정된 타수인 파 72 이하로 한 바퀴 도는 일. 적은 타수로 한 홀을 끝내는 일
- 온(on) : 그린에 공이 얹혀 멈추는 것
- 이글(eagle) : 파보다 2타 적은 타수
- 캐디(caddie) : 플레이어의 골프채(클럽)를 운반하는 사람
- 캐리(carry) : 쳐낸 공이 공중에 머물러 있는 거리
- 쿼드러플보기(quadruple bogey) : 파보다 4타 많은 타수
- 트리플보기(triple bogey) : 파보다 3타 많은 타수
- 티샷(tee shot) : 티 그라운드에서 하는 샷. 제1타
- 파(par) : 각 홀의 표준 타수
- 핀(pin) : 홀에 꽂는 푯대
- 핸디캡(handicap) : 스코어 평균화를 위한 표준타수. 보통 줄여서 핸디라고 함
- 홀인원(hole in one) : 티샷이 그대로 홀에 들어가는 경우

013 육상경기

인간의 가장 기본적인 동작인 달리기, 뛰기, 던지기 등을 활용해서 만든 스포츠

육상경기는 고대올림픽이 사라진 후 중세 시대까지는 치러지지 않다가 1896년 쿠베르탱 남작이 근대 올림픽을 부활시킴으로써 다시 시행되었다.

육상경기의 종류		세부종목
트랙경기	단거리달리기	100m, 200m, 400m
	중거리달리기	800m, 1500m
	장거리달리기	5000m, 10000m
	장애물달리기	100m(여), 110m(남), 200m, 400m, 3000m
	이어달리기	400m, 800m, 1600m
필드경기	도약경기	멀리뛰기, 높이뛰기, 세단뛰기, 장대높이뛰기
	투척경기	창던지기, 원반던지기, 포환던지기, 해머던지기
혼성경기	3종 경기	100m 달리기, 포환던지기, 높이뛰기
	5종 경기	멀리뛰기, 원반던지기, 200m 달리기, 창던지기, 1500m 달리기
	10종 경기	100m 달리기, 멀리뛰기, 포환던지기, 높이뛰기, 400m 달리기, 110m 허들, 창던지기, 장대높이뛰기, 원반던지기, 1500m 달리기
도로경기		20km 경보, 50km 경보, 마라톤

*올림픽 제외 종목 : 200m 장애물 달리기, 800m 이어달리기

014 봅슬레이 Bobsleigh

★★★

조선일보, SBS

☐ 브레이크와 핸들이 장착된 썰매를 타고 눈과 얼음으로 만든 트랙을 활주하는 스포츠

특수 고안된 썰매 형태의 원통형 기구를 타고 얼음으로 덮여 있는 좁고 구불구불하며 경사진 트랙을 중력을 이용해 빠르게 미끄러져 내려가면서 가장 빨리 골인 지점에 도착하는 것을 목표로 하는 겨울 스포츠이다. 출발할 때는 전원이 썰매를 밀어 추진력을 얻은 후 순서대로 썰매에 탑승한다. 맨 앞의 선수가 방향 조절, 가장 늦게 타는 선수가 브레이크맨 역할을 한다.

015 스켈레톤 Skeleton

★★★

MBN, SBS

☐ 엎드린 자세로 썰매를 타고 빙판 트랙을 활주하는 스포츠

북아메리카 원주민들이 겨울에 짐을 운반하기 위해 이용하던 썰매에서 유래했는데, 이를 스위스에서 스포츠 경기로 발전시킨 것이다. 1928년 스위스 동계올림픽에서 정식 종목으로 채택된 후 중단과 복귀를 반복했다. 2002년부터 정식 종목으로 복귀한 뒤 유지되고 있는 상태이다. 그리고 이때부터 여자 종목도 추가되었다.

016 트라이애슬론 Triathlon

★★★★

조선일보, 국민일보

☐ 수영, 사이클, 마라톤의 세 가지 종목을 완주하는 시간을 겨루는 종목

인간 체력의 한계에 도전하는 경기로 바다 수영(3.9km), 사이클(180km), 마라톤(42.195km) 등 3개 종목을 쉬지 않고 이어서 한다. 1978년 하와이에서 처음으로 국제 대회가 열렸으며, 2000년 시드니 올림픽의 정식 종목으로 채택되었다. 제한 시간(17시간) 내에 완주하면 철인(Iron Man) 칭호가 주어진다.

017 테니스 Tennis

세종시설관리공단, KBS, SBS

☐ 네트를 사이에 두고 라켓으로 공을 쳐 넘겨 득점을 겨루는 경기

1896년 제1회 아테네 올림픽에서 정식 경기 종목으로 채택되었으나, 프로 선수의 참가가 문제되어 1928년 암스테르담 올림픽 때 경기 종목에서 제외되었다가 1988년 제24회 서울 올림픽에서 다시 정식 경기 종목으로 부활되어 현재에 이르고 있다.

상식 plus⁺

테니스의 점수

테니스 경기는 '포인트-게임-세트-매치'의 4단계로 구성된다. 보통 4포인트를 먼저 얻으면 1게임을 이기게 된다. 이때 4포인트 각각을 부르는 이름이 독특한데, 0포인트는 Love, 1포인트는 fifteen, 2포인트는 thirty, 3포인트는 forty라고 하며, 4포인트를 먼저 얻을 경우 Game이라고 하여 1게임을 이기게 된다. 이런 식으로 6게임을 먼저 이기면 1세트를 이기게 된다. 그리고 2세트를 먼저 이겨야 경기의 승자가 된다.

018 펜싱 Fencing

한국소비자원, SBS

☐ 검으로 찌르기, 베기 등의 기술을 사용하여 겨루는 스포츠

유럽에서 유래하였으며, 국제 표준 용어는 모두 프랑스어가 사용된다. 사용하는 검에 따라 플뢰레, 에페, 사브르의 3종류가 있으며, 남녀 개인전과 단체전이 있다.

플뢰레 (Fleuret)	프랑스어의 꽃을 뜻하는 fleur에서 나온 말로 칼날의 끝이 꽃처럼 생겨서 붙여졌다. 플뢰레는 심판의 시작 선언 후 먼저 공격적인 자세를 취한 선수에게 공격권이 주어진다. 공격을 당한 선수는 반드시 방어해야만 공격권을 얻을 수 있으며 유효 타깃은 얼굴, 팔, 다리를 제외한 몸통이다.
에페 (Epee)	창, 검 등을 의미하는 그리스어에서 유래했다. 에페는 먼저 찌르는 선수가 득점을 하게 된다. 마스크와 장갑을 포함한 상체 모두가 유효 타깃이며 하체를 허리 부분부터 완벽하게 가릴 수 있는 에이프런 모양의 전기적 감지기 옷이 준비되어 있다. 에페는 빠르게 찌르는 선수가 점수를 얻지만 1/25초 이내에 서로 동시에 찌를 경우는 둘 다 점수를 얻는다.
사브르 (Sabre)	검이란 뜻으로 베기와 찌르기를 겸할 수 있는 검을 사용한다. 베기와 찌르기가 동시에 가능하다. 유효 타깃은 허리뼈보다 위이며 머리와 양팔도 포함된다.

Theme 2
국제대회 및 주요 리그

제1장 국제대회 및 리그

★★★★★

019 하계 올림픽 경기 대회 Olympic Games
대한장애인체육회, SBS, KBS

☐ 각 대륙에서 모인 선수들이 스포츠 경기를 하는 국제 스포츠 대회

2년마다 하계 올림픽과 동계 올림픽이 번갈아 열리며, 국제올림픽위원회(IOC)가 감독한다. 1894년에 IOC가 창설되어, 1896년 그리스 아테네에서 제1회 올림픽이 열렸다. 현존하는 거의 모든 국가가 참여할 정도로 그 규모면에서 세계 최고의 대회이다.

국제올림픽위원회(IOC)
IOC는 올림픽 운동의 감독 기구로, 조직과 활동은 올림픽 헌장을 따른다. 또한 IOC는 올림픽 개최 도시를 선정하며, 각 올림픽 대회마다 열리는 올림픽 종목도 IOC에서 결정한다.

하계 올림픽		
회	연도	개최지
35회	2032년	호주 브리즈번
34회	2028년	미국 로스앤젤레스
33회	2024년	프랑스 파리
32회	2021년	일본 도쿄
31회	2016년	브라질 리우데자네이루
30회	2012년	영국 런던
29회	2008년	중국 베이징
28회	2004년	그리스 아테네
27회	2000년	호주 시드니
26회	1996년	미국 애틀랜타
25회	1992년	스페인 바르셀로나
24회	1988년	대한민국 서울
23회	1984년	미국 LA
22회	1980년	소련 모스크바
21회	1976년	캐나다 몬트리올
20회	1972년	독일 뮌헨
19회	1968년	멕시코 멕시코시티
18회	1964년	일본 도쿄

17회	1960년	이탈리아 로마
16회	1956년	호주 멜버른
15회	1952년	핀란드 헬싱키
14회	1948년	영국 런던
13회	1944년	2차 세계대전으로 무산
12회	1940년	
11회	1936년	독일 베를린
10회	1932년	미국 LA
9회	1928년	네덜란드 암스테르담
8회	1924년	프랑스 파리
7회	1920년	벨기에 앤트워프
6회	1916년	1차 세계대전으로 무산
5회	1912년	스웨덴 스톡홀름
4회	1908년	영국 런던
3회	1904년	미국 세인트루이스
2회	1900년	프랑스 파리
1회	1896년	그리스 아테네

상식 plus⁺

오륜기

올림픽을 상징하는 기(旗). 흰 바탕에 청색, 황색, 흑색, 녹색, 적색의 고리 다섯 개를 겹쳐 놓아 오대주의 평화와 협력을 상징한다. 1914년에 쿠베르탱의 고안으로 제정하였다.

올림픽 표어

올림픽 표어는 '보다 빠르게, 보다 높게, 보다 강하게'이다.

020 동계 올림픽 경기 대회

한국문화예술위원회, 대한장애인체육회

☐ 1924년 이후 4년마다 개최되고 있는 겨울 올림픽

동계 올림픽은 4년마다 개최되는 겨울 스포츠 종합 국제 대회이다. 포함되는 종목들이 차가운 기후 조건을 필요로 하기 때문에 보통 2월에 열린다. 1924년에 제1회 동계 올림픽이 프랑스 샤모니에서 열렸으며, 2018년 우리나라의 강원도 평창에서 제23회 동계 올림픽이 열렸다. 하계 올림픽에 비하여 동계 올림픽은 그 규모가 작다. 종목 역시 '동계'라는 환경 조건에서 가능한 것들만 속해 있다. 대표적으로 피겨 스케이팅, 봅슬레이, 쇼트트랙, 스키, 아이스하키 등이 있다.

동계 올림픽		
회	연도	개최지
27회	2034년	미국 솔트레이크시티
26회	2030년	프랑스 알프스
25회	2026년	이탈리아 밀라노, 코르티나담페초
24회	2022년	중국 베이징
23회	2018년	대한민국 평창
22회	2014년	러시아 소치
21회	2010년	캐나다 밴쿠버
20회	2006년	이탈리아 토리노
19회	2002년	미국 솔트레이크시티
18회	1998년	일본 나가노
17회	1994년	노르웨이 릴레함메르
16회	1992년	프랑스 알베르빌
15회	1988년	캐나다 캘거리
14회	1984년	유고슬라비아 사라예보
13회	1980년	미국 레이크플래시드
12회	1976년	오스트리아 인스부르크
11회	1972년	일본 삿포로
10회	1968년	프랑스 그르노블
9회	1964년	오스트리아 인스부르크
8회	1960년	미국 스쿼밸리
7회	1956년	이탈리아 코르티나담페초
6회	1952년	노르웨이 오슬로
5회	1948년	스위스 생모리츠
	1944년	2차 세계대전으로 무산
	1940년	
4회	1936년	독일 가르미슈파르텐키르헨
3회	1932년	미국 레이크플래시드
2회	1928년	스위스 생모리츠
1회	1924년	프랑스 샤모니

021 패럴림픽 Paralympic

대전도시철도공사, KBS, EBS

☐ 장애가 있는 운동선수가 참가하는 국제 스포츠 대회

1988년 서울 올림픽대회 이후부터 매 4년마다 올림픽이 끝나고 난 후 올림픽을 개최한 도시에서 국제패럴림픽위원회(IPC)의 주관으로 열린다. 원래 패럴림픽은 척추 상해자들끼리의 경기에서 비롯되었기 때문에 Paraplegic(하반신 마비)과 Olympic(올림픽)의 합성어였지만, 다른 장애인들도 경기에 포함되면서, 현재는 그리스어의 전치사 Para(나란히)를 사용하여 올림픽과 나란히 개최됨을 의미한다.

장애인
대한민국에서의 법적인 공식 용어는 장애인이다. 장애우로 순화하여 장애를 가진 사람을 친근하게 불러주자는 것 자체가 이미 장애인에 대한 동정을 전제로 한다는 시각이 있어 장애인으로 쓰는 것이 옳다.

역대 하계 패럴림픽 개최지

회	연도	하계 개최국(도시)
19회	2032년	호주(브리즈번)
18회	2028년	미국(로스앤젤레스)
17회	2024년	프랑스(파리)
16회	2020년	일본(도쿄)
15회	2016년	브라질(리우데자네이루)
14회	2012년	영국(런던)
13회	2008년	중국(베이징)
12회	2004년	그리스(아테네)
11회	2000년	호주(시드니)
10회	1996년	미국(애틀란타)
9회	1992년	스페인(바르셀로나)
8회	1988년	대한민국(서울)
7회	1984년	미국(뉴욕), 영국(스토크맨더빌)
6회	1980년	네덜란드(아른헴)
5회	1976년	캐나다(토론토)
4회	1972년	서독(하이델베르크)
3회	1968년	이스라엘(텔아비브)
2회	1964년	일본(도쿄)
1회	1960년	이탈리아(로마)

022 골프 4대 메이저 대회

구분	4대 메이저대회
PGA	• PGA 챔피언십(PGA Championship, 1916) • US 오픈(US Open, 1895) • 브리티시 오픈(British Open, 1860) • 마스터스(Masters, 1930)
LPGA	• AIG 브리티시 여자오픈 • US 여자오픈 • KPMG 위민스 PGA 챔피언십(구 LPGA챔피언십) • ANA 인스퍼레이션(구 크래프트 나비스코 챔피언십)

LPGA
국가 명칭 약자를 앞에 붙여 KLPGA(한국), JLPGA(일본) 등으로 부르지만, 미국의 경우는 국가 명칭 약자를 생략하고 LPGA라고 한다.

상식 plus⁺

그린 재킷
마스터스 대회에서 우승자에게 입혀주는 옷이다. 1950년부터 시상식에서 전년도 우승자가 그린재킷을 입혀주는 세레모니가 정례화되었고, 2년 연속 우승했을 경우는 오거스타 내셔널GC의 회장이 직접 재킷을 입혀 준다.

라이더컵
유럽에서 2년마다 개최되는 미국과 유럽의 남자 골프 대회이다. 1927년 시작된 후 제2차 세계대전 때 6년 동안 중단된 적이 있을 뿐 2년마다 미국과 유럽을 오가며 빠짐없이 열렸다. 대회 이름은 영국인 사업가 새뮤얼 라이더(Samuel Ryder)가 순금제 트로피를 기증한 것을 기념해서 붙였다.

프레지던츠컵
미국과 유럽을 제외한 인터내셔널팀 사이의 남자 프로골프 대항전이다. 2년마다 열리는 라이더컵이 개최되지 않는 해에 열린다.

023 세계 4대 메이저 테니스 대회

★★★★

스튜디오S, 한국일보, KBS

☐ 윔블던(Wimbledon), 전미 오픈(US Open), 프랑스 오픈(French Open), 호주 오픈(Australian Open)

4대 메이저 대회 모두 국제테니스연맹(ITF)이 주관하며, 이 4개 대회에서 그 해에 모두 우승할 경우 그랜드슬램(Grand Slam)을 달성했다고 한다.

대회	내용
윔블던 (Wimbledon)	가장 오랜 역사를 지닌 테니스 대회이며 정식 명칭은 All England Tennis Championship으로 전영 오픈이라고 불리기도 한다. 1877년 제1회 대회가 개최되었고, 1968년 프로들에게 본격적으로 오픈되었다. 경기는 잔디코트에서 진행된다.
US 오픈 (US Open)	1881년 US National Championships라는 이름으로 시작하여 1965년 US 오픈으로 이름을 바꿨다. 시즌 한 해를 마감하는 매년 9월경 개최되며 총상금이 가장 많은 대회이기도 하다. 경기는 하드코트에서 진행된다.
프랑스 오픈 (French Open)	1891년 출범해서 1968년부터는 프로들에게도 오픈되었다. 경기는 클레이코트에서 진행되며 프랑스 오픈이라는 명칭보다 클레이코트 대회라는 이미지로 더 많이 알려져 있다.
호주 오픈 (Australian Open)	1905년에 개최되었으며 1969년에 프로 선수들에게 오픈되었다. 역사가 짧고 상금이 낮아 톱시드의 선수들 참가가 저조한 편이다. 경기는 하드코트에서 진행된다.

하드코트
표면을 아스팔트나 콘크리트 등의 견고한 재질로 만든 코트로 탄력성이 거의 없다.

클레이코트
표면을 점토(clay)로 만든 코트로 흙 재질에 가깝고 탄력성이 매우 크다.

024 세계 4대 모터쇼

★★

조선일보

☐ 프랑크푸르트, 디트로이트, 파리, 도쿄 모터쇼

세계 최초의 모터쇼는 1897년 독일에서 열린 프랑크푸르트 모터쇼이다. 그 후 세계 각국에서 모터쇼를 개최하였는데, 그중에서 1898년 처음 개최된 프랑스의 파리 모터쇼, 1907년 처음 개최된 미국의 디트로이트 모터쇼, 1954년 처음 열린 일본의 도쿄 모터쇼를 통틀어, 세계 4대 모터쇼라고 부른다. 여기에 제네바 모터쇼를 합해 세계 5대 모터쇼로 부르기도 한다.

모터쇼
주요 자동차 메이커들이 새로운 기술과 디자인을 선보이는 자리이다. 현재 가장 잘 팔리고 있는 차뿐만 아니라 앞으로 3~4년 안에 나올 자동차도 '컨셉트카' 형태로 미리 공개된다.

상식 plus⁺

- **파리 오토살롱** : 가장 많은 차종이 출품된다는 점에서 '자동차 세계 박람회'로 불리기도 한다. 화려한 컨셉트카나 쇼카 전시를 피하고 양산차 위주로 진행된다.
- **프랑크푸르트 모터쇼** : 자동차 기술을 선도하는 독일 메이커들이 중심이 되어 기술적 측면이 강조된 테크니컬쇼로 이름 높다. 또 홀수 해에는 승용차 중심, 짝수 해에는 상용차 모터쇼가 열린다.

- **디트로이트 모터쇼** : 1989년부터 명칭을 북미국제모터쇼로 변경하였다. 미국에서 유일하게 세계자동차공업연합회(OICA)가 공인한 모터쇼로, 승용차와 컨셉트카 위주로 매년 연초에 열려 그해 세계 자동차의 흐름을 미리 파악할 수 있다는 점이 특징이다.
- **도쿄 모터쇼** : 아시아 지역에서 개최되는 국제 모터쇼 중에서 유일하게 세계적 권위를 가진 모터쇼이다.

025 월드컵 FIFA World Cup

★★★★★

조선일보, SBS, KBS

☐ FIFA에 가입한 축구 협회의 남자 축구 국가 대표팀이 참가하는 국제 축구 대회

클럽이나 소속에 상관없이 오직 선수의 국적에 따른 구분으로 하는 축구 경기이다. 4년마다 개최되는 월드컵은 올림픽과 달리 단일 종목 대회이며, 올림픽은 한 도시를 중심으로 개최되는 반면 월드컵은 한 나라를 중심으로 열린다. 대회 기간 역시 올림픽이 15일 정도인데 비해, 월드컵은 약 한 달 동안 진행된다.

FIFA(국제축구연맹)
축구 분야의 국제기구로, 국제올림픽위원회, 국제육상연맹과 함께 세계 3대 체육 기구로 불린다. 각종 국제 축구 대회를 주관하며 국제 경기의 원활한 운영을 목적으로 한다.

역대 월드컵 개최국과 우승국

회	연도	개최국	우승국	준우승국
24회	2030년	스페인, 포르투갈, 모로코, 아르헨티나, 우루과이, 파라과이	-	-
23회	2026년	캐나다, 멕시코, 미국*	-	-
22회	2022년	카타르*	아르헨티나	프랑스
21회	2018년	러시아*	프랑스	크로아티아
20회	2014년	브라질*	독일	아르헨티나
19회	2010년	남아프리카공화국*	스페인	네덜란드
18회	2006년	독일*	이탈리아	프랑스
17회	2002년	한국·일본*	브라질	독일
16회	1998년	프랑스*	프랑스	브라질
15회	1994년	미국*	브라질	이탈리아
14회	1990년	이탈리아*	독일	아르헨티나
13회	1986년	멕시코*	아르헨티나	독일
12회	1982년	스페인	이탈리아	독일
11회	1978년	아르헨티나	아르헨티나	네덜란드
10회	1974년	서독	서독	네덜란드
9회	1970년	멕시코	브라질	이탈리아
8회	1966년	잉글랜드	잉글랜드	서독
7회	1962년	칠레	브라질	체코슬로바키아
6회	1958년	스웨덴	브라질	스웨덴
5회	1954년	스위스*	서독	헝가리
4회	1950년	브라질	우루과이	브라질
3회	1938년	프랑스	이탈리아	헝가리
2회	1934년	이탈리아	이탈리아	체코슬로바키아
1회	1930년	우루과이	우루과이	아르헨티나

* 대한민국 본선진출 대회

026 아시아 경기 대회 Asian Games

경향신문, TV조선, MBC

☐ 4년마다 열리는 아시아 국가들을 위한 종합 스포츠 대회

아시아올림픽평의회가 국제올림픽위원회의 감독 아래 주관하는 하·동계 대회다. 선수들은 각자 본국의 올림픽위원회가 선발한다. 예를 들어 한국(남한) 국적의 선수는 대한올림픽위원회의 선발을 거쳐 출전하게 된다.

역대 하계 아시안게임 개최국과 우승국

회	연 도	개최국	우승국	준우승국
22회	2034년	사우디아라비아(리야드)	–	–
21회	2030년	카타르(도하)	–	–
20회	2026년	일본(아이치·나고야)	–	–
19회	2022년	중국(항저우)	중국	일본
18회	2018년	인도네시아(자카르타)	중국	일본
17회	2014년	대한민국(인천)	중국	대한민국
16회	2010년	중국(광저우)	중국	대한민국
15회	2006년	카타르(도하)	중국	대한민국
14회	2002년	대한민국(부산)	중국	대한민국
13회	1998년	태국(방콕)	중국	대한민국
12회	1994년	일본(히로시마)	중국	일본
11회	1990년	중국(베이징)	중국	대한민국
10회	1986년	대한민국(서울)	중국	대한민국
9회	1982년	인도(뉴델리)	중국	일본
8회	1978년	태국(방콕)	일본	중국
7회	1974년	이란(테헤란)	일본	이란
6회	1970년	태국(방콕)	일본	대한민국
5회	1966년	태국(방콕)	일본	대한민국
4회	1962년	인도네시아(자카르타)	일본	인도
3회	1958년	일본(도쿄)	일본	필리핀
2회	1954년	필리핀(마닐라)	일본	필리핀
1회	1951년	인도(뉴델리)	일본	인도

027 유럽 축구 선수권 대회

MBC, SBS

☐ 유럽축구연맹(UEFA) 주관으로 4년마다 열리는 유럽 지역 축구 대회

흔히 유로(개최연도)라고 불린다(예 유로 2024). 원래 이름은 유럽 네이션스 컵이었으나, 1968년에 현재의 이름으로 변경되었다. 유럽 지역에 한정한 대회이지만 유럽에 축구 강국이 모여 있는 점을 감안하면 사실상 브라질과 아르헨티나만 제외한 미니 월드컵이라 불릴 정도로 월드컵 다음으로 영향력이 큰 국가 대항 축구 대회이다.

상식 plus⁺

UEFA 챔피언스 리그
유럽축구연맹이 주관하는 유럽을 대표하는 클럽 축구 대회. 유럽 각국의 프로 축구 리그 우승팀과 이전 대회 우승팀이 참가하는 유럽을 대표하는 클럽축구 대회이다.

UEFA 유로파 리그
유럽축구연맹 가맹국의 프로 축구 리그의 상위 6개 팀들이 참여하는 축구 대회이다. 2024-25시즌 유로파 리그에서는 손흥민의 소속팀 토트넘 홋스퍼 FC가 우승을 차지하면서, 손흥민은 프로 데뷔 이후 메이저대회 첫 우승 타이틀을 거머쥐었다.

028 세계 4대 축구리그

문화일보

☐ 프리미어리그 · 라리가 · 세리에 A · 분데스리가

리그	내용
프리미어리그 (Premier League)	• 잉글랜드 프로 축구 1부 리그(일요일 경기가 원칙) • 20개 팀으로 이루어져 있으며 홈 앤 어웨이 방식으로 풀리그를 벌여 우승팀 선정(총 38게임) • 정규시즌 결과 1부 리그 하위 3팀은 2부 리그로 강등되고, 2부 리그 상위 1, 2위 팀과 3~6위 팀의 플레이오프 우승팀 1개 팀이 1부 리그로 승격 • 2부 리그인 Championship, 3부 리그인 League One, 4부 리그인 League Two의 하위 리그 보유
라리가 (La Liga)	• 스페인 프로 축구 1부 리그 • 20개 팀으로 이루어져 있으며 홈 앤 어웨이 방식으로 풀리그를 벌여 우승팀 선정(총 38게임) • 정규 시즌 결과 1부 리그 하위 3팀과 2부 리그 상위 3팀이 자리를 바꾸어 승격 · 강등됨 • 2부 리그인 Segunda Division A, 3부 리그인 Segunda Division B, 4부 리그인 Tercera Division의 하위 리그 보유

세리에 A (Serie A)	• 이탈리아 프로 축구 1부 리그(일요일 경기가 원칙) • 20개 팀으로 이루어져 있으며 홈 앤 어웨이 방식으로 풀리그를 벌여 우승팀 선정(총 34게임) • 정규 시즌 결과 1부 리그의 하위 4팀과 2부 리그 상위 4팀이 자리를 바꾸어 승격·강등됨 • 2부 리그인 Serie B, 3부 리그인 Serie C1, 4부 리그인 Serie C2의 하위 리그 보유
분데스리가 (Bundes Liga)	• 독일 프로축구 리그로 독일어의 'Bundes(연방)'와 'Liga(리그)'의 합성어 • 분데스리가 1부와 분데스리가 2부, 리가 3부, 지역아마추어리그로 4부 구성. 18개 팀 1부 리그 중 17~18위 팀은 2부 리그로 강등 • 다른 리그와 달리 시민이 구단의 51% 이상의 지분을 차지해야 하는 규정이 있어, 과도한 상업화를 방지

029 NBA National Basketball Association

★★★

SBS

☐ 전미농구협회의 약칭으로 미국 프로농구 리그를 가리키는 말

1946년 11개 팀으로 구성된 BAA가 그 시초이며 이후 1949~1950 시즌에 BAA와 NBL이라는 또 다른 농구 리그가 통합되어 현재의 NBA라는 이름이 생겨났다. 현재 동부 컨퍼런스와 서부 컨퍼런스 각각 15개 팀이 있으며, 각 컨퍼런스 안에서 4개의 디비전으로 나뉜다. 정규 시즌은 총 82게임이지만 2011~2012 시즌은 1998~1999 시즌에 이은 두 번째 파업으로 인해 총 66게임이 열렸다.

동부 컨퍼런스(East Conference)			서부 컨퍼런스(West Conference)		
Atlantic	Central	Southeast	Northwest	Pacific	Southwest
Boston Celtics	Chicago Bulls	Miami Heat	OklahomaCity Thunders	LA Lakers	San Antonio Spurs
Philadelphia 76ers	Indiana Pacers	Orlando Magic	Denver Nuggets	LA Clippers	Memphis Grizzlies
New York Knicks	Milwaukee Bucks	Atlanta Hawks	Utah Jazz	Phoenix Suns	Dallas Mavericks
Toronto Raptors	Detroit Pistons	Washington Wizards	Portland Trail-Blazers	Golden State Warriors	Houston Rockets
New Jersey Nets	Cleveland Cavaliers	Charlotte Bobcats	Minnesota Timberwolves	Sacramento Kings	New Orleans Hornets

STEP 01 초스피드 암기 확인!

보기

㉠ 패럴림픽	㉡ 샐러리캡	㉢ 그랜드슬램	㉣ 염소의 저주
㉤ 스켈레톤	㉥ 프랑크푸르트	㉦ Love	㉧ 호주 오픈
㉨ 플뢰레	㉩ 사브르		

01 엎드린 자세로 썰매를 타고 빙판 트랙을 활주하는 동계 스포츠는 _____ (이)다.

02 _____ (은)는 장애가 있는 운동선수가 참가하는 국제 스포츠 대회이다.

03 테니스 1게임의 점수 방식은 _____ – fifteen – thirty – forty이다.

04 펜싱에서 상체만 공격할 수 있는 종목은 _____ 이다.

05 테니스 4대 메이저 대회는 윔블던, US 오픈, 프랑스 오픈, _____ 이다.

06 미국 메이저리그의 시카고 컵스는 2016년 클리블랜드 인디언스를 꺾고 마지막 우승 이후 무려 108년 만에 우승하여 _____ (을)를 깨뜨렸다.

07 펜싱 종목 중 하나인 _____ (은)는 프랑스어의 꽃을 뜻하는 단어에서 나온 말로 칼날의 끝이 꽃처럼 생겨서 이름이 붙여졌다.

08 _____ (은)는 테니스에서 네 개의 토너먼트 경기에서 한 선수가 한 해에 모두 우승하는 일을 가리킨다.

09 스포츠 팀의 전체 소속 선수의 연봉 총액에 상한선을 두는 제도를 _____ (이)라고 한다.

10 세계 4대 모터쇼는 _____, 디트로이트, 파리, 도쿄 모터쇼이다.

정답

01 ㉤ 02 ㉠ 03 ㉦ 04 ㉨ 05 ㉧ 06 ㉣ 07 ㉨ 08 ㉢ 09 ㉡ 10 ㉥

STEP 02 기출로 합격 공략!

01
한국노인인력개발원

스위스에 있는 올림픽 관리 기구는 무엇인가?

① IOC
② IBF
③ ITF
④ FINA

해설
① IOC(International Olympic Committee) : 국제올림픽위원회
② IBF(International Boxing Federation) : 국제복싱연맹
③ ITF(International Tennis Federation) : 국제테니스연맹
④ FINA(Federation Internationale De Natation) : 국제수영연맹

02
CBS

골프의 일반적인 경기 조건에서 각 홀에 정해진 기준 타수를 'Par'라고 한다. 다음 중 Par보다 2타수 적은 스코어로 홀인하는 것을 뜻하는 용어는 무엇인가?

① 버디(Birdie)
② 이글(Eagle)
③ 보기(Bogey)
④ 알바트로스(Albatross)

해설
기준 타수보다 2타수 적은 스코어로 홀인하는 것을 이글이라 한다.
① 버디 : 기준 타수보다 1타 적은 타수로 홀인하는 것
③ 보기 : 기준 타수보다 1타수 많은 스코어로 홀인하는 것
④ 알바트로스 : 기준 타수보다 3개가 적은 타수로 홀인하는 것

03
한국잡월드

다음 육상 경기 중 필드경기에 해당하지 않는 것은?

① 높이뛰기
② 창던지기
③ 장애물 경기
④ 멀리뛰기

해설
필드경기는 크게 도약경기와 투척경기로 나뉜다. 도약경기에는 멀리뛰기, 높이뛰기, 장대높이뛰기, 세단뛰기 등이 있으며, 투척경기에는 창던지기, 원반던지기, 포환던지기, 해머던지기 등의 종목이 있다.

04
충북대학교병원

하계 올림픽 종목인 트라이애슬론은 처음 어떤 운동으로 시작하게 되나?

① 마라톤
② 조정
③ 사이클
④ 수영

해설
트라이애슬론(Triathlon)은 흔히 '철인3종경기'로 알려져 있다. 장거리인 수영에서 시작해 사이클, 마라톤을 휴식 없이 연이어 차례로 치르는 하계 올림픽 종목이다. 올림픽 표준 코스는 수영 1.5km, 사이클 40km, 마라톤 10km로 이루어진다.

05
전라북도장애인체육회, 한국디자인진흥원

올림픽 오륜기에 대한 설명으로 적절하지 않은 것은?

① 올림픽 개회 선언과 동시에 게양한다.
② 제1회 아테네 올림픽부터 게양되었다.
③ 근대 올림픽을 상징하는 깃발이다.
④ 폐막식에서 차기 올림픽 개최지 시장에 넘겨준다.

해설
올림픽 오륜기는 흰 바탕에 파랑, 노랑, 검정, 초록, 빨강의 동그라미가 그려진 근대 올림픽을 상징하는 깃발이다. 개회 선언과 동시에 게양하고, 폐회가 선언됨과 동시에 강하한다. 1920년 제7회 앤트워프(벨기에) 올림픽부터 게양됐다. 올림픽 폐막식에서 개최 도시의 시장이 다음 올림픽 개최 도시의 시장에게 오륜기를 넘겨준다. 다음 올림픽이 전까지 오륜기는 차기 개최지 시청에 보관된다.

06
서울신문

골프의 18홀에서 파 5개, 버디 2개, 보기 4개, 더블보기 4개, 트리플보기 3개를 기록했다면 최종 스코어는 어떻게 되는가?

① 이븐파
② 3언더파
③ 9오버파
④ 19오버파

해설
파 5개(0) + 버디 2개(-2) + 보기 4개(+4) + 더블보기 4개(+8) + 트리플보기 3개(+9) = 19오버파

07
공무원연금공단

야구에서 한 경기 내내 선발투수가 교체되지 않고 상대팀 타자들을 1루에 내보내지 않은 경기를 뜻하는 말은?

① 퍼펙트 게임(Perpect Game)
② 치킨 게임(Chicken Game)
③ 퀄리티 스타트(Quality Start)
④ 노히트노런 게임(No-hit No-run Game)

해설
퍼펙트 게임이란 경기 내내 한 명의 투수가, 한 명의 타자도 1루로 나가지 못하게 하는 것이다. KBO에는 퍼펙트 게임을 기록한 투수가 없다.
② 서로 양보하지 않으면 공멸하는 상황에서 경쟁자들이 끝까지 경쟁을 벌이는 게임이다.
③ 선발 투수가 6이닝 이상 마운드를 지키면서 3점 이하의 자책점을 허용하는 경우를 말한다.
④ 9회 동안 한 번의 안타도 허용하지 않고 완료한 게임을 말한다. 안타 외의 규정으로 출루된 플레이는 가능하다.

08
행정공제회

남자부 4대 골프 대회에 속하지 않는 것은?

① 마스터스 오픈
② 브리티시 오픈
③ 맥도널드 오픈
④ US 오픈

해설
• 남자부 4대 골프 대회 : 마스터스 오픈, 브리티시 오픈(영국 오픈), PGA 챔피언십, US 오픈
• 여자부 4대 골프 대회 : 나비스코 오픈, US 여자 오픈, 브리티시 오픈, 맥도널드 오픈(LPGA가 챔피언십)

09
한국산업인력공단

농구에서 스타팅 멤버를 제외한 벤치 멤버 중 가장 기량이 뛰어나 언제든지 경기에 투입할 수 있는 투입 1순위 후보는?

① 포스트맨
② 스윙맨
③ 식스맨
④ 세컨드맨

해설
벤치 멤버 중 투입 1순위 후보는 식스맨이라고 한다. 포스트맨은 공을 등지고 골 밑 근처에서 패스를 연결하거나 스스로 공격하는 선수이고, 스윙맨은 가드·포워드 역할을 모두 수행할 수 있는 선수이다.

10
한국산업인력공단

축구 경기에서 해트트릭이란 무엇인가?

① 1경기에서 1명의 선수가 1골을 넣는 것
② 1경기에서 1명의 선수가 2골을 넣는 것
③ 1경기에서 1명의 선수가 3골을 넣는 것
④ 1경기에서 3명의 선수가 1골씩 넣는 것

해설
해트트릭은 크리켓에서 3명의 타자를 삼진 아웃시킨 투수에게 명예를 기리는 뜻으로 선물한 모자(Hat)에서 유래했으며, 한 팀이 3년 연속 대회 타이틀을 석권했을 때도 해트트릭이라고 한다.

11
부평구문화재단

다음 중 스포츠 팀의 전체 소속 선수의 연봉 총액에 상한선을 두는 제도는?

① 드래프트
② 트라이아웃
③ 샐러리캡
④ 웨이버 공시

해설
샐러리캡(Salary Cap)은 팀에 소속된 전체 선수의 연봉 총액에 상한선을 두는 제도로 미국프로농구협회(NBA)에서 먼저 도입됐다. 스포츠 스타들의 몸값이 과도하게 상승하는 것을 막아 구단이 적자로 운영되는 것을 방지하고, 부유한 구단들이 유명 선수를 독점하여 구단끼리의 격차가 지나치게 벌어지는 것을 막기 위함이다.

12
중앙일보

다음 중 골프 용어가 아닌 것은?

① 로진백
② 이글
③ 어프로치샷
④ 언더파

해설
로진백은 투수나 타자가 공이 미끄러지지 않게 하기 위해 묻히는 송진 가루나 로진이 들어있는 작은 주머니이다. 손에 묻힐 수는 있어도 배트, 공, 글러브 등에 묻히는 것은 금지되어 있다. 그밖에 역도나 체조 선수들도 사용한다.

13
부평구문화재단

다음 중 발달장애인이 출전하는 올림픽의 명칭은?

① 핸딜림픽
② 데플림픽
③ 스페셜올림픽
④ 패럴림픽

해설
스페셜올림픽은 지적장애인과 자폐성 장애인 등의 발달장애인을 위한 국제 스포츠 대회다. 1968년에 시작되었고, 4년마다 하계·동계대회를 개최한다. 세계대회는 미국 워싱턴에 본부가 있는 국제스페셜올림픽위원회가 주관하고 있다.

14
한국마사회

세계 5대 모터쇼에 포함되지 않는 모터쇼는?

① 토리노 모터쇼
② 도쿄 모터쇼
③ 제네바 모터쇼
④ 북미 국제 오토쇼

해설
세계 5대 모터쇼 : 파리 모터쇼, 프랑크푸르트 모터쇼, 제네바 모터쇼, 북미 국제 오토쇼(디트로이트 모터쇼), 도쿄 모터쇼

15
한겨레

제42대 대한체육회장으로 당선된 인물은?

① 유승민
② 이기흥
③ 강태선
④ 강신욱

해설
2025년 1월 14일 제42대 대한체육회장에 당선된 인물은 유승민 전 대한탁구협회장이다. 유 회장은 당시 3연임을 노리던 이기흥 전 회장을 저지하는 이변을 일으켰다. 이 전 회장과 체육회가 당시 각종 비리·비위 의혹으로 몸살을 앓고, 또한 정부와 대립각을 세우고 있었던 터라 젊은 리더가 이끄는 체육회의 혁신을 원하던 체육계가 유 회장의 손을 들어준 것으로 해석됐다.

16
조선일보

세계 각국의 야구 수준을 점수화해 발표하는 국제기구의 명칭은?

① FIVB
② IBAF
③ FIFA
④ FIBA

해설
② 국제야구연맹, ① 국제배구연맹, ③ 국제축구연맹, ④ 국제농구연맹

17
한겨레

2030년 월드컵 공동개최 국가에 해당하지 않는 나라는?

① 모로코
② 알제리
③ 포르투갈
④ 스페인

해설
2030 FIFA 월드컵의 개최국은 모로코, 스페인, 포르투갈이다. 아울러 FIFA 월드컵 100주년을 기념해 개막전 개최를 아르헨티나, 우루과이, 파라과이에서 치른다. 월드컵 역사상 최초로 3개 대륙에서 동시 개최하는 대회이다.

18
영화진흥위원회

미국 프로야구 리그인 MLB에 대한 설명으로 옳지 않은 것은?

① 미국 프로야구의 최상위 리그에 해당한다.
② 캐나다 지역에서는 두 개 구단이 참가한다.
③ 내셔널리그와 아메리칸리그로 나뉘며 각각 15구단이 참가하고 있다.
④ 두 리그의 1위 구단이 7전 4선승제의 월드시리즈를 치른다.

해설
메이저리그 베이스볼(MLB ; Major League Baseball)은 미국 프로야구의 최상위권 리그로 내셔널리그와 아메리칸리그로 구성되어 있다. 두 리그에 각각 15구단이 참가하고 있으며, 내셔널리그는 1876년, 아메리칸리그는 1900년에 창설되었다. 각 리그는 동부, 서부, 중부로 구별되어 경기를 치른다. 두 리그의 1위 구단이 7전 4선승제의 월드시리즈를 치러 최종 우승팀을 가리게 된다. MLB에 참가하는 캐나다 연고의 구단은 '토론토 블루제이스'로 아메리칸 리그 동부지구 소속이다.

19
근대 5종 경기는 기원전 708년에 실시된 고대 5종 경기를 현대에 맞게 발전시킨 것으로 근대 올림픽을 창설한 쿠베르탱의 실시로 시작하게 되었다. 이와 관련된 근대 5종 경기가 아닌 것은?

① 마라톤
② 사격
③ 펜싱
④ 승마

해설
근대 5종 경기는 한 경기자가 사격, 펜싱, 수영, 승마, 크로스컨트리(육상) 5종목을 겨루어 종합 점수로 순위를 매기는 경기이다.

20
배구에서 수비만을 전문으로 하는 포지션을 뜻하는 용어는?

① 세터
② 라이트
③ 리베로
④ 센터

해설
리베로는 이탈리아어로 '자유인'이라는 뜻으로, 배구나 축구에서 수비만을 전문으로 하는 선수를 말한다. 배구의 경우 경기 중 1명의 리베로가 후위에 위치하며, 득점은 규정상 불가능하고 오로지 수비와 서브리시브만 플레이할 수 있다.

21
다음 중 야구를 통계·수학적 방법으로 분석하는 방식을 뜻하는 말은?

① 핫코너
② 피타고리안 기대 승률
③ 세이버매트릭스
④ 머니볼

해설
세이버매트릭스(Sabermetrics)는 야구를 통계적, 수학적인 방법으로 분석하는 방법론을 말한다. 기록의 스포츠인 야구를 객관적으로 분석하기 위한 기법이다. 선수 개개인의 기록과 경기의 통계 수치를 종합해 다음 혹은 향후 선수와 경기 흐름에 대해 분석하고 예측하는 것을 말한다.

22
축구에서 선수에게 일정금액 이상의 이적료를 제시하는 구단이 상대 소속구단과의 협의 없이 바로 선수와 협상할 수 있는 조항은?

① 바이아웃
② 테이퍼링
③ 샐러리캡
④ 옵트아웃

해설
본래 금융용어인 '바이아웃(buyout)'은 기업의 다수 지분을 취득하기 위한 투자를 말한다. 축구에서 바이아웃은 선수와 구단이 계약할 때 맺는 사전조항으로, 일정금액 이상의 이적료를 제시하는 타 구단이 소속구단과의 협의 없이 바로 선수와 협상할 수 있도록 한 것이다. 구단은 높은 금액의 바이아웃을 매겨 선수유출을 방지하는 동시에, 바이아웃을 감당할 수 있는 타 구단이 나타난다면 높은 가격으로 선수를 팔 수 있다.

23
미국 프로야구에서 경기시간 단축을 위해 2023년부터 도입한 제도는?

① 네이버후드 플레이
② 논텐더
③ ABS
④ 피치 클록

해설
미국 프로야구인 메이저리그(MLB)에서는 2023년부터 경기시간 단축을 위해 피치 클록(Pitch Clock)이라는 경기규정을 도입했다. 투수와 타자의 준비시간을 제한하는 규정으로 투수는 주자가 베이스 상에 없으면 15초, 있으면 20초 이내에 투구를 해야 한다. 이를 위반하면 볼 1개가 선언된다.

정답
01 ① 02 ② 03 ③ 04 ④ 05 ② 06 ④ 07 ①
08 ③ 09 ③ 10 ③ 11 ④ 12 ③ 13 ③ 14 ①
15 ① 16 ② 17 ② 18 ② 19 ① 20 ③ 21 ③
22 ① 23 ④

🔗 빅데이터 분석 출제 경향

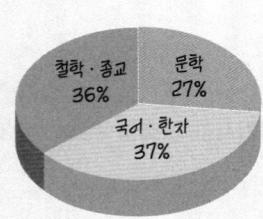

인문학은 문학, 철학, 종교, 국어, 한자까지 포함한 과목입니다. 고대 문학작품을 묻는 문제, 작품과 작가를 연결하는 문제, 작가의 주요 작품명을 쓰는 문제는 자주 출제되는 영역이니 작품과 작가를 함께 암기해두어야 합니다.

또한 시대별 문학의 사조를 파악하고, 문학작품 수상작은 필수로 암기해두어야 합니다. 철학 부분에서는 대표적인 철학자와 철학사상, 사조를 중심으로 암기하는 것이 좋습니다.

🔗 최빈출 대표 용어

Section	키워드
01 문학	오마주, 다다이즘, 셰익스피어 4대 비극
02 철학·종교	실학, 제자백가, 플라톤, 공리주의, 불교

PART 7

인문학

SECTION 01 문학
SECTION 02 철학 · 종교
SECTION 03 국어 · 한자

SECTION 01 문학

PART 7 인문학

» Theme 1 «
문학 일반

제1장 문학의 이해

★★★

001 수사법

포항시설관리공단, KBS

☐ 표현이나 설득에 필요한 다양한 언어표현기법

문장을 효과적으로 표현하기 위하여 문장을 꾸미는 방법으로, 비유법·강조법·변화법 등이 있다.

상식 plus⁺

수사법의 분류

비유법	직유법		하나의 대상을 다른 대상에 직접 빗대어 표현하는 방법. ~처럼, ~같이, ~듯이, ~인양
	은유법		원관념을 표현하는 보조관념을 드러내는 방법. A는 B이다.
	의인법		사람이 아닌 것을 사람인 것처럼 표현하는 방법
	대유법	제유법	한 부분으로 전체를 나타내는 방법
		환유법	속성으로 본질을 표현하는 방법
강조법	과장법		실제보다 훨씬 크고 강하게 표현하는 방법
	반복법		같거나 비슷한 단어·구절을 되풀이하는 방법
	점층법		점점 강하고 크고 높아지게 표현하는 방법
	열거법		비슷하거나 유사한 단어·구절을 늘어놓는 방법
	대조법		둘 이상 대상 간의 차이점을 드러내어 대조적인 상태를 강조하는 방법
	비교법		비슷한 대상을 서로 비교하여 어느 한쪽을 강조하는 방법

변화법	설의법	대답을 전제로 하지 않는 의문형 표현
	역설법	모순·부조리로써 진실·진리를 드러내는 표현법
	대구법	비슷한 단어·구절을 반복하는 방법
	도치법	말의 순서를 바꾸어 쓰는 문장 표현법
	인용법	격언, 명언, 글 등을 사용하는 표현법
	반어법	실제와 반대로 표현하여 실제 상황을 비꼬거나 비판하듯 표현하는 방법

제 2 장 문학의 갈래

002 문학의 4대 갈래

★★★★
MBC

☐ 시, 소설, 희곡, 수필

문학은 언어의 형태에 따라 운문문학과 산문문학, 전달 방식에 따라 구비문학과 기록문학으로 나뉘기도 한다. 보통은 4분법에 의해 시·소설·희곡·수필로 구분하고, 4분법에 평론을 더한 5분법, 평론과 시나리오를 더한 6분법을 적용하기도 한다.

003 시 Poem

★★★
경향신문

☐ 감흥이나 사상 등을 함축적이고 운율적인 언어로 표현한 문학

자연, 인생, 사회, 생활 속에서 느낀 감동이나 생각·사상 등을 따위를 함축적이고 운율적인 언어로 표현한 글이다. 형식에 따라 정형시·자유시·산문시로 나누며, 내용에 따라 서정시·서사시·극시로 나뉜다.

상식 plus+

시의 분류

내용상	서정시	개인의 내적 감정을 드러내는 시로서, 대부분 시가 여기에 속한다.
	서사시	소설처럼 이야기형식의 시로서, 주로 국가·민족의 역사나 영웅에 대해 기술한다.
	극시	극형식을 취한 시로서, 셰익스피어의 희곡이 대표적이다.

형식상	정형시	정해진 규칙에 따라 구성·표현하는 시이다.
	자유시	형식적인 규칙을 무시하고 자유롭게 구성·표현한 시이다.
	산문시	산문형식을 취하면서 시적 감흥을 담은 시이다.

004 소설 Novel

★★★

경기관광공사, SBS

> 사실이나 작가의 상상력에 바탕을 두고 허구적으로 이야기를 꾸민 산문 문학

일정한 구조 속에서 배경과 등장인물의 행동, 사상, 심리 따위를 통하여 인간의 모습이나 사회상을 드러낸다. 근대에 와서 발달한 문학 양식으로, 분량에 따라 장편·중편·단편으로 구분할 수 있고, 내용에 따라 과학소설·역사소설·추리소설 등으로 구분할 수 있다.

005 수필

★★★

경기관광공사

> 형식의 구애 없이 매우 자유롭게 겪은 느낌과 정서를 표현하는 산문

소재와 형식에 있어 매우 자유로운 산문으로서, 보통 작품 속의 '나'는 작가 자신인 1인칭 시점이 대부분이고 작가의 개성이 잘 드러난다. 또한 성격상 비전문적·사색적·고백적이다. 프랑스 몽테뉴의 〈수상록〉을 근대 수필의 효시로 꼽는다.

상식 plus+

수필의 분류

경수필(Miscellany)	중수필(Essay)
가벼운 내용(신변잡기)	무거운 내용
개인적, 주관적, 정서적	객관적, 지성적
몽테뉴적 수필	베이컨적 수필
감성 중시	이성 중시

006 희곡 ★★★

한국문화예술위원회, 예술의전당

☐ 연극 공연을 위해 쓰인 문학 작품

시, 소설, 수필과 더불어 문학의 4대 장르인 동시에 연극의 구성 요소 중 하나이다. 레제드라마를 제외하고, 모든 희곡은 무대 공연을 전제로 쓰여진 것이다. 희곡은 해설·지시문·대사로 구성되어 있는데, 주로 등장인물들의 대사를 통해 이야기가 전개되고 작가의 메시지가 표현된다.

레제드라마(Lesedrama)
무대 공연을 목적으로 쓰이지 않고, 독자가 작품으로 읽기를 목적으로 쓰인 희곡이다.

상식 plus⁺
희곡의 구성

해설	막이 오르기 전에 필요한 무대장치, 등장인물, 시간, 장소를 설명하는 글이다.
지시문	무대에 대해 설명하고, 등장인물의 행동·표정 등을 설명하는 글이다.
대사	등장인물이 하는 말로서, 둘이 주고받는 대화, 혼자하는 독백, 관객한테만 들리는 방백이 있다.

007 시나리오 Scenario ★★★★

CBS

☐ 영화 촬영을 위해 창작된 대본

영화의 장면, 배우의 동작·대사 등을 적은 문학이다. 주로 대사를 통해 사건이 전개되고 장면(Scene) 단위로 구성되는데, '발단-전개-위기-절정-결말' 5단계 구성이 일반적이다. 스크린을 통해 표현되므로 촬영을 고려해야 하고 특수 용어가 사용된다.

상식 plus⁺
시나리오 용어

S·(Scene Number)	장면 번호
F.I(Fade In)	화면이 점차 밝아옴
F.O(Fade Out)	화면이 점차 어두워짐
O.L(Over Lap)	화면이 겹치며 장면 전환
PAN(Panning)	카메라를 상하좌우로 움직임
N.G(No Good)	촬영에 실패한 경우
콘티뉴이티(Continuity)	현장용 촬영 대본
인서트(Insert)	장면 사이의 삽입 화면

C.B(Cut Back)	다른 화면을 번갈아 대조함
숏(Shot)	촬영된 한 장면
C.U(Close up)	일부분을 확대해 찍는 것
타이틀(Title)	자막
E(Effect)	효과음
NAR(Narration)	해설
크랭크 인(Crank In)	촬영 시작
크랭크 업(Crank Up)	촬영 완료

희곡과 시나리오 비교

구분	희곡	시나리오
구성 단위	막과 장	컷(Cut)과 장면(Scene)
시공간 제약	많다	적다
등장인물 수	제약이 많다	제약이 없다
목적	무대 공연	영화 상영

★★★★

008 르포르타주 Reportage

전주방송, MBN

☐ 사회현상이나 사건을 심층취재하여 기록·보고하는 문학

프랑스어로 '탐방·보도·보고'를 뜻하는 말로, 약칭하여 '르포'라고도 한다. 창작 소설과는 달리 실제 사건을 보고하는 문학으로, 보고문학·기록문학·논픽션 등이 여기에 해당된다. 르포르타주는 다른 문학 장르에 비해 현실감·생동감이 있는데, 세계적으로 방송은 물론 문학 형식으로도 주목받고 있다.

Theme 2
한국 문학

제1장 고전 문학

009 고대가요

★★★

연합뉴스

☐ 향가가 생기기 이전에 불리던 노래의 총칭

고대 부족국가 시대부터 삼국 시대 초기에 이르기까지 구전되던 것을 후일에 한자로 기록한 시가 문학을 말한다. 마을 사람들이 제사를 지내며 부르던 집단적 · 주술적 · 서사적 노래로 시작하여, 점차 개인의 생각과 느낌을 노래하는 서정가요로 발전했다.

상식 plus⁺

고대가요 작품 개요

공무도하가 (公無渡河歌)	• '황조가'와 함께 가장 오래된 서정가요 • 저작 시기는 고조선으로 추정 • 백수광부의 처 또는 여옥 작자 • 〈해동역사〉 출전 • 임을 여읜 슬픔을 노래
황조가 (黃鳥歌)	• 고구려 유리왕 저작 • '공무도하가'와 함께 가장 오래된 서정가요 • 〈삼국사기〉 출전 • 연인과의 이별로 인한 고독을 노래
구지가 (龜旨歌)	• 집단적 주술성을 지닌 서사시 • 작자 및 연대 미상 • 〈삼국유사〉 출전 • 임금을 맞이하기 위한 민중의 노래
정읍사 (井邑詞)	• 현존하는 유일한 백제 가요 • 한글로 기록되어 전해지는 가장 오래된 가요 • 〈악학궤범〉 출전 • 망부석 배경 설화 • 행상의 아내가 남편을 기다리며 걱정하는 마음 노래

010 향가

> 향찰로 표기된 신라의 정형시가

향가의 작가층은 주로 승려나 화랑 등 귀족이 대부분이며 일부 여성도 참여하였다. 서정적·개인적 성격의 작품이 많고, 군신, 남녀, 붕우, 안민, 벽사, 주술적 내용을 다룬다. 〈균여전〉(11수)과 〈삼국유사〉(14수)를 통해 25수의 작품이 전해진다. 초기 4구체에서 출발한 향가는 과도기적 8구체를 거쳐 완성 형태인 10구체로 발전되었다. 도솔가, 사뇌가라고도 한다.

상식 plus⁺

현전 향가 작품

출전	형식	작품	작가	내용
삼국유사	4구체	도솔가	월명사	주술적. 두 해가 나타난 괴변을 없애기 위한 산화공덕의 노래
		서동요	백제 무왕	참요적. 서동이 선화공주를 아내로 얻기 위해 아이들에게 부르게 한 모함의 동요
		풍요	미상	성 안의 남녀가 흙을 나르며 부른 노래
		헌화가	소모는 노인	수로부인에게 철쭉꽃을 바치며 부른 노래
	8구체	모죽지랑가	득오	추모적. 죽지랑을 사모하여 애도하며 부른 노래
		처용가	처용	주술적. 아내를 범한 역신에게 관용을 베푼 노래
	10구체	안민가	충담사	유교적. 왕명으로 치국의 논리를 정리한 노래
		우적가	영재	설교적. 지리산의 도둑을 회개시킨 노래
		원수가	신충	주술적. 왕의 잘못된 언행을 나무라는 노래
		원왕생가	광덕	불교적. 죽음을 당해 극락왕생을 비는 노래
		제망매가	월명사	주술적·추모적. 죽은 누이를 추모한 노래
		찬기파랑가	충담사	추모적. 기파랑을 칭송하며 추모하는 노래. 향가의 백미, 최초의 문답식 노래
		천수대비가	희명	기도적. 눈먼 아들을 위해 관음보살에게 기도함
		혜성가	융천사	주술적. 내침한 왜구와 큰 별을 침범한 혜성을 물리친 노래
균여전	10구체	보현십원가	균여대사	예경제불가, 칭찬여래가, 광수공양가, 참회업장가, 수희공덕가, 청전법륜가, 청불왕생가, 상수불학가, 항순중생가, 보현회향가, 총결무진가 등 11수로서, 불교의 대중화를 비는 노래

011 고려가요

사립대산학협력단

☐ 고려시대 평민들이 만들어 구전된 민요적 시가

고려속요, 장가, 여요 등으로 불린다. 주로 평민들이 창작하여 대부분 작자를 알 수 없고, 구전되다가 한글 창제 이후 〈악장가사(樂章歌詞)〉, 〈악학궤범(樂學軌範)〉, 〈시용향악보(時用鄕樂譜)〉에 기록되어 전한다. 내용은 남녀 간의 사랑, 자연 예찬, 남녀상열지사 등 다양하다.

상식 plus+

고려가요 작품 개요

작품	작가	해설
정과정	정서	유배문학의 효시, 모함의 억울함 호소, 작가를 접동새와 동일시함
가시리	미상	소극적, 이별을 자기 탓으로 여김, 3·3·2조의 3음보, a-a-b-a 형식
서경별곡		적극적, 이별을 남의 탓으로 원망, 3·3·3조의 3음보, 대동강을 소재로 함
동동		월령체의 효시, 임에 대한 연모
정석가		불가능한 상황 설정, 임금에 대한 영원한 사랑
청산별곡		현실도피, 고려속요의 백미, 'ㄹ'과 'ㅇ'반복(율동감, 경쾌함), 3·3·2조 3음보, a-a-b-a 형식
만전춘		남녀상열지사, 시조에 큰 영향을 끼침
사모곡		어머니의 사랑을 호미와 낫에 빗대어 예찬
상저가		고려속요 중 유일한 노동요(방아를 찧으며 부름), 효를 주제로 함
쌍화점		남녀상열지사(만두 가게 여인의 방탕한 사랑)

012 가사

□ 고려 말에 발생해 조선 후기까지 나타난 4음보 연속체 운문문학

경기체가가 붕괴하면서 발생한 가사는 운문에서 산문으로 넘어가는 과도기 형태이다. 4음보를 기준 율격으로 하지만 행(行)에 제한을 두지 않는 연속체 형식이다. 조선 전기까지는 양반층의 유교적·서정적 가사가 유행했고, 후기에는 서민층, 여성들의 실학적·서사적 가사가 유행했다.

상식 plus⁺

가사의 주요 작품 개요

작품	작가	시대	특징
상춘곡	정극인	성종	안빈낙도, 자연친화, 탈속적, 4·4조의 연속체, 정격가사
만분가	조위	연산	• 최초의 유배가사. 무오사화로 순천에 유배되었을 때 지음 • 슬픔과 억울함을 성종에게 호소하는 내용
면앙정가	송순	중종	• 담양에 면앙정을 짓고 은거하며 지음 • 자연의 아름다움을 노래. 정철의 〈성산별곡〉에 영향을 줌
성산별곡	정철	선조	담양 성산의 풍경과 사계절의 변화를 노래
관동별곡	정철	선조	• 강원도관찰사로 부임하면서 관동8경 유람하고 쓴 기행가사 • 우국지정와 애민정신을 노래
사미인곡	정철	선조	• 관직에서 밀려나 고향에 은거하며 지음 • 임금에 대한 충성을 여인이 남편을 사모하는 마음에 비유
속미인곡	정철	선조	• 〈사미인곡〉의 속편 • 임금을 그리워하는 마음을 두 선녀의 대화 형식으로 표현
규원가	허난설헌	선조	규방가사, 규방에 갇혀 참고 지내며 눈물로 늙어가는 여인의 애처로운 한(恨)을 노래
선상탄	박인로	선조	• 임진왜란 때 종군하여 부산에 있을 때 지음 • 배 위에서 조국에 대한 충성 및 전쟁의 비애를 노래하며 배를 만든 헌원씨를 원망, 사대주의적
누항사	박인로	광해군	• 임진왜란 이후 양반층의 곤궁한 현실을 사실적으로 묘사 • 자연을 친구 삼아 안빈낙도함을 노래함
일동장유가	김인겸	영조	장편 기행가사. 일본의 문물과 제도, 풍속, 풍경을 기록

농가월령가	정학유	헌종	농가의 행사를 월별로 나누어 교훈을 섞어가며 농촌 풍속과 권농을 노래(목적성)
우부가	정학유	헌종	어리석은 한량이 부모 덕분에 호의호식하며 허송세월하다가 결국 패가망신하는 것을 풍자함
연행가	홍순학	고종	장편 기행가사. 청나라의 연경(북경)에서 얻은 견문을 기록

작품	구분	해설
용비어천가	작자	1445년, 정인지, 권제, 안지 등 집현전 학사들
	형식	• 2절 4구체의 대구 형식(1장과 125장은 2절 4구체가 아님) • 전절은 중국 제왕의 사적, 후절은 조선 왕조의 사적 찬양 • 훈민정음 창제 후 한글로 기록된 최초의 문헌
	구성	10권 5책 125장
	창작동기	• 조선 건국의 정당성 주장, 후대 왕에 대한 권계 • 훈민정음의 실용성 시험과 국자(國字)의 권위 부여
월인천강지곡	작자	1447년, 세종대왕
	성격	석가모니의 공덕을 찬송하여 지은 찬불가
	구성	상·중·하 3권에 500여 수의 노래 수록
	의의	〈용비어천가〉와 함께 훈민정음으로 표기된 최고(最古)의 악장가사(歌詞)

013 시조

☐ 고려 중엽에 발생하여 발달해온 우리나라 고유의 정형시

10구체 향가에서 시작하여 고려가요를 거친 민요 등의 영향으로 발생하였다. 전기에는 강호가도적 성격을 띠고 평시조가 주류를 이루었으며, 조선 시조의 양대 산맥을 이루는 정철과 윤선도에 이르러 전성기를 맞았고 황진이와 송순 등에 의해 뛰어난 문학적 경지에 도달하였다. 영·정조 이후 평민들이 참여하여 사설시조 등 새로운 형식이 탄생하였고, 조선 후기에 이르러 창곡으로 발전하였다. 3장을 이루며 종장 첫 구는 3글자라는 형식을 계승하고 있다.

평시조
3·4조 또는 4·4조의 4음보 형식으로 이루어진 가장 기본적인 시조. 3장 6구 45자 내외

사설시조
초장·중장이 제한 없이 길고 종장도 길어진 시조

상식 plus+

3대 시조집

시조집	편찬자	연대	특징
청구영언	김천택	1728 (영조 4년)	우리나라 최초의 시조집. 시조를 곡조별로 분류
해동가요	김수장	1763 (영조 39년)	시조를 시대별로 나누고 작가별로 짤막한 해설
가곡원류	박효관, 안민영	1876 (고종 13년)	시조를 곡조별로 분류

014 고대소설

☐ 우리나라 신소설이 나오기 전까지 창작된 소설

설화에서 비롯되어 패관문학과 가전체문학의 영향을 받아 발생한 고대소설은 초기에는 한자 표기로 인해 한문투였으나 점차 국문의 영향을 받아 낭독하기 좋은 4·4조의 가사체가 많아졌다. 영조·정조 때에 이르러 전성기를 맞았으며, 조선 후기 판소리계 소설의 발달을 이끌었다. 대표적인 작가로는 김시습, 허균, 김만중 등이 있다.

상식 plus+

고대소설 작품

구분	작품
한문소설	박지원의 양반전, 허생전, 호질, 임제의 화사, 수성지, 원생몽유록
풍자소설	두껍전, 이춘풍전, 배비장전
염정소설	운영전, 옥단춘전, 옥루몽, 채봉감별곡
사회소설	홍길동전, 전우치전
가정소설	장화홍련전, 사씨남정기
역사 군담소설	박씨전, 임진록, 임경업전
창작 군담소설	유충렬전, 소대성전, 조웅전
설화소설	심청전, 별주부전, 흥부전
판소리계 소설	• 부전 작품 : 배비장전, 장끼전, 숙영낭자전, 옹고집전 • 현전 작품 : 심청전, 흥부전, 춘향전, 별주부전

015 홍길동전

한국환경공단, MBC

☐ 조선 광해군 때 허균이 지은 우리나라 최초의 한글 소설

양반 서얼 출신인 홍길동이 활빈당이라는 집단을 결성하여 사회 부조리를 척결하고 율도국을 건설한다는 내용으로, 임진왜란 후 사회제도의 결함, 특히 적서(嫡庶) 차별의 타파와 부패한 정치를 개혁하려는 허균의 혁명적 사상을 작품화하였다.

제 2 장 근현대 문학

016 1910년대 문학

최남선, 이광수를 주축으로 신체시와 근대소설이 등장한 시기

구분	내용
주요 작가	최남선, 이광수
최초의 신체시	최남선의 〈해에게서 소년에게〉(〈소년〉, 1908)
최초의 근현대소설	• 단편 : 이광수의 〈어린 희생〉(〈소년〉, 1910) • 장편 : 이광수의 〈무정〉(〈매일신보〉, 1917)
최초의 근대 자유시	주요한의 〈불놀이〉(〈창조〉, 1919)
최초의 월간 종합지	〈소년〉(1908)
최초의 순문예 동인지	〈창조〉(1919) ※ 최초로 서구 상징시 수용한 잡지 : 〈태서문예신보〉(1918, 김억)
최초의 시전문동인지	〈장미촌〉(1921)

신체시
근대 사회로 접어들면서 과거 창가와 현대의 자유시 사이의 과도기적 시가 형태이다. 개화사상, 남녀평등, 신교육, 자주독립 등 주로 계몽적인 내용이다.

▲ 〈소년〉, 1908

▲ 〈창조〉, 1919

017 개화기 주요 신문

★★★★

언론중재위원회, MBC

☐ 한성순보, 독립신문, 매일신문, 황성신문, 대한매일신보

구분	발행인	내용
한성순보	민영목, 김만식	1883년(고종 20) 9월 20일 창간, 최초의 신문(관보), 한문 전용
독립신문	서재필, 윤치호	1896년 4월 7일 창간, 최초의 민간 신문, 영문판 발행, 한글 전용, 1957년부터 4월 7일을 신문의 날로 지정
매일신문	양홍묵, 이승만	1898년 4월 9일 창간, 최초의 순한글 일간지(언문일치), 독립협회 사건으로 경영진이 구속되어 1년 3개월 만에 폐간
황성신문	남궁억, 나수연	1898년 9월 5일 창간, 국한문 혼용 일간지, 장지연의 〈시일야방성대곡〉 등 민족의식 고취와 일제 비판
대한매일신보	베델, 양기탁	1904년 7월 18일 창간, 국한문 혼용 일간지, 영국인을 발행인으로 하여 일제의 검열을 받지 않고 민족의 대변자 역할, 1910년 국권 피탈 후 조선총독부의 기관지로 전락

018 1920년대 문학

★★★

한국폴리텍대학, MBC

☐ 서구문예사조 혼입으로 문학이 활성화되고 다수의 문예지가 출간된 시기

전반기에는 낭만주의, 사실주의, 주지주의 등 서구 문예사조가 혼입되면서 다수 문인들이 활동하고 다수의 문예지가 출간되었다. 다양한 정서를 표출하는 자유시가 주류를 이루었고, 사실주의적 단편소설이 기틀을 잡았다. 후반기에는 계급문학파와 국민문학파 간의 이념 논쟁이 진행되었다.

상식 plus+

주요 작가 및 소설
- 김동인 : 〈감자〉, 〈배따라기〉, 〈운현궁의 봄〉, 〈약한 자의 슬픔〉, 〈광염소나타〉, 〈발가락이 닮았다〉, 〈광화사〉
- 현진건 : 〈운수 좋은 날〉, 〈빈처〉, 〈무영탑〉, 〈술 권하는 사회〉, 〈B사감과 러브레터〉
- 나도향 : 〈벙어리 삼룡이〉, 〈물레방아〉, 〈뽕〉
- 염상섭 : 〈만세전〉, 〈표본실의 청개구리〉
- 전영택 : 〈화수분〉

주요 작가 및 시
- 이상화 : 〈나의 침실로〉, 〈빼앗긴 들에도 봄은 오는가〉
- 한용운 : 〈님의 침묵〉, 〈나룻배와 행인〉
- 김소월 : 〈진달래꽃〉, 〈초혼〉, 〈접동새〉, 〈산유화〉
- 김동환 : 〈국경의 밤〉

계급문학
- 무산 계급의 생활을 반영하고 그들의 해방을 목적으로 하는 문학으로서, 경향문학 또는 프롤레타리아 문학(프로 문학)으로도 불린다. 김기진, 박영희 등이 주도했던 신경향파문학에서 출발하여, 1925년에 결성된 '카프(KAPF)'를 중심으로 본격적인 계급문학이 시작되었다.
- 대표적인 소설로 최서해 〈탈출기〉, 〈홍염〉, 김기진 〈붉은 쥐〉, 조명희 〈낙동강〉, 이기영 〈고향〉, 한설야 〈황혼〉 등이 있고, 시는 박세영, 임화 등이 계급투쟁 의식을 강조하는 경향시를 발표하였다.
- 카프의 회원은 아니지만 사상적으로 계급문학에 동조한 작가들을 '동반자작가'라고 부른다. 대표적인 동반자작가로 이효석과 유진오를 들 수 있다.

국민문학
계급문학에 대항하며 민족정신을 강조한 문학활동으로, 최남선, 이광수, 염상섭, 이병기, 정인보, 주요한 등이 주축이 되었다. 문학의 예술성과 독자성을 강조하고, 시조부흥운동과 역사소설 창작 활동을 벌였다.

019 1930년대 문학

한국농어촌공사, YTN

☐ 사회적 문단 시대로 본격적인 현대 문학의 출발을 이룬 시기

1920년대 성행했던 프로 문학에 대한 반발과 파시즘의 대두 및 중일전쟁 발발로 불안의식이 고조되어 전환점을 맞았다. 서정주의적인 경향이 두드러지게 나타났으며, 모더니스트들이 등장해 서양의 이미지즘을 수용하여 모더니티를 강조하였다.

이미지즘
시에서 시각·청각 등 오감으로 느끼는 이미지를 중요시하는 것으로, 우리나라에서는 김광균, 김기림, 정지용 등의 시가 대표적이다.

상식 plus⁺

주요 작가 및 소설

- 염상섭 : 〈삼대〉, 〈만세전〉
- 김동인 : 〈운현궁의 봄〉, 〈젊은 그들〉
- 현진건 : 〈무영탑〉
- 채만식 : 〈태평천하〉, 〈레디메이드 인생〉, 〈탁류〉, 〈치숙〉
- 김유정 : 〈동백꽃〉, 〈봄봄〉, 〈만무방〉, 〈땡볕〉, 〈금 따는 콩밭〉
- 심훈 : 〈상록수〉
- 박영준 : 〈모범 경작생〉
- 김정한 : 〈사하촌〉
- 이상 : 〈날개〉, 〈종생기〉, 〈봉별기〉, 〈지주회사〉

주요 작가 및 시

구분	동인지	특징	시인	시 작품
순수시파	시문학	음악성, 기교, 상징	김영랑	〈모란이 피기까지는〉, 〈돌담에 속삭이는 햇발같이〉, 〈독을 차고〉
			박용철	〈떠나가는 배〉
			신석정	〈그 먼 나라를 알으십니까〉
주지시파	삼사문학	지성, 논리, 이미지, 회화성	김기림	〈바다와 나비〉
			김광균	〈외인촌〉, 〈추일서정〉, 〈와사등〉, 〈뎃상〉
			정지용	〈유리창〉, 〈카페 프란스〉, 〈향수〉, 〈바다〉
			이상	〈오감도〉, 〈거울〉, 〈꽃나무〉, 〈이상한 가역반응〉
생명파	시인부락, 생리	생명사상	서정주	〈국화 옆에서〉, 〈추천사〉, 〈귀촉도〉, 〈자화상〉, 〈화사〉
			유치환	〈생명의 서〉, 〈깃발〉, 〈일월〉, 〈보병과 더불어〉
청록파	문장	향토적, 자연회귀	박목월	〈나그네〉, 〈산도화〉, 〈청노루〉
			박두진	〈해〉, 〈묘지송〉, 〈청산도〉, 〈수석열전〉
			조지훈	〈고풍의상〉, 〈승무〉, 〈완화삼〉, 〈봉화수〉, 〈풀잎 단장〉

020 1940년대 문학

조선일보, SBS, MBC

☐ 일제의 민족말살 정책으로 인해 창작과 출판의 암흑기·공백기

일제의 극심한 탄압으로 인한 암흑기로서 많은 문학가들이 친일과 절필 사이에서 갈등하였다. 〈문장〉과 〈인문평론〉을 통해 청록파 시인들이 명맥을 이었고, 윤동주와 이육사의 저항문학이 두드러진 시기였다.

광복 이후, 민족적 자각과 함께 민족 문화에 대한 연구가 가능해져 문인들의 움직임이 재개되었으나, 남북 분단으로 인한 이념의 대립 때문에 문단도 좌우익의 대립과 갈등으로부터 자유롭지 못했다. 임화·이태준·박태원·함세덕·김남천·박팔양 등 많은 작가가 월북하였고, 김동리·조연현 등 순수문학파와 김동석 등의 프로문학파 사이의 논쟁도 매우 치열했다.

상식 plus⁺

주요 작가 및 소설
- **채만식** : 〈논 이야기〉, 〈역로〉
- **김동인** : 〈반역자〉
- **김동리** : 〈혈거부족〉, 〈역마〉
- **염상섭** : 〈삼팔선〉, 〈임종〉, 〈두 파산〉
- **이태준** : 〈해방 전후〉
- **황순원** : 〈독 짓는 늙은이〉, 〈목넘이 마을의 개〉

윤동주와 이육사

구분	성격	주요 작품
이육사	남성적, 의지적, 선비정신, 대륙적	〈절정〉, 〈청포도〉, 〈광야〉, 〈교목〉, 〈꽃〉
윤동주	자아성찰, 순수	〈자화상〉, 〈참회록〉, 〈십자가〉, 〈간〉, 〈또 다른 고향〉, 〈서시〉, 〈별 헤는 밤〉

021 1950년대 문학

☐ 6·25 전쟁으로 인한 전후 시대 문학

전쟁이 인간의 삶을 어떻게 변화시켰는가를 보여 주는 전후소설이 주류를 이룬다. 전쟁의 무모함과 잔혹함을 고발함으로써 전쟁의 반윤리성을 드러내는 '휴머니즘 문학'이 등장하고, 인간에 대한 불신으로 인해 냉소주의가 팽배하는가 하면 인간존재를 탐구하는 '실존주의'가 유입되어, 특히 신세대 작가들에게 영향을 끼쳤다.

상식 plus⁺

주요 작가 및 소설
- 하근찬 : 〈흰 종이 수염〉, 〈수난 이대〉
- 송병수 : 〈쑈리 킴〉, 〈인간 신뢰〉
- 안수길 : 〈제3인간형〉
- 손창섭 : 〈설중행〉, 〈공휴일〉, 〈비 오는 날〉, 〈낙서족〉
- 김동리 : 〈흥남 철수〉
- 이범선 : 〈학마을 사람들〉, 〈오발탄〉
- 황순원 : 〈학〉, 〈카인의 후예〉, 〈인간접목〉, 〈잃어버린 사람들〉, 〈소나기〉
- 장용학 : 〈요한 시집〉, 〈비인 탄생〉, 〈원형의 전설〉
- 오상원 : 〈유예〉, 〈백지의 기록〉, 〈모반〉, 〈황선 지대〉

022 1960년대 문학

☐ 자유와 민주주의를 지향하는 시대정신이 반영된 문학

1950년대 전후문학이 이어지는 한편, 4·19 혁명, 5·16 군사정변을 거치며 자유와 민주주의를 지향하는 시대정신이 반영된 작품이 주류를 이룬다. 새로운 작가군들이 등장하여 새로운 문체와 양식을 시도하며, 산업화·도시화로 붕괴되는 농촌 현실과 인간소외 문제를 직시한다.

상식 plus⁺

주요 작가 및 소설
- 최인훈 : 〈광장〉, 〈회색인〉, 〈가면고〉, 〈서유기〉
- 김승옥 : 〈무진 기행〉, 〈서울, 1964년 겨울〉
- 김정한 : 〈모래톱 이야기〉
- 이청준 : 〈병신과 머저리〉, 〈매잡이〉, 〈별을 보여 드립니다〉, 〈침몰선〉
- 박경리 : 〈김약국의 딸들〉, 〈불신시대〉
- 황순원 : 〈나무들 비탈에 서다〉, 〈내 고향 사람들〉
- 전광용 : 〈꺼삐딴 리〉
- 안수길 : 〈북간도〉

주요 작가 및 시
- 김수영 : 〈거대한 뿌리〉, 〈푸른 하늘을〉, 〈폭포〉, 〈풀〉
- 신동엽 : 〈금강〉, 〈껍데기는 가라〉, 〈아사녀〉
- 신경림 : 〈농무〉, 〈겨울밤〉, 〈목계장터〉, 〈가난한 사랑 노래〉
- 황동규 : 〈풍장〉, 〈기항지〉, 〈즐거운 편지〉, 〈삼남에 내리는 눈〉

023 1970~1980년대 문학

참여문학운동의 대두로 민중문학이 태동하고 성장한 시기

1970년대에 태동한 민중 문학이 1980년대에 이르러 문단의 큰 세력을 형성한다. 농촌사회가 해체되고 노동자들이 도시로 유입되면서 발생하는 도시빈민, 노동현실 등 사회문제를 담은 작품들이 대거 창작되었는데, 특히 5·18 광주민중항쟁은 진보의 흐름에 박차를 가했다.

상식 plus⁺

주요 작가 및 소설
- 이문구 : 〈관촌수필〉, 〈해벽〉, 〈우리 동네〉
- 박완서 : 〈그 많던 싱아는 누가 다 먹었을까〉, 〈휘청거리는 오후〉, 〈나목〉, 〈엄마의 말뚝〉, 〈도시의 흉년〉
- 최일남 : 〈서울 사람들〉
- 황석영 : 〈삼포 가는 길〉, 〈객지〉, 〈아우를 위하여〉, 〈장길산〉, 〈바리데기〉, 〈개밥바라기별〉, 〈강남몽〉, 〈사람이 살고 있었네〉
- 윤흥길 : 〈아홉 켤레의 구두로 남은 사내〉, 〈직선과 곡선〉, 〈날개 또는 수갑〉
- 이청준 : 〈서편제〉, 〈소문의 벽〉, 〈당신들의 천국〉, 〈이어도〉, 〈잔인한 도시〉
- 조세희 : 〈난쟁이가 쏘아 올린 작은 공〉
- 이동하 : 〈도시의 늪〉, 〈장난감 도시〉
- 최인호 : 〈타인의 방〉
- 이문열 : 〈달팽이의 꿈〉, 〈우리들의 일그러진 영웅〉, 〈사람의 아들〉, 〈영웅시대〉
- 박경리 : 〈토지〉, 〈시장과 전장〉
- 조정래 : 〈태백산맥〉, 〈아리랑〉

주요 작가 및 시
- 김지하 : 〈오적〉, 〈타는 목마름으로〉
- 정현종 : 〈섬〉, 〈사랑할 시간이 많지 않다〉, 〈사물의 꿈〉

024 1990년대 이후 주요 작품

경향신문, SBS

☐ 김훈, 공지영, 양귀자, 최명희, 곽재구, 김중미, 조정래, 한강

작가	작품
김훈	〈칼의 노래〉, 〈공무도하〉, 〈화장〉, 〈남한산성〉, 〈흑산〉
공지영	〈무소의 뿔처럼 혼자서 가라〉, 〈봉순이 언니〉, 〈고등어〉, 〈우리들의 행복한 시간〉
양귀자	〈원미동 사람들〉, 〈나는 소망한다 내게 금지된 것을〉
최명희	〈혼불〉, 〈만종〉
곽재구	〈사평역에서〉, 〈별밭에서 지상의 시를 읽다〉
김중미	〈괭이부리말 아이들〉
조정래	〈한강〉, 〈정글만리〉
한강	〈채식주의자〉, 〈검은 사슴〉, 〈그대의 차가운 손〉, 〈소년이 온다〉, 〈흰〉

025 문예사조

한국농어촌공사

☐ 한 시대를 통하여 문예를 창작하는 데에 근원이 되는 사상의 흐름

개항부터 일제강점기 초기에는 계몽주의, 1910년대 말부터 1920년대 초까지는 상징주의·낭만주의·사실주의·자연주의가, 1930년대에는 감상적인 낭만주의를 극복하기 위해 모더니즘이 성행하였다. 6·25 전쟁 이후부터는 전쟁으로 인한 인간의 실존적 위기와 그 대안으로 실존주의와 휴머니즘 문제를 다루고 있다.

상식 plus⁺

문예사조의 흐름

구분	특징	대표작
계몽주의	반봉건주의, 합리주의를 배경으로 개화사상 등 새로운 가치관 보급을 위한 수단인 문학	이광수 〈무정〉
퇴폐주의	3·1 운동의 실패로 인한 절망과 허무감으로 인한 염세적 사상	김억 〈해파리의 노래〉 황석우 〈태양의 침몰〉
낭만주의	• 계몽주의에 반발, 기존 질서를 의심하고 인간 감성 해방을 주장 • 미지의 세계에 대한 동경, 암울한 현실 비관	이상화 〈나의 침실로〉 홍사용 〈나는 왕이로소이다〉

사실주의	• 낭만주의에 반발, 실증적·객관적 묘사 • 인간의 문제와 현실의 어두운 면을 폭로	김동인 〈약한 자의 슬픔〉 현진건 〈빈처〉
자연주의	객관적인 입장에서 현실을 있는 그대로 해부	염상섭 〈표본실의 청개구리〉 김동인 〈감자〉
계급주의	1920년대 KAPF 중심의 사회비판과 계급 투쟁	김기진 〈붉은 쥐〉
주지주의 (모더니즘)	• 감정과 정서로의 편향을 비판, 지성을 우선시 • 이미지와 회화성 두드러짐, 실험적 기법 중시	정지용 〈향수〉 이상 〈날개〉 김기림 〈기상도〉
실존주의	• 인간의 부조리한 현실을 인정하고 받아들임 • 본질보다 상황을 중시함, 극한 상황 인식	이범선 〈오발탄〉 장용학 〈요한시집〉

Theme 3 세계 문학

제1장 세계 문학 일반

026 다다이즘 Dadaism
★★★★
MBC, CBS

☐ 1920년대 전반까지 유럽과 미국에서 성행한 반문명적·반전통적 예술운동

다다이즘은 문명 활동의 결과 1차 세계대전의 비극이 일어난 것에 분노를 느껴 문명을 비판한 것에서 출발하였다. 1차 세계대전 중 중립국 스위스는 반정부적 예술가들에 대한 박해가 적어 다다이즘의 발생지가 되었고, 스위스 취리히에서 후고 발, 차라, 휠젠베크 등의 예술가들이 모여 모든 예술 형식과 가치를 부정하고 비합리성·반도덕·비심미적인 것을 주장함으로써 다다이즘이 발생하였다.

027 브나로드운동 Vnarod
★★★
한국관광공사, 대구도시철도공사

☐ 19세기 후반 러시아의 젊은 지식인들 사이에서 일어난 농촌계몽운동

▲ 동아일보에 실린 브나로드운동에 관한 기사

브나로드는 '민중 속으로'라는 뜻의 러시아어로, 러시아의 농민 자치 공동체(Mir)를 기초로 지식인들이 민중계몽을 위해 농촌에서 벌인 문화운동이다. 그러나 기대한 성과를 거두지 못하고 많은 지식인들이 검거되었다. 우리나라도 브나로드 운동의 영향을 받아 1931~1934년까지 동아일보사에서 농촌계몽운동을 전개하였다.

028 아포리즘 Aphorism

★★★★

언론중재위원회, 전자신문

☐ 명언, 격언, 잠언, 금언 등 교훈을 주는 말 또는 사물의 핵심과 이치를 표현한 문장

그리스어로 '정의'를 뜻하는 단어에서 명칭이 유래했으며, 속담과 달리 말한 사람이나 작품 등 출처가 분명하다. 가장 오래되고 유명한 아포리즘은 히포크라테스의 〈아포리즘〉에 나오는 "예술은 길고 인생은 짧다"이다.

029 알레고리 Allegory

★★★

KNN

☐ 은유적으로 의미를 전하는 표현 양식

그리스어로 'Allos(다른)'와 'Agoreuo(말하기)'가 합성된 '알레고리아(Allegoria, 다른 것으로 말하기)'에서 유래했으며, 구체적인 대상을 이용하여 추상적인 개념을 표현하는 형식이다. 아이소포스의 〈이솝우화〉나 중세의 도덕 우의극, 스펜서의 〈페어리퀸〉, 존 버니언의 〈천로역정〉 등이 대표적이다. 유추가 논리적 이성에 호소한다면, 알레고리는 상상에 호소한다고 할 수 있다.

030 세계 문학상

★★★★★

한겨레, 한국일보, SBS

☐

프랑스 4대 문학상
- 공쿠르(Goncourt)상
- 르노도(Renaudot)상
- 페미나(Femina)상
- 앵테랄리에(Interalli)상

구분	내용
부커상 (Booker Prize)	영국의 부커사에서 1969년부터 매년 10월 시상하며, 영어로 쓰인 소설을 대상으로 한다. 노벨문학상 · 공쿠르상과 함께 '세계 3대 문학상'으로 평가받는다.
공쿠르상 (Le Prix de Goncourt)	프랑스 4대 문학상 중의 하나로 권위가 높으며, 프랑스의 에드몽 공쿠르의 유언에 따라 1903년에 제정되어 산문, 특히 소설 작품을 시상한다.
노벨문학상	노벨상의 하나로, 스웨덴 문학 아카데미에서 수상 작가를 선정한다. 원칙적으로 작품이 아닌 작가에게 수상한다.
뉴베리상 (Newbery Awards)	1922년부터 미국 아동 문학(소설, 시집, 논픽션)에 공헌한 작가에게 시상하는 상이다. 수상 대상은 미국 시민이나 미국에 거주하는 사람의 작품이다.
에드거상 (미국 추리작가 협회상)	미국의 추리작가협회에서 에드거 앨런 포를 기념하여 1954년 제정한 것으로, 매년 4월 소설, 평론, 텔레비전, 영화 등 다양한 부문에 걸쳐 시상한다.

제 2 장 세계 문예사조

031 고전주의 Classicism

★★★
한국수력원자력, EBS

☐ 인간 이성에 대한 존중을 바탕으로 조화와 균형을 이루는 그리스·로마의 예술 경향을 규범으로 삼는 문예사조

17~18세기 유럽에서 일어난 고전주의는 고대 그리스·로마의 예술을 모범으로 삼아 형식미, 조화, 균형, 완성미 등을 추구하였다. 대표적인 작가로는 라신(프랑스), 셰익스피어(영국), 드라이든(영국), 괴테(독일) 등이 있다.

032 낭만주의 Romanticism

★★
한국수력원자력

☐ 자연·개성·꿈·공상의 세계를 동경하고 감상적인 정서를 중시하는 문예사조

고전주의가 강조하는 이성과 합리, 절대적인 것에 대한 권위를 부정하고, 비이성적이고 비합리적이며 불안한 인간의 본성을 인정하며 일어난 사조이다. 영국의 워즈워스와 콜리지가 함께 출간한 〈서정민요집〉(1798)이 효시이다.

033 사실주의 Realism

★★★★
한국수력원자력, EBS

☐ 현실을 있는 그대로 묘사·재현하려고 하는 문예 사조

낭만주의의 지나친 감상성에 대한 반발에서 출발해 주관주의에 의한 궤변과 장식을 거부하며, 객관적인 관찰을 통해 대상의 개성을 있는 그대로 묘사한다. 현실을 있는 그대로 표현하여 사물의 본질과 내면의 의미를 포착하려는 경향으로, 자연주의의 모태가 된다.

상식 plus+

주요 작가 및 작품

국적	작가	작품
프랑스	스탕달	적과 흑(1830)
	발자크	인간희극(1842)
	플로베르	보바리 부인(1857)
영국	찰스 디킨스	올리버 트위스트(1838)

러시아	투르게네프	첫사랑(1860)
	도스토옙스키	죄와 벌(1866), 백치(1867), 카라마조프가의 형제(1879~1880)

034 자연주의 Naturalism

한국농어촌공사, 한국수력원자력

☐ 인간과 사회의 문제를 있는 그대로 묘사하는 것에 중점을 둔 극사실주의

낭만주의를 반대한 사실주의의 맥을 이어 19세기 말 프랑스를 중심으로 일어난 사조이다. 자연과학적 방법에 투철하여 사실적인 묘사뿐만 아니라 환경이나 유전 같은 요소를 과학적으로 규명하려고 하였다. 인간과 사회의 문제를 비판적으로 적나라하게 폭로하고, 작가는 냉철한 관찰자로서 세기말적인 어두운 분위기를 드러낸다.

상식 plus⁺

주요 작가 및 작품

국적	작가	작품
프랑스	에밀 졸라	목로주점(1877), 제르미날(1885), 대지(1887)
	모파상	여자의 일생(1883), 비곗덩어리(1883), 목걸이(1884)
영국	토마스 하디	귀향(1878), 테스(1891)
노르웨이	입센	인형의 집(1879)

035 모더니즘 Modernism

전자신문, MBC

☐ 현대문명을 바탕으로 실험적·전위적 경향을 나타내는 문학

20세기 초, 전통주의에 대립해서 일어난 실험적이고 전위적인 경향의 문학을 말한다. 상징주의·표현주의·다다이즘·초현실주의·실존주의·이미지즘·주지주의 등을 포괄하며, 아방가르드 운동도 밀접한 관련이 있다. 모더니스트들의 작품은 혁신적인 형식·언어를 통해 인간 소외나 정체성의 문제를 주로 다루었는데, 대표적인 작가들로 제임스 조이스, 프란츠 카프카, T. S. 엘리어트, D. H. 로렌스 등이 있다.

036 실존주의 Existentialism ★★★★

□ 실존주의 사상을 담고 있는 문예사조

20세기 전반에 일어난 실존주의 사상을 담고 있는 문예사조로, 암울하고 부조리한 현실에서 인간의 현실적 존재를 추구하고 자아상을 확립하고자 한다. 사르트르 〈구토〉, 카뮈 〈이방인〉, 〈페스트〉, 카프카 〈변신〉 등이 대표적인 작품이다.

037 초현실주의 Surrealism ★★★

□ 무의식 또는 꿈의 세계를 지향하는 문학 및 예술운동

이성의 지배를 받지 않는 공상·환상의 세계를 실제 현실보다 더 중요하고 진실한 것으로 여기며 지향하는 문학 및 예술운동이다. 다다이즘에 이어 프로이트의 심층 심리학의 영향을 받았으며, 기존의 미학·도덕과 관계없이 무의식적 내면을 충동적으로 나열·표현하는 자동기술법을 사용한다. 앙드레 브르통 〈나자〉, 〈새벽〉, 아라공 〈파리의 농부〉, 엘뤼아르 〈고뇌의 수도〉 등이 대표적인 작품이다.

제3장 세계 문학 주요 작품

038 신곡 ★★★

□ 단테가 1321년에 완성한 대서사시

이탈리아의 시인 단테의 대표작으로 지옥편, 연옥편, 천국편의 3부로 이루어졌고, 각 편 33가(歌), 각행 11음절, 3운구법을 취했으며 모두 14,233행이다. '3'은 크리스트교에서 말하는 신의 삼위일체적 성격을 상징한다. '이상적 여성상'을 뜻하는 '베아트리체(Beatrice)'는 〈신곡〉의 등장인물 이름에서 비롯되었고, 〈신곡〉은 문예부흥(르네상스)에 지대한 영향을 주었다. 지옥과 연옥, 천국을 두루 경험하며 영혼의 정화와 구원을 이룬다는 내용이다.

039 전쟁과 평화

문화일보, MBC

☐ 1812년 전쟁을 배경으로 전제사회에 저항하는 인물의 고뇌를 다룬 톨스토이의 장편소설

러시아의 톨스토이가 1869년에 완성한 장편소설로서, 전쟁을 배경으로 하여 상류사회의 전제화(專制化)와 그에 저항하는 청년 귀족 안드레이와 피엘의 고민과 각성을 그렸다. 러시아 건국 후 주요 사건을 예술성과 명확성으로써 묘사한 역사소설인 동시에, 등장인물 수백명의 슬픔과 기쁨과 고민 등을 생생하게 묘사하여 '어떻게 살 것인가'를 진지하게 고민하게 하는 예술소설이다. 〈부활〉, 〈안나 카레니나〉와 함께 톨스토이의 3대 작품으로 평가받는다.

상식 plus⁺

그외 톨스토이의 3대 작품

저서	내용
안나 카레니나	남편 카레닌과의 애정 없는 생활에 염증을 느낀 안나는 외국으로 도피해 청년 귀족 우론스키와 사랑을 나누지만 우론스키의 사랑이 식자 자살한다.
부활	당시 러시아의 종교와 법제도를 날카롭게 비판한 작품이다. 살인죄로 고소당한 창녀의 재판에 배심원이 된 네플류도프 공작은 그녀가 과거에 자신이 임신시켰던 하녀 카추샤임을 알고 괴로워하다가 끝내 그녀의 무죄를 밝히고 그녀를 갱생시킨 후 자신도 종교적인 사랑에 의하여 부활한다.

040 죄와 벌

건설경제, 서울신문

☐ 도스토옙스키의 장편소설로 모순적 상황에서 인간성 회복의 염원을 그린 작품

러시아의 도스토옙스키가 1866년에 완성한 장편소설로, 가난한 학생 라스콜니코프가 고리대금업자인 노파를 살해하고 죄의식에 시달리다가, 고독과 자기희생으로 살아가는 창녀 소냐의 순수한 마음에 감동을 받아 자수한다. 라스콜니코프가 모순에 직면한 심각한 고민을 투철한 심리 분석을 통해 박진감 있게 묘사한 작품이다.

상식 plus⁺

도스토옙스키의 작품들

〈가난한 사람들〉, 〈분신〉, 〈상처받은 사람들〉, 〈죽음의 집의 기록〉, 〈백치〉, 〈악령〉, 〈카라마조프가의 형제〉, 〈미성년〉, 〈노름꾼〉

041 젊은 베르테르의 슬픔

★★★★

한국소비자원, 한국문화예술위원회

☐ 비극적인 사랑에 고뇌하다 스스로 목숨을 끊은 청년의 이야기를 그린 소설

독일의 괴테가 쓴 서간체 소설로, 당대의 인습적 체제와 귀족사회의 통념에 반대하는 지식인의 우울함과 열정을 그렸다. 베르테르가 남의 약혼녀인 로테를 사랑하다가 끝내 권총으로 자살한다는 내용으로 이에 공감한 젊은 세대의 자살이 유행하였다.

상식 plus+

괴테의 〈파우스트〉
희곡으로, 학문에 절망한 늙은 파우스트가 악마 메피스토펠레스의 유혹에 빠져 욕망과 쾌락에 사로잡히지만 잘못을 깨달아 영혼의 구원을 받는다는 내용이다.

042 햄릿

★★★★★

조선일보, 인천교통공사, KBS

☐ 덴마크 왕가의 왕위 계승을 둘러싼 유혈사건과 복수를 다룬 셰익스피어의 작품

영국 극작가 셰익스피어의 4대 비극 중 하나로 5막극이다. 덴마크의 왕자 햄릿의 고뇌와 복수를 그린 내용으로, 결국 자신도 독칼에 찔려 죽는다.

상식 plus+

그외 셰익스피어의 4대 비극

작품	내용
오셀로 (Othello)	5막. 장군 오셀로가 아내의 정조를 의심하여 그녀를 죽이지만, 그의 부관 이아고(Iago)의 계략이었음을 알고 자살한다.
맥베스 (Macbeth)	5막. 스코틀랜드의 장군 맥베스가 마녀의 예언에 홀려 던컨 왕을 죽이고 왕위에 오르지만 던컨 왕의 아들 맬컴에게 살해된다.
리어왕 (King Lear)	5막. 맏딸과 둘째 딸의 거짓말에 속아 효성이 깊은 셋째 딸 코델리아를 내쫓은 리어왕이 두 딸의 배신으로 비참하게 죽는다.

043 중국 4대 기서

★★ YTN

☐ 중국 서민층에서 유행했던 4대 고전소설

- 〈삼국지연의〉 : 위, 촉, 오의 역사를 바탕으로 전해 내려온 이야기를 편찬한 역사소설로, 원래 제목은 '삼국지통속연의'이다.
- 〈수호지〉 : 역사적 사실을 바탕으로 농민들의 반란을 소설화한 장편소설이다.
- 〈서유기〉 : 당나라 때 승려 현장이 불교 경전을 얻는 과정을 그린 소설이다.
- 〈금병매〉 : 당시 봉건사회의 부패를 비판한 장편 애정소설이다.

044 침묵의 봄 Silent Spring

★★★ 포항시설관리공단

☐ 환경운동가 레이첼 카슨의 환경과 생태에 관한 저서

살충제(농약)가 환경 속에 어떻게 확산되고 환경에 어떤 영향을 끼치는지 4년간 직접 조사하여 고발함으로써, 살충제로 인한 환경오염의 심각성을 세계에 알린 베스트셀러이다. '침묵의 봄'은 살충제로 인해 생태계가 파괴되어 봄에도 새소리가 들리지 않는 것을 암시하는 제목이다. 이 책이 발간된 후 미국에서는 시민운동이 일어나고 세계적으로 환경보호에 대한 인식이 뒤바뀌었다.

045 레미제라블 Les Misérables

★★★★★ 서울시설공단, 경상대학교병원

☐ 프랑스 작가 빅토르 위고의 장편소설

프랑스어로 '비참한 사람들'이라는 뜻인 〈레미제라블〉은 19세기 초 프랑스 민중들의 비참한 삶과 프랑스 혁명을 소재로 한 역사소설이다. 역사적 사건 한가운데를 살아가는 장발장의 인생 여정을 통해 파리의 정치와 지리, 민중들의 삶을 생생하게 묘사하고 있다. 빅토르 위고의 또 다른 대표작으로 〈노트르담 드 파리〉가 있다.

046 세계 주요 고전

헤럴드경제, MBN

작가	작품	작가	작품
애덤 스미스	국부론	샬럿 브론테	제인 에어
소스타인 베블런	유한 계급론	에밀리 브론테	폭풍의 언덕
칼 마르크스	자본론	H. 멜빌	백경(모비딕)
케인스	고용 · 이자 및 화폐의 일반 이론	쥘 베른	15소년 표류기
R. 스티븐슨	보물섬, 지킬박사와 하이드	J. 스위프트	걸리버 여행기
F. 스콧 피츠제럴드	위대한 개츠비	알렉상드르 뒤마	몬테크리스토 백작
O. 헨리	마지막 잎새, 현자의 선물	가와바타 야스나리	설국(노벨문학상)
알베르 카뮈	이방인, 페스트, 반항하는 인간	파울로 코엘료	연금술사
프란츠 카프카	변신, 실종자, 성, 유형지에서, 심판	제롬 데이비드 샐린저	호밀밭의 파수꾼

STEP 01 초스피드 암기 확인!

보기
- ㉠ 침묵의 봄
- ㉡ 르포르타주
- ㉢ 알레고리
- ㉣ 아포리즘
- ㉤ 다다이즘
- ㉥ 모더니즘
- ㉦ 자연주의
- ㉧ 계급문학
- ㉨ 햄릿
- ㉩ 참여문학

01 그리스어로 '정의'를 뜻하는 단어에서 유래된 _____(은)는 명언, 격언, 잠언, 금언 등 교훈을 주는 말 또는 사물의 핵심과 이치를 표현한 문장을 말한다.

02 _____(은)는 1920년대 전반까지 유럽과 미국에서 성행한 반문명적·반전통적 예술운동을 뜻한다.

03 환경운동가 레이첼 카슨의 저서 _____(은)는 살충제(농약)가 환경 속에 어떻게 확산되고 환경에 어떤 영향을 끼치는지 4년간 직접 조사하여 고발함으로써, 살충제로 인한 환경오염의 심각성을 세계에 알린 베스트셀러이다.

04 인간과 사회의 문제를 있는 그대로 묘사하는 것에 중점을 둔 극사실주의 문학 사조를 _____(이)라고 한다.

05 유추가 논리적 이성에 호소한다면, 은유적으로 의미를 전하는 _____(은)는 상상에 호소한다고 할 수 있다.

06 _____(은)는 프랑스어로 '탐방·보도·보고'를 뜻하는 말로, 약칭하여 '르포'라고도 한다.

07 1970~1980년대는 _____ 운동의 대두로 민중문학이 태동하고 성장한 시기다.

08 20세기 초, 전통주의에 대립하며 일어난 실험적·전위적 경향의 문학을 _____(이)라고 한다. 대표적인 작가들로 제임스 조이스, 프란츠 카프카, T. S. 엘리어트 등이 있다.

09 _____(은)는 무산 계급의 생활을 반영하고 그들의 해방을 목적으로 하는 문학으로서 경향문학으로도 불린다. 김기진, 박영희 등이 주도했던 신경향파문학에서 출발하여, 1925년에 결성된 '카프(KAPF)'를 중심으로 본격적으로 시작되었다.

10 _____(은)는 덴마크 왕가의 왕위 계승을 둘러싼 유혈사건과 복수를 다룬 셰익스피어의 작품이다.

정답
01 ㉣ 02 ㉤ 03 ㉠ 04 ㉦ 05 ㉢ 06 ㉡ 07 ㉩ 08 ㉥ 09 ㉧ 10 ㉨

STEP 02 기출로 합격 공략!

01
교통안전공단

다음 중 문학의 3대 장르가 아닌 것은?

① 시　　　　　　② 수필
③ 소설　　　　　④ 평론

해설
문학의 3대 장르는 시, 소설, 수필이다.

02
서울신문

다음 중 청록파 시인이 아닌 사람은?

① 정지용　　　　② 박목월
③ 박두진　　　　④ 조지훈

해설
청록파는 문예지 〈문장〉을 통해 정지용의 추천을 받아 등단한 박목월, 박두진, 조지훈을 가리킨다.

03
문화일보, 일간스포츠, 산업인력공단

다음 설명에 해당하는 작가는 누구인가?

- 1980년대 중반 이후 여성문학의 대표 작가로, 이상문학상, 황순원문학상 등 수상
- 대표작: 〈그 많던 싱아는 누가 다 먹었을까〉, 〈엄마의 말뚝〉, 〈휘청거리는 오후〉 등

① 박경리　　　　② 박완서
③ 신경숙　　　　④ 공지영

해설
박완서는 1970년 여성동아 장편소설 공모에 〈나목〉이 당선되어 등단했으며, 이후 중산층과 여성의 삶을 주로 다룬 많은 작품을 남겼다.

04
대전MBC

다음 중 프랑스의 장편소설 〈레미제라블〉을 쓴 작가는?

① 에밀 졸라　　　② 오노레 드 발자크
③ 빅토르 위고　　④ 마르셀 프루스트

해설
〈레미제라블〉은 프랑스의 19세기를 배경으로 하는 장편소설로서 빅토르 위고가 집필했다. 빅토르 위고의 필생의 역작이라고 할 수 있으며 그만큼 분량도 방대하다. 1862년에 발표된 이 작품은 빵을 훔쳤다는 죄목으로 19년 동안 수감되었던 주인공 장 발장이 출소 후 불우한 자신의 삶을 극복해나가는 이야기를 담았다.

05
부산광역시 공무직 통합채용

우리나라 최초의 한문소설집은?

① 지봉유설　　　② 구운몽
③ 백운소설　　　④ 금오신화

해설
〈금오신화(金鰲新話)〉는 김시습이 지은 우리나라 최초의 한문 단편소설집이다. 귀신·선녀·용왕·저승 등 비현실적이고 기이한 '전기적 요소'가 나타나는 것이 특징이다.

06
연합뉴스TV

다음 중 연암 박지원이 쓴 소설이 아닌 것은?

① 민옹전　　　　② 양반전
③ 호질　　　　　④ 성호사설

해설
〈성호사설〉은 조선 후기 실학자인 '이익'이 쓴 문답집이다.

07
한국농어촌공사

다음 내용에서 말하는 운동은?

- 19세기 후반 러시아의 젊은 지식인들 사이에 일어난 농촌계몽운동의 영향
- 학생들이 농촌 속으로 들어가 문맹퇴치 운동을 전개
- 미신타파·금주운동 등 생활 개선과 계몽운동 전개

① 문자보급운동　② 물산장려운동
③ 브나로드운동　④ 국채보상운동

해설
브나로드운동은 일제강점기인 1931~1934년까지 동아일보사가 주축이 되어 일으킨 농촌계몽운동이다.

Section 01 문학 | 477

08
인천도시개발공사

우리나라 최초의 순수 문예 동인지는 무엇인가?

① 폐허 ② 창조
③ 장미촌 ④ 백조

해설
① 폐허(1920) : 퇴폐적 낭만주의 동인지
③ 장미촌(1921) : 최초의 시 전문 동인지
④ 백조(1922) : 낭만주의적 동인지

09
MBC

다음 시구 속에 나타난 문학 경향은 무엇인가?

> 길은 한 줄기 구겨진 넥타이처럼 풀어져
> 일광(日光)의 폭포 속으로 사라지고
> 조그만 담배 연기를 내뿜으며
> 새로 두 시의 급행열차가 들을 달린다.

① 초현실주의 ② 이미지즘
③ 탐미주의   ④ 포스트 모더니즘

해설
김광균의 〈추일서정〉은 회화적인 수법으로 시를 표현하는 이미지즘 (Imagism)의 대표작이다. 이미지즘이란 시에서 시각·청각 등 오감으로 느끼는 이미지를 중요시하는 것으로, 우리나라에서는 김광균, 김기림, 정지용 등의 시가 대표적이다.

10
서울도시철도공사

다음 중 조선시대 3대 시가집이 아닌 것은?

① 가곡원류 ② 두시언해
③ 청구영언 ④ 해동가요

해설
조선시대 3대 시가집
- 청구영언(1728) : 김천택이 시조 998수와 가사 17편을 수록한 최초의 시조집
- 해동가요(1763) : 김수장이 시조를 시대별로 나누고 짤막한 해설을 넣어 만든 시조집
- 가곡원류(1876) : 박효관과 안민영이 1,000년 동안의 시가를 총정리 하여 엮은 시가집

11
한국마사회, 공무원연금공단, 서울신문

다음 중 작가와 작품을 바르게 연결한 것은?

① 김동인 – 감자
② 염상섭 – 술 권하는 사회
③ 황순원 – 무녀도
④ 김동리 – 독짓는 늙은이

해설
② 〈술 권하는 사회〉는 현진건의 작품이다.
③ 〈무녀도〉는 김동리의 작품이다.
④ 〈독짓는 늙은이〉는 황순원의 작품이다.

12
대구의료원

다음 중 작가와 해당 작품의 연결이 올바른 것은?

① 외딴 방 – 공지영
② 아리랑 – 조정래
③ 우리들의 일그러진 영웅 – 신경숙
④ 봉순이 언니 – 이문열

해설
〈외딴 방〉은 1994년 겨울부터 계간지 〈문학동네〉에 연재된 신경숙의 장편소설이다. 〈우리들의 일그러진 영웅〉은 1987년 발표된 중편소설로 이문열의 대표작이며, 〈봉순이 언니〉는 1998년 나온 공지영의 장편소설이다.

13
수도권매립지관리공사

한글로 기록된 최초의 문헌은 무엇인가?

① 홍길동전 ② 용비어천가
③ 황조가   ④ 구운몽

해설
① 홍길동전 : 우리나라 최초의 한글소설
③ 황조가 : 최초의 개인 서정시
④ 구운몽 : 숙종 때 김만중이 지은 몽자류 한글소설

14
한국산업단지공단

다음 중 외국 작가와 작품이 잘못 연결된 것은?

① 에밀 졸라 – 대지 ② 카프카 – 변신
③ 괴테 – 백치   ④ 단테 – 신곡

해설
〈백치〉는 도스토옙스키의 장편소설이다.

15 연합뉴스TV
신라의 승려 혜초가 지은 여행기의 제목은?

① 대승기신론소
② 화엄경
③ 왕오천축국전
④ 열하일기

해설
〈왕오천축국전〉은 신라시대의 승려 혜초가 8세기 초 인도와 중앙아시아, 아랍 등을 기행하고 쓴 여행기로 세계에서 가장 오래된 여행기로 알려져 있다. 세계 4대 여행기로도 꼽히고 있다. 1908년 프랑스인 폴 펠리오가 중국 장쑤성 부근에서 발견하였으며, 현재 프랑스 국립도서관에 보관되어 있다.

16 MBC
다음 중 가장 오래된 고전은?

① 유토피아
② 오디세이아
③ 역사란 무엇인가
④ 파우스트

해설
② 오디세이아 : 기원전 800년경으로 추정
① 유토피아 : 토마스 모어가 1516년 완성
③ 역사란 무엇인가 : 1961년, 영국의 역사학자이자 국제정치학자 에드워드 카의 저서
④ 파우스트 : 괴테가 1790년~1831년까지 집필한 희곡

17 한국산업단지공단
1947년 알베르 카뮈가 발표한 소설로, 전염병 창궐로 위기에 빠진 사회의 부조리를 사실적으로 묘사한 걸작은?

① 페스트
② 스페인 독감
③ 이방인
④ 시지프의 신화

해설
〈페스트(Plague)〉(1947)는 노벨문학상을 수상한 알베르 카뮈의 대표작이다. 페스트의 창궐로 인해 위기에 빠진 오랑시를 배경으로 당대 사람들이 전염병에 대응하는 다양한 양상을 그린다. 이 작품에서 문학적으로 형상화한 페스트는 질병이지만 작품이 집필된 1940년대 배경을 고려하면 페스트는 질병과 동시에 전쟁, 나치즘 등을 상징한다고 볼 수 있다.

18 대구의료원
소설 〈젊은 베르테르의 슬픔〉을 쓴 작가의 이름은?

① 토마스 만
② 프리드리히 니체
③ 요한 볼프강 폰 괴테
④ 프리드리히 실러

해설
〈젊은 베르테르의 슬픔〉은 독일의 문학가 요한 볼프강 폰 괴테가 쓴 서간체 소설로, 당대의 인습적 체제와 귀족사회의 통념에 반대하는 지식인의 우울함과 열정을 그렸다. 베르테르가 남의 약혼녀인 로테를 사랑하다가 끝내 권총으로 자살한다는 내용으로 이에 공감한 젊은 세대의 자살이 유행하였다.

19 밀양시시설관리공단
다음 중 작가와 소설작품의 연결이 옳지 않은 것은?

① 박경리 - 토지
② 이청준 - 서편제
③ 최인훈 - 광장
④ 김수영 - 장마

해설
김수영은 1960년대 전후로 활동한 참여문학의 대표적인 시인이다. 활동 초기에는 모더니즘을 바탕으로 현대문명과 도시생활에 대한 비판을 시에 담았으나, 4·19혁명을 기점으로 저항적 색채를 물씬 드러내는 작품을 썼다. 대표작으로는 〈달나라의 장난〉(1953), 〈눈〉(1957), 〈어느 날 고궁을 나오면서〉(1965), 〈풀〉(1968) 등이 있다. 〈장마〉(1973)는 윤흥길의 단편소설이다.

20 경향신문, 에너지관리공단
다음에서 설명하는 소설을 쓴 작가는 누구인가?

> 가난한 학생 라스콜니코프는 고리대금업자를 살해하고 죄의식에 시달리다가 순수한 영혼의 창녀 소냐를 만나면서 자수를 결심한다. 모순적 상황에서 주인공의 심리를 박진감 있게 묘사하며 인간성 회복의 염원을 그린 작품이다.

① 도스토옙스키
② 톨스토이
③ 고골
④ 푸시킨

해설
도스토옙스키가 1866년 완성한 장편소설 〈죄와 벌〉에 관한 설명이다.

21
한국농수산식품유통공사

다음 중 향가가 아닌 것은?

① 서동요
② 헌화가
③ 처용가
④ 황조가

해설
〈황조가〉는 향가가 생기기 이전에 불리던 고대가요이다. 고구려 유리왕이 저작한 최초의 개인 서정시로 연인과의 이별을 노래했다.

22
대전도시철도공사

다음 고려가요 가운데 성격이 다른 것은?

① 가시리
② 한림별곡
③ 청산별곡
④ 서경별곡

해설
고려가요는 고려시대 평민들이 만들어 구전된 민요적 시가이다. 대부분 작자를 알 수 없고, 내용은 남녀 간의 사랑, 자연 예찬, 남녀상열지사 등 다양하다. 주요 작품으로는 〈정과정〉, 〈가시리〉, 〈서경별곡〉, 〈동동〉, 〈정석가〉, 〈청산별곡〉, 〈만전춘〉, 〈사모곡〉, 〈상저가〉, 〈쌍화점〉 등이 있다. 〈한림별곡〉은 주로 지배계층에서 유행했던 경기체가로, 고려시대 제유의 작품이다.

23
충북대학교병원

다음 중 우리나라 최초의 근대 자유시는?

① 최남선 – 해에게서 소년에게(1908)
② 이인직 – 혈의 누(1906)
③ 주요한 – 불놀이(1919)
④ 이광수 – 무정(1917)

해설
우리나라 최초의 근대 자유시는 주요한의 〈불놀이〉이다. 1919년 '창조(創造)' 창간호에 발표한 시로 신체시의 계몽성을 벗어나 시 자체의 아름다움을 추구한 최초의 서정시이기도 하다. 이인직의 〈혈의 누〉는 최초의 신소설이며, 최남선의 〈해에게서 소년에게〉는 최초의 신체시, 이광수의 〈무정〉은 최초의 현대 장편소설이다.

24
한국마사회

다음 중 현대 소설과 그 작품들을 쓴 작가를 바르게 연결한 것은?

① 토지 – 조정래
② 태백산맥 – 박경리
③ 장길산 – 김주영
④ 혼불 – 최명희

해설
① 토지 – 박경리
② 태백산맥 – 조정래
③ 장길산 – 황석영

25
한국일보

다음 중 세계 3대 문학상에 해당하지 않는 것은?

① 뉴베리상
② 노벨문학상
③ 부커상
④ 공쿠르상

해설
세계 3대 문학상으로 손꼽히는 것은 먼저 '노벨문학상', 프랑스 4대 문학상 중 하나인 '공쿠르상', 영국 부커사에서 제정한 '부커상'이다. 뉴베리상은 1922년부터 미국 아동 문학(소설, 시집, 논픽션)에 공헌한 작가에게 시상하는 상이다. 수상대상은 미국 시민이나 미국에 거주하는 사람의 작품이다.

26
인천국제공항공사

다음 내용에서 설명하고 있는 레이첼 카슨의 작품은 무엇인가?

- DDT와 같은 살충제와 농약이 새, 물고기, 야생동물, 인간에게 미치는 파괴적 결과를 4년간의 직접 조사를 바탕으로 과학적이며 감성이 풍부한 필치로 묘사했다. 이를 통해 자연보호와 환경 보전의 중요성을 인류에게 인식시켰다.
- 이 책이 촉발한 환경오염 논쟁은 미국에서 1969년 〈국가환경정책법〉을 제정하도록 만드는 계기가 되었고, 이후 전 세계적인 환경 운동의 확산으로 마침내 1992년 리우회담까지 이어지는 성과를 낳았다.

① 월든
② 오래된 미래
③ 침묵의 봄
④ 녹색의 집

해설
〈침묵의 봄〉은 레이첼 카슨이 살충제(농약)가 환경 속에 어떻게 확산되고 환경에 어떤 영향을 끼치는지 4년간 직접 조사하여 고발함으로써, 살충제로 인한 환경오염의 심각성을 세계에 알린 베스트셀러이다. '침묵의 봄'은 살충제로 인해 생태계가 파괴되어 봄에도 새소리가 들리지 않는 것을 암시하는 것이다.

27
부산광역시 공무직 통합채용

가사를 쓴 송강 정철과 함께 조선시대 시가의 양대 산맥으로 손꼽히는 시조 시인은?

① 김수장
② 김천택
③ 박인로
④ 윤선도

해설
조선 중기의 문신인 윤선도는 유명한 가사(歌辭)를 다수 지은 송강 정철과 함께 조선 시가 양대산맥으로 평가되는 인물이다. 등용과 파직, 유배로 다사다난한 삶을 산 인물로 뛰어난 시조를 많이 지었으며, 특히 벼슬에 뜻을 버리고 보길도에서 지내며 지은 〈어부사시사〉가 유명하다.

28
언론진흥공단

다음에서 설명하는 문학의 형식은?

> 사회 현상이나 실제 사건을 사실 그대로 기록하거나 서술하여 보고하는 형식의 문학

① 하이퍼픽션
② 르포르타주
③ 스쿠프
④ 바이라인

해설
① 하이퍼픽션 : 컴퓨터 소설의 일종
③ 스쿠프 : 다른 보도기관보다 앞서 보도하는 특종기사
④ 바이라인 : 신문·잡지의 기사에서 필명이 적힌 마지막 줄

29
한국공항공사

다음 중 이상의 작품이 아닌 것은?

① 오감도
② 봉별기
③ 귀천
④ 권태

해설
이상의 시 작품으로는 〈오감도〉, 〈봉별기〉, 〈권태〉, 〈거울〉, 〈꽃나무〉, 〈이상한 가역반응〉 등이 있다. 〈귀천〉은 천상병 시인의 작품이다.

30
한국농수산식품유통공사

다음 중 고려 시대 최초의 설화집은 무엇인가?

① 수이전
② 파한집
③ 보한집
④ 백운소설

해설
② 파한집 : 이인로의 시화집
③ 보한집 : 최자의 시화집
④ 백운소설 : 이규보의 시화집

31
연합뉴스TV

윤동주의 시 〈참회록〉에서 주제의식을 드러내는 소재로 맞는 것은?

① 거울
② 안경
③ 편지
④ 찻잔

해설
일제강점기 시인 윤동주는 일제에 의해 창씨개명을 하게 된 닷새 전, 나라를 잃은 국민으로서의 부끄러움과 이에 대한 참회와 반성을 주제로 〈참회록〉을 썼다. 그는 녹슨 청동거울에 자신의 얼굴을 비춰보며 부끄러움을 느끼고, 스스로 거울을 닦으며 성찰하겠다는 마음을 표현하고 있다.

32
뉴스1

1969년 노벨문학상을 수상한 사무엘 베케트의 대표적인 희곡작품은?

① 욕망이라는 이름의 전차
② 고도를 기다리며
③ 갈매기
④ 세일즈맨의 죽음

해설
아일랜드 출신의 작가 사무엘 베케트는 1969년 노벨문학상을 수상했다. 프랑스 파리에서 주로 활동한 그는 처음에는 소설로 문학가의 길에 들어섰고, 제2차 세계대전이 종전될 때쯤 완전히 파리에 정착하며 왕성한 작품활동을 이어나간다. 그의 대표적 희곡인 〈고도를 기다리며〉는 부조리극의 대명사로서 이전에는 볼 수 없었던 새로운 구성의 희곡으로서 찬사를 받았다.

정답

01 ④	02 ①	03 ②	04 ③	05 ④	06 ④	07 ③
08 ②	09 ①	10 ②	11 ①	12 ③	13 ②	14 ④
15 ③	16 ②	17 ①	18 ③	19 ④	20 ①	21 ④
22 ②	23 ③	24 ④	25 ①	26 ③	27 ④	28 ②
29 ③	30 ①	31 ①	32 ②			

SECTION 02 철학·종교

PART 7 인문학

» Theme 1 «
철학

제1장 동양철학

★★★★

001 삼강오륜

한국연구재단, 한국공항공사

☐ 유교의 도덕관념에서 기본이 되는 세 가지의 강령과 다섯 가지 인륜

삼강은 군위신강(君爲臣綱), 부위자강(父爲子綱), 부위부강(夫爲婦綱)으로 각각 임금과 신하, 아버지와 아들, 남편과 아내 사이에서 지켜야 할 덕목을 가리킨다. 오륜은 군신유의(君臣有義), 부자유친(父子有親), 부부유별(夫婦有別), 장유유서(長幼有序), 붕우유신(朋友有信) 등의 다섯 가지 윤리이다.

상식 plus⁺

오륜(五倫)
- **부자유친** : 아버지와 아들 사이에는 친애가 있어야 한다.
- **군신유의** : 임금과 신하 사이에는 의리가 있어야 한다.
- **부부유별** : 남편과 아내 사이에는 분별이 있어야 한다.
- **장유유서** : 어른과 어린이 사이에는 차례가 있어야 한다.
- **붕우유신** : 벗과 벗 사이에는 믿음이 있어야 한다.

002 실학

한국중부발전, 남양주도시공사

☐ 17~18세기 조선에서 나타난 실증적·개혁적 학문

조선 후기에 이르러 근대사회로의 변동이 일어남에 따라 기존의 형이상학적 공리공론을 배격하고 '실사구시'와 '경세치용'의 학문에 관심을 둔 조류를 가리킨다. 현실개혁적인 실학의 관심 분야는 농촌경제의 안정을 비롯하여 제도 개혁, 역사, 언어 등 다양하다.

상식 plus⁺
- **실사구시(實事求是)** : 사실의 실증에 근거하여 사실의 진실을 탐구하는 것으로 청나라 고증학의 학풍이다.
- **경세치용(經世致用)** : 세상을 다스리는 데 실제로 도움이 되는 것으로 사상과 학문은 사회 현실 문제를 개혁하는 데 쓰여야 한다는 주장이다.
- **이용후생(利用厚生)** : 기구를 편리하게 쓰고, 먹을 것과 입을 것을 넉넉하게 하여 백성의 생활을 돕는 것이다.

003 성리학

한국도시발전, YTN, MBC

☐ 송(宋)·명(明) 시대에 걸쳐 철학의 주류를 이루던 학문

인간의 본성을 밝히는 학문으로, 북송의 정호, 정이 형제 등이 이론의 토대를 만들고 주희(朱熹)가 이를 집대성하여 주자학이라고도 한다. 주희는 존재론으로서 이기이원론(理氣二元論)을 주장하였다. 성리학이라는 명칭은 이의 근본 명제인 성즉리(性卽理)에서 유래한다.

성즉리(性卽理)
性(인간의 선천적인 본성)이 곧 천리(天理)라는 설. 정이가 주장하고 주희가 계승하였다.

004 이황과 이이

한국지역난방공사, 국립공원관리공단

☐ 조선시대 성리학의 대표적인 학자들

이황은 우주만물을 이(理)와 기(氣)의 이원적 요소(이기이원론)로 보고, 이(理)가 먼저 있음으로써 기(氣)를 낳으며, 기는 이를 구체화한 것이라는 이기호발설(理氣互發說)을 주장하였다. 이이는 이기이원론은 인정하지만 이와 기에 선후(先後)가 있지 않고 따로 분리되지 않는다는 이기일원론(理氣一元論)을 주장하였다. 오히려 모든 현상은 기(氣)로 나타나고 이(理)는 그것에 내재할 뿐이라는 기발이승일도설(氣發理乘一途說)을 주장하면서 이황과 주장을 달리하였다.

상식 plus+

- 주리론(主理論) : 이황을 계승한 영남학파의 입장으로, 위정척사운동에 영향을 주었다.
- 주기론(主氣論) : 이이를 계승한 기호학파의 입장으로, 기의 작용을 강조하는 이론이다. 실학(북학파)과 개화사상에 영향을 주었다.

005 제자백가

부산광역시 공무직 통합채용, 영상물등급위원회

> 중국 춘추시대 말기에서 전국시대에 이르는 약 300년 동안에 나타난 여러 학자와 수많은 학파의 총칭

'제자(諸子)'는 '여러 학자들'이라는 뜻이고 '백가(百家)'는 '수많은 학파들'이란 뜻으로, 춘추전국시대에 수많은 학파와 학자들이 자유롭게 자기 사상과 학문을 펼쳤던 것을 말한다. 공자의 유가가 가장 먼저 일어났으며, 뒤이어 묵가, 도가, 법가, 병가, 음양가 등 다양한 학풍이 일어나 활발히 전개된다.

상식 plus+

주요 사상과 학자들

사상	학자	내용
유가	공자 맹자 순자	인(仁)사상을 근본으로, 임금에게 충(忠), 부모에게 효(孝), 형제에게 제(悌)를 강조한다.
도가	노자 장자	허무를 우주의 근원으로 삼고 무위자연(無爲自然)을 주장한다. 예(禮)를 강조하는 유가를 비판하며 정신적 자유의 경지를 강조한다.
묵가	묵자	'겸애'를 강조하며 만민평등주의와 박애주의를 실천하는 것을 독려한다.
법가	순자	국가를 운영하는 데 있어서 법치주의를 주장하며, 관자, 한비자, 이사 등이 발전시켰다.

제 2 장 서양철학

006 소크라테스 Socrates
★★★★
부산도시공사, MBC

☐ 고대 그리스의 대표적 철학자

문답법을 통한 깨달음, 무지에 대한 자각, 덕과 앎의 일치를 중시하였던 철학자이다. 문답법은 질문을 던지고 토론하는 과정을 통해 깨달음을 추구하는 방식으로, '산파술' 또는 '소크라테스식 반어법'이라고도 한다. 이는 스스로의 무지를 자각해가는 과정으로, '너 자신을 알라'고 강조했던 소크라테스 철학 방법이다.

007 플라톤 Plato
★★★★
한전KPS, MBC

☐ 이데아론을 주장한 그리스 철학자

플라톤은 소크라테스의 제자이자 아리스토텔레스의 스승이다. 플라톤 사상에는 스승 소크라테스의 사상뿐 아니라 고대 자연철학, 엘레아학파, 피타고라스학파, 소피스트까지 다양한 철학들이 조화를 이루고 있다. 이데아론을 비롯한 플라톤의 철학은 고대 서양철학의 정점이라 평가받으며, 중세 기독교철학 및 근현대 사상체계 형성에 중요한 역할을 했다.

상식 plus+

이데아(Idea)
플라톤 철학의 중심 개념으로, 감각되는 현실 세계의 너머에 있는 실재이자 사물의 원형이라고 할 수 있다. 플라톤은 소피스트들의 상대주의를 반박하기 위해 이데아 이론을 제시했다.

008 아리스토텔레스 Aristoteles

★★★★
MBC, CBS

☐ 스콜라철학의 기반이 된 그리스 철학자

스승 플라톤의 철학에 깊은 영향을 받은 아리스토텔레스는 독자적인 체계를 구축했다. 플라톤이 초감각적이고 이상적인 이데아를 추구한 것에 반해, 그는 인간 세계의 원리를 탐구하는 현실주의적 철학을 탐구하였다. 삼단논법의 이론적 체계를 완성하고, 철학뿐 아니라 과학의 체계를 세우는 데도 영향을 주었다. 인간을 정치적 동물이라고 정의하고, 인간의 모든 행위에는 목적이 있다고 보는 목적론적 세계관을 주장했다.

상식 plus+

오르가논(Organon)
아리스토텔레스의 논리학 저서와 업적을 통칭한 용어이다. 아리스토텔레스의 논리학 저서는 〈범주론〉, 〈궤변론〉, 〈해석론〉, 〈분석론 전서〉, 〈분석론 후서〉, 〈토피카〉 등 6편이다.

009 헬레니즘 Hellenism

★★★★
MBC, 한국소비자원

☐ 그리스 문화와 오리엔트 문화가 융합하여 형성된 문화

'헬레니즘'은 '그리스와 같은 문화'라는 뜻으로, 고대 그리스를 뒤이어 나타난 문화이다. 알렉산드로스가 대제국을 건설하는 과정에서 전파된 그리스 문화가 지중해 연안, 시리아, 이집트, 페르시아 등 오리엔트 지역의 문화와 융합하여 형성된 문화이다. 인본주의 사상을 기초로 인간을 이성적인 존재로 인식하고, 자연과학 및 천문학의 발달을 가져왔다.

상식 plus+

헤브라이즘
헬레니즘과 함께 서양사상의 근간을 이룬 사조로, 고대 유대(헤브라이) 민족의 문화와 정신을 가리킨다. 인간 중심적인 헬레니즘에 반해, 헤브라이즘은 신 중심적인 사상으로 의지적·윤리적·종교적이다.

010 경험론 Empiricism

★★★★★
전라남도 공무직 통합채용, MBC

☐ 인식의 근원을 오직 경험에서 찾는 철학적 학설

초월적인 존재나 선천적인 능력보다 감각이나 내성(內省)을 통한 구체적인 사실을 중시한다. 즉, 경험에 의하지 않은 것은 지식이 될 수 없으며, 귀납적 방법(개개의 사실로부터 일반적 결론을 이끌어내는 것)을 통한 것만이 원리가 되고 이것이 타당성을 가질 때 진리가 된다. 베이컨, 로크, 버클리, 흄 등이 주장한 17~18세기 영국의 경험론이 대표적이다.

J. 로크
영국의 철학자로, 인간의 정신을 백지상태로 여기고 감각을 통해 인식이 가능하다고 주장한다. '권력 분립'을 가장 먼저 제시하며 '2권 분립론'을 주장했다.

상식 plus⁺

프란시스 베이컨(Francis Bacon)
영국 고전경험론의 창시자로서, 자연을 관찰하여 얻은 과학적 지식을 실리에 이용할 것을 주장하며 '지식의 유용성'을 강조하였다. 또한 인간의 편견이나 선입견을 '우상'으로 정의하며 4가지 우상을 제시한다.
- **종족의 우상** : 인간의 감각을 만물의 척도로 여기며 모든 것을 해석하는 편견
- **동굴의 우상** : 좁은 동굴에서 밖을 보듯 개인적이고 주관적인 편견
- **시장의 우상** : 사람들 간의 교류에서 일어나는 언어에 의한 편견
- **극장의 우상** : 기존 권위에 대한 맹신으로 인한 선입견

011 합리론 Rationalism

★★★
경상대학교병원

☐ 비합리적·우연적인 것을 배척하고 논리적·이성적·필연적인 것을 중시하는 철학 사상

영국의 경험론에 대비되는 개념으로 합리주의, 이성주의라고도 불린다. 경험론이 감각과 귀납을 통해 원리를 도출하는 것과 달리, 합리론은 생득적(生得的)인 이성의 능력을 통한 성찰만을 진정한 인식으로 파악한다. 데카르트, 스피노자, 라이프니츠 등이 대표적인 학자이다.

012 마키아벨리즘 Machiavellism

★★★
한국공항공사

☐ 〈군주론〉에서 유래된 국가지상주의 사상

마키아벨리의 저서 〈군주론〉에서 유래된 용어로, 목적을 달성하기 위해 수단을 가리지 않는 것을 뜻한다. 특히 국가의 유지와 발전을 위해서는 도덕적 관념이나 종교적 정신에 구애됨이 없이 수단과 방법을 가리지 않아야 한다는 국가지상주의 사상이다.

013 계몽주의 Enlightenment

★★★★

한국농어촌공사, YTN

☐ 구시대의 사상과 특권에 반대해 인간적·합리적 자유와 자율을 제창한 사상

17세기 말 영국에서 시작하여 18세기 프랑스에서 활발히 전개된 사상으로, 봉건적·신학적인 사상에서 탈피하여 이성과 인간성을 중시한다. 즉, 봉건군주나 종교와 같이 복종만을 강요하던 권위에서 벗어나, 인간이 이성을 맘껏 발휘하며 인간적으로 살아가기 위한 자유를 추구하는 것이다. 계몽주의는 몽테스키외의 〈법의 정신〉과 루소의 〈사회계약론〉에 잘 나타나 있으며, 프랑스혁명과 미국 독립혁명에 영향을 끼쳤다.

상식 plus⁺

루소의 〈사회계약론〉
자유의지를 가진 개인들이 모여 사회계약이라는 형태로 공동체를 이룬 것이므로 사회공동체(국가)는 계약에 따라 개인의 자유와 평등을 보장해야 한다고 주장한다. 통치자도 사회계약 속의 한 개인으로서 법 위에 군림할 수 없다는 내용을 담고 있다. 국민 주권과 혁명권을 인정함으로써 프랑스혁명에 사상적 기반을 제공하였고, 근대 민주주의의 고전으로 자리 잡았다.

014 공리주의 Utilitarianism

★★★★★

한국농어촌공사, 한국환경공단

☐ 사회적 공리성(효용, Utility)을 가치 판단의 기준으로 하는 사상

18세기 말부터 19세기 전반에 걸쳐 영국에서 유행한 철학 사상으로, 가치 판단의 기준을 인간의 이익과 행복의 증진에 두는 사상이다. J. 벤담은 쾌락을 계산할 수 있는 것으로 보고 '최대 다수의 최대 행복'을 주장하며 쾌락의 양적 측면에 중점을 두었다. 반면 J. S. 밀은 쾌락의 질적 차이를 주장하면서 '배부른 돼지보다 배고픈 인간이 낫고, 만족스런 바보보다 불만족스런 소크라테스가 낫다'고 하며 정신적·고차원적 쾌락을 중요시한다.

상식 plus⁺

J. S. 밀의 〈자유론〉
자유를 단지 '강제가 없는 상태'가 아니라 '어떤 일을 할 수 있는 적극적인 힘'으로 정의하며, 사상과 양심의 자유, 토론의 자유, 행동의 자유 등 사회에서 마땅히 존중되어야 하는 자유에 대해 논한다.

015 실용주의 Pragmatism

★★

한국농어촌공사, YTN

☐ 19세기 후반 미국을 중심으로 일어난 새로운 철학 사조

프래그머티즘은 실행·실험의 뜻인 'Pragmata'과 사조(思潮)를 뜻하는 접미사 '-ism'이 합해진 용어이다. 즉, 근대적 경험론을 계승한 것으로, 종래의 형이상학적·사변적 철학에 반대하여 미국에서 형성된 철학사조이다. C. S. 퍼스, 윌리엄 제임스, J. 듀이가 계승·발전시켰다.

016 실존주의 Existentialism

★★★★

한국수력원자력, 한국공항공사

☐ 개인의 실존을 철학의 중심에 두는 사상

보편적·필연적인 본질존재를 규정하는 기존철학에 대항하여 현실존재인 개개인의 삶과 자유를 강조하는 철학이다. 제2차 세계대전 이후 20세기의 문학·예술을 포함한 사상운동으로 번졌다. 키에르 케고르, 니체를 비롯하여 야스퍼스, 하이데거, 사르트르 등이 대표적인 사상가이다.

니체(Nietzsche)
실존주의 철학을 선도한 독일의 철학자이자 시인이다. 저서 〈여명〉, 〈환희의 지식〉, 〈차라투스트라는 이렇게 말했다〉 등에서 '신은 죽었다'고 주장했다.

Theme 2
종교

제1장 종교 일반

017 세계 종교 Universal religion
★★★
한국마사회

☐ 그리스도교, 불교, 이슬람교

특정 민족에 한정된 종교를 민족 종교라고 하는 데 반하여, 민족을 초월하여 인류를 구제한다는 보편적 진리를 담은 종교를 세계 종교라고 말한다. 흔히 불교, 기독교, 이슬람교를 세계 3대 종교로 손꼽고, 힌두교를 더하여 세계 4대 종교라 일컫기도 한다.

제2장 세계의 종교

018 천도교
★★★
한국언론진흥재단, 국민일보

☐ 1905년 제3대 교주 손병희가 동학(東學)을 개칭·발전시킨 민족종교

유일신 한울님을 믿는 종교로, 사람이 곧 하늘이라는 인내천(人乃川) 사상과 사람을 한울님 섬기듯이 해야 한다는 사인여천(事人如天) 사상을 바탕으로 한다. 동학에서 천도교로 넘어가는 과정에서 교리와 사상체계를 확립하였고, 1910년부터 포교활동과 더불어 사회·문화운동을 전개하였다. 3·1운동 때 중추적인 역할을 담당하여 손병희를 비롯한 많은 교도들이 옥고를 치르고 일제의 탄압을 받기도 했다.

상식 plus+

동학

최제우가 서학(천주교)에 대항하고자 민간신학에 유(儒)·불(佛)·선(仙)의 교의를 혼합하여 창시하였다. '후천개벽(後天開闢)'과 '인내천(人乃天)'의 사상을 기반으로 19세기 조선 후기의 사회불안에 동요하던 민중들에게 급속히 보급되었다. 1894년의 동학혁명에 영향을 주었으며, 이후 손병희에 의해 천도교로 개칭되었다.

019 불교 Buddhism

한국남부발전, MBC

◻ 인도의 석가모니를 교조로 삼고 그의 가르침을 따르는 종교

부처의 가르침이 담긴 불법(佛法)은 석가모니가 진리(달마, Dharma)를 깨침으로써 불타(佛陀, Buddha)가 된 후 여러 계층 사람들에게 주는 가르침으로, 모두에게 부처가 되는 길을 안내하고자 한다. 불교의 가장 핵심적인 교리는 고(苦)·집(集)·멸(滅)·도(道) 네 가지 진리로 구성된 사성제로, 고통을 직면하고 그 원인을 깨달으며 고통을 벗어나기 위한 방법과 열반의 경지에 이르는 내용이다. 불교는 지역별로 다소 다른 특성을 지니는데, 동남아시아에 주로 분포하는 소승불교는 자기 구제를 중시하고, 중국·한국·일본 등에 분포하는 대승불교는 대중의 구제를 중시한다. 티베트·몽고·부탄 등에 분포하는 라마교는 힌두교의 영향을 많이 받았는데, 라마(Lama)는 구루(Guru), 즉 스승을 뜻하며 티베트의 종교적 수장뿐만 아니라 정치적 지도자의 역할까지 수행한다.

우리나라 5대 사찰
범어사, 통도사, 송광사, 화엄사, 해인사

상식 plus⁺

불교의 사성제(四聖諦)
- 고성제(苦聖諦) : 현실 세계에 존재하는 것 모두 고통이다.
- 집성제(集聖諦) : 현실 세계에 대한 집착이 고통의 원인이 된다.
- 멸성제(滅聖諦) : 고통의 원인인 집착과 탐심을 없애고 해탈의 경지에 도달해야 한다.
- 도성제(道聖諦) : 고통을 멸하기 위한 8가지 방법(팔정도)이 있다.

삼보사찰(三寶寺刹)
불교에서 귀하게 여기는 3가지 보물인 불(佛), 법(法), 승(僧)을 간직하고 있는 사찰이다. 우리나라의 삼보사찰은 불보사찰 통도사, 법보사찰 해인사, 승보사찰 송광사이다.

020 가톨릭교 Catholicism

연합뉴스, 경향신문

◻ 그리스도교 중 로마 교황을 중심으로 한 교파

고대 그리스어인 카톨리코스(Katholikos)에서 유래한 용어로, '모든 곳에 있는, 보편적'이란 뜻이다. 로마 교황을 중심으로 한 중앙집권적 위계 조직으로, 교황, 추기경, 대주교, 주교, 사제 등으로 구성된 성직자단이 있다. 우리나라에는 1784년 이승훈이 들여왔으며, 서학(西學), 천주학(天主學)으로 불리다가 천주교(天主敎)로 정착했다.

교황(Pope)
사도 베드로의 정통성을 잇는 가톨릭 교회의 최고 지도자이자 로마의 주교이고 바티칸시국의 국가 원수이다.

상식 plus+

콘클라베
가톨릭 교회에서 교황을 선출하는 선거 시스템이다. 바티칸 내 시스티나 성당에서 추기경들이 모여 투표하는데, 3분의 2의 다수결이 나올 때까지 비밀 투표가 계속된다. 콘클라베가 끝난 후 투표용지를 태워 나오는 연기로 외부에 결과를 알리는데, 검은 연기는 미결을 의미하고 흰 연기는 새 교황이 선출된 것을 의미한다.

시복
목숨을 바쳐 신앙을 지킨 순교자들의 숭고한 행위를 기리는 것이다. 가톨릭에서 신앙을 위해서 목숨을 아끼지 않았던 순교자들이나 거룩한 삶을 살았던 이가 선종 시 일정한 심사를 거쳐 성인(聖人)의 전 단계인 복자(福者)로 추대(공식 선포)하는 것을 의미한다.

★★★

021 개신교 Protestantism

문화일보

□ 16세기 종교개혁으로 가톨릭에서 분리되어 나온 기독교 교단의 총칭

마르틴 루터, 츠빙글리, 칼뱅 등을 중심으로 일어난 종교개혁의 결과로 로마 가톨릭교회에서 갈라져 나온 혁신적 기독교 교단을 말한다. '프로테스탄트'는 1529년 독일 스파이어회의 판결에서 교도들이 자기 신앙을 표명하며 로마 가톨릭 세력에 저항(Protestatio)한 데서 유래한 용어로, '부패한 가톨릭에 대한 저항'을 의미한다. 우리나라에 들어온 최초의 개신교 선교사는 미국인 언더우드(Underwood, H. G.)이고, 1887년 9월에 서울에 최초의 교회인 새문안교회가 세워졌다.

▲ 마르틴 루터

★★★

022 유대교 Judaism

CBS

□ 유일신 야훼를 믿는 유대인의 종교

유대인들의 종교와 철학이며 삶의 방식으로 타나크(Tanakh)를 경전으로, 탈무드를 교훈서로 삼는다. 모세가 신으로부터 얻은 십계명과 그가 기록했다고 전해지는 토라(Torah, 모세오경)는 유대교의 종교적 토대이다. 신약성경이나 예수를 인정하지 않으며, 유대민족이 선택된 백성이라는 '선민(選民)사상'을 바탕으로 메시아의 도래를 기다리는 특징이 있다.

탈무드(Talmud)
유대교의 율법, 윤리, 철학, 관습, 역사 등에 대한 랍비의 토론을 담은 문헌

023 이슬람교 Islam

헤럴드경제, 한국환경공단

◻ 알라를 유일신으로 숭배하는 종교

7세기에 무함마드(마호메트, Mahomet)가 아라비아 반도 메카에서 창시한 종교로, 알라(Allah)를 유일신으로 숭배한다. 이슬람신도를 지칭하는 '무슬림(Muslim)'은 '절대 순종하는 사람'이라는 뜻이며, 엄격한 계율과 종교 의식으로 결속력이 강해 독특한 이슬람 문화권을 형성하였다. 그러나 무함마드가 죽은 후 수니파와 시아파로 분열되어 무력충돌로 이어졌는데, 특히 수니파 종주국인 사우디아라비아와 시아파 종주국인 이란의 분쟁은 지금껏 끊이지 않는다.

이맘
이슬람 종교지도자이다. 수니파는 이맘을 예배를 관장하는 종교지도자로 여기지만, 시아파는 이맘을 완전무결한 신성한 존재로 여긴다.

상식 plus⁺

이슬람교 용어 해설
- 코란 : 알라의 계시와 설교를 집대성한 이슬람교 경전
- 할랄 : 무슬림이 먹고 쓸 수 있는 제품을 총칭하는 말
- 히잡 : 이슬람교도 여성의 의상 중 머리와 어깨를 가리는 것
- 부르카 : 머리부터 발목을 덮는 이슬람 여성의 전통의상
- 니캅 : 이슬람교도 여성의 의상 중 눈을 제외한 얼굴 전체를 덮는 얼굴 가리개
- 차도르 : 이슬람 여성이 착용하는 모자 달린 망토
- 아바야 : 얼굴, 발, 손을 제외하고 온몸을 가리는 이슬람 여성들이 입는 검은 망토 모양 의상

024 힌두교 Hinduism

언론진흥재단

◻ 브라만교를 뿌리로 하여 전통적·민족적 제도와 관습을 흡수한 인도의 민족 종교

창시자, 교리, 의식의 통일성은 없지만 자연숭배의 다신교로 영혼 불멸과 윤회사상을 기본으로 한다. 인도 인구의 80% 이상이 힌두교도이며, 사회·관습·전통 등 모든 것을 포괄하는 인도문화의 총체이다. 오늘날의 힌두교에서 인도 전역에 걸쳐서 숭배되고 있는 신은 비슈누와 시바이다. 죽은 후에 시체를 갠지스 강가의 성지 베나레스에서 화장하는 것을 최대의 기쁨으로 생각하며, 시바신이 타고 다닌다는 소를 신성하게 여겨 소고기를 먹지 않는다.

브라만교
고대 인도에서 브라만 계급을 중심으로 성립된 인도의 민족 종교

STEP 01 초스피드 암기 확인!

보기
- ㉠ 루소
- ㉡ J. S. 밀
- ㉢ 마키아벨리즘
- ㉣ J. 로크
- ㉤ 베이컨
- ㉥ 실존주의
- ㉦ 실용주의
- ㉧ 헬레니즘
- ㉨ 콘클라베
- ㉩ 성즉리
- ㉪ J. 벤담

01 _____(은)는 그리스 문화와 오리엔트 문화가 융합하여 형성된 문화이다.

02 성리학은 인간의 본성을 밝히는 학문으로, 성리학이라는 명칭은 _____에서 유래한다.

03 _____(은)는 현실존재인 개개인의 삶과 자유를 강조하는 철학으로, 키에르 케고르, 니체를 비롯하여 야스퍼스, 하이데거, 사르트르 등이 대표적인 사상가이다.

04 _____은(는) 가톨릭에서 교황을 선출하는 비밀 선거 시스템으로 투표용지를 태워 나오는 연기로 외부에 결과를 알린다.

05 _____(은)는 근대적 경험론을 계승한 것으로, 종래의 형이상학적·사변적 철학에 반대하여 미국에서 형성된 철학사조로, C. S. 퍼스, 윌리엄 제임스, J. 듀이가 계승·발전시켰다.

06 _____(은)는 자연을 관찰하여 얻은 과학적 지식을 실리에 이용할 것을 주장하며 '지식의 유용성'을 강조하였다. 또한 인간의 편견이나 선입견을 '우상'으로 정의하며 4가지 우상을 제시하였다.

07 _____(은)는 저서 〈사회계약론〉을 통해 사회공동체(국가)는 계약에 따라 개인의 자유와 평등을 보장해야 한다고 주장했다.

08 _____(은)는 쾌락을 계산할 수 있는 것으로 보고 '최대 다수의 최대 행복'을 주장하며 쾌락의 양적 측면에 중점을 두었다. 반면 _____(은)는 쾌락의 질적 차이를 주장하면서 '배부른 돼지보다 배고픈 인간이 낫고, 만족스런 바보보다 불만족스런 소크라테스가 낫다'고 하며 정신적·고차원적 쾌락을 중요시했다.

09 _____(은)는 영국의 철학자로, '권력 분립'을 가장 먼저 제시하며 '2권 분립론'을 주장했다.

10 _____(은)는 〈군주론〉에서 유래된 용어로, 목적을 달성하기 위해 수단을 가리지 않는 것을 뜻한다.

정답
01 ㉧ 02 ㉩ 03 ㉥ 04 ㉨ 05 ㉦ 06 ㉤ 07 ㉠ 08 ㉪, ㉡ 09 ㉣ 10 ㉢

STEP 02 기출로 합격 공략!

01
부천시 공공기관 통합채용

머리부터 발목까지 덮는 아랍권 이슬람 여성들의 전통의상은?

① 아바야 ② 부르카
③ 히잡   ④ 차도르

해설
부르카(Burqah)는 머리부터 발목을 덮는 이슬람 여성의 전통의상이다. 아바야(Abayah)는 얼굴, 손발을 제외하고 온몸을 가리는 망토 형태 의상이며, 히잡(Hijab)은 머리와 상반신만 가린다. 차도르(Chaddor)는 모자 달린 망토 형태로 돼 있다.

02
한국마사회

헬레니즘 문화에 대한 설명으로 틀린 것은?

① 인도의 간다라 문화에 영향을 주었다.
② 알렉산드리아 지방에서 크게 융성하였다.
③ 헬레니즘 문화기에 자연과학은 크게 발전하였다.
④ 신(神) 중심의 사고방식을 통해 기독교의 사상적 기초를 이루었다.

해설
신(神) 중심의 사고방식은 헤브라이즘에 대한 설명이다. 헬레니즘은 인간 중심의 인문주의와 이성에 근거한 과학적 논증을 중시하였다.

03
경기도 공무직 통합채용

다음 중 삼강오륜(三綱五倫)에서 삼강에 속하지 않는 것은?

① 군위신강   ② 군신유의
③ 부위자강   ④ 부위부강

해설
삼강(三綱)
• 군위신강(君爲臣綱) : 임금은 신하의 본보기가 돼야 한다.
• 부위자강(父爲子綱) : 아비는 자식의 본보기가 돼야 한다.
• 부위부강(夫爲婦綱) : 남편은 아내의 본보기가 돼야 한다.

오륜(五倫)
• 부자유친(父子有親) : 어버이와 자식 사이에는 친함이 있어야 한다.
• 군신유의(君臣有義) : 임금과 신하 사이에는 의로움이 있어야 한다.
• 부부유별(夫婦有別) : 부부 사이에는 구별이 있어야 한다.
• 장유유서(長幼有序) : 어른과 아이 사이에는 차례와 질서가 있어야 한다.
• 붕우유신(朋友有信) : 벗 사이에는 믿음이 있어야 한다.

04
전력거래소

다음 보기가 설명하는 것은?

• 가톨릭 교회에서 교황을 선출하는 추기경들의 비밀 회의
• 라틴어로 '열쇠로 잠그는 방'을 의미함

① 콘클라베   ② 바티칸
③ 공의회   ④ 콩코르다트

해설
콘클라베는 교황 선거인 추기경들이 외부로부터 격리되어 시스티나 성당에 모여 비밀 투표를 하는 것으로, 새로운 교황으로 선출되려면 투표자의 3분의 2 이상의 표를 얻어야 한다.

05
연합뉴스TV

실학자 정약용의 저서 중 백성을 다스리는 사람의 올바른 마음과 관련 있는 것은?

① 아언각비   ② 목민심서
③ 흠흠신서   ④ 경세유표

해설
〈목민심서(牧民心書)〉는 1818년 실학자 정약용이 강진에서의 유배 생활 중 쓴 책이다. 유배 생활 중 궁핍한 백성의 삶을 목격하고서, 나라를 다스리는 이는 마땅히 백성을 보살피고 구휼해야 한다는 취지에서 썼다. 정약용의 사상을 오롯이 담은 저서로 조선 사회의 실태와 백성들의 위태로운 삶, 그리고 정약용이 생각하는 정치의 바른 길에 대해 담고 있다.

06
국민연금공단

웅덩이에 빠진 어린이를 보면 무조건 구하고자 하는 마음, 즉 측은한 마음[惻隱之心]이 인간의 본성 중에 있다고 주장한 사람은?

① 순자   ② 맹자
③ 노자   ④ 장자

해설
맹자의 성선설(性善說)은 선을 실천할 수 있는 마음의 단서가 인간의 본성 안에 있으며 수양을 통해 '인(仁), 의(義), 예(禮), 지(智)'로 나타나 군자(君子)가 될 수 있다는 설이다. 측은지심은 인(仁)에 해당하는 마음이다.

07 [한국산업인력공단]
영국의 철학자 베이컨은 지식의 유용성을 강조한 인물로 그의 이러한 생각은 '아는 것이 힘이다'라는 명언에도 잘 나타나 있다. 여기에서 지식이 뜻하는 것은?

① 경험적 지식
② 철학적 지식
③ 과학적 지식
④ 규범적 지식

해설
베이컨은 영국 고전경험론의 창시자로서, 자연을 관찰하여 얻은 과학적 지식을 실리에 이용할 것을 주장하며 '지식의 유용성'을 강조하였다.

08 [경기도 공무직 통합채용]
다음 중 조선시대 유학자 율곡 이이를 추모하기 위해 창건된 서원은?

① 자운서원
② 소수서원
③ 도산서원
④ 병산서원

해설
자운서원은 경기도 파주시에 위치한 서원으로 율곡 이이의 위패를 모시고 제를 지낸다. 자운서원 뒤편으로 이이와 신사임당 등 일가의 묘가 있다. ② 소수서원은 경북 영주에 있는 우리나라 최초의 서원이며, ③ 도산서원은 퇴계 이황이 세상을 떠난 후 그를 기리기 위해 건립된 서원으로 경북 안동에 소재한다. ④ 병산서원은 조선 선조 때의 재상 류성룡을 향사한 경북 안동의 서원이다.

09 [중앙일보]
기독교의 전통적인 권위와 낡은 사상을 비판하고 합리적인 이성의 계발로 인간 생활의 진보와 개선을 꾀한 사상은?

① 실증주의
② 계몽주의
③ 합리주의
④ 관념주의

해설
계몽주의는 17세기 말 영국에서 시작하여 18세기 프랑스에서 활발히 전개된 사상으로, 봉건적·신학적인 사상에서 탈피하여 이성과 인간성을 중시한다.

10 [한국마사회]
다음 중 세계 3대 종교가 아닌 것은?

① 기독교
② 힌두교
③ 이슬람교
④ 불교

해설
세계 3대 종교는 기독교·이슬람교·불교이고, 힌두교까지 더해 세계 4대 종교라고도 한다.

11 [경기도 공공기관 통합채용]
다음 중 매슬로우의 욕구단계이론에 대한 설명으로 옳지 않은 것은?

① 생리적 욕구는 1단계 욕구이다.
② 마지막 단계의 욕구는 존중의 욕구이다.
③ 1~4단계 욕구를 결핍의 욕구로, 5단계 욕구를 성장의 욕구로 구분한다.
④ 매슬로우의 욕구단계이론을 변형하여 ERG이론이 나왔다.

해설
매슬로우는 인간의 욕구를 1단계 생리적 욕구, 2단계 안전 욕구, 3단계 애정의 욕구, 4단계 존중의 욕구, 5단계 자아실현의 욕구로 구분했다. 이 중 1~4단계 욕구를 결핍의 욕구로, 5단계 욕구를 성장의 욕구로 구분한다.

12 [충북대학교병원]
중국의 춘추전국시대 당시 겸애를 강조하고 만민평등주의를 주창한 사상은 무엇인가?

① 법가
② 도가
③ 유가
④ 묵가

해설
묵가는 중국 춘추전국시대에 사상가였던 묵자를 계승하는 사상으로 실리주의를 지향하고 중앙집권적인 체제를 지향하는 등 유가와 여러모로 대립적인 사상이었다. 또한 '겸애'를 강조하며 만민평등주의와 박애주의를 실천하는 것을 독려했다.

13 [의정부도시공사]
이슬람력의 9월에 해당하며, 이슬람교도들이 의무적으로 금식을 하는 신성한 기간은?

① 이드 알 아드하
② 이맘
③ 메카
④ 라마단

해설
라마단(Ramadan)은 이슬람력에서 9월에 해당하며, 아랍어로는 '더운 달'을 의미한다. 이슬람교에서는 이 절기를 대천사 가브리엘이 선지자 무함마드에게 '코란'을 가르친 달로 생각해 신성하게 여긴다. 이 기간에 신자들은 일출부터 일몰까지 해가 떠 있는 동안 금식하고 하루 다섯 번의 기도를 드린다.

14
KBS, 동아일보

국가의 유지와 발전을 위해서는 도덕적 관념이나 종교적 정신에 구애됨이 없이 수단과 방법을 가리지 않아야 한다는 국가지상주의 사상은 무엇인가?

① 코스모폴리터니즘(Cosmopolitanism)
② 쇼비니즘(Chauvinism)
③ 마키아벨리즘(Machiavellism)
④ 시오니즘(Zionism)

해설
마키아벨리즘은 군주의 현실주의적인 통치를 주장한다. 정치적 목적을 위해서는 반도덕적인 수단도 정당화된다는 정치사상이다.

15
충북대학교병원

다음 중 사회계약설과 관련 없는 인물은?

① 존 로크
② 장 자크 루소
③ 토머스 홉스
④ 이마누엘 칸트

해설
사회계약설이란 모든 인간은 하늘이 내려준(천부) 권리를 가지며, 이 불확실한 자유와 권리를 국가와 계약을 통해 위임하였다는 정치철학적 견해를 말한다. 국가는 시민의 권리를 보장하기 위해 합법적으로 권력을 행사할 수 있다. 사회계약설을 주장한 대표적 사상가로는 존 로크와 장 자크 루소, 토머스 홉스가 있다.

16
한국마사회

아리스토텔레스에 대한 설명으로 옳지 않은 것은?

① 인간을 정치적 동물이라고 정의했다.
② 이데아를 철학의 중심개념으로 삼았다.
③ 삼단 논법의 이론적 기초를 이뤘다.
④ 목적론적 세계관을 주장했다.

해설
이데아를 철학의 중심개념으로 삼은 철학자는 플라톤이다.

17
전라남도 공무직 통합채용

프란시스 베이컨이 제시한 인간의 4가지 우상에 해당하지 않는 것은?

① 경험의 우상
② 종족의 우상
③ 동굴의 우상
④ 시장의 우상

해설
프란시스 베이컨은 영국의 철학자로 지식의 유용성을 강조하였다. 자연을 관찰하여 얻은 과학적 지식을 실리에 이용할 것을 주장하였다. 또한 인간의 네 가지 우상을 제시하기도 했는데, 종족의 우상, 동굴의 우상, 시장의 우상, 극장의 우상 등이 있다.

18
국민연금공단

다음 중 권력 분립을 최초로 주장한 사람은?

① 로크
② 몽테스키외
③ 데카르트
④ 루소

해설
영국의 철학자 J. 로크는 권력 분립을 가장 먼저 제시하며 '2권 분립론'을 주장했다.

19
부천시 공공기관 통합채용

다음 중 고대 그리스의 플라톤 철학에 대한 설명으로 옳지 않은 것은?

① 정신적 쾌락과 평정의 상태인 아타락시아를 주장했다.
② 이데아를 모든 사물의 원인이자 본질로 본다.
③ 이데아를 깨우친 철학자만이 사회를 정의롭게 통치할 수 있다고 본다.
④ 객관적인 진리가 존재하며 이를 인간이 발견할 수 있다고 본다.

해설
고대 그리스 철학자인 플라톤은 세상의 모든 사물과 현상에는 불변하는 본질인 '이데아'가 있다고 주장했다. 이데아는 말 그대로 객관적인 진리라고 할 수 있으며, 인간이 이를 인식하고 발견할 수 있다고 보았다. 또한 이데아를 깨우친 철학자에게 권력이 주어졌을 때만이 사회가 정의롭게 통치될 수 있다는 '철인 통치론'을 내세웠다. 아타락시아는 그리스의 철학자 에피쿠로스가 사용했던 말로서 근심으로부터 자유로운 정신적 평정 상태를 가리킨다.

20
이성적·논리적인 것을 중시하는 철학적 태도로, 이성을 통해 진리를 파악할 수 있다는 견해는?

① 경험론 ② 합리론
③ 비판주의 ④ 공리주의

해설
① 경험론 : 인식의 근원을 오직 경험에서 찾는 철학적 학설
③ 비판주의 : 기존 권위를 분석·파악하여 그 옳고 그름을 정하려는 태도
④ 공리주의 : 사회적 공리성(효용)을 가치 판단의 기준으로 하는 사상

21
제자백가 중 '차별 없는 사랑(겸애)'를 강조한 사상은?

① 유가 ② 종횡가
③ 법가 ④ 묵가

해설
① 유가 : 인(仁)사상을 근본으로, 충(忠), 효(孝), 제(悌) 강조
② 종횡가 : 정치적 책략으로 '합종연횡'을 제시
③ 법가 : 국가를 운영하는 데 있어서 법치주의 주장

22
다음 중 유교경전인 사서삼경에 해당하지 않는 것은?

① 중용 ② 맹자
③ 예기 ④ 역경

해설
사서삼경은 유교의 기본경전이다. 사서는 〈논어(論語)〉, 〈대학(大學)〉, 〈중용(中庸)〉, 〈맹자(孟子)〉이고, 삼경은 〈역경(易經)〉, 〈서경(書經)〉, 〈시경(詩經)〉인데, 여기에 〈예기(禮記)〉, 〈춘추(春秋)〉를 더하면 사서오경이다.

23
다음 중 사단칠정론 논쟁으로 유명한 두 학자는 누구인가?

① 이황과 서경덕
② 이황과 기대승
③ 이황과 이이
④ 이황과 성혼

해설
사단칠정론 논쟁은 사단과 칠정을 둘러싼 이기론적(理氣論的) 논쟁으로, 이황과 기대승의 논쟁이 대표적이다.

24
조선시대 향촌사회의 자치규약인 향약에 해당하지 않는 것은?

① 과실상규(過失相規)
② 예속상교(禮俗相交)
③ 상부상조(相扶相助)
④ 덕업상권(德業相勸)

해설
향약은 향촌규약(鄕村規約)의 약자로 16세기부터 향촌사회의 향인들이 서로 도우며 살아가자는 자치규약이다. 유교적 예절과 풍속을 향촌 사회에 보급하여, 질서를 세우고 미풍양속을 가꾸는 등 유교적으로 통제하기 위함이었다. 향촌의 네 가지 강목에는 덕업상권(좋은 일은 서로 권한다), 과실상규(잘못은 서로 규제한다), 예속상교(예의로 서로 사귄다), 환난상휼(어려운 일은 서로 돕는다)이 있다.

25
이슬람 문화에 대한 설명으로 바르지 않은 것은?

① 이슬람교의 창시자는 무함마드이다.
② 사우디아라비아는 시아파 종주국이다.
③ 코란은 알라의 계시와 설교를 집대성한 이슬람교의 경전이다.
④ 부르카는 머리부터 발목을 덮는 이슬람 여성의 전통의상이다.

해설
② 사우디아라비아는 수니파 종주국이다. 시아파의 종주국은 이란이다.

26
무력과 엄격한 법으로 국가를 통치하는 정치사상을 뜻하는 것은?

① 세도정치
② 왕도정치
③ 패도정치
④ 척신정치

해설
왕도정치와 패도정치
중국 춘추전국시대부터 발생해 이어진 정치사상에 관한 논쟁이다. 왕도정치는 맹자와 순자를 필두로 한 유가(儒家)의 정신을 바탕으로 인(仁)과 의(義)로 백성을 교화하며 평화롭게 다스리는 것을 말한다. 반면 패도정치는 상앙과 한비자가 중심이 된 법가(法家)가 주장하는 정치사상으로 무력과 엄정한 법률로 국가를 강력하게 통치하는 것이다.

27
한국마사회

조선시대의 성리학자에 대한 설명으로 옳지 않은 것은?

① 이이의 사상은 계승되어 기호학파를 이루었다.
② 이황은 주기론(主氣論)을 주장하였다.
③ 주기론은 기의 작용을 강조하는 이론이다.
④ 이황은 이기호발설(理氣互發說)을 주장하였다.

해설
② 이황은 주리론(主理論)을 주장하였다.

28
부산광역시 공무직 통합채용

덴마크 출신의 철학자로 실존주의 철학의 문을 연 인물은?

① 쇠렌 키에르케고르
② 마르틴 하이데거
③ 블레즈 파스칼
④ 닉 보스트롬

해설
쇠렌 키에르케고르(Soören Kierkegaard)는 덴마크 출신의 종교 사상가이자 철학자다. 키에르케고르는 19세기 실존주의 철학의 선구자 중 한 명으로 평가된다. 그는 실존의 측면에 비춰 인간의 삶을 3단계로 구분했다. 아직 실존의 의의를 의식하지 못하는 미적 실존, 윤리적인 사명에 따라 삶을 이어가는 윤리적 실존, 종교에 의지해 삶의 불안감을 극복하는 종교적 실존이 그것이다.

29
한국폴리텍대학

다음 중 역사상 가장 먼저 등장한 사상ㆍ사조는?

① 계몽주의
② 공리주의
③ 사실주의
④ 낭만주의

해설
계몽주의는 17세기 말 영국에서 시작하여 18세기 프랑스에서 활발히 전개된 사상으로, 봉건적ㆍ신학적인 사상에서 탈피하여 이성과 인간성을 중시했다. 즉, 봉건군주나 종교와 같이 복종만을 강요하던 권위에서 벗어나, 인간이 이성을 맘껏 발휘하며 인간적으로 살아가기 위한 자유를 추구하는 것이다. 계몽주의는 몽테스키외의 〈법의 정신〉과 루소의 〈사회계약론〉에 잘 나타나 있으며, 프랑스혁명과 미국 독립혁명에 영향을 끼쳤다.

30
대전도시공사

'배부른 돼지보다 배고픈 소크라테스가 낫다'는 명언으로 유명한 철학자는?

① 제러미 벤담
② 존 스튜어트 밀
③ 플라톤
④ 아리스토텔레스

해설
영국의 철학자인 존 스튜어트 밀(John Stuart Mill)은 스승인 제러미 벤담과 함께 공리주의를 주장한 대표적 인물이다. 18세기 말부터 19세기 전반에 유행한 공리주의는 사회적 공리성(효용)을 가치판단의 기준으로 하는 사상으로, 밀은 쾌락의 질적 차이를 주장하면서 '배부른 돼지보다 불만족스런 (배고픈) 소크라테스가 낫다'고 하며 정신적ㆍ고차원적 쾌락을 중요시했다. 그는 또한 저서 〈자유론〉에서 자유를 단지 '강제가 없는 상태'가 아니라 '어떤 일을 할 수 있는 적극적인 힘'으로 정의하며, 사상과 양심의 자유, 토론의 자유, 행동의 자유 등 사회에서 마땅히 존중되어야 하는 자유에 대해 논했다.

31
뉴스1

인간의 이성으로 규명하기 힘든 현상을 연구하는 신비주의ㆍ신비술을 뜻하는 말은?

① 영성주의
② 심령주의
③ 연금술
④ 오컬트

해설
오컬트(오컬티즘, Occultism)는 신비술ㆍ신비주의라는 뜻으로 인간의 이성과 물질과학으로는 규명하기 힘든 현상이나 영역을 탐구하는 학문을 말한다. 초자연적인 현상들에 신뢰를 가지고 과학적ㆍ이성적인 관점에서 바라보고 연구하는 태도를 보인다. 동양에서는 역학ㆍ도교 등에서 발견되고, 서양에서는 유대교의 신비주의 사상인 카발라(Kabbalah)나 신약성서에서 기원한 신지학(Theosophy) 등에서 관찰된다.

정답

01 ②	02 ④	03 ②	04 ①	05 ②	06 ②	07 ③
08 ①	09 ②	10 ①	11 ②	12 ④	13 ④	14 ③
15 ④	16 ③	17 ①	18 ①	19 ①	20 ②	21 ①
22 ③	23 ①	24 ③	25 ②	26 ③	27 ②	28 ①
29 ①	30 ②	31 ④				

SECTION 03 국어·한자

>> Theme 1 << 국어

제1장 한글맞춤법

001 '-이'와 '-히'

> 부사의 끝음절이 분명히 '이'로만 나는 것은 '-이'로 적고, '히'로만 나거나 '이'나 '히'로 나는 것은 '-히'로 적는다.

① '-이'로만 적는 것
  ㉠ 첩어 또는 준첩어인 명사 뒤 예 겹겹이, 번번이, 일일이, 집집이, 틈틈이
  ㉡ 'ㅅ' 받침 뒤
     예 가붓이, 깨끗이, 나붓이, 느긋이, 둥긋이, 따뜻이, 반듯이, 버젓이, 산뜻이, 의젓이
  ㉢ 'ㅂ' 불규칙 용언의 어간 뒤
     예 가까이, 고이, 날카로이, 대수로이, 번거로이
  ㉣ '-하다'가 붙지 않는 용언 어간 뒤
     예 같이, 굳이, 길이, 깊이, 헛되이, 많이, 적이
  ㉤ 부사 뒤 예 곰곰이, 더욱이, 일찍이
② '-히'로만 적는 것
  ㉠ '-하다'가 붙는 어근 뒤(단, 'ㅅ' 받침 제외)
     예 극히, 급히, 딱히, 속히, 족히, 고요히, 꼼꼼히, 급급히
  ㉡ '-하다'가 붙는 어근에 '-히'가 결합한 부사가 줄어진 형태
     예 익숙히 → 익히, 특별히 → 특히

002 사이시옷 규정

사이시옷은 다음과 같은 경우에 받치어 적는다.

① 순우리말로 된 합성어로서 앞말이 모음으로 끝난 경우
  ㉠ 뒷말의 첫소리가 된소리로 나는 것
    예 귓밥, 나룻배, 나뭇가지, 냇가, 모깃불, 뱃길, 선짓국, 쇳조각, 아랫집, 잇자국, 잿더미, 조갯살, 찻집, 쳇바퀴, 핏대, 혓바늘
  ㉡ 뒷말의 첫소리 'ㄴ, ㅁ' 앞에서 'ㄴ' 소리가 덧나는 것
    예 아랫니, 텃마당, 아랫마을, 뒷머리, 잇몸, 깻묵, 냇물, 빗물
  ㉢ 뒷말의 첫소리 모음 앞에서 'ㄴㄴ' 소리가 덧나는 것
    예 도리깻열, 뒷윷, 뒷일, 베갯잇, 깻잎, 나뭇잎, 댓잎
② 순우리말과 한자어로 된 합성어로서 앞말이 모음으로 끝난 경우
  ㉠ 뒷말의 첫소리가 된소리로 나는 것
    예 귓병, 샛강, 아랫방, 자릿세, 전셋집, 찻잔, 탯줄, 텃세, 핏기, 햇수
  ㉡ 뒷말의 첫소리 'ㄴ, ㅁ' 앞에서 'ㄴ' 소리가 덧나는 것
    예 곗날, 제삿날, 훗날, 툇마루, 양칫물
  ㉢ 뒷말의 첫소리 모음 앞에서 'ㄴㄴ' 소리가 덧나는 것
    예 가욋일, 사삿일, 예삿일, 훗일
③ 두 음절로 된 다음 한자어
    예 곳간(庫間), 셋방(貰房), 숫자(數字), 찻간(車間), 툇간(退間), 횟수(回數)

003 '-던'과 '-든'

① 지난 일을 나타내는 어미는 '-더라, -던'으로 적는다.
    예 지난 겨울은 몹시 춥더라. / 그렇게 좋던가? / 너 말 잘하던데! / 얼마나 놀랐던지
② 물건이나 일의 내용을 가리지 아니하는 뜻을 나타내는 조사와 어미는 '-든지'로 적는다.
    예 배든지 사과든지 마음대로 먹어라. / 가든지 오든지 마음대로 해라.

004 구별해 적어야 하는 표기

① **가름** : 둘로 가름 예 편을 가름, 판가름
　갈음 : 대신 · 대체하는 것 예 새 책상으로 갈음하였다.
② **거름** : 비료 예 풀을 썩힌 거름
　걸음 : 걷는 것 예 빠른 걸음
③ **거치다** : 무엇에 걸려서 스치다. 경유하다. 예 영월을 거쳐 왔다.
　걷히다 : '걷다'의 피동사 예 세금이 잘 걷힌다. 안개가 걷힌다.
④ **걷잡다** : 쓰러지는 것을 거두어 잡다. 예 걷잡을 수 없게 악화한다.
　겉잡다 : 겉가량하여 먼저 어림치다. 예 겉잡아서 이틀 걸릴 일
⑤ **그러므로** : 그러하기 때문에, 그렇게 하기 때문에 예 규정이 그러므로 어길 수 없다.
　그럼으로(써) : 그렇게 하는 것으로(써) 예 그는 열심히 일한다. 그럼으로(써) 은혜에 보답한다.
⑥ **노름** : 도박 예 노름판이 벌어졌다.
　놀음 : 놀이 예 즐거운 놀음
⑦ **느리다** : 속도가 빠르지 못하다. 예 진도가 너무 느리다.
　늘이다 : 본디보다 길게 하다. 아래로 처지게 하다 예 고무줄을 늘인다. 바지 길이를 늘인다.
　늘리다 : 크게 하거나 많게 하다. 예 수출량을 더 늘린다. 마당을 늘린다.
⑧ **다리다** : 다리미로 문지르다. 예 옷을 다린다.
　달이다 : 끓여서 진하게 하다. 예 약을 달인다.
⑨ **다치다** : 부딪쳐서 상하다. 부상 입다. 예 부주의로 손을 다쳤다.
　닫히다 : '닫다'의 피동사 예 문이 저절로 닫혔다.
　닫치다 : '닫다'의 강세어 예 문을 힘껏 닫쳤다.
⑩ **마치다** : 끝내다. 예 벌써 일을 마쳤다.
　맞히다 : 표적에 맞게 하다. 맞는 답을 내놓다. 침이나 매 따위를 맞게 하다. 눈 · 비 따위를 맞게 하다. 예 여러 문제를 더 맞혔다.
⑪ **목거리** : 목이 붓고 아픈 병 예 목거리가 덧났다.
　목걸이 : 목에 거는 물건 예 그 여인은 늘 목걸이를 건다.
⑫ **바치다** : 마음과 몸을 내놓다. 예 나라를 위해 목숨을 바쳤다.
　받치다 : 밑을 괴다. 예 우산을 받치고 간다. 책받침을 받친다.
　받히다 : '받다'의 피동사 예 쇠뿔에 받혔다.
　밭치다 : '밭다'의 강세어 예 술을 체에 밭친다.
⑬ **반드시** : 꼭, 틀림없이 예 약속은 반드시 지켜라.
　반듯이 : 비뚤어지지 않고 바르게 예 고개를 반듯이 들어라.

⑭ 부딪다 : 물건과 물건이 서로 힘있게 마주 닿다. 또는 그리 되게 하다. 예 몸을 벽에 부딪는다.
　부딪치다 : '부딪다'의 강세어 예 차와 차가 마주 부딪쳤다.
　부딪히다 : '부딪다'의 피동사 예 마차가 화물차에 부딪혔다.
⑮ 시키다 : 하게 하다. 예 일을 시킨다.
　식히다 : '식다'의 사동사 예 끓인 물을 식힌다.
⑯ 아름 : 두 팔을 벌려서 껴안은 둘레의 길이 예 둘레가 한 아름 되는 나무
　알음 : 아는 것 예 서로 알음이 있는 사이
⑰ 안치다 : 끓이거나 찔 물건을 솥이나 시루에 넣다. 예 밥을 안친다.
　앉히다 : '앉다'의 사동사 예 윗자리에 앉힌다.
⑱ 어름 : 두 물건의 끝이 닿은 데 예 바다와 하늘이 닿은 어름이 수평선이다.
　얼음 : 물이 얼어서 굳은 것 예 얼음이 얼었다.
⑲ 이따가 : 조금 지난 뒤에 예 이따가 오너라.
　있다가 : 예 돈은 있다가도 없다.
⑳ 저리다 : 몸에 피가 잘 돌지 못해서 감각이 둔하다. 예 다친 다리가 저린다.
　절이다 : '절다'의 사동사 예 김장 배추를 절인다.
㉑ 조리다 : 국물이 바특하게 바짝 끓이다. 예 생선을 조린다. 통조림, 병조림
　졸이다 : 속을 태우다시피 마음을 초조하게 먹다. 예 마음을 졸인다.
㉒ 주리다 : 먹을 만큼 먹지 못하여 배곯다. 예 여러 날을 주렸다.
　줄이다 : '줄다'의 사동사 예 비용을 줄인다.
㉓ 하노라고 : 자기 나름대로 한다고 예 하노라고 한 것이 이 모양이다.
　하느라고 : 하는 일로 인하여 예 공부하느라고 밤을 새웠다.

㉔

부치다	힘이 미치지 못하다. 예 힘이 부치는 일이다.
	부채 같은 것을 흔들어서 바람을 일으키다. 예 부채로 부친다.
	편지 또는 물건을 보내다. 예 책을 소포로 부친다.
	논밭을 다루어서 농사를 짓다. 예 남의 논을 부친다.
	번철에 기름을 바르고 누름적, 저냐 따위를 익혀 만든다. 예 부침개를 부친다.
	어떤 문제를 의논 대상으로 내놓다. 예 그 문제를 토의에 부친다.
	원고를 인쇄에 넘기다. 예 원고를 인쇄에 부친다.
	몸이나 식사 따위를 의탁하다. 예 삼촌 집에 숙식을 부친다.
붙이다	붙게 하다. 예 포스터를 붙인다.
	암컷과 수컷을 교합시키다. 예 접을 붙인다.
	불이 옮아서 타게 하다. 예 캠핑장에서 불을 붙인다.
	노름이나 싸움 따위를 어울리게 만들다. 예 싸움을 붙인다.
	딸려 붙게 하다. 예 경호원을 붙인다.
	습관이나 취미 등이 익어지게 하다. 예 습관을 붙인다.
	이름을 갖게 하다. 예 별명을 붙인다.
	뺨이나 볼기를 손으로 때리다. 예 한 대 올려붙인다.

㉕ -느니보다(어미) : 예 마지못해 하느니보다 안 하는 게 낫다.
　-는 이보다(의존 명사) : 예 오는 이가 가는 이보다 많다.
㉖ -(으)리만큼(어미) : 예 배가 터지리만큼 많이 먹었다.
　-(으)ㄹ 이만큼(의존 명사) : 예 찬성할 이도 반대할 이만큼이나 많을 것이다.
㉗ -(으)러(목적) : 예 공부하러 간다.
　-(으)려(의도) : 예 친구를 만나려 한다.
㉘ -(으)로서(자격) : 예 사람으로서 그럴 수는 없다.
　-(으)로써(수단) : 예 닭으로써 꿩을 대신했다.
㉙ -(으)므로(어미) : 예 그가 나를 믿으므로 나도 그를 믿는다.
　-(ㅁ, 음)으로(써)(조사) : 예 그는 믿음으로(써) 산 보람을 느꼈다.

005 띄어쓰기

① 조사는 그 앞말에 붙여 쓴다.
② 의존 명사는 띄어 쓴다.
　예 아는 것이, 할 수 있다, 먹을 만큼, 아는 이를 만났다, 뜻한 바를, 떠난 지가 오래다.
　㉠ 의존 명사 '들'과 접미사 '-들'
　　• 의존 명사 '들' : '등'과 마찬가지로, 둘 이상 사물 열거의 의미
　　　예 쌀, 보리, 콩, 조, 기장 들을 오곡이라 한다.
　　• 접미사 '-들' : 복수의 의미 예 학생들, 남자들, 나무들
　㉡ 의존 명사 '뿐'과 접미사 '-뿐'
　　• 의존 명사 '뿐' : 용언의 관형사형 '-을' 뒤에서 '따름'이란 뜻
　　　예 웃을 뿐이다. / 만졌을 뿐이다.
　　• 접미사 '-뿐' : 체언에 붙어서 한정의 뜻을 나타내는 경우
　　　예 남자뿐이다. / 셋뿐이다.
　㉢ 의존 명사 '차'와 접미사 '-차'
　　• 의존 명사 '차' : 용언의 관형사형 뒤에서 '어떤 기회에 겸해서'란 뜻
　　　예 고향에 갔던 차에 선을 보았다.
　　• 접미사 '-차' : 명사 뒤에 붙어서 '~하려고'란 뜻 예 연수차(研修次) 도미(渡美)한다.
　㉣ 의존 명사 '대로'와 조사 '대로'
　　• 의존 명사 '대로' : 용언의 관형사형 뒤에서, '그와 같이'란 뜻
　　　예 아는 대로 말한다. / 약속한 대로 이행한다.
　　• 조사 '대로' : 체언 뒤에 붙어서 '그와 같이'란 뜻 예 법대로, 약속대로
　㉤ 의존 명사 '만큼'과 조사 '만큼'
　　• 의존 명사 '만큼' : 용언의 관형사형 뒤에서 '그런 정도로' 또는 '실컷'이란 뜻

예 볼 만큼 보았다 / 애쓴 만큼 얻는다.
　・조사 '만큼' : 체언 뒤에 붙어서 '그런 정도로'라는 뜻
　　　예 여자도 남자만큼 일한다 / 키가 전봇대만큼 크다
ⓗ 의존 명사 '만'과 조사 '만'
　・의존 명사 '만' : 경과한 시간을 나타내는 경우
　　　예 온 지 1년 만에 / 떠난 지 사흘 만에
　・조사 '만' : 체언에 붙어서 한정 또는 비교의 뜻
　　　예 하나만 알고 / 이것은 그것만 못하다.
ⓢ 의존 명사 '지'와 어미 '-지'
　・의존 명사 '지' : 용언의 관형사형 뒤에서 경과한 시간을 나타내는 경우
　　　예 그가 떠난 지 보름이 지났다. / 그를 만난 지 한 달이 지났다.
　・어미 '-지' : 예 집이 큰지 작은지 모르겠다. / 언제 도착할지 모른다.
ⓞ 의존 명사 '데'와 어미 '-데'
　・의존 명사 '데' : 장소 및 경우의 뜻
　　　예 사는 데가 어디지? / 배 아픈 데 먹는
　・어미 '-데': 예 비가 오는데 춥지 않니? / 네가 뭔데 그러니?
ⓩ 의존 명사 '바'와 어미 '-ㄴ바'
　・의존 명사 '바' : '일'의 뜻 예 언급한 바와 같이 / 염려하는 바가 같다.
　・어미 '-ㄴ바' : 예 백두산에 가 본바 절경이다. / 통보하여 온바 알려 드립니다.
ⓒ 의존 명사 '거'와 어미 '-ㄹ걸'
　・의존 명사 '거' : '것'의 축약형
　　　예 공부를 할 거야. / 난리가 났을 거다. / 내가 산 게 가짜야.
　・어미 '-ㄹ걸' : 뉘우침, 아쉬움, 막연한 추측의 의미
　　　예 내가 먼저 말할걸. / 지금쯤 도착했을걸.
ⓚ 의존 명사 '판'과 명사 '판'
　・의존 명사 '판' : 수 관형사 뒤에서 승부를 겨루는 일의 수효를 나타내는 경우 예 바둑 한 판 / 장기를 세 판이나 두다.
　・명사 '판' : 합성어를 이루는 경우 예 노름판, 씨름판, 웃음판
③ 단위를 나타내는 명사는 띄어 쓴다.
　예 한 개, 금 서 돈, 한 마리, 한 벌, 열 살, 한 자루, 집 한 채, 두 켤레
　㉠ 다만 순서를 나타내는 경우나 숫자와 어울리어 쓰이는 경우에는 붙여 쓸 수 있다.
　　　예 두시 삼십분 오초, 제일과, 삼학년, 육층, 1446년 10월 9일, 16동 502호, 제1실습실, 80원, 10개, 7미터, 3년 6개월 20일간
　㉡ 수효를 나타내는 '개년, 개월, 일(간), 시간' 등은 붙여 쓰지 않는다.
　　　예 삼 (개)년 육 개월 이십 일(간) 체류하였다.

④ 두 말을 이어주거나 열거할 적에 쓰이는 다음 말들은 띄어 쓴다.
  예 국장 겸 과장 / 열 내지 스물 / 청군 대 백군 / 이사장 및 이사들 / 사과 및 배, 복숭아
⑤ 단음절로 된 단어가 연이어 나타날 때는 붙여 쓸 수 있다.
  예 좀더 큰것 / 이말 저말 / 한잎 두잎 / 한잔 술 / 이곳 저곳
⑥ 수(數)의 표기는 '만(萬)' 단위로 띄어 쓴다.
  예 십이억 삼천사백오십육만 칠천팔백구십팔 / 12억 3456만 7898
  단, 금액을 적을 때는 변조(變造) 같은 사고를 방지하기 위해 붙여 쓴다.
  예 일금 : 삼십일만오천육백칠십팔원정 / 돈 : 일백칠십육만오천원임
⑦ 보조 용언은 띄어 씀을 원칙으로 하되, 경우에 따라 붙여 씀도 허용한다.
  예 불이 꺼져 간다. 불이 꺼져간다. / 힘으로 막아 낸다. 힘으로 막아낸다. / 비가 올 듯하다. 비가 올듯하다. / 일은 할 만하다. 일은 할만하다. / 잘 아는 척한다. 잘 아는척한다.
  다만 앞말에 조사가 붙거나 앞말이 합성 용언인 경우, 중간에 조사가 들어간 경우 뒤에 오는 보조 용언은 붙여 쓴다.
  예 책을 읽어도 보고 / 네가 덤벼들어 보아라. / 그가 올 듯도 하다. / 잘난 체를 한다.
⑧ 성과 이름, 성과 호 등은 붙여 쓰고, 이에 덧붙는 호칭어·관직명 등은 띄어 쓴다.
  예 서화담(徐花潭), 채영신 씨, 최치원 선생, 박동식 박사, 충무공 이순신 장군
  다만, 성과 이름, 성과 호를 분명히 구분할 필요가 있을 경우에는 띄어 쓸 수 있다.
  예 남궁억/남궁 억, 독고준/독고 준

제 2 장 표준어 규정

006 표준어 사정 원칙

① 다음 단어들은 거센소리를 가진 형태를 표준어로 삼는다.
  예 끄나풀, 녘, 부엌, 살쾡이, 칸막이
② 어원에서 멀어진 형태로 굳어져서 널리 쓰이는 것은, 그것을 표준어로 삼는다.
  예 강낭콩(강남콩×), 고삿(고샅×), 사글세(삭월세×), 울력성당(위력성당×)
  다만 어원적으로 원형에 더 가까운 형태가 아직 쓰이는 경우에는 그것을 표준어로 삼는다.

예 굴젓(구젓×), 밀뜨리다(미뜨리다×), 적이(저으기×)

③ 다음 단어들은 의미를 구별함이 없이, 한 가지 형태만을 표준어로 삼는다
예 돌(돐×), 둘째(두째×), 셋째(세째×), 넷째(네째×), 빌리다(빌다× ; 빌려주다의 뜻)
다만 '둘째'는 십 단위 이상 서수사에서는 '두째'로 한다.
예 열두째, 스물두째

④ 수컷을 이르는 접두사는 '수-'로 통일한다.
예 수꿩(수퀑/숫꿩×), 수나사(숫나사×), 수놈(숫놈×), 수소(숫소×), 수은행나무(숫은행나무×)
다만 1. 다음 단어에서는 접두사 다음에서 나는 거센소리를 인정한다. 접두사 '암-'이 결합되는 경우에도 이에 준한다.
예 수캉아지, 수캐, 수컷, 수키와, 수탉, 수탕나귀, 수톨쩌귀, 수퇘지, 수평아리
다만 2. 다음 단어의 접두사는 '숫-'으로 한다.
예 숫양(수양×), 숫염소(수염소×), 숫쥐(수쥐×)

⑤ 양성 모음이 음성 모음으로 바뀌어 굳어진 다음 단어는 음성 모음 형태를 표준어로 삼는다.
예 깡충깡충, -둥이, 발가숭이, 보퉁이, 아서(라), 오뚝이
다만 어원 의식이 강하게 작용하는 다음 단어는 양성 모음 형태를 표준어로 삼는다.
예 부조(扶助), 사돈(査頓), 삼촌(三寸)

⑥ 'ㅣ'역행 동화 현상에 의한 발음은 원칙적으로 표준 발음으로 인정하지 아니하되, 다만 다음 단어들은 그러한 동화가 적용된 형태를 표준어로 삼는다.
예 -내기(서울내기, 신출내기, 풋내기), 냄비, 동댕이치다
단 다음 단어는 'ㅣ'역행 동화가 일어나지 아니한 형태를 표준어로 삼는다.
예 아지랑이(아지랭이×)
다음과 같이 기술자에게는 '-장이', 그 외에는 '-쟁이'가 붙는 형태를 표준어로 삼는다.
예 미장이, 유기장이, 멋쟁이, 소금쟁이, 담쟁이, 골목쟁이

⑦ 다음 단어는 모음이 단순화한 형태를 표준어로 삼는다.
예 괴팍하다(괴퍅하다×), -구먼(-구면×), 미루나무(미류나무×), 여느(여늬×), 온달(왼달×), 으레(으례×), 케케묵다(켸켸묵다×), 허우대(허위대×), 허우적허우적(허위적허위적×)

⑧ 다음 단어에서는 모음의 발음 변화를 인정하여, 발음이 바뀌어 굳어진 형태를 표준어로 삼는다.
예 -구려(-구료×), 나무라다(나무래다×), 바라다(바래다×), 상추(상치×), 시러베아들(실업의아들×), 주책(주착×), 지루하다(지리하다×), 튀기(트기×), 허드레(허드래×), 호루라기(호루루기×)

⑨ '웃-' 및 '윗-'은 명사 '위'에 맞추어 '윗-'으로 통일한다.
    예 윗넓이, 윗눈썹, 윗니, 윗도리, 윗머리, 윗몸, 윗입술, 윗변, 윗자리
    다만 1. 된소리나 거센소리 앞에서는 '위'로 한다.
    예 위짝, 위쪽, 위채, 위층, 위치마, 위턱, 위팔
    다만 2. '아래, 위'의 대립이 없는 단어는 '웃-'으로 발음되는 형태를 표준어로 삼는다.
    예 웃돈, 웃어른, 웃옷
⑩ '구(句)'가 붙어서 이루어진 단어는 '귀'로 읽는 것을 인정하지 아니하고, '구'로 통일한다.
    예 구절(句節, 귀절×), 결구(結句, 결귀×), 문구(文句, 문귀×), 성구(成句, 성귀×), 시구(詩句, 시귀×), 어구(語句, 어귀×), 절구(絕句, 절귀×)
    다만, 다음 단어는 '귀'로 발음되는 형태를 표준어로 삼는다.
    예 귀글, 글귀
⑪ 준말이 널리 쓰이고 본말이 잘 쓰이지 않는 경우에는, 준말만을 표준어로 삼는다.
    예 귀찮다(귀치 않다×), 똬리(또아리×), 무(무우×), 생쥐(새앙쥐×), 솔개(소리개×), 온갖(온가지×)
⑫ 준말이 쓰이고 있더라도, 본말이 널리 쓰이고 있으면 본말을 표준어로 삼는다.
    예 경황없다(경없다×), 궁상떨다(궁떨다×), 귀이개(귀개×), 낌새(낌×), 마구잡이(막잡이×), 맵자하다(맵자다×), 수두룩하다(수둑하다×), 일구다(일다×), 한통치다(통치다×)
⑬ 비슷한 발음의 몇 형태가 쓰일 경우, 그 의미에 차이가 없고, 그중 하나가 더 널리 쓰이면 그 한 형태만을 표준어로 삼는다.
    예 거든그리다(거둥그리다×), 귀지(귀에지×), 꼭두각시(꼭둑각시×), 냠냠(얌냠×), -려고(-ㄹ려고/-ㄹ라고×), 본새(뽄새×), 봉숭아(봉선화○, 봉숭화×), 아내(안해×), 어중간(어지중간×), 짓무르다(짓물다×), 천장(天障, 천정×)
⑭ 의미가 똑같은 형태가 몇 가지 있을 경우, 그중 어느 하나가 압도적으로 널리 쓰이면, 그 단어만을 표준어로 삼는다.
    예 광주리(광우리×), 길잡이(길라잡이○, 길앞잡이×), 먼발치(먼발치기×), 목메다(목맺히다×), 붉으락푸르락(푸르락붉으락×), 빠뜨리다(빠치다×), 샛별(새벽별×), 손목시계(팔목시계/팔뚝시계×), 식은땀(찬땀×), 쏜살같이(쏜살로×), 아주(영판×), 안절부절못하다(안절부절하다×), 앞지르다(따라먹다×), 애벌레(어린벌레×), 언뜻(펀뜻×), 언제나(노다지×), 열심히(열심으로×), 쥐락펴락(펴락쥐락×)
⑮ 사어(死語)가 된 단어인 경우, 현재 널리 사용되는 단어를 표준어로 삼는다.
    예 설거지하다(설겆다×), 애달프다(애닯다×), 자두(오얏×)

⑯ 고유어가 생명력을 잃고 그에 대응되는 한자어가 널리 쓰일 경우, 한자어 계열의 단어를 표준어로 삼는다.
  예 개다리소반(개다리밥상×), 겸상(맞상×), 고봉밥(높은밥×), 단벌(홑벌×), 부항단지(뜸단지×), 산누에(멧누에×), 총각무(알무/알타리무×)

★★★★

007 복수표준어

① 준말과 본말이 다 같이 널리 쓰이면서 준말의 효용이 뚜렷이 인정되는 것은, 두 가지를 다 표준어로 삼는다.
  예 노을/놀, 막대기/막대, 망태기/망태, 머무르다/머물다, 서두르다/서둘다, 서투르다/서툴다, 시누이/시뉘/시누, 오누이/오뉘/오누, 외우다/외다, 이기죽거리다/이죽거리다, 찌꺼기/찌끼

② 어감의 차이를 나타내는 단어 또는 발음이 비슷한 단어들이 다 같이 널리 쓰이는 경우에는, 그 모두를 표준어로 삼는다.
  예 거슴츠레하다/게슴츠레-하다, 고까/꼬까, 고린내/코린내, 교기(驕氣)/갸기, 구린내/쿠린내, 꺼림하다/께름하다, 나부랭이/너부렁이

③ 방언이 표준어보다 더 널리 쓰이게 된 경우, 표준어와 방언 모두 표준어로 한다.
  예 멍게/우렁쉥이, 물방개/선두리, 애순/어린순

④ 한 가지 의미를 나타내는 형태 몇 가지가 널리 쓰이며 표준어 규정에 맞으면, 그 모두를 표준어로 삼는다.
  예 가뭄/가물, 가엾다/가엽다, 감감무소식/감감소식, 넝쿨/덩굴(덩쿨×), 눈대중/눈어림/눈짐작, 다달이/매달, -다마다/-고말고, 되우/된통/되게, 뒷갈망/뒷감당, 뒷말/뒷소리, 들락거리다/들랑거리다, 들락날락/들랑날랑, 딴전/딴청, -뜨리다/-트리다, 만큼/만치, 멀찌감치/멀찌가니/멀찍이, 모내다/모심다, 모쪼록/아무쪼록, 무심결/무심중, 밑층/아래층, 벌레/버러지(벌러지×), 보조개/볼우물, 보통내기/여간내기/예사내기, 볼따구니/볼퉁이/볼때기, 부침개질/부침질/지짐질(부치개-질×), 뾰두라지/뾰루지, 살쾡이/삵, 삽살개/삽사리, 서럽다/섧다, 성글다/성기다, -스레하다/-스름하다, 쏩쓰레하다/쏩쓰름하다, 알은척/알은체, 어림잡다/어림치다, 어저께/어제, 여쭈다/여쭙다, 여태껏/이제껏/입때껏(여직껏×), 연달다/잇달다, 옥수수/강냉이, 우레/천둥, -이에요/-이어요, 일찌감치/일찌거니, 제가끔/제각기, 좀처럼/좀체, 천연덕스럽다/천연스럽다

제 3 장 어휘

★★★★★

008 순우리말

- 가납사니 : 쓸데없는 말을 잘하는 사람, 말다툼을 잘하는 사람
- 가래다 : 맞서서 옳고 그름을 따지다.
- 각다분하다 : 일을 해 나가기가 힘들고 고되다.
- 갈무리 : 물건을 잘 정리하여 간수하다.
- 강파르다 : 몸이 야위고 파리하다. 성질이 까다롭고 괴팍하다.
- 걸쩍거리다 : 활달하고 시원스럽게 행동하다.
- 곰비임비 : 물건이 거듭 쌓이거나 일이 계속 일어남을 나타내는 말
- 궁싯거리다 : 잠이 오지 않아 누워서 몸을 이리저리 자꾸 뒤집는 모양
- 꺼병이 : 꿩의 어린 새끼, 옷차림 따위의 겉모습이 잘 어울리지 않고 거칠게 생긴 사람
- 남우세 : 남에게서 비웃음이나 놀림을 받게 되다.
- 노루잠 : 깊이 잠들지 못하고 자꾸 깨다.
- 느껍다 : 어떤 느낌이 마음에 북받쳐서 벅차다.
- 다직해야 : 기껏해야
- 더께 : 찌든 물건에 앉은 거친 때
- 더펄이 : 성미가 침착하지 못하고 덜렁대는 사람
- 뜨악하다 : 마음이 선뜻 내키지 않아 꺼림칙하고 싫다.
- 마뜩하다 : 제법 마음에 들 만하다.
- 말재기 : 쓸데없는 말을 꾸며내는 사람
- 맵자하다 : 모양이 제격에 어울려서 맞다.
- 몰강스럽다 : 인정이 없이 억세며 성질이 악착같고 모질다.
- 모꼬지 : 여러 사람이 놀이나 잔치로 모이는 일
- 몽태치다 : 남의 물건을 슬그머니 훔쳐 가지다.
- 무람없다 : 예의를 지키지 않으며 삼가고 조심하는 것이 없다.
- 무릎맞춤 : 두 사람의 말이 서로 어긋날 때, 제3자를 앞에 두고 전에 한 말을 되풀이하여 옳고 그름을 따짐
- 미투리 : 삼이나 노 따위로 짚신처럼 삼은 신
- 밀막다 : 밀어서 막다. 못 하게 하거나 말리다. 핑계를 대고 거절하다.
- 바자위다 : 성질이 너무 깐깐하여 너그러운 맛이 없다.
- 반기 : 잔치나 제사 후에 여러 군데에 나누어 주려고 목판이나 그릇에 몫몫이 담아 놓은 음식
- 반지빠르다 : 말이나 행동 따위가 어수룩한 맛이 없이 얄미울 정도로 민첩하고 약삭빠르다.

- 버르집다 : 숨은 일을 들춰내다. 작은 일을 크게 떠벌리다.
- 보깨다 : 먹은 것이 소화가 잘 안 되어 속이 답답하고 거북하게 느껴지다.
- 부닐다 : 가까이 따르며 붙임성 있게 굴다.
- 북새 : 많은 사람들이 아주 야단스럽게 부산을 떨며 법석이는 일
- 서름하다 : 남과 가깝지 못하고 사이가 조금 서먹하다. 사물에 익숙하지 못하다.
- 설멍하다 : 아랫도리가 가늘고 어울리지 아니하게 길다. 옷이 몸에 맞지 않고 짧다.
- 설면하다 : 자주 만나지 못하여 좀 낯설다. 사이가 정답지 아니하다.
- 습습하다 : 마음이나 하는 짓이 활발하고 너그럽다.
- 시나브로 : 알지 못하는 사이에 조금씩
- 실큼하다 : 마음에 싫은 생각이 생기다.
- 아귀차다 : 휘어잡기 어려울 만큼 벅차다. 마음이 굳세어 남에게 잘 꺾이지 아니하다.
- 아퀴(를) 짓다 : 일이나 말을 끝마무리하다.
- 알심 : 은근히 동정하는 마음, 보기보다 야무진 힘
- 알천 : 가장 값나가는 물건이나 가장 맛있는 음식
- 애면글면 : 몹시 힘에 겨운 일을 이루려고 갖은 애를 쓰는 모양
- 어리눅다 : 일부러 어리석은 체하다.
- 에끼다 : 서로 주고받을 물건이나 일 따위를 비겨 없애다.
- 여낙낙하다 : 성품이 곱고 부드러우며 상냥하다.
- 열없다 : 좀 겸연쩍고 부끄럽다. 담이 작고 겁이 많다.
- 영절스럽다 : 아주 그럴듯하다.
- 왜자하다 : 소문이 온 동네에 널리 퍼져 요란하다.
- 왜장치다 : 쓸데없이 큰 소리로 마구 떠들다.
- 우렁잇속 : 내용이 복잡하여 헤아리기 어려운 일을 비유
- 울력 : 여러 사람이 힘을 합하여 일함. 또는 그런 힘
- 입찬말 : 자기의 지위나 능력을 믿고 지나치게 장담하는 말
- 자발없다 : 행동이 가볍고 참을성이 없다.
- 재우치다 : 빨리 몰아치거나 재촉하다.
- 제키다 : 살갗이 조금 다쳐서 벗어지다.
- 쥘손 : 어떤 물건을 들 때에, 손으로 쥐는 데 편리하게 된 부분
- 천둥벌거숭이 : 철없이 두려운 줄 모르고 함부로 덤벙거리거나 날뛰는 사람을 비유적으로 이르는 말
- 추레하다 : 겉모양이 깨끗하지 못하고 생기가 없다. 태도 따위가 너절하고 고상하지 못하다.
- 통거리 : 어떤 물건이나 일을 가리지 아니한 채 모두
- 투깔스럽다 : 일이나 물건 따위의 모양새가 투박스럽고 거친 데가 있다.

- **투미하다** : 어리석고 둔하다.
- **트레바리** : 이유 없이 남의 말에 반대하기를 좋아함. 또는 그런 성격을 지닌 사람
- **틀거지** : 듬직하고 위엄이 있는 겉모양
- **티석티석** : 거죽이나 면이 매우 거칠게 일어나 번지럽지 못한 모양
- **포달지다** : 악을 쓰며 함부로 대드는 품이 몹시 사납다.
- **푸서리** : 잡초가 무성하고 거친 땅
- **푼더분하다** : 생김새가 두툼하고 탐스럽다. 여유가 있고 넉넉하다.
- **풀치다** : 맺혔던 생각을 돌려 너그럽게 용서하다.
- **함초롬하다** : 젖거나 서려 있는 모습이 가지런하고 차분하다.
- **함함하다** : 털이 보드랍고 반지르르하다. 소담하고 탐스럽다.
- **행짜** : 심술을 부려 남을 해롭게 하는 행위
- **허룩하다** : 줄거나 없어져 적다.
- **허방** : 땅바닥이 움푹 패어 빠지기 쉬운 구덩이
- **훈감하다** : 맛이 진하고 냄새가 좋다. 푸짐하고 호화롭다.
- **희나리** : 채 마르지 아니한 장작
- **희떱다** : 실속은 없어도 마음이 넓고 손이 크다. 말이나 행동이 분에 넘치며 버릇이 없다.

009 단위를 나타내는 말

- **갓** : 굴비, 비웃 따위나 고비, 고사리 따위를 묶어 세는 단위. 한 갓은 굴비·비웃 따위 열 마리, 또는 고비·고사리 따위 열 모숨을 한 줄로 엮은 것을 이른다.
- **강다리** : 쪼갠 장작을 묶어 세는 단위. 한 강다리는 쪼갠 장작 백 개비를 이른다.
- **고리** : 소주를 사발에 담은 것을 묶어 세는 단위. 한 고리는 소주 열 사발을 이른다.
- **거리** : 오이나 가지 따위를 묶어 세는 단위. 한 거리는 오이나 가지 오십 개를 이른다.
- **님** : 바느질에 쓰는 토막 친 실을 세는 단위
- **닢** : 납작한 물건을 세는 단위. 흔히 돈이나 가마니, 멍석 따위를 셀 때 쓴다.
- **단** : 짚, 땔나무, 채소 따위의 묶음을 세는 단위
- **달포** : 한 달이 조금 넘는 기간, 삭여(朔餘)
- **담불** : 벼를 백 섬씩 묶어 세는 단위
- **두름** : 조기 따위의 물고기를 10마리씩 두 줄로 묶은 20마리. 고사리 따위의 산나물 10모숨

- 마지기 : 논밭 넓이의 단위. 한 마지기는 볍씨 한 말의 모 또는 씨앗을 심을 만한 넓이로, 지방에 따라 다르나 논은 약 150~300평, 밭은 약 100평 정도이다.
- 마장 : 오 리나 십 리가 못 되는 거리의 단위
- 매(枚) : 종이나 널빤지 따위를 세는 단위. 한방에서 열매를 세는 단위. 젓가락 한 쌍을 세는 단위
- 모 : 모시실을 묶어 세는 단위. 한 모는 모시실 열 올을 가리킨다.
- 모숨 : 길고 가느다란 물건의, 한 줌 안에 들어올 만한 분량을 세는 단위
- 뭇 : 짚, 장작, 채소 따위의 작은 묶음을 세는 단위. 생선 10마리, 미역 10장
- 발 : 두 팔을 양옆으로 펴서 벌렸을 때 한쪽 손끝에서 다른 쪽 손끝까지의 길이
- 사리 : 국수, 새끼, 실 따위의 뭉치를 세는 단위
- 새 : 피륙의 날을 세는 단위. 한 새는 날실 여든 올이다.
- 섬 : 부피의 단위. 곡식, 가루, 액체 따위의 부피를 잴 때 쓴다(한 섬=약 180리터).
- 손 : 한 손에 잡을 만한 분량을 세는 단위. 조기, 고등어, 배추 따위 한 손은 큰 것 하나와 작은 것 하나를 합한 것을 이르고, 미나리나 파 따위 한 손은 한 줌 분량을 이른다.
- 쌈 : 바늘을 묶어 세는 단위. 한 쌈은 바늘 스물네 개를 이른다.
- 우리 : 기와 2,000장
- 자밤 : 나물이나 양념 따위를 손가락을 모아서 그 끝으로 집을 만한 분량을 세는 단위
- 접 : 채소나 과일 따위를 묶어 세는 단위. 한 접은 채소나 과일 백 개를 이른다.
- 제(劑) : 한약의 분량을 나타내는 단위. 한 제는 탕약(湯藥) 스무 첩
- 죽 : 옷, 그릇 따위의 열 벌을 묶어 세는 단위
- 첩(貼) : 약봉지에 싼 약의 뭉치를 세는 단위
- 축 : 오징어를 묶어 세는 단위. 한 축은 오징어 스무 마리를 이른다.
- 쾌 : 북어를 묶어 세는 단위. 한 쾌는 북어 스무 마리를 이른다.
- 토리 : 실을 감은 뭉치 또는 그 단위
- 톳 : 김을 묶어 세는 단위. 한 톳은 김 100장을 이른다.
- 필(匹) : 말이나 소를 세는 단위
- 필(疋) : 일정한 길이로 말아 놓은 피륙을 세는 단위
- 한겻 : 반나절
- 해포 : 한 해가 조금 넘는 동안

제4장 표기법 규정

010 외래어 표기법 용례

① 기역(ㄱ)
- 가스(Gas)
- 개런티(Guarantee)
- 글라스(Glass)
- 글리세린(Glycerine)
- 가톨릭(Catholic)
- 그로테스크(Grotesque)
- 글로브(Globe)
- 깁스(Gips)

② 니은(ㄴ)
- 나일론(Nylon)
- 내레이션(Narration)
- 논픽션(Nonfiction)
- 난센스(Nonsense)
- 냅킨(Napkin)
- 뉘앙스(Nuance)

③ 디귿(ㄷ)
- 다이내믹(Dynamic)
- 대시(Dash)
- 데생(Dessin)
- 드라이클리닝(Dry Cleaning)
- 디스크자키(Disk Jockey)
- 다큐멘터리(Documentary)
- 데뷔(Debut)
- 도넛(Doughnut)
- 드롭스(Drops)
- 디지털(Digital)

④ 리을(ㄹ)
- 라이선스(License)
- 라켓(Racket)
- 레이더(Radar)
- 레크리에이션(Recreation)
- 로열(Royal)
- 로터리(Rotary)
- 류머티즘(Rheumatism)
- 리모컨(Remote Control)
- 라이터(Lighter)
- 러닝 셔츠(Running Shirts)
- 레커차(Wrecker 車)
- 로봇(Robot)
- 로켓(Rocket)
- 로큰롤(Rock'n'roll)
- 리더십(Leadership)
- 링거(Ringer)

⑤ 미음(ㅁ)
- 마니아(Mania)
- 매니큐어(Manicure)
- 메리야스(Medias)
- 메이크업(Makeup)
- 미스터리(Mystery)
- 마사지(Massage)
- 매머드(Mammoth)
- 메시지(Message)
- 몽타주(Montage)
- 밀리(Milli)

⑥ 비읍(ㅂ)
- 바비큐(Barbecue)
- 배지(Badge)
- 박테리아(Bacteria)
- 배터리(Battery)

- ▷ 버저(Buzzer)
- ▷ 버킷(Bucket)
- ▷ 보이콧(Boycott)
- ▷ 부르주아(Bourgeois)
- ▷ 불도그(Bulldog)
- ▷ 뷔페(Buffet)
- ▷ 브래지어(Brassiere)
- ▷ 브로치(Brooch)
- ▷ 블라우스(Blouse)
- ▷ 블록(Block)
- ▷ 비스킷(Biscuit)
- ▷ 비즈니스(Business)

⑦ 시옷(ㅅ)
- ▷ 산타클로스(Santa Claus)
- ▷ 새시(Sash)
- ▷ 색소폰(Saxophone)
- ▷ 샐비어(Salvia)
- ▷ 샹들리에(Chandelier)
- ▷ 선글라스(Sunglass)
- ▷ 센티멘털(Sentimental)
- ▷ 셀룰로오스(Cellulose)
- ▷ 셔벗(Sherbet)
- ▷ 셰르파(Sherpa)
- ▷ 셰이크(Shake)
- ▷ 소시지(Sausage)
- ▷ 쇼윈도(Show Window)
- ▷ 수프(Soup)
- ▷ 슈퍼마켓(Supermarket)
- ▷ 스노(Snow)
- ▷ 스테인리스(Stainless)
- ▷ 스트로(Straw)
- ▷ 스티로폴(Styropor)
- ▷ 스펀지(Sponge)
- ▷ 스프링클러(Sprinkler)
- ▷ 실루엣(Silhouette)
- ▷ 심벌(Symbol)
- ▷ 심포지엄(Symposium)

⑧ 이응(ㅇ)
- ▷ 악센트(Accent)
- ▷ 알칼리(Alkali)
- ▷ 알코올(Alcohol)
- ▷ 앙케트(Enquete)
- ▷ 앰뷸런스(Ambulance)
- ▷ 에메랄드(Emerald)
- ▷ 에스코트(Escort)
- ▷ 에어컨(Air Conditioner)
- ▷ 오르간(Organ)
- ▷ 요구르트(Yogurt)
- ▷ 워크숍(workshop)
- ▷ 인스턴트(Instant)

⑨ 지읒(ㅈ)
- ▷ 자이언트(Giant)
- ▷ 재킷(Jacket)
- ▷ 잭나이프(Jackknife)
- ▷ 점퍼(Jumper)
- ▷ 제스처(Gesture)
- ▷ 젤라틴(Gelatin)
- ▷ 젤리(Jelly)
- ▷ 주스(Juice)
- ▷ 쥐라기(Jura紀)
- ▷ 지프(Jeep)

⑩ 치읓(ㅊ)
- ▷ 찬스(Chance)
- ▷ 챔피언(Champion)
- ▷ 초콜릿(Chocolate)

⑪ 키읔(ㅋ)
- ▷ 카디건(Cardigan)
- ▷ 카바레(Cabaret)
- ▷ 카스텔라(Castella)
- ▷ 카운슬러(Counselor)

- ▷ 카펫(Carpet)
- ▷ 캐럴(Carol)
- ▷ 캐시미어(Cashmere)
- ▷ 커닝(Cunning)
- ▷ 컬러(Color)
- ▷ 컴포넌트(Component)
- ▷ 케첩(ketchup)
- ▷ 콤팩트(Compact)
- ▷ 쿠데타(Coup d'Etat)
- ▷ 쿵후(Kungfu)
- ▷ 크리스털(Crystal)
- ▷ 클랙슨(Klaxon)
- ▷ 캐러멜(Caramel)
- ▷ 캐비닛(Cabinet)
- ▷ 캐주얼(Casual)
- ▷ 컨트롤(Control)
- ▷ 컴퍼스(Compass)
- ▷ 케이크(Cake)
- ▷ 코미디(Comedy)
- ▷ 콩쿠르(Concours)
- ▷ 쿠션(Cushion)
- ▷ 크리스천(Christian)
- ▷ 클라이맥스(Climax)
- ▷ 킬로(Kilo)

⑫ 티읕(ㅌ)
- ▷ 타깃(Target)
- ▷ 탤런트(Talent)
- ▷ 톱뉴스(Top News)
- ▷ 트롬본(Trombone)
- ▷ 타월(Towel)
- ▷ 테크놀로지(Technology)
- ▷ 트럼펫(Trumpet)
- ▷ 팀워크(Teamwork)

⑬ 피읖(ㅍ)
- ▷ 파운데이션(Foundation)
- ▷ 판탈롱(Pantalon)
- ▷ 페스티벌(Festival)
- ▷ 포클레인(Poclain)
- ▷ 프라이드치킨(Fried Chicken)
- ▷ 프런티어(Frontier)
- ▷ 플랑크톤(Plankton)
- ▷ 플래카드(Placard)
- ▷ 파일럿(Pilot)
- ▷ 팸플릿(Pamphlet)
- ▷ 펜치(Pincers)
- ▷ 퓨즈(Fuse)
- ▷ 프런트(Front)
- ▷ 프러포즈(Propose)
- ▷ 플래시(Flash)
- ▷ 피켓(Picket)

⑭ 히읗(ㅎ)
- ▷ 휘슬(Whistle)
- ▷ 히프(Hip)

011 국어의 로마자 표기법

① 표기의 기본 원칙
  ㉠ 국어의 로마자 표기는 국어의 표준 발음법에 따라 적는 것을 원칙으로 한다.
  ㉡ 로마자 이외의 부호는 되도록 사용하지 않는다.
② 표기 일람
  ㉠ 모음은 다음과 같이 적는다.

- 단모음

ㅏ	ㅓ	ㅗ	ㅜ	ㅡ	ㅣ	ㅐ	ㅔ	ㅚ	ㅟ
a	eo	o	u	eu	i	ae	e	oe	wi

- 이중모음

ㅑ	ㅕ	ㅛ	ㅠ	ㅒ	ㅖ	ㅘ	ㅙ	ㅝ	ㅞ	ㅢ
ya	yeo	yo	yu	yae	ye	wa	wae	wo	we	ui

— 'ㅢ'는 'ㅣ'로 소리 나더라도 'ui'로 적는다
  예 광희문 Gwanghuimun

ⓛ 자음은 다음과 같이 적는다.
- 파열음

ㄱ	ㄲ	ㅋ	ㄷ	ㄸ	ㅌ	ㅂ	ㅃ	ㅍ
g, k	kk	k	d, t	tt	t	b, p	pp	p

- 파찰음, 마찰음, 비음, 유음

파찰음			마찰음			비음			유음
ㅈ	ㅉ	ㅊ	ㅅ	ㅆ	ㅎ	ㄴ	ㅁ	ㅇ	ㄹ
j	jj	ch	s	ss	h	n	m	ng	r, l

— 'ㄱ, ㄷ, ㅂ'은 모음 앞에서는 'g, d, b'로 적고, 자음 앞이나 어말에서는 'k, t, p'로 적는다(발음에 따라 표기함).
  예 구미 Gumi, 영동 Yeongdong, 백암 Baegam, 옥천 Okcheon, 합덕 Hapdeok, 호법 Hobeop, 월곶[월곧] Wolgot, 벚꽃[벋꼳] beotkkot, 한밭[한받] Hanbat
— 'ㄹ'은 모음 앞에서는 'r'로, 자음 앞이나 어말에서는 'l'로 적는다. 다만, 'ㄹㄹ'은 'll'로 적는다.
  예 설악 Seorak, 칠곡 Chilgok, 임실 Imsil, 울릉 Ulleung, 대관령[대괄령] Daegwallyeong

③ 표기상의 유의점
  ㉠ 음운 변화가 일어날 때에는 변화의 결과에 따라 다음 각 호와 같이 적는다.
  - 자음 사이에서 동화 작용이 일어나는 경우(자음동화)
    예 백마[뱅마] Baengma, 신문로[신문노] Sinmunno, 종로[종노] Jongno, 왕십리[왕심니] Wangsimni, 신라[실라] Silla
  - 'ㄴ, ㄹ'이 덧나는 경우
    예 학여울[항녀울] Hangnyeoul, 알약[알략] allyak
  - 구개음화가 되는 경우
    예 해돋이[해도지] haedoji, 같이[가치] gachi, 맞히다[마치다] machida

- 'ㄱ, ㄷ, ㅂ, ㅈ'이 'ㅎ'과 합하여 거센소리로 소리 나는 경우
  - 예 좋고[조코] joko, 놓다[노타] nota, 잡혀[자펴] japyeo
    - 다만, 체언에서 'ㄱ, ㄷ, ㅂ' 뒤에 'ㅎ'이 따를 때에는 'ㅎ'을 밝혀 적는다.
      - 예 묵호 mukho, 집현전 Jiphyeonjeon
    - 된소리되기는 표기에 반영하지 않는다.
      - 예 압구정 Apgujeong, 낙동강 Nakdonggang, 죽변 Jukbyeon, 낙성대 Nakseongdae, 합정 Hapjeong, 팔당 Paldang, 샛별 saetbyeol, 울산 Ulsan

ⓒ 발음상 혼동의 우려가 있을 때에는 음절 사이에 붙임표(-)를 쓸 수 있다.
  - 예 중앙 Jung-ang, 반구대 Ban-gudae, 세운 Se-un, 해운대 Hae-undae

ⓒ 고유 명사는 첫 글자를 대문자로 적는다.

ⓔ 인명은 성과 이름의 순서로 띄어 쓴다. 이름은 붙여 쓰는 것을 원칙으로 하되 음절 사이에 붙임표(-)를 쓰는 것을 허용한다.
  - 예 민용하 Min Yongha[Min Yong-ha], 송나리 Song Nari[Song Na-ri]

ⓜ '도, 시, 군, 구, 읍, 면, 리, 동'의 행정 구역 단위와 '가'는 각각 'do, si, gun, gu, eup, myeon, ri, dong, ga'로 적고, 그 앞에는 붙임표(-)를 넣는다. 붙임표(-) 앞뒤에서 일어나는 음운 변화는 표기에 반영하지 않는다.
  - 예 충청북도 Chungcheongbuk-do, 제주도 Jeju-do, 의정부시 Uijeongbu-si, 양주군 Yangju-gun, 도봉구 Dobong-gu, 신창읍 Sinchang-eup, 삼죽면 Samjuk-myeon, 인왕리 Inwang-ri, 봉천1동 Bongcheon 1(il)-dong, 종로2가 Jongno 2(i)-ga, 퇴계로 3가 Toegyero 3(sam)-ga
  - '시, 군, 읍'의 행정 구역 단위는 생략할 수 있다.
    - 예 청주시 Cheongju, 함평군 Hampyeong, 순창읍 Sunchang

ⓑ 자연 지물명, 문화재명, 인공 축조물명은 붙임표(-) 없이 붙여 쓴다.
  - 예 남산 Namsan, 속리산 Songnisan, 금강 Geumgang, 독도 Dokdo, 안압지 Anapji, 현충사 Hyeonchungsa, 독립문 Dongnimmun, 다보탑 Dabotap

» Theme 2 «
한자

제1장 한자어

★★★

012 동자이음어

| 車 | (거) 수레 ⇨ 車馬(거마) |
| | (차) 수레, 성씨 ⇨ 車庫(차고) |

| 金 | (금) 쇠, 금 ⇨ 金庫(금고) |
| | (김) 성, 땅 이름 ⇨ 金浦(김포) |

龜	(구) 거북, 땅 이름 ⇨ 龜尾(구미)
	(귀) 거북, 본받다 ⇨ 龜鑑(귀감)
	(균) 터지다 ⇨ 龜裂(균열)

| 茶 | (다) 차 ⇨ 茶菓(다과) |
| | (차) 차 ⇨ 茶禮(차례) |

| 宅 | (댁) 집 ⇨ 宅內(댁내) |
| | (택) 집 ⇨ 住宅(주택) |

| 讀 | (독) 읽다 ⇨ 讀書(독서) |
| | (두) 구절 ⇨ 句讀(구두) |

| 洞 | (동) 동네, 골짜기 ⇨ 洞里(동리) |
| | (통) 꿰뚫다, 밝다 ⇨ 洞察(통찰) |

| 殺 | (살) 죽이다, 감하다 ⇨ 殺害(살해) |
| | (쇄) 빠르다 ⇨ 殺到(쇄도) |

| 見 | (견) 보다 ⇨ 見聞(견문) |
| | (현) 나타나다, 뵈다 ⇨ 謁見(알현) |

| 更 | (경) 고치다, 시각 ⇨ 更張(경장) |
| | (갱) 다시 ⇨ 更新(갱신) |

| 廓 | (곽) 둘레 ⇨ 外廓(외곽) |
| | (확) 넓다, 크다 ⇨ 廓大(확대) |

| 奈 | (내) 어찌 ⇨ 莫無可奈(막무가내) |
| | (나) 어찌 ⇨ 奈落(나락) |

| 丹 | (단) 붉다 ⇨ 一片丹心(일편단심) |
| | (란) 꽃 이름 ⇨ 牡丹(모란) |

| 度 | (도) 법도 ⇨ 程度(정도) |
| | (탁) 헤아리다 ⇨ 忖度(촌탁) |

| 復 | (복) 회복하다 ⇨ 復歸(복귀) |
| | (부) 다시 ⇨ 復活(부활) |

| 北 | (북) 북녘 ⇨ 南北(남북) |
| | (배) 패하다 ⇨ 敗北(패배) |

索	(색) 찾다 ⇨ 索引(색인)
	(삭) 쓸쓸하다 ⇨ 索莫(삭막)

衰	(쇠) 쇠하다 ⇨ 衰退(쇠퇴)
	(최) 상옷 ⇨ 衰服(최복)

數	(수) 수, 셈하다 ⇨ 數學(수학)
	(삭) 자주 ⇨ 頻數(빈삭)
	(촉) 빽빽하다 ⇨ 數罟(촉고)

塞	(새) 변방 ⇨ 塞翁之馬(새옹지마)
	(색) 막다 ⇨ 語塞(어색)

惡	(악) 악하다 ⇨ 善惡(선악)
	(오) 미워하다 ⇨ 憎惡(증오)

識	(식) 알다 ⇨ 認識(인식)
	(지) 기록하다 ⇨ 標識板(표지판)

易	(이) 쉽다 ⇨ 難易度(난이도)
	(역) 바꾸다, 역경 ⇨ 貿易(무역)

刺	(자) 찌르다 ⇨ 刺客(자객)
	(척) 찌르다 ⇨ 刺殺(척살)
	(라) 수라 ⇨ 水刺(수라)

則	(즉) 곧 ⇨ 然則(연즉)
	(칙) 법칙 ⇨ 規則(규칙)

辰	(진) 별, 용 ⇨ 甲辰(갑진)
	(신) 나다, 시간 ⇨ 生辰(생신)

拓	(척) 넓히다, 열다 ⇨ 開拓(개척)
	(탁) 박다, 새기다 ⇨ 拓本(탁본)

省	(성) 살피다 ⇨ 省墓(성묘)
	(생) 덜다 ⇨ 省略(생략)

率	(솔) 거느리다 ⇨ 引率(인솔)
	(율, 률) 비율 ⇨ 效率(효율)

宿	(숙) 자다 ⇨ 寄宿(기숙)
	(수) 별자리 ⇨ 星宿(성수)

說	(설) 말씀 ⇨ 學說(학설)
	(열) 기쁘다 ⇨ 不亦說乎(불역열호)
	(세) 달래다 ⇨ 遊說(유세)

樂	(악) 음악 ⇨ 音樂(음악)
	(락) 즐겁다 ⇨ 娛樂(오락)
	(요) 좋아하다 ⇨ 樂山(요산)

咽	(인) 목구멍 ⇨ 咽喉(인후)
	(열) 목메다 ⇨ 嗚咽(오열)

著	(저) 나타나다, 짓다 ⇨ 著述(저술)
	(착) 붙다 ⇨ 附著(부착)

狀	(장) 문서 ⇨ 賞狀(상장)
	(상) 모양, 형상 ⇨ 狀況(상황)

切	(절) 끊다, 간절하다 ⇨ 親切(친절)
	(체) 모두 ⇨ 一切(일체)

參	(참) 참여하다 ⇨ 參與(참여)
	(삼) 석 ⇨ 參星(삼성)

沈	(침) 잠기다 ⇨ 沈沒(침몰)
	(심) 성씨 ⇨ 沈氏(심씨)

| 推 | (추) 밀다 ⇨ 推進(추진) |
| | (퇴) 밀다 ⇨ 推敲(퇴고) |

| 便 | (편) 편리하다 ⇨ 便利(편리) |
| | (변) 똥오줌 ⇨ 小便(소변) |

| 行 | (행) 다니다 ⇨ 行人(행인) |
| | (항) 항렬 ⇨ 行列(항렬) |

| 降 | (강) 내리다 ⇨ 昇降(승강) |
| | (항) 항복하다 ⇨ 降伏(항복) |

| 布 | (포) 베, 펴다 ⇨ 布告(포고) |
| | (보) 보시 ⇨ 布施(보시) |

| 暴 | (포) 사납다 ⇨ 暴惡(포악) |
| | (폭) 사납다, 쬐다 ⇨ 暴露(폭로) |

| 滑 | (활) 미끄러지다 ⇨ 滑走路(활주로) |
| | (골) 익살스럽다 ⇨ 滑稽(골계) |

| 畫 | (화) 그림 ⇨ 畫家(화가) |
| | (획) 긋다 ⇨ 計畫(계획) |

★★★

013 동음이의어

| 가구 | 家具 : 집안 살림에 쓰는 기구 |
| | 家口 : 집안 식구 |

| 개량 | 改良 : 고치어 좋게 함 |
| | 改量 : 다시 측정함 |

| 감상 | 感想 : 마음에 일어나는 생각 |
| | 鑑賞 : 작품을 이해하고 즐김 |

| 경로 | 經路 : 지나는 길 |
| | 敬老 : 노인을 공경함 |

| 공약 | 公約 : 공중에 대한 약속 |
| | 空約 : 헛된 약속 |

| 교단 | 敎壇 : 강의할 때 올라서는 단 |
| | 敎團 : 종교단체 또는 수양단체 |

| 구호 | 救護 : 어려운 사람을 보호함 |
| | 口號 : 주장 따위의 호소 |

| 경계 | 警戒 : 조심하게 함 |
| | 境界 : 지역이 구분되는 한계 |

| 경비 | 警備 : 경계하고 지킴 |
| | 經費 : 일을 할 때 드는 비용 |

| 개정 | 改正 : 바르게 고침 |
| | 改定 : 고치어 다시 정함 |

| 경기 | 競技 : 기량과 기술을 겨룸 |
| | 景氣 : 경제 활동 상태 |

| 공학 | 工學 : 공업의 연구 분야 |
| | 共學 : 남녀가 함께 배움 |

| 과정 | 過程 : 일이 되어가는 경로 |
| | 科程 : 학과 과정 |

| 교감 | 校監 : 교무를 감독하는 직책 |
| | 交感 : 접촉하여 감응함 |

구조	救助 : 어려움에 빠진 사람을 구함
	構造 : 전체를 이루고 있는 얼개

급수	給水 : 물을 공급함
	級數 : 우열의 등급

기원	紀元 : 연대 계산의 기준이 되는 해
	起源/起原 : 사물이 생긴 근원

단정	端正 : 얌전하고 깔끔함
	斷定 : 분명히 결정함

동지	冬至 : 이십사절기의 하나
	同志 : 뜻이 같음 또는 그런 사람

방문	訪問 : 사람·장소를 찾아봄
	房門 : 방으로 드나드는 문

보도	步道 : 사람이 다니는 길
	報道 : 새 소식을 널리 알림

부정	否定 : 그렇지 않다고 함
	不正 : 바르지 않음
	父情 : 자식에 대한 아버지의 정

부인	否認 : 옳다고 인정하지 않음
	婦人 : 결혼한 여자

세입	歲入 : 회계 연도 총수입
	稅入 : 조세 수입

귀중	貴中 : 편지·물품 등을 받을 단체를 높이는 말
	貴重 : 귀하고 중요함

기사	技士 : 운전기사
	技師 : 전문적인 기술자

녹음	綠陰 : 나무나 수풀, 또는 나무의 그늘
	錄音 : 소리를 기록함

동정	動靜 : 상황이 벌어지는 낌새
	同情 : 남의 어려움을 가엾게 여김

발전	發展 : 더 나은 단계로 나아감
	發電 : 전기를 일으킴

방화	防火 : 화재를 미리 막는 일
	放火 : 일부러 불을 지르는 일

보고	寶庫 : 귀한 것을 보관하는 곳
	報告 : 결과나 내용을 알림

부상	負傷 : 상처를 입음
	浮上 : 훨씬 좋은 위치로 올라섬 / 물 위에 떠오름
	副賞 : 덧붙여 주는 상금·상품

비명	碑銘 : 비석에 새긴 글자
	悲鳴 : 다급할 때 지르는 소리
	非命 : 제명대로 다 살지 못하고 죽음

수도	首都 : 중앙정부가 있는 도시
	水道 : 상·하수도 / 수도꼭지
	修道 : 도를 닦음

수상	受賞 : 상을 받음		비행	非行 : 잘못된 행위
	首相 : 내각의 우두머리			飛行 : 하늘을 날아다님
	殊常 : 이상하고 의심스러움			
사고	思考 : 생각함		사수	射手 : 총포를 잘 쏘는 사람
	事故 : 뜻밖에 일어난 사건			死守 : 목숨을 걸고 지킴
				師授 : 스승에게 가르침을 받음
사정	査正 : 조사하여 바로잡음		사회	社會 : 같은 무리의 집단
	事情 : 일의 형편이나 까닭			司會 : 회의·행사 등을 진행함
상가	商家 : 물건을 사고 파는 집		상품	商品 : 사고파는 물품
	喪家 : 장례를 치르는 집			上品 : 높은 품격 / 질 좋은 물품
성대	盛大 : 아주 풍성하고 큼		수석	首席 : 맨 윗자리
	聲帶 : 소리를 내는 기관			壽石/水石 : 관상용 자연석
수치	數値 : 계산하여 얻은 값		수신	受信 : 통신을 받음
	羞恥 : 스스로 떳떳하지 못함 또는 그런 일			修身 : 마음과 행실을 닦음
시상	詩想 : 시 창작을 위한 착상이나 구상		실정	實情 : 실제의 사정·정세
	施賞 : 상장·상품 등을 줌			失政 : 정치를 잘못함
시인	是認 : 옳다고 인정함		실수	實數 : 실제의 수효
	詩人 : 시를 짓는 사람			失手 : 잘못을 저지름
연장	延長 : 시간·거리 등을 길게 늘림		역설	力說 : 자기 뜻을 힘주어 말함
	年長 : 나이가 많음			逆說 : 모순 속에 진리가 함축된 말
우수	優殊 : 특별히 뛰어남		원수	元首 : 최고 통치권자
	優秀 : 여럿 가운데 뛰어남			
	憂愁 : 근심과 걱정			怨讐 : 원한 맺힌 사람
	雨水 : 이십사절기의 하나			

유학	儒學 : 유교 학문
	留學 : 외국에 머물면서 공부함

이해	理解 : 사리를 분별하여 앎
	利害 : 이익과 손해

이성	理性 : 논리적인 마음의 작용
	異性 : 다른 성질 / 성이 다름

인도	引導 : 이끌어 지도함 / 길·장소를 안내함
	人道 : 사람이 지켜야 할 도리 / 사람이 다니는 길
	引渡 : 사물이나 권리를 넘겨줌

인상	人相 : 사람 얼굴의 생김새
	印象 : 마음에 새겨지는 느낌
	引上 : 값을 올림 / 물건을 끌어 올림

인정	人情 : 사람의 본래 감정 / 동정하는 마음
	仁政 : 어진 정치
	認定 : 옳다고 여김

장관	壯觀 : 훌륭하고 장대한 광경
	長官 : 행정 각부의 책임자

장편	長篇 : 내용이 긴 작품
	掌篇 : 매우 짧은 산문, 콩트

재고	再考 : 다시 한 번 생각함
	在庫 : 창고에 쌓여 있음

전시	展示 : 물품을 늘어놓고 보임
	戰時 : 전쟁이 벌어진 때

지성	知性 : 생각·판단하는 능력
	至誠 : 지극한 정성

지급	至急 : 매우 급함
	支給 : 돈을 내어줌

직선	直選 : '직접선거'의 준말
	直線 : 곧은 줄

정당	政黨 : 정치적인 단체
	正當 : 이치에 맞아 바르고 마땅함
	停當 : 사리에 맞음

정원	定員 : 정해진 인원
	庭園 : 뜰

정전	停電 : 전기가 끊김
	停戰 : 양방 합의로 전투를 중단함

조화	調和 : 서로 잘 어울림
	造化 : 대자연의 이치 / 신통하게 된 일
	造花 : 인공으로 만든 꽃
	弔花 : 조의를 표하기 위한 꽃

조리	條理 : 앞뒤가 들어맞음
	調理 : 음식을 만듦 / 몸을 보살피고 병을 다스림

조선	造船 : 배를 설계하여 만듦		지각	遲刻 : 정시보다 늦음
	朝鮮 : 우리나라 옛 이름			知覺 : 사리분별의 능력
지원	志願 : 일이나 조직에 뜻을 두어 한 구성원이 되기를 바람		지도	指導 : 가르치어 이끎
	支援 : 편들어서 도움			地圖 : 지구 표면 상태를 약속된 기호로 평면에 나타낸 그림
초대	招待 : 사람을 불러 대접함		최고	最古 : 가장 오래됨
	初代 : 첫 번째 사람			最高 : 가장 높음
표지	標識 : 표시나 특징으로 구별함		풍속	風俗 : 시대·사회의 전반적 습관
	表紙 : 책의 겉장			風速 : 바람의 빠르기
화단	花壇 : 화초를 심는 꽃밭		화상	火傷 : 데인 상처
	畫壇 : 화가들의 사회			畫像 : 얼굴을 그린 형상 / 모니터 등에 비친 상
회의	會議 : 모여서 의논함 또는 그런 모임		회화	繪畫 : 조형 미술
	懷疑 : 의심을 품음			會話 : 만나서 이야기함
후박	厚朴 : 정이 많고 거짓이 없음			
	厚薄 : 넉넉함과 모자람 / 후하게 구는 일과 박하게 구는 일			

제 2 장 한자성어와 속담

★★★

014 한자성어 - ㄱ

- 가담항설(街談巷說) : 길거리에 떠도는 소문. 세상의 풍문(風聞)
- 가렴주구(苛斂誅求) : 세금을 가혹하게 거둬들여 국민을 괴롭힘
- 가정맹어호(苛政猛於虎) : 가혹한 정치는 호랑이보다 무섭다는 뜻으로, 혹독한 정치의 폐가 큰 것을 말함
- 각골난망(刻骨難忘) : 뼈 속에 새겨 두고 잊지 않는다는 뜻으로, 남에게 입은 은혜가 마음속 깊이 새겨져 잊혀지지 아니함을 말함
- 각주구검(刻舟求劍) : 초(楚)나라 사람이 배를 타고 가다가 강물에 칼을 빠

뜨리자 배에 칼이 떨어진 곳을 새기고 나루에 이르러 칼을 찾았다는 고사에서 유래한 말로, 어리석고 융통성이 없음을 비유함
- **간담상조(肝膽相照)**: 마음과 마음을 서로 비춰볼 정도로 서로 마음을 터놓고 사귀는 것을 말함[간담(肝膽)은 간과 쓸개를 의미]
- **감불생심(敢不生心)**: 감히 생각도 못함 = 감불생의(敢不生意)
- **감탄고토(甘呑苦吐)**: 달면 삼키고 쓰면 뱉는다는 뜻으로, 사리(事理)의 옳고 그름을 따지지 않고 자기 비위에 맞으면 좋아하고 맞지 않으면 싫어함을 말함
- **강구연월(康衢煙月)**: 번화한 거리의 안개 낀 흐릿한 달이란 뜻으로, 태평한 시대의 평화로운 풍경을 말함[=태평연월(太平煙月), 함포고복(含哺鼓腹), 고복격양(鼓腹擊壤)]
- **개세지재(蓋世之才)**: 세상을 뒤덮을 만한 재주, 또는 그러한 재주를 가진 사람
- **객반위주(客反爲主)**: 손이 도리어 주인이 됨 [=주객전도(主客顚倒)]
- **거두절미(去頭截尾)**: 머리와 꼬리를 자른다는 뜻으로, 어떤 일의 요점만 말함
- **거안사위(居安思危)**: 편안히 살 때 위태로움을 생각함
- **건곤일척(乾坤一擲)**: 운명을 걸고 단판으로 승부나 성패를 겨룸. 또는 오직 이 한 번에 흥망성쇠가 걸려있는 일
- **격물치지(格物致知)**: 사물의 이치(理致)를 연구하여 자기의 지식을 확고하게 함
- **격세지감(隔世之感)**: 세대(世代)를 거른 듯한 느낌, 딴 세상처럼 몹시 달라진 느낌
- **격화소양(隔靴搔痒)**: 신을 신고 발바닥을 긁는다는 뜻으로, 일이 성에 차지 않는 것, 또는 일이 철저하지 못한 안타까움을 가리킴
- **견강부회(牽強附會)**: 이치에 닿지 않는 것을 억지로 끌어다 붙임
- **견마지로(犬馬之勞)**: '견마'는 '자기'의 겸칭(謙稱)이며, 자기의 수고를 겸손하게 이르는 말
- **견문발검(見蚊拔劍)**: 모기를 보고 칼을 뺀다는 뜻으로, 조그만 일에 허둥지둥 덤빔을 말함
- **결자해지(結者解之)**: 맺은 사람이 풀어야 한다는 뜻으로, 저지른 일은 스스로 해결해야 함을 말함
- **결초보은(結草報恩)**: 죽어서라도 은혜를 갚는다는 뜻으로, 춘추전국 시대에 진(晉)나라 위무자(魏武子)가 아들 위과(魏顆)에게 자기의 첩을 순장(殉葬)하라고 유언하였는데 위과는 이를 어기고 서모(庶母)를 개가시켰더니, 그 뒤에 위과가 진(秦)나라의 두회(杜回)와 싸울 때 서모 아버지의 혼령이 나타나 풀을 매어 놓아 두회가 걸려 넘어져 위과의 포로가 되었다는 고사에서 유래함
- **겸양지덕(謙讓之德)**: 겸손(謙遜)한 태도로 남에게 양보·사양하는 미덕

- 경거망동(輕擧妄動) : 경솔하고 망령된 행동
- 경국지색(傾國之色) : 위정자의 마음을 사로잡아 한 나라의 형세를 기울게 할 만큼 뛰어나게 아름다운 미인을 이르는 말
- 경전하사(鯨戰蝦死) : 강한 자끼리 서로 싸우는 통에 아무 상관도 없는 약한 자가 해를 입음을 비유함 [속] 고래 싸움에 새우 등 터진다
- 경천동지(驚天動地) : 하늘을 놀라게 하고 땅을 뒤흔든다는 뜻으로, 세상을 몹시 놀라게 함을 비유함
- 고군분투(孤軍奮鬪) : 외로운 군력(軍力)으로 분발하여 싸운다는 뜻으로, 홀로 여럿을 상대로 하여 싸우는 것을 말함
- 고식지계(姑息之計) : 고식(姑息)은 아내와 자기 자식을 뜻하며, 당장의 편안함만을 꾀하는 일시적인 방편을 말함 [속] 눈 가리고 아웅 한다
- 고육지책(苦肉之策) : 적을 속이는 수단의 일종으로, 제 몸을 괴롭히는 것을 돌보지 않고 쓰는 계책
- 고장난명(孤掌難鳴) : 외손뼉만으로는 소리가 울리지 아니한다는 뜻으로, 혼자의 힘만으로 어떤 일을 이루기 어려움을 이르는 말
- 고진감래(苦盡甘來) : 쓴 것이 다하면 단 것이 온다는 뜻으로, 고생 끝에 즐거움이 옴을 이르는 말 [속] 고생 끝에 낙이 온다.
- 곡학아세(曲學阿世) : 학문을 왜곡하여 세속(世俗)에 아부(阿附)함
- 골육상쟁(骨肉相爭) : 뼈와 살이 서로 싸운다는 뜻으로, 동족이나 친족끼리 싸우는 것을 비유함[=골육상잔(骨肉相殘), 골육상전(骨肉相戰), 동족상잔(同族相殘)] [속] 갈치가 갈치 꼬리 문다.
- 과전이하(瓜田李下) : 오이밭에서는 신을 고쳐 신지 말고 자두나무 밑에서는 갓을 고쳐 쓰지 말라는 의미로, 의심받을 일을 하지 않는 것이 좋음을 이르는 말 [속] 참외 밭에서 신발끈을 고쳐 매지 마라
- 관포지교(管鮑之交) : 춘추시대 제(齊)나라의 관중(管仲)과 포숙(鮑叔)이 매우 사이좋게 교제하였다는 고사에서 유래한 말로서, 매우 다정하고 돈독한 친구 관계를 이르는 말
- 괄목상대(刮目相對) : 눈을 비비고 서로 대한다는 뜻으로, 남의 학식이나 재주가 놀랄 만큼 성장한 것을 보고 그에 대한 인식을 새롭게 함을 비유함
- 교각살우(矯角殺牛) : 소의 뿔을 바로잡으려다 소를 죽인다는 뜻으로, 사소한 일로 인해 큰일을 그르침을 말함 [속] 빈대 잡으려다 초가삼간 태운다
- 교언영색(巧言令色) : 남의 환심을 사려고 아첨하는 교묘한 말과 보기 좋게 꾸미는 얼굴빛
- 구밀복검(口蜜腹劍) : 입으로는 달콤한 말을 하지만 마음속으로는 칼을 품는다는 뜻으로, 겉으로는 친절한 듯하나 속으로는 해칠 생각을 품는 것을 말함
- 구상유취(口尙乳臭) : 입에서 아직 젖내가 난다는 뜻으로, 언행이 매우 유치함을 말함
- 구우일모(九牛一毛) : 아홉 마리 소의 털 가운데서 한 가닥의 털, 즉 아주 큰 사물의 극히 작은 부분을 뜻함

- 구절양장(九折羊腸) : 아홉 번 꺾인 양의 창자란 뜻으로, 꼬불꼬불하고 험한 산길을 말함
- 군계일학(群鷄一鶴) : 많은 닭 가운데의 한 마리의 학이라는 뜻으로, 평범한 사람들 가운데 뛰어난 한 인물을 말함
- 군맹무상(群盲撫象) : 여러 소경이 코끼리를 어루만진다는 뜻으로, 모든 사물을 자기 주관이나 좁은 소견대로 잘못 판단함을 이르는 말
- 궁여지책(窮餘之策) : 매우 궁한 나머지 짜낸 계책
- 권모술수(權謀術數) : 목적 달성을 위해서 인정(人情)이나 도덕을 가리지 않고 권세와 모략, 중상 등 갖은 방법과 수단을 쓰는 술책
- 권불십년(權不十年) : 아무리 높은 권세도 십 년을 가지 못한다는 말
- 권토중래(捲土重來) : 흙먼지를 날리며 다시 온다는 뜻으로, 실패한 후 힘을 가다듬어 다시 그 일에 착수함을 비유함
- 근묵자흑(近墨者黑) : 먹을 가까이하는 사람은 검게 된다는 뜻으로, 나쁜 사람을 가까이하면 그 버릇에 물들기 쉽다는 말[=근주자적(近朱者赤)]
- 금란지계(金蘭之契) : 친구 사이의 매우 두터운 정을 이르는 말
- 금상첨화(錦上添花) : 비단 위에다 꽃을 얹는다는 뜻으로, 좋은 일이 겹침 [⇔ 설상가상(雪上加霜)]
- 금석맹약(金石盟約) : 쇠나 돌 같은 굳은 약속[=금석지계(金石之契)]
- 금의야행(錦衣夜行) : 아무 보람이 없는 일을 함을 이르는 말 ㈜ 비단옷 입고 밤길 가기
- 금의환향(錦衣還鄕) : 비단옷을 입고 고향으로 돌아온다는 뜻으로, 출세를 하여 고향에 돌아옴을 말함
- 금지옥엽(金枝玉葉) : 귀한 자손을 이르는 말 ㈜ 불면 꺼질까 쥐면 터질까
- 기호지세(騎虎之勢) : 범을 타고 달리는 듯한 기세, 즉 중도에서 그만둘 수 없는 형세를 비유함

★★★

015 한자성어 - ㄴ

- 남가일몽(南柯一夢) : 한 사람이 홰나무 밑에서 낮잠을 자다가 꿈에 대괴안국(大槐安國) 왕의 사위가 되어 남가군(南柯郡)을 20년 동안 다스리면서 부귀영화를 누리다가 꿈을 깨었다는 내용을 담고 있는 당(唐)나라의 소설 〈남가기(南柯記)〉에서 유래한 말로서, 인생의 부귀영화가 모두 헛된 것임을 비유함
- 남부여대(男負女戴) : 남자는 등에 지고 여자는 머리에 인다는 뜻으로, 가난한 사람들이 살 곳을 찾아 이리저리 떠돌아다니는 것을 말함
- 낭중지추(囊中之錐) : 주머니 속에 든 송곳은 끝이 뾰족하여 밖으로 나온다는 뜻으로, 뛰어난 재주를 가진 사람은 숨기려 해도 저절로 드러남을 비유함

- 낭중취물(囊中取物) : 주머니 속에서 물건을 꺼내듯이 아주 손쉽게 얻을 수 있음을 이르는 말 [속] 누워서 떡 먹기 / 무른 땅에 말뚝 박기
- 내우외환(內憂外患) : 나라 안팎의 근심 걱정
- 내유외강(內柔外剛) : 겉으로는 강하게 보이나 속은 부드러움
- 노기충천(怒氣衝天) : 성난 기색이 하늘을 찌를 정도라는 뜻으로, 잔뜩 화가 나 있음을 말함
- 노심초사(勞心焦思) : 마음으로 애를 쓰며 속을 태움
- 녹의홍상(綠衣紅裳) : 연두저고리에 다홍치마, 즉 젊은 여자가 곱게 치장한 복색(服色)
- 논공행상(論功行賞) : 공의 있고 없음, 작고 큼을 논해 그에 걸맞은 상을 줌
- 누란지세(累卵之勢) : 달걀을 포개어 놓은 것과 같은 몹시 위태로운 형세를 말함

016 한자성어 - ㄷ

★★★

- 다기망양(多岐亡羊) : 갈림길이 많아 잃어버린 양을 찾지 못한다는 뜻으로, 학문의 길이 여러 갈래여서 진리를 얻기 어려움을 이르는 말[=망양지탄(亡羊之歎/亡羊之嘆)]. 자신의 학문의 폭이 좁음을 탄식하는 말로도 쓰임
- 단도직입(單刀直入) : 칼 한 자루를 들고 적진(敵陣)에 곧장 쳐들어간다는 뜻으로, 요점을 바로 말함을 뜻함
- 단사표음(簞食瓢飮) : 대나무로 만든 밥그릇에 담은 밥과 표주박에 든 물이라는 뜻으로, 청빈하고 소박한 생활을 이르는 말
- 당랑거철(螳螂拒轍) : 제 힘에 가당찮은 일을 하려 덤비는 무모한 짓을 말함
- 대기만성(大器晩成) : 큰 그릇을 만드는 데는 시간이 오래 걸리듯이, 크게 될 사람은 늦게 이루어진다는 말
- 도불습유(道不拾遺) : 나라가 태평하고 풍습이 아름다워 백성이 길에 떨어진 물건을 주워 가지지 아니함
- 도원결의(桃園結義) : 유비·관우·장비가 도원에서 의형제를 맺은 고사에서 유래한 말로서, 의형제를 맺거나 사욕을 버리고 공동의 목적을 위하여 합심함을 뜻함
- 독서삼매(讀書三昧) : 오직 책 읽기에만 골몰하는 경지
- 독야청청(獨也靑靑) : 홀로 푸르다는 뜻으로, 혼탁한 세상에서 홀로 높은 절개를 지킴을 비유함
- 동가홍상(同價紅裳) : 같은 값이면 다홍치마라는 뜻으로, 같은 값이면 좋은 물건을 가짐을 이르는 말 [속] 같은 값이면 다홍치마
- 동고동락(同苦同樂) : 같이 고생하고 같이 즐긴다는 뜻으로, 괴로움과 즐거움을 함께 함

- 동병상련(同病相憐) : 같은 병을 앓는 사람끼리 서로 가엾게 여긴다는 뜻으로, 처지가 비슷한 사람끼리 서로 동정함을 말함 ㈜ 홀아비 사정은 과부가 안다
- 동분서주(東奔西走) : 사방으로 이리저리 바삐 돌아다님
- 동상이몽(同床異夢) : 같은 잠자리에서 다른 꿈을 꾼다는 뜻으로, 겉으로는 같이 행동하지만 속으로는 각각 다른 생각을 하고 있음을 이르는 말
- 동족방뇨(凍足放尿) : 언 발에 오줌을 누어서 녹인다는 뜻으로, 다급한 처지를 일시적으로 모면하지만 효력이 곧 없어짐을 비유함
- 두문불출(杜門不出) : 문을 닫고 나오지 않는다는 뜻으로, 세상과의 인연을 끊고 은거함을 비유함

★★★

017 한자성어 - ㅁ

- 마이동풍(馬耳東風) : 동풍(봄바람)이 말의 귀를 스쳐간다는 뜻으로, 남의 말을 귀담아 듣지 아니하고 지나쳐 흘려버림을 말함
- 막역지우(莫逆之友) : 서로의 뜻을 거스르지 않는 친한 벗[=죽마고우(竹馬故友)]
- 만경창파(萬頃蒼波) : 만 이랑의 푸른 물결이라는 뜻으로, 한없이 넓고 푸른 바다를 말함
- 만시지탄(晚時之歎) : 기회를 놓치고 하는 때늦은 한탄(恨歎)
- 망년지교(忘年之交) : 나이를 잊고 사귄다는 뜻으로, 나이를 따지지 않고 허물없이 사귄 벗을 말함[=망년지우(忘年之友)]
- 망양보뢰(亡羊補牢) : 이미 어떤 일을 실패한 뒤에 뉘우쳐도 아무 소용이 없음을 이르는 말 ㈜ 소 잃고 외양간 고친다
- 망운지정(望雲之情) : 타향에서 부모가 계신 쪽의 구름을 바라보고 부모를 그리워함
- 맥수지탄(麥秀之嘆) : 무성하게 자라는 보리를 보며 탄식한다는 뜻으로, 고국의 멸망에 대한 탄식을 이르는 말
- 면종복배(面從腹背) : 얼굴 앞에서는 복종하고 마음속으로는 배반한다는 뜻[=양봉음위(陽奉陰違)]
- 명경지수(明鏡止水) : 맑은 거울과 고요한 물이란 뜻으로, 고요하고 잔잔한 마음을 비유함
- 명약관화(明若觀火) : 밝기가 불을 보는 것과 같다는 뜻으로, 매우 명백하게 알 수 있음을 말함
- 목불식정(目不識丁) : 간단한 글자인 '丁'자를 보고도 그 뜻을 알지 못한다는 뜻으로, 아주 까막눈임을 이르는 말 ㈜ 낫 놓고 기역자도 모른다

- 목불인견(目不忍見) : 눈으로 차마 보지 못할 광경이나 참상을 말함
- 묘두현령(猫頭縣鈴) : 실행할 수 없는 헛된 논의를 이르는 말 속 고양이 목에 방울 달기
- 무릉도원(武陵桃源) : 속세를 떠난 별천지(別天地)
- 무소불위(無所不爲) : 못하는 것이 없음을 뜻하며, 권세를 마음대로 부리는 사람이나 그런 경우를 말함
- 문경지교(刎頸之交) : 목이 달아나는 한이 있어도 마음이 변치 않을 만큼 친한 사이
- 문일지십(聞一知十) : 하나를 들으면 열을 앎 속 하나를 보면 열을 안다
- 문전성시(門前成市) : 대문 앞이 시장을 이룬다는 뜻으로, 세도가나 부잣집 문 앞이 방문객으로 시장을 이루다시피 함을 이르는 말[=문정약시(門庭若市)]

018 한자성어 - ㅂ

- 반골(反骨/叛骨) : 뼈가 거꾸로 되어 있다는 뜻으로, 권력·권위에 순순히 따르지 않고 저항하는 기질 또는 그런 사람
- 발본색원(拔本塞源) : 근본을 뽑고 근원을 막아 버린다는 뜻으로, 근본적인 차원에서 폐단을 없앰을 말함
- 방약무인(傍若無人) : 곁에 사람이 없는 것 같이 여긴다는 뜻으로, 주위의 다른 사람을 전혀 의식하지 않은 채 제멋대로 마구 행동함을 이르는 말
- 백면서생(白面書生) : 방안에 앉아 오로지 글만 읽어 얼굴이 희다는 뜻으로, 세상일에 경험이 적은 사람을 이르는 말
- 백문불여일견(百聞不如一見) : 백 번 듣는 것이 한 번 보는 것만 못하다는 뜻으로, 무엇이든지 경험해야 확실히 알 수 있음을 말함
- 백미(白眉) : 흰 눈썹이라는 뜻으로, 여럿 중에 가장 뛰어난 사람이나 사물을 비유함
- 백아절현(伯牙絕絃) : 백아(伯牙)가 친구의 죽음을 슬퍼하여 거문고 줄을 끊었다는 고사에서 유래한 말로서, 참다운 벗의 죽음을 슬퍼함
- 백중지세(伯仲之勢) : 우열의 차이가 없이 엇비슷함을 이르는 말
- 부화뇌동(附和雷同) : 천둥소리에 맞춰 움직인다는 뜻으로, 자기 소신 없이 남을 따라함을 비유함 속 남이 친 장단에 엉덩춤 춘다 / 숭어가 뛰니까 망둥이도 뛴다
- 불구대천(不俱戴天) : 하늘을 같이 이지 못한다는 뜻으로, 이 세상에서 같이 살 수 없을 만큼 큰 원한을 가짐을 비유함[=불공대천(不共戴天), 대천지수(戴天之讐)]
- 비육지탄(髀肉之歎/髀肉之嘆) : 장수가 전쟁에 나가지 못하여 넓적다리에 살이 찌는 것을 한탄한다는 뜻으로, 뜻을 펴보지 못하고 허송세월함을 뜻함

019 한자성어 - ㅅ

- **사면초가(四面楚歌)** : 사방에서 들리는 초(楚)나라의 노래라는 뜻으로, 적에게 둘러싸인 상태이나 누구의 도움도 받을 수 없는 처지를 말함
- **사상누각(沙上樓閣)** : 모래 위의 누각이라는 뜻으로, 오래 유지되지 못할 일이나 실현 불가능한 일을 말함
- **산전수전(山戰水戰)** : 산에서도 싸우고 물에서도 싸웠다는 뜻으로, 세상의 온갖 고생과 어려움을 다 겪었음을 이르는 말 속 단맛 쓴맛 다 보았다
- **산해진미(山海珍味)** : 산과 바다의 산물(産物)을 다 갖추어 아주 잘 차린 진귀한 음식이란 뜻으로, 온갖 귀한 재료로 만든 맛좋은 음식을 말함
- **살신성인(殺身成仁)** : 자신을 희생해 인(仁)을 이루거나 옳은 도리를 행함
- **삼고초려(三顧草廬)** : 중국의 삼국 시대에 촉한(蜀漢)의 유비(劉備)가 은거하고 있는 제갈량의 초려를 세 번이나 찾아갔다는 데서 유래한 말로서, 인재를 얻기 위해 참을성 있게 힘쓰는 것을 말함
- **삼인성호(三人成虎)** : 세 사람이 범을 만들어 낸다는 뜻으로, 근거가 없는 말이라도 여러 사람이 말하면 곧이 듣게 된다는 말
- **상전벽해(桑田碧海)** : 뽕나무 밭이 변하여 푸른 바다가 된다는 뜻으로, 세상 일이 덧없이 빠르게 변함을 말함[=창해상전(滄海桑田)]
- **새옹지마(塞翁之馬)** : 변방에 사는 한 노인이 기르는 말이 도망가고 준마(駿馬)를 데리고 돌아왔는데, 그 아들이 말을 타다 떨어져 절름발이가 되었고, 그로 말미암아 징병(徵兵)을 면하였다는 고사에서 유래한 말로, 인생의 길흉화복(吉凶禍福)은 예측할 수 없음을 이르는 말[=새옹득실(塞翁得失)]
- **설상가상(雪上加霜)** : 눈 위에 서리가 내린다는 뜻으로, 불행한 일이 거듭하여 겹침을 말함 속 엎친 데 덮치다
- **소탐대실(小貪大失)** : 욕심 부려 작은 것을 탐하다가 큰 것을 잃음
- **속수무책(束手無策)** : 손을 묶어 놓아 방책(方策)이 없다는 뜻으로, 손을 묶은 듯이 꼼짝 할 수 없음을 말함
- **송구영신(送舊迎新)** : 묵은해를 보내고 새해를 맞이함
- **수구초심(首丘初心)** : 여우가 죽을 때 머리를 자기가 살던 굴로 향한다는 뜻으로서, 고향을 그리워하는 마음을 일컬음[=호사수구(狐死首丘)]
- **수불석권(手不釋卷)** : 손에서 책을 놓지 않는다는 뜻으로, 늘 공부하는 사람을 이르는 말
- **수수방관(袖手傍觀)** : 팔짱을 끼고 보고만 있다는 뜻으로, 간섭하거나 거들지 아니하고 그대로 버려둠
- **수어지교(水魚之交)** : 물과 고기의 사이처럼 떨어질 수 없는 특별한 친분[=수어지친(水魚之親)]

- 수주대토(守株待兔) : 송(宋)나라의 한 농부가 나무 그루터기에 토끼가 부딪쳐 죽는 것을 보고 그루터기를 지키면서 토끼를 기다렸다는 고사에서 유래한 말로, 구습(舊習)을 고수한 채 변통할 줄 모르는 것을 비유함
- 순망치한(脣亡齒寒) : 가까운 사이의 한쪽이 망하면 다른 한쪽도 그 영향을 받아 온전하기 어려움, 또는 서로 도우며 떨어질 수 없는 밀접한 관계, 서로 도움으로써 성립되는 관계 등을 비유하여 이르는 말[=순치지세(脣齒之勢)]
  속 입술이 없으면 이가 시리다
- 식자우환(識字憂患) : 글자를 아는 것이 도리어 근심을 사게 됨을 말함
- 실사구시(實事求是) : 실제의 일에서 진리를 추구한다는 뜻으로, 사실에 의거하여 진리를 탐구하는 것을 말함
- 십시일반(十匙一飯) : 열 사람이 한 술씩 보태면 한 사람 먹을 분량이 된다는 뜻으로, 여러 사람이 힘을 합하면 한 사람을 구제하기는 쉽다는 말
  속 열의 한 술 밥이 한 그릇 푼푼하다

★★★

020 한자성어 - ㅇ

- 아전인수(我田引水) : 내 논에 물을 끌어들인다는 뜻으로, 자기의 이익만을 추구함을 이르는 말 속 제 논에 물 대기
- 악전고투(惡戰苦鬪) : 어려운 싸움과 괴로운 다툼이라는 뜻으로, 죽을 힘을 다하여 고되게 싸움
- 안거위사(安居危思) : 편안한 때에도 위험이 닥칠 것을 잊지 말고 대비하라는 말
- 안중지정(眼中之釘) : 눈에 박힌 못이라는 뜻으로, 나에게 해를 끼치거나 눈에 거슬리는 사람을 말함
- 안하무인(眼下無人) : 눈 아래 사람이 없다는 뜻으로, 교만하여 남을 업신여김을 말함[=안중무인(眼中無人)]
- 암중모색(暗中摸索) : 어둠 속에서 손으로 더듬어 찾는다는 뜻으로, 어림짐작으로 추측함
- 양두구육(羊頭狗肉) : 양 머리를 걸고 개고기를 판다는 뜻으로, 겉으로는 훌륭하다고 내세우나 속은 변변치 않음을 이르는 말
- 양상군자(梁上君子) : 대들보 위의 군자라는 뜻으로, 도둑이나 천장 위의 쥐를 비유함
- 양약고구(良藥苦口) : 좋은 약은 입에 쓰다는 뜻으로, 충언은 귀에는 거슬리나 자신에게 이로움을 이르는 말
- 어부지리(漁父之利) : 두 사람이 이해관계로 다투는 사이에 제3자가 이득을 얻음

- **언어도단(言語道斷)** : 말문이 막혔다는 뜻으로, 너무 어이없어서 말하려고 해도 말할 수 없음을 이르는 말
- **언중유골(言中有骨)** : 말 속에 뼈가 있다는 뜻으로, 예사로운 말 속에 단단한 속뜻이 들어 있음을 이르는 말
- **역지사지(易地思之)** : 처지를 바꿔놓고 생각함
- **연목구어(緣木求魚)** : 나무에 올라 물고기를 구한다는 뜻으로, 불가능한 일을 하려는 것을 비유함
- **오리무중(五里霧中)** : 오 리나 되는 짙은 안개 속에 있다는 뜻으로, 무슨 일에 대하여 방향이나 갈피를 잡을 수 없음을 이르는 말
- **오비이락(烏飛梨落)** : 아무 관계도 없이 한 일이 공교롭게도 때가 같아 억울하게 의심을 받거나 난처한 위치에 서게 됨을 이르는 말 [속] 까마귀 날자 배 떨어진다
- **오우천월(吳牛喘月)** : 오우가 더위를 두려워한 나머지 밤에 달이 뜨는 것을 보고도 해인가 하고 헐떡거린다는 뜻으로, 간이 작아 공연한 일에 미리 겁부터 내고 허둥거리는 사람을 놀림조로 이르는 말 [속] 자라 보고 놀란 가슴 솥뚜껑 보고 놀란다
- **오월동주(吳越同舟)** : 오나라 사람과 월나라 사람이 한 배를 탄다는 뜻으로, 서로 적의를 품은 사람들이 한자리에 있게 된 경우나 서로 협력하여야 하는 상황을 비유함
- **온고지신(溫故之新)** : 옛것을 익히고 그것으로 미루어 새것을 앎
- **와신상담(臥薪嘗膽)** : 섶 위에 누워 쓸개를 맛본다는 뜻으로, 원수를 갚으려고 괴로움을 견딤을 비유함
- **용두사미(龍頭蛇尾)** : 용의 머리에 뱀의 꼬리라는 말로, 시작은 거창했지만 끝이 보잘 것 없이 흐지부지 끝남을 이르는 말
- **우공이산(愚公移山)** : 우공이 산을 옮긴다는 뜻으로, 어떤 일이든 끊임없이 노력하면 반드시 이루어짐을 이르는 말
- **우도할계(牛刀割鷄)** : 소 잡는 칼로 닭을 잡는다는 뜻으로, 작은 일에 어울리지 아니하게 큰 도구를 씀을 이르는 말
- **우이독경(牛耳讀經)** : 아무리 가르치고 일러 주어도 알아듣지 못함
- **우후죽순(雨後竹筍)** : 비 온 뒤에 솟는 죽순이라는 뜻으로, 어떤 일이 한 때에 많이 일어남을 말함
- **원앙지계(鴛鴦之契)** : 금슬이 좋은 부부를 원앙새에 비유하여 이르는 말
- **유언비어(流言蜚語)** : 아무 근거 없이 널리 퍼진 소문
- **유비무환(有備無患)** : 미리 준비하면 근심할 일이 없음
- **유유상종(類類相從)** : 비슷한 무리끼리 서로 내왕하며 사귐
- **은인자중(隱忍自重)** : 마음속으로 참으며 몸가짐을 신중하게 행동함
- **읍참마속(泣斬馬謖)** : 울면서 마속(馬謖)의 목을 벤다는 뜻으로, 큰 목적을 위하여 자기가 아끼는 사람을 버림을 이르는 말

- 이전투구(泥田鬪狗) : 진흙탕에서 싸우는 개라는 뜻으로, 자기의 이익을 위하여 비열하게 다툼을 비유하는 말
- 인면수심(人面獸心) : 사람의 얼굴을 하고 있으나 마음은 짐승과 같다는 뜻으로, 마음이나 행동이 몹시 흉악함을 이르는 말
- 인산인해(人山人海) : 사람이 산을 이루고 바다를 이루었다는 뜻으로, 사람이 헤아릴 수 없이 많이 모인 상태를 말함
- 일거양득(一擧兩得) : 한 가지 일을 하여 두 가지 이익을 거둠 쇽 임도 보고 뽕도 딴다 / 도랑치고 가재 잡는다
- 일망타진(一網打盡) : 그물을 한 번 쳐서 물고기를 모두 잡는다는 뜻으로, 어떤 무리를 한꺼번에 모조리 다 잡음을 이르는 말
- 일사천리(一瀉千里) : 강물이 단번에 천리를 간다는 뜻으로, 문장이나 일이 거침없이 명쾌하게 진행됨을 말함
- 일장춘몽(一場春夢) : 한바탕의 봄꿈처럼 헛된 부귀영화을 비유함
- 일취월장(日就月將) : 학문이나 실력이 날로 달로 발전함
- 일필휘지(一筆揮之) : 글씨를 단숨에 죽 내리 씀
- 일확천금(一攫千金) : 단번에 천금을 움켜쥔다는 뜻으로, 힘들이지 아니하고 단번에 많은 재물을 얻음을 이르는 말
- 임기응변(臨機應變) : 그때그때 처한 사태에 맞추어 즉각 그 자리에서 결정하거나 처리함
- 입신양명(立身揚名) : 출세하여 이름을 세상에 널리 드날림

★★★

021 한자성어 - ㅈ

- 자가당착(自家撞着) : 같은 사람의 말이나 행동이 앞뒤가 서로 맞지 않고 모순됨
- 자격지심(自激之心) : 자기가 한 일에 대하여 자기 스스로 미흡하게 여기는 마음
- 자업자득(自業自得) : 자기가 저지른 일의 결과를 자기가 받음[=자업자박(自業自縛)]
- 자중지란(自中之亂) : 같은 패 안에서 일어나는 싸움
- 자화자찬(自畵自讚) : 자기가 그린 그림을 스스로 칭찬한다는 뜻으로, 제 일을 제가 자랑함을 이르는 말
- 전전긍긍(戰戰兢兢) : 매우 두려워 벌벌 떨며 조심함
- 전화위복(轉禍爲福) : 화(禍)가 바뀌어 오히려 복(福)이 됨
- 절차탁마(切磋琢磨) : 옥이나 돌 따위를 갈고 닦아서 빛을 낸다는 뜻으로, 부지런히 학문과 덕행을 닦음을 이르는 말
- 절치부심(切齒腐心) : 몹시 분하여 이를 갈고 속을 썩임

- 점입가경(漸入佳境) : 경치나 문장, 사건이 갈수록 재미있게 전개됨
- 조령모개(朝令暮改) : 아침에 명령을 내리고 저녁에 고친다는 뜻으로, 일관성 없는 정책을 빗대어 이르는 말
- 조삼모사(朝三暮四) : 도토리를 아침에는 세 개 주고 저녁에는 네 개 준다는 뜻으로, 간사한 꾀로 남을 속여 희롱함을 이르는 말
- 조족지혈(鳥足之血) : 새 발의 피라는 뜻으로, 그 양이 적거나 쓸모가 거의 없음을 말함
- 좌불안석(坐不安席) : 불안, 초조, 공포 따위 때문에 한 자리에 편하게 앉아 있지 못함
- 주마가편(走馬加鞭) : 잘하는 사람을 더 장려함을 이르는 말 [속] 달리는 말에 채찍질
- 주마간산(走馬看山) : 말을 타고 달리면서 산을 본다는 뜻으로, 자세히 살피지 않고 겉만 대강 보고 지나감을 이르는 말
- 주지육림(酒池肉林) : 술로 연못을 이루고 고기로 숲을 이룬다는 뜻으로, 호사스러운 술잔치를 이름
- 죽마고우(竹馬故友) : 대나무로 만든 목마를 같이 타고 놀았던 친구라는 뜻으로, 어렸을 때부터 친하게 사귄 친구를 말함
- 중과부적(衆寡不敵) : 적은 수효로는 많은 수효에 대적하기 어려움
- 중구난방(衆口難防) : 여러 사람의 말을 다 막기가 어렵다는 뜻으로, 많은 사람이 마구 떠들어대는 것을 말함
- 지록위마(指鹿爲馬) : 사슴을 가리켜 말이라고 한다는 뜻으로, 모순된 것을 끝까지 우겨서 남을 속이려는 짓을 비유함. 또는 윗사람을 농락하여 권세를 마음대로 부림을 비유함
- 진퇴양난(進退兩難) : 나아가지도 물러서지도 못하는 난처한 입장에 처함

★★★

022 한자성어 - ㅊ

- 차청차규(借廳借閨) : 처음에는 남에게 의지하다가 점차 그의 권리까지 침범함을 비유적으로 이르는 말[=차청입실(借廳入室)] [속] 대청 빌려주니 안방 빌리자고 한다
- 천고마비(天高馬肥) : 하늘이 높고 말이 살찐다는 뜻으로, 하늘이 맑아 높푸르게 보이고 온갖 곡식이 익는 가을철을 이르는 말
- 천재일우(千載一遇) : 천 년에 한 번 만난다는 뜻으로, 좀처럼 만나기 어려운 좋은 기회를 이르는 말
- 천편일률(千篇一律) : 여럿이 개별적 특성이 없이 모두 엇비슷한 현상을 비유적으로 이르는 말
- 청산유수(靑山流水) : 푸른 산에 흐르는 맑은 물이란 뜻으로, 막힘없이 말을

잘하는 것을 비유함
- 청천벽력(靑天霹靂) : 맑게 갠 하늘에서 치는 벼락이란 뜻으로, 뜻밖에 일어난 큰 변고나 사건을 비유적으로 이르는 말
- 청출어람(靑出於藍) : 쪽에서 나온 물감이 쪽보다 푸르다는 뜻으로, 제자(후배)가 스승(선배)보다 나음을 비유함
- 초지일관(初志一貫) : 처음 계획한 뜻을 끝까지 밀고 나감
- 촌철살인(寸鐵殺人) : 한 치의 쇠로 사람을 죽인다는 뜻으로, 간단한 말로도 남을 감동시키거나 남의 약점을 찌를 수 있음을 이르는 말

★★★

023 한자성어 - ㅋ

- 쾌도난마(快刀亂麻) : 잘 드는 칼로 마구 헝클어진 삼 가닥을 자른다는 뜻으로, 어지럽게 뒤얽힌 사물을 강력한 힘으로 명쾌하게 처리함을 이르는 말

★★★

024 한자성어 - ㅌ

- 타산지석(他山之石) : 다른 산에서 난 나쁜 돌이라도 자기 산의 옥돌을 가는 데에 소용이 된다는 뜻으로, 본이 되지 않는 남의 언행(言行)도 자기 지식과 인격을 수양하는 데에 도움이 될 수 있음을 비유함
- 탁상공론(卓上空論) : 탁자 위에서만 펼치는 헛된 논설이라는 뜻으로, 현실성이 없는 이론이나 논의
- 토사구팽(兔死狗烹) : 토끼가 잡히면 사냥개를 삶아 먹는다는 뜻으로, 필요할 때는 이용하고 이용 가치가 없을 때는 홀대하거나 제거함을 이르는 말

★★★

025 한자성어 - ㅍ

- 파란만장(波瀾萬丈) : 파도의 물결치는 것이 만장(萬丈)의 길이나 된다는 뜻으로, 사람의 생활이나 일의 진행이 여러 가지 곡절과 시련이 많고 변화가 심함
- 파렴치(破廉恥) : 염치가 없어 도무지 부끄러움을 모름
- 파죽지세(破竹之勢) : 대나무를 쪼개는 기세라는 뜻으로, 세력이 강대하여 대적(大敵)을 거침없이 물리치고 쳐들어가는 기세를 말함
- 풍수지탄(風樹之嘆) : 바람에 흔들리는 나무의 탄식이란 뜻으로, 효도를 하지 못한 채 어버이를 여읜 자식의 슬픔을 이르는 말

026 한자성어 - ㅎ

- 한단지몽(邯鄲之夢) : 한단에서 꾼 꿈이라는 뜻으로, 인생과 영화의 덧없음을 말함
- 한우충동(汗牛充棟) : 수레에 실으면 소가 땀을 흘릴 정도이고 방 안에 쌓으면 들보에 닿을 정도란 뜻으로, 읽은 책이 매우 많음을 이르는 말
- 함흥차사(咸興差使) : 함흥으로 보낸 차사라는 뜻으로, 사람이 돌아오지 않거나 소식이 없음을 이르는 말
- 형설지공(螢雪之功) : 반딧불과 눈과 함께 하는 노력이란 뜻으로, 갖은 고생을 하며 부지런히 학문을 닦는 자세를 이르는 말
- 호가호위(狐假虎威) : 여우가 호랑이의 위엄을 빌린다는 뜻으로, 남의 권세를 빌려 위세를 부림을 비유함 [속] 원님 덕에 나팔 분다
- 호사다마(好事多魔) : 좋은 일에는 방해되는 것이 많음. 또는 그런 일이 많이 생김
- 호시탐탐(虎視眈眈) : 호랑이가 눈을 부릅뜨고 노려본다는 뜻으로, 남의 것을 빼앗기 위하여 형세를 살피며 가만히 기회를 엿봄
- 호연지기(浩然之氣) : 하늘과 땅 사이에 넘치게 가득 찬 넓고도 큰 원기(元氣), 또는 거침없이 넓고 큰 기개
- 호접지몽(胡蝶之夢) : 나비가 된 꿈이란 뜻으로, 인생의 덧없음을 비유함[=호접몽(胡蝶夢)]
- 혹세무민(惑世誣民) : 세상 사람을 속여 미혹시키고 어지럽힘
- 화룡점정(畫龍點睛) : 용을 그릴 때 마지막으로 눈을 그려 넣음을 뜻하는 말로, 무슨 일을 하는 데에 가장 중요한 부분을 완성함을 비유함
- 화무십일홍(花無十日紅) : 열흘 동안 붉은 꽃이 없다는 뜻으로, 권세나 영화는 영원할 수 없음을 비유함
- 화중지병(畫中之餅) : 그림의 떡이란 뜻으로, 실제로 이용할 수 없거나 차지할 수 없는 것
- 환골탈태(換骨奪胎) : 뼈대를 바꾸어 끼고 태를 바꾸어 쓴다는 뜻으로, 사람이 보다 나은 방향으로 변하여 전혀 딴사람처럼 됨을 비유함
- 회자정리(會者定離) : 만나면 언젠가는 헤어지게 되어 있음
- 후안무치(厚顏無恥) : 얼굴 가죽이 두꺼워 부끄러운 줄을 모름
- 흥진비래(興盡悲來) : 즐거운 일이 다하면 슬픈 일이 닥쳐온다는 뜻으로, 세상일은 순환되는 것임을 이르는 말

제 3 장 24절기

027 봄

- 입춘(立春) : 봄의 시작(2월 4일경, 이하 양력)
- 우수(雨水) : 강물이 풀림(2월 18일경)
- 경칩(驚蟄) : 동물이 겨울잠에서 깨어남(3월 5일경)
- 춘분(春分) : 밤과 낮의 길이가 거의 같음(3월 21일경)
- 청명(淸明) : 날씨가 맑고 청명함(4월 5일경)
- 곡우(穀雨) : 봄비가 내려 곡식이 윤택해짐(4월 20일경)

028 여름

- 입하(立夏) : 여름의 시작(5월 5일경)
- 소만(小滿) : 만물이 점차 성장하여 가득참(5월 21일경)
- 망종(芒種) : 보리가 익고 모를 심기 좋은 때(6월 6일경)
- 하지(夏至) : 낮이 가장 긴 때(6월 21일경)
- 소서(小暑) : 본격적 더위 시작(7월 7일경)
- 대서(大暑) : 더위가 가장 심함(7월 24일경)

029 가을

- 입추(立秋) : 가을의 시작(8월 8일)
- 처서(處暑) : 더위가 물러가는 시기(8월 23일)
- 백로(白露) : 이슬이 내리고 가을 기운(9월 8일)
- 추분(秋分) : 낮과 밤의 길이가 같음(9월 23일)
- 한로(寒露) : 찬 이슬이 내림(10월 8일)
- 상강(霜降) : 서리가 내림(10월 23일)

030 겨울

- 입동(立冬) : 겨울의 시작(11월 8일경)
- 소설(小雪) : 눈이 오기 시작함(11월 23일경)

- 대설(大雪) : 눈이 많이 오는 시기(12월 8일경)
- 동지(冬至) : 밤이 가장 긴 때(12월 22일경)
- 소한(小寒) : 겨울 추위가 본격적으로 시작됨(1월 6일경)
- 대한(大寒) : 가장 춥다고 하는 절기(1월 20일경)

제4장 지칭어

031 나이 지칭

지칭어	나이	의미
지학(志學)	15세	학문에 뜻을 두는 나이
약관(弱冠)	20세	관례를 하는 나이
이립(而立)	30세	모든 기초를 세우는 나이
불혹(不惑)	40세	미혹되지 않는 나이
지천명(知天命)	50세	하늘의 뜻을 아는 나이
이순(耳順)	60세	생각하는 것이 원만하여 듣는대로 곧 이해가 되는 나이
화갑(華甲), 환갑(還甲), 회갑(回甲)	61세	화(華) 자는 십(十)이 여섯 개이고 일(一)이 하나라고 해석하여 61세를 가리키며, 한 갑자인 60년이 돌아왔다고 해서 환갑(還甲) 또는 회갑(回甲)이라고도 함
진갑(進甲)	62세	환갑보다 한 해 더 나아간 해라는 뜻
종심(從心), 고희(古稀), 칠순(七旬)	70세	뜻대로 행하여도 도리에 어긋나지 않는 나이
희수(喜壽)	77세	희(喜)의 초서체가 칠(七)과 칠(七)을 연속으로 쓴 것으로 보여 77세를 의미
산수(傘壽), 팔순(八旬)	80세	산(傘) 자를 팔(八)과 십(十)의 파자(破字)로 해석하여 80세라는 의미
미수(米壽)	88세	미(米) 자를 팔(八)과 십(十)과 팔(八)의 파자(破字)로 보아 88세라는 의미
졸수(卒壽), 구순(九旬)	90세	졸(卒) 자의 약자를 구(九)와 십(十)으로 파자해 90세로 봄
망백(望百)	91세	백 살까지 살 것을 바라본다는 뜻
백수(白壽)	99세	일백 백(百) 자에서 한 일(一)자를 빼면 흰 백(白) 자가 된다 하여 99세로 봄
상수(上壽)	100세	수명을 상중하로 나누어 볼 때 최상의 수명이라는 뜻

032 가족 지칭

① 자기 가족
- 아내 : 처(妻), 내자(內子), 내실(內室), 내당(內堂), 가인(家人)
- 아버지 : 가친(家親), 엄친(嚴親), 부주(父主) / 사후 : 선친(先親), 선고(先考), 선부군(先父君)
- 어머니 : 모친(母親), 자친(慈親), 가모(家母), 가자(家慈) / 사후 : 선자(先慈), 선비(先妣)
- 할아버지 : 조부(祖父), 왕부(王父) / 사후 : 조고(祖考), 왕고(王考)
- 할머니 : 조모(祖母), 왕모(王母) / 사후 : 조비(祖妣)
- 아들 : 가아(家兒), 가돈(家豚), 돈아(豚兒), 미돈(迷豚) / 사후 : 망아(亡兒)
- 딸 : 女息(여식), 息鄙(식비)
- 손자 : 손자(孫子), 손아(孫兒)

② 타인 가족
- 남편 : 부군(夫君)
- 아내 : 영부인(令夫人), 영실(令室), 합부인(閤夫人), 부인(夫人)
- 아버지 : 춘부장(椿府丈) 춘정(椿庭) 존당(尊堂) 대인(大人) 춘당(春堂·椿堂) / 사후 : 선대인(先大人) 선고장(先考丈)
- 어머니 : 대부인(大夫人), 자당(慈堂), 북당(北堂), 훤당(萱堂) / 사후 : 선대부인(先大夫人) 선자당(先慈堂)
- 할아버지 : 왕존장(王尊丈), 왕대인(王大人) / 사후 : 선조부장(先祖父丈), 선왕고장(先王考丈)
- 할머니 : 왕대부인(王大夫人), 존조모(尊祖母) / 사후 : 선왕대부인(先王大夫人), 선조비(先祖妣)
- 아들 : 영랑(令郎), 영식(令息), 영윤(令胤)
- 딸 : 영애(令愛), 영교(令嬌), 영양(令孃)
- 손자 : 영손(令孫)

STEP 01 초스피드 암기 확인!

보기
㉠ 아전인수(我田引水)   ㉡ 호가호위(狐假虎威)   ㉢ 곡우(穀雨)   ㉣ 처서(處暑)
㉤ 추분(秋分)   ㉥ 망종(芒種)   ㉦ 부화뇌동(附和雷同)   ㉧ 상전벽해(桑田碧海)
㉨ 고식지계(姑息之計)   ㉩ 경전하사(鯨戰蝦死)

01 _____(은)는 남의 권세를 빌려 위세를 부림을 비유하는 말로, "원님 덕에 나팔 분다"는 속담과 관련 있다.

02 _____(은)는 고래 싸움에 새우 등 터진다는 뜻이다.

03 _____(은)는 당장의 편안함만을 꾀하는 것으로, 눈 가리고 아웅하는 것을 말한다.

04 _____(은)는 내 논에 물을 끌어들인다는 뜻으로, 자기의 이익만을 추구함을 이르는 말이다.

05 _____(은)는 뽕나무 밭이 변하여 푸른 바다가 된다는 뜻으로, 세상일이 덧없이 빠르게 변함을 말한다.

06 _____(은)는 천둥 소리에 맞춰 움직인다는 뜻으로, 자기 소신 없이 남을 따라함을 비유한 말이다.

07 24절기 중 _____(은)는 봄비가 내려 곡식이 윤택해지는 시기로, 양력 4월 20일경을 지칭한다.

08 24절기 중 _____(은)는 낮과 밤의 길이가 같아지는 시기로, 양력 9월 23일경을 지칭한다.

09 24절기 중 _____(은)는 더위가 물러가는 시기로, 양력 8월 23일경을 지칭한다.

10 24절기 중 _____(은)는 보리가 익고 모를 심기 좋은 시기로, 양력 6월 6일경을 지칭한다.

정답
01 ㉡   02 ㉩   03 ㉨   04 ㉠   05 ㉧   06 ㉦   07 ㉢   08 ㉤   09 ㉣   10 ㉥

STEP 02 기출로 합격 공략!

01　　　　　　　　　　　　　　　MBC
다음 중 합성어의 결합 방식이 다른 것은 무엇인가?
① 밤낮
② 돌다리
③ 작은집
④ 검붉다

해설
'밤낮, 돌다리, 작은집'은 결합 방식이 자연스러운 통사적 합성어에 해당한다. 반면 '검붉다'는 '검다'와 '붉다'의 합성어로 '검고 붉다'가 아니라 '검붉다'로 표기된 비통사적 합성어이다.

02　　　　　　　　　　　　국민연금공단
다음 중 맞춤법이 맞게 표기된 것은?
① 문을 잠궜다.
② 가게에 들렀다.
③ 이 자리를 빌어 감사의 뜻을 전한다.
④ 잔치를 벌렸다.

해설
① 문을 잠궜다. → 문을 잠갔다.
③ 이 자리를 빌어 → 이 자리를 빌려
④ 잔치를 벌렸다. → 잔치를 벌였다.

03　　　　　　　　　　　　공무원연금공단
다음 중 음운현상이 다른 하나는 무엇인가?
① 해돋이
② 유대
③ 같이
④ 핥이다

해설
①·③·④는 구개음화에 따라 적은 것이고, ②는 두음법칙에 따라 적은 것이다.

04　　　　　　　　　　　　　　SH공사
다음 중 띄어쓰기가 잘못된 문장은?
① 그럴듯 하다.
② 변덕이 죽 끓듯 하다.
③ 구름에 달 가듯 가는 나그네
④ 불을 보듯 뻔한 일이다.

해설
'그럴듯하다'는 '제법 그렇다고 여길 만하다'는 뜻의 형용사이므로 붙여 쓰는 것이 맞다.

05　　　　　　　　수원시 공공기관 통합채용
다음 접미사에 대한 설명으로 틀린 것은?
① '겁쟁이'에서 '-쟁이'는 '그것이 나타내는 속성을 많이 가진 사람'의 뜻을 더한다.
② '닷 말지기'에서 '-지기'는 '그것을 지키는 사람'의 뜻을 더한다.
③ '귀염둥이'에서 '-둥이'는 '그러한 성질이 있거나 그와 긴밀한 관련이 있는 사람'의 뜻을 더한다.
④ '가난뱅이'에서 '-뱅이'는 '그것을 특성으로 가진 사람이나 사물'의 뜻을 더한다.

해설
'닷 말지기', '두어섬지기'에서 '-지기'는 '그 정도 양의 씨앗을 심을 수 있는 논밭의 넓이'의 뜻을 더하는 접미사이다. '그것을 지키는 사람'의 뜻을 더하는 '-지기'의 예는 '등대지기'이다.

06　　　　　　　　　　　　　　부산일보
다음 문장에서 밑줄 친 외래어 표기가 틀린 것은?
① 올해 이 곳에서 <u>컨퍼런스</u>가 개최된다.
② 이탈리아 요리인 <u>리소토</u>에는 향신료인 사프란이 들어간다.
③ 그는 아주 기발한 <u>콘텐츠</u>를 개발했다.
④ 그녀는 <u>그라피티</u> 예술가를 꿈꾸고 있다.

해설
공통의 전문적인 주제를 가지고 비교적 긴 시간에 걸쳐 열리는 대규모 회의를 뜻하는 'Conference'는 '콘퍼런스'로 표기하는 것이 옳다.

07
뉴스1

다음 중 밑줄 친 단어의 맞춤법이 어긋나는 것은?

① 나를 쫓던 사람은 금세 어디론가 사라져버렸다.
② 그 사건 이후로 나의 삶은 송두리째 바뀌었다.
③ 그 해는 우여곡절 끝에 선거를 치렀다.
④ 물을 들이키고 나니 한결 살 것 같았다.

해설
④에서 '들이키고'가 아닌 '들이켜고'로 쓰는 것이 맞다. '들이키고'의 원형인 '들이키다'는 '안쪽으로 가까이 옮기다'라는 뜻이며, '들이켜고'의 원형인 '들이켜다'가 '물이나 술 따위의 액체를 단숨에 마구 마시다'라는 의미를 갖고 있다.

08
문화일보, MBC

다음 중 사이시옷 규정에 어긋나는 것은?

① 셋방
② 제삿날
③ 싯가
④ 예삿일

해설
시장에서 상품이 매매되는 가격을 가리키는 단어는 '시가'가 올바른 표현이다. 두 음절로 된 한자어는 예외(곳간, 셋방, 숫자, 찻간, 툇간, 횟수)를 제외하고는 사이시옷 'ㅅ'을 받치어 적지 않는다.

09
한국일보, 경향신문, 문화일보

다음 중 맞춤법 표기가 옳은 것은 무엇인가?

① 자그만치
② 단출하다
③ 삼가하다
④ 서슴치 않다

해설
① 자그만치 → 자그마치
③ 삼가하다 → 삼가다
④ 서슴치 → 서슴지

10
수원시 공공기관 통합채용

다음 문장에서 밑줄 친 외래어의 표기가 옳은 것은?

① 오늘 저녁식사는 <u>뷔페</u>로 제공됩니다.
② 잠시라도 좋으니 <u>앙케이트</u>에 참여해주세요.
③ 상점에는 다양한 <u>악세사리</u>가 진열돼 있었다.
④ 그는 처음 참가한 <u>콩쿨</u>에서 우승을 거뒀다.

해설
- 앙케이트→앙케트(enquête)
- 악세사리→액세서리(accessory)
- 콩쿨→콩쿠르(concours)

11
연합뉴스TV

다음 단어 중 외래어 표기가 옳지 않은 것은?

① 팀워크
② 네비게이션
③ 다이내믹
④ 난센스

해설
지도를 보여주거나 지름길을 찾아 자동차의 운전을 돕는 장치 또는 프로그램은 '내비게이션(navigation)'으로 적는다. 국립국어원에서는 내비게이션을 '길도우미'로 순화해 적도록 권고하고 있다.

12
전라남도 공공기관 통합채용

다음 문장 중 밑줄 친 부분의 띄어쓰기가 바르게 쓰인 것은?

① 사람들에게 <u>보란듯이</u> 성공할 것이다.
② 그에게 불가능하다고 <u>몇번</u>이고 말했다.
③ <u>운전중</u>에는 전화를 받을 수 없습니다.
④ 사장님은 현재 <u>부재중</u>이십니다.

해설
④에서 부재중은 한 단어이므로 '부재중'으로 붙여 쓰는 것이 옳다. ①에서 '듯이'는 의존명사로서 쓰였으므로 '보란 듯이'로 띄어 써야 하고, ②에서 단위를 나타내는 명사 '몇' 또한 '몇 명'으로 띄어 써야 한다. ③의 '중' 또한 의존명사로서 '운전 중'으로 띄어 써야 한다.

13
서울시공공의료재단

다음 단어 중 장음으로 발음되는 것은?

① 사과(沙果)
② 부자(父子)
③ 성인(成人)
④ 유서(類書)

해설
같은 책이라는 뜻의 '유서(類書)'는 [유:서]로 발음된다. 예로부터 전하여 내려오는 까닭과 내력이라는 뜻의 '유서(由緖)'가 단음으로 발음된다. ①, ②, ③은 모두 단음이다.

14
대전MBC

다음 중 발음 표기가 틀린 단어는?

① 휘발유[휘발뉴]
② 물약[물략]
③ 담임[다밈]
④ 각막염[강망념]

해설
국어규범에 따르면 합성어 및 파생어에서, 앞 단어나 접두사의 끝이 자음이고 뒤 단어나 접미사의 첫음절이 '이, 야, 여, 요, 유'인 경우에는, 'ㄴ'음을 첨가하여 니, 냐, 녀, 뇨, 뉴로 발음한다. '휘발유, 물약'에는 'ㄴ' 소리가 덧나니, '휘발유'는 [휘발뉴]의 'ㄴ'이 자음동화하여 [휘발류], '물약'은 [물략]으로 발음된다.

15
광주광역시 공공기관 통합채용

다음 문장의 밑줄 친 단어의 품사가 나머지와 다른 것은?

① 그는 <u>이미</u> 학교에 도착해 있었다.
② 밤새 눈이 <u>많이</u> 내렸다.
③ <u>얼음장같이</u> 방바닥이 차가웠다.
④ <u>설마</u> 네가 그럴 줄은 몰랐다.

해설
'같이'는 주로 격 조사 '과'나 여럿임을 뜻하는 말 뒤에 쓰여 어떤 상황이나 행동 따위와 다름이 없다는 의미로 부사로 쓰일 수 있다. 그러나 ③에서는 '얼음장'이라는 체언 뒤에 붙어 '앞말이 보이는 전형적인 어떤 특징'이라는 뜻으로서 격 조사로 쓰였다. ③을 제외한 나머지 밑줄 친 단어들은 모두 부사로 쓰였다.

16
한국환경공단

다음의 밑줄 친 내용 중 맞춤법이 옳은 것은?

① 버스 정류장이 <u>가까와진다</u>.
② 오늘 사장님께서 <u>앞가름마</u>를 하셨다.
③ 나는 그가 <u>가든지 오든지</u> 상관하지 않았다.
④ 오늘 아침에 <u>강남콩</u>을 심었다.

해설
① 가까와진다 → 가까워진다
② 앞가름마 → 앞가르마
④ 강남콩 → 강낭콩

17
수원시 공공기관 통합채용

다음 중 뱃사람들이 쓰는 말로 '서남풍'을 뜻하는 말은?

① 된바람
② 샛바람
③ 하늬바람
④ 갈마바람

해설
갈마바람은 서풍인 갈바람과 남풍인 마파람이 합쳐진 말로 뱃사람들이 '서남풍'을 이를 때 쓰는 말이다. 이외에도 북쪽에서 부는 바람은 높바람(된바람), 동쪽에서 부는 바람은 샛바람, 남쪽에서 부는 바람은 마파람, 서쪽에서 부는 바람은 하늬바람이라 한다. 북동쪽에서 부는 높새바람은 늦은 봄에서 초여름에 걸쳐 동해로부터 태백산맥을 넘어 불어오는 고온건조한 바람을 뜻한다.

18
경기도 공무직 통합채용

나이 99세를 이르는 한자어는?

① 백수
② 희수
③ 미수
④ 상수

해설
나이와 관련된 한자어
15세 지학(志學), 20세 약관(弱冠), 30세 이립(而立), 40세 불혹(不惑), 50세 지명(知命), 60세 이순(耳順), 61세 화갑(華甲)·환갑(還甲)·회갑(回甲), 70세 고희(古稀)·종심(從心), 77세 희수(喜壽), 80세 팔순(八旬), 88세 미수(米壽), 99세 백수(白壽), 100세 상수(上壽)·기원지수(期願之壽)

19
광주광역시 공공기관 통합채용

우리말의 음운 현상 중 '종로'가 '종노'로 발음되는 현상은?

① 완전 동화
② 상호 동화
③ 역행 동화
④ 순행 동화

해설
자음 동화는 앞뒤로 자음이 이어질 때 발음을 쉽게 하기 위해 서로 닮은 소리로 발음되는 것을 말한다. 자음 동화는 그 방향과 정도, 양상에 따라 구분된다. 그 중 순행 동화는 앞 자음이 뒤 자음에게 정방향으로 영향을 주어 발음이 바뀌는 것으로 종로[종노], 칼날[칼랄], 남루[남누] 등이 대표적이다.

20
수사법 중 끝을 의문형으로 종결해 청자에게 생각할 여지를 남기는 방법은 무엇인가?

① 영탄법　　② 활유법
③ 도치법　　④ 설의법

해설
설의법(設疑法)은 국어의 수사법 중 '변화주기'의 일종이다. 필자 혹은 화자가 단정해도 좋을 것을 일부러 질문의 형식을 취하여 독자 혹은 청자에게 생각할 여유를 준다. 가령 '흔들리지 않고 피는 꽃이 어디 있으랴'처럼 누구나 알고 있는 사실을 질문하는 형식을 통해 상대방이 이에 대해 결론을 내릴 수 있도록 한다.

21
다음 중 '현충사'의 올바른 로마자 표기는?

① Hyeonchung-sa
② Hyeonchoongsa
③ Hyonchungsa
④ Hyonchoongsa

해설
국어의 로마자 표기 기본원칙은 국어의 표준 발음법에 따라 적는 것을 원칙으로 하고, 로마자 이외의 부호는 되도록 사용하지 않는다는 것이다. 단모음인 'ㅜ'는 'u'로, 이중모음인 'ㅕ'는 'yeo'로 적는다. 현충사의 올바른 로마자 표기는 'Hyeonchung-sa'다.

22
다음 중 밑줄 친 단어가 옳게 사용된 문장은?

① 나라를 위해 목숨을 <u>받혔다</u>.
② 아이들이 나란히 우산을 <u>받치고</u> 간다.
③ 그는 그대로 성난 소에게 <u>받치고</u> 말았다.
④ 정성스레 술을 체에 <u>바쳤다</u>.

해설
②의 '받치다'는 '물건의 밑이나 옆에 다른 물체를 대다'라는 의미로서 문장에 옳게 쓰였다. '받다'의 사동사로 쓰인 '받히다'는 '한꺼번에 많은 양의 물품을 사게 하다'라는 뜻이며, 피동사로 쓰인 '받히다'는 '머리나 뿔 따위에 세게 부딪히다'라는 뜻으로 쓰인다. '밭치다'는 '채 같은 구멍 뚫린 물건에 국수 따위를 올려 물기를 뺀다'는 의미를 갖는다. '바치다'는 '신이나 웃어른에게 정중히 물건을 드리다', '반드시 내야 할 돈을 가져다주다'라는 의미이다.

23
다음 문장의 밑줄 친 단어의 쓰임이 올바른 것은?

① 손을 꼭 <u>깨끗히</u> 닦아야 합니다.
② 세심하게 모든 과정을 <u>일일이</u> 챙겼다.
③ <u>오랫만에</u> 친구를 만나 반가웠다.
④ 그는 <u>희안한</u> 버릇을 갖고 있었다.

해설
①은 '깨끗이', ③은 '오랜만에', ④는 '희한한'으로 적는 것이 올바르다. '일일이'의 경우 관련 표준어규정에서는 '일일이'는 끝소리가 분명히 '-이'로 나는 경우이므로 '일일이'로 적는다고 명시돼 있다.

24
다음 보기의 문장 중 밑줄 친 단어의 쓰임이 바른 것은?

① 온 세상이 눈에 소복이 <u>덮혀</u> 있었다.
② 어머니가 귤 <u>껍데기</u>를 벗겨 주셨다.
③ 부친의 임종을 맞아 마음을 <u>추스렸다</u>.
④ 맛있는 음식이 보자기에 <u>싸여</u> 있었다.

해설
①의 '덮혀'는 '덮여'로 적는 것이 옳다. ②에서 '껍데기'는 '달걀이나 조개 따위의 겉을 싸고 있는 단단한 물질'을 뜻하므로, '딱딱하지 않은 물체의 겉을 싸고 있는 질긴 물질의 켜'를 뜻하는 '껍질'로 적는 것이 적절하다. ③의 '추스렸다'의 원형인 '추스리다'는 '추스르다'의 비표준어이다.

25
단위인 되, 섬, 말을 구분하는 기준은?

① 부피　　② 길이
③ 넓이　　④ 깊이

해설
되와 섬, 말은 모두 부피의 단위로 곡식, 가루, 액체 따위의 부피를 잴 때 쓴다. 한 되는 한 홉의 열 배로 약 1.8리터에 해당하며, 한 말은 한 되의 열 배로 약 18리터다. 마찬가지로 한 섬은 한 말의 열 배로 약 180리터에 해당한다.

26
경기도 공무직 통합채용

다음 중 여럿 가운데 가장 뛰어난 사람을 가리키는 고사성어는?

① 백미(白眉)
② 반골(反骨)
③ 괄목상대(刮目相對)
④ 청출어람(靑出於藍)

해설
② 반골(反骨) : 쉽게 사람을 따르지 않는 기질 또는 권력에 저항하는 사람
③ 괄목상대(刮目相對) : 남의 학식, 재주가 급성장한 것을 보고 그에 대한 인식을 새롭게 함
④ 청출어람(靑出於藍) : 제자(후배)가 스승(선배)보다 나음

27
대전MBC

다음 중 친구 사이를 뜻하는 사자성어가 아닌 것은?

① 금란지교(金蘭之交)
② 관포지교(管鮑之交)
③ 수어지교(水魚之交)
④ 빙탄지간(氷炭之間)

해설
빙탄지간(氷炭之間)은 '얼음과 숯 사이'라는 의미로, 둘이 어긋나 서로 맞지 않고, 서로 화합할 수 없는 사이라는 뜻이다. 뜻이 통하는 사자성어는 犬猿之間(견원지간), 戴天之讐(대천지수), 不俱戴天(불구대천) 등이 있다.

28
부산광역시 공공기관 통합채용

다음 음운현상의 설명을 참고할 때, 보기의 단어의 발음이 적절하지 않은 것은?

> 유음화란 자음 'ㄴ'이 유음 'ㄹ'의 앞이나 뒤에서 유음의 영향을 받아 'ㄹ'로 발음되는 현상이다.

① 칼날[칼랄]
② 찰나[찰라]
③ 닳는지[달른지]
④ 공권력[공꿜력]

해설
주로 'ㄴ'으로 끝나는 2음절 한자어의 뒤에 붙는 한자어 초성 'ㄹ'은 ㄴ으로 발음한다. 따라서 '공권[공꿘]' 뒤에 한자어 '력'이 결합된 '공권-력'은 [공꿘녁]으로 발음한다.

29
부천시 공공기관 통합채용

다음 고사의 내용과 상통하는 한자성어로 가장 적합한 것은?

> 중국 북산에 살던 우공(愚公)이라는 노인이 높은 산에 가로막혀 주민들이 왕래하는 불편을 해소하고자 두 산을 옮기기로 했다. 그의 친구가 만류하자 우공은 "나와 자식은 대를 이어가도 산은 불어나지 않을 것"이라며 대를 이어 묵묵히 산을 옮기겠다고 했다.

① 격화소양
② 호연지기
③ 물심양면
④ 마부작침

해설
위 고사는 〈열자(列子)〉'탕문편(湯問篇)'에 등장하며, '어리석은 영감이 산을 옮긴다'는 뜻의 한자성어 '우공이산(愚公移山)'의 바탕이 되는 이야기다. 쉬지 않고 꾸준히 한 가지 일을 하면 대업을 이룰 수 있다는 뜻으로 보기에서 이와 가장 상통하는 한자성어는 ④ '마부작침(磨斧作針)'이다. '도끼의 날을 갈아 바늘을 만든다'는 의미다.

30
공무원 7급

다음 중 한자어의 한자가 바르게 연결된 것은?

> 애로 – 현란 – 회자 – 보시

① 愛路 – 賢爛 – 懷煮 – 補施
② 隘路 – 絢爛 – 膾炙 – 布施
③ 隘路 – 玄蘭 – 膾炙 – 保施
④ 哀路 – 絢爛 – 膾炙 – 布視

해설
- 隘路(애로) : 隘 – 좁을 애, 路 – 길 로
- 絢爛(현란) : 絢 – 무늬 현, 爛 – 문드러질 란
- 膾炙(회자) : 膾 – 회 회, 炙 – 고기 구울 자
- 布施(보시) : 布 – 베 포, 보시 보. 施 – 베풀 시

31
기장군도시관리공단

다음 한자의 독음으로 적절하지 않은 것은?

① 令監(영감)
② 好感(호감)
③ 實感(실감)
④ 感氣(독감)

해설
한자(漢字)의 음대로 읽으면 '毒感'의 독음은 독감이고, '感氣'은 감기이다. 따라서 '感氣'를 독감으로 읽는 것은 틀린 답이다.

32

부산광역시 공공기관 통합채용

다음 시조의 내용과 가장 관련 깊은 사자성어는?

> 까마귀가 싸우는 골짜기에 백로야 가지 마라
> 성낸 까마귀가 흰 빛을 샘낼세라
> 맑은 물에 기껏 씻은 몸을 더럽힐까 하노라

① 거안사위(居安思危)　② 근묵자흑(近墨者黑)
③ 낭중지추(囊中之錐)　④ 이전투구(泥田鬪狗)

해설
근묵자흑(近墨者黑)은 '먹을 가까이하는 사람은 검게 된다'는 뜻으로, 나쁜 사람을 가까이하면 그 버릇에 물들기 쉽다는 말이다. 문제에 제시된 시조는 고려의 충신인 정몽주의 어머니가 아들에게 나쁜 이를 경계하라는 뜻에서 지었다고 알려진 〈백로가〉다.

33

공무원 7급

다음 중 한자숙어와 그 풀이가 잘못 짝지어진 것은?

① 三人成虎 - 근거 없는 말도 여러 사람이 말하면 믿게 됨
② 高麗公事三日 - 시작한 일이 오래가지 못함
③ 易地思之 - 처지를 바꾸어서 생각함
④ 五十步百步 - 오십 보와 백 보의 차이가 있음

해설
④ 五十步百步(오십보백보): 오십 보나 백 보나 차이가 별로 없음을 말한다.
① 삼인성호, ② 고려공사삼일, ③ 역지사지

34

부산교통공사

다음 밑줄 친 낱말을 한자로 올바르게 쓴 것은?

> 지하철 ① 파업이 계속되고 있는 상황에서 대체 투입되는 ② 기관사들이 부족하자 운행되는 전동차의 ③ 도착 및 발차시간이 늦춰지고 있다. 또한 파업 첫날부터 지금까지 여러 건의 운행중단 사고가 발생하는 등 시민들은 불안감을 안고 지하철을 ④ 이용하고 있으며, 버스 및 자가용을 이용하는 시민들이 늘어남에 따라 도로 혼잡이 가중되어 정체가 평소보다 심해지고 있다.

① 播業　　　② 機關士
③ 倒利　　　④ 移用

해설
① 罷業, ③ 倒着, ④ 利用

35

김대중컨벤션센터

〈보기〉의 ㉠~㉢에 해당하는 한자로 올바르게 묶인 것은?

> • 그는 올해야말로 ㉠ <u>금주</u>하려는 결심을 했다.
> • ㉡ <u>금주</u>의 작업 일정을 다 마치기 만만치 않다.
> • 잃어버린 돈뭉치를 찾으려 그 ㉢ <u>금주</u>는 사방팔방 움직였다.

	㉠	㉡	㉢
①	金主	禁酒	金主
②	禁酒	金主	今週
③	金主	禁酒	今週
④	禁酒	今週	金主

해설
㉠은 '술을 마시게 하지 못하게 하거나, 술 마시는 것을 절제한다'는 뜻인 '禁酒'로 써야 한다. ㉡은 '이번 주일'이라는 의미의 '今週', ㉢은 '금전의 소유자, 자금을 대는 사람'이라는 뜻인 '金主'가 옳다.

36

경기도 공무직 통합채용

24절기 중 맑은 봄 날씨가 시작되는 날이라는 뜻에서 붙인 이름은?

① 청명　　　② 경칩
③ 입춘　　　④ 춘분

해설
청명(淸明)은 24절기 중 5번째로 매해 4월 5일이나 6일에 해당한다. 음력으로는 3월 초순이다. '맑은 봄 날씨가 시작되는 날'이라는 뜻에서 붙인 이름이다.

37

광주광역시도시공사

가을철에 농사를 짓느라 매우 바쁨을 의미하는 속담은?

① 가을에는 부지깽이도 덤벙인다.
② 가을 추수는 입추 이슬을 맞아야 한다.
③ 밤송이 맺을 때 모 심어도 반밥 더 먹는다.
④ 가을멸구는 볏섬에서도 먹는다.

해설
'가을에는 부지깽이도 덤벙인다'는 속담은 가을 추수철에 온 식구가 농사일에 달려들어도 일손이 모자라, 부엌에서 불을 뒤적이는 부지깽이도 일을 한 손 거든다는 표현이다. 가을철 농사일이 매우 바쁘다는 의미를 담고 있다.

빅데이터
최빈출 상식
194선

Part 1 역사

01 고인돌
6회 기출
#청동기시대

한국폴리텍대학, 한국산업인력공단, 삼성

거대한 바위를 이용해 만들어진 청동기시대의 대표적인 무덤이다. 고인돌을 세우는 데는 많은 인력이 필요했으므로 고인돌의 주인이 권력과 경제력을 갖춘 지배층이었음을 알 수 있다.

기출 check ✓
Q. 청동기시대의 대표적 무덤은 무엇인가?
A. 고인돌

02 단군신화
5회 기출
#단군왕검

한국지역난방공사, 경기콘텐츠진흥원, MBC

단군신화를 통해 고조선은 제정일치 사회로 사유재산제를 인정하고 계급이 분화된 사회였음을 알 수 있다. 단군신화는 삼국유사, 제왕운기, 세종실록지리지, 응제시주, 동국여지승람 등에 수록되어 있다.

상식 plus⁺
단군왕검 단군은 제사장, 왕검은 정치적 지배자를 의미하는 것으로 단군왕검이란 제정일치 사회의 우두머리를 뜻하는 것이다.

기출 check ✓
Q. 단군왕검이란?
A. 제정일치 사회의 우두머리

03 연맹왕국
5회 기출
#부족사회와 연맹체

한국중부발전, 한국산업인력공사, 서울교통공사

고대국가 이전 원시사회에서 부족사회로 발전하면서 한반도에 성립하여 발전된 국가 형태다. 부여, 고구려, 옥저, 동예, 삼한이 존재했다.

기출 check ✓
Q. 부여에서 왕 아래 부족장인 마가(馬加)·우가(牛加)·구가(狗加)·저가(猪加)가 다스린 구역은?
A. 사출도

04 발해
20회 기출
#대조영

주택도시보증공사, 수원문화재단, MBC

발해는 대조영이 고구려 유민과 말갈족을 연합하여 698년에 건국한 국가로, 독자적인 연호를 사용하며 '해동성국'이라는 칭호를 얻을 정도로 강성했다.

상식 plus⁺
3성 정당성, 선조성, 중대성
6부(독자적 체계) 좌사정(충부·인부·의부), 우사정(지부·예부·신부)

05 훈요십조
7회 기출
#태조 왕건

전력거래소, 연합뉴스, 한국산업인력공단

943년(태조 26) 고려 태조 왕건(王建)이 왕실 자손들에게 훈계하기 위해 남겼다고 전하는 열 가지 항목이다.

기출 check✓
Q. 훈요십조의 내용으로 틀린 것은?
A. 일본과 같은 야만국의 풍속을 배격할 것[일본(x) → 거란(o)]

06 노비안검법
8회 기출
#광종

안전보건공단, 한국산업인력공단, YTN

광종 때 양민이었다가 불법으로 노비가 된 사람을 조사하여 해방시켜주는 제도이다. 세금을 내는 양인을 늘려 호족 세력을 약화시키고 왕권을 신장하려 했으나 호족들의 반발로 정착되지 못하였다.

기출 check✓
Q. 노비안검법을 시행한 왕은 누구인가?
A. 광종

07 도병마사
6회 기출
#재신, 추밀

한국산림복지진흥원, 보훈복지의료공단, 한국동서발전

고려시대 중요 사안을 심의·결정하던 국가 최고의 회의기관으로, 중서문하성의 재신과 중추원의 고관(추밀)으로 구성되었다.

상식 plus⁺
중서문하성 고려시대 최고 정무기관의 기능을 한 곳으로, 정책 결정을 맡은 중서성과 왕명을 전달하는 문하성을 합쳐 중서문하성이라 불렀다.
중추원 국왕의 비서기관으로 군사 기밀을 담당하는 추밀과 왕명 출납을 담당하는 3품 이상의 승선으로 구성되었다.

08 직지심체요절
8회 기출
#금속활자

한국관광공사, 한국장애인고용공단, MBC

고려시대에 청주 흥덕사에서 간행된 세계에서 가장 오래된 금속활자본으로 '직지심경'이라고도 한다. 현재 프랑스 국립도서관에 소장되어 있고, 2001년 유네스코 기록유산으로 등록되었다.

기출 check✓
Q. 현존하는 가장 오래된 금속활자본은?
A. 직지심체요절

09 삼별초
9회 기출
#대몽 항쟁

한국산업인력공단, 한국장애인고용공단, SK

무신정권 당시 특수부대로 좌별초, 우별초, 신의군으로 구성되었다. 무신정권 해체 이후 강화도에 있던 고려 조정이 개경으로 환도하면서 몽골과의 강화가 성립되자 삼별초는 이에 반발하여 배중손의 지휘 하에 진도로 이동하여 대몽 항쟁을 전개하였다.

10 공민왕의 개혁정치
11회 기출
#반원자주정책

수원문화재단, 부산교통공사, 한국동서발전

고려 제31대 왕으로 대외적으로 반원 세력을 몰아내고, 대내적으로는 왕권을 강화하기 위해 전민변정도감을 설치해 과거 제도 정비를 통해서 신진사대부를 등용하였다.

기출 check✓
Q. 공민왕의 개혁정치로 옳은 것은?
A. 정동행성 폐지, 철령 이북의 땅 수복, 몽골풍 일소, 전민변정도감 설치, 신진사대부 등용 등

11 사화
7회 기출
#사림파와 훈구파

부산광역시 공무직 통합채용, 한국산업인력공단, KBS

조선 세조 이후 사림파와 훈구파 사이의 대립으로 사림파가 큰 피해를 입은 4가지 사건을 말한다.

기출 check✓
Q. 조선시대에 발생한 4가지 사화를 차례대로 나열하면?
A. 무오사화(1498년), 갑자사화(1504년), 기묘사화(1519년), 을사사화(1545년)

12 정조의 개혁정치
9회 기출
#탕평책

보훈교육연구원, KBS, 경기도일자리재단

조선 정조는 영조의 탕평책을 이어받아 적극적인 탕평책을 추진하면서 각종 개혁의 시도를 통해 대통합을 이루기 위한 정책을 실시했다.

상식 plus⁺
정조의 개혁정치
- 탕평책 실시 : 붕당과 신분을 가리지 않고 인재 등용
- 왕권강화 정책 : 초계문신제 실시, 장용영 설치, 규장각 설치 및 육성, 수원 화성 건립
- 문물제도 정비 : 서얼과 노비에 대한 차별 완화, 육의전을 제외한 시전 상인의 금난전권 폐지(신해통공)

13 균역법
8회 기출
#조선의 군역

한국남부발전, 경기도일자리재단, KBS

조선 영조 때 백성들의 군역 부담을 덜기 위해 실시한 제도로, 기존의 군포를 2필에서 1필로 줄이는 대신 어업세·선박세 등의 징수로 이를 보충했다.

기출 check ✓

Q. 조선 후기 백성에게 부과되던 전정, 군역, 환곡에 대한 행정이 부패해진 것을 뜻하는 말은?
A. 삼정의 문란

14 흥선대원군
10회 기출
#쇄국정치

수원문화재단, 한국중부발전, 경기문화재단

조선의 왕족이자 정치가로 아들인 고종이 즉위하자 대원군에 봉해지고 섭정을 맡아 고른 인재 등용과 경복궁 중건, 서원 철폐 등 개혁정치를 시행하였다.

기출 check ✓

Q. 흥선대원군의 개혁정치로 옳지 않은 것은?
A. 비변사 기능 회복(→ 비변사를 폐지하고 의정부와 삼군부 기능 회복)

15 강화도조약
12회 기출
#운요호 사건

경기도시공사, 한국마사회, SBS

1876년(고종 13년) 2월 강화부에서 조선과 일본 사이에 체결된 조약이다. 부산, 인천, 원산 등 3개의 개항과 치외법권의 인정 등 불평등한 내용으로 된 12개조의 근대 조약이다.

상식 plus⁺

운요호 사건 우리나라가 계속되는 통상요구를 거절하자 일본이 운요호를 한강으로 침투시켜 강화도 사병과 충돌하게 하였다. 이후 사건에 대한 사죄와 함께 통상을 요구하면서 강화도조약을 체결하였다.

16 갑오개혁
14회 기출
#홍범 14조

한국보훈복지의료공단, 한국산업인력공단, 대구시설공단

1894년 일본의 강압으로 실시한 근대적 개혁으로, 갑오개혁의 홍범 14조에는 청의 종주권 부인과 개국기원 사용, 과거제 폐지 및 노비해방, 신교육령 실시 등의 내용이 포함되어 있다.

상식 plus⁺

홍범 14조 갑오개혁 이후 정치적 근대화와 개혁을 위해 제정된 국가기본법이다.

기출 check ✓

Q. 노비제도가 폐지된 계기는?
A. 갑오개혁

17 동학농민운동
8회 기출
#집강소

한국남부발전, 경기도일자리재단, KBS

1894년 전봉준이 중심이 되어 일으킨 반봉건·반외세 농민운동으로 고부 군수 조병갑의 불법착취, 농민 수탈의 강화와 농촌 경제의 파탄, 일본의 침략, 동학교도에 대한 탄압 등을 이유로 확산됐다. 전주성을 점령하고 집강소를 설치하여 12개조의 폐정개혁안을 발표하였으나 우금치 전투에서 패배했다.

18 독립협회
8회 기출
#서재필

수원문화재단, 한국동서발전, 남양주도시공사

1896년 서재필이 이상재, 윤치호 등 개화지식층과 함께 자주 독립과 내정 개혁을 위해 조직하고 활동한 최초의 정치 단체이다.

상식 plus⁺

러시아 절영도조차 요구 1897년 러시아가 숯이나 석탄을 저장하기 위한 곳을 설치하기 위해 절영도를 빌려 일정 기간 동안 통치하게 해달라고 요구한 것을 말한다.

19 신민회
10회 기출
#도산 안창호

한국산업기술진흥원, 한국남부발전, 한국산업인력공단

1970년 안창호가 박은식·신채호·양기탁 등과 조직한 단체로, 비밀결사를 통해 교육 구국운동, 민중 계몽운동 등에 앞장 섰다. 그러나 일제가 조작한 105인 사건으로 인해 해체되었다.

상식 plus⁺

105인 사건 1911년 조선총독부가 민족 해방운동을 탄압하기 위하여 데라우치 총독의 암살 미수사건을 확대·조작하여 105인의 독립 운동가를 감옥에 가둔 사건이다.

기출 check✓
Q. 안창호가 설립한 항일결사단체는?
A. 신민회

20 3·1 운동
12회 기출
#2·8 독립선언

한국관광공사, 국제신문

1919년 일제 식민 지배에 저항하며 일어난 대규모 민족 만세운동이다. 이후 일본의 통치방식이 문화통치로 변화되었고, 대한민국 임시정부 수립에 큰 영향을 주었다.

기출 check✓
Q. 3·1 운동이 일어난 배경은?
A. 도쿄 유학생들의 2·8 독립선언 발표, 미국 윌슨 대통령의 민족자결주의 제창

21 대한민국 임시정부
14회 기출
#상하이

한국서부발전, 조선일보, 한겨레

1919년 광복을 위해 중국 상하이에 수립한 임시정부이다. 연통제 실시와 군자금 조달, 애국공채 발행, 독립신문 간행 등 독립운동의 중요한 역할을 담당하는 대표기관이었다.

상식 plus+
연통제 중국 상해에 있는 대한민국 임시정부가 국내와 연락을 하기 위한 비밀연락망 조직

---

22 의열단
10회 기출
#조선 혁명 선언

한국관광공사, 한국농어촌공사, SBS

1919년 11월 만주에서 김원봉을 중심으로 조직되었던 무장 독립운동 단체이다. 신채호가 작성한 '조선 혁명 선언'을 기본 행동 강령으로 하여 독립운동을 전개하였다.

상식 plus+
조선 혁명 선언 신채호가 1923년 의열단의 독립운동 이념과 방략을 이론화해 천명한 선언서

---

23 미소 공동 위원회
8회 기출
#한국의 임시정부 수립

서울주택도시공사, MBC, 한겨레

모스크바 3국 외상 회의의 결정에 따라 한국의 임시정부 수립을 원조할 목적으로 미소 점령군에 의해 설치되었던 공동 위원회이다.

---

24 4·19 혁명
11회 기출
#3·15부정 선거

농촌진흥청, 수원문화재단, 한국남부발전

1960년에 이승만과 자유당 정권이 3·15 부정 선거를 자행하자 이에 항의하는 학생과 시민들의 시위에서 비롯된 혁명이다.

기출 check ✓
Q. 4·19 혁명의 역사적 의의는?
A. 국민의 힘으로 부패한 독재 정권을 타파한 민주주의 혁명

---

25 6월 민주항쟁
8회 기출
#6·29 민주화 선언

한국수력원자력, 한국언론중재위원회, TV조선

1979년 전두환 군사정권의 장기집권을 저지하기 위해 일어난 범국민적 민주화 운동으로 1987년 1월 박종철 고문치사 사건이 발단이 되어 일어났으며, 시위 과정에서 이한열의 심한 부상을 계기로 전국적으로 확산되었다.

상식 plus+
6·29 민주화 선언 1987년 6월 29일 대통령 후보였던 노태우 민주정의당(민정당) 대표위원이 당시 국민들의 민주화와 직선제 개헌요구를 받아들여 발표한 시국 수습을 위한 특별 선언

26 산업혁명
18회 기출
#대량 생산체제

MBC, 서울경제TV, CJ

18~19세기 영국에서 기술 혁신에 의한 생산성 향상으로 나타난 사회·경제 혁명이다. 자본주의 경제가 확립되었고 자본가와 노동자 계급이 출현했으며 인구의 도시집중화·노동조건 악화 등의 문제가 발생하기도 했다.

기출 check✓
Q. 산업혁명의 부작용은?
A. 도시집중화, 노동조건 악화, 계급 출현

27 종교개혁
6회 기출
#마틴 루터

영상물등급위원회, CBS, 국민일보

로마 가톨릭교회가 16세기에 지나치게 세속화되고 금전적인 목적으로 면죄부를 판매하는 등 타락하자 1517년 독일의 마틴 루터가 이를 비판하는 95개조의 반박문을 발표한 것을 시작으로 일어난 종교개혁운동이다.

상식 plus+
면죄부 로마 교황이 교회의 건립 비용과 교회의 부족한 재정을 해결하고자 금전이나 재물을 봉헌한 사람들에게 죄를 면해준다는 뜻으로 교부한 증서를 말한다.
마틴 루터 독일의 종교 개혁자로 가톨릭교회의 교리와 폐쇄성에 의문을 제기하고 성경을 통한 하나님과의 직접적인 접촉과 하나님의 구원을 설파하였다.

28 르네상스
7회 기출
#휴머니즘

포항시설관리공단, MBC, 국민일보

14~16세기 그리스·로마의 고전 문화를 부흥시키고, 개인을 존중하며 인간적인 근대 문화 창조를 주장한 운동이다.

기출 check✓
Q. 르네상스 시대의 작가로 옳은 것은?
A. 셰익스피어

29 명예혁명
5회 기출

#권리장전

한국방송광고진흥공사, 전남신용보증재단, MBC

1688년에서 1689년 사이에 영국에서 일어난 혁명으로, 스튜어트 왕조의 전제 정치를 피를 흘리지 않고 쓰러뜨렸기 때문에 명예혁명이라고 한다. 윌리엄은 의회가 기초한 권리선언을 인정하고 권리장전을 제정, 정식으로 즉위함으로써 사실상 의회가 주권을 쥐는 입헌군주제가 수립되었다.

상식 plus⁺

권리장전 명예혁명의 결과로 이루어진, 영국 헌정사상 가장 중요한 의미를 지니는 법률이다.

기출 check✓

Q. 명예혁명의 결과는?
A. 의회 중심의 입헌군주제 수립

30 프랑스 혁명
4회 기출

#시민혁명

MBC, TBS, CBS

1789~1794년 구제도를 타파하고 자유·평등·박애 사회를 건설하기 위해 일어난 시민혁명이다. 프랑스 혁명은 정치권력이 왕족과 귀족에서 시민으로 옮겨진 역사적 전환점이 되었다.

31 제2차 세계대전
7회 기출

#국제연합

MBC, 국제신문, SBS

1939~1945년 유럽, 아시아, 북아프리카, 태평양 등지에서 추축국(독일·이탈리아·일본)과 연합국(미국·영국·소련 등) 사이에 벌어진 세계 전쟁이다.

상식 plus⁺

국제연합(UN) 제2차 세계대전 후 설립된 국제기관으로, 전쟁 방지 및 세계 평화의 유지와 인류복지의 향상을 목적으로 한다.

Part 2 경제·경영·금융

01 테이퍼링
Tapering
#벤 버냉키

13회 기출

aT한국농수산식품유통공사, 한국농어촌공사, 신용보증기금

벤 버냉키 전 미연방준비제도이사회 의장이 처음 사용한 용어로 미국의 양적완화정책을 점진적으로 줄여나가는 것을 말한다.

기출 check ✓
Q. 테이퍼링에 대해 약술하시오.

---

02 양적완화
#국채매입

25회 기출

연합뉴스, 매일경제, 아시아경제

금리인하를 통한 경기부양 효과가 한계에 이르렀을 때, 중앙은행이 국채매입 등을 통해 시중에 돈을 직접 푸는 정책을 말한다.

기출 check ✓
Q. 미국의 양적완화에 대한 설명으로 틀린 것은?
A. 금리인상(→ 금리인하)

---

03 리디노미네이션
Redenomination
#액면가

6회 기출

부천시 공공기관 통합채용, 노원문화재단

화폐의 가치적인 변동 없이 액면을 동일 비율로 하향 조정하는 것을 말한다. 경제 규모가 커지고 물가가 상승함에 따라 거래되는 숫자의 자릿수가 늘어나는 계산상의 불편을 해소하기 위해 도입한다.

---

04 골디락스
Goldilocks
#경제호황

14회 기출

용인도시공사, 경기콘텐츠진흥원

높은 성장률을 기록하면서도 물가상승 압력이 거의 없는 이상적인 경제상황을 말한다.

기출 check ✓
Q. 골디락스 경제에 대해 약술하시오.

---

05 스태그플레이션
Stagflation
#고물가

23회 기출

광주광역시도시공사, 한국수력원자력, MBC

경기침체를 의미하는 '스태그네이션(Stagnation)'과 물가상승을 의미하는 '인플레이션(Inflation)'을 합성한 용어로, 경제활동이 침체되고 있는 상황에서도 물가는 지속적으로 상승하고 있는 현상이다.

상식 plus⁺

초인플레이션(하이퍼인플레이션) 인플레이션의 범위를 초과하여 경제학적 통제를 벗어난 인플레이션

디스인플레이션 인플레이션이 발생해 통화가 팽창하여 물가가 상승할 때, 그 시점의 통화량-물가수준은 유지한 채 안정을 도모하며 서서히 인플레이션을 수습하는 경제정책

---

06 베블런 효과
Veblen Effect
#과시욕

24회 기출

농촌진흥청, 이투데이, 아시아경제

가격이 오르는데도 일부 계층의 과시욕이나 허영심 등으로 인해 수요가 줄어들지 않는 현상으로, 상류층 소비자들의 소비 심리를 표현한 말이다.

기출 check✓
Q. 가격이 올라도 수요가 증가하는 현상은?
A. 베블런 효과

---

07 엥겔계수
Engel Coefficient
#엥겔의 법칙

8회 기출

한국수력원자력, SBS, 서울시복지재단

총 가계지출액 중에서 식료품비가 차지하는 비율이다. 소득 수준이 높아짐에 따라 점차 감소하는 경향이 있다.

엥겔계수=식료품비(음식물비)/총가계지출액(총생계비)×100

상식 plus⁺

엥겔의 법칙 저소득 가계일수록 가계 지출 중 식료품비가 차지하는 비율이 높고, 고소득 가계일수록 식료품비가 차지하는 비율이 낮은 것

---

08 파운드리
Foundry
#반도체 위탁 생산

15회 기출

이투데이, 경향신문, 부산교통공사

반도체 생산 기술·설비를 보유해 반도체 상품을 위탁생산해주는 것을 말한다. 제조과정만 담당하며 외주 업체가 전달한 설계 디자인을 바탕으로 반도체를 생산한다. 대만 TMCZ가 대표적인 파운드리 기업이다.

---

09 유로존
Eurozone
#유로화

6회 기출

영화진흥위원회, YTN, 부천문화재단

유럽연합(EU)의 단일화폐인 유로를 국가통화로 도입하여 사용하는 국가나 지역이다. 2024년 기준 오스트리아, 핀란드, 독일, 에스토니아, 프랑스, 아일랜드, 스페인, 라트비아, 벨기에, 키프로스, 그리스, 슬로바키아, 이탈리아, 룩셈부르크, 몰타, 네덜란드, 포르투갈, 슬로베니아, 리투아니아, 크로아티아 등 총 20개국이 가입되어 있다.

10 CPTPP
24회 기출
포괄적·점진적 환태평양 경제동반자협정
#아시아와 태평양 무역

이투데이, 헤럴드경제

아시아·태평양 12개국 간의 지역 자유무역협정(FTA)이다. 미국과 일본이 주도하였으나 미국의 트럼프 전 대통령이 탈퇴를 선언하면서 2018년 3월 총 11개국이 명칭을 CPTPP로 변경하면서 공식서명 절차를 마쳤다. 무역 관세를 전면적으로 철폐하고, 외국자본의 투자규제를 완화하며 자유로운 고급인력 이동을 기조로 한다.

11 OECD
15회 기출
경제협력개발기구
#마셜플랜

해양환경관리공단, YTN, MBC

제2차 세계대전 직후 유럽의 경제부흥을 위한 미국의 마셜플랜에 따라 개발도상국 문제 등 새로운 세계정세에 대응하기 위해 설립된 국제기구다.

상식 plus+
마셜플랜(Marshall Plan) 제2차 세계대전 후 1947년~1951년까지 미국이 서유럽 16개 나라에 행한 대외원조계획이다.

12 APEC
15회 기출
아시아태평양경제협력체
#21개국

경기도시공사, aT한국농수산식품유통공사, 연합뉴스

태평양 주변 국가들의 정치·경제적 결속을 다지는 기구로 지속적인 경제성장과 공동의 번영을 위해 1989년 호주 캔버라에서 12개국 간의 각료회의로 출범했으며, 현재는 21개국이 회원국으로 참여하고 있다.

상식 plus+
APEC 회원국
한국, 미국, 일본, 호주, 뉴질랜드, 캐나다, 아세안 6개국(말레이시아, 인도네시아, 태국, 싱가포르, 필리핀, 브루나이), 중국, 홍콩, 대만, 멕시코, 파푸아뉴기니, 칠레, 러시아, 베트남, 페루

기출 check ✓
Q. APEC 국가가 아닌 것은?
A. 브라질

13 EU
유럽연합
#마스트리흐트 조약

22회 기출

해양환경관리공단, 영화진흥위원회, 한국공항공사

1993년 마스트리흐트 조약에 따라 1994년부터 사용된 유럽공동체 EC의 새로운 명칭이다. 유럽연합에는 28개 국가가 가입되어 있었으나 영국이 2016년 국민투표로 EU 탈퇴를 결정하였고, 2020년 12월 31일(현지시간) EU와 공식적으로 결별했다.

상식 plus⁺
EU 회원국
독일, 프랑스, 이탈리아, 네덜란드, 벨기에, 룩셈부르크, 아일랜드, 덴마크, 그리스, 스페인, 포르투갈, 스웨덴, 핀란드, 오스트리아, 헝가리, 폴란드, 체코, 슬로베니아, 에스토니아, 사이프러스, 라트비아, 리투아니아, 몰타, 슬로바키아, 루마니아, 불가리아, 크로아티아

14 G7
#G20

19회 기출

SBS, KBS, 서울시설공단

세계 경제가 나아갈 방향과 각국 사이의 경제정책에 대한 협조 및 조정에 관한 문제를 논의하기 위한 주요 7개국의 모임으로, 미국·영국·프랑스·독일·이탈리아·캐나다·일본이 회원국이다.

상식 plus⁺
G20 가입국
미국, 영국, 프랑스, 독일, 이탈리아, 캐나다, 일본, 러시아, 한국, 중국, 호주, 인도, 브라질, 멕시코, 인도네시아, 아르헨티나, 튀르키예, 사우디아라비아, 남아공, EU 의장국

15 FTA
Free Trade Agreement
자유무역협정
#지역무역협정

50회 기출

부산교통공사, 농민신문

자유무역협정(FTA)은 협정을 체결한 국가 간에 상품·서비스 교역에 대한 관세 및 무역장벽을 철폐함으로써 배타적인 무역특혜를 서로 부여하는 협정이다.

기출 check ✓
Q. FTA의 독소조항은?
A. 래칫조항(역진방지조항)

16 국세
#국가의 살림

12회 기출

주택금융공사, SBS, 이데일리

국가의 살림을 위해 국민으로부터 부과·징수하는 조세로, 조세를 징수하는 주체에 따라 국세와 지방세로 구분한다.

기출 check ✓
Q. 다음 중 국세에 해당하지 않는 것은?
A. 취득세

17 지방세
9회 기출
#지방의 살림

주택금융공사, 이데일리, SBS

지방자치단체가 자치단체의 안정된 존립과 주민의 복지에 필요한 공공의 경비를 마련하기 위하여 그 지역 국민에게 부과·징수하는 조세를 말한다.

상식 plus+
지방세의 종류 취득세, 등록면허세, 레저세, 지방소비세, 지역자원시설세, 지방교육세, 지방소득세, 주민세, 재산세, 자동차세, 담배소비세

18 리니언시
Leniency
14회 기출
#자진신고 감면제

전기신문, SBS, 이투데이

담합 사실을 처음 신고한 업체에게는 과징금 100%를 면제해주고, 2순위 신고자에게는 50%를 면제해준다. 이 제도는 상호 간의 불신을 자극하여 담합을 방지하는 효과를 얻을 수 있다.

기출 check✓
Q. 리니언시 제도에 대해 약술하시오.

19 ESG
환경, 사회적 책무, 지배구조
9회 기출
#기업의 지속가능성

머니투데이, 한국폴리텍대학, 한국보훈복지공단

'Environmental', 'Social', 'Governance'의 앞 글자를 딴 용어로 기업의 비재무적인 요소인 환경과 사회적 책무, 지배구조를 뜻한다. 기업을 운영하면서 사회에 미칠 영향을 먼저 생각하는 것을 말한다.

20 리쇼어링
Reshoring
11회 기출
#오프쇼어링

언론중재위원회, 한국일보, 이투데이

싼 인건비나 시장을 찾아 해외로 진출한 기업들이 본국으로 되돌아오는 현상을 말한다.

상식 plus+
오프쇼어링(off-shoring) 기업업무의 일부를 인건비 등이 싼 해외 기업에 맡겨 처리하는 것으로 리쇼어링의 반대개념이다.

21 스톡옵션
Stock Option
8회 기출
#임직원 부여

한국장학재단, 인천교통공사, 방송통신심의위원회

기업이 임직원에게 자기회사의 주식을 일정 수량, 일정 가격으로 매입할 수 있는 권리를 부여하는 제도이다.

기출 check✓
Q. 회사가 자기회사 주식을 일정한 가격으로 매수하게 해주는 것은?
A. 스톡옵션

22 포이즌 필
Poison Pill
19회 기출
#매수포기

부산도시공사, 춘천MBC, 문화일보

기존 주주들에게 시가보다 훨씬 싼 가격에 지분을 매입할 수 있도록 미리 권리를 부여하는 제도이다. 기업 M&A에 대한 방어 전략의 일종으로 적대적 M&A가 시도될 경우 기존 주주들에게 시가보다 싼값에 신주를 발행해 기업인수에 드는 비용을 증가시키는 방법이다.

기출 check✓
Q. 적대적 M&A 방어를 일컫는 말은?
A. 포이즌 필

23 앰부시 마케팅
Ambush Marketing
8회 기출
#스폰서

방송통신심의위원회, MBC

스폰서의 권리가 없는 자가 마치 자신이 스폰서인 것처럼 마케팅하는 기법을 말한다.

상식 plus+
앰부시 마케팅의 사례로는 경기 중계방송 전후에 자사 광고를 내보내는 방법, 복권이나 경품 행사 등을 통해 경기 주체와 개최 장소를 알리는 방법, 개최에 참가하는 팀이나 선수 등 보다 작은 단위의 참가자와 스폰서 계약을 맺는 방법, 경기장 주변에 광고하는 방법 등이 있다.

24 마케팅믹스 4P
5회 기출
#마케팅 목표달성

한국수력원자력, 한겨레, 서울공공보건의료재단

표적시장에서 마케팅 목표를 달성하기 위해 필요한 요소들의 조합으로, 제품(Product), 가격(Price), 유통(Place), 촉진(Promotion)의 요소로 구성된다.

상식 plus+
마케팅믹스 nP 마케팅믹스 4P에 People(또는 Public Relations), Partnership, Participation, Process 등을 더해 5P, 6P, 7P라고도 한다.

25 퍼플오션
5회 기출
#블루오션

창원문화재단, 부산교통공사, 한국농어촌공사

레드오션과 블루오션의 장점만을 따서 만든 새로운 시장이다. 레드와 블루를 섞었을 때 얻을 수 있는 보라색 이미지를 사용한다. 경쟁이 치열한 레드오션에서 자신만의 차별화된 아이템으로 블루오션을 개척하는 것을 말한다.

상식 plus+
레드오션 경쟁이 치열해 성공을 낙관하기 힘든 시장을 의미한다.
블루오션 경쟁자가 없는 미지의 시장을 의미한다.

26 뱅크런
Bank Run
#금융시장 불안
5회 기출

인베스트조선, KBS, 인천글로벌캠퍼스

금융시장이 극도로 불안한 상황일 때 은행에 돈을 맡긴 사람들이 대규모로 예금을 인출하는 사태로, 예금을 맡긴 은행에 무슨 문제가 생겨 파산할지도 모른다고 생각하는 예금자들이 서로 먼저 돈을 찾으려고 은행으로 뛰어가는 모습에서 유래되었다.

상식 plus+

펀드런 펀드투자자들이 펀드에 투자한 돈을 회수하려는 사태

---

27 기준금리
#중앙은행
10회 기출

연합뉴스, 국립호남권생물자원관

한 국가의 각종 금리를 대표하는 금리로, 일반 시중은행들이 중앙은행으로부터 대출을 받을 때 적용되는 금리다. 우리나라는 한국은행의 금융통화위원회에서 결정한다.

상식 plus+

빅스텝 중앙은행이 기준금리를 0.50%p 인상하는 것을 말한다. 또한 0.25%p 인상은 베이비스텝, 0.75~1.00%p 인상은 자이언트스텝이라 한다.

---

28 주가지수 연동형 상품
ELD, ELS, ELF
#주가지수수익
20회 기출

이투데이, SBS, 경향신문

증권의 한 종류로 고객들이 예탁한 돈을 주가지수의 움직임에 맞춰 이익을 내도록 운용하는 것을 말한다. 주가지수연동형 상품에는 ELD, ELS, ELF가 있다.

구분	ELD (주가지수연동예금)	ELS (주가지수연동증권)	ELF (주가지수연동펀드)
장점	은행이 제시한 수익보장	증권사가 제시수익을 달성할 수 있도록 상품을 구성	추가수익발생 가능
단점	추가수익 없음	추가수익 없음	제시수익 보장 없음

---

29 LTV
Loan to Value Ratio
주택담보대출비용
#자산가치
30회 기출

뉴스1, MBC, 한겨레

집을 담보로 은행에서 돈을 빌릴 때 집의 자산가치를 얼마로 보는지의 비율을 의미한다. 주택의 종류 및 주택의 소재 지역에 따라 담보자산의 시가 대비 처분가액 비율이 달라질 수 있다.

기출 check✓

Q. LTV는 어떤 말의 약자인가?
A. Loan to Value Ratio

30 DTI
38회 기출
Debt To Income
총부채상환비율
#원리금

이투데이, SBS, 연합뉴스

총소득에서 부채(빚)의 연간 원리금 상환액이 차지하는 비율을 말한다. 수치가 낮을수록 빚 상환능력이 양호하거나 소득에 비해 대출규모가 작다는 의미이다.

기출 check✓
Q. 총소득 중 부채의 연간 원리금 상환액이 차지하는 비율을 의미하는 것은?
A. DTI

31 DSR
16회 기출
총부채원리금상환비율
Debt Service Ratio
#총체적

주택금융공사, 뉴스1, MBC

주택에 대한 대출 원리금뿐만 아니라 전체 금융 부채에 대한 원리금 상환액 비율을 말한다.

기출 check✓
Q. 대출받는 사람의 상환능력을 심사하는 지표로 대출의 연간 원리금 상환액을 연간 소득으로 나눈 값은?
A. DSR

32 서킷브레이커
21회 기출
CB ; Circuit Breaker
#주식일시정지

SBS, 이투데이, 매일신문

주식시장에서 주가가 급등 또는 급락하는 경우 주식매매를 일시 정지하는 제도를 말한다. 코스피나 코스닥지수가 전일 대비 10% 이상 폭락한 상태가 1분간 지속하는 경우 시장 모든 종목의 매매거래를 중단한다. 20분간의 매매정지가 풀리면 10분간 동시호가로 접수해서 매매를 재개한다.

33 헤지펀드
10회 기출
#투기성 자본

부산도시공사, 인베스트조선, 아시아경제

소수의 고액투자자를 대상으로 하는 사모펀드이다. 주가의 장·단기 실적을 두루 고려해 장·단기 모두에 투자하는 식으로 포트폴리오를 구성하여 위험은 분산시키고 수익률은 극대화한다.

기출 check✓
Q. 고수익, 고위험 펀드로만 짝지어진 것은?
A. 헤지펀드-하이일드펀드

Part 3 사회

01 고령화사회
9회 기출
#중위연령

한겨레, 광명도시공사

전체인구 중 65세 이상 인구가 7% 이상을 차지하는 사회를 말한다. 14% 이상이면 고령사회, 20% 이상이면 초고령사회라고 한다.

상식 plus+

중위연령 총 인구를 연령순으로 나열했을 때 정확히 중간에 있는 사람의 나이를 뜻한다.

02 MZ세대
7회 기출
#밀레니엄, Z세대

부산일보, 화성시 공공기관 통합채용, 농업기술실용화재단

1980년대~2000년대 초 출생해 디지털과 아날로그를 함께 경험한 밀레니얼 세대(Millennials)와 1990년 중반 이후 디지털 환경에서 태어난 Z세대(Generation Z)를 통칭하는 말이다. 경제활동인구에서 차지하는 비율이 점차 높아지고 있으며, 향후 15년간 기존 세대를 뛰어넘는 구매력을 가질 것으로 평가된다.

상식 plus+

알파세대 2010년 이후에 태어난 이들을 지칭하는 용어로 어릴 때부터 기술적 진보를 경험했기 때문에 스마트폰이나 인공지능, 로봇 등을 사용하는 것에 익숙하다. 그러나 사람과의 소통보다 기계와의 일방적 소통에 익숙해 정서나 사회성 발달에 부정적인 영향이 나타날 수 있다는 우려도 있다.

03 깨진 유리창 이론
Broken Window Theory
7회 기출
#범죄심리

대구시설관리공단, 방송통신심의위원회, 제일기획

사소한 것들을 방치하면 더 큰 범죄나 사회문제로 이어진다는 사회범죄심리학 이론. 길거리에 있는 상점에 어떤 이가 돌을 던져 유리창이 깨졌을 때 이를 방치해두면 그 다음부터는 '해도 된다'라는 생각에 훨씬 더 큰 문제가 발생하고 범죄로 이어질 확률이 높아진다는 이론이다.

기출 check ✓

Q. 다음 중 깨진 유리창 이론에 해당하는 사례는?

04 사일로 효과
Silos Effect
7회 기출
#조직이기주의

MBC, 매일신문, 경향신문

조직 내의 각 부서들이 서로 다른 부서와 벽을 쌓고 내부 이익만을 추구하는 부서 이기주의 현상을 말한다.

기출 check ✓

Q. 조직 장벽과 부서 이기주의를 설명하는 개념은?
A. 사일로 효과

05 젠트리피케이션
Gentrification
55회 기출
#주민이주

한국문화예술위원회, 한국소비자원, 연합뉴스

낙후지역의 활성화로 중상층이 유입되면서 원주민들이 집값이나 임대료를 감당하지 못하고 그 지역을 떠나는 현상을 말한다. 우리나라에서는 서촌, 해방촌, 경리단길, 성수동 서울숲길 등이 대표적이다.

상식 plus⁺
투어리스티피케이션(Touristification) '관광지화(Touristify)'와 '젠트리피케이션(Gentrification)'의 혼성어로, 지역 내 관광이 활성화되면서 원주민이 쫓겨나거나 이주하는 현상을 말한다.

기출 check✓
Q. 젠트리피케이션이 발생하는 이유는?

06 침묵의 나선 이론
The Spiral of Silence Theory
9회 기출
#군중심리

한겨레, 이투데이, KBS

여론이 형성되는 과정에서 자기 입장이 다수 의견과 동일하면 적극적으로 동조하지만, 소수 의견일 경우에는 남에게 나쁜 평가를 받거나 고립되는 것이 두려워 침묵하는 현상을 말한다.

기출 check✓
Q. 여론이 형성되는 과정에서 자신의 입장이 다수의 의견과 동일하면 적극적으로 동조하지만 소수의 의견일 경우에는 남에게 나쁜 평가를 받거나 고립되는 것이 두려워 침묵하는 현상을 뜻하는 말은?
A. 침묵의 나선 이론

07 님비현상
NIMBY
11회 기출
#집단적 이기주의

한국환경공단, 매일신문, MBC

'Not In My Back Yard'의 약어로, 폐기물 처리장, 교도소 등 혐오시설이나 수익성이 없는 시설이 자기 지역으로 들어오는 것을 반대하는 현상이다.

상식 plus⁺
핌피(PIMFY) 수익성 있는 사업을 자기 지방에 유치하려는 현상
님투(NIMTOO) 공직자가 임기 중에 혐오시설을 설치하지 않고 임기를 마치려고 하는 현상

08 가스라이팅
Gaslighting
7회 기출
#상황조작

고양도시관리공사, 대전광역시 공공기관 통합채용, 광명도시공사

타인의 심리나 상황을 교묘하게 조작해 그 사람이 스스로 의심하게 만들어 타인에 대한 지배력을 강화하는 행위다. 상대방이 현실감과 판단력을 잃게 만들고, 이로써 타인에 대한 통제능력을 행사하는 것을 말한다.

09 그루밍 성폭력
Grooming Crime
6회 기출
#심리 지배 성폭력

서울시복지재단, 뉴시스, 한국일보

피해자와 친분을 쌓아 심리적으로 지배한 뒤 피해자에게 성적 가해를 하는 것을 뜻한다. 'Grooming', 즉 길들인다는 의미대로 가해자는 피해자에게 원하는 것을 주어서 성적 가해를 하여도 거부할 수 없게 만든다. 경제적·심리적으로 취약한 아동청소년에 대한 성범죄에서 쉽게 나타난다. 표면적으로는 피해자가 동의한 것처럼 보여 처벌이 어려워지기도 한다.

10 국민연금
12회 기출
#4대보험

국민연금공단, 경향신문, 한국일보

국가가 보험의 원리를 도입해 만든 사회보험의 일종으로, 가입자가 퇴직, 노령, 사망 등의 이유로 소득활동이 중단되었을 때 본인이나 유족에게 연금으로 지급해 일정 소득을 보장하는 사회보장제도이다.

기출 check✓
Q. 사업 중단, 실직 등의 사유로 국민연금 보험료를 낼 수 없는 것을 무엇이라 하는가?
A. 납부예외

11 사회보장제도
Social Security
6회 기출
#사회복지

근로복지공단, 인천서구문화재단, 경기도시공사

질병, 상해, 장애, 실업, 사망 등 사회적 위험에서 국민을 보호하고, 국민의 생활의 질을 향상시키기 위해 실시하는 사회보험, 공적부조, 사회복지서비스 등을 말한다.

상식 plus⁺
영국의 사회보장제도 1942년 〈베버리지 보고서〉에 기초한 사회보장제도가 시작되었다. 출산, 교육, 질병, 실업, 은퇴, 재해, 사망에 이르기까지 '요람에서 무덤까지' 적용되는 완벽한 사회보장제도라고 일컬어진다.

12 기초연금
11회 기출
#국민연금

주택금융공사, 국제신문, 아시아경제

65세 이상 노인 중 소득이 하위 70%에 해당되는 저소득층 노인에게 매달 일정액 연금을 지급하는 제도이다. 국민연금과 연계하여 지급한다.

기출 check✓
Q. 다음 중 기초연금을 받을 수 있는 사람은?
A. 2025년 기준 65세 이상인 본인 및 배우자의 소득인정액이 228만원(단독가구) 또는 364만 8천원(부부가구) 이하이면 기초연금수급자로 선정되어 기초연금을 받을 수 있다.

13 실업
失業, Unemployment
19회 기출
#실업유형

MBC, 매일신문, 뉴시스

일주일에 1시간 이상 일에 종사하여 수입이 있는 사람을 취업자라 하고, 경제활동인구 가운데 취업자를 제외한 사람을 실업자라고 한다.

상식 plus+
- **자발적 실업** : 일할 능력과 의사는 있지만 현재의 임금수준이나 복지 등에 만족하지 못하고 다른 곳으로 취업하기 원하여 발생하는 실업
- **잠재적 실업** : 표면적으로는 취업 중이지만 생계유지를 위해 잠시 만족스럽지 않은 직업에 종사하며 계속 구직에 힘쓰는 상태
- **구조적 실업** : 경제가 성장함에 따라 산업구조·기술 등의 변화가 생기는데 이에 적절하게 대응하지 못해 발생하는 실업
- **경기적 실업** : 일할 의지는 있지만 경기악화로 인해서 발생하며 비자발적 실업의 한 형태

14 통상임금
26회 기출
#임금제도

MBN, SBS, 한겨레

월급, 주급, 일급, 시간급 등을 총칭한 것으로, 통상임금은 해고수당이나 야간·시간외·휴일 근로시의 가산수당, 연차유급휴가수당 산출의 기초가 된다.

기출 check ✓
Q. 통상임금에 대해 옳지 않은 설명은?
A. 3개월 동안 총 임금을 일한 날로 나눈 것이다.(→ 평균임금에 대한 설명)

15 합계출산율
10회 기출
#저출산

뉴스1, 머니투데이, 전국택시공제조합

인구동향조사에서 15~49세의 가임여성 1명이 평생 동안 낳을 것으로 추정되는 출생아 명수를 통계화한 것이다. 연령별 출산율의 합으로 계산하며, 2024년 우리나라의 합계출산율은 0.75명을 기록했다.

기출 check ✓
Q. 2024년 우리나라의 합계출산율은?
A. 0.75명

16 근로기준법
20회 기출
#근로조건

서울주택공사, 한국지역난방공사, 신용보증기금

근로조건의 기준을 정함으로써 근로자의 기본적 생활을 보장·향상시키고 균형 있는 국민경제의 발전을 위하여 제정한 법이다. 이 법은 상시 5인 이상의 근로자를 사용하는 모든 사업장에 적용하되, 동거하는 친족만을 사용하는 사업장과 가사 사용인에 대해서는 적용하지 않는다.

17 노동3권
6회 기출
#노동자의 권리

전남신용보증재단, 한겨레, MBC

노동자의 기본권리로, 노동자는 근로조건의 향상을 위해 자주적인 단결권, 단체교섭권, 단체행동권을 가진다.

상식 plus+
단결권 노동조합을 결성·운영하며 노동조합 활동을 할 수 있는 권리
단체교섭권 근로자가 근로조건을 유지하거나 개선하기 위해 단체로 모여 사용자와 교섭할 수 있는 권리
단체행동권 근로자가 단체로 집단적인 행동을 할 수 있는 권리

18 최저임금제도
9회 기출
#임금제도

한국보훈복지의료공단, 코리아헤럴드, MBC

국가가 근로자 임금액의 최저한도를 결정하고 사용자가 그에 따라 임금을 지급하도록 법적으로 강제하는 제도이다. 고용노동부장관은 다음 연도 최저임금을 최저임금위원회의 심의를 거쳐 매년 8월 5일까지 결정·고시해야 한다.

기출 check✓
Q. 2026년 시간당 최저임금은 얼마인가?
A. 10,320원

19 스마트 그리드
Smart Grid
16회 기출
#에너지 절약

한국전력공사, 전기안전공사, 이투데이

집이나 사무실에서 효율적으로 전기를 쓸 수 있는 지능형 전력망 시스템이다. 전체적인 전력 사용 상황에 따라 5~10분마다 전기요금 단가가 바뀌는 게 특징이다. 우리나라는 2030년까지 국내 전역에 스마트 그리드 설치를 완료하는 것을 골자로 한 국가 로드맵을 확정했다.

기출 check✓
Q. 기존의 전력망에 정보기술을 접목해 전력공급자와 소비자가 양방향으로 실시간 정보를 교환함으로써 에너지 효율을 최적화하는 차세대 지능형 전력망은?
A. 스마트 그리드

20 엘니뇨
El Nino
#이상 기후
16회 기출

한국수산자원관리공단, 이투데이, 아시아경제

평년보다 0.5℃ 이상 해수면 온도가 높은 상태가 5개월 이상 지속되는 현상이다. 엘니뇨는 대기 순환에 영향을 주어 세계 각 지역에 홍수, 무더위, 가뭄 등 이상기후를 일으킨다.

상식 plus+
라니냐(La Nina) 엘니뇨의 반대 현상으로, 평년보다 해수면 온도가 0.5℃ 이상 낮은 상태가 5개월 이상 지속되는 상태이다.

기출 check✓
Q. 엘리뇨의 반대 현상은?
A. 라니냐

21 탄소배출권
CERs ; Certified Emission Reductions
#온실가스
14회 기출

한국수력원자력, CBS, 동부제철

지구온난화를 일으키는 일산화탄소(CO), 메탄(CH), 아산화질소(NO)와 3종의 프레온가스, 6개 온실가스를 배출할 수 있는 권리를 의미한다. 유엔기후변화협약(UNFCCC)에서 탄소배출권을 발급한다.

상식 plus+
탄소발자국 사람의 활동이나 상품을 생산·소비하는 전 과정을 통해 직·간접적으로 배출되는 온실가스 배출량을 환산한 이산화탄소의 총량

기출 check✓
Q. 온실가스 배출량을 나타내는 용어는?
A. 탄소발자국

22 그린워싱
#친환경
8회 기출

조선일보, 보훈교육연구원

친환경 제품이 아닌 것을 친환경 제품으로 속여 홍보하는 것이다. 위장환경주의라고도 한다. 기업이 제품을 만드는 과정에서 환경오염을 유발하지만 친환경 재질을 이용한 제품 포장 등만을 부각해 마케팅에 강조하는 것이 그린워싱의 사례다.

기출 check✓
Q. 상품 또는 서비스가 마치 친환경적인 것처럼 홍보하는 '위장환경주의'를 뜻하는 말은?
A. 그린워싱

23 업사이클링
6회 기출
#재사용

경기도일자리재단, TV조선, MBC

업사이클링(Up-cycling)은 단순히 쓸모없어진 것을 재사용하는 리사이클링(Recycling)의 상위 개념으로 디자인 또는 활용도를 더해 전혀 다른 제품으로 생산하는 것을 말한다.

기출 check✓
Q. 재활용에 그치지 않고 디자인을 살려 예술품으로 만드는 것은?
A. 업사이클링

24 유엔기후변화협약
8회 기출
UNFCCC
#지구온난화

한국공항공사, 한국마사회, 삼천리

1992년 6월 브라질의 리우회의에서 채택된 협약으로 온실가스의 방출을 제한하여 지구온난화를 방지하고자 하는 데 목적이 있다.

상식 plus⁺
세계 3대 UN 환경협약
기후변화협약(UNFCCC), 사막화방지협약(UNCCD), 생물다양성협약(UNCBD)

25 파리기후변화협약
11회 기출
#온실가스 감축

한국전력공사, 이투데이

전 세계 온실가스 감축을 위해 2015년 12월 12일 프랑스 파리에서 맺은 국제협약으로 파리협정이라고도 한다. 지구 평균온도가 2도 이상 상승하지 않도록 온실가스를 단계적으로 감축하는 내용을 담고 있다. 2020년 만료된 교토의정서를 대체하여 적용하는 새로운 기후협약이다.

Part 4 정치

01 투키디데스의 함정
6회 기출
#미국과 중국

MBC, MBN, 한국경제TV

신흥 강대국과 기존 강대국의 필연적인 갈등을 말한다. 새로운 강대국이 떠오르면 기존의 강대국이 이를 두려워하여 견제하므로 서로 부딪칠 수밖에 없는 상황을 의미하는 이 용어는 아테네와 스파르타의 전쟁에서 유래했다.

02 고노 담화
17회 기출
#위안부

한국사회적기업진흥원, 문화일보, G1뉴스

일본군 위안부 모집에 대해 일본군이 강제 연행했다는 것을 인정하는 내용이 담긴 담화이다.

기출 check✓
Q. 일본 관방장관이 위안부 문제에 대해 사죄한 담화는?
A. 고노 담화

03 엽관제도
5회 기출
#Spoils System

대구시설공단, MBC, 충남대학교병원

선거에서 당선되어 정권을 잡은 사람 또는 정당이 관직을 지배하는 정치적 관행이다. 19세기 중반 미국에서 성행한 공무원 임용제도에서 유래한 것으로 정당에 대한 충성도와 기여도에 따라 공무원을 임용하는 인사 관행을 말한다.

04 필리버스터
25회 기출
#Filibuster

구미시설공단, 광주도시공사, 방송통신심의위원회

소수파가 다수파의 독주를 막기 위한 합법적인 의사진행 방해 행위를 말한다. 우리나라는 1964년 당시 국회의원 김대중이 김준연 의원의 구속동의안 통과를 막기 위해 5시간 19분 동안 연설을 진행한 것이 최초다.

상식 plus⁺

국회선진화법 법안에 대한 국회의장의 직권 상정과 다수당의 날치기 통과를 막기 위해 재적의원 5분의 3 이상의 동의가 있어야만 본회의 상정이 가능하도록 한 국회법

05 감사원
監査院
#감사기관

17회 기출

한국수력원자력, 포커스뉴스, 더벨

헌법에 의해 설치된 정부기관으로, 국가의 세입·세출을 결산하고 국가 및 법률이 정한 단체의 회계검사와 행정기관 및 공무원의 직무에 관한 감찰을 하는 기관이다.

기출 check ✓
Q. 감사원장의 임기 및 임명절차는?
A. 임기-4년, 임명-대통령(국회의 동의를 얻어야 함)

06 레임덕
Lame Duck
#권력누수

8회 기출

부산교통공사, 인천교통공사, 삼성

절름발이 오리라는 뜻이며, 현직에 있던 대통령의 임기 만료를 앞두고 나타나는 것으로 대통령의 권위나 명령이 제대로 시행되지 않거나 먹혀들지 않아서 국정 수행에 차질이 생기는 일종의 권력누수 현상이다.

07 대통령의 지위와 권한
#긴급명령권

7회 기출

한국남동발전, 국민연금공단, 이랜드

대통령은 국가의 원수이며, 행정권은 대통령을 수반으로 하는 정부에 속한다.
- 국가 원수로서의 권한 : 긴급명령권, 계엄선포권, 국민투표부의권 등
- 행정부 수반으로서의 권한 : 행정부의 최고 지휘·감독권, 법령집행권, 국군통수권, 공무원 임명권, 대통령 발포권, 법률안 거부권 등

기출 check ✓
Q. 대통령 다음으로 국정을 운영할 수 있는 권한 대행자 순서는?
A. 국무총리 → 기획재정부장관(부총리) → 교육부장관(부총리)

08 옴부즈만 제도
Ombudsman
#국민권익위원회

12회 기출

한국장애인고용공단, 한국언론진흥재단, 방송통신심의위원회

입법부와 법원이 가지고 있는 행정 통제의 고유 권한이 제 기능을 발휘하지 못함에 따라 1809년 스웨덴에서 처음 창설된 대국민 절대 보호 제도이다. 옴부즈만과 비슷한 제도로 우리나라에는 '국민권익위원회'가 있다.

상식 plus+
국민권익위원회 부패 방지와 국민의 권리 보호 및 구제를 위하여 설치한 국무총리 소속의 행정기관으로 2008년 2월 29일 법률 제8878호로 제정되었다.

기출 check ✓
Q. 옴부즈만 제도를 가장 먼저 실시한 나라는?
A. 스웨덴

09 교섭단체
交涉團體
#국회법 제33조
16회 기출

문화일보, SBS, 한겨레

국회에서 정당 소속 의원들의 의견과 정당의 주장을 통합하여 국회가 개회되기 전에 반대당과 교섭·조율하기 위해 구성하는 단체이다. 소속 국회의원의 20인 이상을 구성 요건으로 하며 하나의 정당으로 교섭단체를 구성하는 것이 원칙이지만 복수의 정당이 연합해 구성할 수도 있다.

기출 check ✓
Q. 원내교섭단체를 구성하기 위한 의원수는?
A. 20인

10 정족수
定足數
#최소한의 인원수
13회 기출

한국남동발전, 마사회, 뉴스1

정족수에는 의결정족수와 의사정족수가 있다. 의결정족수는 의결을 유효하게 성립시키는 데 필요한 정족수를 말하고, 의사정족수는 회의를 열고 진행하기 위해 필요한 정족수를 말한다.

기출 check ✓
Q. 국회의원 정족수 3분의 2 이상이 필요하지 않은 의결은?
A. 국무총리 해임결의안(국회 재적의원 3분의 1 이상 발의, 과반수 찬성)

11 정기국회
#100일
7회 기출

대구시설관리공단, 매일경제, 문화일보

매년 9월 1일에 열리며 정기회의·회기는 100일을 초과할 수 없다. 정기회의의 주요 업무는 다음 해의 예산안을 심의·확정하는 일이다.

기출 check ✓
Q. 정기국회에 대해 옳지 않은 것은?
A. 정기국회는 9월 10일 개회한다.(→ 9월 1일 개회, 단 공휴일이면 익일 개회)

12 주요 공직자의 임기
#임기 5년
52회 기출

국립공원관리공단, 매일경제, 한국일보

- 임기 2년 : 검찰총장, 국회의장, 국회부의장
- 임기 4년 : 감사원장, 감사위원, 국회의원
- 임기 5년 : 대통령
- 임기 6년 : 헌법재판소재판관, 중앙선거관리위원장, 대법원장, 대법관
- 임기 10년 : 일반법관

기출 check ✓
Q. 대통령의 임기는 몇 년인가?
A. 5년

13 보궐선거
補闕選擧
#재선거

15회 기출

MBC, 뉴스1, 매일신문

대통령이나 국회의원 또는 기초·광역단체장 등의 자리가 비었을 때 이를 메우기 위해 실시하는 선거를 말한다. 일반적으로 보궐선거의 선거일은 4월과 10월의 마지막 수요일로 법정화되어 있다.

기출 check ✓
Q. 보궐선거와 재선거의 차이는?

14 비례대표제
比例代表制
#득표수

17회 기출

MBN, SBS, 한겨레

각 정당의 총 득표수에 비례하여 당선자를 결정하는 제도이다. 사표(死票)를 방지하고 소수표를 보호하는 동시에 국민의 의사를 정확·공정하게 반영하는 것이 목적이다.

상식 plus⁺
연동형 비례대표제 비례대표제는 정당의 유효 득표수만큼 의석수를 배분하는 것을 목표로 한 제도로 사표(死票)를 최소화할 수 있다.

15 오픈 프라이머리
Open Primary
#예비선거

16회 기출

시설관리공단, TBC, CBS

미국에서 본선거를 치르기 전에 선거구별로 후보자를 선정하는 예비선거(Primary)의 한 방식으로 투표 자격을 당원으로 제한하지 않고 무소속 유권자나 다른 정당원에게도 투표할 수 있는 자격을 개방하는 것을 말한다.

기출 check ✓
Q. 국민 경선을 의미하는 말은?
A. 오픈 프라이머리

16 민주선거의 4대 기본원칙
#보통, 평등, 직접, 비밀

5회 기출

한국환경공단, 뉴스1, 전라남도 공공기관 통합채용

- **보통선거** : 만 18세 이상 국민은 성별·재산·종교·교육에 관계없이 선거권을 주는 제도
- **평등선거** : 모든 유권자에게 한 표씩 주고, 그 한 표의 가치를 평등하게 인정하는 제도
- **직접선거** : 선거권자가 대리인을 거치지 않고 자신이 직접 투표 장소에 나가 투표하는 제도
- **비밀선거** : 누구에게 투표했는지 알 수 없게 하는 제도

17 게리맨더링
Gerrymandering
12회 기출
#불공평한 선거구

언론중재위원회, SBS, MBC

집권당에 유리하도록 한 기형적이고 불공평한 선거구 획정 방식을 말한다. 특정 정당이나 후보자에게 유리하도록 선거구를 인위적으로 조작하는 것을 의미하며, 이를 방지하기 위해 선거구 법정주의를 채택하고 있다.

18 언더독 효과
Underdog Effect
9회 기출
#약세 후보

포항시설관리공단, 이투데이, MBC

선거철에 지지율이 낮은 후보에게 유권자들이 동정표를 주는 현상을 말한다. 여론조사 전문가들은 밴드왜건과 언더독 효과가 동시에 발생하기 때문에 여론조사 발표가 선거 결과에 미치는 영향은 중립적이라고 보고 있다.

상식 plus⁺
밴드왜건 효과 특정 유력 후보가 앞서가는 경우 그 후보자에 대해 유권자의 지지가 더욱 커지는 것을 의미하고, 경제에서는 특정상품의 수요가 증가하면 일반대중이 따라 사는 경우를 말한다.
컨벤션 효과 전당대회 등 대규모 정치행사 후에 행사 주체인 정당이나 정치인의 지지율이 상승하는 현상을 말한다.

19 UN
United Nations
국제연합
21회 기출
#193개국

남북교류협력지원협회, 국민연금공단, 경향신문

전쟁 방지 및 평화 유지, 정치·경제·사회·문화 등 모든 분야의 국제 협력 증진을 위해 1945년 10월 24일 설립된 국제기구이다.

상식 plus⁺
UN 전문기구
국제노동기구(ILO), 국제연합식량농업기구(FAO), 국제연합교육과학문화기구(UNESCO), 세계보건기구(WHO), 국제통화기금(IMF), 국제부흥개발은행(세계은행, IBRD), 국제금융공사(IFC), 국제개발협회(IDA), 국제민간항공기구(ICAO), 만국우편연합(UPU), 국제해사기구(IMO), 세계기상기구(WMO), 국제전기통신연합(ITU), 세계지적재산권기구(WIPO), 국제농업개발기금(IFAD), 국제연합공업개발기구(UNIDO) 등

기출 check✓
Q. UN의 기구가 아닌 것은?
A. 국제앰네스티

20 캐스팅보트
Casting Vote
#가부동수
5회 기출
포항시설관리공단, 동대문구시설관리공단, 매일경제

합의체의 의결에서 가부동수인 경우에 의장이 갖는 결정권이다. 또한 양대 당파의 세력이 거의 비슷하여 제3당이 비록 소수일지라도 의결의 가부를 좌우할 경우도 제3당이 캐스팅보트를 쥐고 있다고 말한다. 우리나라는 국회의장의 캐스팅보트를 인정하지 않으며 가부동수인 경우 부결된 것으로 본다.

21 헌법 개정 절차
#국민투표
9회 기출
장애인고용공단, MBC, LG

제안(헌법 제128조) → 공고 → 국회의결(헌법 제130조 제1항) → 국민투표(헌법 제130조 제2항) → 공포(헌법 제130조 제3항) → 시행(헌법 부칙 제1조)

기출 check ✓
Q. 헌법 개정 절차에 대한 설명으로 옳지 않은 것은?
A. 헌법 개정은 대통령, 정부, 국회의원이 발의할 수 있다.(정부X)

22 헌법재판소
憲法裁判所
#탄핵심판권
36회 기출
이데일리, 서울신문, 농협

헌법에 관한 분쟁이나 법률의 위헌 여부, 탄핵, 정당의 해산 등을 사법적 절차에 따라 해결하는 특별재판소이다. 헌법재판소장은 대통령이 국회의 동의를 얻어 임명하며, 재판관은 총 9명으로 대통령과 국회·대법원장이 각각 3명씩 선출하고 대통령이 임명한다. 헌법재판소 재판관의 임기는 6년이며 연임이 가능하고 정년은 만 70세이다.

기출 check ✓
Q. 헌법재판소의 재판관은 몇 명인가?
A. 9명

23 탄핵
#해임·처벌
35회 기출
뉴스1, SBS, MBC

신분이 보장된 고위직 공무원의 잘못과 비리에 대해 국회의 소추에 의해 해임하거나 처벌하는 제도이다.

상식 plus+
탄핵에 필요한 국회 정족수
- 대통령 : 국회 재적의원 과반수 발의, 국회 재적의원 3분의 2 이상의 찬성
- 국무총리·국무위원·행정각부의 장(長)·헌법재판소 재판관·법관·중앙선거관리위원회위원·감사원장·감사위원·기타 법률이 정한 공무원 : 국회 재적의원 3분의 1 이상의 발의, 국회 재적의원 과반수의 찬성

기출 check ✓
Q. 탄핵소추 대상이 아닌 것은?
A. 국회의장

24 죄수의 딜레마
Prisoner's Dilemma
8회 기출
#비제로섬 게임

인천시설관리공단, MBC, 조선일보

게임 이론의 유명한 사례로, 2명이 참가하는 비제로섬 게임의 일종이다. 두 공범자를 심문할 때, 상대방의 범죄 사실을 밝히면 형량을 감해준다는 수사관의 말에 넘어가 상대방의 죄를 말함으로써 무거운 형량을 선고받게 되는 현상이다.

25 김영란법
24회 기출
#부정청탁근절

한국가스공사, 방송통신심의위원회, 부산은행

2016년 9월 28일부터 시행된 공직자의 비리 근절을 위한 「부정청탁 및 금품 등 수수의 금지에 관한 법률」이다. 공무원이나 공공기관 임직원, 학교 교직원 등이 일정 규모[식사대접 5만원, 선물 5만원(농축수산물 15만원), 경조사비 5만원] 이상의 금품을 받으면 직무 관련성이 없어도 처벌받게 된다.

상식 plus⁺

이해충돌방지법 공직자가 직무관련정보로 사적이득을 취하지 못하도록 한 법률로서, 2021년 4월 29일 국회 본회의를 통과했다. 직무상 권한으로 취득한 미공개 정보로 재산상 이득을 취한 공직자는 7년 이하의 징역이나 7,000만원 이하의 벌금형에 처해진다. 공직자와 그 배우자, 직계존비속까지 법률적용대상이다.

26 반의사불벌죄
8회 기출
#친고죄

대구시설공단, 뉴스1, 매일경제

피해자가 가해자의 처벌을 원하지 않는다는 것을 표시하면 처벌할 수 없는 범죄를 말한다. 피해자의 의사에 관계없이 공소를 제기할 수 있으나, 피해자의 명시한 의사에 반하여 처벌할 수 없다.

기출 check✓

Q. 다음 중 반의사불벌죄가 아닌 것은?
A. 모욕죄(→ 모욕죄는 친고죄)

27 중대재해 기업처벌법
6회 기출
#중대재해법

연합뉴스, 조선일보, 대전광역시 공공기관 통합채용

중대한 인명피해를 주는 산업재해가 발생했을 경우 경영책임자 등 사업주에 대한 형사처벌을 강화하는 법률이다. 노동자가 사망하는 산업재해가 발생했을 때 안전조치 의무를 미흡하게 이행한 경영책임자에게 징역 1년 이상, 벌금 10억원 이하의 처벌을 받도록 했다. 법인이나 기관도 50억원 이하의 벌금형에 처하도록 했다.

28 일사부재리의 원칙

5회 기출

#판결의 기판력

부산경제진흥원, 헤럴드경제, MBC

어떤 사건에 대해 일단 판결이 확정되면 다시 그 사건을 소송으로 심리·재판하지 않는다는 원칙이다. 형사소송법상 어떤 사건에 대하여 유죄 또는 무죄의 실체적 판결 또는 면소의 판결이 확정되었을 때 판결의 기판력 효과이다.

기출 check ✓
Q. 일사부재리의 원칙에 대한 설명으로 옳은 것은?
A. 판결이 내려진 어떤 사건에 대해 두 번 이상 심리·재판을 하지 않는다는 형사상의 원칙

29 공소시효

10회 기출

公訴時效
#소멸

대구시설공단, 방송통신심의위원회, MBC

검사가 일정 기간 동안 어떤 범죄에 대해 공소를 제기하지 않고 방치하는 경우에 국가의 소추권 및 형벌권을 소멸시키는 제도이다.

30 국민참여재판

8회 기출

#배심원

부산경제진흥원, 포커스뉴스, 조선일보

우리나라에서 2008년 1월부터 시행된 배심원 재판제도이다. 우리나라에서 배심원의 평결은 법적 구속력을 갖지 않는다.

기출 check ✓
Q. 국민참여재판에 대한 내용으로 틀린 것은?
A. 만장일치제(→ 다수결제)

Part 5 과학

01 엔트로피
11회 기출
#무질서도

한국남부발전, 교통안전공단, 한국공항공사

자연계의 무질서도를 나타내는 양이다. 세상의 모든 물질은 반드시 엔트로피가 증가하는 방향, 즉 무질서한 상태로 되려는 경향이 있다.

기출 check ✓
Q. 엔트로피의 개념을 설명하시오.

02 옴의 법칙
13회 기출
#전류의 세기

코레일, 한국감정원, YTN

독일 물리학자 옴이 발견한 법칙으로, 전류의 세기는 전기의 저항에 반비례하고 두 점 사이의 전위차(전압)에 비례한다는 법칙이다. 전류의 세기를 I, 전압의 크기를 V, 전기저항을 R이라 할 때, V=IR의 관계가 성립한다.

상식 plus+
전류 단위 시간당 흐르는 전기량. 단위는 암페어(A)를 사용한다.
전기저항 전류가 흐르지 못하도록 방해하는 힘. 물체의 길이가 길수록, 단면적이 적을수록 커진다. 단위는 옴(Ω)이다.

03 OLED
Organic Light Emitting Diodes
6회 기출
#발광 다이오드

MBN, 시사저널, 전자신문

OLED(유기 발광 다이오드)는 형광성 유기 화합 물질에 전류가 흐르면 자체적으로 빛을 내는 발광현상을 이용하는 디스플레이를 말한다. LCD보다 선명하고 보는 방향과 무관하게 잘 보이는 것이 장점이다.

기출 check ✓
Q. OLED의 설명으로 옳지 않은 것은?
A. 핸드폰 등에만 쓰인다. (×)

04 희토류
5회 기출
#첨단산업의 비타민

서울주택도시공사, 조선일보, SBS

희귀한 흙이라는 뜻의 희토류는 지각 내에 총 함유량이 300ppm(100만분의 300) 미만인 금속이다. 화학적으로 안정되고 열을 잘 전달하는 것이 특징이다. 희토류의 이용 범위는 점차 넓어지고 있으며, 휴대전화, 반도체, 하이브리드카 등의 생산에 필수 자원으로 각광받고 있다.

05 온실효과
7회 기출
#복사에너지

해양환경관리공단, 경향신문, 문화일보

지표에서 반사된 복사에너지가 대기에 머물러 기온이 상승하는 현상이다. 대기 자체가 온실의 유리와 같은 기능을 하기 때문에 '온실효과'라는 이름이 붙었다.

기출 check ✓
Q. 다음 중 성격이 다른 하나는?
A. 파리기후변화협약, 킴벌리 프로세스(O), 온실효과, 리우회의

06 온난화 현상
6회 기출
#온실가스

한국서부발전, 안전보건공단, 한국수력원자력

지구의 평균 온도가 온실 가스로 인해 상승하는 현상이다. 이런 온실 가스에는 이산화탄소, 메탄, 프레온 가스가 있다. 세계적으로 이산화탄소 배출량을 줄이기 위해 그린업그레이드 운동 등의 환경운동을 하고 있다.

상식 plus⁺
그린업그레이드 운동 미국의 환경단체에서 웹 사이트에 탄소계산기를 운용하여 탄소배출량에 해당되는 환경보호 기금을 모금하는 운동이다.

07 환태평양 조산대
5회 기출
#불의 고리

화성시 공공기관 통합채용, KBS, MBN

세계의 주요 지진대와 화산대 활동이 중첩되는 지역이다. 남극의 팔머반도에서부터 남아메리카 안데스산맥, 북아메리카 산지와 알래스카, 쿠릴 열도, 일본 열도, 동인도 제도, 동남아시아 국가, 뉴질랜드와 태평양의 여러 섬으로 이어지는 지대다. 이 지역에서는 지진이 빈번하게 발생해 종종 큰 피해를 입는다.

08 미항공우주국
4회 기출
#NASA

연합뉴스, SBS

미국 대통령 직속의 우주항공 연구개발기관이다. 소련이 미국보다 먼저 발사한 스푸트니크 위성의 충격으로 기존의 미국항공자문위원회를 해체시키고 1958년 발족했다.

상식 plus⁺
스카이랩 NASA의 아폴로계획에 사용된 새턴V로켓, 새턴IB로켓을 이용한 미국 최초의 우주정거장이다.
아르테미스 계획 NASA의 유인 달 착륙·탐사계획으로 2025년 성공을 목표로 미국을 넘어 세계 각국의 우주 관련기관과 기업들이 동참하는 글로벌 프로젝트로 진행되고 있다.

09 바이오시밀러
Biosimilar
#복제약

8회 기출

서울경제, 헤럴드경제, MBN

바이오의약품을 복제한 약을 말한다. 오리지널 바이오의약품과 비슷한 효능을 갖도록 만들지만, 고분자의 단백질 제품이 아니라 화학적 합성으로 만들어지기 때문에 기존의 특허받은 바이오의약품에 비해 약값이 저렴하다.

기출 check ✓
Q. 바이오시밀러에 대해 3~4문장으로 서술하시오.

---

10 그래핀
Graphene
#탄소신소재

9회 기출

대구도시공사, MBN, MBC

탄소원자 1개의 두께로 이루어진 아주 얇은 막으로 활용도가 뛰어난 신소재이다. 강도는 강철보다 200배 이상 강하고, 열전도성은 다이아몬드보다 2배 이상 높다.

상식 plus+
그래핀 볼(Graphene Ball) 그래핀을 규소, 산소와 결합하여 팝콘 형태의 3차원 입체로 만든 것으로, 그래핀 볼을 리튬 이온 배터리에 적용하면 기존보다 충전 용량은 45% 증가하고, 충전 속도는 5배 빨라진다.

---

11 GMO
Genetically Modified Organism
#탄소신소재

6회 기출

한국기술교육대, 조선일보, SBS

병충해에 대한 내성과 저항력을 갖게 하거나 양적인 가치와 보존성을 높이기 위해 외래 유전자를 주입하여 키운 농산물을 일컫는다.

기출 check ✓
Q. 유전자조작 또는 재조합으로 본래의 유전자를 변형시켜 생산한 농산물은?
A. GMO

---

12 누리호
#국내독자기술

7회 기출

연합뉴스, 한국폴리텍대학, 광명도시공사

누리호(KSLV-II, Korea Space Launch Vehicle-II)는 2021년 6월에 개발된 우리나라 최초의 저궤도 실용위성 발사용 로켓으로 국내독자기술로 개발한 3단액체로켓이다. 누리호에 실린 성능검증위성 등도 발사에 성공해 궤도에 안착했다. 이로써 우리나라는 세계 7번째로 1t 이상인 실용적 규모의 인공위성을 자체기술로 쏘아 올린 나라가 됐다.

13 다누리
5회 기출
#달 탐사궤도선

SBS, 연합뉴스, 한국폴리텍대학

'다누리(KPLO ; Korea Pathfinder Lunar Orbiter)'는 우리나라의 첫 달 탐사궤도선으로 태양과 지구 등 천체의 중력을 이용해 항행하는 궤적에 따라 이동하도록 설계됐다. 달 궤도를 돌며 달을 탐사하는 것이 주요 임무로, 달의 극지방을 촬영하고 이후에 달에 착륙할 후보지를 고르게 된다.

14 양자컴퓨터
5회 기출
#양자역학

YTN, 아이뉴스24, 뉴시스

반도체가 아닌 원자를 기억소자로 활용하는 컴퓨터이다. 고전적 컴퓨터가 한 번에 한 단계씩 계산을 수행했다면, 양자컴퓨터는 모든 가능한 상태가 중첩된 얽힌 상태를 이용한다. 양자컴퓨터는 0 혹은 1의 값만 갖는 2진법의 비트(Bit) 대신, 양자 정보의 기본 단위인 큐비트를 사용한다.

15 디도스
DDoS
13회 기출
#분산서비스 거부공격

한국소비자원, 한국지역난방공사, KBS

특정 컴퓨터의 자료를 삭제하거나 훔치는 것이 목적이 아니라 정당한 신호를 받지 못하도록 방해하는 '분산서비스 거부공격'을 말한다. 자신도 모르는 사이에 악성 코드에 감염돼 특정 사이트를 공격하는 PC로 쓰일 수 있는데, 이러한 컴퓨터를 좀비 PC라고 한다.

상식 plus⁺

악성 코드 컴퓨터가 제 기능을 하지 못하도록 악의적인 목적으로 유포된 소프트웨어

16 랜섬웨어
Ransomeware
13회 기출
#악성 프로그램

한국서부발전, MBC, 조선일보

사용자의 컴퓨터 시스템에 침투하여 중요 파일에 대한 접근을 차단하고, 몸값을 요구하는 악성 프로그램이다. 주로 이메일 첨부파일이나 웹페이지 접속을 통해 들어오거나, 확인되지 않은 프로그램이나 파일을 내려받기 하는 과정에서 들어온다.

기출 check✓

Q. 인터넷 사용자의 컴퓨터에 잠입해 문서를 암호화해 열지 못하도록 만든 후 금품을 요구하는 악성 프로그램은?

A. 랜섬웨어

17 피싱
Phishing
#전자사기수법

6회 기출

소방산업기술원, 한국농어촌공사, 국립공원관리공단

'개인 정보(Private Data)'와 '낚는다(Fishing)'라는 단어의 합성어로 사람들에게 메일을 보내 위장된 홈페이지로 접속하게 하거나, 이벤트 당첨, 사은품 제공 등을 미끼로 수신자의 개인 정보를 빼내 범죄에 악용하는 수법을 말한다.

상식 plus⁺

스미싱 문자 메시지(SMS)와 피싱(Phishing)의 합성어로. 인터넷 접속이 가능한 스마트폰의 문자 메시지를 이용한 휴대폰 해킹을 뜻한다.

18 쿠키
Cookie
#방문기록

6회 기출

우체국시설공단, 경상대병원, 국제신문

PC 사용자의 인터넷 웹 사이트 방문 기록이 저장되는 파일이다. 이용자들은 홈페이지 재방문시 별다른 절차를 거치지 않고 빠르게 접속할 수 있다는 장점이 있다. 하지만 개인 정보 유출, 사생활 침해 등 개인 정보가 위협받을 수 있다는 우려가 공존한다.

기출 check✓

Q. 웹에서 이전 접속 상태를 유지시켜 주는 것은?
A. 쿠키(Cookie)

19 OTT
Over The Top
#넷플릭스

20회 기출

경기콘텐츠진흥원, MBC, SBS

'Top(셋톱박스)을 통해 제공됨'을 의미하는 것으로, 범용 인터넷을 통해 미디어 콘텐츠를 이용할 수 있는 서비스를 말한다.

기출 check✓

Q. OTT는 무엇의 약자인가?
A. Over The Top

20 블록체인
#Block Chain

6회 기출

금융감독원, 서울시공공의료재단, 경기콘텐츠진흥원

데이터 분산처리를 통해 거래정보를 참여자가 공유하는 기술이다. 온라인 거래 시 거래기록을 영구 저장하여, 장부를 통한 증명으로 돈이 한 번 이상 지불되는 것을 막는다. 거래가 기록되는 장부가 '블록(Block)'이 되고, 이 블록들은 시간의 흐름에 따라 연결된 '사슬(Chain)'을 이루게 된다. 이렇게 생성된 블록은 네트워크 안의 모든 참여자에게 전송되는데 모든 참여자가 이 거래를 승인해야 기존의 블록체인에 연결될 수 있다.

21 NFC
Near Field Communication
#무선통신
7회 기출

한국가스공사, MBC, 조선일보

약 10cm 이내의 근거리에서 데이터를 교환할 수 있는 비접촉식 무선통신이다. 스마트폰에 교통카드, 신용카드, 멤버십카드, 쿠폰 등을 탑재할 수 있어 일상생활에 널리 쓰이고 있다. 짧은 통신 거리라는 단점이 있으나, 기존 RFID 기술보다 보안성이 높다는 장점이 있다.

22 디지털포렌식
#수사기법
5회 기출

한국일보, 경기도 공무직 통합채용

범죄수사에서 디지털 증거를 수집·보존·처리하는 과학적·기술적인 기법을 말한다. '포렌식(Forensic)'은 '법의학적인', '범죄 과학수사의'라는 의미다. 범죄의 디지털 증거가 법정에 제출될 때까지 변조 혹은 오염되지 않도록 온전한 상태를 유지하는 일련의 과정을 디지털포렌식이라고 한다.

23 디지털 디바이드
#Digital Divide
5회 기출

KBS

디지털 기기를 사용하는 사람과 사용하지 못하는 사람 사이에 정보 격차와 갈등이 발생하는 현상이다. 디지털 기기의 발전과 그에 따른 통신 문화의 확산으로, 이를 제대로 활용하는 사람들은 지식축적과 함께 소득까지 증가하는 반면, 활용하지 못하는 사람들은 심각한 정보격차를 느끼며 소외감을 느끼게 된다.

24 제로레이팅
Zero Rating
#데이터 이용료
5회 기출

방송통신심의위원회, 폴리텍, MBN

특정한 콘텐츠에 대한 데이터 비용을 이동통신사가 대신 지불하거나 콘텐츠 사업자가 부담하도록 하여 서비스 이용자가 무료로 이용할 수 있게 하는 것을 말한다. 예컨대 통신업체들이 넷플릭스나 페이스북 같은 특정 업체들의 사이트에서 영상과 음악, 게시물 등을 무제한 무료로 받을 수 있는 것이다.

25 메타버스
Metaverse
#가상현실세계
7회 기출

CBS, 뉴시스, 대전광역시 공공기관 통합채용

가상·초월을 뜻하는 메타(Meta)와 현실세계를 뜻하는 유니버스(Universe)를 더한 말이다. 현실세계와 가상세계를 더한 3차원 가상세계를 의미한다. 자신을 상징하는 아바타가 게임, 회의에 참여하는 등 가상세계 속에서 사회·경제·문화적 활동을 펼친다. 메타버스라는 용어는 닐 스티븐슨이 1992년 출간한 소설 '스노 크래시(Snow Crash)'에서 처음 나왔다.

26 클라우드 컴퓨팅
Cloud Computing
9회 기출
#데이터센터

한국농어촌공사, 한국동서발전, 농촌진흥청

인터넷상의 서버에 데이터를 저장해 두고, 언제 어디서나 인터넷에 접속해 다운받을 수 있어서 시간과 공간의 제약 없이 원하는 일을 할 수 있다. 구름(Cloud)처럼 무형의 형태인 인터넷상의 서버를 클라우드라고 하며, 사용자가 스마트폰이나 PC 등을 통해 문서, 음악, 동영상 등 다양한 콘텐츠를 편리하게 이용할 수 있다.

27 N스크린
N Screen
6회 기출
#네트워크 서비스

MBC, SBS, CJ

하나의 콘텐츠를 다양한 정보통신 기기에서 이용할 수 있는 네트워크 서비스를 말한다. 'N'은 수학에서 아직 결정되지 않은 미지수를 뜻하는데, 하나의 콘텐츠를 이용할 수 있는 스크린의 숫자를 한정짓지 않는다는 의미에서 N스크린이라고 부른다.

기출 check✓
Q. 여러 기기에서 콘텐츠를 시청할 수 있는 것은?
A. N스크린

28 딥러닝
Deep Learning
8회 기출
#인공지능

중소기업기술정보진흥원, SBS, 이투데이

컴퓨터가 다양한 데이터를 이용해 마치 사람처럼 스스로 학습할 수 있게 하기 위해 만든 인공 신경망(ANN ; Artificial Neural Network)을 기반으로 하는 기계학습(머신러닝) 기술이다.

상식 plus⁺
알파고 제로(Alphago Zero) 인간의 지식으로부터 전혀 도움을 받지 않았다는 점에서 'O(Zero)'를 붙인 인공지능 바둑 프로그램 알파고 버전의 명칭이다. 인간 고수들이 둔 기보 16만건을 제공받은 이전 알파고 버전과 달리 인간의 도움 없이 오직 강화학습의 방법론에만 의존한다.

29 5G
5th Generation Mobile Communications
15회 기출
#인공지능

경기콘텐츠진흥원, SBS, MBC

28GHz의 초고대역 주파수를 사용하는 이동통신기술이다. 국제전기통신연합(ITU)은 5G의 공식 기술 명칭을 'IMT2020'으로 정하고, 최대 20Gbps의 데이터 전송 속도와 어디에서든 최소 100Mbps 이상의 체감 전송 속도를 제공하는 것을 5세대 이동통신이라고 정의했다.

30 NFT
8회 기출

#가상화폐

이투데이, 헤럴드경제, 수원시 공공기관 통합채용

하나의 토큰을 다른 토큰과 대체하거나 서로 교환할 수 없는 가상화폐이며, 대체불가토큰이라고도 불린다. 2017년 처음 시장이 만들어진 이래 미술품과 게임아이템 거래를 중심으로 빠르게 성장했다. NFT의 장점은 희소성이다. 토큰 하나마다 고유의 가치와 특성을 갖고 있어 가격이 천차만별이다. 또한 어디서, 언제, 누구에게 거래가 됐는지 모두 기록되어 위조가 쉽지 않다.

31 데이터 마이닝
7회 기출

Data Mining

#데이터 분석

울산항만공사, 한국공항공사, 문화일보

대규모의 데이터베이스로부터 유용한 상관관계를 발견하고, 미래에 실행 가능한 정보를 추출하여 중요한 의사 결정에 활용하는 과정이다. 기업이 보유하고 있는 대규모의 데이터 속에서 정보의 연관성을 파악하고, 새로운 규칙 등을 발견함으로써 중요한 의사 결정을 위한 정보로 활용해 이익을 극대화한다.

Part 6 문화

01 국보 · 보물
10회 기출
#유형문화재

포항시설관리공단, 국립공원관리공단, 문화일보

보물은 국가가 법적으로 지정한 유형문화재이고, 그 중 가치가 크고 유례가 드문 것이 국보이다.

상식 plus+

구분	1호	2호	3호
국보	서울 숭례문(남대문)	원각사지 10층 석탑	북한산 신라 진흥왕순수비
보물	서울 흥인지문(동대문)	서울 보신각종	대원각사비

기출 check ✓

Q. 우리나라 국보 제1호는?
A. 서울 숭례문(남대문)

02 유네스코 유산
37회 기출
UNESCO Heritage
#문화유산

조선일보, 문화일보, KBS

유네스코(국제연합교육과학문화기구)가 인류 보편적 가치와 중요성을 지녔다고 인정하고 보호하는 유 · 무형의 유산

상식 plus+

한국의 유네스코 유산	
세계유산 (문화 · 자연 · 복합유산)	석굴암 · 불국사(1995), 해인사 장경판전(1995), 종묘(1995), 창덕궁(1997), 수원화성(1997), 경주역사유적지구(2000), 고창 · 화순 · 강화 고인돌 유적(2000), 제주화산섬과 용암동굴(2007), 조선왕릉(2009), 안동하회 · 경주양동마을(2010), 남한산성(2014), 백제역사유적지구(2015), 산사, 한국의 산지승원(2018), 한국의 서원(2019), 한국의 갯벌(2021), 가야고분군(2023), 반구천의 암각화(2025)
인류무형 문화유산	종묘 제례 및 종묘제례악(2001), 판소리(2003), 강릉단오제(2005), 강강술래(2009), 남사당놀이(2009), 영산재(2009), 처용무(2009), 제주칠머리당영등굿(2009), 가곡(2010), 대목장(2010), 매사냥(2010), 택견(2011), 줄타기(2011), 한산모시짜기(2011), 아리랑(2012), 김장문화(2013), 농악(2014), 줄다리기(2015), 제주해녀문화(2016), 씨름(2018), 연등회(2020), 한국의 탈춤(2022), 한국의 장 담그기 문화(2024)
세계기록 유산	훈민정음(1997), 조선왕조실록(1997), 직지심체요절(2001), 승정원일기(2001), 해인사 대장경판 및 제경판(2007), 조선왕조 의궤(2007), 동의보감(2009), 일성록(2011), 5 · 18 민주화운동 기록물(2011), 난중일기(2013), 새마을운동 기록물(2013), 한국의 유교책판(2015), KBS특별 생방송 이산가족을 찾습니다 기록물(2015), 조선왕실 어보와 어책(2017), 국채보상운동 기록물(2017), 조선통신사 기록물(2017), 4 · 9혁명 기록물(2023), 동학농민혁명 기록물(2023), 제주4 · 3 기록물(2025), 산림녹화 기록물(2025)

41

기출 check✓
Q. 세계인류무형문화유산이 아닌 것은?
A. 사물놀이

03 스낵컬처
Snack Culture
#문화 트렌드
6회 기출

인천서구문화재단, SBS, CBS

'짧은 시간에 문화 콘텐츠를 소비한다'는 뜻으로 패션, 음식, 방송 등 사회 여러 분야에서 나타나는 현상이다. 제품과 서비스에 소요되는 비용이 부담스럽지 않아, 항상 새로운 것을 열망하는 소비자들이 많은 것을 소비할 수 있도록 하는 하나의 문화 트렌드로 숏폼, 웹툰, 웹소설과 웹드라마가 대표적이다.

기출 check✓
Q. 스낵컬처에 대해 구체적인 사례를 들어 설명하시오.

04 카피레프트
Copyleft
#저작권
12회 기출

한국농수산식품유통공사, 서울신문, MBC

1984년 리처드 스톨먼이 주장한 것으로 저작권(Copyright, 카피라이트)에 반대되는 개념이며 정보의 공유를 위한 조치이다.

카피라이트	카피레프트
창작자에게 독점권 권리 부여	저작권 공유 운동
창작의 노고에 대한 정당한 대가 요구	자유로운 정보 이용으로 창작 활성화
궁극적으로 문화 발전을 유도	지식과 정보는 인류 전체의 공동 자산

기출 check✓
Q. 디지털 등 저작권에 대한 저작권 반대 운동은?
A. 카피레프트

05 노벨상
Nobel Prizes
#노벨
41회 기출

산림과학원, 뉴스1, 동아사이언스

다이너마이트를 발명한 알프레드 노벨의 유산을 기금으로 하여 해마다 물리학·화학·생리의학·경제학·문학·평화의 6개 부문에서 인류 문명의 발달에 공헌한 사람이나 단체를 선정하여 수여하는 상이다.

기출 check✓
Q. 노벨상과 노벨평화상의 시상식 장소는?
A. 스웨덴 스톡홀름 / 노르웨이 오슬로

06 세계 3대 영화제

12회 기출

#영화제

대구TBC, 서울경제신문, 아시아경제

베니스영화제 (이탈리아)	• 1932년 창설되어, 매년 8~9월 열리는 가장 오래된 영화제
칸영화제 (프랑스)	• 1946년 시작되어 매년 5월 개최 • 2022년 '감독상' : 〈헤어질 결심〉 박찬욱 • 2022년 '남우주연상' : 〈브로커〉 송강호
베를린영화제 (독일)	• 1951년 창설하여 매년 2월 개최 • 2024년 '심사위원대상' : 〈여행자의 필요〉 홍상수

07 선댄스영화제

7회 기출

#독립영화제

영화진흥위원회, 한국문화예술위원회, CBS

세계 최고의 권위를 지닌 독립영화제로 미국의 감독 겸 배우 로버트 레드포드가 할리우드의 상업주의에 반발하고 독립영화 제작에 활기를 불어넣기 위해 창설하였다. 코엔 형제의 〈분노의 저격자〉, 쿠엔틴 타란티노의 〈저수지의 개들〉과 같은 영화가 선댄스영화제를 통해 세상에 알려진 작품들이다.

기출 check ✓
Q. 할리우드의 상업주의에 반발하며 독립영화 제작을 활성화시키고자 창설한 영화제는?
A. 선댄스영화제

08 미장센

Mise-en-scene

16회 기출

#예술영화

예술의전당, 신용보증재단중앙회, 삼성

영화에서 연출가가 모든 시각적 요소를 배치하여 단일한 쇼트로 영화의 주제를 만들어내는 작업이다. 화면 구도, 인물이나 사물 배치 등으로 표현하는 연출자의 메시지, 미학 등을 말한다.

기출 check ✓
Q. 영화 장면 안의 다양한 소품들을 조합해 의미를 만들어내는 것은?
A. 미장센

09 판소리

12회 기출

#서편제

국제신문, 안동MBC, STX

한 명의 소리꾼이 창(소리)·말(아니리)·몸짓(발림)을 섞어가면서 긴 이야기를 노래하는 것

상식 plus+
판소리의 3대 요소 창, 아니리, 발림

기출 check ✓
Q. 5대 판소리는?
A. 춘향가, 심청가, 흥보가, 수궁가, 적벽가

10 사물놀이
12회 기출
#풍물놀이

안동MBC, 한국언론진흥재단, 조선일보

사물놀이는 네 가지 악기, 즉 사물(四物)로 연주하도록 편성된 음악이다. 농민들이 하던 대규모 풍물놀이에서 앞부분에 배치되어 있던 악기 중 꽹과리, 장구, 북, 징의 4가지 악기를 빼서 실내 무대에서도 공연이 가능하도록 새롭게 구성한 것이다.

기출 check✓
Q. 사물놀이 악기 4가지는?
A. 꽹과리, 장구, 북, 징

11 교향곡
14회 기출
Symphony
#소나타

시설관리공단, 예술의전당, 뉴스1

오케스트라의 합주를 위해 작곡한 소나타이다. 세계 3대 교향곡은 베토벤의 〈운명〉, 슈베르트의 〈미완성 교향곡〉, 차이코프스키의 〈비창〉이다.

기출 check✓
Q. 세계 3대 교향곡 중에 하나인 〈비창〉의 작곡가는?
A. 차이코프스키

12 오페라
18회 기출
Opera
#레치타티보

광주보훈병원, 한국문화예술위원회, 삼성

음악을 중심으로 문학, 연극, 미술적 요소들이 결합된 대규모 종합 무대 예술이다. 이탈리아어로 '작품'을 뜻하며 독창자와 합창자의 노래, 연기, 춤이 무대 위에서 펼쳐진다.

기출 check✓
Q. 오페라와 작가를 옳게 연결한 것은?
A. 〈투란도트〉, 〈나비부인〉 – 푸치니

13 팝아트
11회 기출
Pop Art
#앤디 워홀

한국농어촌공사, 대구TBC, 경남MBC

1950년대 영국에서 시작된 팝아트는 추상표현주의의 주관적 엄숙성에 반대하며 TV, 광고, 매스미디어 등 주위의 소재들을 예술의 영역 안으로 받아들인 사조를 말한다. 앤디 워홀, 리히텐슈타인 등이 대표적인 작가이다.

기출 check✓
Q. 대중가수 등을 예술에 접목한 것은?
A. 팝아트

14 비엔날레
11회 기출
#베니스 비엔날레

수원문화재단, 평택도시공사, 대구TBC

2년마다 열리는 국제 미술전이다. 세계 각지에서 여러 종류의 비엔날레가 열리고 있지만, 그중에서도 가장 역사가 길며 그 권위를 인정받고 있는 것은 베니스 비엔날레이다. 우리나라는 1995년 제45회 전시부터 독립된 국가관을 개관하여 참가하고 있다.

상식 plus⁺

세계 3대 비엔날레 베니스 비엔날레, 상파울루 비엔날레, 휘트니 비엔날레

기출 check ✓

Q. 비엔날레는 몇 년에 한 번씩 개최되는가?
A. 2년

15 스쿠프
8회 기출
Scoop
#독점 보도

부산교통공사, 제주MBC, 대구TBC

경쟁 언론사보다 빠르게 입수하여 독점 보도하는 특종기사를 말한다. 대기업이나 정치권력 등 뉴스 제공자가 숨기고 있는 사실을 정확하게 폭로하는 것과 발표하려는 사항을 빠르게 입수해 보도하는 것 등을 모두 포함한다.

기출 check ✓

Q. 보도기관에서 특종기사를 경쟁관계에 있는 타사보다 앞서 보도하는 것을 의미하는 말은?
A. 스쿠프

16 엠바고
13회 기출
Embargo
#보도 지연

방송통신심의위원회, 여수MBC, 연합뉴스

본래 특정 국가에 대한 무역·투자 등의 교류 금지를 뜻하지만 언론에서는 뉴스 기사의 보도를 한시적으로 유보하는 것을 말한다.

17 인포데믹
8회 기출
Infodemic
#가짜뉴스

MBN, 광명도시공사

'정보'를 뜻하는 'Information'과 '유행병'을 뜻하는 'Epidemic'의 합성어로, 잘못된 정보나 악성루머 등이 미디어, 인터넷 등을 통해 무분별하게 퍼지면서 전염병처럼 매우 빠르게 확산되는 현상을 일컫는다. 허위정보가 범람하면 신뢰성 있는 정보를 찾아내기 어려워지고, 이 때문에 사회 구성원 사이에 합리적인 대응이 어려워지게 된다.

18 저널리즘 유형

30회 기출

#저널리즘 종류

방송통신심의위원회, 언론중재위원회, MBC

매스미디어를 통해 시사적 문제에 대한 보도 및 논평을 하는 언론 활동의 유형이다.

상식 plus+
- 옐로 저널리즘 : 독자들의 호기심을 자극하고 끌어들이기 위해 선정적·비도덕적인 보도를 하는 형태로 황색언론이라고도 함
- 경마 저널리즘 : 경마를 구경하듯 후보자의 여론 조사 결과 및 득표 상황만을 집중 보도하는 선거 보도 형태
- 팩 저널리즘 : 취재 방법 및 시각이 획일적인 저널리즘으로, 신문의 신뢰도 하락을 불러옴

19 미디어렙

13회 기출

Media Representative
#광고대행

한국방송광고진흥공사, 한국언론진흥재단, KBS

방송사의 위탁을 받아 광고주에게 광고를 판매하고 판매 대행 수수료를 받는 회사이다. 이런 대행 체제는 방송사가 광고를 얻기 위해 광고주한테 압력을 가하거나 자본가인 광고주가 광고를 빌미로 방송사에 영향을 미치는 것을 일부 막아주는 장점이 있다.

기출 check✓
Q. 미디어렙에 대한 설명으로 틀린 것은?
A. 수수료가 없다.(→ 수수료를 받는 회사이다)

20 스핀오프

6회 기출

Spin Off
#파생 작품

방송통신심의위원회, SBS, 종로구시설관리공단

기존의 작품에서 파생된 작품을 말한다. 현재는 부수적으로 나오는 부산물 정도로 그 뜻이 넓게 쓰이고 있다. 소설·영화 등의 이야기를 바탕으로 현재의 상황에 맞는 다른 스토리를 만들어내는 것을 말하기도 한다.

21 광고의 종류

7회 기출

#광고

서울시설공단, MBC, KBS

- PPL 광고 : 엔터테인먼트 콘텐츠 속에 기업의 제품을 소품이나 배경으로 등장시켜 소비자들에게 의식·무의식적으로 제품을 광고하는 것이다.
- 티저 광고 : 처음에는 상품명을 감추거나 일부만 보여주고 궁금증을 유발하며 서서히 그 베일을 벗는 방법으로, 게릴라 마케팅의 일환으로 사용된다.
- POP 광고 : 소비자가 상품을 구매하는 시점에 전개되는 광고이다.

22 근대 5종 경기

8회 기출

#고대 5종 경기

국민체육진흥공단, 한국일보, 삼성

한 경기자가 사격, 펜싱, 수영, 승마, 크로스컨트리(육상) 등의 5종목을 겨루어, 각 종목의 정해진 계산법으로 점수를 합산한 뒤 종합 점수로 순위를 매기는 경기

기출 check✓

Q. 근대 5종 경기에 포함된 종목이 아닌 것은?
A. 원반던지기

---

23 골프 4대 메이저 대회

10회 기출

#PGA, LPAG

부산교통공사, 매일경제, 삼성

4대 메이저대회를 모두 석권하는 것을 '그랜드슬램(Grand Slam)'이라고 하며, 여러 해에 걸쳐 4대 메이저 대회를 석권한 경우는 '커리어그랜드슬램(Career Grand Slam)'이라고 한다.

구분	4대 메이저대회
PGA의 4대 메이저 대회	• PGA 챔피언십 • US 오픈 • 브리티시 오픈 • 마스터스
LPGA의 4대 메이저 대회	• AIG 브리티시 여자오픈 • US 여자오픈 • KPMG 위민스 PGA 챔피언십(구 LPGA 챔피언십) • ANA 인스퍼레이션(구 크래프트 나비스코 챔피언십)

기출 check✓

Q. PGA 4대 메이저 대회에 속하지 않는 대회는?
A. 호주오픈

---

24 패럴림픽

11회 기출

Paralympic

#올림픽

대전도시철도, 한국관광공사, KBS

장애가 있는 운동선수가 참가하는 국제 스포츠 대회이다. 하계·동계올림픽을 마친 후 2주 내에 10일간 열리며, 우리나라는 1963년 제3회 이스라엘 텔아비브장애인올림픽 때부터 참가하기 시작했다.

기출 check✓

Q. 국제장애인올림픽위원회(IPC)가 주최하여 4년 주기로 개최되는 신체 장애인들의 국제 경기는?
A. 패럴림픽

Part 7 인문학

01 르포르타주 (Reportage)
4회 기출
#보고 기사

MBN, 전주방송, KBS

프랑스어로 '탐방·보도·보고'를 뜻하는 말로, 약칭하여 '르포'라고도 한다. 르포르타주는 다른 문학 장르에 비해 현실감·생동감이 있는데, 세계적으로 방송은 물론 문학 형식으로도 주목받고 있다.

02 시나리오 (Scenario)
5회 기출
#영화

한국농어촌공사, 인천교통공사, CBS

영화의 장면, 배우의 동작·대사 등을 적은 문학이다. 주로 대사를 통해 사건이 전개되고 장면(Scene) 단위로 구성되는데, '발단-전개-위기-절정-결말'의 5단계 구성이 일반적이다.

기출 check✓
Q. 다음 중 시나리오 용어와 설명으로 옳은 것은?
A. 인서트(Insert) - 장면 사이의 화면 삽입

03 시조
10회 기출
#정형시

KNN, CBS, 조선일보

고려 중엽에 발생하여 발달해온 우리나라 고유의 정형시이다. 10구체 향가에서 시작하여 고려가요를 거친 민요 등의 영향으로 발생하였다.

상식 plus⁺
- **평시조** 3·4조 또는 4·4조의 4음보 형식으로 이루어진 가장 기본적인 시조. 3장 6구 45자 내외
- **사설시조** 초장·중장이 제한 없이 길고, 종장도 길어진 시조

04 오마주 (Hommage)
6회 기출
#작품에 대한 존경

한국연구재단, CBS, SBS

존경하는 예술가의 원작과 비슷한 작품을 창작하거나 원작을 그대로 재현해내는 것을 말하고, 영화에서는 존경하는 영화인 또는 영화의 장면을 재현함으로써 작가나 작품에 존경을 표하는 것을 나타낸다.

상식 plus⁺
- **클리셰** 판에 박은 듯 쓰이는 문구나 표현을 지칭하는 용어
- **패러디** 영화, 연극, 드라마 등의 내용이나 이야기의 전반적 흐름, 등장인물의 말투 등을 흉내 내어 우스꽝스럽게 표현하는 방법

05 다다이즘
Dadaism
#전통 부정
7회 기출
한국국토정보공사, MBC, CBS

1920년대 전반까지 유럽과 미국에서 성행한 반문명적·반전통적 예술운동이다.

기출 check ✓
Q. 제1차 세계대전 말엽부터 유럽과 미국을 중심으로 일어난 예술운동은?
A. 다다이즘

06 아포리즘
Aphorism
#히포크라테스
4회 기출
언론중재위원회, 법률신문, 전자신문

명언, 격언, 잠언, 금언 등 교훈을 주는 말 또는 사물의 핵심과 이치를 표현한 문장을 의미한다. 가장 오래되고 유명한 아포리즘은 히포크라테스의 〈아포리즘〉에 나오는 "예술은 길고 인생은 짧다"이다.

07 사실주의
Realism
#자연주의
5회 기출
한국수력원자력, 대한적십자사, EBS

현실을 있는 그대로 묘사·재현하려고 하는 문예 사조이다. 현실을 있는 그대로 표현하여 사물의 본질과 내면의 의미를 포착하려는 경향으로, 자연주의의 모태가 되었다.

기출 check ✓
Q. 연극 사조의 연결이 옳은 것은?
A. 사실주의 - 입센

08 모더니즘
Modernism
#현대 문학
4회 기출
MBC, 전자신문, 예술의전당

현대문명을 바탕으로 실험적·전위적 경향을 나타내는 문학이다. 대표적인 작가들로는 제임스 조이스, 프란츠 카프카, T. S. 엘리어트, D. H. 로렌스 등이 있다.

09 햄릿
Hamlet
#셰익스피어
8회 기출
인천교통공사, 조선일보, KBS

덴마크 왕가의 왕위 계승을 둘러싼 유혈사건과 복수를 다룬 셰익스피어의 작품이다.

기출 check ✓
Q. 셰익스피어의 4대 비극은?
A. 맥베드, 오셀로, 햄릿, 리어왕

10 레미제라블
Les Misérables
#빅토르 위고

13회 기출

서울시설공단, 경상대병원, SBS

프랑스어로 '비참한 사람들'이라는 뜻인 〈레미제라블〉은 19세기 초 프랑스 민중들의 비참한 삶과 프랑스 혁명을 소재로 한 빅토르 위고의 역사소설이다.

기출 check✓
Q. 빅토르 위고의 작품으로 옳은 것은?
A. 노트르담 드 파리

11 삼강오륜
三綱五倫
#유교

4회 기출

한국연구재단, 한국공항공사, TBC

유교의 도덕관념에서 기본이 되는 세 가지의 강령과 다섯 가지 실천 덕목이다.
- **삼강** : 군위신강(君爲臣綱), 부위자강(父爲子綱), 부위부강(夫爲婦綱)
- **오륜** : 군신유의(君臣有義), 부자유친(父子有親), 부부유별(夫婦有別), 장유유서(長幼有序), 붕우유신(朋友有信)

상식 plus⁺
오륜(五倫)
- 군신유의 : 임금과 신하 사이에는 의리가 있어야 한다.
- 부자유친 : 아버지와 아들 사이에는 친애가 있어야 한다.
- 부부유별 : 남편과 아내 사이에는 분별이 있어야 한다.
- 장유유서 : 어른과 어린이 사이에는 차례가 있어야 한다.
- 붕우유신 : 벗과 벗 사이에는 믿음이 있어야 한다.

12 실학
實學
#실사구시

8회 기출

한국중부발전, 남양주도시공사, 국제신문

17~18세기 조선에서 나타난 실증적·개혁적 학문으로, '실사구시'와 '경세치용'의 학문에 관심을 두었다.

상식 plus⁺
- 실사구시(實事求是) : 사실의 실증에 근거하여 사실의 진실을 탐구하는 것으로 청나라 고증학의 학풍이다.
- 경세치용(經世致用) : 세상을 다스리는 데 실제로 도움이 되는 것으로 사상과 학문은 사회현실 문제를 개혁하는 데 쓰여야 한다는 주장이다.
- 이용후생(利用厚生) : 기구를 편리하게 쓰고, 먹을 것과 입을 것을 넉넉하게 하여 백성의 생활을 돕는 것이다.

13 제자백가
6회 기출
#춘추전국시대

부산광역시 공무직 통합채용, 영상물등급위원회

중국 춘추시대 말기에서 전국시대에 이르는 약 300년 동안에 나타난 여러 학자와 수많은 학파의 총칭이다.

상식 plus+

- **유가(공자, 맹자, 순자)** 인(仁)사상을 근본으로, 임금에게 충(忠), 부모에게 효(孝), 형제에게 제(悌)를 강조한다.
- **도가(노자, 장자)** 허무를 우주의 근원으로 삼고 무위자연(無爲自然)을 주장한다. 예(禮)를 강조하는 유가를 비판하며 정신적 자유의 경지를 강조한다.
- **묵가(묵자)** '겸애'를 강조하며 만민평등주의와 박애주의 실천을 독려한다.
- **법가(순자)** 국가를 운영하는 데 있어서 법치주의를 주장하며, 한비자 등이 발전시켰다.

14 소크라테스
Socrates
4회 기출
#그리스 철학

부산도시공사, 한국산업단지공단, MBC

문답법을 통한 깨달음, 무지에 대한 자각, 덕과 앎의 일치를 중시하였던 고대 그리스의 대표적 철학자이다.

상식 plus+

- **문답법** 질문을 던지고 토론하는 과정을 통해 깨달음을 추구하는 방식으로, '산파술' 또는 '소크라테스식 반어법'이라고도 한다.

15 플라톤
Plato
8회 기출
#그리스 철학

한전KPS, 한국언론진흥재단, MBC

이데아론을 주장한 그리스 철학자로, 소크라테스의 제자이자 아리스토텔레스의 스승이다. 플라톤의 철학은 중세 기독교철학 및 근현대 사상체계 형성에 중요한 역할을 했다.

상식 plus+

- **이데아(Idea)** 플라톤 철학의 중심 개념으로, 감각되는 현실 세계의 너머에 있는 실재이자 사물의 원형이라고 할 수 있다. 플라톤은 소피스트들의 상대주의를 반박하기 위해 이데아 이론을 제시했다.

16 아리스토텔레스
Aristoteles
5회 기출
#그리스 철학

MBC, CBS, 예술의전당

스콜라 철학의 기반이 된 그리스 철학자로, 인간 세계의 원리를 탐구하는 현실주의적 철학을 중요시했고, 삼단논법의 이론적 체계를 완성했다.

상식 plus+

- **오르가논(Organon)** 아리스토텔레스의 논리학 저서와 업적을 통칭한 용어이다. 아리스토텔레스의 논리학 저서는 〈범주론〉, 〈궤변론〉, 〈해석론〉, 〈분석론 전서〉, 〈분석론 후서〉, 〈토피카〉 등 6편이다.

17 헬레니즘
Hellenism
#헤브라이즘

4회 기출

경상대병원, MBC

그리스 문화와 오리엔트 문화가 융합하여 형성한 문화로, '헬레니즘'은 '그리스와 같은 문화'라는 뜻이다.

상식 plus⁺
헤브라이즘 헬레니즘과 함께 서양사상의 근간을 이룬 사조로, 고대 유대(헤브라이) 민족의 문화와 정신을 가리킨다. 인간 중심적인 헬레니즘에 반해, 헤브라이즘은 신 중심적인 사상으로 의지적·윤리적·종교적이다.

---

18 계몽주의
Enlightenment
#사회계약론

4회 기출

한국농어촌공사, YTN, 한겨레

구시대의 사상과 특권에 반대해 인간적·합리적 자유와 자율을 제창한 사상이다. 17세기 말 영국에서 시작하여 18세기 프랑스에서 활발히 전개되었고, 봉건적·신학적인 사상에서 탈피하여 이성과 인간성을 중시했다.

기출 check✓
Q. 다음 중 사상과 사상가의 연결이 옳은 것은?
A. 계몽주의 - 칸트

---

19 공리주의
Utilitarianism
#사회적 쾌락주의

11회 기출

남북이탈주민재단, 한국농어촌공사, MBC

사회적 공리성(효용 ; Utility)을 가치 판단의 기준으로 하는 사상이다. 18세기 말부터 19세기 전반에 걸쳐 영국에서 유행하였고, 가치 판단의 기준을 인간의 이익과 행복의 증진에 두었다.

상식 plus⁺
J. S. 밀의 〈자유론〉 자유를 단지 '강제가 없는 상태'가 아니라 '어떤 일을 할 수 있는 적극적인 힘'으로 정의하며, 사상과 양심의 자유, 토론의 자유, 행동의 자유 등 사회에서 마땅히 존중되어야 하는 자유에 대해 논했다.

---

20 불교
Buddhism
#세계 3대 종교

17회 기출

한국남부발전, 수원문화재단, 한국지역난방공사

인도의 석가모니를 교조로 삼고 그의 가르침을 따르는 종교이다. 불교의 가장 핵심적인 교리는 고(苦)·집(集)·멸(滅)·도(道) 네 가지 진리로 구성된 사성제이다.

상식 plus⁺
불교의 사성제(四聖諦)
- 고성제(苦聖諦) : 현실 세계에 존재하는 것 모두 고통이다.
- 집성제(集聖諦) : 현실 세계에 대한 집착이 고통의 원인이 된다.
- 멸성제(滅聖諦) : 고통의 원인인 집착과 탐심을 없애고 해탈의 경지에 도달해야 한다.
- 도성제(道聖諦) : 고통을 멸하기 위한 8가지 방법(팔정도)이 있다.

38

밀양시시설관리공단

다음 문장에서 밑줄 친 사자성어가 옳게 쓰인 것은?

① 그는 평생 <u>호위호식</u>하며 살았다.
② 몸을 의지할 데 없는 <u>홀홀단신</u> 신세였다.
③ 아이들은 <u>중구남방</u> 떠들기 시작했다.
④ 당시는 매일이 <u>절체절명</u>의 나날이었다.

해설

④ 절체절명(絕體絕命)은 '몸도 목숨도 다 되었다'는 뜻으로, 어찌할 수 없는 절박한 경우를 비유적으로 이르는 말이다.
① '호의호식(好衣好食)'이 맞는 표기이며, '좋은 옷을 입고 좋은 음식을 먹는다'는 의미다.
② '혈혈단신(孑孑單身)'의 비표준어이며, '의지할 데가 없는 외로운 홀몸'이라는 뜻이다.
③ '중구난방(衆口難防)'이 바르며, '막기 어려울 정도로 여럿이 마구 지껄인다'는 의미다.

39

밀양시시설관리공단

보통의 평범한 사람들을 일컫는 한자성어는?

① 군계일학
② 장삼이사
③ 반골
④ 백면서생

해설

② 장삼이사(張三李四) : 장씨(張氏)의 셋째 아들과 이씨(李氏)의 넷째 아들이라는 뜻으로, 이름이나 신분이 특별할 것 없는 평범한 사람들을 뜻하는 말
① 군계일학(群鷄一鶴) : 평범한 사람들 가운데 뛰어난 한 명의 인물
③ 반골(反骨) : 권력·권위에 저항하는 기질 또는 그런 사람
④ 백면서생(白面書生) : 세상일에 경험이 적은 사람

40

광주광역시 공무직 통합채용

다음 문장의 밑줄 친 단어 중 대등합성어가 쓰인 것은?

① 우리 팀은 서로 <u>손발</u>이 맞지 않는다.
② 아버지가 사주신 <u>책가방</u>은 너무 작았다.
③ 마을을 잇는 <u>돌다리</u>가 곳곳에 있었다.
④ 그들은 <u>밤낮</u>없이 근면하게 일했다.

해설

어근과 어근이 결합되어 만들어지는 합성어는 어근 간의 관계에 따라 대등, 종속, 융합으로 구분된다. 대등합성어는 어근과 어근이 대등한 관계로 어근 사이에 '와/과'나 '-고'가 들어가 말이 성립된다. 논밭, 손발, 뛰놀다 등이 해당한다. 종속합성어는 앞의 성분이 뒤에 오는 성분을 수식한다. 돌다리는 '돌로 만든 다리'이며, 책가방은 '책을 넣는 가방'이다. 융합합성어는 어근이 본래의 의미를 잃어버리는 경우다. ④에서 밤낮은 '항상'이라는 의미를 가지며, 또 다른 예인 굔땀은 '노력과 정성을 비유적으로 이르는 말'이다. 물론 '밤과 낮', '피와 땀'처럼 대등합성어의 의미로도 쓰일 수 있다.

41

광주광역시 공무직 통합채용

다음 대화에서 밑줄 친 단어가 나타내는 언어의 기능은?

> A : 할머니, 어서 이리 오세요. 갈 길이 급해요!
> B : <u>아이고</u>, 얘야 조금만 쉬었다 가자.

① 명령적 기능
② 정보적 기능
③ 표출적 기능
④ 친교적 기능

해설

언어의 기능에는 사물이나 개념 등을 가리키는 '지시적 기능', 정보를 전달하거나 보존하는 '정보적 기능'이 있다. 또 상대방에게 어떠한 언행을 하도록 만드는 '명령적 기능'과 말로써 상대방과 친밀한 관계를 쌓을 수 있게 하는 '친교적 기능'이 존재한다. 아울러 사람의 정서를 드러낼 수 있는 '표출적 기능'을 하기도 한다.

42

수원시 공공기관 통합채용

다음 중 꺼병이는 어떤 동물의 새끼를 이르는 순우리말인가?

① 꿩
② 고등어
③ 호랑이
④ 곰

해설

꺼병이는 꿩의 어린 새끼를 이르는 순우리말이다. 고등어의 새끼는 '고도리', 호랑이의 새끼는 '개호주', 곰의 새끼는 '능소니'라고 불린다.

정답

01 ④	02 ②	03 ②	04 ①	05 ②	06 ①	07 ④
08 ③	09 ②	10 ①	11 ②	12 ④	13 ④	14 ①
15 ③	16 ③	17 ②	18 ①	19 ④	20 ④	21 ①
22 ②	23 ②	24 ④	25 ②	26 ①	27 ④	28 ②
29 ④	30 ②	31 ②	32 ②	33 ④	34 ②	35 ④
36 ①	37 ①	38 ④	39 ②	40 ①	41 ③	42 ①

MEMO

좋은 책을 만드는 길, 독자님과 함께 하겠습니다.

2026 기출로 공부하는 일반상식 통합기본서

개정15판1쇄 발행	2026년 01월 05일 (인쇄 2025년 08월 25일)
초 판 발 행	2012년 07월 10일 (인쇄 2012년 05월 04일)
발 행 인	박영일
책 임 편 집	이해욱
저　　　자	시사상식연구소
편 집 진 행	김준일 · 남민우
표지디자인	조혜령
편집디자인	조은아 · 김휘주
발 행 처	(주)시대고시기획
출 판 등 록	제 10-1521호
주　　　소	서울시 마포구 큰우물로 75 [도화동 538 성지 B/D] 9F
전　　　화	1600-3600
팩　　　스	02-701-8823
홈 페 이 지	www.sdedu.co.kr
I S B N	979-11-383-9825-1 (13030)
정　　　가	28,000원

※ 이 책은 저작권법의 보호를 받는 저작물이므로 동영상 제작 및 무단전재와 배포를 금합니다.
※ 잘못된 책은 구입하신 서점에서 바꾸어 드립니다.

교육은 우리 자신의 무지를 점차 발견해 가는 과정이다.

– 윌 듀란트 –

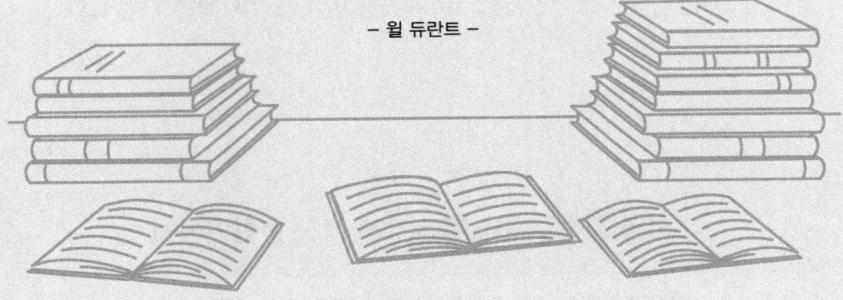

공기업 전공필기 분야의 독보적인
COMPACT 시리즈

공기업 전공필기 시리즈로 공부하고 합격하자!

COMPACT 공기업 전공필기
기출적중 경제학

COMPACT 공기업 전공필기
기출적중 경영학

COMPACT 공기업 전공필기
기출적중 행정학

※ 도서의 이미지 및 구성은 변동될 수 있습니다.

공기업 전공시험의 최적대비서

[핵심이론]
확실한 기본기를 잡아주는 핵심이론 수록

[기출분석문제]
최신 기출경향을 빠르게 파악할 수 있는 기출분석문제 수록

[하프모의고사]
완벽한 최종점검과 실전경험을 위한 하프모의고사 수록

가장 빠르게 합격하고 싶다면?

합격의 지름길로 안내하는 **취업 베스트** 도서!

기출로 공부하는 일반상식 통합기본서
- 빈출상식 194선 + 무료동영상(최신시사특강)
- 공사공단·언론사·기업체 취업 대비를 위한 일반상식 종합서

공기업 일반상식·한국사 기출 500제
- 최근 출제된 상식만 모아서 500개 문제 공략
- 대표 공기업 상식 출제경향 분석표 제시

일반상식 만점 비법! 단기완성 시리즈

시험에 필요한 **모든 것을 한 권에** 담았다! 기출의 빈틈을 채우는 상식

공기업 일반상식 단기완성
- 공기업 일반상식 필기시험 완벽 대비
- 최신기출문제로 본 일반상식 공략 비법 제공
- 빈출상식 키워드 + 출제예상문제 정리

7일 속성 취업 일반상식
- 필기·논술·면접 대비를 위한 취업 일반상식 필독서
- 공기업·기업체·언론사 기출 및 빈출상식 공략
- 7개 분야를 3단계 학습으로 7일 만에 완전 정복

신문으로 공부하는
말랑말랑 시사상식 시리즈

어려운 상식 키워드를 **쉬운 설명**과 **출제 기사**로 말랑말랑하게 공부하자!

시사상식 종합편
- 각 분야 155개 키워드를 쉽고 재밌게 정리
- 읽으면서 정리하는 신문 공부법 노하우 전수

시사상식 청소년
- 사고를 넓히는 시사상식으로 대입·토론 최적화
- 선생님도 훔쳐보는 시사상식의 모든 것

시사상식 경제·경영
- 시사 경제·경영 상식을 자연스레 암기
- 경제 키워드와 기초 경제학 이론까지 함께 공부

시사상식 과학·IT
- 과학 시사상식을 신문으로 재미나게!
- 과학·IT 상식을 손쉽게 쌓을 수 있는 방법!

센스 있는 **지성인**이 되고 싶다면?

빈틈없이 상식을 채워주는 **필수** 잇템으로 상식 마스터!

뇌가 섹시해지는 꿀잼 상식퀴즈
- 청소년부터 직장인까지 누구에게나 유용한 상식 퀴즈!
- 평소 찾기 힘들지만 알아두면 도움이 되는 문제를 분야별로 수록!
- 각종 퀴즈대회를 섭렵할 수 있는 절호의 기회

하루 30개씩 한 달 PLAN 하루상식
- 하루하루 쌓아 한 달이면 상식 완전 정복!
- 취업 및 각종 시험에 필요한 상식 핵심 공략!
- 최신 이슈, '핫이슈 시사상식' 수록

※ 도서의 이미지 및 구성은 변동될 수 있습니다.

대한민국
모든 시험 일정 및
최신 출제 경향·신유형 문제

꼭 필요한
자격증·시험 일정과
최신 출제 경향·신유형 문제를
확인하세요!

출제 경향·신유형 문제

◀ 시험 일정 안내 / 최신 출제 경향·신유형 문제 ▲

- 한국산업인력공단 국가기술자격 검정 일정
- 자격증 시험 일정
- 공무원·공기업·대기업 시험 일정

시험 일정 안내

합격의 공식
시대에듀